D1474164

Ergebnisse der Frauenforschung
Band 47
Begründet und im Auftrag des Präsidenten der Freien Universität Berlin
herausgegeben von

Prof. Anke Bennholdt-Thomsen, Germanistik
Prof. Marlis Dürkop, Sozialpädagogik
Prof. Ingeborg Falck, Medizin
Prof. Marion Klewitz, Geschichtsdidaktik
Johanna Kootz, Soziologie
Prof. Jutta Limbach, Jura
Prof. Hans Oswald, Pädagogik
Prof. Renate Rott, Soziologie
Dr. Hanna Beate Schöpp-Schilling, Amerikanistik/Anglistik, Germanistik
Prof. Margarete Zimmermann, Romanistik

Koordination: Dr. Anita Runge

Silvia Lange

PROTESTANTISCHE FRAUEN AUF DEM WEG IN DEN NATIONALSOZIALISMUS

Guida Diehls Neulandbewegung 1916-1935

Verlag J. B. Metzler
Stuttgart · Weimar

Gedruckt mit Unterstützung der Freien Universität Berlin.
Die Arbeit wurde gefördert vom Förderprogramm Frauenforschung
der Senatsverwaltung für Arbeit und Frauen, Berlin.

Die Deutsche Bibliothek – CIP-Einheitsaufnahme

Lange, Silvia:
Protestantische Frauen auf dem Weg in den Nationalsozialismus :
Guida Diehls Neulandbewegung 1916-1935 / Silvia Lange. –
Stuttgart ; Weimar : Metzler, 1998
  (Ergebnisse der Frauenforschung ; Bd. 47)
  ISBN 3-476-01596-3

Gedruckt auf säure- und chlorfreiem, alterungsbeständigem Papier.

© 1998   J. B. Metzlersche Verlagsbuchhandlung
und Carl Ernst Poeschel Verlag GmbH in Stuttgart
Einbandgestaltung: Willy Löffelhardt
Satz: Wallstein Verlag, Göttingen
Druck: Franz Spiegel Buch GmbH, Ulm
Printed in Germany

Verlag J. B. Metzler Stuttgart · Weimar

Für meine Eltern
Helga und Kurt Lange

DANKSAGUNG

Bedanken möchte ich mich an dieser Stelle bei allen, die mich während des Verfassens meiner Dissertation und ihrer Überarbeitung für die vorliegende Veröffentlichung wissenschaftlich und emotional unterstützt und so wesentlich zur Fertigstellung der Arbeit beigetragen haben. Ermutigt zu meinem Vorhaben hat mich vor allem Prof. Dr. Claudia Koonz, deren Forschungsarbeiten meine Aufmerksamkeit erstmals auf die *Neulandbewegung* lenkten. Diskutiert habe ich meine Arbeit immer wieder mit Adriane Feustel, Petra Fuchs, Dr. Gabriele Knapp, Helga Gläser und Revital Ludewig-Kedmi, denen ich für ihre konstruktive Kritik danke. Wichtige Anregungen geliefert haben auch die Teilnehmerinnen des Forschungskolloquiums historische Frauenforschung der Technischen Universität Berlin sowie Frau Dr. Ursula Baumann, mit der ich mich über einen Teil meiner Arbeit auseinandersetzen konnte, und Prof. Dr. Jochen-Christoph Kaiser, dem ich wertvolle Hinweise für die Veröffentlichung verdanke. Von Herzen danke ich außerdem meinem Betreuer, Prof. Dr. Wolf-Dieter Narr, für seine kritische Begleitung des Forschungsprozesses und seine stetige Ermahnung, »die Zitrone auszuquetschen«, und meiner Betreuerin, Prof. Dr. Karin Hausen, für ihr Interesse und ihre zahlreichen Anregungen. Ohne die Kooperationsbereitschaft und das Engagement der Mitarbeiterinnen und Mitarbeiter der zahlreichen Archive, in denen ich recherchiert habe, hätte das vorliegende Material nicht zusammengetragen werden können. Für ihre Unterstützung danke ich überdies den Mitarbeitern und Mitarbeiterinnen des Neulandhauses, Jugendbildungsstätte der Evangelisch-Lutherischen Kirche Thüringens, die mir wertvolle Kontakte vermittelten und mir einen Aufenthalt im Neulandhaus ermöglichten. Auch den Zeitzeuginnen, die durch ihre Kooperationsbereitschaft die Arbeit in dieser Form erst möglich gemacht haben, gebührt mein Dank. Großer Dank gilt auch meinem Freund, Rainer Kasberg, der mir wertvolle inhaltliche Anregungen geliefert und mich immer wieder zum Abschluß meiner Forschungsarbeit und ihrer Veröffentlichung ermuntert hat. Danken möchte ich ferner dem Aktiven Museum Faschismus und Widerstand in Berlin e.V., das mich vor allem bei den Vorarbeiten zu dieser Arbeit unterstützt hat, sowie dem Förderprogramm Frauenforschung der Senatsverwaltung für Arbeit und Frauen in Berlin, das durch seine finanzielle Förderung das Verfassen dieser Arbeit erst ermöglicht hat. Last but not least gilt mein Dank dem Publikationsförderprogramm »Ergebnisse der Frauenforschung« an der Freien Universität, besonders Frau Dr. Anita Runge, die mich beim Erstellen des Manuskripts beraten und tatkräftig unterstützt hat.

INHALT

»Frauen klagen, Hitler habe gesagt von dem vierfachen ›K‹ für die Frau, und sie besorgen, sie würden wieder verbannt zu Küche, Kammer, Kirche und Kindern. – Ei, wie dankbar wollten wir sein, wenn wieder einmal eine Zeit käme, wo die Frau nicht hineingezerrt wird in das Parteigezänk, wo sie wieder frei würde für ihre eigenste Frauenaufgabe, Begeisterin des Mannes, Hüterin der Sitte, Mutter und Priesterin zu sein. Ei, lasset uns sogleich und jede anfangen, diese Ämter zu üben – kräftig hinein in die Volksküche, den kochenden Brei gerührt, daß das Gärende und Brodelnde nicht in Schaum und Dampf sich verflüchtigt, sondern ein guter Grundsatz bleibt. Und welche Arbeit wir Frauen im stillen Kämmerlein zu verrichten haben, wissen wir. Als Priesterin im Volk den frommen Mut zu stärken, den frommen Willen zu wecken zum Trotz gegen die Versklavung, den frommen Freiheitsdurst, den frommen Zorn gegen die Ehrlosigkeit! Ach und wieviel gibt es an allen Ecken zu wirken als mütterliche Frau, zu erziehen, zu heilen, aufzuklären, zu lehren! Wahrlich, gerade die 4 K rufen uns zum Dienst am öffentlichen Leben.«

Helene Meyer
(Mitarbeiterin der *Neulandbewegung*, Oktober 1930)

EINLEITUNG

Frauen waren im »Dritten Reich« zwar von Führungspositionen in Partei, Staat und Wirtschaft ausgeschlossen, dennoch haben auch sie durch ihr Handeln zur nationalsozialistischen Machtergreifung und zum Funktionieren des NS-Regimes beigetragen. Die *Neulandbewegung* (NLB) stellt ein eindrückliches Beispiel für die Kooperation von Frauen mit den Nationalsozialisten dar. Sie entstand 1916 zwecks geistiger Mobilisierung der »gebildeten weiblichen Jugend« für den Krieg und schloß sich 1919 der *Vereinigung Evangelischer Frauenverbände Deutschlands* (VEFD) an. Nach Kriegsende schlug sich die NLB auf die Seite der Gegner der Demokratie und kämpfte vor allem für einen nationalen Wiederaufstieg des Deutschen Reichs. In den 20er Jahren verbanden sich in ihrer Programmatik die Emanzipationswünsche der evangelischen und bürgerlichen Frauenbewegung sowohl mit den Ideen der völkischen Bewegung als auch mit denen der Jugendbewegung. Radikal-feministische Forderungen wie die nach politischer Selbstbestimmung der Frauen in »Frauenkammern« wurden in den Dienst einer »völkischen Erneuerung« gestellt. Ab 1930 setzte sich die NLB für den politischen Sieg der NSDAP ein. Guida Diehl, die Gründerin und »Führerin« der NLB, verkündete im März 1930: »Jede von euch, liebe Neuländer, müßte jetzt das merkwürdige Wachstum des Nationalsozialismus mit größtem Interesse verfolgen. Dort vollzieht sich etwas von jener Wende in den Tiefen der Volksseele, die wir schon immer erwarteten.«[1] Wenige Monate später verpflichten sich die Anhängerinnen der NLB in den »Richtlinien für den deutschen Freiheitskampf« auf den Nationalsozialismus (NS). In denselben »Richtlinien« ist zu lesen, daß »der rassische Hauptbestandteil« der Deutschen die »nordischgermanische Rasse« sei. Dem entsprechend bedürfe das den Deutschen überlieferte Evangelium einer rassenspezifischen germanischen Überarbeitung und Verkündigung, denn es sei durch jüdische Einflüsse »verunreinigt« worden.[2] Die Vorstellung von einem »arteigenen« Christentum wird wenig später zum geistigen Repertoire der Deutschen Christen gehören.

Mit maximal 10.000 Anhängerinnen und Sympathisantinnen Anfang der 20er Jahre gehörte die NLB innerhalb der VEFD zu den kleineren Mitgliedsverbänden.[3] Die Geschichte der NLB und ihre Kooperation mit dem NS interessieren jedoch wegen ihrer frühen Hinwendung zum NS und der Vehemenz des Einsatzes für ihn. Der NLB kommt innerhalb der evangelischen Frauenbewegung, was die Kooperation mit dem NS anbelangt, eine Vorreiterrolle zu. Zudem gilt Guida Diehl, die Gründerin und »Führerin« der NLB und des *Deutschen Frauenkampfbundes gegen die Entartung im Volksleben*, nicht nur als Vordenkerin der Deutschen Christen, sondern wurde 1932 erste Kulturreferentin der *NS-Frauenschaft* und hat in dieser Position deren Konzepte nachhaltig geprägt.

In der Forschungsliteratur wird die NLB überwiegend als Jugendbewegung und völkische beziehungsweise pronationalsozialistische Frauenorganisation thematisiert. Beides erscheint mir wenig sinnvoll, wenn es um die Hinwendung zum NS geht, da die NLB sich selbst Ende der 20er Jahre als evangelische Frauenbewegung verstand. Die Betrachtung als Jugendbewegung vernachlässigt das frauenpolitische Engagement, das Ende der 20er Jahre ins Zentrum der Programmatik der NLB rückte. Die Klassifikation als völkische oder pronationalsozialistische Frauenorganisation blendet hingegen den protestantischen Hintergrund der NLB aus, der meines Erachtens – soviel sei hier vorweggenommen – für die Hinwendung zum NS von großer Bedeutung war.

Die Ergebnisse meiner Untersuchung sollen zu einer differenzierten Einschätzung der evangelischen Frauenbewegung und ihres Verhältnisses zur Weimarer Demokratie sowie zum NS beitragen. Stellt man in Rechnung, daß die NLB innerhalb der VEFD eher eine Außenseiterrolle einnimmt, können die Ergebnisse jedoch nicht als repräsentativ für ›die‹ evangelische Frauenbewegung betrachtet werden. Soweit bekannt, zeichnen sich die großen evangelischen Frauenverbände durch ein ambivalentes Verhältnis zur Weimarer Republik aus. Sie unternahmen Anfang der 30er Jahre nichts zur Verteidigung der Demokratie, begrüßten die nationalsozialistische Machtergreifung spätestens nach den Märzwahlen 1933 und sicherten dem nationalsozialistischen Regime ihre Loyalität zu, engagierten sich aber vor 1933 nicht für den politischen Sieg der NSDAP. Vor diesem Hintergrund stellt sich die Frage, warum sich die NLB bereits 1930 dem NS zuwandte. Wie stellt sich der Hinwendungsprozeß von innen betrachtet dar? Was ist das für ein Verband, dessen Vorsitzende und Anhängerinnen sich bereits lange vor der nationalsozialistischen Machtergreifung auf den NS verpflichten und ein rassenspezifisches Christentum propagieren?

Ziel meiner Arbeit ist es, die Verstrickung der NLB in den NS in ihrer Genese und Komplexität nachzuzeichnen und vor dem Hintergrund der evangelischen Frauenbewegung zu analysieren. Den zeitlichen Rahmen der Untersuchung bilden die Jahre 1916 bis 1935, das heißt, ich arbeite die Verbandsgeschichte der NLB von ihrer Entstehung bis zu dem Zeitpunkt auf, an dem die NLB in Anbetracht der nationalsozialistischen Gleichschaltungspolitik bedeutungslos wurde. Eine solche Herangehensweise erscheint sinnvoll, da nur so die Gründe für die frühe Hinwendung der NLB zum NS verständlich werden. Zudem empfiehlt es sich, die Entwicklung der NLB im Kaiserreich und in der Anfangsphase der Weimarer Republik einzubeziehen, um die Selbstdarstellungen der NLB als »erste deutsche Freiheitsbewegung« und »weibliche Parallelbewegung zum Nationalsozialismus« kritisch hinterfragen zu können.

Einerseits gilt es zwar, Kontinuitäten aufzuzeigen, aber auch der Versuchung zu widerstehen, die Hinwendung der NLB zum NS als zwangsläufige Entwicklung, die in den Anfängen der NLB bereits angelegt war, zu deuten. Andererseits besteht die Gefahr, das heutige Wissen um Auschwitz in die Vergangenheit zu projizieren und den vergleichsweise frühen und vehementen Einsatz der Neuland-Anhängerinnen für den Sieg der NSDAP auf den Holocaust zu beziehen. Um ein selbstgerechtes Verurteilen aus heutiger Perspektive zu vermeiden, versuche ich, das Handeln der Neuland-Anhängerinnen nachvollziehbar zu machen, indem ich ihren eigenen Deutungen Raum lasse. Diese mögen aus heutiger Perspektive zwar falsch und unbegründet erscheinen, waren aber damals handlungsrelevant, denn laut Thomas gilt: »Wenn die Menschen Situationen als real definieren, sind sie in ihren Konsequenzen real.«[4]

Guida Diehls Wirken als nationalsozialistische Frauenführerin (1931-1933) ist mittlerweile wissenschaftlich aufgearbeitet,[5] die Geschichte der NLB und ihrer Verstrickung in den NS hingegen ist bis heute weitgehend unerforscht. Interessant ist, daß sich die historische Frauenforschung bislang nicht des Themas angenommen hat. Das mag Zufall sein, könnte aber auch damit zusammenhängen, daß das Bedürfnis nach identifikatorischer Geschichtsschreibung einer Auseinandersetzung mit der NLB lange Zeit im Wege stand.[6] Bis Mitte der 80er Jahre wurden Frauen primär als Opfer der frauenfeindlichen Politik und Ideologie des NS[7] und weniger als handelnde, mit der Unterstützung des NS ihre eigenen Interessen realisierende Personen wahrgenommen.[8] Unter diesen Voraussetzungen konnten überzeugte Nationalsozialistinnen nur in Einzelfällen, als ›Abweichung von der Norm‹ in den Blick geraten. Zudem, so gibt Doris Kaufmann zu bedenken, ging es der Frauenforschung zunächst um das »Auffinden autonomer Handlungs- und Organisationsformen von Frauen«,[9] so daß die konfessionellen Frauenverbände aus diesem Grunde vernachlässigt wurden.

Auch von der evangelischen Kirchengeschichtsforschung wurde die NLB bislang nicht beachtet. Das hängt damit zusammen, daß sich die kirchengeschichtliche Forschung lange Zeit auf die Amtskirche und ihre Funktionsträger beschränkt hat. Der Verbandsprotestantismus – dazu gehören auch die zahlreichen evangelischen Frauenverbände – hat sich hingegen erst mit der Verbreitung sozialgeschichtlicher Ansätze als wissenschaftlich anerkannter Forschungsgegenstand konstituiert.[10] Hinzu kommt – neben der generellen Vernachlässigung der Frauen in der Geschichtsschreibung – die Schwierigkeit der evangelischen Kirche, ihren Beitrag zur nationalsozialistischen Machtergreifung kritisch zu reflektieren. Dieser Verdacht liegt besonders hinsichtlich der geringen Beachtung der NLB im Kontext der evangelischen Jugendbewegung nahe. Sie läßt sich nicht durch die geringe Bedeutung der NLB erklären, denn der wesentlich kleinere, von der NLB abgespaltene *Christdeutsche Bund*,[11] wird in Darstellungen der evangelischen und interkonfessionellen Jugendbewegung in der Regel ausführlich behandelt.[12] Besonders problematisch erscheint die fehlende Auseinandersetzung mit der NLB angesichts der Tatsache, daß die ehemalige Zentrale der NLB und des *Deutschen Frauenkampfbundes* in Eisenach heute der Evangelisch-Lutherischen Kirche Thüringens – nach wie vor unter der Bezeichnung Neulandhaus – als Jugendbildungsstätte dient.

Die Auswertung der zeitgenössischen wie der neueren Forschungsliteratur führt zu dem Ergebnis, daß Guida Diehl und die NLB bislang entweder im Kontext der Jugendbewegung oder der Teilhabe von Frauen am NS thematisiert worden sind. In der zeitgenössischen Literatur finden sich Hinweise auf die NLB primär in Sammelbänden zur konfessionellen und interkonfessionellen Jugendbewegung.[13] Sieht man von der ausführlichen Darstellung Leopold Cordiers ab, so beschränken sich die Autorinnen und Autoren jedoch auf die Präsentation weniger Eckdaten. Cordiers Darstellung erscheint problematisch, da er selbst mehrere Jahre zu den Mitarbeitern der NLB zählte, bis er sich 1921 im Streit mit einem Teil der Neuland-Anhängerinnen abspaltete, um den *Christdeutschen Bund* zu gründen. Auffallend ist, daß die NLB nur zum Teil in zeitgenössische Darstellungen der Jugendbewegung aufgenommen wurde.[14] Das deutet darauf hin, daß Uneinigkeit darüber herrschte, ob sie Bestandteil derselben war oder nicht. Die Schwierigkeit, die NLB eindeutig der Jugendbewegung zuzuordnen, setzt sich in der neueren Forschungsliteratur fort. In der allgemeinen Literatur über die Jugendbewegung[15] wird die NLB ebenso wie in der Literatur über die weibliche und konfessionelle Jugendbewegung[16] nur teilweise berücksichtigt. Es ist das Verdienst Rosemarie Schades, herausgearbeitet zu haben, daß die NLB zu den wenigen autonomen Mädchenbünden zählt, die nicht aus Männerbünden hervorgegangen sind oder Parallelgründungen darstellen. Sie sieht jedoch von der konfessionellen Bindung der NLB ab und ordnet sie dem rechten Flügel der weiblichen Jugendbewegung zu.

Betrachtet man die Auseinandersetzung mit Guida Diehl und der NLB in der Forschungsliteratur über die Teilhabe von Frauen am NS, dann zeigt sich, daß Guida Diehl – und nicht die NLB – im Zentrum des Interesses steht. Zu nennen sind hier vor allem Christine Wittrock und Leonie Wagner, die sich in ihren Arbeiten mit dem Denken Diehls als Nationalsozialistin auseinandersetzen. Während es Wittrock darum geht, die Affinität der Konzepte Diehls zu in der bürgerlichen Frauenbewegung existierenden Vorstellungen aufzuzeigen, analysiert Wagner die Konstruktion von Weiblichkeit und Politik im Denken Diehls.[17] Selbst in Arbeiten, die sich konzeptionell nicht auf führende Nationalsozialistinnen konzentrieren, wird die NLB in Verbindung mit Diehl als »alter Kämpferin« meist nur am Rande erwähnt. Stephenson nennt die NLB als Beispiel einer vom NS unabhängigen völkischen Frauengruppe, die bereits 1914 entstanden sei.[18] Koonz bezeichnet die NLB als »oldest pro-Nazi group« die bereits sechs Jahre vor der NSDAP gegründet worden sei.[19] Auch wenn sich über die meines Erachtens zu frühe Datierung der Entstehung der NLB diskutieren läßt, erscheint es mir problematisch, daß sowohl Stephenson als auch Koonz mit ihren Einschätzungen suggerieren, die NLB sei seit ihrer Gründung eine pronationalsozialistische Gruppierung gewesen, und so die Selbstdarstellung der NLB ab 1930 unreflektiert übernehmen. Bezeichnenderweise gruppiert Koonz die Vorsitzende der NLB, Guida Diehl, nicht im Kapitel über evangelische Frauenführerinnen als »Deutsche Christin«, sondern in dem über »alte Kämpferinnen« und abstrahiert so von Diehls protestantischer Herkunft und der protestantischen Prägung der NLB. Dieser Zuordnung liegt die Einschätzung zugrunde, daß Diehl in erster Linie Nationalsozialistin war, eine Meinung, die für den Zeitraum von 1930 bis 1933 zwar vertretbar ist, die gleichzeitig aber den spezifisch protestantischen Zugang Diehls und der NLB zum NS dem Blick entzieht und eine Analyse der Gründe für die Hinwendung zum NS erschwert.

Die Einschätzungen der NLB und des Denkens von Guida Diehl sind in der Literatur sehr unterschiedlich. Wenn Claudia Koonz und Christine Wittrock die frauen- und gesellschaftspolitischen Konzepte, die Diehl als NS-Funktionärin propagiert, in die Tradition der ›gemäßigten‹ bürgerlichen Frauenbewegung stellen, werden sie diesen Entwürfen meines Erachtens ebensowenig gerecht wie Rosemarie Schade, die die NLB als antifeministisch klassifiziert.[20] Treffender charakterisiert Karin Bruns die NLB, wenn sie sie als Beispiel für das »kombinatorische Zusammenwirken von Jugend-, Reformbewegung, völkischen Tendenzen und Elementen der Frauenbewegung« anführt.[21] Auch sie vernachlässigt jedoch den konfessionellen Charakter der NLB, der für deren Programmatik und Politik wesentlich war und vor dessen Hintergrund ich die Geschichte der NLB und ihre Hinwendung zum NS interpretieren werde.

Meine Forschungsarbeit gliedert sich in drei Hauptteile. Im ersten geht es um die organisatorische, programmatische und politische Entwicklung der NLB in der Zeit von 1916 bis 1928. Im zweiten Teil untersuche ich, auf welche Weise die NLB ihre eigenen Interessen mit denen der Nationalsozialisten verknüpft und wie die Kooperation konkret aussieht. Zu diesem Zweck rekonstruiere ich den Hinwendungsprozeß in seiner Chronologie. Da die programmatischen Forderungen der NLB nicht mit dem individuellen Interesse der Anhängerinnen an der NLB identisch sein müssen, beziehe ich vor allem im dritten Teil meiner Arbeit die Perspektiven der organisierten Subjekte ein und untersuche exemplarisch die Frage nach der lebensgeschichtlichen Bedeutung der NLB für ihre Anhängerinnen.[22]

Ich stütze mich in meiner Untersuchung auf vier Arten von Quellen: die Veröffentlichungen der NLB und ihrer Vorsitzenden Guida Diehl, Akten unterschiedlicher Provenienz, den Nachlaß einer Neuland-Anhängerin, zehn lebensgeschichtliche Interviews und sieben informelle Gespräche. Hinsichtlich der Veröffentlichungen der NLB gilt es, hauptsächlich zwischen Programmen, programmatischen Schriften, Zeitschriften und Büchern sowie kleineren Schriften Diehls zu differenzieren. Bei der Rekonstruktion der programmatischen Entwicklung der NLB beziehe ich mich primär auf die vier verschiedenen Auflagen der Programmschrift »Was wir wollen« als Ausdruck des kollektiven Willens der NLB. Da das Programm der NLB nur in sehr unregelmäßigen Abständen in Neuauflage erschien und zwischen der dritten Auflage 1922 und der vierten 1935 die für die Untersuchung interessantesten 14 Jahre liegen, ziehe ich darüber hinaus Texte, die die Entscheidungsgremien als programmatische Schriften verabschiedet haben, hinzu. Dazu gehören Diehls Buch »Deutscher Frauenwille« (1928) und die »Richtlinien für den deutschen Freiheitskampf« (1930).

Da es mir auf eine möglichst exakte chronologische Rekonstruktion des Hinwendungsprozesses ankommt, greife ich auf die Zeitschriften der NLB, die ab 1916 14tägig erscheinende Zeitschrift *Neuland*,[23] 1924 in *Neulandblatt* umbenannt, und das unregelmäßig erscheinende *Treufest* zurück.[24] Das *Neulandblatt* mußte von allen Anhängerinnen abonniert werden, war aber auch Außenstehenden zugänglich. Seine Auflage ging von etwa 10.000 im Jahr 1920 auf 2.300 im Jahr 1935 zurück. Es diente der Selbstdarstellung der NLB nach außen, bot Sympathisantinnen und Sympathisanten der NLB ein Diskussionsforum und diente der Kommunikation der Anhängerinnen untereinander. *Treufest* war demgegenüber das nichtöffentliche ›Insiderblatt‹ der Schärlerinnen, des innersten Kreises der NLB. Hier werden verbandsinterne Probleme diskutiert und die Anhängerinnen der NLB häufig zur Diskussion aufgefordert. Der Inhalt des *Neulandblatts* wird von Diehl, der des *Treufests* von einer engen Mitarbeiterin kontrolliert.[25] Die Publikationspolitik ist als ›liberal‹ einzuschätzen. Das gilt auch für die Phase der Hinwendung zum NS, denn es wurden auch viele kritische Positionen abgedruckt – wenn auch nur, um sie zu widerlegen.

Darüber hinaus verwende ich Guida Diehl betreffend die Akten ihrer Tätigkeit als Vorsitzende der Frankfurter Ortsgruppe des *Deutsch-Evangelischen Frauenbundes*, als Reisesekretärin für den *Evangelischen Verband der weiblichen Jugend Deutschlands* und als Kulturreferentin in der Reichsfrauenleitung der NSDAP. Hinsichtlich der NLB werte ich die Akten des Neuland-Gemeindehelferinnenseminars, der Neuland-Mütterschule und die lückenhaften Bestände der VEFD aus. Dazu kommt die Korrespondenz mit kirchlichen Instanzen, die sich in den unterschiedlichsten Beständen und Archiven findet. Leider sind weder die Akten der einzelnen Ortsgruppen erhalten, so daß auf deren Verhalten nur indirekt Rückschlüsse gezogen werden können, noch existiert die Korrespondenz der Zentrale im Neulandhaus mit den einzelnen Kreisen. Zusätzlich zu den Akten greife ich auf den Nachlaß einer Anhängerin zurück, die zu den Mitbegründerinnen des Neulandbundes Ende 1916 gehört.[26] Dieser enthält neben Flugblättern und Ähnlichem auch die Korrespondenz mit Diehl und anderen Anhängerinnen der NLB.

Da keine Mitgliederlisten existieren, war eine systematische Überprüfung aller Anhängerinnen der NLB auf ihre Parteizugehörigkeit und Mitgliedschaft in NS-Organisationen nicht möglich. Über die Analyse von Todesanzeigen und Nachrufen konnte ich jedoch die Lebensdaten von Diehls wichtigsten Mitarbeiterinnen sowie ca. zwanzig Neuland-Anhängerinnen ermitteln, die in der NLB gegen Ende der Weimarer Republik in den verbandseigenen Zeitschriften besonders in Erscheinung traten, und die Personen auf die Zugehörigkeit zur NSDAP und ihren Organisationen überprüfen.

Um die subjektiven Zugangsweisen zur NLB und die lebensgeschichtliche Bedeutung der NLB für ihre Anhängerinnen zu erfassen, habe ich mich für das biographischnarrative Interview, ein Forschungsdesign der Biographieforschung, als Forschungsmethode entschieden. Von 1990 bis 1993 habe ich neben sieben informellen Gesprächen[27] zehn Interviews geführt. Die Länge der Interviews variierte zwischen eineinhalb und ca. sechs Stunden. Die Befragten sind zwischen 1895 und 1924 geboren und gehören damit drei verschiedenen Generationen an.

Alle Interviews wurden unter dem Aspekt der Attraktivität der NLB für ihre Anhängerinnen betrachtet (Querschnittanalyse). Um die Frage nach der lebensgeschichtlichen Bedeutung der NLB, das heißt danach, wie die Einzelnen ihre Biographie konstruieren und welchen Stellenwert sie dabei der NLB zuweisen, zu beantworten, habe ich in Anlehnung an Gabriele Rosenthal zwei Interviews mit Hilfe der hermeneutischen Fallrekonstruktion ausgewertet.[28] Die Analyse der Interwiews verweist auf die außerordentliche Bedeutung, die die Zugehörigkeit zur NLB und die Person Guida Diehl für diese Anhängerinnen damals hatten und zum Teil bis heute haben.

TEIL I:
DIE NEULANDBEWEGUNG ZWISCHEN PROTESTANTISMUS UND VÖLKISCHER BEWEGUNG (1916-1928)

ENTSTEHUNG IM ERSTEN WELTKRIEG

Guida Diehl und die Anfänge

Ohne Guida Diehl hätte es nie eine NLB gegeben. Da sie für die Existenz und Entwicklung der NLB von außerordentlicher Bedeutung ist, gehe ich zunächst auf ihre Biographie bis zur Entstehung der NLB ein. Guida Diehl wurde im Juli 1868 in Schischkin bei Odessa (Rußland) geboren. Ihr Vater, Peter Diehl, leitete dort ein Lehrerseminar, ihre Mutter – ehemals Diakonisse – betreute die fünf gemeinsamen Kinder. Die Familie kehrte 1874 nach Frankfurt am Main zurück, wo Peter Diehl als Lehrer arbeitete. Er war Anhänger des damals sehr einflußreichen Predigers und politischen Agitators Adolf Stoecker (1835-1909),[1] stand in engem persönlichen Kontakt zu ihm und leitete die Frankfurter Ortsgruppe der *Christlich-Sozialen Partei*.[2] Gleichzeitig stand er in Verbindung zu Friedrich Naumann (1860-1919)[3] und wirkte bei der Gründung des *Evangelischen Arbeitervereins* mit. Guida Diehl nahm an dem politischen Engagement ihres Vaters starken Anteil und kannte sowohl Stoecker als auch Naumann persönlich. Beide gelten als die prominentesten Repräsentanten des christlich-sozialen Flügels im Protestantismus ihrer Zeit, Diehls Familie stand jedoch dem Antidemokraten Stoecker näher als Naumann.

Guida Diehl besuchte die Volksschule, dann die Höhere Mädchenschule und schließlich, wie viele Töchter des Bildungsbürgertums das Lehrerinnenseminar. Dieses schloß sie 1886 ab, um im Anschluß daran für zwei Jahre als Hauslehrerin nach Brüssel zu gehen. Das Leben dort beschreibt sie einerseits als sehr anregend und interessant, andererseits fühlte sie sich dort einsam und fremd, was sie mit der jüdischen Herkunft ihrer Arbeitgeber-Familie in Zusammenhang bringt.[4] Der Auslandsaufenthalt bestärkte sie in dem von ihrem Mentor Adolf Stoecker vermittelten Antisemitismus und förderte ihr Nationalgefühl. Zurück in Frankfurt übernahm sie die Leitung eines evangelischen Jungmädchenvereins. Ab 1889 unterrichtete sie aushilfsweise an verschiedenen Frankfurter Schulen bis sie im Frühjahr 1895 an der Katherinenschule (Volksschule) fest eingestellt wurde. Im Sommer 1900 wechselte sie auf eigenen Wunsch an die Bethanienschule (Mittelschule), wo sie bis 1914 tätig war.[5]

Guida Diehl wirkte 1902 an der Gründung der Frankfurter Ortsgruppe des *Deutsch-Evangelischen Frauenbundes* mit, die sich unter ihrem Vorsitz zur viertgrößten Ortsgruppe im Deutschen Reich entwickelte.[6] In dieser Funktion engagierte sie sich in Frankfurt gemeinsam mit dem ›gemäßigten‹ Flügel der bürgerlichen Frauenbewegung gegen die »erotische Revolution«, die sie vor allem im *Bund für Mutterschutz* und seiner bedeutendsten Repräsentantin, Helene Stöcker (1869-1943),[7] verkörpert sah, sowie gegen den allgemeinen »sittlichen Verfall«. Guida Diehl organisierte u. a. Veranstaltungen mit

Helene Lange (1848-1930) und Anna Pappritz (1861-1939), einer Vorkämpferin für eine »reinere Sexualethik«,[8] als Rednerinnen. Bemerkenswert ist, daß die Frankfurter Ortsgruppe des *Deutsch-Evangelischen Frauenbundes* sich unter Diehls Vorsitz bereits 1907, also ein Jahr bevor der *Deutsch-Evangelische Frauenbund* auf nationaler Ebene dem *Bund Deutscher Frauenvereine* (BDF) beitritt, dem lokalen Bündnis der bürgerlichen Frauenbewegung anschließt, was dafür spricht, daß es keine Berührungsängste gab.[9]

Diehls Wirken als Vorsitzende der Frankfurter Ortsgruppe zeugt von einem ungeheuren Aktivismus. Bereits 1903 startet sie eine Initiative zur ›Rettung‹ der Frankfurter Kellnerinnen, die sie für sittlich besonders gefährdet hält. Diese stößt zwar bei den Betroffenen nur auf geringe Resonanz, resultiert aber in einem energischen Kampf gegen die Frankfurter Animierkneipen.[10] Im selben Jahr (1903) gründet sie eine Gewerkschaft für Heimarbeiterinnen. 1904 folgt der *Evangelische Arbeiterinnenverein für Frankfurt und Umgebung*, den sie – ebenso wie die Frankfurter Ortsgruppe – bis 1914 leitet. Ziel des Vereins ist, »durch Zusammenschluß den Arbeiterinnenstand sowohl in wirtschaftlicher als auch in geistiger Beziehung zu heben und zu stärken«[11] und so den Einfluß der gefürchteten Sozialdemokratie einzudämmen. Unterstützt wird sie bei ihren Aktivitäten von ihrer langjährigen Freundin und Lebensgefährtin Lina Lejeune (1881-1967), einer assimilierten »Vierteljüdin«, die ab 1912 als zweite Schriftführerin der Frankfurter Ortsgruppe des *Deutsch-Evangelischen Frauenbundes* in Erscheinung tritt.

Abgesehen von ihrem sozialen Engagement versucht Diehl, innerkirchlich größere Partizipationsmöglichkeiten für Frauen durchzusetzen. Sie tritt – in Übereinstimmung mit dem Programm des *Deutsch-Evangelischen Frauenbundes* – vehement für die Durchsetzung des kirchlichen Frauenstimmrechts ein. Hierbei sieht sie sich mit dem erbitterten Widerstand des in Frankfurt sehr einflußreichen Pfarrers und Anhängers Adolf Stoeckers, Julius Werner, konfrontiert.[12] Er gehört zunächst zu den Befürwortern des kirchlichen Frauenstimmrechts, entwickelt sich aber nach dem Anschluß des *Deutsch-Evangelischen Frauenbundes* an den BDF 1908 zu einem entschlossenen Gegner desselben und schließt sich 1912 dem *Bund zur Bekämpfung der Frauenemanzipation* an. Als Vorsitzender der *christlich-nationalen Vereinigung*, einer Unterabteilung des *Bundes zur Bekämpfung der Frauenemanzipation*, kämpft er gegen die Emanzipationsbestrebungen des *Deutsch-Evangelischen Frauenbundes* und versucht, seinen Austritt aus dem BDF zu bewirken.

Guida Diehls soziales und frauenpolitisches Engagement weist sie als Vertreterin des christlich-sozialen Flügels des Protestantismus aus. Versucht man Diehl als Vorsitzende der Frankfurter Ortsgruppe des *Deutsch-Evangelischen-Frauenbundes* innerhalb des Gesamtverbandes zu verorten, so zeigt sich aufgrund ihrer Korrespondenz mit der Vorsitzenden Paula Mueller (1865-1946)[13] und anderen Vorstandsmitgliedern, daß sie vergleichsweise fortschrittliche Positionen vertritt. Sie betrachtet den *Deutsch-Evangelischen Frauenbund* als Teil des ›gemäßigten‹ Flügels der bürgerlichen Frauenbewegung, arbeitet auf lokaler Ebene mit diesem zusammen und verweist gegenüber Paula Mueller mehrfach auf die Notwendigkeit einer Kooperation. Diehl warnt Paula Mueller 1912 ausdrücklich davor, dem Druck des *Bundes zur Bekämpfung der Frauenemanzipation* nachzugeben und mit dem *Deutsch-Evangelischen Frauenbund* aus dem BDF auszutreten.[14]

Wenngleich in der Literatur 1908, 1914 oder auch 1917 als Entstehungsdatum genannt wird, datiere ich die Entstehung der NLB auf das Jahr 1916.[15] Als direkte Vorläufer der NLB können die ab 1903 in Frankfurt von Diehl, damals Vorsitzende der Frankfurter Ortsgruppe des *Deutsch-Evangelischen Frauenbundes*, gegründeten Gesprächskreise, ab 1908 Studienkränzchen genannt, gelten.[16] Diehl ist zu dieser Zeit als Lehrerin an einer Mittelschule tätig und sammelt die Schulabgängerinnen der von ihr unterrichteten Klassen, um mit ihnen »ethische Fragen, religiöse Fragen, Fragen der persönlichen Entwicklung, der Willensbildung, der gesellschaftlichen Eingliederung, kurz, alles, was im jungen Mädchen gärt und braust oder was erst noch geweckt werden muß«,[17] zu besprechen. Leopold Cordier betrachtet Diehl als Pionierin auf dem Gebiet der Arbeit an der »gebildeten weiblichen Jugend«,[18] was für das Innovative ihrer Konzepte spricht. Durch Diehls Jugendarbeit und ihre Agitation gegen Animierkneipen u. ä. wird Pfarrer Burckardt, Vorsitzender des *Evangelischen Verbandes zur Pflege der weiblichen Jugend Deutschlands*,[19] auf sie aufmerksam und fordert sie auf, für diesen die Arbeit an der »gebildeten weiblichen Jugend« zu übernehmen.[20] Diehl läßt sich daraufhin als Lehrerin beurlauben, gibt – zum großen Bedauern Paula Muellers – den Vorsitz der Frankfurter Ortsgruppe des *Deutsch-Evangelischen Frauenbundes* auf[21] und arbeitet ab Winter 1912/13 als Reisesekretärin für den *Evangelischen Verband*. In dieser Funktion gründet sie nach dem Frankfurter Vorbild in ganz Deutschland Studien- und Neulandkreise, wobei der erste Frankfurter Studienkreis als »Keimzelle für die ganze Bewegung«[22] gilt.

Mit der deutschen Kriegserklärung an Rußland beginnt für Deutschland am ersten August 1914 der Erste Weltkrieg. Dieser löst quer durch alle Gesellschaftsschichten eine heute kaum vorstellbare Kriegsbegeisterung aus. Diehl sieht in seinem Beginn keineswegs eine Katastrophe, sondern eine hervorragende Gelegenheit, eine geistig-moralische Erneuerung des deutschen Volkes voranzutreiben, womit sie sich im Konsens mit großen Teilen des Protestantismus und auch der evangelischen Frauenbewegung weiß.[23] Für viele Menschen stellt der »Aufbruch in den Krieg«, so Sontheimer, die »erste Verwirklichung jener Volksgemeinschaft [dar], deren Zustandekommen ihr erklärtes politisches Ziel war«.[24] Bereits vor Kriegsbeginn hat der BDF Pläne für den Kriegseinsatz der Frauen ausgearbeitet, so daß es bereits eine Woche nach Kriegsbeginn unter Federführung der Vorsitzenden, Gertrud Bäumer, zur Gründung des *Nationalen Frauendienstes* kommt. In ihm kooperieren erstmals die bürgerliche Frauenbewegung, die Sozialdemokratinnen und die konfessionellen Frauenverbände. Der *Nationale Frauendienst* sieht seine Aufgaben vor allem in der Aufrechterhaltung der Lebensmittelversorgung, der Familienfürsorge und der Arbeitsvermittlung.[25] Guida Diehl stimmt in die Kriegseuphorie ein, verfaßt sofort ein Flugblatt für die ausrückenden Soldaten und engagiert sich in Frankfurt an der »Heimatfront«. Zudem betrachtet sie den Krieg als eine günstige Gelegenheit zur Mobilisierung der »gebildeten weiblichen Jugend«. Obwohl der *Evangelische Verband* während des Kriegs seine Arbeit einschränken will, setzt Diehl gegen den Willen des Vorstands durch, ihre Arbeit im Krieg fortsetzen zu dürfen.[26] Ab Winter 1914 reist sie durch das Deutsche Reich und hält patriotische Vorträge in Höheren Mädchenschulen und Gymnasien, aber auch vor Arbeiterinnen.[27] Im Anschluß an ihre Vorträge fordert sie die anwesenden Mädchen und Frauen auf, Studienkreise zu bilden, womit sie, betrachtet man die Kreisgründungen in dieser Zeit, Erfolg hat. Leopold Cordier, zeitweise Mitarbeiter der NLB, konstatiert, daß »der Krieg [...] die Arbeit an der Jungmädchenwelt der höheren Stände neu [belebte]«.[28]

Häufige Aufenthalte in Berlin lassen Diehl schon bald zu der Erkenntnis kommen, daß die anfängliche Kriegsbegeisterung der Bevölkerung abnehme und die vermeintliche Dekadenz der Vorkriegszeit wieder um sich greife. Um der nachlassenden Kriegsbegeisterung entgegenzuwirken, versucht sie unabhängig von ihrer Arbeit für den *Evangelischen Verband*, Frauen für den »inneren geistigen Mitkampf« im Krieg zu mobilisieren und zu diesem Zweck eine neue Organisation, den *Kriegsbund Deutscher Frauen*, zu gründen.[29] Mit diesem Anliegen tritt sie Anfang 1915 zunächst an Paula Mueller heran. Der *Deutsch-Evangelische Frauenbund* soll überall große Frauenversammlungen einberufen und zur Gründung des *Kriegsbundes* aufrufen. In einem zehnseitigen Brief an Mueller kritisiert Diehl sowohl die Arbeit des *Nationalen Frauendienstes* als auch die Kriegsarbeit des *Deutsch-Evangelischen Frauenbundes*. Sie geht von dem Primat des »inneren geistigen Mitkampfes« aus und behauptet, daß sich der *Nationale Frauendienst* zu sehr an der äußeren praktischen sozialen Arbeit beteilige und darüber die ideologische Mobilisierung vernachlässige, die eigentlich im Zentrum stehen müsse. Richtig ist, daß der Arbeitsschwerpunkt des *Nationalen Frauendienstes* tatsächlich auf praktischen Hilfeleistungen liegt, er beansprucht aber, eine »seelische Mobilmachung« der Frauen zu bewirken,[30] so daß Diehls Forderung nach »geistigem Mitkampf« nichts Neues darstellt, sondern nur eine andere Akzentuierung der Arbeit bedeutet. Ferner werde der *Nationale Frauendienst*, so Diehl weiter, von radikalen Frauen, die zudem meist Jüdinnen seien, beherrscht. Da der *Deutsch-Evangelische Frauenbund* sich dem *Nationalen Frauendienst* unterstellt hat, gilt die Kritik auch dem *Deutsch-Evangelischen Frauenbund* selbst. Diehl konstatiert, daß es seinen Ortsgruppen nirgends gelungen sei, im *Nationalen Frauendienst* führend zu werden, und beklagt, daß er zur politischen Zurückhaltung gezwungen sei:

Hier [im *Nationalen Frauendienst*, S. L.] ist gewiß die äußerlich fürsorgende Arbeit glänzend, aber man darf es nicht wagen, auf den einzelnen Stellen des Nationalen Frauendienstes ein Blatt unserer Weltanschauung ins Wartezimmer den Wartenden hinzulegen. Vaterländische Schriften, Lieder werden von den Vorsitzenden, die stets Sozialistinnen sind, heftig gerügt, und daß die Letzteren ihren Willen durchsetzen, ist zur Gewohnheit geworden.[31]

»Geistiger Mitkampf« bedeutet für Diehl – nachdem die Hoffnung auf einen schnellen deutschen Sieg sich zerschlagen hat – vor allem, die politische Agitation für die Fortsetzung des Kriegs zu verstärken, wobei den Frauen, als den Trägerinnen der Kultur und Sittlichkeit eines Volkes, ihre Verantwortung und ihre besonderen Aufgaben aufgezeigt werden müsse. Der angestrebte *Kriegsbund* solle, so fährt Diehl in ihrem Brief an Mueller fort, hauptsächlich geistige und politische Arbeit leisten. Besonders wichtig ist ihr die Agitation unter den kriegsverlassenen Witwen, die moralisch sehr gefährdet seien. Der

Kriegsbund ist als christliche überkonfessionelle Bewegung national denkender Frauen konzipiert. Den Kern sollen die evangelische und die katholische Frauenbewegung bilden, jüdische Frauen werden eventuell zugelassen, dürfen aber keine Machtpositionen bekleiden. Hier wird bereits Diehls Antisemitismus deutlich – den Paula Mueller unwidersprochen läßt.

Mueller stimmt Diehls Einschätzungen zu, spricht sich jedoch gegen die Gründung einer neuen Organisation aus, bietet Diehl aber an, ihre Ideen verstärkt auf Vorträgen für den *Deutsch-Evangelischen Frauenbund* zu propagieren.[32] Nachdem sie Mueller nicht von der Notwendigkeit eines *Kriegsbundes* überzeugen konnte, wendet Diehl sich an die »gebildete weibliche Jugend«, mit deren Organisierung sie vom *Evangelischen Verband* betraut ist. Anfang 1916 schafft sie mit *Neuland: Zeitschrift für die gebildete weibliche Jugend* ein Publikationsorgan, um ihre Idee eines interkonfessionellen *Kriegsbundes* zu propagieren.[33] Im Leitartikel der ersten Ausgabe der Zeitschrift hebt sie die Notwendigkeit einer »inneren Erneuerung« Deutschlands hervor und erklärt:

> Zu diesem Kampf bist Du berufen, deutsche weibliche Jugend, ganz besonders Du gebildete Jugend, die Du durch Deine bevorzugte Lage besonders große Verantwortung trägst. Du sollst kämpfen um die Erneuerung Deiner Seele, nicht im Rausche hoher Stimmungen, sondern in täglicher Wahrheit und Treue! Du sollst kämpfen für die Erneuerung der gebildeten Mädchenwelt, von deren Hochgesinntheit und Reinheit so viel abhängt für das ganze Volk. Du sollst kämpfen für das Hervorbrechen des wahren gottesfürchtigen Deutschtums im ganzen Volk […].[34]

Im Gegensatz zum Kriegseinsatz der Männer handelt es sich bei dem Kampf der Frauen um einen inneren geistigen Kampf, den es individuell auszufechten gilt. Der »gebildeten weiblichen Jugend«, die sich, so Diehl im gleichen Artikel, bislang vom Kriegsgeschehen ausgeschlossen fühle, komme bei der inneren Erneuerung Deutschlands eine besondere Aufgabe zu. Das moralische Verhalten jeder einzelnen jungen Frau ist in Diehls Konstruktion für das »ganze Volk« bedeutsam.

Diehl ruft die Leserinnen der Zeitschrift *Neuland* nicht nur zur »inneren Erneuerung«, sondern auch zum Einsatz ihrer Arbeitskraft für den deutschen Sieg auf. Die jungen Frauen sollen in der nationalen Krise aus ihrem traditionell weiblichen Arbeitsbereich heraustreten und neue Aufgaben übernehmen.[35] Um auch diejenigen, die ihren Platz nicht verlassen können, in den nationalen Kampf einzubeziehen, wird zum einen der Haushalt, also der traditionelle weibliche Lebens- und Arbeitsbereich zum »Kampfplatz« erklärt,[36] zum anderen deklariert Diehl jede Alltagshandlung als für das nationale Schicksal entscheidend:

> Der kleine Sieg in der Einzelversuchung des Alltags, im stillen Eckchen, wo es niemand sieht, ist nicht einerlei. Durch ihn wird die geistige Macht im Volk vermehrt, durch eine Niederlage wird sie vermindert. Wie wir unseren Alltag jetzt durchleben, ist für den Geisteskampf des Augenblicks von größter Bedeutung. Entweder wir stärken die Kraft des Gemütes, die die Siege erringt, oder wir schwächen sie.[37]

Dienst am Vaterland ist der uns zunächst anvertraute Gottesdienst.

Guida Diehl.

Postkarte: Guida Diehl 1928 (ADJB).

Bemerkenswert ist, daß Diehl den Krieg nicht als eine gigantische Materialschlacht sieht, in der Tag für Tag viele Menschen sterben, sondern als »Geisteskampf«, der als innerer Kampf vor allem in den Aufgabenbereich der Frauen fällt. Dieser »Geisteskampf« ist ein totaler, er kennt kein Gebiet, das nicht Kampfgebiet ist. Sowohl die daheimgebliebenen Männer als auch die Frauen werden zu ständig Kämpfenden beziehungsweise sich Verweigernden. In dieser Konstruktion ist jegliches Handeln politisch, das heißt auch das Alltagshandeln der jungen Frauen wird als solches wahrgenommen und aufgewertet.

Diehl erstellt die Zeitschrift *Neuland* als Mitarbeiterin des *Evangelischen Verbandes*, der zunächst als Herausgeber auftritt. Im Winter 1916/17, in dem Deutschland unter der Einfluß Hindenburgs und Ludendorffs zum totalen Krieg übergeht, schließt sich ein Teil der Leserinnen zum Neulandbund zusammen.[38] Auf dem ersten Treffen der Bündlerinnen und Interessentinnen, dem Neulandtag im Herbst 1917, verbinden sich die Studien- und Neulandkreise zum *Verband der Studien- und Neulandkreise*.[39] Ab Herbst 1917 bezeichnen sich die Anhängerinnen Diehls als »Bewegung«. Zugleich setzt sich die Bezeichnung »Neuland« gegenüber *Kriegsbund Deutscher Frauen* durch. Während letztere nahelegt, daß die Vereinigung ihre Legitimation ausschließlich aus dem Krieg bezieht, verweist Neuland auf das Programm einer »inneren Erneuerung«, die nicht notwendigerweise an den Krieg gebunden ist. Es geht nicht um die Eroberung neuen Landes im Sinne von Annexionen, sondern um die Erschaffung neuen Landes im Inneren jeder Einzelnen in Form einer geistig-moralischen Erneuerung.

Diehl setzt zwar im Krieg ihre Arbeit für den *Evangelischen Verband* fort, stimmt ihr Handeln offensichtlich aber nicht mit diesem ab, so daß es schon bald zu Konflikten kommt. Der *Evangelische Verband* legt Diehl nach dem ersten Neulandtag im Herbst 1917 nahe, sich mit dem Neulandbund und den von ihr gegründeten Studien- und Neulandkreisen vom *Evangelischen Verband* zu trennen, und lehnt auch einen korporativen Anschluß wie im Fall der *Mädchenbibelkreise* ab.[40] Er begründet seine Entscheidung damit, daß die Studien- und Neulandkreise zu selbständig seien und somit nicht mehr in das Konzept der evangelischen Jugendarbeit passen. Diehl wirft dem *Evangelischen Verband* vor, Jugendpflege im traditionellen Sinn zu betreiben statt die Jugend zur Selbständigkeit zu erziehen. Der *Evangelische Verband* teilt zwar Neulands Kriegsbegeisterung,[41] er wendet sich aber gegen die von Neuland proklamierte Verquickung von Religion und Politik:

> Was indessen den inneren Unterschied betrifft, so liegt er einmal darin, daß der Evangelische Verband die eigentümlich ausgebildeten Begriffe des »neuen Christ-Seins« und der »deutschen Sendung der weiblichen Jugend« in der von der Neulandbewegung geprägten Form sich nicht zu eigen machen kann. Andererseits ist der Evangelische Verband bestrebt, die gebildete Jugend nicht zu isolieren, wie es in »Neuland« zu geschehen droht, sondern mitten hinein zu stellen in die große evangelische Jugendsache in der Erkenntnis, daß es heute mehr denn je Pflicht der gebildeten Stände ist, auf jede Absonderung zu verzichten und sich in den Strom des Lebens zu stellen.[42]

Während der *Evangelische Verband* sich gegen das elitäre Selbstverständnis der NLB als Vereinigung der »gebildeten weiblichen Jugend« und das Primat nationaler Ziele wendet, wie in der Kritik an der »deutschen Sendung« angedeutet, legt die NLB hierauf ihr »Hauptgewicht«.[43] Die Neuland-Anhängerinnen identifizieren sich mit den nationalen Interessen des Deutschen Reiches, das heißt mit dessen Kriegszielen besonders stark und ordnen religiöse Inhalte diesen unter beziehungsweise versuchen, beide in Übereinstimmung zu bringen. Die deutsche Niederlage im Ersten Weltkrieg bedeutet für die NLB – wie für den Protestantismus insgesamt – eine nationale Katastrophe, zudem stellen die November-Revolution und die Einführung der Demokratie sowohl die Machtansprüche der evangelischen Kirche als auch bürgerliche Privilegien in Frage. Im Gegensatz zum *Evangelischen Verband*, für den es 1918 »kaum eine Frage [gab], die nicht neu durchdacht werden mußte, kein Arbeitsgebiet, das unverändert blieb«,[44] was auf ein Arrangement mit der Weimarer Demokratie verweist, lehnt die NLB dieses konsequent ab. Mit der kompromißlosen Absage an die Demokratie befindet sich die NLB nicht nur im Gegensatz zum *Evangelischen Verband*, sondern gerät – so sei hier als These formuliert – innerhalb eines sich mit der Weimarer Republik zumindest arrangierenden Protestantismus zunehmend in Isolation.

Betrachtet man die Entwicklung der NLB und ihrer Vorläufer unter dem Aspekt des Verhältnisses von Religion und Politik, so fällt auf, daß es vor Beginn des Ersten Weltkriegs in den Studienkreisen um ethische und soziale Fragen geht, die letztlich religiös beantwortet werden, und daß politische, das heißt nationale Zielsetzungen, eine untergeordnete Rolle spielen. Diese treten nach Beginn des Kriegs in Form der Forderung nach dem »geistigen Mitkampf« der Frauen für den deutschen Sieg in den Vordergrund. Das zentrale Anliegen Diehls scheint nicht mehr ein religiöses, sondern ein nationales und so ein politisches zu sein. Es geht der NLB um die Rückkehr zu »unserem wahren gottgewollten Wesen, […] einem Deutschtum der Gründlichkeit, der Tiefe, der Echtheit«.[45] Die Verteidigung dieses noch nicht realisierten Deutschtums, in dem sich aus der Perspektive der NLB Gottes Wille offenbare, mache den Ersten Weltkrieg für die Deutschen zu einem »heiligen« Krieg[46] und verpflichte jede Deutsche und jeden Deutschen zum Einsatz für den deutschen Sieg. Die Verknüpfung von Religion und Politik zu einer protestantischen Kriegstheologie ist zentral für die Entstehung der NLB im Ersten Weltkrieg und in unterschiedlich weit gehenden Ausprägungen in protestantischen Kreisen zu jener Zeit üblich. In dieser Konstruktion spiegelt sich die im deutschen Protestantismus verbreitete Vorstellung von einer »geschichtlichen Zusammengehörigkeit von wahrem Deutschtum und reformatorischem Christentum«,[47] welche sich laut Tilgner in der politischen Romantik nach dem deutsch-französischen Krieg von 1870/71 herausbildete.

Die NLB entsteht 1916 also zu einem Zeitpunkt, zu dem ein deutscher Sieg bereits ungewiß geworden ist, die inneren Spannung zunehmen und die »Heimatfront« zerfällt und kann so als Reaktion auf die nachlassende Kriegsbegeisterung verstanden werden. Ihren ersten Höhepunkt erreicht die NLB im Herbst 1917, in dem Jahr, in dem mit dem sogenannten Hindenburgprogramm zur Steigerung der Kriegsproduktion die Zivildienstpflicht eingeführt und die persönliche Bewegungsfreiheit eingeschränkt wird, die russische Oktoberrevolution ausbricht und die USA in den Ersten Weltkrieg eintreten. Der Kriegseintritt der USA verleiht dem Krieg eine neue politische Dimension, denn der amerikanische Präsident Wilson definiert den Einsatz der USA als Kampf gegen die Monarchie für eine demokratische Staatsverfassung und stellt damit die Gesellschaftsordnung in Frage, mit der sich die Klientel Diehls identifiziert, so daß der Erfolg der NLB 1917 möglicherweise mit einem wachsenden Gefühl der Bedrohung zusammenhängt. So könnte man die Rede vom »Geisteskampf« nicht nur als geistigen Kampf, sondern auch als Kampf der Ideen, in dem sich Demokratie und Monarchie gegenüberstehen, interpretieren.

Auffallend ist die Diskrepanz zwischen dem letztlich nationalen, das heißt außenpolitischen Ziel der NLB und dem Weg der Realisierung, nämlich nicht durch den Versuch einer direkten kollektiven Einflußnahme auf politische Prozesse, sondern durch eine individuelle »innere Erneuerung« geistiger Art. In dem Dualismus von innen und außen wird im Ersten Weltkrieg die geistige Erneuerung dem positiv konnotierten Innen und politisches Handeln dem negativ konnotierten Außen zugeordnet und damit abgewertet. Dieser Dualismus ist zentral für das Selbstverständnis und Handeln der NLB in der Weimarer Republik. An der allmählichen – oft widersprüchlichen – Neubewertung des Verhältnisses von Innen und Außen läßt sich die Politisierung und politische Radikalisierung der NLB in der Weimarer Republik ablesen.

Diehls Politikkonzept, das außenpolitische Ziele durch »innere Erneuerung« zu erreichen sucht, beruht auf einer Politisierung des Alltagshandelns, also auch traditionell weiblicher Tätigkeiten. In dem Sammlungsprozeß der NLB besteht Diehls Ansatz darin, dem, was die jungen Frauen ohnehin schon tun, eine neue Bedeutung zu verleihen und die im Privatbereich geleistete Arbeit als kriegsrelevant anzuerkennen. Die Entstehung der NLB steht so im Zeichen einer totalen Politisierung des Privaten, die die für das bürgerlich-liberale Denken konstitutive Trennung zwischen Privatsphäre und öffentlich-politischem Raum unterläuft. Diehl weist ihren Anhängerinnen, die sich vom Kriegsgeschehen ausgeschlossen fühlen, einen wichtigen Platz in der »Volksgemeinschaft« zu und erklärt ihr Handeln für politisch bedeutsam. Zudem impliziert die Sicht des Krieges als »Geisteskampf« und der hohe Stellenwert des »geistigen Mitkampfes« eine Aufwertung der Frauen als Zuständige für innere geistige Kämpfe.

Sozioökonomische und ideologische Voraussetzungen

Der doppelte Ursprung der NLB, zum einen als Sammlungsbewegung der »gebildeten weiblichen Jugend« vor dem Ersten Weltkrieg, zum anderen als *Kriegsbund Deutscher Frauen* im Ersten Weltkrieg, legt die Frage nach den Lebensperspektiven und Handlungsmöglichkeiten »höherer Töchter« am Vorabend des Ersten Weltkriegs und schließlich im Ersten Weltkrieg nahe. Die Definition der Zielgruppe als »gebildete weibliche Jugend« in Verbindung mit der antimaterialistischen, nach innen gerichteten Ausrichtung der NLB deutet darauf hin, daß es sich primär um eine Organisation junger Frauen aus dem protestantischen Bildungsbürgertum handelt.[48] Unter dem Gesichtspunkt der sozialen Herkunft entspricht die Zielgruppe der NLB sowohl der der bürgerlichen Jugendbewegung als auch der der bürgerlichen Frauenbewegung.

Die seit der Reichsgründung 1871, aber vor allem während der wilhelminischen Ära mit hoher Geschwindigkeit voranschreitende Industrialisierung bewirkt in der deutschen Gesellschaft tiefgreifende und komplexe Wandlungsprozesse. Im Prozeß der Industrialisierung treten die neu entstehenden technisch-wissenschaftlichen Eliten, das Wirtschaftsbürgertum als Teil des »neuen Mittelstands«,[49] zunächst neben das zum »alten Mittelstand«[50] zählende Bildungsbürgertum, um es dann ökonomisch und sozial zu überrunden.[51] Humanistische Bildung verliert als Kriterium für sozialen Aufstieg zugunsten von Geld immer mehr an Bedeutung, so daß das Bildungsbürgertum sich zunehmend von sozialem Abstieg bedroht sieht. Das Wirtschaftsbürgertum stellt nun die »Verkörperung bürgerlichen Selbstverständnisses«[52] dar. Vondung beschreibt das Ergebnis dieser Entwicklung als »Krise des ›gebildeten Mittelstandes‹«.[53] Der wirtschaftliche Abstieg des Bildungsbürgertums bringt seine Töchter in eine schwierige Lage: »Dem reichen, industriellen Bürgertum dürfte es eher möglich gewesen sein, für Angehörige zu sorgen, als dem höheren Beamten oder Universitätsprofessor, deren Haushaltsbuget für den standesgemäßen Unterhalt aller im Haushalt lebenden Mitglieder oft nicht ausreichte.«[54] Die Familien sind zum Teil nicht in der Lage, die jungen Frauen zwischen dem Schulabschluß im 16. Lebensjahr und ihrer voraussichtlichen Verheiratung im Alter von ca. 25 Jahren zu ernähren. Gleichzeitig wird die standesgemäße Verheiratung der »höheren Töchter« aus finanziellen Gründen immer schwieriger.[55]

Die teilweise aus ökonomischer Notwendigkeit zur Berufstätigkeit gezwungenen »höheren Töchter« profitieren zwar von den bildungspolitischen Errungenschaften der Frauenbewegung – wie zum Beispiel der Neuordnung des Mädchenschulwesens und der Lehrerinnenausbildung 1908, der Öffnung der Universitäten im gleichen Jahr und der Eröffnung zahlreicher sozialer Frauenschulen seit der Jahrhundertwende – sind aber nicht unbedingt selbst frauenbewegt, sondern halten an den auf Ehe und Familie ausgerichteten konservativen Wertvorstellungen ihrer sozialen Schicht fest. Sie sind in der widersprüchlichen Lage, ihre eigene Berufsarbeit gegen die Vorbehalte ihrer sozialen Schicht gegen weibliche Erwerbsarbeit durchsetzten und legitimieren zu müssen – weibliche Berufsarbeit wird von vielen Seiten als »Blaustrümpfigkeit« kritisiert[56] –, ohne diese Wertvorstellungen selbst grundsätzlich in Frage stellen zu wollen. Mit dem ökonomischen und sozialen Abstieg großer Teile des Bildungsbürgertums wird die bisherige Existenzweise der »höheren Töchter« problematisch, ohne daß ihnen ein neues Integrationsangebot in die Gesellschaft gemacht würde.

Die sozioökonomische Krise des Bildungsbürgertums geht zeitlich einher mit dem beschleunigten Zerfall des christlichen Weltbildes.[57] Die Religion verliert als universale Sinngebungsinstanz an Bedeutung, die Sinnkonstitution wird in das Individuum verlagert. Diesen Prozeß, den Plessner als »Autoritätsverlust der Theologie« charakterisiert, beschreibt Nipperdey als »Entkirchlichung« und »Entchristianisierung« der Gesellschaft.[58] Er versucht, den Grad der Entkirchlichung der Gesellschaft durch die Häufigkeit des Kirchenbesuchs und der Teilnahme am Abendmahl zu veranschaulichen. Zwischen 1880 und 1914 nimmt beides in der evangelischen Kirche deutlich ab, wenngleich es noch nicht zu großen Kirchenaustrittswellen kommt. Nipperdey macht für diese Entwicklung vor allem die voranschreitende Differenzierung der Gesellschaft verantwortlich: »Die Einheit von religiöser und gesellschaftlicher Lebenswelt zerfällt, der Einzelne gehört zu verschiedenen Identifikationsgruppen [...]«.[59] Religiosität ist nicht mehr eine Selbstverständlichkeit des Lebens, vielmehr bedarf es einer bewußten individuellen Entscheidung dafür oder dagegen.[60]

Was bedeutet das nun für die »gebildete weibliche Jugend«? Die ökonomische Lage ihrer Familien veranlaßt am Vorabend des Ersten Weltkriegs viele junge Frauen aus bildungsbürgerlichen Kreisen, einen Beruf zu erlernen. Die Berufstätigkeit »höherer Töchter« widerspricht zunächst den zunehmend konservativ geprägten Werten des Bildungsbürgertums und ist damit legitimationsbedürftig. Mit der ökonomischen Selbständigkeit eröffnen sich neue Gestaltungsmöglichkeiten des eigenen Lebens jenseits von Familie und Kirche. Gleichzeitig verliert die Religion an normativer und sinnstiftender Bedeutung. Alle traditionellen Selbstverständlichkeiten sind in Frage gestellt, die jungen Frauen müssen entscheiden, wie sie leben wollen, was sie glauben etc., sie müssen ihrem Leben selbst einen Sinn verleihen. In dieser Zeit sozialer, ökonomischer und ideologischer Verunsicherung bietet Diehl mit ihren Studien- und Neulandkreisen jungen berufstätigen Frauen aus protestantisch-konservativem Milieu Orientierungspunkte und Legitimation. Sie unterstützt diese in ihrem Streben nach ökonomischer Selbständigkeit und setzt sich so gegen das konservative Establishment für eine Modernisierung des Protestantismus im Interesse der Frauen ein, will aber gleichzeitig verhindern, daß diese ihre ökonomische Unabhängigkeit zur persönlichen, besonders zur sexuellen Selbstverwirklichung nutzen. Diehl bemüht sich, durch eine forcierte Kultivierung der Innerlichkeit die Innenkontrollen der Frauen auszubauen und die religiöse Bindung zu intensivieren.

Der Beginn des Ersten Weltkriegs entschärft zunächst die Sinnkrise der Gesellschaft. Zum einen gewinnen neue Werte wie Kampfgeist, Opferbereitschaft, Uneigennützigkeit etc., die »Ideen von 1914«, an Bedeutung, zum anderen bietet der Krieg auch den Frauen die Möglichkeit, ihre Leistungsfähigkeit und ihren Patriotismus unter Beweis zu stellen, indem sie an der vermeintlichen Verteidigung ihres Vaterlandes mitwirken und so am nationalen Schicksal partizipieren dürfen:

> Auch die Frauen konnten und wollten sich diesem Erlebnis der Einheit im nationalen Fühlen und Wollen nicht entziehen. »Dem Vaterlande dienen«, »nationale Verantwortung übernehmen«, sich einsetzen für das »wirklich Große«, solche Impulse waren es, die Frauen antrieben, fortan Arbeiten und Entscheidungen auf sich zu nehmen, die für die meisten weitab von ihrem bisherigen Lebensweg gestanden hatten.[61]

Der *Nationale Frauendienst* ist jedoch nicht in der Lage, allen Frauen ein adäquates Betätigungsfeld zu bieten.[62] Zudem vermögen die jungen Frauen, eine Mitarbeit im *Nationalen Frauendienst* möglicherweise nicht gegen ihre Eltern durchzusetzen, oder aber sie sind zu jung beziehungsweise verfügen über keine kriegsrelevante Berufsausbildung. Diehl bestärkt die jungen Frauen in ihrem Kriegsfanatismus und spricht ihnen eine besondere historische Mission zu. Die »gebildete weibliche Jugend« avanciert so – in ihrem Selbstverständnis – von einer Gruppe mit geringen Möglichkeiten zur Partizipation am Kriegsgeschehen und insgesamt unsicheren Zukunftsperspektiven zu einem besonders wichtigen Teil des deutschen Volkes.

Die NLB stellt eine Antwort auf die widersprüchliche Lage der Töchter des Bildungsbürgertums zu Beginn des Ersten Weltkriegs dar. Zugleich spiegelt sich in der Kriegsbegeisterung und den Kriegsdeutungen Guida Diehls und ihrer Anhängerinnen die allgemeine Krise des deutschen Bildungsbürgertums. Es hofft, daß der Krieg als gesellschaftlicher Integrationsfaktor die soziale und politische Polarisierung der Vorkriegszeit zu überwinden hilft, und erwartet die Beseitigung des sogenannten Materialismus, der für den eigenen Prestigeverlust und die abnehmende Bedeutung der Kirche verantwortlich gemacht wird.[63] Aus dieser Perspektive erscheint die Forderung Diehls nach geistiger »innerer Erneuerung« als Versuch einer Aufwertung des Geistes, mit dem gleichzeitig auf die Bedeutung der sozialen Trägerschicht der deutschen Geisteskultur, des Bildungsbürgertums, verwiesen wird. Sie richtet sich vor allem gegen das aufsteigende, an Macht und Geld überlegene Wirtschaftsbürgertum. Die Neigung des Bildungsbürgertums, alle Leistungen und Fortschritte im Bereich der materiellen Kultur als »bloße Ausflüsse des Geistes« zu betrachten, kulminiert in der Sichtweise der Kriegsmaschinerie als »Emanation des Geistes«[64] und, wie im Fall der NLB, in der Definition des Krieges als »Geisteskampf«. Ist der Krieg ein »Geisteskampf«, so kommt dem Bildungsbürgertum darin eine hervorragende Rolle zu. In der Vorstellung von einer »Sendung« der »gebildeten weiblichen Jugend« reflektiert sich sowohl der Wunsch der Frauen nach Integration in die »Volksgemeinschaft« als auch der gesellschaftspolitische Führungsanspruch der sogenannten Gebildeten.

Beitrittsmotive

Die Entstehung der NLB ist eng mit dem Ersten Weltkrieg verknüpft, auf den zudem in den Publikationen der NLB immer wieder Bezug genommen wird. Um herauszufinden, wie Frauen, die sich der NLB bis zum Ende des Ersten Weltkriegs angeschlossen haben, sich selbst ihren Beitritt erklären, habe ich die Selbstzeugnisse von Neuland-Anhängerinnen ausgewertet. Zu bedenken ist, daß es sich bei diesen um Rationalisierungen des eigenen Verhaltens handelt, die im Nachhinein entweder in der Weimarer Republik oder während des NS verfaßt wurden. Mein besonderes Interesse gilt dem Verhältnis von religiösen und politischen Motiven.[65]

Von großer Bedeutung für den Anschluß an die NLB scheint die Person Diehls zu sein. Sie vermochte, als Rednerin zu begeistern:

> Es war am 29. Januar 1915. In der großen Aula der Chamissoschule zu Berlin Schöneberg waren die Schülerinnen versammelt, um einen Vortrag über Krieg und Charakterbildung zu hören. Guida Diehl betrat das Rednerpult. Gewaltig, aufrüttelnd, hinreißend drangen ihre Worte in die Seelen der jungen Mädchen, auch in meine Seele. Hier wurde der ganze Mensch gefordert! Und das war es ja, was ich suchte, was ich in meiner Klasse verwirklichen wollte [...] – Wie Guida Diehl damals den Funken in unsere Seele schleuderte, so entzündete sie auch an vielen anderen Orten in Deutschland ein heiliges Feuer in der jungen Frauenwelt, ein Feuer, das noch heute in vielen Tausenden brennt [...].[66]

Martha Brandt, promovierte Studienrätin und später Neulandkreisleiterin in Berlin, schildert ihre erste Begegnung mit Guida Diehl und Neuland ausgesprochen dramatisch – die Begegnung liegt zu dem Zeitpunkt schon 13 Jahre zurück –, das Auftreten Diehls beeindruckt sie offensichtlich sehr. Mit der Metapher, daß Diehl einen Funken in die Seelen geschleudert habe, relativiert Brandt jedoch die Bedeutung der Person Diehls, um auf die ›objektiven‹ Verhältnisse zu verweisen, die Diehls Worte auf Resonanz stoßen lassen. Ihr Hinweis darauf, daß die ganze Person gefordert gewesen sei, könnte auf eine umfassende politische und religiöse Sinngebung durch die NLB hindeuten. Während Brandt zum Zeitpunkt ihrer Begegnung mit Neuland schon Studienrätin war, gehörte Else Randermann einer jüngeren Generation und somit Diehls eigentlicher Zielgruppe an:

> Ich kam von der völkischen Seite zur Neulandbewegung und erfuhr nun voll Dank eine klare Zielsetzung unseres Wollens. Es waren die Kriegsjahre – und auch wir Mädchen wollten uns für unser Vaterland einsetzen, für das unsere Brüder fielen; wir wollten helfen und wußten nicht recht wie, war doch so vieles unklar in uns.[67]

Sie redet hier nicht nur von sich selbst, sondern von den Mädchen im allgemeinen, die zwar kriegsbegeistert waren, aber aus ihrer Sicht kaum Möglichkeiten hatten, für den deutschen Sieg mitzukämpfen, und beklagt den weitgehenden Ausschluß der junger Frauen vom direkten Kriegsgeschehen. Dieser wird offenbar nicht als Vorzug gegenüber den Männern gesehen, Baumann konstatiert ein »Bedauern« der evangelischen Frauen, »am Heldentod nicht teilhaben zu können«,[68] sondern als Manko wahrgenommen. In dieser widersprüchlichen Situation zeigt Neuland Partizipationsmöglichkeiten auf und bietet Orientierung. Diese Orientierungsfunktion unterstreicht auch Erna Heyl:

> Helfer – Tröster – Erwecker das ist mir das Neulandblatt in zwanzig Jahren gewesen. Einen getreuen Helfer brauchten wir jungen Menschen in jenen schweren Monaten des Kriegsendes und des Zusammenbruchs, die großen Linien in der Wirrnis der Meinungen zu sehen und nun erst recht das eigene innere Leben im Aufblick zu Christus dem Elend des Vaterlandes bereitzustellen.[69]

Neuland bringt Ordnung in die unübersichtlichen politischen Zustände infolge von Revolution und deutscher Niederlage, in denen Heyl sich nicht zurechtfindet. Die neu entstehende Demokratie nimmt sie nicht positiv als Chance, sondern als Chaos wahr. Selbst orientierungslos, gewinnt sie ihre Handlungsorientierung aus der Zeitschrift *Neuland*. Mit dem Gefühl des »Gebraucht-Werdens« spricht Heyl einen weiteren entscheidenden Punkt an. Die jungen Frauen fühlen sich von Diehl persönlich angesprochen und gefordert, ihre besonderen Aufgaben im Krieg verleihen ihrer Existenz eine neue Berechtigung. Elisabeth Barckhausen geht einen Schritt weiter als Heyl, wenn sie die Verbindung von völkischem Denken und Christentum als das für sie Entscheidende darstellt:

Als ich 1916 zu G[uida] Diehls Gefolgschaft kam, habe ich empfunden: hier ist etwas, was es sonst im geistigen Leben nicht gibt. Diese tiefinnerliche Verknüpfung zwischen Deutschsein und Christsein – schon damals – diese wuchtige, kämpferische Art steht einzig dar […] Neuland ist mir alles gewesen, denn ich danke ihm alles: die Richtung meines inneren Lebens und im Nebenamt eine schöne, freudvolle Arbeit in unserer Bewegung seit 20 Jahren. Ich werde gebraucht für Deutschland.[70]

Neuland leistet für sie eine umfassende Sinngebung, die Fragen der Religion sowie der Politik abdeckt und ihrem Leben eine Bedeutung verleiht.

Für die Entstehungsphase der NLB ist die Verknüpfung von »Deutschsein« und »Christentum« sowohl für Diehl als auch für die Anhängerinnen der NLB von ausschlaggebender Bedeutung, daraus resultiert eine die gesamte Existenz betreffende umfassende Sinngebung. Die große Resonanz, auf die Diehl mit ihren Vorträgen stößt, verweist auf die Existenz entsprechender Wünsche bei ihren Adressatinnen. Im Zentrum stehen hier der Wille zur Partizipation am Kampf für den deutschen Sieg und der Wunsch nach umfassender Orientierung in einer im Laufe des Kriegs zunehmend von Auflösung bedrohten gesellschaftlichen Ordnung, mit der sich diese Frauen identifizieren. In den Aussagen der Frauen reflektiert sich zum einen das Gefühl, vom Kriegsgeschehen ausgeschlossen gewesen zu sein, zum anderen die Frage nach »Sinn und Bedeutung der gesellschaftlichen Existenz des Bildungsbürgertums«.[71]

PROGRAMMATISCHE UND ORGANISATORISCHE ENTWICKLUNG

Programm

Als spontane Sammlungsbewegung im Ersten Weltkrieg verfügt die NLB zunächst über kein offizielles Programm. Soweit die Jugendverbände des *Evangelischen Verbandes* in die NLB eingehen, ist dessen Programm für diese Kreise verpflichtend. Ansonsten ist aufgrund der großen Bedeutung Diehls für die Entstehung der NLB davon auszugehen, daß ihr Wort das Programm der NLB darstellt. 1918 – noch vor Kriegsende und in der Erwartung eines deutschen Sieges – erscheint die erste Auflage der Programmschrift »Was wir wollen«, 1919 folgt die zweite und 1922 bereits die dritte Auflage.[72] Die unterschiedlichen Auflagen unterscheiden sich in ihren Inhalten zwar nicht grundlegend, wohl aber in Nuancen. In den rasch aufeinander folgenden Auflagen der genannten Schrift spiegelt sich die programmatische Entwicklung der NLB im Übergang vom Krieg zum Frieden und vom Kaiserreich zur Weimarer Republik, also in einer höchst ereignisreichen und bedeutenden Phase deutscher Geschichte. An den Programmen und programmatischen Schriften der NLB interessieren ihre Ziele und Strategien sowie deren Modifikationen im Verlauf der Weimarer Republik, da erstere über den Charakter, letztere über die Entwicklungsrichtung der NLB Aufschluß geben. Zunächst arbeite ich die Ziele der NLB anhand der verschiedenen Auflagen von »Was wir wollen« und von die Programmatik erläuternden Artikeln und Flugblättern heraus, dann wird untersucht, inwieweit die Studien- und Neulandkreise das Neuland-Programm einlösen.

Die erste Auflage des Programms »Was wir wollen« wird vermutlich 1918, mit Sicherheit noch während des Ersten Weltkriegs, verfaßt. Die Zustimmung zu den dort fixierten Grundsätzen gilt als Beitrittsvoraussetzung. In Paragraph 2 wird als Ziel des Neulandbundes, dem organisatorischen Zentrum der NLB, formuliert: »Er will dafür kämpfen, daß ein Neuland der Gerechtigkeit, Reinheit, Wahrheit und Liebe aus den Wehen des Krieges in unserem Vaterland entstehe und so die große Zeit zu einer Neugeburt Deutschlands helfe.«[73] Da sich die NLB 1918 um Aufnahme in den *Evangelischen Verband* bemüht und 1919 der VEFD beitritt, verwundert es, daß bei der Formulierung des Ziels keinerlei Bezug auf die Religion genommen wird, sondern vielmehr auf die Reinigungsfunktion des Kriegs verwiesen wird. Erst in Paragraph 13 – das Programm umfaßt insgesamt 34 Paragraphen – konstatiert man, daß die beabsichtigte »innere Erneuerung« nur durch Jesus Christus bewirkt werden könne.[74] Angestrebt wird ein »Christsein mit starkem Verantwortungsgefühl für die völkischen Aufgaben und die öffentlichen Zustände, mit aufgeschlossener Seele für die neue Zeit«.[75] In diesem Sinne will die NLB nicht nur »neue Zustände« unter »gebildeten jungen Mädchen und Frauen und dann auch in der gesamten Frauenwelt des Volkes erkämpfen«, sondern sich darüber hinaus für die Lösung der sozialen Frage und eine »Gesundung der sozialen Verhältnisse durch Bekämpfung der Volksnöte« einsetzen, die da sind: »Not der freudlosen Arbeit«, »Wohnungsnot« und »Alkoholismus«, um nur einige zu nennen.[76] Erreicht werden sollen diese Ziele durch die Arbeit von »innen nach außen«. Auf Ebene des Verbandes geht es zunächst um die Erneuerung des Neulandbundes als einer Elite, später um die des gesamten Volkes, auf individueller Ebene um die »innere Erneuerung« jeder Einzelnen an Stelle von sozialen Reformen:

> Nicht durch neue Gesetze und Einrichtungen, so notwendig sie sind, sondern nur durch neue Menschen, in deren Seele das Neuland Gestalt gewinnt, die also eine Erneuerung erleben und die dann von innen heraus neue Zustände, neue Gesetze, neues Miteinanderleben schaffen helfen.[77]

Diese Strategie läßt sich zum einen als Hilflosigkeit und politische Unmündigkeit des weiblichen Teils eines unpolitischen Bürgertums interpretieren, zum anderen als Antwort auf die Sozialdemokratie deuten, die eine Verbesserung der materiellen Lebensbedingungen der Menschen fordert. Die Neuland-Anhängerinnen beanspruchen nicht, die Gesellschaft durch ihr politisches Handeln neu zu gestalten, sondern sich selbst zu verändern. Als »Gesinnungsgemeinschaft unter der gebildeten weiblichen Jugend«[78] stellt die NLB sich nicht explizit als eine konfessionelle Vereinigung dar, wenngleich das Bildungsbürgertum als wichtigstes Rekrutierungsfeld der NLB vornehmlich protestantisch ist.[79]

Die zweite Auflage von »Was wir wollen« erscheint 1919 nach Bekanntwerden der Friedensbedingungen des Versailler Vertrags[80] im Mai 1919. Die Schrift ist inhaltlich stark erweitert und an einigen Punkten modifiziert. Sein Ziel bestimmt der Neulandbund jetzt so:

Er will in der gegenwärtigen Not ein Sammelplatz für all diejenigen im Volk sein, die in dieser Zeit tiefster Erniedrigung Deutschlands geloben: dies darf nicht das Ende sein! und die deshalb mit ihrem ganzen Wesen und Leben für eine innere Erhebung unseres Volkes arbeiten, aus der allein eine äußere Erhebung kommen kann.[81]

Die »Neugeburt Deutschlands« ist nun durch die »innere Erhebung unseres Volkes« ersetzt. Während Deutschland sich als politisches Konstrukt verstehen läßt, meint Volk eine fiktive, schwer definierbare Einheit. Zudem wird jetzt mit der Forderung nach »äußerer Erhebung«, also der Revision des Versailler Friedensvertrags, explizit ein außenpolitisches Ansinnen als Ziel der NLB definiert, das man durch eine »innere Erhebung« – an anderen Stellen ist von »innerer Erneuerung« die Rede – zu erreichen gedenkt, so daß sich der bereits für die Entstehungsphase aufgezeigte Widerspruch zwischen politischer Zielsetzung und einer geistig-moralischen Erneuerung als Weg dorthin zuspitzt. Die Unzulänglichkeit des eigenen Konzeptes erahnend, ersetzt Diehl die Forderung nach »innerer Erhebung« in der 2. Auflage mehrfach durch die nach einer »inneren Revolution« mit eigener Strategie:

Er [der Neulandbund, S. L.] will planmäßig eine innere Revolution geistiger Art im Volk vorbereiten durch Unterminierung des Materialismus [...] durch Wort und Schrift in kleineren Kreisen und größeren Versammlungen. Er will solche, die Führer für andere werden können, zu zielbewußter Mitarbeit erziehen und alle Einzelnen zum Mitkampf an ihrem Platz stärken.[82]

Der Terminus »innere Revolution« deutet auf eine Radikalisierung der NLB hin, welche jedoch durch die Verlagerung nach innen wieder zurückgenommen wird. Die Forderung nach einer »inneren Revolution« läßt sich als Reaktion auf die November-Revolution als einer politischen Revolution deuten, deren Inhalte man zwar ablehnt, aber deren Strategien man für gut befindet und zu übernehmen trachtet. Zudem signalisiert die NLB mit der Verwendung des Begriffs Revolution, daß sie auf der Seite des Fortschritts steht. Die Forderung nach einer »inneren Revolution« bezeichnet meines Erachtens den Zwiespalt der NLB, einerseits eine grundlegende Veränderung zu erstreben, andererseits die eigenen Klassenprivilegien verteidigen und am Status quo festhalten zu wollen.

Während sich 1918 die Funktion des Bundes darauf beschränkte, die »innere Erneuerung« der Bündlerinnen anzuregen und zu fördern, will er diese nun zu »eifriger Erfüllung ihre Bürgerpflichten und zur politischen Mitarbeit wecken und stärken«,[83] so daß seine Arbeit nun eine neue Qualität, nämlich die der politischen Agitation, erhält. Gleichzeitig wird die Verbindung von Politik und Religion konkretisiert:

Wer für seines Vaterlandes innere Erneuerung aus Gottes Kraft lebt, der lebt damit für das Reich Gottes. In großen Notzeiten, wo das irdische Vaterland durch Lüge, Heuchelei, Verrat und Hunger gefällt ist, wo es von der ganzen Welt isoliert ist, erkennt es gerade der Christ als Gottesaufgabe, dem in sein Volkstum gelegten Gottesgedanken zur Verwirklichung zu helfen und um seines Volkes Seele zu ringen.[84]

Hier wird ein theologisch nicht begründbarer Zusammenhang von Religion und Politik, der erstere in Dienst der letzteren stellt, konstruiert.

Die dritte Auflage von »Was wir wollen« erscheint 1922. Zu diesem Zeitpunkt hat sich das politische Kräfteverhältnis gegenüber 1919 bereits nach rechts verschoben, zudem zeichnet sich 1922 eine neue Wirtschaftskrise ab. Die NLB definiert sich nun nicht mehr als »Gesinnungsgemeinschaft«, sondern als eine »aus der großen Erhebung von 1914 erwachsene Kampfesgenossenschaft, die um die innere Erneuerung des Vaterlandes kämpft im Sinne wahren Deutschtums, brüderlicher Gesinnung und erneuerten Christseins«.[85] Dieser Wandel im Selbstverständnis deutet auf eine weitere Radikalisierung und einen stärkeren Aktivismus hin. Dafür spricht auch die Erweiterung des bisherigen Losungswortes »Wir kämpfen mit, Wir halten aus, Wir fassen nach Gott!«[86] Dem wird hinzugefügt: »Was nicht zur Tat wird, hat keinen Wert!«[87] Die Aufwertung des Handelns in Form des Kampfes setzt sich nach 1922 fort.

Darüber hinaus fällt auf, daß Neuland sich zwar noch als Elitebewegung versteht, dem betreffenden Paragraphen aber hinzugefügt hat: »Es hat die Zukunftsaufgabe, eine Volksbewegung zu werden.«[88] Dieser Zusatz kann entweder auf dem Hintergrund der rückläufigen Breitenwirkung, beginnend in den Jahren 1922/23, gesehen werden, die eine Öffnung der NLB geboten erscheinen läßt, oder als letzte Konsequenz des von Neuland vertretenen Wahrheitsanspruchs, der auf Universalität, also letztlich auf die Erfassung und Unterwerfung aller Gesellschaftsmitglieder zielt.

Die Ziele der NLB werden in der dritten Auflage neu strukturiert und unter die Begriffe: »Erneuertes Christsein«, »brüderliche Gesinnung«, »wahres Deutschtum« und »Kampfesgenossenschaft« gefaßt. Etwas abgewandelt, die »brüderliche Gesinnung« wird zur »sozialen Gesinnung«, die Kampfesgenossenschaft zur »mutigen Tat«, werden diese Programmpunkte ab 1924 zu Untertiteln des *Neulandblatts* und bilden fortan die vier programmatischen Säulen der NLB. Diese werden zunächst 1924 aus Anlaß der Umbenennung der Zeitschrift *Neuland* in *Neulandblatt* und dann 1926 noch einmal im *Neulandblatt* ausführlich erläutert. Da die Aufforderung zur »mutigen Tat« 1922 das wichtigste neue programmatische Element darstellt und im folgenden an Bedeutung gewinnt, verdient dieser Aspekt des Programms nähere Betrachtung.

In ihrer Erläuterung dieser Forderung stellt Diehl 1924 fest, daß die Deutschen zur »Gründlichkeit« im Denken und Arbeiten neigen, dieses hält sie für einen »Fehler im deutschen Volkscharakter« und fordert stattdessen: »Nicht nur die stille Tat der treuen Pflichterfüllung im eigenen Kreise, [...] sondern auch die Angriffstat wird verlangt [...]«.[89] Mit der Forderung der »Angriffstat« überschreitet Diehl nicht nur die selbstgezogene Grenze zwischen Denken, also Gesinnung, und Handeln, sondern darüber hinaus die zwischen männlichen und weiblichen Aufgaben. Während die »stille Tat« mit einem traditionellen weiblichen Rollenverständnis vereinbar erscheint, transportiert der Terminus »Angriffstat« – ähnlich wie der Wunsch, die Neulandkreise zu »Stoßtruppen« umzugestalten[90] – eine Forderung nach aggressivem Verhalten, die diesem widerspricht.

Zwecks Legitimation der »mutigen Tat« greift die NLB 1924 im Flugblatt »Eint euch mit Neuland«[91] auf die »germanische Frauenart« zurück: »Die Zeit der tiefsten Erniedrigung verlangt aber die Entschlußkraft und Mannhaftigkeit und die echt germanische Frauenart, die zum Handeln drängt«. Auch der Pfarrer Hermann Heinenberg warnt 1926 in seiner Erläuterung des besagten Programmpunktes vor einer Frömmigkeit, die sich auf Konventikel beschränkt, fordert von den Neuland-Anhängerinnen ein »vorwärtsdrängendes Tatchristentum«[92] – und bedient sich so bereits einer Ausdrucksweise, die auf die Terminologie der Deutschen Christen verweist. Deutlich wird auch hier eine Abkehr vom ursprünglichen Primat der Gesinnung zugunsten des Handelns. Offen bleiben die Ziele. So wird der Aufruf zur »mutigen Tat« und zum »Kampf«, wie zum Beispiel auf dem Flugblatt »Eint Euch mit Neuland!«, immer mehr zum Selbstzweck. Die Betonung der Tat sowie der Aufruf zum »Kampf« sind nach Scholder Merkmale der völkischen Bewegung[93], welche 1923/24 ihren ersten Höhepunkt erreicht.

1928 wird ein Teil der 3. Auflage von »Was wir wollen« mit ausführlichen Erläuterungen Diehls im *Neulandblatt* abgedruckt. Die Erläuterungen unterscheiden sich inhaltlich nur in wenigen Punkten von der bereits 1922 erschienenen Version. So wird die Frage nach »wahrhaft deutscher Art« nun mit dem Verweis auf Julius Langbehns (1851-1907) Buch »Rembrandt als Erzieher« beantwortet.[94] Das bereits 1890 erschienene Buch stößt laut Mosse bis in den Ersten Weltkrieg besonders bei Jugendlichen auf großes Interesse. Langbehn zählt zu den bedeutendsten Vertretern der völkischen Bewegung. Sein Denken zeichnet sich neben einer leidenschaftlichen Kritik am Wilhelminismus durch Rassismus und Antisemitismus aus.[95] Der Hinweis auf sein Hauptwerk deutet auf die Rezeption völkisch-rassistischer Ideen durch die NLB hin. Darüber hinaus werden in der Behauptung, daß »der Deutsche [...] erst durch die Erlösung durch Christus wahrhaft deutsch [wird], so wie Gott ihn will«,[96] »Deutschsein« und »Christsein« noch enger verknüpft.

Gleichzeitig rückt mit der Forderung nach Aufrichtung eines »deutschen Frauenwillens« als Teil einer »Erneuerung des ganzen Volkes« erstmalig die Frauenfrage programmatisch ins Zentrum der NLB.[97] Die frauenpolitische Wende der NLB manifestiert sich in der Veröffentlichung des Buchs »Deutscher Frauenwille«, in dem Diehl ein ›Frauenemanzipationskonzept‹ entwirft, das auf dem Neulandtag 1928 diskutiert und von der NLB als programmatische Schrift angenommen wird. In Vorbereitung auf den Neulandtag stellt Diehl die NLB in die Tradition der bürgerlichen Frauenbewegung und kritisiert aber gleichzeitig deren »starke antireligiöse und undeutsche Tendenzen« sowie die Dominanz von »wohlmeinende[n] Artfremde[n]«. Sie argumentiert, daß die Fraueninteressen bisher zum einen »gegenüber dem gigantischen Kampf des Vaterlandes«, zum anderen angesichts des jugendlichen Alters der Anhängerinnen zurücktreten mußten, und ruft nun zur »geistigen Revolutionierung der Frauenwelt« auf.[98]

Der untergeordnete Stellenwert des Religiösen und die synkretistische Verbindung von Religion und Politik,[99] wie sie in der »Verantwortung für völkische Aufgaben« oder auch in der Vorstellung von der »Volkspersönlichkeit« als »Gottesgedanken« zum Ausdruck kommt,[100] läßt Zweifel daran aufkommen, ob die NLB überhaupt dem Protestantismus zugerechnet werden kann. Nach Martin Scholder ist diese Art der Verbindung von Religion und Politik jedoch typisch für einen Teil des Protestantismus in der Weimarer Republik: Sie stellt ein wesentliches Element politischer Theologie dar.[101]

Diese geht davon aus, daß das Volk eine Gemeinschaft ist, die vor dem Einzelnen existiert. Es ist das »ursprünglichste Element der Geschichte, muß sich auf sich selbst besinnen, sich zu einem starken Staat bekennen und durch ihn seine sittliche Aufgabe in der Welt verwirklichen«.[102] Letzteres sei nicht ohne Gottesglauben möglich. Die »völkische Gemeinschaft« wird so zu einem Stück »göttlicher Ordnung«.[103] Die Rechte des Einzelnen bestimmen sich durch seine Stellung im Volk. Indem an die Stelle der individuellen Beziehung zu Gott das Volk als Bezugspunkt theologischen Denkens tritt, legitimiert die politische Theologie die Grundlage der völkischen Bewegung religiös und macht die Verantwortung für die »Volksgemeinschaft« zur entscheidenden theologischen Aufgabe. Zudem wird die Geschichte neben der Bibel zur Offenbarungsquelle Gottes. Scholder sieht in der politischen Theologie »die Antwort des deutschen Protestantismus auf die völkische Bewegung«.[104] Vertreten wird sie von einflußreichen Theologen wie Paul Althaus, Emanuel Hirsch, Friedrich Gogarten und dem einflußreichen Publizisten Wilhelm Stapel, der bereits 1919 zu den Antisemiten zählt.[105]

Auch wenn die NLB sich als »Gesinnungsgemeinschaft der gebildeten weiblichen Jugend« darstellt, läßt sie sich aufgrund der unterschiedlichen Auflagen der Programmschrift »Was wir wollen« nicht eindeutig der Jugendbewegung zuordnen, denn spezifisch jugendbewegte Ziele und Aktivitäten finden im Programm keine Erwähnung, das Wort Jugend wird anders als der Begriff Volk im Programm kaum verwandt.[106] Letzterer, laut Sontheimer ein Grundbegriff »antidemokratischen Denkens der Rechten«,[107] nimmt in unterschiedlichen Wortkombinationen, beispielsweise in der Forderung nach »Erneuerung der Volksseele«, bereits in der ersten Auflage einen zentralen Stellenwert ein und könnte als erster Hinweis auf die spätere Rezeption völkisch-rassistischen Denkens gedeutet werden. Während die erste Auflage des Programms »Was wir wollen« in seiner Sprache noch ambivalent ist – neben den Begriffen Volk und dem daraus abgeleiteten Adjektiv völkisch steht der des Vaterlandes, der auf einen traditionellen Patriotismus verweist –, avanciert in den folgenden nach Kriegsende erschienenen Auflagen das »deutsche Volk« immer stärker zur zentralen Kategorie. Die häufig verwandte Formulierung einer »Neugeburt des deutschen Volkes« verweist zum einen auf den Wunsch nach einer radikalen Veränderung, deutet zum anderen auf die Bedeutung der Frauen für diesen Prozeß hin.

Insgesamt bleiben die Ziele der NLB in den programmatischen Schriften von 1918 bis 1928 – sieht man vom »Deutschen Frauenwillen« ab – vage formuliert. In den unterschiedlichen Auflagen von »Was wir wollen« spiegelt sich die vor allem durch den Versailler Vertrag ausgelöste politische Polarisierung und Radikalisierung zu Beginn der Weimarer Republik. In diesem Prozeß rezipiert die NLB immer mehr Elemente völkischen Denkens wie beispielsweise die Kampfrhetorik, Aufforderung zur Tat und den Rekurs auf die Germanen, ohne sich jedoch rassistisch zu definieren. Während die Forderungen nach erneuertem Christsein, sozialer Gesinnung und wahrem Deutschtum den Zielsetzungen der sich christlich, sozial und national definierenden evangelischen Frauenbewegung entspricht, finden der Aufruf zur »mutigen Tat« und der legitimatorische Rückgriff auf germanische Vorbilder im Programm der VEFD kein Äquivalent.[108] In der Entwicklung der NLB von einer »Gesinnungsgemeinschaft« zu einer »Kampfes-

Neulandtag 1926: Zug zum Neulandhaus
nach der Wartburgfeier (ADJB)

genossenschaft« sowie in der Forderung der »Angriffstat« kommt zum Ausdruck, daß die NLB ihre konservativen moralischen und gesellschaftspolitischen Ordnungsvorstellungen in der Weimarer Republik zunehmend bedroht sieht. Während der »Neulandkampf« 1918 noch primär nach innen gerichtet ist und die eigene Läuterung beabsichtigt, zielt dieser im Lauf der 1920er Jahre zunehmend auch nach außen und wird politischer. Legitimiert wird der äußere Kampf der Frauen durch die Erfordernisse der völkischen Erneuerung, angesichts der die traditionelle geschlechtsspezifische Arbeitsteilung an Bedeutung verliert.

Die NLB hat ihr organisatorisches und geistiges Zentrum im Neulandhaus in Eisenach. Fast alle Anhängerinnen gehören – soviel sei hier vorweggenommen – einem der über das gesamte Reichsgebiet verteilten Kreise an. Wie wird nun die Programmatik der NLB von den Neuland-Anhängerinnen in den Kreisen umgesetzt? Wie stellt sich dabei das Verhältnis von Politik und Religion dar? Inwieweit spiegelt sich die programmatische Radikalisierung in den Aktivitäten auf Kreisebene?[109] Die Anhängerinnen der Studien- und Neulandkreise treffen sich alle ein oder zwei Wochen. Die einzelnen Zusammenkünfte werden abwechselnd von den einzelnen Kreismitgliedern geleitet, um alle im Organisieren und Reden zu schulen. In der Kreisarbeit lassen sich drei unterschiedliche Themenschwerpunkte unterscheiden: Erstens die intellektuelle Auseinandersetzung mit dem Programm der NLB, mit aktuellen Fragen und das Abhalten von Bibelstunden, zweitens spielerische Aktivitäten und drittens soziale Arbeit. Allen Kreisen gemeinsam ist die Auseinandersetzung mit der Zeitschrift *Neuland* beziehungsweise später mit dem *Neulandblatt* und anderen Neuland-Publikationen. Darüber hinaus wird vorwiegend christliche, patriotische und als völkisch geltende Literatur behandelt. Es lassen sich große kreisspezifische Unterschiede beobachten. Einzelne Kreise befassen sich mit moderner Literatur, der Frauenbewegung, der Anthroposophie oder indischer Philosophie, so daß insgesamt ein breites Themenspektrum abgedeckt wird. Die Behandlung eines Themas erfolgt in Form eines Referates durch ein Kreismitglied mit anschließender Diskussion. Es wird großer Wert auf die Entwicklung rednerischer Kompetenzen gelegt, denn die Neuland-Anhängerinnen müssen – nach Auffassung ihrer »Führung« – in der Lage sein, das Neuland-Programm nach außen argumentativ zu vertreten und zu werben.

Zu dem Standardrepertoire der Kreise gehört das Veranstalten von Freizeittagen, Freizeiten und Wanderungen. Darüber hinaus führen einige Kreise Volkstänze auf, musizieren oder spielen Theater. All diese Aktivitäten stehen unter einem christlichen und/oder politischen Motto und transportieren auf diese Weise ideologische Inhalte. So sind zum Beispiel Volkstänze als Gegenentwurf zu den damaligen Modetänzen zu verstehen. Auf Freizeiten und Wanderungen ist Vorträgen und Diskussionen stets ein erheblicher Teil der Zeit vorbehalten, so daß sich insgesamt der Eindruck ergibt, daß die ideologische Schulung im Mittelpunkt steht und es sich beim Spielen oder Wandern eher um Freizeitaktivitäten handelt, die der Entspannung und letztlich der Regeneration der Einzelnen für den »Neulandkampf« dienen sollen. Die Berichte über die Freizeiten sind gewöhnlich positiv:

Gerade diese Wanderungen haben uns bald zu einer Familie zusammenwachsen lassen, und es war nicht bloß die Freude an der Gottesnatur, sondern auch das Gefühl der Zusammengehörigkeit, der Gemeinschaft, was unsere Herzen so voll machte. Aber was uns unser gemeinsames Wandern vor allem gegeben hat, das ist wohl eine glühendere Liebe, zu unserem Rhein, zu Heimat und Vaterland. Waren wir doch in einer Gegend, wo uns ständig unsere geraubte Freiheit, unsere Knechtschaft vor Augen stand.[110]

Angespielt wird hier auf die Besetzung des Rheinlands durch die Franzosen, die – wie der Versailler Vertrag insgesamt – als Ungerechtigkeit empfunden wird. Insofern ist diese Sichtweise vor allem für jugendbewegte Kreise nicht ungewöhnlich. Deutlich wird, wie religiöse Weltdeutung, das Naturerlebnis als ästhetische Erfahrung sowie das Gemeinschaftserlebnis mit politischen Inhalten zu einer Erlebniseinheit verschmelzen und die Anhängerinnen der NLB prägen.

Die große Bandbreite von Aktivitäten und Themen zeigt, daß die einzelnen Kreise relativ autonom agieren und eigene Schwerpunkte setzen, das gilt auch für die jeweilige Form der Verknüpfung von Religion und Politik. Großer Bedeutung kommt der jeweiligen Kreisleiterin oder dem Kreisleiter zu, die beziehungsweise der zwar eine Autorität verkörpert, aber gleichzeitig mit Diehl konkurrieren muß. Die programmatische Entwicklung der NLB von einer »Gesinnungsgemeinschaft« zu einer »Kampfesgenossenschaft« wird – legt man die Selbstdarstellungen der Kreise von 1917 und 1925 zugrunde – auf der Handlungsebene nicht nachvollzogen. Die Kreise haben nach wie vor den Anspruch, auch soziale Arbeit zu leisten, können dem aber oft nicht gerecht werden, da viele Anhängerinnen der NLB berufstätig sind. Soziale Arbeit bedeutet im Ersten Weltkrieg vor allem die Sorge um kriegsverlassene Frauen, nach Kriegsende die Arbeit in der Kirchengemeinde und die Unterstützung einzelner Arbeiterfamilien. Wenngleich einige Kreise mit anderen Jugendgruppen in der Bekämpfung von »Schund und Schmutz« zusammenarbeiten, werden die Taten der Neuland-Anhängerinnen nicht dem im Programm artikulierten verbalen Radikalismus gerecht.

Organisation

Das Programm der NLB ist anfangs so vage formuliert, daß es keine eindeutigen Rückschlüsse auf ihre Zugehörigkeit zur evangelischen Frauenbewegung oder zur Jugendbewegung und eine entsprechende Organisationsform zuläßt. Die Bezeichnung »Kampfesgenossenschaft« deutet demgegenüber auf einen hierarchisch strukturierten paramilitärischen Verband hin und erscheint für eine Vereinigung der »gebildeten weiblichen Jugend« ungewöhnlich. Im folgenden werde ich der Frage nach der Organisationsstruktur und -entwicklung der NLB im Kaiserreich und in der Weimarer Republik nachgehen.

In der Zeitschrift *Neuland* wird 1916 die Gründung eines Bundes zur Diskussion gestellt.[111] Ende des Jahres schließt sich ein Teil der Leserinnen zu einem solchen zusammen. Dieser Bund beruht auf einem persönlichen Treue- und Vertrauensverhältnis der

Bündlerinnen zu ihrer »Führerin« Guida Diehl. Der Beitritt erfolgt durch schriftliche Anmeldung bei Diehl, wird durch einen Treueschwur[112] besiegelt und nach außen – in Manier der Jugendbewegung – durch das Tragen eines Abzeichens dokumentiert. Parallel zur Gründung des Bundes wird der Zusammenschluß von Bündlerinnen und Interessierten in über das gesamte Deutsche Reich verteilten Studien- und Neulandkreisen gefördert.[113] Diese sind nach dem Vorbild eines Vereins organisiert. Genauso wie der Verband insgesamt wählt jeder einzelne Kreis einen Vorstand.[114] Entschieden wird im Verband sowie in den einzelnen Kreisen nach dem Mehrheitsprinzip. Auf dem ersten Neulandtag 1917 schließen sich die Studien- und Neulandkreise zum *Verband der Studien- und Neulandkreise* zusammen. Dieser bildet, gemeinsam mit dem Neulandbund und den Leserinnen der Zeitschrift *Neuland*, die Neulandbewegung. Diehl bezeichnet den Neulandbund als den »innerste[n] Kern des Leserkreises, die Kerntruppe im Neulandkampf. Nicht jede Leserin oder Studienkreisleiterin ist ohne weiteres Neulandbündlerin. Sie wird es erst durch die Übernahme der Verpflichtung, Träger der Neulandgedanken zu sein [...]«.[115]

Während und unmittelbar nach Beendigung des Ersten Weltkriegs wächst die NLB sehr schnell. 1920 wird die Neulandschar als Zusammenschluß der noch nicht im Bund oder in den Studien- und Neulandkreisen organisierten *Neuland*-Leserinnen gegründet und dem Bund vorgeschaltet, so daß die durch eine rasche Expansion bedingte Aufnahme von Mitgliedern, die sich möglicherweise nicht vollständig mit dem Neuland-Programm identifizieren, in den Neulandbund verhindert wird und dieser als Organisation einer Elite erhalten bleibt. Der Zugang zum Bund wird durch eine einjährige Probezeit in der Neulandschar erschwert. Mit dem Neulandbund als Zentrum und Elite der ›Wissenden‹, der Schar als Vereinigung der Anwärterinnen und der Neuland-Leserinnenschaft als Sympathisantinnen ist die NLB 1920 in Form konzentrischer Kreise organisiert. Je weiter innen die einzelnen stehen, desto stärker sollten sie sich das Neuland-Programm bereits angeeignet haben.

Auf dem Neulandtag Anfang Oktober 1920 kommt es zu Unstimmigkeiten unter den Bündlerinnen. Muck Lamberty, ein sexuelle Freizügigkeit propagierender völkischer Jugendführer, der zu jener Zeit mit seiner Tanzgruppe in Thüringen für Aufruhr sorgt,[116] findet sich mit seiner *Neuen Schar* auf dem Neulandtag ein. Er stößt, wenngleich von Diehl abgelehnt, bei einigen Anhängerinnen der NLB auf Interesse, was zu verbandsinternen Spannungen führt. Zudem werden auf dem Neulandtag Stimmen laut, die mehr Demokratie und die Selbstbestimmung in der NLB fordern. Schließlich kommt es zu schweren Angriffen auf Lina Lejeune, die beste Freundin und designierte Nachfolgerin Diehls, wobei die Kritik sich an Lejeunes jüdischer Herkunft entzündet.[117] Diehl sieht das Vertrauensverhältnis erschüttert und versucht durch ein erneutes Treueversprechen, die Loyalität der Bündlerinnen ihr gegenüber sicherzustellen. Die Auseinandersetzung um dieses Treueversprechen, in der es um unterschiedliche Interpretationen des Führerprinzips geht, führt zu der Auflösung des Bundes und zur Spaltung der NLB.[118] Der Pfarrer und Neuland-Mitarbeiter Leopold Cordier stellt sich im Frühjahr 1921 an die Spitze der Dissidentinnen, trennt sich mit einem Zehntel der Bündlerinnen und einem Zwanzigstel der Studien- und Neulandkreise von der NLB und faßt diese zunächst zur *Neulandjugendbewegung*[119] zusammen, die sich später in *Christdeutscher Bund*[120] umbenennt. Nach der Auflösung des Neulandbundes 1921 tritt die Neulandschar an dessen Stelle und bildet den »Kern« der NLB. Die elitäre Struktur von Zentrum und Peripherie also innen und außen sowie die bündische Organisation des Zentrums bleiben auf diese Weise erhalten.

1921 gibt sich die NLB ihre erste »Verfassung«, die, abgesehen von wenigen Änderungen, bis 1935 in Kraft bleibt. Nicht rekonstruierbar ist, ob oder inwieweit die Entstehung dieser Verfassung mit der Spaltung der NLB zusammenhängt oder sich als Erfordernis des raschen Wachstums der NLB, die sich zudem, in der Absicht Kriegsheimkehrer zu integrieren, 1920 auch Männern öffnet, erklären läßt. In der Verfassung wird die Gliederung der NLB in zwanzig regionale Teilgruppen festgeschrieben. Jede dieser Teilgruppen verfügt über drei Scharhelferinnen, die die Koordination der einzelnen Kreise in den Teilgruppen leisten sowie den Kontakt zum Neulandhaus in Eisenach als dem Zentrum der NLB aufrecht erhalten. Die einzelnen Studien- und Neulandkreise sind nach dem Prinzip der Selbstverwaltung organisiert. Sie sind gegenüber der »Führung« der NLB in ihren Aktivitäten autonom und arbeiten nach demokratischen Grundsätzen. Relativiert wird die Autonomie und demokratische Verfahrensweise durch Diehls Position als Vorsitzende des *Verbandes der Studien- und Neulandkreise*. Im Verlauf der 20er Jahre wird das Prinzip der Selbstverwaltung zugunsten eines stärkeren Zentralismus immer mehr zurückgenommen, bis man 1926 den Ablauf eines jeden Kreistreffens durch Richtlinien bis ins kleinste festlegt.[121] Jeder Kreis hat drei Helferinnen, die die »gereiften« Leiterinnen und Leiter unterstützen. Auf diese Weise wird versucht, an der »Führung durch Ältere« festzuhalten, aber auch die Jüngeren an die NLB zu binden.

In der Verfassung wird zwischen der »Führung« und der »Leitung« der NLB unterschieden. Die »Führung« ist für die »geistige Richtungsgebung« der NLB verantwortlich, die »Leitung« für die Geschäftsführung. Diehl wird namentlich als »Führerin« in der Verfassung verankert. Sie ist weder wählbar noch absetzbar. Die »Leitung« der NLB liegt bei dem Neulandrat, der aus einem Freundes- und einem Jugendrat besteht und paritätisch aus beiden besetzt ist. Während die Mitglieder des Jugendrates von den Teilgruppen delegiert werden, bleibt unklar, wie der Freundesrat besetzt wird. Die »Führerin« besitzt per Satzung eine Generalvollmacht für die meisten Leitungsfunktionen, was die Durchsetzung des Führerprinzips auch in der Geschäftsführung bedeutet. Diehls Entscheidungen werden zunächst vom Neulandrat, dann von der Versammlung der Scharhelferinnen und der Neulandschar »durchgearbeitet«, wobei das Ergebnis jedoch im vorhinein feststeht: »Der Neulandrat steht bejahend zu der geistigen Geartung, die die Führerin der Bewegung gab und gibt und unterstützt dieselbe.«[122] Es handelt sich der Intention nach um eine Organisierung der Akklamation, durch die die Anhängerinnen auf die von Diehl formulierten Ziele verpflichtet werden, und nicht um einen demokratischen Entscheidungsprozeß.

1924 wird diese Verfassung in einigen Punkten abgeändert. Diehl wird zwar namentlich als »Führerin« gestrichen, aber man hält am Führerprinzip fest. Ihre Nachfolgerin oder ihr Nachfolger soll vom Neulandrat berufen werden. Darüber hinaus setzt man das Höchstalter für Jugendratsmitglieder von 30 auf 35 Jahre herauf, was auf eine Anpassung der Verfassung an die Altersstruktur der NLB schließen läßt. Die Scharhelferinnen werden nicht mehr von Diehl berufen, sondern von den Teilgruppen bestimmt und von der jährlichen Scharversammlung bestätigt. Die Teilgruppen gewinnen so gegenüber der »Führerin« an Macht. Diese Ansätze zur Demokratisierung verwundern im Hinblick auf die Tatsache, daß »die Jugendbewegung in den Jahren ab 1923 konservativer und deshalb auch in ihrer Struktur hierarchischer wurde«.[123] In Anbetracht der starken Konkurrenz durch andere Jugendbewegungen könnte hinter diesen Verfassungsänderungen der Versuch stehen, durch Konzessionen an die Basis die Attraktivität der NLB zu erhöhen und gleichzeitig ihre Kontinuität über Diehls Tod hinaus zu sichern.

Die NLB stellt sich Ende der 20er Jahre als ein elitärer, in konzentrischen Kreisen organisierter Zusammenschluß junger Frauen dar, der – soweit bekannt – weder in der evangelischen Frauenbewegung noch der Jugendbewegung ein Äquivalent findet. Betrachtet man die Machtstrukturen, so handelt es sich um eine Mischform beziehungsweise Doppelstruktur von bündisch-jugendbewegter und bürgerlich-demokratischer Verfassung. Das Zentrum der NLB, der Neulandbund, später die Neulandschar, ist durch ein persönliches Treueverhältnis direkt an die »Führerin« gebunden. Die Studien- und Neulandkreise sind – betrachtet man die Rechtsform – als Vereine bürgerlichen Rechts organisiert und folgen demokratischen Regeln. Da die Mitgliedschaft in den Studien- und Neulandkreisen als Vorstufe zur Mitgliedschaft im Bund gilt, wird das bündische Prinzip von der NLB als das überlegene betrachtet. Wenngleich »das Wahlrecht [...] in der ganzen Neulandgemeinschaft vermieden [ist], um nicht zur Entrechtung der Einzelnen, resp[ektive] zu ihrer Zurückstellung in der Mitverantwortung und Mitarbeit zu führen«,[124] wie Diehl so pauschal zu unrecht behauptet, wird in der NLB dennoch immer wieder abgestimmt, so auch über den Treueid, was für einen Mangel an alternativen Entscheidungsmodi spricht. Abstimmungen auf Führungsebene, im Bund oder in der Schar dienen jedoch nicht der demokratischen Legitimation, sondern der Verpflichtung der Mitglieder auf bereits von Diehl getroffene Entscheidungen.

Betrachtet man die organisatorisch-institutionelle Entwicklung der NLB, so zeichnet sich diese durch eine erhebliche Zahl an Neugründungen aus. 1919, unmittelbar nach Kriegsende, wird zunächst ein »Hilfsdienst für überlastete Mütter« ins Leben gerufen.[125] Man fordert die Anhängerinnen der NLB auf, sich nach einer kurzen Schulung im Neulandhaus unentgeltlich in Familien zu begeben und die Hausfrau bei ihrer täglichen Arbeit zu unterstützen, um so die Institution Familie zu fördern. Die Familienhelferinnen sollen in einer »Neuland-Schwesternschaft« zusammengeschlossen werden, zu deren Gründung es aber aufgrund der geringen Resonanz, auf die der Appell stößt, nicht kommt. 1921 richtet die NLB zehn Arbeitsgemeinschaften ein, in denen es um die Bekämpfung der bereits im Programm erwähnten »Volksnöte« geht. Die Arbeitsgebiete sind u. a.: die »Stärkung, Belebung und Verinnerlichung des Familienlebens«, die »Schaffung neuer Volksgemeinschaft«, die »Beteiligung am Staatsleben«.[126] Von jeder Neuland-Anhängerin wird erwartet, daß sie sich intensiv mit einem sozialen Problem auseinandersetzt und sich nach Möglichkeit praktisch betätigt. 1922 unternimmt die NLB den Versuch, eine Wohlfahrtsschule zu gründen.[127] Auf dieser sollen sowohl Sozialarbeiterinnen als auch Pfarrgehilfinnen ausgebildet werden. Abgesehen von der Möglichkeit, sich beruflich zu qualifizieren, soll die Wohlfahrtsschule eine »gründliche Vorbildung für die Mitarbeit in der Neulandsache«[128] vermitteln, was für das Bestreben spricht, die Agitation für die NLB zu professionalisieren. Die Schule wendet sich sowohl an Neuland-Anhängerinnen als auch an Außenstehende, muß aber 1923 wieder schließen, weil ihr von der sozialdemokratisch-kommunistischen Thüringer Landesregierung die Anerkennung als Wohlfahrtsschule verweigert wird.[129]

Als die bedeutendste Neugründung der NLB muß der 1926 im Anschluß an den Neulandtag von Diehl gegründete *Deutsche Frauenkampfbund gegen die Entartung im Volksleben* gelten.[130] Dieser ist zwar nicht Teil der NLB, er geht aber aus ihr hervor und wird in seinen Inhalten und Aktivitäten maßgeblich von den Neuland-Anhängerinnen, insbesondere von Diehl, die auch als »Führerin« des *Deutschen Frauenkampfbundes* agiert, geprägt.[131] Er kann als der politische Arm der NLB gelten:

> Die Gründung des Frauenkampfbundes, dem viele reifere Neuländerinnen sofort beigetreten sind, zeigt uns ja auch die jetzt nächstliegende Aufgabe. Sie ist eine Fortsetzung der Arbeit nach der Öffentlichkeit hin, während Neuland selbst sowohl in unseren Neulandkreisen, als auch in unseren Jugendkreisen und besonders in der Verbreitung der beiden Blätter seinen Weg zur inneren Hilfe, zur Erweckung und Stärkung der Einzelnen für ihre Aufgaben in Vaterland und Kirche und für ihre in Christus gegründete Frauenart weiterführen wird.[132]

Der *Deutsche Frauenkampfbund* konstituiert sich als »überbündische Arbeitsgemeinschaft zur Bekämpfung der Entartung der Frauenwelt und zur Aufrichtung deutschchristlichen Frauentums«.[133] Obwohl die NLB ihm korporativ beitritt, werden die älteren Anhängerinnen der NLB aufgefordert, sich zusätzlich individuell anzuschließen. Im Oktober 1926 bekennt sich die NLB zu den »Zielen des Frauen-Kampfbundes«, und »die Scharversammlung billigt die ausgegebenen Kampfblätter«.[134] Aus Berichten geht hervor, daß einzelne Studien- und Neulandkreise Veranstaltungen für den *Deutschen Frauenkampfbund* organisieren, Neuland-Rednerinnen auf Veranstaltungen des *Deutschen Frauenkampfbundes* sprechen etc. Sein Agitationsschwerpunkt ist Berlin, wo sich eine 300 Frauen starke »Kampftruppe« gebildet hat, die öffentliche Veranstaltungen durchführt, so im April 1929 beispielsweise einen »Lehrgang gegen den Kulturbolschewismus«.[135]

Der *Deutsche Frauenkampfbund* wächst schnell, er weist 1928 laut Geschäftsbericht bereits 182.726 Mitglieder auf, davon 1.408 Einzelmitglieder und 39 Organisationen, er ist aber wenig erfolgreich in der Durchsetzung seiner Ziele, die er in zahlreichen »Frauen-Kampfblättern« ausschließlich negativ formuliert.[136] Die meisten Mitgliedsverbände sind dem ›konservativen‹ Flügel des BDF (*Allgemeiner Deutscher Hausbeamtinnenverein, Reifensteiner Verband für wirtschaftliche Frauenschulen*), der Sittlichkeitsbewegung (zum Beispiel *Westdeutscher Sittlichkeitsverein*) und der evangelischen Frauenbewegung (*Verein deutscher evangelischer Lehrerinnen*) zuzurechnen oder entstammen dem völkischen Spektrum wie der *Deutsche Frauenorden*. Dazu kommen die *Reichsvereinigung deutscher Hausfrauen* und ihre Vorsitzende Martha Voß-Zietz und der *Reichs-*

ausschuß ländlicher Frauenverbände. Gräfin Margarete Keyserlingk, die Vertreterin des *Reichsverbandes landwirtschaftlicher Hausfrauenverbände* beim BDF, und Elisabeth Boehm, die Vorsitzende des *Reichsverbandes* gehören bereits 1928 zum *Deutschen Frauenkampfbund.* Der *Reichsverband* selbst unterstützt 1929 den »Weckruf gegen den Kulturbolschewismus« des *Deutschen Frauenkampfbundes.*[137] Unter den Einzelmitgliedern befinden sich einige konservative Reichs- und Landtagsabgeordnete wie Margarete Behm, Elisabeth Spohr und Annagrete Lehmann. Auch wenn es sich um eine Frauenvereinigung handelt, stellen Frauen nur 41 (29,1%) der insgesamt 141 prominenten Einzelmitglieder.[138] Männer sind jedoch nur als außerordentliche Mitglieder zugelassen. Auffallend ist sowohl die hohe Zahl an kirchlichen Funktionsträgern und Funktionsträgerinnen – sie sind, mit Ausnahme einer Frau Dr. Heßberger, Angehörige des *Katholischen Frauenbundes* und Mitglied des preußischen Landtags, alle protestantischer Provenienz – als auch an Professoren, die die größte Berufsgruppe darstellen.[139] Beides verweist auf den protestantisch-bildungsbürgerlichen Charakter der Vereinigung. Wenngleich der *Deutsche Frauenkampfbund* in der Literatur zur völkischen Frauenbewegung gerechnet wird,[140] sind mit Robert Max Gerstenhauer, dem Vorsitzenden des *Deutschbundes*, Wilhelm Kotzde, dem Führer der völkischen Jugendbewegung *Adler und Falken*, und Lili Keil, der »Hochmeisterin« des *Deutschen Frauenordens*, nur drei Personen der völkischen Bewegung direkt zuzuordnen.

Betrachtet man das Gründungsjahr des *Deutschen Frauenkampfbundes* 1926 im zeitgeschichtlichen Kontext, so verabschiedet der Reichstag in diesem Jahr eine Reform des Paragraphen 218. Abtreibung bleibt zwar strafbar, wird aber nicht mehr mit Zuchthaus, sondern ›nur‹ noch mit Gefängnis bestraft.[141] Die Gründung des *Deutschen Frauenkampfbundes* läßt sich als Reaktion auf die Liberalisierung des Paragraphen 218 interpretieren, die unter anderem von den Hausfrauen- und Landfrauenverbänden abgelehnt wird – wie die interne Diskussion im BDF 1925 zeigt.[142] Auf politischer Ebene deutet sich in der Unterstützung des *Deutschen Frauenkampfbundes* die Abwendung eines Teils der bürgerlichen und evangelischen Frauenbewegung von der Weimarer Republik an. 1926 ist ein wichtiges Jahr für die Entwicklung der völkischen Bewegung also auch der NSDAP und ihrer Organisationen. Die *Hitlerjugend* wird in diesem Jahr gegründet, und laut Kater beginnen »die Säulen der bürgerlichen Gesellschaft [das etablierte Bürgertum, S.L.] [...] ab 1926 vereinzelt, und dann unter dem negativen Eindruck der Weltwirtschaftskrise verstärkt, sich der Bewegung Hitlers zuzuwenden«.[143]

Angesichts eines vermeintlichen Anwachsens von »Unsittlichkeit und Entartung«[144] führt die NLB gemeinsam mit dem *Deutschen Frauenkampfbund* und mit finanzieller Unterstützung der Evangelisch-Lutherischen Kirche in Thüringen im Frühjahr 1927 erstmals eine Mütterschulung durch. Bis 1931 werden im Neulandhaus vier weitere einmonatige Mütterschul-Lehrgänge abgehalten. Die Lehrgänge richten sich nicht etwa nur an werdende Mütter, sondern an »alle jüngeren und älteren Frauen«,[145] was darauf hindeutet, daß es auf den Schulungen weniger um die Aneignung praktischer Fähigkeiten im Umgang mit Kindern als die Vermittlung ideologischer Inhalte geht. In den Ankündigungen wird zwar argumentiert, daß Mutterschaft ein Beruf sei, der wie jede andere qualifizierte Tätigkeit einer Ausbildung bedürfe, zugleich wird aber deutlich,

Deutscher Frauenkampfbund

gegen die Entartung des Frauenwesens
zum Wiederaufbau deutschen Frauentums.

Wer mit uns die Schmach und Entartung seines Geschlechtes empfindet und nicht länger tatenlos zusehen will, der komme zur

1. Tagung des deutschen Frauenkampfbundes

vom 8. bis 10. Oktober 1926 in Eisenach, Neulandhaus, Hainweg 33

Tagesordnung:

Freitag, den 8. Oktober

9.30 Uhr: Vortrag: **Moderne Frauenentartung und christliches Gewissen**

Gräfin Dr. Hanna v. Pestalozza, Berlin
Aussprache.

nachmittags: Wartburgbesichtigung mit Vortrag.

Sonnabend, den 9. Oktober,

9.30 Uhr: Vortrag: **Die Notwendigkeit und die Aufgaben unseres Frauenkampfbundes.**

Frau Professor Meyer, Göttingen

4.30 Uhr: **1. geschäftliche Versammlung des Frauenkampfbundes.**

Tagesordnung: 1. Wahl einer Leitung der Versammlung. 2. Bericht über geschehene Vorarbeiten. 3. Kassenbericht. 4. Beratung der Satzung. 5. Wahl eines Arbeitsausschusses. 6. Weiterarbeit.

Sonntag, den 10. Oktober,

10 Uhr: gemeinsamer Gottesdienst

nachm.: geselliges Beisammensein im Wald mit Aussprache.

8.15 Uhr: Öffentliche Versammlung:

Die Frau als Priesterin der Reinheit

1. **Was erwartet der Mann von der Frau?**
Dr. med. A. Sopp, Frankfurt a. M.

2. **Was sind wir Frauen dem Volke schuldig?**
Guida Diehl

Beitrag zu den allgemeinen Unkosten 1.50 M. Tagespreis für Wohnung und Beköstigung 4.— M, beides durch das Neulandhaus vermittelt. Anmeldungen an das Neulandhaus-Eisenach baldigst erbeten.

Frauen aller Stände sind ebenso herzlich wie dringend
zur Teilnahme eingeladen.

Flugblatt: Ankündigung der ersten Tagung
des *Deutschen Frauenkampfbundes* 1926 (ADW)

daß Mutterschaft als »Beitrag zum Volkswohl«[146] betrachtet wird. Die Unverheirateten sollen mit ihren »Mütteraufgaben« im Volk vertraut gemacht werden, die leiblichen Mütter sollen ihre Aufgaben aus einer neuen Perspektive sehen. Helene Meyer, von Beruf Lehrerin und Mitarbeiterin der Mütterschulungen wirbt für diese so: »Die Frau wird herausgehoben aus der Enge der persönlichen Wertung, indem wir ihr die ungeheure Wichtigkeit ihres Berufs fürs Volksganze zeigen, ihres vielseitigen Berufs als Mutter und Gattin, als Erzieherin der Kinder, als Hausfrau und als Gehilfin des Mannes.«[147] Deutlich wird, daß es in keiner Weise um die Veränderung der Situation von Frauen geht, sondern allein um eine ideologische Aufwertung und Politisierung der Mutterschaft. Obwohl für die Mütterschule intensiv geworben wird und man sich besonders um arbeitslose Frauen bemüht, ist die Resonanz zwar zunächst zufriedenstellend, nimmt dann aber ab – zum einen wegen der vergleichsweise hohen Preise der Lehrgänge, zum anderen aufgrund der in der Weltwirtschaftskrise erstarkenden Konkurrenz.[148]

Als Ersatz für die 1923 geschlossene Wohlfahrtsschule wird 1927 ein Gemeindehelferinnenseminar eröffnet.[149] Obwohl es primär als Ausbildungsstätte für Neuland-Anhängerinnen gedacht ist, steht es prinzipiell allen Interessentinnen mit höherem Schulabschluß offen. Es wird in Kooperation mit der Evangelisch-Lutherischen Kirche in Thüringen erfolgreich betrieben, führt aber zwischen 1927 und 1937 nur 111 Frauen zum Examen.

Insgesamt sprechen die zahlreichen Neugründungen für eine starke Dynamik der NLB. Folgt man Mayntz, so kann dieser Prozeß der strukturellen Differenzierung als normal gelten: »Während Organisationen älter werden und an Mitgliedern wachsen, werden sie im allgemeinen zunehmend strukturell differenziert und zugleich formalisiert.«[150] Legt man die Auflage des *Neulandblatts* zugrunde, so geht die strukturelle Differenzierung bei der NLB jedoch mit einem realen Verlust an Mitgliedern und Sympathisantinnen einher, so daß die Dynamik der NLB weniger das Produkt einer expandierenden Basis ist, sondern vielmehr den Versuch Diehls und ihrer Führungsclique darstellt, die NLB in Bewegung zu halten und so als Bewegung zu erhalten. So dienen die Neugründungen – abgesehen von ihrer pragmatischen Funktion – auch der Mobilisierung der Mitglieder, die ständig aufgefordert werden, in neuen Einrichtungen mitzuarbeiten und für diese zu werben. Gleichzeitig bemüht man sich mit der Gründung der genannten Frauenbildungsinstitutionen, die eigenen frauenpolitischen Vorstellungen umzusetzen und so Theorie und Praxis zu verbinden.

Mit der Gründung zahlreicher neuer Institutionen während der 1920er Jahre wird versucht, nicht nur die Gesinnung der Neuland-Anhängerinnen zu beeinflussen, sondern zunehmend auch ihr Handeln zu organisieren, womit der programmatischen Entwicklung von einer »Gesinnungsgemeinschaft« zu einer »Kampftruppe« Rechnung getragen wird. Die Gründungseuphorie zeugt von der Erkenntnis, daß die politischen Interessen der NLB sich nicht allein durch individuellen Gesinnungswandel realisieren lassen. Die Aufwertung der Handlungsebene bildet eine wesentliche Voraussetzung für das spätere politische Engagement der Anhängerinnen der NLB, welches sich auf die Veränderung der politischen Rahmenbedingungen, das heißt die Zerstörung der Weimarer Republik, richtet.

Im folgenden geht es zunächst um die regionale Verbreitung der NLB, dann um die Mitgliederentwicklung, die soziale Herkunft der Neuland-Anhängerinnen und schließlich um die geschlechtsspezifische Zusammensetzung der NLB. 1916 konzentriert sich die NLB stark auf Berlin. Zwölf der insgesamt 52 Studien- und Neulandkreise befinden sich in Berlin, es folgen Düsseldorf mit vier, (Wuppertal-)Barmen mit drei und Frankfurt am Main mit zwei Kreisen. Zwanzig Kreise liegen in mittelgroßen Städten, elf in Kleinstädten und Dörfern, also in ländlichen Gebieten.[151] 1925 hat eine regionale Umverteilung stattgefunden. Von den zwölf Berliner Neulandkreisen existieren nur noch fünf. Die höchste Kreisdichte weist die Teilgruppe Niederrhein mit 16 Kreisen auf. Es folgen Sachsen mit 14 Kreisen und Thüringen mit elf Kreisen. Eine Auszählung der Kreise unter dem Stadt-Land-Gesichtspunkt ergibt, daß 14 Kreise in Großstädten, 52 in mittelgroßen Städten und 42 in Kleinstädten oder Dörfern liegen.[152] Der Schwerpunkt der Bewegung verlagert sich von Berlin weg auf mittelgroße Städte, Kleinstädte und Dörfer. In Süddeutschland existieren sehr wenig Kreise, was zum einen mit der Dominanz des Katholizismus, zum anderen mit der Abspaltung des *Christdeutschen Bundes* unter Cordier zusammenhängt, der zunächst die süddeutschen Kreise betreut und diese 1920 zum Grundstock seiner eigenen Bewegung macht. Der Bedeutungsverlust Berlins als Agitationsschwerpunkt der NLB läßt sich zum Teil damit erklären, daß Diehl 1918 ihre Arbeit für den *Evangelischen Verband* aufgibt und nach Thüringen übersiedelt, zunächst nach Tambach, später nach Eisenach, wo 1920 das Neulandhaus als Zentrum der NLB eröffnet wird.

Da es sich um eine evangelische Bewegung handelt, liegen die meisten Kreise in überwiegend evangelischen Gebieten: Berlin ist nach der Volkszählung von 1925 zu 76,1 % evangelisch, Thüringen zu 92,58 %, Sachsen zu 90,29 %, die »Rheinprovinz« aber nur zu 29,9 %.[153] Die hohe Kreisdichte im Rheinland erklärt sich wahrscheinlich durch dessen im Versailler Vertrag festgelegte Entmilitarisierung, die von Deutschland als Souveränitätsminderung empfunden wird. Auf wenig Resonanz stößt die NLB in katholischen Gebieten und in Städten, die sich zu jener Zeit in einer Phase schnellen industriellen Wachstums befinden wie zum Beispiel Aue und Plauen. Die dortige Kreisleiterin Margarete Hantelmann berichtet, daß die in ihrer Stadt vorherrschende »materialistische Gesinnung« einer Ausbreitung Neulands enge Grenzen setze:

Voraussichtlich wird Neuland sich in Plauen nie weiter ausbreiten können, da der Geist einer schnell reich gewordenen Industriestadt dazu absolut unfruchtbar ist. Die Leiterin hat selbst durch ihre Schultätigkeit genug Beziehungen zu jungen Mädchen und kennt daher die Lebensauffassung dieser Kreise genügend, die vielmehr auf oberflächlichen Lebensgenuß eingestellt ist.[154]

Die Konfessionszugehörigkeit der Bevölkerung scheint hier keine Rolle zu spielen, denn Plauen ist zu 89,53 %[155] und Aue zu 92,1 %[156] evangelisch. Zurückzuführen ist die geringe Akzeptanz der NLB offenbar auf die fortgeschrittene Säkularisierung der dortigen

Bevölkerung. Die Art der Formulierung legt nahe, daß als Träger der kritisierten Lebensauffassung sowohl die Arbeiterinnen und Arbeiter als auch die wirtschaftlichen Eliten, das heißt der »neue Mittelstand«, gemeint sind.

Da keine Mitgliederlisten existieren, läßt sich über die Mitglieder- beziehungsweise Sympathisantinnen-Entwicklung nur indirekt über die Rekonstruktion der Auflagenhöhe des *Neuland(blatts)* Aufschluß gewinnen.[157] Geht man von der Zahl der Leserinnen *Neulands* und später des *Neulandblatts* aus, so beträgt diese im März 1916, drei Monate nach Erscheinen der ersten Ausgabe, 1200[158] und steigt dann kontinuierlich bis 1920 auf 10 000[159] an. Mit der Spaltung der NLB 1921 verlieren die Neulandschar und der Neulandbund ein Zwanzigstel ihrer Mitglieder, der Verband ein Zehntel der Studien- und Neulandkreise und die Zeitschrift *Neuland* ein Vierzigstel (das heißt 250) ihrer Leserinnen.[160] Bis 1924 geht die Zahl der Leserinnen zunächst auf 5000 zurück. In der Bündlerinnen-Zeitschrift *Treufest* wird diese Entwicklung 1924 auf die wachsende Konkurrenz durch ähnliche Zeitschriften und die Wirtschaftskrise zurückgeführt:

> Als es zum erstenmal erschien, war es [die Zeitschrift *Neuland*, S. L.] das einzige seiner Art [...] Seit der Revolution sind aber zahlreiche ähnliche Blätter entstanden. Nicht nur sind wir ja direkt nachgeahmt worden von 2 Blättern, die auch für dieselben Kreise der Jugend erscheinen, sondern eine ganze Reihe vaterländischer Zeitschriften und eine neue Reihe christlicher Blätter wirbt um Leser. Dazu kam die schwere Zeit der Inflation, wo so viele sich überhaupt kein Blatt mehr halten konnten.[161]

Nicht rekonstruierbar ist, auf welche Zeitschriften Diehl hier anspielt. Es ist jedoch davon auszugehen, daß der allgemeine politische Rechtsruck nach der Unterzeichnung des Versailler Vertrags in der Gründung entsprechender Zeitschriften resultiert. Der Abwärtstrend des *Neuland(blatts)* setzt sich bis 1927 fort, wo die Auflage eigenen Angaben zufolge auf 3500, laut »Zeitschriften- und Adreßbuch-Handbuchs der deutschen Presse« auf 4000 fällt. Für die darauffolgenden Jahre liefern die Publikationen der NLB keine weiteren Zahlen. Legt man die Angaben des besagten Handbuchs zugrunde, so fällt die Auflage bis 1939 kontinuierlich auf 1700.[162]

Die Zahl der Studien- und Neulandkreise nimmt eine ähnliche Entwicklung. 1916 existieren 52, 1918 schon 105 Kreise,[163] ihre Zahl nimmt bis 1920 kontinuierlich bis auf 170 zu,[164] bleibt 1921 trotz Abspaltung des *Christdeutschen Bundes* nahezu gleich, fällt dann aber bis 1925 auf ca. 105.[165] Hierbei ist zu berücksichtigen, daß es zu diesem Zeitpunkt schon eine beträchtliche Zahl von Jungneulandkreisen gibt, mit deren Gründung man 1922 begonnen hat, um den Nachwuchs zu integrieren. 1926 beträgt ihre Zahl sechzig. Betrachtet man die Zahl der Kreisgründungen in den Jahren von 1914 bis 1924, so zeigt sich, daß die meisten Kreise in den Jahren 1918 und 1919 gegründet werden. Bis 1922 geht die Zahl der Neugründungen zurück, um dann 1923 etwas anzusteigen. 1924 fällt die Zahl der Neugründungen wieder leicht.[166]

Geht man von der Auflage des *(Neuland)blatts* aus, so erreicht die NLB 1920 ihren Höhepunkt. Wird die Zahl der jährlich neugegründeten Neulandkreise zugrunde ge-

**Ein Blatt für die geistig höher strebende weibliche Jugend
herausgegeben von Guida Diehl**

Neuland gelobt:
Dies darf nicht das Ende sein!

Neuland erkennt: Ohne innere Erneuerung
keine deutsche Zukunft.

Neuland glaubt:
Siehe, Ich mache alles neu.

Neuland will: erneuertes Christsein
wahres Deutschtum
soziale Gesinnung
völkischen Willen

Sein Grundsatz:
Was nicht zur Tat wird, hat keinen Wert.

Sein Kampfruf:
Wir kämpfen mit, wir halten aus,
wir fassen nach Gott.

Sein Losungswort:
Und setzet ihr nicht das Leben ein,
nie wird euch das Leben gewonnen sein.

Zur Jahreswende.
Von Marie Sauer.

Still, daß kein Laut den Schlummer scheucht
Von diesem Jahr der Not!
Sie sagen, du wärst verdorben . . . gestorben . . .
Mein Volk, du wärest tot.

Sie kennen deine Seele nicht —
Noch ihren Felsenhort.
Ob tausendfach das Leben zerbricht
Und seine Krone verdorrt;
Ob deine Not zum Himmel schreit
Aus Wirrsal und Verderben:
Deine Seele tauchte in meertiefes Leid —
Das läßt sie nicht sterben!

Deine Seele wandert zum Herrn der Welt,
Da sie von Banden genesen;
Der alles Erbarmen in Händen hält:
Der wird sie erlösen.

Nun sollst du suchen die Seele dein,
Mein Volk, durch Monde und Jahre;
Bis dir ein lichter Morgenschein
Ihr Neuland offenbare.

Bis wieder sich dein siches Sein
Der Kraft aus der Höhe vermähle.
Mein Volk, das soll deine Sendung sein:
Such deine Seele!

Titelseite der Zeitschrift *Neuland* von 1920 (ADJB)

legt, so wächst die NLB in den Jahren 1918 und 1919 am schnellsten. Das rasche Wachstum in dieser Zeit läßt sich als Reaktion auf die deutsche Niederlage im Ersten Weltkrieg und die Unterzeichnung des Versailler Friedensvertrags interpretieren, denn die NLB konstituiert sich um das Kriegserlebnis und seine Folgen. Die Expansionsphase der NLB findet spätestens in der Wirtschaftskrise 1922/23, wahrscheinlich schon mit der Spaltung der NLB 1921, ihr Ende. Außerdem gehen die Neulandkreise in den infolge des Versailler Vertrags abgetretenen Gebieten verloren. Der Rückgang der Leserinnenzahlen deutet darauf hin, daß die NLB an Breitenwirkung verliert. Da das *Neuland* von vielen Nicht-Scharmitgliedern gelesen wird, bedeutet dieser Rückgang nicht notwendigerweise auch eine Verminderung der Zahl der in den Studien- und Neulandkreisen zusammengeschlossenen Scharmitglieder, spricht aber dennoch für eine Krise der NLB. Die relativ hohe Zahl von Kreisgründungen 1923, einem Krisenjahr der Weimarer Republik,[167] deutet daraufhin, daß die Attraktivität der NLB, in der Wirtschaftskrise wieder etwas zunimmt und die Zahl der Scharmitglieder zumindest in etwa gleich bleibt. Die Stagnation nach 1923 ist auf dem Hintergrund der nun einsetzenden Prosperitätsphase der Weimarer Republik zu sehen, die einen schlechten Nährboden für rechte Bewegungen abgibt, könnte aber auch mit der starken Konkurrenz anderer Jugendbewegungen zusammenhängen. Darüber hinaus wirkt sich die programmatische Fixierung der NLB auf den Ersten Weltkrieg und die Revision des Versailler Vertrags offensichtlich nachteilig aus, denn die Frauen, die ab Mitte der 20er Jahre als Neuland-Nachwuchs in Frage kommen (Geburtsjahrgänge ab 1910), haben selbst den Krieg nicht bewußt miterlebt und lassen sich daher nur schwer um das Kriegserlebnis organisieren. Rosenthal verweist auf die generationsbildende Kraft des Kriegserlebnisses für die wilhelminische Jugend (Geburtsjahrgänge 1890-1900), zu der auch die erste Generation Neuland-Anhängerinnen zu rechnen ist,[168] so daß der Mitglieder- und Sympathisantinnenrückgang auch mit einem Generationswechsel zusammenhängen könnte.

Betrachtet man die Zielgruppe, so fällt auf, daß die NLB sich im Laufe der 20er Jahre immer stärker zu öffnen versucht. Ablesen läßt sich diese Tendenz an den Untertiteln der Zeitschrift *Neuland* beziehungsweise des *Neulandblatts*. 1916 lautet der Untertitel zunächst *Ein Blatt für die gebildete weibliche Jugend*. Zum 1.1.1920 ändert sich dieser in *Ein Blatt für die geistig höher strebende weibliche Jugend*, nun berechtigt allein die Absicht, sich zu bilden, zum Bezug der Zeitschrift. Ab Mitte Juli 1921 lautet der Untertitel *Ein Blatt für die geistig höher strebende Jugend*, nun werden also auch Männer eingeschlossen. Ab Mitte Juni 1922 nennt sich die Zeitschrift *Ein Blatt für die geistig höher strebende männliche und weibliche Jugend*, Männer werden jetzt explizit angesprochen. Zum 1.1.1923 wird daraus *Ein Blatt für geistig höher strebende Deutsche, besonders deutsche Jugend*, die Schichtzugehörigkeit und das Geschlecht scheinen nun keine Rolle mehr zu spielen, vielmehr kommt es auf die deutsche Gesinnung an. Zum 1.1.1924 wird die Zeitschrift schließlich in *Neulandblatt: für erneuertes Christsein, für soziale Gesinnung, für wahres Deutschtum, für mutige Tat* umbenannt, es verschwindet also jeder explizite Hinweis auf die soziale Zielgruppe vom Titelblatt. Diese Umbenennung könnte eine Reaktion auf den Rückgang der Leserinnenzahlen in Zusammenhang mit der Wirtschaftskrise sein. Abgesehen von dem Titel und den Untertiteln ändert sich am

Inhalt der Zeitschrift wenig, so daß die ursprünglich anvisierte Zielgruppe, die Töchter des »alten Mittelstands« vor allem des Bildungsbürgertums, auch nach 1924 das Gros der Leserinnenschaft darstellt. Wenngleich die NLB sich während der 20er Jahre zu öffnen versuchte, war sie nie eine Massenbewegung. Sie steht permanent in dem Konflikt, einerseits expandieren zu wollen, weil sie sich im Besitz der historischen Wahrheit glaubt, andererseits ihre Mitglieder zu einer Elite von entschlossenen Kämpferinnen heranzuziehen.

Während bislang von der Zielgruppe und Programmatik der NLB auf die soziale Herkunft ihrer Anhängerinnen geschlossen wurde, soll die Vermutung, daß die Neuland-Anhängerinnen sich primär aus dem »alten Mittelstand«, besonders dem protestantisch geprägten Bildungsbürgertum rekrutieren, anhand von Dokumenten, die Auskunft über die tatsächliche soziale Herkunft geben, überprüft werden. Die Frage nach der sozialen Herkunft der Anhängerinnen der NLB zielt zum einen auf ihr Elternhaus, das heißt besonders auf die Tätigkeit des Vaters, zum anderen auf die durch eigene Berufstätigkeit oder durch Heirat erworbene Schichtzugehörigkeit.

Fragt man nach den Herkunftsfamilien der Neuland-Anhängerinnen, so ergibt die Auswertung der Teilnehmerinnenlisten des Gemeindehelferinnenseminars von 1933 bis 1935[169] unter dem Aspekt »Beruf des Vaters« der Seminaristinnen folgendes Bild: Insgesamt legen in den drei Jahren 50 Frauen die Gemeindehelferinnenprüfung ab. 17 Frauen kommen aus Pfarrerfamilien,[170] 15 aus Beamtenfamilien, zehn Väter sind selbständig, drei sind bei der Reichswehr, zwei sind Gutsbesitzer, einer ist nicht zuzuordnen, und über zwei Väter liegen keine Angaben vor. Bei den Beamten handelt es sich überwiegend um höhere Beamte, darunter mehrere Studienräte.[171] Die zehn Selbständigen setzen sich aus sieben Kaufmännern, einem Arzt, einem Dentisten und einem Schneidermeister zusammen. Keine der Seminaristinnen stammt aus der Arbeiterklasse.

Von den insgesamt 138 Nachrufen auf verstorbene Anhängerinnen der NLB in den Neulandrundbriefen zwischen 1965 und 1990 beziehen sich 130 auf Frauen und acht auf Männer. Der Beruf des Vaters ist nur in 22 Fällen angegeben. Zehn Väter sind Pfarrer, drei Lehrer, zwei Apotheker, einer ist Präsident des Preußischen Polizeiinstituts und ein anderer Fabrikbesitzer. In 89 der Anzeigen werden Angaben über die Berufstätigkeit der Anhängerinnen der NLB gemacht, das bedeutet: 81 Frauen – acht Nachrufe beziehen sich auf Männer, die per se einer Berufstätigkeit nachgehen – sind zeitweise oder permanent berufstätig. Allein 33 Frauen arbeiten als Lehrerinnen oder Studienrätinnen, wobei die Lehrerinnen bei weitem überwiegen. Die übrigen verteilen sich primär auf soziale Berufe wie zum Beispiel Kindergärtnerin, Krankenschwester oder Gemeindehelferin. Es gibt jedoch auch mehrere Büroangestellte.

In einer Auflistung der »Studienkränzchen oder Studienkreise für die gebildete weibliche Jugend« von 1916[172] geben sechs der 41 Kreisleiterinnen als Beruf Lehrerin oder Oberlehrerin an, sechs Frauen sind mit Pfarrern verheiratet. Von den verheirateten Frauen führen – abgesehen von den Pfarrersfrauen – sechs Frauen den Titel ihres Mannes. Alle Titel verweisen auf das Bildungsbürgertum beziehungsweise den »alten Mittelstand«. Von den 41 Kreisleiterinnen sind 16 (39 %) verheiratet und 25 (61 %) ledig. Die entsprechende Zusammenstellung für das Jahr 1918 ergibt, daß von insgesamt 89

Kreisleiterinnen 70 (ca. 79 %) ledig und 18 (ca. 20 %) verheiratet sind.[173] Ein ähnliches Bild vermittelt die Auswertung der Todesanzeigen. 45 der 131 Frauen sind nachweislich verheiratet, der überwiegende Teil der verbleibenden Frauen ist höchstwahrscheinlich ledig.[174] Die Kreisleiterinnen sind überwiegend unverheiratet und berufstätig, ihre Schichtzugehörigkeit beziehungsweise ihr sozialer Status ist somit in hohem Maße selbst erworben.[175]

Die Quellen deuten darauf hin, daß die Herkunftsfamilien der Anhängerinnen der NLB fast ausschließlich dem »alten Mittelstand« angehören. Auffallend ist die hohe Zahl an Pfarrerfamilien und, im Fall des Gemeindehelferinnenseminars, an Beamtenfamilien, wobei es sich vorwiegend um höhere Beamte handelt.[176] Ebenso wie die höhere Beamtenschaft gehören die Pfarrer zum Bildungsbürgertum und teilen dessen Krisen. Zudem verlieren sie mit dem voranschreitenden Säkularisierungsprozeß an Bedeutung, was eine »Krisenmentalität« erzeugt,[177] die bereits im Kaiserreich zum »Rückzug in die kirchlich-pastorale Subkultur«[178] führt, und so zur zunehmenden Isolation der Pfarrer im Bürgertum beiträgt. In der Gruppe der Selbständigen fällt die häufige Nennung des Berufs Kaufmann bei den Vätern der Seminaristinnen auf. Christoph Schmidt kommt zu dem Schluß, daß »Kaufmann« die häufigste Berufsbezeichnung auf den Parteimitgliedskarten der »alten Kämpfer« für die NSDAP ist, und gibt zu bedenken, daß diese Berufsbezeichnung wenig aussagekräftig ist. Es könne sich sowohl um wohlhabende Geschäftsinhaber als auch um in Konkurs gegangene Kaufleute handeln.[179] Insgesamt zeichnet sich ab, daß die sozialen Gruppen, aus denen sich die Neuland-Anhängerinnen und Seminaristinnen vorwiegend rekrutieren, in der Weimarer Republik ideologisch verunsichert und von sozialem Abstieg bedroht sind.

Die Anhängerinnen der NLB sind – wie insbesondere die Auswertung der Nachrufe verdeutlicht – zu einem hohen Prozentsatz berufstätig entweder in sozialen Berufen oder als Lehrerinnen und Studienrätinnen.[180] Soweit sie als Lehrerinnen und nicht als Studienrätinnen tätig sind, gehören sie nach Vondung zu den »Randgruppen des Bildungsbürgertums«.[181] Bei den sozialen Berufen stellt sich die Frage, ob die sozialen Frauenschulen als Ausbildungsinstitutionen für eine Zugehörigkeit zum Bildungsbürgertum qualifizieren.[182] Interessant ist in diesem Zusammenhang auch Guida Diehl selbst. Ihr Vater ist Oberlehrer und gehört so zum »symbolischen Kern des Bildungsbürgertums«.[183] Sie absolviert eine zweijährige Ausbildung an einem Lehrerinnenseminar und bleibt unverheiratet. Da Diehl als Frau der Zugang zur Universität versperrt ist und sie daher über keine akademische Ausbildung verfügt, gehört sie, legt man ihren selbsterworbenen sozialen Status zugrunde, nicht zum Bildungsbürgertum, wenngleich sie sich mit diesem identifiziert und dessen Werte vehement verteidigt.[184] Der Verzicht auf eine standesgemäße Heirat bedeutet für sie – und andere Frauen ihrer Generation in ähnlicher Lage – zwangsläufig sozialen Abstieg. Sieht man von den Studienrätinnen ab, so üben die Neuland-Anhängerinnen Berufstätigkeiten aus, die für Frauen aus den Mittelschichten zwar sozial akzeptabel erscheinen, sie aber selbst nicht eindeutig als Angehörige des Bildungsbürgertums ausweisen. Denkbar wäre, daß diese Frauen, um ihren eigenen Anspruch, zum Bildungsbürgertum zu gehören, geltend zu machen, dessen Werte um so vehementer vertreten. Auffallend ist, daß nur sehr wenige Anhängerinnen der NLB in Berufen, die sie als Angehörige des »neuen Mittelstands« ausweisen, arbeiten, wie zum Beispiel als Büroangestellte.[185]

Betrachtet man das Geschlechterverhältnis in der NLB, so handelt es sich auf der Ebene der Anhängerinnen zunächst um eine Vereinigung der »gebildeten weiblichen Jugend«. Nach der Öffnung der NLB für Männer 1920 organisieren sich diese unter der Leitung Cordiers in getrennten Gruppen. Die Spaltung der NLB, die kurz darauf beginnt, wird von ihm maßgeblich vorangetrieben und könnte – wie von Diehl selbst – als Ablehnung der Unterordnung unter eine Frau als »Führerin« interpretiert werden, denn das hätte seine Position bei der geringen Anzahl männlicher Mitglieder bedeutet.[186] Da sich unter den Dissidenten auch Frauen befinden, ist die Spaltung nicht ausschließlich als Revolte der Männer gegen eine »Führerin« zu erklären, wenngleich der geschlechtsspezifische Aspekt laut Justus Ulbricht eine Rolle spielt: »Daß es sich bei den Auseinandersetzungen innerhalb der *Neuland-Bewegung* neben allen religiösen und politischen Differenzen auch um Geschlechter- und Rollenkonflikte gehandelt hat, verrät eine Formulierung aus einem Brief Guida Diehls an Wilhelm Stählin [...]«.[187] Der Sammlung der Männer ist auch nach der Spaltung, sieht man von den Brüdern und Ehemännern der Anhängerinnen der NLB ab, kaum Erfolg beschieden,[188] denn es gibt genügend nationale und völkische Verbände, denen sich heimkehrende Soldaten anschließen können. Davon abgesehen, bleibt die Öffnung eine formale, denn an den Inhalten der Zeitschrift *Neuland* sowie an den Zielen und Aktivitäten der NLB ändert sich kaum etwas, um die Männer zu integrieren – sieht man von der 1922 vorübergehend eingeführten »Männerseite« ab.

Aufschluß über das Verhältnis der Geschlechter auf der Ebene der Kreisleitung geben die Auflistungen der »Studienkränzchen und Studienkreise für die gebildete weibliche Jugend« aus den Jahren 1916 und 1918. 1916 werden von den insgesamt 52 Kreisen 41 (78,5 %) von Frauen und zehn (19,2 %) von Männern geleitet. Die männlichen Kreisleiter sind überwiegend Pfarrer. 1918 existieren bereits 105 Kreise, davon sind drei (2,9 %) ohne Leiterin oder Leiter, 87 (82,9 %) werden allein von Frauen geleitet, 12 (11,4 %) allein von Männern und drei Kreise (2,9 %) von einer Frau und einem Mann gemeinsam. In Fretzdorffs Zusammenstellung aller Studien- und Neulandkreise von 1925 werden 93 Kreise beschrieben. Angaben über das Geschlecht der leitenden Person liegen in 51 Fällen vor. 30 (58,8 %) der Kreise werden von Frauen, 21 (41,2 %) von Männern geleitet. Fünf der Kreisleiterinnen sind als Lehrerinnen identifizierbar, 19 der 21 Kreisleiter sind Pfarrer. Wenngleich die NLB auch nach ihrer Öffnung für Männer eine Bewegung von Frauen bleibt, gewinnen zwischen 1916 und 1925 Männer, insbesondere Pfarrer, als Kreisleiter an Bedeutung, und die Zahl der Kreisleiterinnen nimmt ab.

Auch auf der Führungsebene zeigt sich eine starke Präsens von Männern. 1916 gibt es beispielsweise sechs Mitarbeiterinnen und sechs Mitarbeiter der Zeitschrift *Neuland*.[189] Ein ähnliches Bild ergibt sich, wenn man die Zusammensetzung der Entscheidungsgremien betrachtet. So ist der Freundesrat der NLB 1919 mit drei Frauen und fünf Männern besetzt.[190] Ende der 20er Jahre besteht er aus vier Männern und fünf Frauen, wobei der stellvertretende Vorsitzende nun männlichen Geschlechts ist. Das

Verhältnis hat sich also leicht zugunsten der Frauen verschoben.[191] Der Vorstand des *Verbandes der Studien- und Neulandkreise* weist 1919 neben zehn weiblichen Mitgliedern nur einen Pfarrer auf und ist somit in weiblicher Hand. Über die weitere Entwicklung liegen keine Angaben vor. Auf den jährlich stattfindenden Neulandtagen werden die meisten Vorträge von Universitätsprofessoren oder aber kirchlichen Funktionsträgern gehalten, so daß Männer die Diskussionsinhalte mitbestimmen. Während sich unter den Mitgliedern kaum Männer befinden, üben diese auf den verschiedenen Führungsebenen beträchtlichen Einfluß aus. Nichtsdestoweniger bleibt Guida Diehl in ihrer Führungsposition unangefochten.

Zur Attraktivität für die Anhängerinnen

Die Programme und programmatischen Schriften der NLB sind für alle Anhängerinnen verpflichtend, die Motive, sich der NLB anzuschließen, müssen aber nicht notwendigerweise in der Programmatik der NLB begründet liegen. Denkbar wäre, in Anbetracht von Schades Feststellung, daß »die überwältigende Mehrheit der Befragten aus Gründen zur Jugendbewegung stieß, die keine ideologischen oder gar politischen Motivationen erkennen lassen«,[192] daß die jungen Frauen sich der NLB aus ganz anderen Beweggründen anschließen wie beispielsweise jugendbewegten Aktivitäten und das politisch-religiöse Programm ›in Kauf‹ nehmen. Gegen einen solchen Erklärungsansatz spricht der hohe Grad an Übereinstimmung einzelner Anhängerinnen mit den von Diehl propagierten Zielen während der Gründungsphase der NLB. Anhand der lebensgeschichtlichen Interviews soll mittels einer Querschnittanalyse[193] untersucht werden, was die Anhängerinnen an der NLB anspricht. Da drei der zehn befragten Personen der NLB erst nach deren Hinwendung zum NS, also nach 1930, beigetreten sind und deren Motive bereits mit Neulands pronationalsozialistischer Haltung zusammenhängen könnten, werden diese Interviews nicht berücksichtigt. Zugrunde gelegt werden alle Äußerungen, die sich positiv auf die NLB beziehen. Diese lassen sich unter die folgenden Punkte subsumieren: elitärer Charakter der NLB, Zugang zu Ressourcen, Persönlichkeit Diehls, jugendbewegte Aktivitäten, politisch-religiöse Ausrichtung der NLB.

Von mehreren Interviewpartnerinnen wird der elitäre Charakter der NLB hervorgehoben. Eine der Befragten, ich nenne sie Frau Wiese, beklagt, daß die evangelische Kirche sich bislang nicht um eine Organisierung der »gebildeten weiblichen Jugend« bemüht habe, und fühlt sich daher von Neuland besonders angesprochen. Wenngleich sie aufgrund ihres niedrigen Bildungsgrads Schwierigkeiten hat, die Artikel in der Zeitschrift *Neuland* zu verstehen, abonniert sie sie:

> Es hat damals schon von Berlin aus von der Jugendsache das *Komm mit* gegeben, das ist an die Mädchenkreise immer verteilt worden. Aber sie [Diehl, S. L.] hatte ein Blatt mehr für die höheren Schulen, was da angepaßt war, und das hat dann *Neuland* geheißen. Erst glaube ich noch ein bißchen anders – also das war dann das *Neulandblatt*. Und ich war natürlich einsam auf dem Land, ich habe mir das auch sofort bestellt.[194]

52

Sie bezieht sich auf die Jugendarbeit des *Evangelischen Verbands*, von dem auch die Zeitschrift *Komm mit* herausgegeben wird. Diese richtet sich, im Unterschied zum *Neuland-(blatt)*, an junge Frauen aller sozialen Schichten.[195] In Anbetracht des realen Bedeutungsverlustes des Bildungsbürgertums, aus welchem sich die NLB primär rekrutiert – Frau Wieses Vater ist Pfarrer –, soll der Anschluß an die NLB die Zugehörigkeit zu einer ehemaligen gesellschaftlichen Elite bestätigen. Der von Diehl formulierte Führungsanspruch der »gebildeten weiblichen Jugend« spiegelt sich im Bewußtsein einiger Befragten als persönliche Berufung wider. Die NLB vermittelt ihren Anhängerinnen im Gegensatz zu anderen Jugendbewegungen, die sich zumindest in ihrem Anspruch an die Jugendlichen aller sozialen Schichten richten, das Gefühl, eine besondere gesellschaftliche Aufgabe zu haben.

Außerdem bietet die Zugehörigkeit zur NLB den Anhängerinnen Zugang zu Ressourcen, die ihnen sonst verwehrt wären. Wenngleich alle Befragten aus dem »alten Mittelstand«, vorwiegend dem Bildungsbürgertum, stammen, berichten mehrere Frauen, daß sie die Schule vorzeitig verlassen mußten oder keinen Beruf erlernt haben, weil die Eltern eine Ausbildung nicht finanzieren konnten. Keine der Befragten verfügt über das Abitur. Auf den Neulandtagen bietet sich ihnen die Möglichkeit, bekannte Persönlichkeiten kennenzulernen, in der Regel Universitätsprofessoren oder Schriftsteller, so daß ihrem Wunsch nach Bildung – wenn auch politisch sehr einseitig – Rechnung getragen wird. Mit der Eröffnung des Gemeindehelferinnenseminars 1927 bietet sich zudem die Möglichkeit einer Berufsausbildung, die von mehreren Zeitzeuginnen in Anspruch genommen wird. Darüber hinaus ist das Neulandhaus ein Ort, an dem die Neuland-Anhängerinnen trotz der vielleicht schlechten eigenen Finanzlage oder der ihrer Eltern preiswert Urlaub machen können. Die Ausstattung und schöne Lage des Neulandhauses wird von fast allen Befragten betont. Zudem besteht die Möglichkeit, Gleichgesinnte beziehungsweise Neuland-Anhängerinnen aus den ›höheren‹ und somit finanzkräftigeren Gesellschaftskreisen zu treffen und Kontakte zu knüpfen: »Ja, jedenfalls da bei Neuheuser, da war ein Ort, der hieß Altneuheuser. Und da war ein Gut, da wohnte eine Neuländerin. Das lag wunderbar, direkt an der See, also an der Ostsee. Und da hatten wir eine Freizeit, wie das so allgemein üblich ist, und da war Guida Diehl auch mit.«[196] Durch ihre Zugehörigkeit zur NLB kann Frau Bertram ihren Urlaub auf einem ostpreußischen Rittergut direkt am Meer verbringen, was ihr als Tochter eines Gymnasiallehrers sonst nicht möglich gewesen wäre.

Abgesehen von den eher materiellen Vorteilen einer Zugehörigkeit zur NLB scheint Guida Diehl selbst als Person und charismatische Vorsitzende wesentlich zur Attraktivität der NLB beigetragen zu haben. Alle Zeitzeuginnen waren von ihr fasziniert, sowohl von ihrer Erscheinung als auch den Inhalten, die sie vertrat. Mehrere der Befragten schlossen sich der NLB infolge eines ihrer Vorträge an. Sie schildern den Vortrag als ein Erlebnis, das einer Konversion ähnelt. So erzählt Frau Ende:

Also, die [Guida Diehl, S. L.] sprach an. Also sie sprach mit dem ganzen Gesicht, und mir ist dann eigentlich nur geblieben, daß man sich ändern muß, daß man bei sich anfangen muß, erst mal irgendwie zum Glauben kommen und bei sich anfangen. Und dann, wenn etwas einem nicht paßt, wenn man sich über andere ärgert, erst einmal versuchen, es auf jeden Fall besser zu machen. Ja, und das hat mich an sich sehr imponiert, und überhaupt dieser ganze Vortrag, also mehr kann ich dazu jetzt nicht sagen, weil ich das nicht mehr weiß. Aber diese Gedanken die haben mich dann bewegt.[197]

Es stellt sich die Frage, inwieweit Diehls Anziehungskraft mit ihrem Frausein zusammenhing. Die Aussagen mehrerer Anhängerinnen deuten darauf hin, daß sie Diehls Auftreten besonders beeindruckte, weil sie sich als Frau in einer Männerwelt durchzusetzen verstand. Mehrere der Befragten heben Diehls frauenpolitisches Engagement hervor und bringen es mit ihrer eigenen Zugehörigkeit zur NLB in Verbindung.

Quantitativ betrachtet, scheinen die Charakteristika, die die NLB mit der Jugendbewegung teilt, von großer Bedeutung zu sein. Von allen Befragten wird das Gemeinschaftserlebnis, gemeinsames Singen und Wandern positiv hervorgehoben, was sich sowohl auf die einzelnen Kreise als auch auf Veranstaltungen des Zentrums in Eisenach bezieht. Die Zugehörigkeit zur NLB bedeutet für die meisten Befragten, ebenso wie für die weibliche Jugendbewegung insgesamt, zwar keinen »Bruch mit der bürgerlichen Gesellschaft«, hierin ist Schade zuzustimmen,[198] markiert aber den Beginn eines Ablösungsprozesses vom Elternhaus und eine Erweiterung ihres Handlungsspielraums:

Und ich durfte dann auch, [zum Neulandkreis-Treffen gehen, S. L.] das gehörte dazu. Mein Vater mußte erst einmal gefragt werden, ob ich auch durfte, aber er erlaubte es, da ging ich dann jede Woche einmal abends. Das war ganz was Tolles, nicht. Als es schon finster war, ging ich dann hinauf zu Grete Hantelmann.[199]

Besonders betont wird von mehreren Frauen die große »Freiheit«, die im Neulandhaus und der NLB herrschte, wenngleich die NLB nach dem Führerprinzip organisiert war und sehr restriktive Moralvorstellungen vertrat. »Das Ungezwungene und Frische und Fröhliche, was da herrschte, das war recht gut. Ich bin gleich dort geblieben, gerne dort geblieben, und habe mich gleich dort zuhause gefühlt auch im Neuland, nicht.«[200] Als negativer Bezugspunkt dient dieser Interviewpartnerin und auch anderen das Burckardthaus, also der *Evangelische Verband*, von dem die NLB sich mit der Auflösung von Diehls Arbeitsvertrag im März 1918 endgültig abspaltet. Es wird als »zu eng« abgewertet. Der Widerspruch zwischen der Durchsetzung des Führerprinzips einerseits und der Wahrnehmung der Neuland-Praxis als frei andererseits könnte sich aus dem mit der evangelischen Frauenbewegung geteilten Ziel der Heranbildung selbständiger und selbstverantwortlicher Persönlichkeiten beziehungsweise »Kämpferinnen« für die NLB erklären, was weniger durch eine Liste von Vorschriften als durch eine Verpflichtung des Gewissens erreicht werden soll. So wird der Verzicht auf Gebote und Verbote von mehreren Interviewten positiv hervorgehoben. Indem die mit dem Führerprinzip einhergehenden äußeren Zwänge in einem Akt ideologischer Unterwerfung verinnerlicht werden, kann die repressive Praxis als Freiheit wahrgenommen werden.

Eine andere Interviewpartnerin hebt wiederholt ihre soziale Isolation und die fehlenden Bildungsmöglichkeiten als Pfarrerstochter auf dem Land hervor, was für Dahms

Neulandtag 1926: Vor dem Neulandhaus mit Guida Diehl im Vordergrund (ADJB)

Behauptung von einer »Krisenmentalität« des Pfarrstandes nach der Jahrhundertwende spricht. Frau Wiese erfährt von der Existenz der Zeitschrift *Neuland* durch eine Freundin: »Ich weiß noch, wie sie geschrieben hat, das ist so wunderwunderschön, bestell' dir's auch [die Zeitschrift *Neuland*, S. L.]. Das war für mich eine Lebenswende. Ich war alleine auf dem Land, war begeistert und dankbar für all solche Anregung, hab's mir also auch bestellt.«[201] Das später aus ihrem Anschluß an die NLB resultierende Gemeinschaftserlebnis beendet ihre soziale Isolation und wird von zentraler lebensgeschichtlicher Bedeutung. Die NLB wird für sie, wie für andere Zeitzeuginnen, zum Ersatz für eine eigene Familie. Die Attraktivität jugendbewegter Aktivitäten, vor allem das Gemeinschaftserlebnis, erklärt jedoch nicht, warum sich die Interviewten gerade der NLB und nicht irgendeiner anderen Jugendbewegung anschließen.

Sieht man von der Anziehungskraft der jugendbewegten Aktivitäten ab, so heben fast alle interviewten Frauen die politisch-religiöse Ausrichtung der NLB, also die Synthese von Deutschtum und Christentum positiv hervor, ja begründen ihren Beitritt zum Teil damit:

> [...] daß Neuland eben auch so offen war fürs Deutschsein und fürs Christsein, daß wir das beides so vereinigen konnten, nicht. Sonst zum Beispiel bei dem Burkardthaus, da war mehr das Christliche die Hauptsache, so im Vordergrund. Während Neuland, das entsprach damals ebenso ganz meiner Gesinnung, daß das Deutschtum auch so zur Sprache kam, nicht, aber das echte Deutschtum eben.[202]

Die ideologische Ausrichtung der NLB ist für diese Interviewpartnerin zentral. Ähnlich äußert sich Frau Bertram. Die Verbindung von »Deutschsein« und »Christsein« bietet in einer als unsicher empfundenen Zeit Orientierung:

> Als junger Mensch ist man ja dann schnell Feuer und Flamme und begeistert. Aber es hat mir doch auch einen gewissen Halt gegeben und mich auf manches aufmerksam gemacht, wo man früher nicht so daran gedacht hat, nicht – gerade das erneuerte Christsein und wahres Deutschtum.[203]

Im Unterschied zu anderen evangelischen Jugendbewegungen bietet die NLB nicht nur religiösen Sinn, sondern auch religiös legitimierte politische Orientierung, im Gegensatz zu politischen Parteien nicht nur politische Orientierung, sondern auch religiösen Sinn. Als religiöses und gleichzeitig politisches Gebilde bewegt sich die NLB in einer Grauzone von privat und öffentlich, so daß ein Engagement in der NLB den Anhängerinnen zunächst die Möglichkeit bietet, politisch Stellung zu beziehen, ohne sich parteipolitisch zu betätigen und so den als Privatsphäre definierten und den Frauen zugeordneten Raum verlassen zu müssen.

Vergleicht man die individuellen Äußerungen der Zeitzeuginnen mit der Neuland-Programmatik, so zeigt sich, daß die Synthese von Deutschtum und Christsein für die Anhängerinnen der NLB in der Weimarer Republik ebenso wie in der Gründungsphase der NLB keineswegs peripher ist, wie Schade andeutet, sondern hinsichtlich des individuellen Anschlusses an die NLB ein wesentliches Moment darstellt. In einer von politischen Umbrüchen geprägten Zeit, negiert die NLB die Entwicklungsmöglichkeiten, die sich im Zuge der Demokratisierung und kulturellen Liberalisierung[204] bieten, beschwört die Einheit von Religion und Politik und agiert als umfassende sinnstiftende Instanz. Gleichzeitig bietet sie Raum für jugendbewegte Aktivitäten. Gerade diese spezifische Kombination von Charakteristika macht die Attraktivität der NLB für junge Frauen aus dem bildungsbürgerlich-protestantischen Milieu aus.

Im Spannungsfeld von Jugendbewegung, Frauenbewegung und Protestantismus

Wie sich gezeigt hat, ist die NLB aufgrund ihrer diffusen Programmatik und komplexen Organisationsstruktur nur schwer eindeutig zuzuordnen. Jugendbewegung, Frauenbewegung und Protestantismus sollen nicht als sich gegenseitig ausschließende Kategorien verstanden werden, sondern als Orientierungspunkte, die das Spannungsfeld markieren, in welchem die NLB sich bewegt. Soziologisch betrachtet, stellen Jugendbewegung, Frauenbewegung und Protestantismus die relevanten Bezugsgruppen der NLB dar, zu denen sie sich in Beziehung setzt und von denen sie sich abgrenzt.

Neuland und Jugendbewegung

Die Entstehung der NLB 1916 fällt in die Zeit der Jugendbewegung. Zudem tragen die Aktivitäten der NLB zum Teil jugendbewegten Charakter, so daß sich die Frage nach einer genaueren Bestimmung des Verhältnisses der NLB zur Jugendbewegung aufdrängt. Im Vergleich zur bürgerlichen Frauenbewegung, deren Wurzeln in die Mitte des 19. Jahrhunderts zurückreichen und die zunächst den Fortschrittsoptimismus der Aufklärung teilt, handelt es sich bei der Jugendbewegung um eine jüngere Bewegung, die erst kurz nach der Wende zum 20. Jahrhundert ihren Anfang nimmt. Sie ist »Teil jener zivilisationskritischen Protestbewegung, die seit etwa 1890 vor den Folgen einer Überbetonung des Materiellen warnte«.[205] Sie rekrutiert sich vor allem aus Angehörigen des Bildungsbürgertums, die »die Funktionalisierung des Menschen durch die Technik und die Verflachung und Nivellierung der ›Kultur‹ durch Massenansprüche [fürchteten]«.[206] Trotz der raschen ökonomischen Entwicklung und der sozialen Verunsicherung der alten Mittelschichten versucht man, »überlieferte Formen und Konventionen des privaten und öffentlichen Lebens« festzuhalten, was nur um den Preis »zunehmender innerer Aushöhlung und Erstarrung« gelingt.[207] Als Antwort auf die geistige Starrheit und gesellschaftliche Enge des Kaiserreichs versuchen zunächst Gymnasiasten, sich Freiräume zu schaffen, indem sie wandern. Die Jugendbewegung versteht sich zwar anfangs als unpolitisch, sie verkörpert aber von Beginn an eine spezifische Form des Nationalismus, die sich gegenüber dem konventionellen bürgerlichen Nationalismus um Abgrenzung bemüht. Laut Mosse nimmt die Jugendbewegung von Anfang an Elemente des völkischen Denkens auf:

Der Idee vom Volk – gleichgültig ob Mythos oder Realität – blieb die Jugend hingegen immer treu. Ihre Bindung an Volk, germanischen Glauben, an Tradition, Heldentum und Brauchtum sowie die Identifikation mit dem Schönheitsideal des nordischen Menschen unterschieden sich häufig, blieben jedoch ein stabiles Element.[208]

Diese gewinnen im Laufe der 20er Jahre mit dem Übergang zur Bündischen Jugend an Bedeutung.

Die Entwicklung der Jugendbewegung verläuft in zwei beziehungsweise drei Phasen, in denen jeweils unterschiedliche Organisationsformen dominieren: Der Wandervogel (1901 bis 1912), die Freideutsche Jugend (1913-1923) und die Bündische Jugend (1923-1933).[209] Während die in der Freideutschen Jugend organisierten Studentinnen und Studenten die Ideen des Wandervogel übernehmen, bedeutet der Übergang zur bündischen Phase einen Bruch in der organisatorischen und programmatischen Entwicklung der Jugendbewegung. Im Zentrum des Wandervogels und der Freideutschen Jugend stehen das Erlebnis des gemeinsamen Wanderns, lebensreformerische Bestrebungen und die in der Meißner-Formel 1913 artikulierte Forderung nach Selbstbestimmung und Freiheit der Jugend.[210] Zudem werden Mädchen und junge Frauen ab 1911 verstärkt in bislang männliche Gruppen integriert oder aber in separaten Mädchengruppen organisiert.[211] Bei Beginn des Ersten Weltkriegs melden sich viele Wandervögel und Freideutsche an die Front oder werden eingezogen,[212] währenddessen übernehmen die Frauen in der Heimat die Aufgaben der Männer. Neugründungen von Jugendverbänden während des Kriegs sind eher selten, es gibt sie vor allem auf völkischer Seite, worin sich das Erstarken der völkischen Bewegung spiegelt. Nach Ende des Ersten Weltkriegs polarisiert und spaltet sich die Jugendbewegung über die unterschiedlichen Einschätzungen der Revolution und der Weimarer Demokratie in einen linken, einen politisch neutralen und einen völkischen Flügel. Die politischen Kontroversen führen zu der Auflösung des Wandervogels und der Zersplitterung der Freideutschen Jugend. Ulrike Treziak datiert den Beginn der dritten Phase der Jugendbewegung mit einem Treffen verschiedener Jugendgruppen im Fichtelgebirge im August 1923, von dem »Impulse zum Zusammenschluß verschiedener Gruppen aus[gingen], die sich selbst ›Bündische Jugend‹ nannten«.[213] Die Entstehung der Bündischen Jugend stellt, laut Treziak, eine Reaktion auf die von Krisen erschütterte Weimarer Republik, das heißt die Besetzung des Ruhrgebiets, das Ansteigen der Inflation und den Putschversuch Hitlers, dar.

Anders als der Wandervogel und die Freideutsche Jugend definieren die Bünde sich als politisch. In der Bündischen Jugend tritt an die Stelle des Strebens nach Freiheit das »Bedürfnis nach Bindung«,[214] das im Bund seinen organisatorischen Ausdruck findet. Der Bund bezeichnet eine auf gleichen Werten und Aufgaben beruhende geistige Gemeinschaft und Lebensgemeinschaft. Das Streben nach »Bindung« verknüpft sich mit der Artikulation vage formulierter politischer Vorstellungen. Im Zentrum der an der Vergangenheit orientierten politischen Leitideen der Bündischen Jugend stehen die Begriffe, Volk, Reich, Gemeinschaft und das Führerprinzip. Die Utopie der Bündischen Jugend beschreibt Giesecke als »ständisch organisierte Volksgemeinschaft«.[215] Der Weimarer Republik stehen die Bünde überwiegend ablehnend gegenüber. Ihre politische

Einstellung ist teils »rechtsradikal, teils gemäßigt nationalistisch, jedenfalls antidemo-kratisch«.[216] Kater hebt darüber hinaus die Abwehr alles Nichtdeutschen, Fremden, Internationalen, die Betonung der Volkstumsarbeit und den Antisemitismus vieler Jugendbünde hervor.[217] Charakteristisch für die Bünde ist, abgesehen von allen Differenzen zwischen ihnen, ihr elitäres Selbstverständnis. Sie definieren sich als »vorweggenommene Alternative zur offiziellen politischen Kultur«.[218] Die Veränderungen auf organisatorischer und politisch-ideologischer Ebene im Übergang zur Bündischen Jugend faßt Rosemarie Schade so zusammen:

> By 1923, the Wandervogel and the Freideutsche Jugend were largely eclipsed by the Bündische Jugend, which on the whole differed from the earlier forms of the youth movement by showing a marked tendency to more rigid and hierarchical organizational forms, a greater influx of ideological content, and a generally greater neo-conservative orientation, all of which mark a radical departure from the more informal earlier stages.[219]

Unter dem Einfluß der Kriegsheimkehrer setzt sich zum einen das Führer-Gefolg-schaftsprinzip durch, zum anderen gewinnt das Konzept des reinen Männerbundes an Bedeutung. Auf dem Bundestag der Alt-Wandervögel in Bad Sachsa 1920 werden die Mädchen und jungen Frauen gegen ihren Willen ausgeschlossen.[220] Dieser Ausschluß findet Widerhall in anderen Bünden und markiert den Beginn der Geschlechtertrennung in der Jugendbewegung der Nachkriegszeit. Der Bund als Lebensgemeinschaft, wie in der Bündischen Jugend gefordert, gilt in der zeitgenössischen Literatur und der Forschungsliteratur als typisch männliche Organisationsform. Nach Hans Blüher, einem zeitgenössischen Jugendbewegten, beruht der Bund auf sublimierter männlicher Sexualität und ist der Träger von Geist, Kultur und Kreativität schlechthin.[221]

Die konfessionellen Jugendverbände, das heißt für den Protestantismus vor allem der *Reichsverband der Evangelischen Jungmännerbünde Deutschlands* und der *Evangelische Verband*, geraten teils unter den Einfluß der Jugendbewegung und übernehmen deren Formen und Arbeitsweisen, teils gründen die Jugendlichen neue Bünde oder spalten sich – wie die NLB – von ihrem Ursprungsverband ab. Organisatorisch zusammengeschlossen ist ein Großteil Jugendbewegung seit 1919 im *Ausschuß der deutschen Jugend*, der sich 1926 in *Reichsausschuß deutscher Jugendverbände* umbenennt.[222]

Die Gründung des Neulandbundes Ende 1916 fällt in die Zeit des Wandervogels und der Freideutschen Jugend, so daß eine Einordnung in diesen Kontext nahe liegt. Wenngleich die Entstehung der NLB im Ersten Weltkrieg in hohem Maße politisch motiviert erscheint, spiegeln sich in den Programmen der NLB die kulturkritischen Momente der Jugendbewegung, vor allem die Ablehnung des »Materialismus«, die allen Programmen der NLB eigen ist. Außerdem teilt die NLB mit der Forderung nach »Erneuerung des deutschen Volkes« den neuen Nationalismus[223] der zeitgenössischen Jugendbewegung. In seinem Entstehungsanlaß, der Mobilisierung der jungen Frauen für den Ersten Weltkrieg, im Grad der Politisierung sowie in seinem Selbstverständnis unterscheidet sich der Neulandbund jedoch vom Wandervogel und der Freideutschen

Jugend.[224] Beide Bewegungen sind in ihrem Anspruch unpolitisch. Die Vorstellungen der NLB hingegen kreisen um die politischen Begriffe Volk, Reich, Gemeinschaft und das Führerprinzip, also um die »politischen Leitideen der Bündischen Jugend«.[225] Die Affinität der NLB zur Bündischen Jugend zeigt sich darüber hinaus im Verständnis des Begriffs Bund, im Prinzip der Leitung durch Erwachsene, in der Umsetzung des Führerprinzips und in ihrem Elitebewußtsein.[226]

Der »Kern« der NLB ist von 1916 bis 1921 im Neulandbund organisiert. Während für den Wandervogel und die Freideutsche Jugend der Begriff Bund primär den Dachverband mehrerer Einzelgruppen bezeichnet,[227] stellt der Neulandbund den Zusammenschluß einzelner Individuen dar, der auf Treue, Gefolgschaft und Vertrauen gegenüber der »Führerin« beruht. Dieses Konzept von Bund verweist auf die Bündische Jugend. Das Organisationsprinzip der Leitung durch Erwachsene, bezieht sich sowohl auf die Ebene der Kreisleitung als auch auf Diehl als »Führerin«. Es steht im Gegensatz zum jugendbewegten Prinzip der Selbstbestimmung. Von der NLB selbst wird das Prinzip mit der größeren »Tiefe« Neulands im Vergleich zum Wandervogel und zur Freideutschen Jugend begründet. Der NLB gehe es um die »innere Erneuerung«, die genannten Jugendbewegungen hingegen streben äußere Reformen an,[228] wobei es sich von außen betrachtet angesichts der generellen Innenorientierung der Jugendbewegung nicht um einen prinzipiellen, sondern höchstens um einen graduellen Unterschied handeln kann. Während die Leitung durch Erwachsene für die Vorkriegsjugendbewegung, also den Wandervogel und die Freideutsche Jugend, eher ungewöhnlich ist, scheint sie durchaus typisch für die Bündische Jugend, denn zahlreiche Jugendbünde, das gilt besonders für die weibliche Jugendbewegung,[229] werden von Erwachsenen gegründet und geleitet.[230]

1921 spaltet sich die NLB infolge Guida Diehls Versuch, das Führer-Gefolgschafts-Prinzip konsequent durchzusetzen und ihre Führungsposition in der ersten Verfassung der NLB zu verankern. In dieser Auseinandersetzung steht auch Neulands Zugehörigkeit zur Jugendbewegung zur Debatte. Dem Wunsch einiger Bündlerinnen nach stärkerer Mitbestimmung der Basis, das heißt nach einer Stärkung der Position des Neulandrates und der Einrichtung eines von den Jugendlichen selbst gewählten Führerrates analog zum Wandervogel, begegnet Diehl mit der Forderung eines Treueversprechens gegenüber dem Bund und ihrer Person. Sie versteht sich selbst als auserwählte »Führerin«, die nicht menschlicher Legitimation bedarf:

> Außerdem leisten die Bündlerinnen der Führung das Gelübde der Treue. Die Führung liegt in der Hand von Guida Diehl als der von Gott und der Geschichte uns gegebenen, nicht wählbaren Führerin, der wir auf dem letzten Neulandtag aufs neue treue Gefolgschaft auf Lebenszeit (solange ihr Gott die Freudigkeit zur Leitung gibt) gelobt haben. Das gesamte Gelübde wird mündlich abgelegt, entweder im Bündlerkreise oder einzelnen Bündlern, und dann noch schriftlich gegenüber der Führerin.[231]

Während nach Diehls Auffassung die Bewahrung der Eigenart und Einheit der NLB gegenüber demokratisch verfaßten Jugendbewegungen eines solchen Versprechens bedarf, widersprechen – nach Meinung der Dissidentinnen unter Führung Cordiers – Diehls Forderungen sowohl dem christlichen Glauben, der es verbiete, Gelübde auf Menschen abzulegen, als auch dem jugendbewegten Prinzip der Selbstbestimmung und disqualifizieren die NLB als Jugendbewegung zugunsten einer »Gemeinde Guida Diehls«.[232] Cordier sammelt die Abtrünnigen unter seiner Führung und erklärt sie zur *Neulandjugendbewegung*, während er die NLB der Jugendpflege zuordnet. In einem Brief an Wilhelm Stählin, den Vorsitzenden des *Bundes Deutscher Jugendvereine*, einem evangelischen Jugendverband, weist Diehl Cordiers Klassifizierung als Jugendpflege zurück und formuliert gleichzeitig das Fernziel der NLB: »Ueberhaupt haben wir doch prächtige, selbständige Menschen in unserer Sache. Wer das miterlebt, der weiss, dass Neuland weit entfernt ist von jeder Jugendpflege und hier eine Jugendbewegung ist, die einmal Volksbewegung werden muß.«[233] Cordier beobachtet richtig, daß Diehl ihre Führungsposition zu stärken versucht. Hiermit stellt sie sich jedoch – ebenso wie mit dem Prinzip der Leitung durch Erwachsene – nicht ins Abseits der Jugendbewegung, sondern nimmt vielmehr die Entwicklung der Bündischen Jugend vorweg, in der sich zu dieser Zeit das Führer-Gefolgschafts-Prinzip durchzusetzen beginnt.[234] Nichtsdestoweniger ist Cordiers Klassifizierung der NLB als Jugendpflege berechtigt, insofern die Leitung durch Erwachsene als Merkmal der Jugendpflege gilt. Konsequenterweise wäre dann aber die Bündische Jugend insgesamt der Jugendpflege zuzuordnen. Tatsächlich ist es aus diesem Grund in der Forschungsliteratur umstritten, ob man ab Mitte der 20er Jahre noch von Jugendbewegung reden kann, insbesondere angesichts der Tatsache, daß der Staat über den *Reichsausschuß deutscher Jugendverbände*, dem Dachverband der deutschen Jugendverbände, immer stärker versucht, die Jugend zu vereinnahmen und zu dirigieren.[235] Davon abgesehen, spiegelt sich in obigem Zitat das Elitebewußtsein der Bündischen Jugend. Diehl geht davon aus, daß die NLB diejenige Lebensform vorwegnimmt, die für alle Deutschen erstrebenswert erscheint.

Untypisch für die Bündische Jugend und die Jugendbewegung insgesamt ist Neulands Doppelstruktur von Neulandbund beziehungsweise Neulandschar und dem *Verband der Studien- und Neulandkreise*. Ab 1921 müssen sich einerseits alle Schärlerinnen einem Studien- oder Neulandkreis anschließen, andererseits muß nicht jedes Mitglied eines Studien- oder Neulandkreise der Schar angehören, so daß diese nicht alle in einem persönlichen Treueverhältnis zu Diehl stehen. Das bündische Prinzip wird von der NLB nicht konsequent auf die gesamte Vereinigung angewandt.[236]

Genauso wie sich die NLB vom Wandervogel und der Freideutschen Jugend abgrenzt, betont sie ihre Besonderheit gegenüber der evangelischen Jugendbewegung sowie den deutschen Jugendverbänden:

> Bei der Tagung der Evangelischen Jugendverbände 1924 in Rudolfstadt und derjenigen der Deutschen Jugendverbände in Blankenburg ist es allen klar geworden, daß wir die Einzigen sind, die als evangelische Bewegung zugleich in tiefstem Sinn eine deutsche, auf die Not des Vaterlandes eingestellte Bewegung sind, mit dem ausgesprochenen Ziel der Befreiung Deutschlands durch den Kampf innere Erneuerung.[237]

Der *Ausschuß evangelischer Jugendverbände* vertritt die Interessen der evangelischen Jugend im *Reichsausschuß der Deutschen Jugendverbände*. Dieser umfaßt sowohl die Bündischen Gruppen als auch konfessionelle, politische und berufsständische Jugendverbände. 1927 sind insgesamt 3.6 Millionen Jugendliche, das sind etwa 40 % der Jugend, dem *Reichsausschuß* über ihre Verbände angeschlossen.[238] Einerseits spricht Diehls Betonung der Einzigartigkeit der NLB für ihre Isolation innerhalb des *Reichsausschusses* im allgemeinen und im Spektrum der evangelischen Jugendverbände im besonderen. Zu diesem Schluß kommt auch Riedel, wenn er die NLB als »Verband eigenartiger Prägung«[239] bezeichnet. Andererseits zeugt die Mitgliedschaft der NLB in den genannten Ausschüssen sowie die Teilnahme von Neuland-Vertreterinnen an den Tagungen der beiden Vereinigungen von dem Wunsch, dazu zu gehören und ihren Einfluß geltend zu machen.[240] Die ambivalente Haltung der NLB zu anderen Jugendbewegungen wird auch von den Neuland-Anhängerinnen als Problem wahrgenommen. Während die Basis zum Teil eine engere Zusammenarbeit mit anderen Jugendbewegungen anstrebt, rät Guida Diehl zur Zurückhaltung,[241] offenbar, um zu vermeiden, daß die NLB unter deren Einfluß gerät, was ihrer Autorität abträglich sein könnte.

Versucht man die NLB im Kontext der weiblichen Jugendbewegung zu lokalisieren, so stellt sie laut Schade neben dem 1914 gegründeten *Deutschen Mädchenwanderbund*, einer Parallelgründung zu den *Fahrenden Gesellen*, die einzige autonom gegründete weibliche Jugendbewegung dar.[242] Wenngleich die NLB seit 1920 formal auch Männern offen steht, versteht sie sich 1925 noch explizit als weibliche Jugendbewegung:

> So ist zwar eine Verwandtschaft zwischen beiden Bewegungen [NLB und Jugendbewegung, S. L.] in der jugendlichen Seele. In beiden lebte ein Protest, ein Suchen, ein Hungern, aber die weibliche Seele brauchte mehr. Der Wandervogel und die später aus ihm entstandene freideutsche Jugend mit allen Begleiterscheinungen haben männliches Gepräge und haben dies der gesamten Jugendbewegung aufgedrückt. Die weibliche Jugend mußte sich ihre eigenen Bahnen suchen und hat dies neben anderem im Neuland getan.[243]

Während die Angebote der Jugendbewegung für junge Männer zu genügen scheinen, sind sie für die Frauen unzureichend. Diese haben Bedürfnisse, die sich, laut Diehl, nur in einer anspruchsvolleren spezifisch weiblichen Jugendbewegung, wie der NLB, befriedigen lassen. Diese Feststellung bekräftigt den Eliteanspruch Neulands. Da weder in den Publikationen der NLB noch in den Interviews Bezug auf die interkonfessionelle weibliche Jugendbewegung genommen wird, ist davon auszugehen, daß auch zu ihr zumindest ein distanziertes Verhältnis besteht.

Betrachtet man die NLB in ihrer Entwicklung von 1916 bis 1928, so zeichnet sich eine zunehmende Distanzierung von der Jugendbewegung insgesamt ab. Während Diehl 1920 zu dem Schluß kommt, daß Neuland »›Jugendbewegung‹ im vollen Sinne«[244] sei, bezeichnet sie die NLB 1921 als »grundanders« und stellt somit die Differenzen in den Vordergrund:

Jungneuland unterwegs 1926 (ADJB)

Neuland ist keine Jugendbewegung im allgemeinen Sinne, sondern etwas viel Größeres. Es wurde zuerst der Jugend gebracht und bewegte viele junge Herzen, aber immer bekämpfte es den Gedanken, es sei Jugendbewegung im heutigen Sinn. Es ist eben Neulandbewegung, das heißt eine aus der Gotteszeit des August 1914 kommende, von Gott selbst in den Herzen entzündete Bewegung zu heiliger Einheit in Wahrheit, Gerechtigkeit, Reinheit und Liebe in Ihm selbst.[245]

1923 nimmt Diehl an einem Treffen derjenigen Bünde teil, die sich in der Tradition des Hohen Meißner verstehen. Ihre im *Neulandblatt* artikulierte Kritik richtet sich zum einen gegen deren politische Ausrichtung, die sie mit »Pazifismus, Internationalismus, Sozialismus und Kommunismus«[246] charakterisiert, zum anderen gegen eine angebliche Vermännlichung der Mädchen. Bereits 1925 ordnet sie die NLB nicht mehr eindeutig der Jugendbewegung zu. Sie konstatiert, daß in der NLB drei »tiefgreifende Seelenbewegungen« stecken: die Jugendbewegung, die deutsche Bewegung, die »Frauenerneuerungsbewegung«. Anschließend erklärt sie die historische Mission der Jugendbewegung für erfüllt:

Der Materialismus liegt in seinen letzten Zuckungen. Er schäumt noch einmal mit voller Wucht heraus, aber nichts kann darüber täuschen, daß er im Sterben ist. Das Ungesunde und Verdorbene des Zeitalters stirbt an seinen eigenen Folgen. Dadurch erledigt sich von selbst die Proteststellung der Jugendbewegung. Das Gesunde, das sie wollte, ist zur allgemeinen Anerkennung gekommen. So sehen wir nach der Revolution ein Aufnehmen des Jugendbewegungsstiles und alles Guten, das er in sich trägt, in alle Jugendpflege hinein. Jugendbewegungsmäßiges Wesen ist Mode geworden und erlebt eine gewisse Erfüllung.[247]

Nicht rekonstruierbar ist, worauf sich ihr Optimismus gründet. Denkbar wäre, daß er auf eine Begegnung mit Hitler zurückzuführen ist, den sie eigenen Angaben zufolge 1925 in Eisenach das erste Mal reden hört und der sie begeistert.[248] Der zweite Teil ihrer Aussage bezieht sich auf die Vereinnahmung der Jugendbewegung durch den Staat. Wenngleich Diehl Neulands spezifische Aufgaben als weibliche Jugendbewegung noch nicht erfüllt sieht, rückt das Selbstverständnis als »Frauenerneuerungbewegung« und deutsche Bewegung in den Vordergrund. Die Verankerung im protestantischen Spektrum wird unterschlagen beziehungsweise unter den Begriff deutsch subsumiert.[249] Cordier resümiert bereits 1925: »Die starke Betonung des Nationalen und die politischen Forderungen der Führerin im Neulandblatt mußten dahin führen, daß Neuland aus einer Jugendbewegung sich immer mehr zu einer ›Deutschen Bewegung‹ entwickelte.«[250]

Anna Pöschel, Neuland-Anhängerin, geht davon aus, daß die NLB zwar zunächst Teil der Jugendbewegung war, sieht jedoch 1927 in der NLB »keine reine Jugendbewegung mehr, aber ihren Nachwuchs stellt doch die Jugend und dadurch schließt Neuland ein Stück Jugendbewegung in sich«.[251] Implizit definiert Pöschel hier die NLB als Vereinigung von Erwachsenen. Die Jugendlichen werden nicht als autonome Gruppe mit eigenen Zielen und Forderungen, sondern ›nur‹ unter dem Aspekt des Nachwuchses für die NLB als einer Organisation von Erwachsenen betrachtet. Dieser Transformation der NLB trägt auch Siemering Rechnung, wenn sie die NLB 1931 zwar noch unter Jugendverbände aufführt, aber zu dem Schluß kommt, daß »die Neulandbewegung in den letzten Jahren immer mehr zu einer Frauenerneuerungsbewegung geworden [ist], da sie viele gereifte Frauen umschließt«.[252] Mit dem Begriff »Frauenerneuerungsbewegung« greift Siemering eine Selbstbezeichnung der NLB auf, die teils synonym für Frauenbewegung, teils aber auch zur Abgrenzung gegenüber der bürgerlichen Frauenbewegung verwandt wird. Die Distanzierung der NLB von der Jugendbewegung zugunsten einer »Frauenerneuerungsbewegung« findet 1928 in Diehls programmatischer Schrift »Deutscher Frauenwille« seinen vorläufigen Höhe- und Endpunkt. Zieht man in Betracht, daß das Jahr 1928 für die autonomen Mädchenbünde, laut de Ras, ein Jahr der durch Mitgliederrückgang verursachten Krisen darstellt, die zu Selbstauflösungen führen,[253] so läßt sich Neulands Neuorientierung angesichts ebenfalls rückläufiger Mitgliederzahlen auch als Krisenbewältigungsstrategie sehen.

Untersucht man die organisatorische Integration in die Jugendbewegung, so gehört die NLB dem *Ausschuß der deutschen Jugend* beziehungsweise dem *Reichsausschuß* an.[254] In ihm ordnet sie sich nicht etwa der Bündischen Jugend, sondern den evangelischen Jugendverbänden zu – die weibliche Jugend bildet keine separate Sektion.[255] Beitrittsvoraussetzung zum *Reichsausschuß* ist eine Mitgliederzahl von mindestens tausend Personen im Alter zwischen 14-25 Jahren, die Existenz von fünfzig Ortsgruppen sowie die Respektierung der Weimarer Verfassung.[256] Nimmt man die Präsenz in der Verbandszeitschrift *Das junge Deutschland* als Indikator für den Grad der Integration in die Jugendbewegung, so werden von 1924 bis einschließlich 1927 die Veranstaltungen der NLB sowie des *Deutschen Frauenkampfbundes* in besagter Zeitschrift regelmäßig angekündigt. Nachdem 1930 in einem ausführlichen Artikel die Schaffung eines Kinderneulands[257] begründet wird, nutzt die NLB *Das junge Deutschland* nicht mehr zur Präsentation ihrer Ziele. Sieht man von diesem Artikel ab, so scheint der Rückzug aus der Verbandszeitschrift des *Reichsausschusses* mit der Distanzierung von der Jugendbewegung zusammenzufallen.

Als Resümee bleibt festzuhalten, daß, wenngleich die Entstehung der NLB in die Zeit des Wandervogels und der Freideutschen Jugend fällt, die NLB schon 1916 auf organisatorischer und programmatischer Ebene wesentliche Merkmale der Bündischen Jugend aufweist und deren Entwicklung gewissermaßen vorwegnimmt.[258] Die Tatsache, daß die NLB somit ihrer Zeit etwas voraus ist, trägt in ihrer Entstehungsphase zu ihrer Isolation innerhalb der Jugendbewegung bei. Die enge Verknüpfung von nationalen mit christlichen Zielsetzungen und der daraus resultierende politische Radikalismus führt im Verlauf der 20er Jahre nicht zu einer Annäherung an den Mainstream der Bündischen Jugend, sondern zu einer immer stärkeren Isolation der NLB innerhalb dieser. In der zweiten Hälfte der 20er Jahre entwickelt sich die NLB sowohl hinsichtlich ihrer Altersstruktur[259] und ihres Programms als auch bezüglich ihres Selbstverständnisses von einer Jugend- zu einer deutschen »Frauenerneuerungsbewegung«.

Versucht man die NLB Mitte der 20er Jahre im Spektrum der Jugendbewegung zu lokalisieren, so läßt sie sich als konfessionelle Vereinigung der evangelischen weiblichen

Jugendbewegung zuordnen, was jedoch ihrem Charakter als deutscher Bewegung nicht gerecht wird. Schade läßt demgegenüber den konfessionellen Charakter der NLB außer acht und verortet sie auf dem äußersten rechten Flügel der Jugendbewegung, dem sie viele derjenigen Bünde zuordnet, die in der Literatur als völkisch bezeichnet werden.[260] Neulands radikale Kritik an der Weimarer Republik, ein teils latenter, teils offener Antisemitismus – auf den ich an anderer Stelle eingehe[261] – und die Verabsolutierung einer völkischen Erneuerung verweisen auf den sogenannten völkischen Flügel der Bündischen Jugend.[262] Im *Neulandblatt* finden sich, abgesehen von einigen Werbeanzeigen für die *Artamanen* und die nationalrevolutionäre Zeitschrift *Die Kommenden*,[263] keine Hinweise auf andere Bünde, was zum einen wiederum für eine starke Abgrenzung gegenüber diesen, zum anderen für eine Nähe zum völkischen Spektrum spricht. Einerseits könnte die Affinität zum völkischen Flügel der Bündischen Jugend auf Neulands spezifischen Zugang zum NS verweisen, so waren zum Beispiel Walter Darré, Heinrich Himmler und der Auschwitzkommandant Rudolf Hoess vor ihren ›Karrieren‹ im »Dritten Reich« Mitglieder des völkischen Bundes *Artam*.[264] Andererseits legt die Entwicklung der NLB zu einer »Frauenerneuerungsbewegung« nahe, daß die Anhängerinnen der NLB sich auch aufgrund frauenspezifischer Interessen dem NS zuwenden.

Neuland und Frauenbewegung

Die NLB bezieht sich mit ihren frauenpolitischen Forderungen immer wieder auf die bürgerliche Frauenbewegung, sie ist in dieser jedoch nicht organisatorisch verankert wie in der evangelischen Frauenbewegung. In der Entstehungsphase der NLB versucht Guida Diehl, führende Vertreterinnen der bürgerlichen und evangelischen Frauenbewegung für die NLB zu gewinnen. Wie aus dem Impressum der Zeitschrift *Neuland* ersichtlich, zählen Alice Salomon bis 1918, Paula Mueller bis 1919 zu den Mitarbeiterinnen der NLB.[265] 1919 wird Salomon wider Erwarten aufgrund ihrer jüdischen Herkunft nicht zur Vorsitzenden des BDF gewählt, was sie sehr verletzt und möglicherweise auch ihren Rückzug aus der NLB bewirkt.[266] Zudem nimmt sie unmittelbar nach Kriegsende ihre internationale Arbeit wieder auf, was nicht die Billigung der NLB gefunden haben dürfte. Während Salomon einige Artikel in der Zeitschrift *Neuland* veröffentlicht,[267] scheint Mueller, über deren Rückzugsmotive nichts bekannt ist, sich nicht zu engagieren. Mit dem wenn auch gescheiterten Versuch der Gründung einer Wohlfahrtsschule 1922 stellt die NLB sich in die Tradition der bürgerlichen Frauenbewegung, auf deren Betreiben nach der Jahrhundertwende zahlreiche soziale Frauenschulen eingerichtet wurden, bricht aber den Dialog mit der bürgerlichen Frauenbewegung weitgehend ab und gibt nationalen Interessen den Vorrang. Um das Verhältnis der NLB zur bürgerlichen und evangelischen Frauenbewegung genauer zu bestimmen und die NLB zeitgeschichtlich zu verorten, skizziere ich zunächst den Entstehungszusammenhang und die Ziele von bürgerlicher und evangelischer Frauenbewegung.

Die Ursprünge der bürgerlichen Frauenbewegung in Deutschland liegen in der Revolution von 1848 und ihren »liberalen und demokratischen Ideen«,[268] deren Verheißungen die bürgerlichen Frauen auch für sich einfordern. Im Kaiserreich und in der

Weimarer Republik ist die bürgerliche Frauenbewegung in einen ›radikalen‹, einen ›gemäßigten‹ und einen ›konservativen‹ Flügel gespalten.[269] Die ›Radikalen‹ propagieren die Zusammengehörigkeit von Internationalismus und Feminismus und eine »Neue Ethik«.[270] Sie orientieren sich in ihren Forderungen am Gleichheitspostulat und begründen sie in der Tradition der Aufklärung liberal-individualistisch. Demgegenüber sind die ›Gemäßigten‹ stark national orientiert, streben weniger die Gleichberechtigung der Frauen an als die Entfaltung ihres spezifisch weiblichen Beitrags zur Kultur. Beide Richtungen schließen sich 1894 zunächst im BDF zusammen, bis sich die ›Radikalen‹ 1899 mit dem *Verband Fortschrittlicher Frauenvereine* eine eigene Organisation schaffen, die seit 1907 auch dem BDF angehört.

Ab 1908 gerät der ›radikale‹ Flügel der bürgerlichen Frauenbewegung im BDF in die Defensive. Markiert wird das Erstarken der ›Gemäßigten‹ durch den Beitritt des mitgliederstarken, als ›konservativ‹ geltenden *Deutsch-Evangelischen Frauenbundes*, mit dessen Unterstützung der Antrag der ›Radikalen‹ auf Streichung des Paragraphen 218 abgelehnt wird. Ob und inwieweit seine Mitglieder »den feministischen Kurs des BDF in den folgenden Jahren [...] bremsten«, ist in der Forschung umstritten.[271] Gleichzeitig setzen sich, laut Evans, in der gesamten bürgerlichen Frauenbewegung zunehmend eugenische und rassenhygienische Vorstellungen durch, mit deren Rezeption das liberal-individualistische Denken immer mehr von sozialdarwinistischen kollektivistischen Vorstellungen abgelöst wird.[272] Greven-Aschoff stimmt Evans in diesem Punkt prinzipiell zu, betont aber die Ambivalenz und Vielschichtigkeit des Prozesses und weist darauf hin, daß beide Argumentationsweisen in einem Verband, zuweilen in einer Person, koexistieren.[273]

1910 übernimmt Gertrud Bäumer (1873-1954) den Vorsitz des BDF. Unter ihrer Leitung öffnet dieser sich nach rechts,[274] was sich in der Weimarer Republik vor allem in der Aufnahme der politisch zur *Deutschnationalen Volkspartei* (DNVP) neigenden Hausfrauenverbände manifestiert. Wenngleich sie 1919 zugunsten Marianne Webers zurücktritt, bleibt Bäumer in der 20er Jahren die »geheime Führerin«[275] des BDF. Unter ihrer Federführung ersetzt der BDF 1919 sein progressives Programm von 1907 durch eine neues, stark nationalistisch ausgerichtetes, das bis zum Ende der Weimarer Republik seine Gültigkeit bewahrt.[276] Im Vergleich zu dem Programm von 1907 geht es 1920 weniger um die Gleichberechtigung von Frauen in allen Lebensbereichen als darum, geschlechtsspezifische Fähigkeiten zu entfalten: »Die Konkurrenz der Geschlechter muß bei solcher freien Betätigung der Kräfte durch eine zweckvolle soziale Arbeitsteilung überwunden werden, innerhalb deren Mann und Frau die ihrer Natur gemäßen Aufgaben übernehmen.«[277] Das Programm beruht auf der »organisierten Mütterlichkeit«, dem Emanzipationskonzept der ›Gemäßigten‹. Seine Vertreterinnen beabsichtigen, Mütterlichkeit als spezifisch weibliche Kulturleistung »öffentlich zur Geltung zu bringen«,[278] und beanspruchen, so gleichzeitig eine »moralische Verbesserung der Menschheit« zu bewirken und »dem ›Ganzen‹ zu dienen«.[279]

Den Frauen wird infolge der Revolution von 1918 zwar die staatsbürgerliche Gleichberechtigung gewährt, »der patriarchale Vorrang der Männer in Familie, Beruf und Politik«[280] bleibt aber auch in der Weimarer Republik unangetastet. Im Zuge der Demobilisierung werden Frauen zugunsten der Kriegsheimkehrer von ihren im Krieg besetzten Arbeitsplätzen verdrängt, sie sind beruflich weniger qualifiziert als Männer, werden schlechter bezahlt, haben kaum Aufstiegschancen, Beamtinnen droht bei einer Heirat die Entlassung etc. 1929 werden verheiratete Frauen sogar von der Arbeitslosenunterstützung ausgeschlossen.[281] Die Stagnation der Frauenemanzipation resultiert aus der mangelnden Bereitschaft der demokratischen Parteien, die Gleichberechtigung der Frauen durchzusetzen, aber auch aus der Schwäche der bürgerlichen Frauenbewegung selbst. Sie wächst in der Weimarer Republik zwar, bleibt aber auf politischer Ebene bedeutungslos und damit handlungsunfähig. Hierfür verantwortlich sind vor allem der ausbleibende Nachwuchs – die Frauenbewegung hat im Gegensatz zur Jugendbewegung Anfang der 20er Jahre bereits ihren Zenit überschritten –, die Zersplitterung der Faueninteressen auf parlamentarischer Ebene und interne Umstrukturierungsprozesse des BDF und die damit verbundene Machtverschiebung. So handelt es sich bei den neuen Mitgliedern nicht um Frauenrechtsverbände, sondern Interessenorganisationen, denen es mehr um die Durchsetzung ihrer partikularen Anliegen als um Fortschritte in der Frauenemanzipation geht.[282] Der Aktionsschwerpunkt liegt darauf, den politischen Entscheidungsprozeß in bestimmten Bereichen zu beeinflussen, der »kämpferische Impuls« ist »vollends geschwunden«.[283]

Fragt man nach dem politischen Ort des BDF in der Weimarer Republik, so ist es aufschlußreich, einen Blick auf die Neufassung des Programms von 1919 zu werfen. Dieses beginnt mit den Worten: »Der Bund Deutscher Frauenvereine vereinigt die deutschen Frauen jeder Partei und Weltanschauung, um ihre nationale Zusammengehörigkeit zum Ausdruck zu bringen und die allen gemeinsame Idee von der Kulturaufgabe der Frau zu verwirklichen.«[284] Wenngleich 1919 die meisten Vorstandsmitglieder der linksliberalen *Deutschen Demokratischen Partei* angehören und der BDF so de facto auf dem Boden der Weimarer Republik steht,[285] gibt er sich parteipolitisch neutral und verpflichtet sich programmatisch nicht auf eine Unterstützung der Weimarer Demokratie. Bereits Ende der 20er Jahre schließt sich ein Teil der BDF-Mitgliedsvereine der »nationalen Opposition« an – wie Renate Bridenthal am Beispiel des *Reichsverbandes landwirtschaftlicher Hausfrauenvereine* herausarbeitet.[286]

Im Juni 1918 nach dem Austritt des *Deutsch-Evangelischen Frauenbundes* aus dem BDF schließen sich die evangelischen Frauenverbände zur VEFD zusammen. Erste Vorsitzende wird zunächst Alexandra von Keudell, 1923 Magdalene von Tiling (1877-1974), zweite Vorsitzende Paula Mueller. Als »evangelisches Gegenmodell«[287] zum in der Tradition von Liberalismus und Individualismus stehenden BDF soll die VEFD sich zur »›Trägerin der allgemeinen evangelischen Frauenbewegung‹ entwickeln und ›evangelischen Frauenwillen in der Öffentlichkeit zur Geltung bringen‹«.[288] Die Vereinigung dient laut Satzung der »gegenseitige[n] Förderung« und will die »Interessen der Frauenwelt im evangelischen Sinne gemeinsam [...] vertreten, ohne daß die Selbständigkeit der einzelnen Verbände dadurch irgendwie berührt wird«.[289] Unter dem Eindruck der deutschen Niederlage im Ersten Weltkrieg rücken die evangelischen Frauenverbände enger zusammen, politisieren sich und nähern sich den frauenpolitischen Forderungen des *Deutsch-Evangelischen Frauenbundes* an.[290] Programmatisch geht es der VEFD um die »Erneuerung von ›Frauentum, Volkstum und Kirche‹«.[291] Zu diesen Themen werden Arbeitsgruppen eingerichtet, Lehrgänge abgehalten und alle zwei Jahre ein evangelischer Frauentag durchgeführt. Die VEFD setzt sich politisch u. a. gegen die »empörende Vergewaltigung Oberschlesiens«, gegen die Besetzung von Rhein und Ruhr durch die Franzosen, für die Zensur öffentlicher Darbietungen (»Schmutz- und Schundkampf«) und gegen die Liberalisierung des Paragraphen 218 ein.

Die Frage nach dem politischen Ort der VEFD beantwortet Kaufmann mit der »antidemokratischen und antirepublikanischen Ausrichtung der Vereinigung«.[292] Von Tiling konstatiert 1925 die Unvereinbarkeit von »konfessionell geformtem Christentum« und »demokratischen Ideen«.[293] Parteipolitisch betrachtet, steht die VEFD der DNVP nahe. Mit Mueller-Otfried, der Vorsitzenden des *Deutsch-Evangelischen Frauenbundes*, und von Tiling verfügen zwei der einflußreichsten Frauen in der VEFD über ein Reichstagsmandat der DNVP.[294] Die VEFD betreibt, so Baumann, »unter dem Deckmantel objektiver politischer Information Werbung für die DNVP«.[295] Trotz prinzipieller Ablehnung der Weimarer Republik sind Teile der evangelischen Frauenbewegung – ebenso wie der evangelischen Kirche insgesamt – bereit, sich mit der Demokratie zu arrangieren. So stellt sich der *Deutsch-Evangelische Frauenbund* 1918 »auf den Boden der bestehenden Tatsachen und wird an seinem Teil mitarbeiten, um Ruhe und Ordnung aufrecht zu erhalten«.[296] Eine ähnlich ambivalente Haltung zur Demokratie kommt in der Forderung des *Kaiserswerther Verbandes deutscher Diakonissenmutterhäuser* nach einem »pragmatisch-positiven Verhältnis«[297] zur Weimarer Republik zum Ausdruck. Es handelt sich sowohl beim *Deutsch-Evangelischen Frauenbund* als auch beim *Kaiserswerther Verband* zunächst weniger um eine radikale, kompromißlose Ablehnung der Weimarer Republik als ein Sich-Einrichten und Profitieren bei gleichzeitiger teils offener, teils latenter Opposition.

In den unterschiedlichen Auflagen der Programmschrift »Was wir wollen« stellt sich die NLB – wie bereits aufgezeigt – eher als völkisch-protestantische Erneuerungsbewegung dar, denn als bürgerliche oder evangelische Frauenbewegung, zu der sie zu gehören beansprucht. Wenngleich Guida Diehl, als Gründerin und langjährige Vorsitzende der Frankfurter Ortsgruppe des *Deutsch-Evangelischen Frauenbundes* aus der evangelischen Frauenbewegung kommt, rückt die Frauenfrage erst mit dem Erscheinen von Diehls Buch »Deutscher Frauenwille« 1928 ins Zentrum der Programmatik der NLB. Dieses wird noch im gleichen Jahr als programmatische Schrift verabschiedet. Es handelt sich um die Ausarbeitung des Vortrags »Neuland als Frauenerneuerungsbewegung«, den Diehl bereits auf dem Neulandtag 1926 gehalten hatte. Dieser steht in Zusammenhang mit der Gründung des *Deutschen Frauenkampfbundes*, durch den die NLB sich mit der völkischen Bewegung liiert. Ich gehe auf den Inhalt des Buchs ausführlich ein, da sich an ihm eine Kontroverse zwischen bürgerlicher sowie evangelischer Frauenbewegung und der NLB entzündet.

Im »Deutschen Frauenwillen« wirft Diehl sowohl der evangelischen als auch der interkonfessionellen Frauenbewegung Versagen auf allen Gebieten vor. Diese trachten, so der Vorwurf, nach äußerer Gleichberechtigung mit den Männern, stattdessen gelte es, das weibliche Wesen von innen aus seinen »Urgründen« zu entfalten. Ziel der Lösung der Frauenfrage sei nicht die Gleichberechtigung der Frau mit dem Mann, sondern dem spezifisch weiblichen Kultureinfluß Wirksamkeit zu verschaffen. Mit dieser Vorstellung beansprucht Diehl, an das Programm des *Allgemeinen Deutschen Frauenvereins* anzu-knüpfen,[298] der sich jedoch bereits ab 1920 *Deutscher Staatsbürgerinnenverband* nennt. Ausgehend von dessen Forderung, den weiblichen Kultureinfluß – neben dem männ-lichen – zur Geltung zu bringen, erklärt Diehl Frauen generell zu Trägerinnen der Sitt-lichkeit und Kultur eines Volkes – und bürdet ihnen so die alleinige Verantwortung da-für auf: »Wenn ein Volk in seiner Unterscheidungs- und Überwindungskraft gegenüber dem Bösen, Schlechten und Gemeinen abwärts gleitet, so sind immer seine Frauen dar-an schuld, denn die Verwaltung dieser inneren Volksgüter ist in ihre Hand gelegt.«[299] Die Forderung, dem weiblichen Kultureinfluß Geltung zu verschaffen, resultiert in ei-ner radikalen Trennung männlicher und weiblicher Sphären. So werden auf dem Gebiet der schulischen und universitären Bildung unterschiedliche Lehrinhalte und Schulen für Jungen und Mädchen gefordert, bis hin zur Einrichtung von Frauenuniversitäten mit ausschließlich weiblichen Lehrkräften.[300] Es geht jedoch nicht um die Wünsche und Bedürfnisse der Frauen, vielmehr müssen »die Forderungen für eine gesunde Frauenbil-dung […] sich aus ihrer Hauptaufgabe im Volksganzen ergeben«.[301] Auf politischem Gebiet nimmt Diehl zur Kenntnis, daß sich Frauen in den Parlamenten nicht haben durchsetzen können, und fordert eine überparteiliche Zusammenarbeit. Sie schlägt die Einrichtung unterschiedlicher Kammern für Männer und Frauen sowohl auf lokaler als auch auf nationaler Ebene vor. Beide Geschlechter sollen ihre eigenen Angelegenheiten in Ständekammern jeweils selbständig entscheiden. Über Fragen von allgemeinem In-teresse müsse eine gemeinsame Kammer befinden.[302]

> Da sie das [Zusammenarbeiten, S.L.] aber im gegenwärtigen Parlament nicht kön-nen, so muß man für die Frauenarbeit in der Politik andere Formen verlangen. Es müßte gesonderte Frauenkörperschaften geben, denen besondere Gebiete unterstellt sind, und die dann später Hand in Hand mit den männlichen Körperschaften Be-schlüsse fassen.[303]

Wenngleich sie an politischen und auch kirchlichen Entscheidungsprozessen mitwirken sollen, sieht Diehl die Aufgaben der Frauen vorwiegend in der Familie. Im Bestreben, die Familie zu fördern und eine berufliche Konkurrenz von Männern und Frauen zu vermeiden, fordert sie ein generelles Verbot der Berufsarbeit für verheiratete Frauen und für unverheiratete Frauen eine Beschränkung auf sogenannte typisch weibliche Berufe, deren Spektrum sie erweitert sehen will. Wenn im Fall der verheirateten Frau der Lohn des Ehemannes nicht ausreicht, soll der Hausfrau vom Staat Lohn für ihre Hausarbeit gezahlt werden. Die Betreffende muß ihre Haushaltsführung dann aber von einer Fami-lienschwester, einem zu diesem Zweck zu etablierenden Frauenberuf, kontrollieren las-sen. In diesem Zusammenhang hält Diehl auch eine Umstrukturierung der Sozialarbeit für erforderlich. Aufgaben, die bereits von sozialen Institutionen wie zum Beispiel Kin-dergärten übernommen worden sind, sollen in die Familie zurückverlagert werden. Mutterschaft wird als Beruf betrachtet, der – wie jeder andere Beruf – einer Ausbildung bedarf. Die Professionalisierung der Mutterschaft findet in der Forderung nach einer

Titelseite eines *Neulandblatts* im Erscheinungsjahr
des »Deutschen Frauenwillens« 1928 (ADJB)

dreimonatigen Mütterschule ihren Ausdruck. Dieser entspricht eine zweiwöchige Väterschule. Das Absolvieren der Mütter- beziehungsweise Väterschule soll zur Heiratsvoraussetzung gemacht werden. Außerdem fordert Diehl die Einrichtung eines – nach Möglichkeit in einer Familie abzuleistenden – weiblichen Dienstjahres, in dem die jungen Frauen Ein- und Unterordnung lernen und gleichzeitig überlasteten Müttern geholfen werden soll. Nicht heiratswillige Frauen sollen sich in Berufen betätigen, in denen Frauen ihre mütterlichen Fähigkeiten als »geistige Mütter« in Form einer »Allmutterschaft«, entfalten können.[304] Darunter fallen vor allem soziale, pflegerische und lehrende Berufe. Um berufstätige und studierende Frauen moralisch und sozial einzubinden, schlägt Diehl die Gründung von »offenen Schwesternschaften« vor, die sich zwar an dem Vorbild der weiblichen Diakonie orientieren, den Frauen aber größere Freiräume gewähren.

Mit ihrer Bestimmung der Geschlechterdifferenz bleibt Diehl zwar der traditionellen Geschlechtsrollenzuweisung verhaftet, indem sie die größere Nähe der Frau zur Natur, ihre Zuständigkeit für die Familie etc. postuliert, sie setzt aber an die Stelle traditioneller Weiblichkeitsstereotypen germanische Frauenleitbilder:

> Damit ist nicht etwa gemeint, daß ein sanftes, weiches oder weichliches Gepräge auf der in die Öffentlichkeit hinaustretenden Frau liegen solle. Es sind schwere Kämpfe zu bestehen gegen eine verwirrte, entartete Umwelt. Der Frauentypus der Jetztzeit kann nicht mehr der des romantischen Gretchens oder Klärchens sein. Er knüpft an altgermanische Frauentypen an: die kämpfende Brunhild, die herbstarke Gudrun.[305]

Diese Sicht der Frau als Kämpferin enthält eine implizite Kritik an der bürgerlichen und evangelischen Frauenbewegung, die das deutsche Volk – aus Diehls Perspektive – kampflos dem sogenannten sittlichen Verfall preisgebe.

Diehl stellt die NLB als Trägerin der im »Deutschen Frauenwillen« entwickelten Vorstellungen dar und definiert sie als »Frauenerneuerungsbewegung«. Diese Bezeichnung verweist in Abgrenzung zur bürgerlichen Frauenbewegung nach innen. In ihr wird die Kritik am *Nationalen Frauendienst* wieder aufgenommen und sowohl gegen die interkonfessionelle als auch die evangelische Frauenbewegung gewendet. Diesen wirft Diehl vor, sich zu sehr auf äußere Reformen zu konzentrieren, statt an der Suche nach dem Wesen der Frau zu arbeiten und dieses als Ausgangspunkt der Arbeit zu wählen.

Mit dem Erscheinen des Buchs werden alle »Neuländerinnen« aufgefordert, es in den Neulandkreisen zu diskutieren. Die Resonanz aus der NLB scheint – soweit in Neuland-Publikationen dokumentiert – positiv. Die Diskussion wird jedoch von Kreisleiterinnen dominiert. Helene Meyer, Lehrerin und Leiterin des Gemeindehelferinnenseminars sowie Mitarbeiterin der Neuland-Mütterschule, betont die Kontinuität in der Neuland-Programmatik und vermittelt den Eindruck, daß die NLB schon immer eine Frauenbewegung gewesen sei: »Es ist dies, was Neuland von Anfang an wollte und zu leben versuchte. Aber es war doch nötig, einmal dieses Wollen ganz klar zu umreißen; so ist das Buch in gewisser Weise Neulands neue Programmschrift geworden.«[306] Es wird jedoch auch intern Kritik geübt. So bezweifelt der Eilbecker Neulandkreis, daß es ein spezifisch weibliches Denken gebe, und stellt damit implizit auch Diehls Frauenbildungskonzept in Frage.[307] In die gleiche Richtung geht die Kritik einer anderen Anhängerin, die die Meinung vertritt, daß es keine gesonderte Wissenschaft für die Mädchen gebe, daher auch keine gesonderten Universitäten für Frauen notwendig seien, und daraus folgert: »[…] deshalb muß auch die Ausbildung die gleiche wie für die Knaben sein.«[308] Auf dem 12. Neulandtag, der ausschließlich der Diskussion der im »Deutschen Frauenwillen« formulierten Thesen gewidmet ist, stößt dieser jedoch auf Zustimmung. Zwecks Verbreitung über die NLB hinaus wird ein Aktionsplan erstellt.[309]

Zur bürgerlichen Frauenbewegung bestehen zwischen dem Rückzug Alice Salomons Ende 1918 und dem Erscheinen des Buchs »Deutscher Frauenwille« Anfang 1928 nur wenig direkte Kontakte, sieht man von einzelnen Frauen ab, die sowohl im *Neuland-(blatt)* als auch in der Zeitschrift *Die Frau* publizieren. Verbindungen bestehen zu Käthe Schirmacher (1865-1930), die einige Artikel im *Neulandblatt* veröffentlicht, die aber während der 20er Jahre nicht mehr zur bürgerlichen Frauenbewegung zu rechnen ist.[310] Eher eine Ausnahme stellt die Neuland-Anhängerin Stefanie Behm-Cierpka dar, die große Sympathien für die Frauenbewegung hegt, die gemeinsamen Ziele der NLB und der Frauenbewegung hervorhebt und die auch in der Zeitschrift des BDF, *Die Frau*, veröffentlicht.[311] Die Gründung des *Deutschen Frauenkampfbundes* 1926 trifft in der bürgerlichen Frauenbewegung auf unterschiedliche Resonanz. Während ein Teil der im BDF organisierten Frauenverbände, das sind der *Allgemeine Deutsche Hausbeamtinnenverein*, der *Reifensteiner Verband für wirtschaftliche Frauenschulen* und ab 1929 auch der *Reichsverband landwirtschaftlicher Hausfrauenvereine* den *Deutschen Frauenkampfbund* unterstützt, halten sich die übrigen Mitgliedsverbände fern.[312] Wichtige Bindeglieder zwischen dem *Deutschen Frauenkampfbund* und dem BDF sind Elisabeth Boehm, Vorsitzende des *Reichsverbandes landwirtschaftlicher Hausfrauenvereine*, und die Gräfin Margarete Keyserlingk, Vertreterin des *Reichsverbandes* im BDF und BDF-Vorstandsmitglied von 1921-1933.

Die Publikation des »Deutschen Frauenwillens« löst in der bürgerlichen Frauenbewegung heftige Reaktionen aus. Im Oktober 1928 setzt sich Agnes von Zahn-Harnack (1884-1950), eine profilierte Persönlichkeit in der bürgerlichen Frauenbewegung und ab 1931 Vorsitzende des BDF, in einem Artikel in der Zeitschrift *Die Frau* mit Diehls Buch auseinander.[313] Sie kritisiert Diehls Art zu argumentieren, beanstandet, daß sie den Frauen und der Frauenbewegung die Schuld an allen Übeln der Gesellschaft aufbürde, ohne Beweise zu erbringen, und nennt diese Vorgehensweise »unchristlich«. Als unchristlich weist sie auch – ebenso wie Helene Lange[314] – den Vorwurf des mangelnden Patriotismus zurück: »Sie [Diehl, S.L.] hat ganz recht, wenn sie empfindet, daß ein großer Teil der Frauenbewegung nicht einfach die Größen ›Vaterland‹ und ›Volkstum‹ unmittelbar neben Gott stellt, – weil sich ihr in einer solchen Nebeneinanderstellung die Reinheit der Gottesidee verdunkelt.«[315] Von Zahn-Harnacks Kritik richtet sich gegen die für die NLB charakteristische Verquickung von völkischer Erneuerung und erneuertem Christsein – ein Vorwurf, den man aus evangelischen Frauenkreisen vergeblich erwartet. Sie bemängelt Diehls freizügige und undifferenzierte Verwendung von Begriffen, die diese ihrer Bedeutung beraube und völlig diffuse Feindbilder aufbaue:

Von philosophischen und historischen Begriffen wird mit Unbefangenheit ein ganz beliebiger Gebrauch gemacht. Für den »falschen Persönlichkeitsbegriff der individualistischen Doktrin« werden in einem Satz verantwortlich gemacht: die Renaissance, der Humanismus, die Aufklärung und die Romantik. Als »Geisteskrankheiten auf ethischem Gebiet« werden bezeichnet: Vergnügungswut, Körpersucht, sinnliche Seuche, Sensationslüsternheit, Relativismus, Synkretismus [...] Das alles ist ein Mißbrauch von Worten, hinter dem eine grenzenlose Gedankenwirrnis zu stehen scheint.[316]

Von Zahn-Harnack verweist darauf, daß Diehl alle ihre Forderungen und Aussagen wieder relativiert, indem sie entweder die Zustände als unvermeidbar darstellt oder wiederum Ausnahmen von der postulierten Regel zuläßt, so daß trotz aufwendiger Kampfrhetorik ihre Positionen letztlich teilweise mit denen des BDF übereinstimmen. Sie hält Diehls Forderungen entweder für »nicht neu«, das heißt, es handle sich bereits um Programmpunkte der bürgerlichen Frauenbewegung, oder aber für »nicht ausführbar«, das heißt utopisch. Helene Lange, von Diehl des Verrats an dem Emanzipationskonzept der bürgerlichen Frauenbewegung bezichtigt, weist diesen Vorwurf sowie die Diehlsche Darstellung der Geschichte der Frauenbewegung als »Legendenbildung unter dem Einfluß parteipolitischer Verhetzung«[317] zurück, wobei sie möglicherweise auf eine Annäherung Diehls an die NSDAP anspielt.

1929 findet die Auseinandersetzung mit der Spitze des BDF seine Fortsetzung in der Kritik der Neuland-Anhängerin Hildegard Kühne an einem internationalen Frauenkongreß in Berlin, den die NLB aus patriotischen Gründen ablehnt. Dorothee von Velsen, Vorsitzende des *Deutschen Staatsbürgerinnenverbandes* (1920-1933), der Nachfolgeorganisation des *Allgemeinen Deutschen Frauenvereins*, weist die Kritik als unbegründet und unwahr zurück und wirft Diehl Provinzialismus und mangelnde Politikerfahrung vor.[318] Auch die im BDF in Eisenach organisierten Zweigvereine kritisieren Diehls Programm der »Frauenerneuerung« und weisen den Vorwurf des Versagens der Frauenbewegung zurück, indem sie darlegen, daß diese sehr wohl all das geleistet habe, was Diehl ihr abspricht, wie zum Beispiel den Kampf gegen Prostitution, »Schund und Schmutz«.[319] Mit dieser Argumentation weisen sie zwar die Kritik an der Frauenbewegung zurück, gleichzeitig erkennen sie aber die Legitimität von Diehls Forderungen an.

Betrachtet man Neulands Verhältnis zur evangelischen Frauenbewegung, so deutet Diehls anfängliches Bemühen um Paula Mueller auf den Wunsch nach Kooperation mit der evangelischen Frauenbewegung hin. Davon abgesehen, tritt die NLB bereits im Anfang 1919, unmittelbar nach deren Gründung, der VEFD bei. Im *Neulandblatt* erscheinen in größeren Zeitabständen bis 1928 Berichte über Tagungen der VEFD, die jedoch weder Zustimmung noch Kritik signalisieren. Die Art der Berichterstattung legt nahe, daß die NLB der VEFD keine große Bedeutung beimißt.[320] Innerhalb der VEFD engagiert sich die NLB nicht – abgesehen davon, daß sie das Nachrichtenblatt der VEFD für überflüssig hält und dieses öffentlich bekundet.[321] Die Zurückhaltung der NLB könnte zum einen mit der relativen Bedeutungslosigkeit der VEFD, zum anderen mit ihrer Satzung zusammenhängen, die nicht allen Mitgliedsverbänden einen Sitz im

Arbeitsausschuß, dem wichtigsten Organ, zugesteht. Der NLB gelingt es bis 1928 nicht, sich einen Sitz im Arbeitsausschuß und damit Einflußmöglichkeiten zu sichern. Als 1927 eine Überarbeitung der Verfassung der VEFD ansteht und auch gemäß des neuen Satzungsentwurfs wiederum nicht alle Verbände im Arbeitsausschuß vertreten sein sollen, beantragt die NLB die Erweiterung des Arbeitsausschusses, so daß Delegierte aller Mitgliedsverbände darin vertreten sind.[322] Die Aufrechterhaltung dieses Antrags wird mit der Zustimmung zu einem zweiten gekoppelt, der die Stellungnahme der VEFD zu Diehls Schrift »Deutscher Frauenwille«, die offensichtlich im Vorstand Aufsehen erregt hat, und die Haltung derselben zum *Deutschen Frauenkampfbund* zum Inhalt hat. Auf seiner Sitzung vom 27.1.1928 diskutiert der Arbeitsausschuß des VEFD das Buch und lehnt dessen Inhalt ab. Diehl betrachtet diese Mißbilligung als Einmischung in die inneren Angelegenheiten Neulands und droht, falls die Stellungnahme nicht zurückgenommen werde, mit Austritt.[323] Gleichzeitig fordert sie die VEFD auf, dem *Deutschen Frauenkampfbund*, dessen Gründung die VEFD mit Mißbilligung zur Kenntnis genommen hatte,[324] beizutreten oder eine Delegation in seinen Reichsarbeitsausschuß zu entsenden. Diehl argumentiert, daß der *Deutsche Frauenkampfbund* einen »scharfen Angriffskampf« führe, während die Frauenverbände aufbauende Arbeit zu leisten hätten.[325] Sie fordert den Arbeitsausschuß auf, eine vom *Deutschen Frauenkampfbund* initiierte und von der NLB unterstützte Resolution zu unterzeichnen, in der die Ausdehnung des Paragraphen 175, der männliche Homosexualität unter Strafe stellt, auf Frauen gefordert wird,[326] und den Aufruf des *Deutschen Frauenkampfbundes* »Deutsche Zukunft in Gefahr!«[327] zu unterstützen, in dem unter Rückgriff auf das Vokabular der Eugeniker und Rassenhygieniker vor »Unnatürlichkeit, Entnervung, Krankheit, Entmütterlichung, Geburtenrückgang und Volkstod« gewarnt wird.[328] Dieser wird nur von einigen Einzelmitgliedern, nicht aber vom VEFD unterzeichnet. Von den VEFD-Mitgliedsverbänden tritt nur der Verein *Deutscher Evangelischer Lehrerinnen* dem *Deutschen Frauenkampfbund* bei. Zu den prominenten Einzelmitgliedern aus evangelischen Frauenkreisen zählen Dr. Margarete Behm, Dr. Elisabeth von der Heide, Hulda Zarnack, Mitbegründerin der VEFD, und Charlotte Engel-Reimers.[329]

In einem persönlichen Schreiben weisen Mueller-Otfried und von Tiling Diehls Forderungen und Vorwürfe zurück. Bezüglich des *Deutschen Frauenkampfbundes* argumentieren sie, daß es zum Kampf gegen »Schund und Schmutz« keiner neuen Vereinigung bedürfe, da dieser Kampf von einer Reihe der der VEFD angeschlossenen Verbände geführt werde.[330] Darüber hinaus wenden sie sich gegen die Arbeitsweise des *Deutschen Frauenkampfbundes*: »Die Mitglieder konnten sich auch mit der Form des Aufrufs, den der Frauenkampfbund verbreitet, nicht einverstanden erklären, sie waren deshalb nicht in der Lage, ihn zu unterzeichnen.«[331] Die Kritik an der Form des Aufrufs suggeriert, daß man mit den Inhalten weitgehend übereinstimmt, aber die undifferenzierte Sprache mißbilligt, die Schlagwörter aneinanderreiht und weniger auf rationale Überzeugung als auf eine Erweckung der Massen zielt. Der Antrag zum Paragraphen 175 wird abgelehnt, weil die VEFD noch keine einheitliche Stellungnahme herbeigeführt habe. Während für den *Deutschen Frauenkampfbund* der durch ein vermeintliches Anwachsen weiblicher Homosexualität bedingte Geburtenrückgang den Staat »entkräfte« und den Untergang beschleunige, also schnelles Handeln erforderlich mache, stellt sich den Vorsitzenden der VEFD die Lage weniger dramatisch dar – wenngleich laut Kaufmann eugenische und rassenhygienische Vorstellungen auch Eingang in den Protestantismus und die evangelische Frauenbewegung finden.[332] Mueller-Otfried und von Tiling sehen zunächst Diskussionsbedarf und halten an einer demokratischen Entscheidungsfindung fest.

Hinsichtlich des »Deutschen Frauenwillens« bestehen Mueller-Otfried und von Tiling auf dem Recht des Arbeitsausschusses, sich mit dem Buch ohne Erlaubnis der NLB auseinanderzusetzen. Sie begründen dieses mit der Bedeutung der Schrift, die offensichtlich Aufsehen erregt.[333] Diese Argumentation entspricht der Haltung des Arbeitsausschusses, dessen inhaltliche Kritik nicht dokumentiert ist. Im Protokoll seiner Sitzung vom 29.2.1928 heißt es lediglich: »In ganz wesentlichen Punkten entspricht diese Programmschrift nicht dem Arbeitsprogramm der Vereinigung. Der A[rbeitsausschuß] müsse daher seine Bedenken dagegen im Besonderen auch gegen die am Schluß gestellten Forderungen geltend machen.«[334] Neuland tritt infolge des Konflikts zwar nicht sofort aus der VEFD aus, delegiert zur darauffolgenden Mitgliederversammlung am 1.3.1928 aber keine Vertreterinnen. Auf dieser Sitzung werden die neue Satzung sowie ein Ausschlußparagraph beschlossen: »Der Anschluß eines Verbandes kann aufgehoben werden, wenn seine Grundsätze mit dem gemeinschaftlich beschlossenen Arbeitsprogramm der Vereinigung nicht übereinstimmen. Über die Aufhebung entscheidet die Mitgliederversammlung.«[335] Diese Beschlußfassung unmittelbar im Anschluß an die Auseinandersetzung mit der NLB und die Art der Formulierung lassen vermuten, daß die VEFD über einen Auschluß Neulands nachdenkt und sich für zukünftige Schwierigkeiten eine rechtliche Grundlage schaffen will. 1931, anläßlich Diehls Amtsantritt als Kulturreferentin in der Reichsfrauenleitung der NSDAP, tritt die NLB aus der VEFD aus. Aus diesem Anlaß werden alte Forderungen und Vorwürfe wiederholt und zum Teil präzisiert:

> Unser Verbleiben war ja nur dann möglich, wenn ein solches Aburteilen in meiner Abwesenheit unmöglich gemacht wurde, wenn also die langjährige Neulandforderung, daß die Führerin zum Ausschuß gehören müsse, erfüllt würde. Es war ja überhaupt unerhört, daß wir mit dieser gerechten Forderung stets zurückgedrängt wurden, während z[um] B[eispiel] ein kaum erst gegründeter Verband schon durch seine junge Leiterin im »Arbeitsausschuß« vertreten war.[336]

Hier wird deutlich, daß es sich bei dem Satzungskonflikt um einen schon länger schwelenden Machtkonflikt handelt. Über die 1928 erhobenen Vorwürfe hinaus wird die VEFD nun auch für den Erfolg der Kommunisten verantwortlich gemacht, da sie die Bildung einer evangelischen Einheitsfront – eines der wesentlichen Ziele der VEFD – verhindert habe. Diehl begründet das lange Zögern der NLB auszutreten damit, daß sie die in der VEFD zusammengeschlossene evangelische Frauenbewegung nicht habe spalten wollen. Diese könne sich nach dem Austritt der NLB nun nicht mehr als alleinige Vertreterin des »evangelischen Frauenwillens« bezeichnen, eine Äußerung, die angesichts der Bedeutung der NLB unangemessen erscheint und von einer erheblichen Selbstüberschätzung zeugt.

In einem vertraulichen Schreiben aus dem Jahr 1938 beurteilt Nora Hartwich, langjährige Geschäftsführerin der VEFD, die Rolle der NLB in der VEFD so:

> […] es ist mir aus meiner langjährigen Arbeit in der Vereinigung bekannt, dass die Führerin desselben immer eigenartige Wege ging. Im ganzen war der Verband ziemlich bedeutungslos, und Guida Diehl, die Führerin, der ein »Freundesrat« und ein »Jugendrat« zur Seite stand, machte allerlei Anstrengungen irgendwie in Erscheinung zu treten. Sie gründete einen Frauenkampfbund, der sich den Kampf gegen die »Entartung des Frauenwesens« zum Ziel gesetzt hatte. Nach Meinung der anderen in der Vereinigung zusammengeschlossenen Frauenverbände waren aber ihre Flugblätter und Versammlungen so unmöglich, dass wir uns von Guida Diehl distanziert haben. Auch ihr Buch »Deutscher Frauenwille« wurde von den anderen evangel[ischen] Frauenverbänden abgelehnt. Besonders scharf war der Gegensatz zwischen Paula Müller-Otfried und Guida Diehl und dem Burckardhaus und ihr […] Im allgemeinen bestand, so viel ich weiß, gegen alle Unternehmungen dort eine große Skepsis.[337]

Auch Hartwich bleibt unkonkret. Es handelt sich weniger um eine inhaltliche als um eine moralische Kritik an Diehls Verhalten. In den Formulierungen »eigenartige Wege« und »unmöglich« kommen starkes Befremden und Verständnislosigkeit zum Ausdruck.[338] Deutlich wird, daß die NLB auch innerhalb der VEFD eine Außenseiterinnenrolle einnimmt.[339] Die NLB versteht sich als Elitebewegung, ist aber innerhalb der VEFD isoliert und steht ab 1928 in offener Opposition zur Mehrheit der dem BDF angeschlossenen Verbände. Sie erhebt zwar einen Führungsanspruch gegenüber allen deutschen Frauen,[340] ist aber nicht in der Lage, ihren Forderungen in der evangelischen oder interkonfessionellen Frauenbewegung Geltung zu verschaffen, und so Ende der 20er Jahre auf Suche nach Bündnispartnern.

Richtet man den Blick nochmals auf den »Deutschen Frauenwillen«, so reagieren mit Agnes von Zahn-Harnack, Helene Lange und Dorothee von Velsen prominente Frauen der ›gemäßigten‹ bürgerlichen Frauenbewegung auf die Publikation der Schrift, was zeigt, daß man die darin propagierten Vorstellungen als ernst zu nehmende Bedrohung empfindet und es für nötig hält, sich abzugrenzen. Vergleicht man die Forderungen des »Deutschen Frauenwillens« mit den Konzepten der ›gemäßigten‹ bürgerlichen Frauenbewegung, so überschneiden sich diese in zentralen Punkten. Gemeinsam ist beiden die Konstruktion einer männlichen und einer weiblichen Sphäre, die damit zusammenhängende Forderung, den weiblichen Kultureinfluß geltend zu machen, und das Konzept der »organisierten« beziehungsweise »geistigen Mütterlichkeit«. Die NLB übernimmt zwar die Forderung nach Erweiterung des weiblichen Kultureinflusses, erklärt die Frau aber gleichzeitig zur alleinigen Trägerin von Kultur und schiebt ihr so die ausschließliche Verantwortung für das sittlich-moralische Niveau einer Nation zu, während es der bürgerlichen Frauenbewegung um einheitliche Moralvorstellungen für beide

Geschlechter und eine Ergänzung des dominanten männlichen Kultureinflusses durch die Verstärkung des weiblichen geht. Die Einrichtung einer Frauenkammer gehört zwar nicht zu den Programmpunkten des BDF, liegt aber in der Logik des vom BDF favorisierten Geschlechterarrangements und stellt eine Antwort auf die Diskriminierung von Frauen in der Politik dar. Während die NLB von einer strikten Trennung von weiblicher und männlicher Sphäre ausgeht, überschneiden sich die Sphären im Denken der bürgerlichen Frauenbewegung in der Politik so weit, daß für Männer und Frauen gemeinsame politische Institutionen akzeptabel sind.

Die frauenpolitischen Forderungen von NLB und bürgerlicher Frauenbewegung unterscheiden sich vor allem in dem von der NLB postulierten Verbot der Berufstätigkeit für verheiratete Frauen. Der BDF fordert demgegenüber ausdrücklich, daß »die Frau in der Lage sein [muß], ihre Kräfte frei zu entwickeln und nach Art und Maß ihrer Anlagen im Organismus des Berufslebens einzusetzen«[341]. Zudem betont das Programm des BDF zwar die Bedeutung der Familie, geht aber nicht so weit, die Schließung sozialer Einrichtungen mit dem Ziel der Rückverlagerung ihrer Funktionen in die Familie zu verlangen. Während vor allem im ›gemäßigten‹ Flügel der bürgerlichen Frauenbewegung das Konzept des »Ganzen«, sei es als »Volksgemeinschaft« oder Staat definiert, immer in einem Spannungsverhältnis zu den Emanzipationswünschen der Frauen steht, löst die NLB dieses Spannungsverhältnis einseitig zugunsten des Primats des »Volksganzen« und der »Volksgemeinschaft« auf. Es geht ihr nicht mehr um die Rechte und Wünsche der Frauen, sondern ausschließlich um die ›richtige‹ Stellung der Frauen im »Volksganzen«. Vom bürgerlich-liberalen Standpunkt aus betrachtet, erscheint der Forderungskatalog des »Deutschen Frauenwillens« als ein Sammelsurium widersprüchlicher, das heißt radikal-feministischer und reaktionärer Forderungen. Vereinbar werden die Forderungen angesichts einer Hypostasierung des »Volksganzen«, in dessen Namen und für dessen Wohlergehen beliebige Forderungen zusammengefügt werden können. Diehl bezieht sich zwar auf das Emanzipationskonzept des *Allgemeinen Deutschen Frauenvereins*, gibt vor, mit den eigenen frauenpolitischen Forderungen dieses zu Ende zu denken, und versucht, sich so in dessen Tradition zu stellen, wenngleich das Ersetzen des Individuums durch das Volk eine radikale Abkehr vom aufklärerisch-liberalen Denken, in dessen Tradition sich auch der ›gemäßigte‹ Flügel der bürgerlichen Frauenbewegung versteht, bedeutet.[342] Diese Hypostasierung des Volkes erfordert einerseits die totale Unterordnung individueller unter beliebig konstruierbare kollektive Interessen, eröffnet andererseits einen enormen Definitionsspielraum hinsichtlich der Stellung der Frau in einem völkischen Staat. Dient die völkische Erneuerung als Bezugspunkt, so können traditionelle Rollenzuweisungen flexibel gehandhabt werden, wie es im »Deutschen Frauenwillen« geschieht.

Anders als der BDF verfügt die VEFD lediglich über ein 1925 verabschiedetes, in seinen Formulierungen sehr vages Arbeitsprogramm, das ganz im Sinne der NLB mit der Forderung nach »innere[r] und äußere[r] Gesundung unseres Volkes« beginnt und in dessen Zentrum die Herausbildung und öffentliche Durchsetzung eines »evangelischen Frauenwillens« steht.[343] Wenngleich sich über die konkreten Differenzen zwischen der NLB und der VEFD in Bezug auf den »Deutschen Frauenwillen« aufgrund der lückenhaften Quellenlage nur spekulieren läßt, fällt auf, daß Diehl ihr Buch nicht etwa »Evangelischer Frauenwille« nennt, was dem Selbstverständnis der VEFD entspräche, sondern »Deutscher Frauenwille«, die NLB so nicht im evangelischen, sondern im völkischen Kontext lokalisiert und so den Minimalkonsens innerhalb der evangelischen Frauenbewegung bricht. Wenngleich der DEF 1918 aus dem BDF austritt und sich in der VEFD mit anderen evangelischen Frauenverbänden zusammenschließt, stimmt die VEFD mit den frauenpolitischen Forderungen der ›gemäßigten‹ bürgerlichen Frauenbewegung weitgehend überein:

> Die Erfahrungen des 1. Weltkriegs, der die Frauen »zwangs«emanzipierte, und die umfassende Orientierungskrise nach 1918, die den Verlust eines gesamtgesellschaftlich verbindlichen Frauenbildes einschloß, ließ führende Frauen der evangelischen Frauenverbände auf das Erbe der interkonfessionellen Frauenbewegung zurückgreifen, deren liberale Grundlage jedoch vehement abgelehnt wurde.[344]

Das gilt auch für die NLB, denn sie orientiert sich an Forderungen der ›gemäßigten‹ bürgerlichen Frauenbewegung, begründet diese aber nicht mit den Interessen der Frauen, sondern den Erfordernissen völkischer Erneuerung – und übt so die Unterordnung individueller Interessen unter die des »Volksganzen« ein. Hiermit befindet die NLB sich prinzipiell in Übereinstimmung mit der evangelischen Frauenbewegung, die ihre Forderung nach Ausweitung der weiblichen Einflußsphären mit dem »gesellschaftlichen Bedarf an einem geschlechtsspezifischen Beitrags der Frauen« begründet,[345] sie ist in ihrer Ablehnung des Liberalismus aber radikaler, denn die ausschließliche Ausrichtung individuellen Handelns auf das »Volksganze« geht mit der Politisierung jeglichen Handelns, also auch traditionell weiblicher Tätigkeiten, einher und hebt so die dem bürgerlich-liberalen Denken eigene Trennung von privat und öffentlich auf.

Wenngleich sich die Forderungen von NLB und bürgerlicher sowie evangelischer Frauenbewegung in zentralen Punkten überschneiden, beabsichtigen die genannten Gruppen, sie in einem jeweils unterschiedlichen gesellschaftspolitischen Kontext umzusetzen. Die Protagonistinnen der bürgerlichen Frauenbewegung wollen ihr Sphären-Modell 1928 noch in der Weimarer Republik, also unter demokratischen Bedingungen, realisieren. Währenddessen favorisiert die Theoretikerin der evangelischen Frauenbewegung, Magdalene von Tiling, eine antidemokratische ständestaatliche Gesellschaftsordnung.[346] Dennoch erscheint die evangelische Frauenbewegung mit ihren Forderungen im Vergleich zur NLB ›liberal‹, da die Frauen nicht im Rahmen einer totalitären Politisierung des Privaten, die dieses gleichzeitig der politischen Regulierung unterwirft, durch staatliche Zwangsmaßnahmen zu ihrem ›Glück‹ gezwungen werden sollen.

Neuland und evangelische Kirche

Die deutsche Niederlage im Ersten Weltkrieg und die Revolution stürzen die NLB 1918/19 – ebenso wie die evangelische Kirche insgesamt – in eine tiefe Krise. Angesichts der Trennung von Staat und Kirche fürchtet die evangelische Kirche den Verlust ihrer sozialen Privilegien, ihrer politischen Einflußmöglichkeiten und ihrer finanziellen Absicherung.[347] In den Landessynoden verfügen die Konservativen 1918 über klare Mehrheiten.[348] Sie bekämpfen den Liberalismus und setzen sich für einen »christliche[n] Staat« ein, in dem »die Regierung und das Volk demselben, vorzugsweise lutherischen Glauben anh[ä]ngen«,[349] und stehen so dem religiös neutralen Staat der Weimarer Republik ablehnend gegenüber. Die Ängste der konservativen Mehrheit scheinen sich mit der Einsetzung von Adolf Hoffmann, einem Vertreter der Unabhängigen Sozialdemokratischen Partei, als preußischer Kultusminister im November 1918 zu bestätigen. Hoffmann sagt den Kirchen den Kampf an, indem er die Trennung von Staat und Kirche, das heißt die Einstellung der Staatszuschüsse, die Erleichterung des Kirchenaustritts und die Aufhebung des Religionsunterrichts in den Schulen verfügt. Wenngleich seine Verwaltungserlasse nie realisiert werden und die Kirchen mit ihrer rechtlichen Stellung und ihrer finanziellen Absicherung in der Weimarer Republik zufrieden sein können, verwinden die Kirchen »den Schock der Hoffmann Ära [...] bis zum Ende der Republik nicht«.[350] Zudem hat die evangelische Kirche sich im Ersten Weltkrieg in hohem Maß mit den nationalen Interessen des Deutschen Reichs identifiziert, so daß sie 1918 vor der »ungelösten Frage nach dem geistigen Sinn der Niederlage«[351] steht.

Nachdem die evangelische Kirche bei den Wahlen zur Nationalversammlung noch ausdrücklich für die DNVP und die *Deutsche Volkspartei* Stellung bezogen hatte, vertreten die evangelischen Kirchenführer ab 1920 aus taktischen Gründen offiziell die Forderung nach politischer Neutralität und Zurückhaltung der Kirche, »um nicht bestimmten Parteien zugeordnet zu werden und durch eine derartige Festlegung politisch anderweitig gebundene evangelische Kirchenglieder zu entfremden«.[352] Das hindert die Kirche nicht daran, zu sogenannten nationalen Anliegen wie beispielsweise der Fürstenenteignung, die als überparteilich deklariert werden, Stellung zu nehmen. Zudem sitzen vier Generalsuperintendenten als DNVP-Abgeordnete im preußischen Landtag. Da die DNVP eine oppositionelle Minderheit bleibt, bemüht sich die evangelische Kirche ab Mitte der 20er Jahre verstärkt um eine breitere politische Basis.[353] Voraussetzung hierfür ist ein Arrangement mit der Weimarer Republik. So veranstaltet man Festgottesdienste für den Verfassungstag der Republik und verfaßt auf dem Kirchentag 1927, angeregt durch einen Vortrag Wilhelm Kahls über »Kirche und Vaterland«, eine Resolution, die sich als Bekenntnis zur Weimarer Republik interpretieren läßt.[354] Als Höhepunkt der Annäherung gilt der Kirchenvertrag zwischen dem Freistaat Preußen und den auf seinen Territorien gelegenen Landeskirchen von 1931, der zum einen den Status der Kirchen verbessert und ihnen mehr Unabhängigkeit garantiert, zum anderen die Verfassungstreue der leitenden Kirchenmänner sicherstellen soll.[355] Vorangetrieben und getragen wird dieser Annäherungsprozeß vor allem von den evangelischen Kirchenführern, besonders Hermann Kapler, dem Präsidenten des Evangelischen Kirchenausschusses, der »der überwiegenden Mehrheit der Geistlichkeit und aktiven Kirchenglieder voraus war in seiner Bereitschaft, der Republik positive Züge zuzubilligen«.[356] Wie Dahm und Tanner betonen, steht die Mehrheit der protestantischen Pfarrschaft der Republik ablehnend gegenüber.[357] Das Verhältnis der evangelischen Kirche zur Weimarer Demokratie wird in der Literatur übereinstimmend als ambivalent beurteilt.[358] Die evangelische Kirche arrangiert sich aus pragmatischen Gründen mit der Demokratie.

Als ambivalent läßt sich auch das Verhältnis der NLB zur evangelischen Kirche charakterisieren. Einerseits zeugt ihre Mitgliedschaft in der VEFD, im *Zentralausschuß für Innere Mission* und über den *Deutschen Frauenkampfbund* in der *Evangelischen Hauptstelle gegen Schund und Schmutz* vom Anspruch, Teil des Verbandsprotestantismus zu sein. Andererseits steht die NLB der Amtskirche und vielen ihrer Repräsentanten kritisch gegenüber und ist auf ihre Unabhängigkeit bedacht. Im Gegensatz zum Mainstream der evangelischen Kirche, der sich im Lauf der 20er Jahre immer mehr mit der Weimarer Demokratie arrangiert, lehnt die NLB diese von Beginn an kompromißlos ab, ergreift jede Gelegenheit, gegen sie Stellung zu beziehen und wirft der an Verständigung interessierten Kirche Opportunismus vor. Als Beispiel dient der *Evangelische Verband*, der laut Thiele der Republik offen gegenübersteht:[359]

> Es ist bekannt, daß der Christliche Jugendpflegeverband, der sich um das Burckhardthaus gruppierte [...] bis 1918 äußerst kaisertreu war, während freilich die starke Hinneigung zum Weltbund bei einigen Personen der Leitung schon eine gewisse Angleichung an internationale Tendenzen gab, die sich schon während des Krieges bemerkbar machten. Nach dem Krieg brachen diese durch, zugleich mit dem Geist des sog. »neuen« Deutschland, der den Verband bald dazu brachte, sich auf den »Boden der gegebenen Tatsachen« zu stellen.[360]

An die Stelle einer Abgrenzung gegenüber der evangelischen Kirche seitens der NLB tritt im Laufe der 20er Jahre zunehmend eine offene Kritik. Abgelehnt werden auch pazifistische Vorstellungen und internationale Kontakte der Kirche, die, aus der Perspektive Neulands, erst nach einer Revision des Versailler Vertrags wieder ihre Berechtigung haben.[361]

Außerdem moniert Diehl, daß die sozialen Probleme der Zeit, das heißt die soziale Frage und die Frauenfrage, von der Kirche nicht rechtzeitig aufgegriffen und zu lösen versucht worden seien. So haben protestantisch-national gesinnte Kreise die Bedeutung der Frauenfrage nicht erkannt und einfach an dem »Schlagwort ›die Frau gehört ins Haus‹«[362] festgehalten. Auf diese Weise habe die Kirche an Einfluß verloren. Selbst wenn die Kirche die Probleme der Zeit, also den moralischen und sittlichen Verfall, erkenne, beschränke sie sich oft auf das Klagen, statt für eine Änderung der Situation zu kämpfen, wie die NLB fordere. Immer wieder wird auf die »Mattigkeit« und »Kraftlosigkeit« des Christentums hingewiesen, das sich in

> [...] falsch verstandener Innerlichkeit darauf beschränkt, kleinere Kreise zu sammeln; es hat den widergöttlichen Gewalten des Materialismus, des Mammonismus, des Imperialismus und des Militarismus das Feld überlassen. Dadurch sind die Kräfte des Evangeliums für das große, reale Leben unwirksam geworden; das Reich Gottes ist eine Winkelsache, der Glaube eine Angelegenheit der Müden und Schwachen geworden.[363]

Die Rede von einer »falsch verstandenen Innerlichkeit« läßt sich als Aufforderung zum politischen Handeln interpretieren. Zudem beklagt Diehl, auf die dezentrale Organisation der evangelischen Kirche anspielend, daß diese »keine geschlossene Kampfesfront zu bilden weiß« und teils selbst zum Gebrauch von Verhütungsmitteln u. ä. rät.[364] Die NLB setzt der vermeintlichen Tatenlosigkeit von Christen und Amtskirche ein kämpferisches Tat-Christentum entgegen. Die geforderte Erneuerung der Kirche zielt auf eine nach dem Vorbild der Urgemeinde organisierte Volkskirche unter Betonung des Laienelements. Diese Erneuerung könne nur von einer kleinen Elite, der NLB, vorangetrieben werden.[365] Dem stimmt van Himbergen, eine Mitarbeiterin Diehls, zu, wenn sie schreibt:

> Da nun die sichtbare Kirche die Gemeinsamkeit der Getauften ist, so trägt jeder mit Schuld dran, wie sich die Kirche entwickelt und gestaltet, denn jeder ist ein Glied der Kirche mit Verantwortung für sie. Und hier setzt nun Neulands Aufgabe ein! Nur eine kleinere Schar kann einen neuen Grund bauen, wenn sie bei sich selbst beginnt, ganz einheitlich und ganz aus der Wahrheit zu sein.[366]

Als Avantgarde der evangelischen Kirche glaubt die NLB sich an der Spitze des Protestantismus, setzt so implizit das eigene Programm als Norm und Maßstab der Kritik an der Kirche und den Christen, betreibt aber dadurch gleichzeitig die eigene Isolierung. Zieht man die umfassende Kritik an der evangelischen Kirche in Betracht, so drängt sich die Frage auf, warum sich die NLB dennoch so sehr bemüht, dazu zu gehören. Aus der Korrespondenz zwischen der NLB und dem *Zentralausschuß* geht diesbezüglich hervor, daß Neuland sich von seiner Mitgliedschaft zum einen mehr Einflußmöglichkeiten innerhalb des Verbandsprotestantismus verspricht und glaubt, bekannter zu werden, zum anderen hofft, sich so Zugriff auf kirchliche Geldquellen beziehungsweise mit Unterstützung des *Zentralausschusses* auch Zugang zu staatlichen Mitteln verschaffen zu können. Letzteres gelingt nicht, ersteres nur sehr begrenzt.[367]

Enge Kontakte zu Pfarrern, Theologen und anderen kirchlichen Funktionsträgern bestehen sowohl auf regionaler als auch auf überregionaler Ebene. So gehören beispielsweise Friedrich Mahling (1865-1933),[368] Bruno Doehring (1879-1961),[369] Heinrich Lhotzky (1859-1930),[370] Friedrich Brunstäd (1883-1944),[371] Siegfried Leffler (geb. 1900)[372] und Max Maurenbrecher (1874-1930)[373] zu den Mitarbeitern des *Neulandblatts* und wirken bei der Gestaltung der jährlichen Neulandtage mit. Zu letzteren werden auch Eisenacher Pfarrer, Vertreter kirchlicher Verbände und der Landeskirchenrat eingeladen beziehungsweise aufgefordert, sich zu beteiligen. Versucht man, anhand der genannten prominenten Mitarbeiter die NLB im Protestantismus zu verorten, so stehen Mahling und Brunstäd ebenso wie Naumann und Stoecker für die christlich-soziale Strömung im Protestantismus. Während Naumann zum liberalen Flügel des Vorkriegsprotestantismus zählt, ist Stoecker seinem konservativ-orthodoxen Flügel zuzurechnen.[374] Doehring, ein kirchenpolitischer Konservativer, gilt als radikaler Antirepublikaner. Er provoziert 1925 durch seine Angriffe auf die Republik eine Beschwerde Stresemanns beim Evangelischen Kirchenbund.[375] Leffler, der Mitbegründer der *Glaubensbewegung Deutsche Christen* in Thüringen, und Maurenbrecher, ein ehemaliger Mitarbeiter Friedrich Naumanns, gelten als Vertreter der völkischen Theologie. Für eine Öffnung in diese Richtung, die die NLB schließlich an die Seite der *Glaubensbewegung Deutsche*

Christen führt, spricht auch die Annäherung an die *Deutsch-Christliche Arbeitsgemeinschaft Großdeutschlands* gegen Ende der 20er Jahre, deren Vorsitzender, Walter Vogel, im *Neulandblatt* publiziert.[376]

Auch auf institutioneller Ebene bemüht sich die NLB um Kooperation mit der Kirche. Als Beispiele seien das Gemeindehelferinnenseminar, die Mütterschule und der *Deutsche Frauenkampfbund* genannt. Bereits 1922 beabsichtigt Neuland, in einer Wohlfahrtsschule sowohl Wohlfahrtspflegerinnen als auch Gemeindehelferinnen auszubilden. Während die Gemeindehelferinnenausbildung kirchlich anerkannt wird, verweigert die Landesregierung der Wohlfahrtsschule die staatliche Anerkennung, woraufhin die gesamte Schule geschlossen wird. Mit der Eröffnung des Gemeindehelferinnenseminars 1927 knüpft Neuland an seine ursprünglichen Pläne an, Frauen für die kirchliche Arbeit zu qualifizieren. Die Ausbildung ist kirchlich anerkannt, und die Prüfungen werden von Vertretern der Evangelischen Landeskirche abgenommen. Die Ausbildung umfaßt eineinhalb Jahre. Der Unterricht wird teils von qualifizierten Anhängerinnen der NLB erteilt, teils von Eisenacher Geistlichen übernommen. Auch Moritz Mitzenheim, der spätere Landesbischof von Thüringen, unterrichtet zeitweise am Neuland-Gemeindehelferinnenseminar. Die praktische Ausbildung, es werden zwei dreimonatige Praktika gefordert, wird in enger Kooperation mit Pfarrern im gesamten Reichsgebiet gestaltet. Durch diverse Pfarrblätter oder auch persönliche Anschreiben fordert man Pfarrer auf, zunächst Praktikantinnen, später Gemeindehelferinnen einzustellen. Das Seminar wird von der evangelischen Kirche finanziell nicht unterstützt, wie Vertreterinnen der NLB verschiedentlich beklagen.[377]

Enger gestaltet sich die Kooperation bei der Einrichtung und Finanzierung der Mütterschulen.[378] Vertreterinnen der NLB beantragen bei der Landeskirche finanzielle Unterstützung und argumentierten, daß die Ausbildung »alle Werte eines christlichen familienhaften Zusammenlebens« vermittle und darüber hinaus das erste Projekt dieser Art in ganz Deutschland darstelle, durch dessen Förderung die Thüringer Landeskirche eine Vorreiterrolle einnehmen könne.[379] Tatsächlich bewilligt der Landeskirchenrat für die ersten beiden Mütterschulen 1927 und 1928 jeweils 550,– RM, für die folgenden ca. die Hälfte. Mit diesem Geld soll arbeitslosen Arbeiterinnen die Teilnahme an den Mütterschulungskursen finanziert werden. Außerdem werden Kirchenvertreter aufgefordert, für die Mütterschule der NLB zu werben und selbst Kandidatinnenvorschläge einzubringen. Während die ersten Mütterschulen, schenkt man den Berichten Glauben, gut besucht sind, kommt der Kurs 1931 aus Mangel an Kandidatinnen nicht zustande.[380] Die Erfolgsmeldung eines Pfarrers zeigt, daß es schwierig ist, genügend Bewerberinnen zu finden: »Das Neulandhaus schrieb durch Frl. Lejeune unterm 4. d[es] M[onats], daß noch einige Freistellen in der diese Woche beginnenden Mütterschule unbesetzt wären. Es gelang mir, eine Braut, langjähriges Mitglied des hiesigen Jungmädchenvereins, dafür zu gewinnen.«[381] Paradoxerweise liegt der Mißerfolg der NLB auf dem Gebiet der Mütterschulung gerade im Erfolg der Idee begründet, denn Ende der 20er Jahre setzt – durch Staat und evangelische Kirche finanziell gefördert – ein wahrer ›Mütterschulboom‹ ein, angesichts dessen die NLB mit ihrem Angebot kaum mehr konkurrenzfähig ist.[382]

Was das Verhältnis der Thüringer Landeskirche zum *Deutschen Frauenkampfbund* betrifft, so zeigt ein Briefwechsel zwischen Diehl und dem Thüringer Landesoberpfarrer Reichardt von 1927, daß dieser die Ambitionen des *Deutschen Frauenkampfbundes* unterstützt.[383] Auf den Flugblättern desselben tritt er als Mitunterzeichner auf. Eine Stellungnahme der Thüringer Landeskirche zum *Deutschen Frauenkampfbund* gegenüber dem Kirchenbund aus dem Jahr 1931 deutet hingegen auf ein distanzierteres Verhältnis hin:

> Auch die Empfehlung des 12. Frauenkampfblattes »Wider die Angriffe auf § 218!« in unserem Amtsblatte ist uns zu unserem Bedauern nicht möglich gewesen, da einige seiner Wendungen, besonders der Schlußabschnitt, Urteile über die »gegenwärtigen Machthaber« enthalten, die in dieser Verallgemeinerung zu weit gehen und ungerecht sind. Es wird dadurch unseres Erachtens zur Empfehlung durch kirchliche Behörden und Verbreitung durch kirchliche Körperschaften ungeeignet.[384]

Auf nationaler Ebene gehören zu den Mitgliedern des *Deutschen Frauenkampfbundes* viele bekannte evangelische Kirchenfunktionäre und Gelehrte wie der Erlanger Professor Dr. Paul Althaus, Superintendent Otto Dibelius, späterer Bischof von Berlin, August Marahrens, Landesbischof von Hannover, Wilhelm Reichardt, Bruno Doehring, der sich auf Veranstaltungen der Berliner »Kampftruppe« als Redner engagiert,[385] Reinhard Mumm, Schwiegersohn Stoeckers, Mitglied des Reichstags und der Generalsynode, um nur einige zu nennen. Einerseits wird der *Deutsche Frauenkampfbund* von bedeutenden Persönlichkeiten, bis hin zur kirchlichen Führungsebene, unterstützt, andererseits stößt er auch auf Kritik, so daß die Gründung des *Deutschen Frauenkampfbundes* weniger zur Integration der NLB in den Protestantismus beiträgt, als daß sie zu einem Konfliktpunkt wird und die Distanz der NLB zur Kirche erhöht.[386]

Aus der Perspektive Neulands stellt sich das Verhältnis zur evangelischen Kirche trotz punktueller Unterstützung als unbefriedigend dar. In Zusammenhang mit dem Neulandtag 1927, der dem Thema »Neuland und Kirche« gewidmet wird, beklagt Diehl sowohl die fehlende Anerkennung der NLB als auch die mangelnde finanzielle Unterstützung durch die Kirche:

> Wie wenig dies begriffen ist [Wert der Laienarbeit, S. L.], geht schon daraus hervor, daß Neuland nach seiner nunmehr 13jährigen anstrengenden Wirksamkeit so gut wie nichts von den Kirchenbehörden zur Unterstützung bekommt, während an andere Verbände große Mittel gehen und ganze Volkshochschulen von kirchlichem Geld erhalten werden.[387]

Ständige Bitten um finanzielle Zuwendungen an unterschiedliche kirchliche Instanzen wie den *Zentralausschuß für Innere Mission*, den Landeskirchenrat der Evangelisch-Lutherischen Kirche in Thüringen und den Landeskirchentag ziehen sich wie ein roter

Faden durch Neulands Verhältnis zur evangelischen Kirche.[388] Abgesehen davon, genießt die NLB laut Diehl ein zu geringes Ansehen in evangelischen Kreisen und findet nicht genügend Beachtung und Anerkennung, wenngleich »viele Neuländerinnen in kirchlichen Ämtern tätig [sind], sei es im Kirchenvorstand, im Kindergottesdienst, in der Arbeit an kirchlichen Jugendvereinen oder in kirchlicher Armenfürsorge«.[389] Diese ›unfaire‹ Behandlung führt sie darauf zurück, daß es sich bei der NLB um eine Laienbewegung handle. Erschwerend komme hinzu, daß die NLB überwiegend von Frauen geleitet werde: »Da im Neuland die weibliche Leitung die Regel ist, sind selbstverständlich viel weniger Pfarrer Leiter von Neulandkreisen. So kommt die Meinung auf, jene Organisationen seien kirchlicher Art, Neuland aber nicht; ja Neuland stünde der Kirche fremd gegenüber.«[390] Insgesamt findet die NLB gegen Ende der 20er Jahre trotz ständiger Bemühungen um die Gunst und Unterstützung der evangelischen Kirche nicht die Anerkennung und Honorierung ihrer Arbeit, die sie sich wünscht, und nimmt vor allem aufgrund ihrer radikalen Ablehnung der Weimarer Demokratie und ihrer Kritik an der vermeintlich unpolitischen Haltung der evangelischen Kirche innerhalb des Protestantismus eine Außenseiterposition ein.[391]

POLITISCHE ORIENTIERUNG

Politische Mobilisierung

Mit der Durchsetzung des demokratischen (Frauen-) Stimmrechts sehen die evangelischen Frauenführerinnen ihre Klasseninteressen durch die Sozialdemokratinnen bedroht, die sie politisch besser geschult glauben, und beginnen noch vor den Wahlen zur Nationalversammlung mit der Mobilisierung ihrer eigenen Klientel. Die politische Mobilisierung der NLB ist so Teil eines allgemeinen Politisierungsprozesses evangelischer Frauen in der Weimarer Republik. In diesem gilt es für die NLB zum einen, den Widerspruch zwischen einem traditionellen Rollenverständnis, das die Frauen in die Privatsphäre verweist, und der Notwendigkeit, sich öffentlich politisch zu engagieren, aufzulösen. Zum anderen wertet das immer wieder bekräftigte Primat der Innerlichkeit – die NLB will durch »innere Erneuerung« den nationalen Wiederaufstieg bewirken – Handeln generell, vor allem aber politisches Handeln[392] ab. Im folgenden versuche ich, die Diskussionen um das politische Mandat der NLB und ihrer Anhängerinnen zu rekonstruieren, um Aufschluß über diejenigen Politisierungsprozesse und Schlüsselereignisse zu gewinnen, die dem kollektiven und individuellen Engagement für den NS vorausgehen. Ablesen läßt sich der Prozeß der Politisierung in Richtung eines parteipolitischen Engagements an der Verschiebung der Bewertung von innen und außen.

Aktuell wird die Frage nach einem parteipolitischen Engagement der NLB erstmals Anfang 1918. Im Kontext der Diskussion um die Friedensverhandlungen fordert ein Teil der Anhängerinnen den Beitritt des Neulandbundes zur 1917 im Zuge der Durchhaltepropaganda entstandenen *Vaterländischen Partei*.[393] Diehl lehnt dieses Anliegen ab und argumentiert:

Also soll doch unser Neulandbund ihr [der *Vaterländischen Partei*, S. L.] beitreten? Nein, das kann und darf er nicht. Er verpflichtet sich zu inneren Zielen, auch zu vaterländischen, aber nur soweit sie ethisch oder innerlich sind. Zu einer Frage der äußeren Politik kann er den Einzelnen nicht verpflichten, dann gäbe er seine freiheitliche Grundlage preis.[394]

Während andere Mitgliedsverbände der VEFD die *Vaterländische Partei* wohl befürworten, aber aus Neutralitätsgründen auf eine öffentliche Stellungnahme verzichten,[395] teilt Diehl zwar diese Haltung, rekurriert zur Begründung jedoch auf den Dualismus von innen und außen und argumentiert, daß die Aktivitäten der NLB sich auf das Verfolgen innerer Ziele beschränken, während sie die Politik dem Außen zuordnet. Ein parteipolitisches Engagement wird vor allem aufgrund eines Primats der Innerlichkeit abgelehnt. Den inneren geistigen Kampf betrachtet sie zu diesem Zeitpunkt noch als den entscheidenden, dem gegenüber politische Reformen als Produkte materialistischen Denkens sekundär seien.[396]

Ebenso wie für den Protestantismus insgesamt bedeuten die deutsche Niederlage im Ersten Weltkrieg und die Revolution für die evangelische Frauenbewegung wie auch für die NLB eine starke Verunsicherung.[397] Angesichts der Einführung des politischen Frauenstimmrechts befürchtet die NLB einen Sieg der vermeintlich atheistischen, international orientierten Sozialdemokratie, so daß die NLB bereits vor den Wahlen zur Nationalversammlung für ihre Anhängerinnen eine Wahlpflicht proklamiert und so ein individuelles politisches Engagement einfordert. Um den Anhängerinnen die politische Orientierung zu erleichtern, werden im *Neuland* die demokratischen und die Rechts-Parteien mit ihren Zielsetzungen vorgestellt. Legitimiert wird die Forderung nach politischer Partizipation mit der Verantwortung der bürgerlichen Frauen für ihr »Vaterland« gegenüber den »auflösenden und zersetzenden Elementen, der sogenannten ›Unabhängigen Sozialdemokratie‹«.[398] Die promovierte Studienrätin und Berliner Neulandkreisleiterin Martha Brandt verbindet ihre Einführung in die Parteienlandschaft der Weimarer Republik mit einer expliziten Wahlempfehlung für die von vielen evangelischen Kirchenführern favorisierte DNVP. Guida Diehl, selbst DNVP-Mitglied, erklärt die Empfehlung aus Gründen parteipolitischer Neutralität jedoch für nicht verbindlich.[399] Über die Stimmabgabe hinaus fordert sie jede »Neuländerin« auf, »soziale Hilfe« zu leisten, sich einem Wahlbüro zu Verfügung zu stellen und sich dort schulen zu lassen, um dann Wahlkampf zu betreiben. Die politische Mobilisierung der Neuland-Anhängerinnen vor den Wahlen zur Nationalversammlung begründet sich nicht nur in einem drohenden Einflußverlust des Protestantismus, eine Befürchtung, die die evangelischen Frauenverbände teilen,[400] sondern auch in der Angst vor der Entmachtung der eigenen sozialen Schicht.

Dazu die Unfähigkeit, die großen Aufgaben der Regierung und Verwaltung zu bewältigen, die ja bei solchen Dilettanten, die ohne jede fachmäßige Vorbildung diese schwierigen Geschäfte tun sollen, selbstverständlich ist – all dies läßt uns in eine trübe schwere Zukunft blicken.[401]

Die Kritik an der mangelnden Bildung der Mitglieder der Thüringer Landesregierung verweist auf den eigenen bildungsbürgerlichen Hintergrund und zeugt von dem hegemonialen Anspruch der eigenen sozialen Schicht, die sich mit der Demokratisierung der Bildung in einem fortschreitenden Desintegrationsprozeß befindet.

Die Bestimmungen des Versailler Vertrags werden zwar von Vertreterinnen und Vertretern aller Parteien als ungerecht empfunden, er ist »vor allem psychologisch im national gesinnten, deutschen Bürgertum nicht akzeptabel«, da er scharf mit den »jahrelang gehegten überschwenglichen nationalen und imperialen Hoffnungen«[402] kontrastiert, aus pragmatischen Gründen wird er aber von der Weimarer Koalition, den hinter der Demokratie stehenden Parteien, unterzeichnet.[403] Die Zustimmung der Nationalversammlung zum Versailler Friedensvertrag bezeichnet Diehl als durch äußere Faktoren, das heißt Angst vor wirtschaftlichen Sanktionen und der Wiederaufnahme des Krieges, bestimmt und »undeutsch«.[404] Die erzwungene Unterzeichnung des Abkommens resultiert generell in einer Stärkung der politischen Rechten und verschärft auch Neulands Ablehnung der Weimarer Republik: »Bis aufs Blut müssen alle Deutschfühlenden, zu denen wir Neuländer gehören, die Armseligkeit, Schwächlichkeit, den Mangel an Größe, an Eisen im Blut, an deutscher Art bekämpfen, den diese ›Mehrheit‹ [der Nationalversammlung, S. L.] darstellt.«[405] In dem doppeldeutigen Titel des betreffenden Artikels, »Das Ende«, in dem es um das Ende des Ersten Weltkriegs geht, kommt die apokalyptische Stimmung in der NLB zum Ausdruck. Da der Kaiser und die Oberste Heeresleitung noch bis Sommer 1918 den Glauben an einen deutschen Sieg genährt hatten, bewirkt die deutsche Niederlage einen um so größeren Schock, insbesondere da Deutschland bislang nicht von feindlichen Armeen besetzt ist. Die politische Radikalisierung der NLB ist im Kontext einer generellen »Mobilisation der gegenrevolutionären Kräfte von rechts«[406] zu sehen, die bereits bei den Reichstagswahlen im Juni 1920 zu einer Verschiebung des politischen Kräftegleichgewichts nach rechts und zum Teil auch zur radikalen Linken führt. Die deutsche Niederlage und die Annahme des Versailler Vertrags dienen der NLB bis zur nationalsozialistischen Machtergreifung der ständigen politischen Mobilisierung – die Weimarer Republik wird trotz des Friedensschlusses als fortgesetzter Kriegszustand betrachtet. So wird ab 1925 den Gefallenen jährlich die Nummer 15 des *Neulandblatts* gewidmet, um an die Unterzeichnung des Versailler Vertrags im August 1919 zu erinnern und den Wunsch nach seiner Revision wachzuhalten.

Mit der Ablehnung des Versailler Vertrags als »undeutsch« legt sich die NLB zwar nicht auf eine Partei fest, bezieht aber politisch auf seiten der Rechten Position. Da offensichtlich einige Anhängerinnen fordern, Neuland solle sich aus der Politik heraushalten, nimmt Diehl im Herbst 1919 im *Neuland* zum Thema »Neuland und die Politik« Stellung. Sie hebt hervor, daß Neuland seit seiner Entstehung im Ersten Weltkrieg so stark mit der »Not des Vaterlandes«[407] verwoben sei, daß es mit einem Rückzug aus der Politik einen Teil seiner Aufgaben vernachlässigen würde. Mit ihrer Forderung, Neuland dürfe sich nicht auf das »Innenleben der Seele« beschränken, sondern müsse sehr wohl die Zeitgeschichte mittels »deutschem Instinkt« interpretieren und ihn im Volk »wecken«,[408] stellt Diehl bereits zu diesem Zeitpunkt das eigene Politikkonzept, das sich durch das Motto »durch innere Erneuerung zur äußeren Befreiung« charakterisieren läßt, in Frage.

Wiederaufgenommen wird die Diskussion um Neulands politisches Mandat 1924, dem Jahr, in dem die Völkischen, die durch den Hitlerputsch im November 1923 die Aufmerksamkeit auf sich lenken, bei den Reichstagswahlen ihre ersten relativen Wahlerfolge erzielen und innerhalb der evangelischen Kirche die Auseinandersetzung mit den Völkischen an Bedeutung gewinnt. Den Anlaß liefern zwei Artikel Diehls zum Dawes-Abkommen,[409] das von der gesamten politischen Rechten zur Mobilisierung gegen die Weimarer Republik genutzt wird. In dem ersten Artikel bezeichnet Diehl die Verhandlungen über diesen Vertrag als »Selbstentmannung« und verbindet so Geschlechtsidentität und Außenpolitik:

> Und über ein solches Abkommen haben Deutsche in London überhaupt debattiert! Darüber sind wir Frauen außer uns! Wir haben schon seit der Revolution verlernt, in einer Reihe von deutschen Männern auch Männer zu sehen, aber daß die Selbstentmannung so weit getrieben werden kann, ist uns unfaßlich und unerträglich.[410]

In dieser als Krise wahrgenommenen Situation reklamiert Diehl für sich, für alle Frauen zu sprechen, also ein allgemeines Interesse zu vertreten, und ruft diese auf, die Unterzeichnung zu verhindern, gibt jedoch nicht an, wie. Sie konstatiert, daß Frauen aufgrund ihrer größeren »Instinktsicherheit« in schwierigen politischen Fragen klarer sehen. Auch die Unterzeichnung selbst wird als Akt von Männern und damit als totales männliches Versagen gedeutet. Das Versagen der Männer dient als Begründung für einen erneuten Aufruf an die Frauen:

> Sollte es nicht eine Verbündung deutscher Frauen geben, die sich dem heutigen Geist nicht nur innerlich widersetzte, sondern den klaren unbesieglichen Instinkt wahrhaft deutschen Frauentums nach außen hin proklamierte und dadurch eine Kraft würde, in der Verwirrung der Zeit?[411]

Beide Artikel werden erstaunlicherweise nicht unter geschlechtsspezifischen Aspekten rezipiert, niemand moniert den feministisch anmutenden Angriff auf die Männerwelt oder führt an, daß Frauen sich aus der Politik herauszuhalten hätten, vielmehr entzündet sich die Diskussion daran, daß der Elbinger Studienkreis glaubt, ein Bekenntnis zum rechten Flügel der DNVP herauszulesen, welcher im Sinne der NLB gegen die Annahme des Dawes-Abkommens gestimmt hatte.[412] Er kommentiert die Diskussion im *Neulandblatt* mit der Frage: »Darf und soll Neuland politisch sein?«[413]

Die Zuschriften werden in mehreren Ausgaben des *Neulandblatts* ausführlich dokumentiert, was darauf hindeutet, daß der Frage von der Redaktion große Bedeutung beigemessen wird.[414] In den meisten Zuschriften wird die NLB – unter Verweis auf ihre Entstehungsgeschichte – als politische Vereinigung definiert, und es wird für ein politisches Engagement der NLB argumentiert. Kritische Stimmen richten sich entweder gegen die Definition Neulands als politischer Verband oder gegen ein Engagement

Neulands für die extreme Rechte. Unter ihnen tun sich die sächsischen Neulandkreise besonders hervor, die teils auf seiten der Weimarer Demokratie zu stehen scheinen.[415]

Zentral für die Diskussion ist die Differenzierung zwischen politisch, parteipolitisch und deutsch, eine Unterscheidung, die zu der Zeit vor allem in antidemokratischen Kreisen, die das Parteiensystem ablehnen, üblich ist. Einig sind sich die Schreiberinnen darin, daß die NLB eine deutsche Bewegung ist und daß sie sich parteipolitisch nicht binden sollte. Ein Teil der Anhängerinnen begreift das Bekenntnis der NLB zu Deutschtum und Vaterland als politisch und leitet daraus ein politisches Mandat ab: »Soll Neuland politisch sein? – Ja. – – Eine Bewegung mit so ausgesprochen nationalen Zielen kann nicht an der Politik vorübergehen, ohne sich selbst aufzugeben [...] Soll Neuland parteipolitisch sein? – Selbstverständlich nein!«[416] Andere argumentieren »Deutschsein« und »politisch-sein« habe nichts miteinander zu tun, die NLB sei folglich keine politische Vereinigung und habe sich aus der Politik herauszuhalten. Auch die von den ›Politischen‹ proklamierte Trennung von Politik und Parteipolitik wird von dieser Fraktion angezweifelt:

> Da ein Politiker stets auf irgend eine Partei eingestellt ist, so ist es unmöglich, daß ein politischer Artikel ohne parteipolitischen Einschlag geschrieben werden kann. Mir ist bereits von verschiedenen Seiten gesagt, daß Neuland, trotzdem es behaupte, über den Parteien zu stehen, doch Politik treibe, was sich mit seinen Grundsätzen nicht vereinbare. – Wir wollen doch eine Erneuerung von Innen heraus, da dürfen wir nicht ein solches Kampfgeschrei ertönen lassen.[417]

Die Forderung nach politischer Betätigung wird hier unter Verweis auf das Primat der inneren Erneuerung zurückgewiesen. Während die ›Unpolitischen‹ Neulands Aufgaben ausschließlich in der inneren Erneuerung sehen, bestehen die ›Politischen‹ auf einer Einschätzung des Zeitgeschehens und einer politischen Stellungnahme der NLB.[418] Die unterschiedlichen Positionen resultieren zum einen aus den differierenden Auffassungen über die Definition des Politischen, zum anderen aus dem heterogenen Selbstverständnis der Neuland-Anhängerinnen, wie ein Schreiber richtig anmerkt:

> Wir sehen daraus, daß in dem einen Kreis die vaterländische Verbündung, berufen zur Mitarbeit am Wiederaufbau unseres irdischen Vaterlandes, gerne und sehr stark betont wird, während in dem anderen Neuland mehr als eine religiöse Vereinigung zur eigenen Erbauung und zum Bau des Reiches Gottes angesehen wird.[419]

Während diejenigen, die in der NLB eine primär religiöse Vereinigung sehen, an einer autonomen politischen Sphäre festhalten, kennen die ›Politischen‹, sofern sie in der NLB auch einen religiösen Verband sehen, keine Trennung von Religion und Politik. In ihrer Stellungnahme wiederholt Diehl die Argumente aus der Diskussion von 1919. Sie betont die Notwendigkeit, politisch Einfluß auszuüben, warnt jetzt jedoch ausdrücklich »vor der bloßen Pflege des Innenlebens«[420] – wie es Teile der Kirche betrieben – und ruft zum Handeln auf. Die Politisierung der NLB im Kontext des Dawes-Abkommens findet auch in der langfristigen inhaltlichen Entwicklung des *Neulandblatts* ihren Niederschlag. In das jährliche Inhaltsverzeichnis des *Neulandblatts*, wird 1924 ein neues Ordnungskriterium, »Aus deutscher Geschichte und Kultur«, eingeführt. In dieser Rubrik erscheinen von Ende 1924 bis Ende 1929 regelmäßig Einschätzungen der politischen Lage von Generalmajor a.D. Joh. Fretzdorff, einem *Stahlhelm*-Führer.[421]

Diehls Aufruf zum Zusammenschluß der Frauen anläßlich der Unterzeichnung des Dawes-Abkommens führt zunächst nicht zu der intendierten Sammlung von Frauen und hat so keine praktisch-politischen Konsequenzen. 1926 verfaßt Diehl wiederum einen Aufruf an die deutschen Frauen und Mädchen,[422] sich zu organisieren, und läßt ihn in 60.000 Exemplaren[423] verteilen. Im Zentrum steht nun die »Entartung des Frauengeschlechts«. Dieser Aufruf stößt über Neuland hinaus in protestantischen und völkischen Kreisen auf große Resonanz und führt zu der Gründung des *Deutschen Frauenkampfbundes* als einer explizit politischen Vereinigung im Herbst des gleichen Jahres. Mit seiner Gründung wird das Interesse der »Neuländerinnen« auf die Bedeutung der politischen Agitation, also das Außen, gelenkt. Er markiert eine wichtige Etappe auf dem Weg der Politisierung der NLB. Ähnliches gilt für die gleichfalls 1926 gegründete Arbeitsgemeinschaft zur »Beteiligung am Staatsleben«. Begründet wird ihre Entstehung mit der Konzentration der Neuland-Anhängerinnen auf das Innen: »Unsere Neuländerinnen sind nur zu leicht geneigt, dem Innenleben zu große Bedeutung beizumessen, sie sind als Frauen geneigt, politischen Dingen zu geringe Bedeutung beizumessen.«[424] Während der *Deutsche Frauenkampfbund* sich politisch eindeutig gegen die Weimarer Republik wendet, suggeriert die Bezeichnung der Arbeitsgemeinschaft eher ein Arrangement mit dieser, was auf die Existenz widersprüchlicher Positionen in der NLB verweist. Der Wunsch nach einem Arrangement läßt sich mit der Konsolidierungs- und Prosperitätsphase der Weimarer Republik erklären, in der auch rechtsradikale Verbände sich mäßigen.

Einige Wochen nach der Gründung des *Deutschen Frauenkampfbundes* diskutiert der Thüringer Pfarrer Gotthard Meincke das Thema »Neuland und Politik« im *Neulandblatt* und äußert die Hoffnung, daß die NLB zu einem »politischen Faktor« werde. Er begründet seine Forderung mit dem »vaterländischen Geist« und der »evangelischchristlichen Einstellung« der NLB. Laut Meincke vertrage sich das Evangelium nicht mit allen Parteien gleich gut, deshalb müsse die Kirche – und so auch die NLB – zwischen »politischer Wahrheit« und »politischem Irrtum« unterscheiden.[425] 1928 greift Meincke diesen Gedanken wieder auf, betont die Bedeutung der Politik für das »innere und äußere Leben der Kirchen« und argumentiert, daß es in der Politik nicht nur um äußere Dinge gehe, sondern um die Rettung der »Volksseele« vor dem »›marxistischen‹ Internationalismus«. Seine politische Hoffnung setzt er auf einen »nationalen Sozialismus« – ein Terminus, der sowohl auf den Demokraten Friedrich Naumann als auch auf Hitler verweisen kann.[426] Wieder aktuell auf breiter Ebene wird die Diskussion um Selbstverständnis und politisches Mandat der NLB 1929 angesichts des Erstarkens der Nationalsozialistischen Bewegung (NSB).

Als Ergebnis ist festzuhalten, daß sich die in den unterschiedlichen Auflagen von »Was wir wollen« festgestellte Verschiebung des Verhältnisses von innen und außen zugunsten des Außen in der Weimarer Republik fortsetzt und sich die Diskussion über das Verhältnis der NLB zur Politik über weite Strecken in dem Dualismus von innen und außen bewegt. Die Diskussion über ein politisches Engagement der NLB stellt gleichzeitig eine Auseinandersetzung um das Selbstverständnis und die Geschichte der NLB als religiöse, das heißt innenorientierte, oder politische, also außenorientierte Bewegung dar. Dabei geht es auch um die Definition und Autonomie des Politischen. Vor allem von Diehl wird politisches Handeln, das Außen, zwar immer weiter aufgewertet, gleichzeitig aber in den Dienst der inneren Erneuerung, also des Innen und der Religion gestellt, so daß sie am Primat der Innerlichkeit als dem entscheidenden menschlichen Lebensbereich weitgehend festhalten kann.

Die Diskussion wird zu Zeiten geführt, in denen wichtige politische Entscheidungen anstehen, aus der Perspektive der NLB handelt es sich um nationale Krisen. Das gilt sowohl für den ersten Politisierungsschub in Zusammenhang mit der deutschen Niederlage im Ersten Weltkrieg, der Unterzeichnung des Versailler Vertrags und der Entstehung der Weimarer Demokratie als auch für den zweiten, ausgelöst durch die Diskussion um das Dawes-Abkommen. Die Politisierung erfolgt im Zeichen der politischen Rechten gegen die Weimarer Demokratie. Ausgelöst werden die vermeintlichen Krisen laut Diehl durch das Versagen der Männer, die zunächst den Versailler Vertrag und dann das Dawes-Abkommen unterzeichnen und so in ihrer Geschlechtsrolle als Männer versagen. Diese Verunsicherung über das Verhalten der Männer und die Appelle an die Frauen sprechen für Kaufmanns These, daß das »Modell des Geschlechtsverhältnisses von Ehre und Schutz, das die Zuständigkeiten für die inneren (sittlichen) und äußeren (öffentlichen politischen) Grenzen benannte [...] durch die militärische Niederlage in Frage gestellt worden [war]«.[427] Nationale Rettung ist aus Sicht der NLB nur noch durch ein Eingreifen der Frauen zu erwarten, deren politisches Engagement so gleichzeitig legitimiert wird. Angesichts der sogenannten nationalen Rettungsaufgabe verliert die traditionelle Beschränkung der Frauen auf die Privatsphäre an Bedeutung.

Wenngleich sich die NLB – wie die evangelische Frauenbewegung in der Weimarer Republik insgesamt – dem »›Innerlichkeitsmotto‹«[428] verpflichtet fühlt, ist im Laufe der 20er Jahre eine Aufwertung des Außen in Form politischen Engagements und eine wachsende Neigung, die eigenen Forderungen auf politischer Ebene durchzusetzen, zu beobachten. Während Kaufmann für die VEFD zu dem Ergebnis kommt, daß diese ihre Forderungen gegen Ende der 20er Jahre angesichts der gesamtgesellschaftlichen Krisensituation sowie der Krise der Frauenbewegung immer mehr nach innen verlagert,[429] ist bei der NLB die gegenläufige Entwicklung erkennbar. Angesichts eines angeblich fortschreitenden sittlich-moralischen Verfalls der Gesellschaft muß das in sich widersprüchliche Politikkonzept, das durch »innere Erneuerung zur äußeren Befreiung« gelangen will, als unzulänglich und damit auch das eigene Programm als gescheitert betrachtet werden. Man erstrebt nun zunächst eine radikale Umgestaltung der Gesellschaft – die die eigenen Klassenprivilegien unangetastet läßt –, um dann nach der Zerstörung der Weimarer Republik das Neuland-Programm unter anderen politischen Rahmenbedingungen weiter verfolgen zu können.

Die NLB ist dem antidemokratischen konservativen Spektrum der Weimarer Republik zuzuordnen und steht zu Beginn der 20er Jahre der DNVP[430] nahe. Als rechte Sammlungspartei – die DNVP stellt die Nachfolgepartei der *Reichs- und Freikonservativen Partei*, der *Christlich-Sozialen Partei* und der *Deutschvölkischen Freiheitspartei* dar – vereinigt sie ein breites Spektrum antidemokratischer Kräfte, so daß die Affinität der NLB zur DNVP über die Ablehnung der Demokratie hinaus kaum etwas über den genauen politischen Standort aussagt. Auch Jill Stephenson bleibt mit ihrer Charakterisierung der NLB als »a patriotic, ultra-conservative ›renewal movement‹ aiming at a religious revival and the moral regeneration of Germany«[431] an diesem Punkt vage. Mit »ultra-konservativ« bemüht sie sich, den besonderen Charakter des Konservatismus der NLB zu fassen, ohne seiner Spezifik gerecht zu werden. Im folgenden versuche ich, mit Hilfe der Begriffe alter und neuer Nationalismus, Konservative Revolution und völkisches Denken Neulands Position genauer zu bestimmen, wobei die Konservative Revolution und das völkische Denken Varianten des neuen Nationalismus darstellen. Mit dieser Begrifflichkeit orientiere ich mich an Kurt Sontheimer.[432]

Die Vertreter des alten Nationalismus, von Sontheimer mit den Deutschnationalen gleichgesetzt, beklagen den Untergang des Wilhelminischen Reiches und wollen zum Vorkriegszustand zurückkehren.[433] Ihre Ziele sind offen restaurativ, das heißt, sie setzen sich für eine Wiederherstellung der Monarchie sowie der alten inneren und äußeren Machtverhältnisse ein. Die Träger des alten Nationalismus, das gehobene Bürgertum, der Adel und die Militäraristokratie, sind vor allem an der Sicherung ihrer Macht, ihres Einflusses und ihrer Privilegien interessiert. Die soziale Frage ignorieren sie, den Klassenkampf lehnen sie als Bedrohung ihrer Privilegien ab. Ihre wichtigsten Themen sind die Dolchstoßlegende, die »Kriegsschuldlüge« und die Verherrlichung des Kaiserreichs. Im Vordergrund stehen Begriffe wie Ehre, Würde, Macht und der Glanz der Nation. Zu Trägern des alten Nationalismus zählt Sontheimer u. a. den *Alldeutschen Verband*, den *Deutschen Flottenverein*, den *Deutschen Kolonialverein*, die *Deutsche Adelsgenossenschaft*, den *Deutschen Offiziersbund*.[434]

Im Gegensatz dazu sind die Träger der Konservativen Revolution als Teil des neuen Nationalismus außerhalb »der ökonomisch und in zunehmendem Maße politisch mächtigen Gruppen zu suchen«.[435] Als ihr geistiger Führer gilt Arthur Moeller van den Bruck (1876-1925), als das geistige Zentrum der Bewegung der sogenannte *Herrenclub*, der laut von Klemperer zwar nie mehr als 5000 Mitglieder aufweist, aber nichtsdestoweniger »einen tiefen Einfluß auf das geistige Leben der deutschen Rechten aus[übte]«.[436] Zentral für die politische Position der Vertreterinnen und Vertreter der Konservativen Revolution ist die Erfahrung des Ersten Weltkriegs – viele der Anhängerinnen und Anhänger gehören zur sogenannten Frontgeneration – und die Forderung nach Lösung der sozialen Frage in einem »Volksstaat, in dem alle Teile der bisher in Klassen gespaltenen Nation ihren Platz haben«.[437] Ihnen geht es nicht um eine Restauration des Wilhelminismus. Die Kritik der Konservativen Revolution richtet sich gegen den Liberalismus und Kapitalismus des Kaiserreichs einschließlich seiner Begleiterscheinungen:

Die Jungkonservativen [...] sind angetreten gegen die atomisierte liberale Gesellschaft, gegen Rationalismus, Intellektualismus, Pazifismus, Parlamentarismus und Kapitalismus. Sie haben dabei einen Teil der immanenten Kritik bürgerlicher Gesellschaftsordnungen aufgenommen, so etwa die pessimistische Abkehr vom kruden Fortschrittsoptimismus.[438]

Sie stellen trotz ihrer zum Teil antikapitalistischen Polemik nicht die sozioökonomischen Grundlagen der Gesellschaft in Frage, ihre Kritik trägt eher kulturkritischen Charakter und resultiert in der Forderung einer »geistige[n] Revolutionierung der Gesellschaft«.[439] Die Vertreterinnen und Vertreter der Konservativen Revolution behaupten eine deutsche Sendung und Verantwortung für Europa und beabsichtigen, in Deutschland ein »Drittes Reich«[440] zu errichten, in dem zunächst wiederauszugrabende »Ewigkeitswerte« zur Geltung kommen.[441] Der in sich widersprüchlich erscheinende Begriff Konservative Revolution bezeichnet die Zerstörung des Bestehenden zwecks Wiederherstellung dieser Werte, die Gerstenberger als »völkischen und rassischen Mythos«[442] benennt. Bezugspunkt konservativ-revolutionären Denkens ist nicht der Wilhelminismus, sondern ein mittelalterliches, ständisch strukturiertes Reich. Von Klemperer bescheinigt Teilen der Junkonservativen eine »mehr oder minder tolerante Haltung gegenüber der Republik«.[443]

Die Völkischen stellen laut Sontheimer eine »Mittelgruppe zwischen altem und neuem Nationalismus dar«.[444] Sie sind weniger von restaurativen Kräften bestimmt als die Vertreter des alten Nationalismus, geistig weniger profiliert als die Vertreter des neuen Nationalismus und zeichnen sich durch die Einfachheit ihrer Denkschemata sowie besondere Radikalität aus. So ist ihr Weltbild von dem ethischen Dualismus von Gut und Böse geprägt. Sie glauben an die Berufung des deutschen Volkes, diesen Kampf im Sinne des guten Prinzips zu entscheiden. Der Kampf dient ihnen nicht als Mittel zum Zweck, sondern stellt das »Lebensprinzip völkischer Daseinsbehauptung«[445] dar. Sie rezipieren die Rassenlehre, verbinden diese mit dem dualistischen Prinzip und kommen so zu den Annahme einer »jüdischen Weltverschwörung«.[446] Die Völkischen beabsichtigen, dem »deutschen Wesen« auf allen Gebieten der Kunst, Kultur und auch der Religion zum Durchbruch zu verhelfen. Im Gegensatz zu den Vertreterinnen und Vertretern der Konservativen Revolution, deren Gesellschaftsutopie sich am Mittelalter orientiert, greifen die Völkischen stärker auf die Germanen zurück. In der Forschungsliteratur wird der Begriff völkisch relativ beliebig verwandt[447] und oft implizit mit rassistisch und antisemitisch gleichgesetzt. Er bleibt so ähnlich vage wie der Begriff Konservative Revolution, und es ist schwierig, »die völkischen Ideen von der Volkstumsideologie zu lösen, die für die jungkonservative Bewegung so bestimmend war«.[448] Alle drei Gruppen sind auf parlamentarischer Ebene zunächst in der DNVP vertreten. 1922 scheiden jedoch die radikalen Völkischen aus und konstituieren sich als *Deutschvölkische Freiheitspartei*, die sich später mit der NSDAP vereinigt.

Versucht man, die NLB im Spannungsfeld von altem Nationalismus, Konservativer Revolution und Völkischen zu lokalisieren, und fragt zunächst nach den Gemeinsamkeiten mit dem alten Nationalismus, so finden sich in der Programmschrift »Was wir wollen«,[449] abgesehen von der Forderung nach Wiederherstellung der nationalen Ehre, die allen Konservativen gemeinsam ist, keine eindeutigen Hinweise auf eine Zugehörigkeit zum alten Nationalismus. Bezieht man die programmatische Schrift »Heilige Flamme glüh!« und den »Deutschen Frauenwillen« mit ein, so wird dort auch Ende der 20er Jahre noch die Monarchie verteidigt: »Das höchste Maß erreicht der Wahnsinn der Zeit in dem Umsturz des festesten Bollwerks unserer deutschen Macht, des Kaisers. Daß man ihn den Lügen der Feinde, dem Willen eines anmaßenden Diktators und dem Machtgelüste einer Partei opfert, ist ein entsetzliches Trauerspiel […]«.[450] Die Verehrung des Kaisers und der kaiserlichen Familie wird jedoch nicht mit der Forderung nach Restauration der Monarchie verbunden. Auch die Mitgliedschaft im Volksbund »Rettet die Ehre«, der die Aburteilung des Königs und anderer deutscher Fürsten vor alliierten Kriegsgerichten zu verhindern sucht und sich darüber hinaus gegen die »Kriegsschuldlüge« und die »Kriegsgreuellüge« einsetzt, verweisen auf den alten Nationalismus. Betrachtet man die prominenten Mitarbeiter, so gilt Bruno Doehring zwar als »Vertreter der altkonservativen Richtung«,[451] er fordert jedoch bereits auf der Jahreshauptversammlung des Evangelischen Bundes 1924 eine Annäherung an die völkische Bewegung.

Wenngleich Gemeinsamkeiten mit dem alten Nationalismus existieren, so verweisen das Programm »Was wir wollen« und die programmatischen Schriften mit ihrer ambivalenten Haltung zum Kaiserreich die NLB eher in den Kontext der Konservativen Revolution und damit des neuen Nationalismus. So richtet sich die Kritik der NLB – anders als die Gesellschaftskritik der Linken – weniger gegen die Herrschaftsstrukturen als gegen eine angebliche kulturelle Dekadenz des Kaiserreichs:

> Die Gier nach Geld, nach Genuß, nach Sinnenlust, nach Großtuerei, nach äußerer Ehre, das falsche Sichausleben – sie fanden keine starken gesunden Überwindungskräfte mehr in der Volksseele […] So begann neben allem äußeren scheinbar blühenden Leben eine innere Erschlaffung, ja eine Fäulnis.[452]

Das Kaiserreich wird trotz beziehungsweise vielmehr gerade wegen seines raschen Wirtschaftswachstums als wesentliche Etappe einer mit der Aufklärung und Industriellen Revolution beginnenden vermeintlichen Verfallsgeschichte betrachtet, die es durch eine innere geistige Revolution christlichen Inhalts aufzuhalten und umzukehren gelte. Mit dem Ausbruch des Ersten Weltkrieges scheint sich – aus der Perspektive der NLB – eine sittlich-moralische Erneuerung anzudeuten, die aber nur von kurzer Dauer ist, so daß die Verfallsgeschichte in der Weimarer Republik ihre Fortsetzung findet und eskaliert. An dem angeblichen kulturellen Verfallsprozeß habe die bürgerliche Frauenbewegung besonderen Anteil, da sie sich bei der Lösung der Frauenfrage an der männlichen Norm orientiert und so einen »intellektualistische[n] Irrweg«[453] eingeschlagen sowie den »falschen Persönlichkeitsbegriff der individualistische[n] Doktrin«[454] übernommen habe. Die Formulierung der Kritik läßt den Liberalismus, dessen Ablehnung Breuer als kleinsten gemeinsamen Nenner der Konservativen Revolution herausarbeitet, als das Hauptfeindbild erscheinen. Trotz der angeblichen Fehlentwicklungen richtet sich der Blick der NLB nach vorne. So kommt Diehl in ihrem Buch »Deutscher Frauenwille« zu dem Ergebnis: »Das Rad der Zeit läßt sich nie zurückdrehen, wir müssen vorwärtsgehen.«[455]

Neben der Lösung der Frauenfrage spielt die Lösung der sozialen Frage in der NLB eine zentrale Rolle. Ganz im Sinn der Konservativen Revolution soll sie nicht durch eine Veränderung der sozio-ökonomischen Struktur der Gesellschaft angegangen, sondern unter Beibehaltung der realen sozialen Ungleichheit durch »gleiche Achtung für jeden im Volk, Überbrückung der sozialen Kluft zwischen den Ständen«[456] überwunden werden. Ein entsprechendes ständisches Modell, mit dem sie gleichzeitig die Frauenfrage zu lösen gedenkt, entwirft Diehl in ihrem Buch »Deutscher Frauenwille«.[457]

Versucht man die Affinität der NLB zur Konservativen Revolution an Personen festzumachen, so ist hier vor allem der elsässische Schriftsteller Friedrich Lienhard (1865-1929) zu nennen, der sowohl Mitarbeiter des *Neulandblatts* als auch langjähriges Mitglied des Freundesrates der NLB ist. Er orientiert sich »seit 1895 unter dem Einfluß Langbehns zunehmend an den Ideen der sich herausbildenden ›Konservativen Revolution‹ u[nd] richtete sich in scharfen Angriffen gegen Naturalismus u[nd] Impressionismus als literar[ische] Formen einer dekadenten, ›materialistischen‹ Moderne«.[458] Die Problematik der Unterscheidung zwischen den Völkischen und der Konservativen Revolution zeigt sich darin, daß Lienhard sich mit gleichem Recht der völkischen Bewegung zuordnen läßt, denn zum einen gilt Julius Langbehn als Vertreter des völkischen Denkens, zum anderen kooperiert Lienhard mit den Völkischen und späteren Nationalsozialisten Paul Schultze-Naumburg und Adolf Bartels.[459]

Untersucht man das Programm »Was wir wollen« von 1921 unter dem Aspekt völkischer Elemente, so fällt auf, daß mehrfach von »Kampf« die Rede ist. Der »Kampf« gewinnt im Laufe der 20er Jahre für die NLB immer mehr an Bedeutung und wird in der Forderung nach einem »kämpferischen Christentum« auch auf die Religion übertragen.[460] Darüber hinaus verbindet man die Kritik an der angeblichen kulturellen Dekadenz des Kaiserreichs und der Weimarer Republik mit einer Rückkehr zu einem »wahren Deutschtum«. Es geht um die Wiederaneignung ursprünglich deutscher Werte, Tugenden, Lebensweisen etc., wobei auf die Germanen zurückgegriffen wird: »Das alte Germanentum war kraftvoll, gottesfürchtig in seiner verhältnismäßig edlen Götterverehrung, urkräftig in seiner Sprache. Die Heilighaltung der Ehe, die Ehrfurcht vor der Frau und Mutter sind bekannt.«[461]

Organisatorisch ist die NLB in das völkische Lager zunächst über den *Deutschen Frauenkampfbund* eingebunden. In diesem arbeitet sie spätestens ab 1928 mit dem *Deutschen Frauenorden*, der Frauenorganisation der NSDAP, sowie dem *Deutschbund*,[462] dem wichtigsten außerparlamentarischen Zusammenschluß der Völkischen, zusammen.[463] Der *Deutsche Frauenkampfbund* vertritt die frauenpolitischen und kulturkritischen Positionen der NLB, verzichtet jedoch auf deren religiöses Pathos und bedient sich seit seiner Gründung 1926 des völkischen Vokabulars, ist aber in seinen Publikationen zunächst nicht offen rassistisch, wenngleich es auf seinen Veranstaltungen zum Teil zu antisemitischen Ausschreitungen kommt.[464] H.-J. Arendt bezeichnet den *Deutschen Frauenkampfbund* als »Ableger des konfessionell-nationalistischen ›Neuland‹-Bundes«, konzediert ihm eine »gewisse Sonderstellung im Spektrum der konservativen und ›völkischen‹ Frauenverbände«, da er »partiell feministische Auffassungen« vertreten habe.[465]

Bereits ab 1923 bestehen persönliche Kontakte zum völkischen Spektrum. So hält Wilhelm Kotzde[466] »Führer«, der völkischen Jugendbewegung *Adler und Falken*, auf dem Neulandtag 1923 einen Vortrag zum Thema: »Einigkeit des Volkes«, auf dem Neulandtag 1925 referiert Marie Diers (1867-1942?), eine völkischen Kreisen zuzurechnende Schriftstellerin, über die »Völkische Bewegung«, am Neulandtag 1927 nimmt Max Maurenbrecher, ein profilierter Völkischer, teil – 1929 leitet er denselben. Spätestens seit 1928 bestehen Kontakte zu der dem *Deutschbund* nahestehenden völkisch-religiösen *Deutsch-Christlichen Arbeitsgemeinschaft Großdeutschlands*, einer im Februar 1926 von »mehreren völkischen Verbänden gegründeten Zweckgemeinschaft.«[467]

Wenngleich die NLB bis 1928 keinen rassenbiologischen Antisemitismus vertritt, ist ein konservativer bürgerlicher Antisemitismus[468] bereits konstitutiv für ihre Entstehung 1916. In einem Schreiben an Paula Mueller begründet Diehl die Notwendigkeit einer neuen Organisation damit, daß die Frankfurter Frauenbewegung von Jüdinnen dominiert werde und es daher einer neuen, von deutschen Frauen geleiteten Organisation bedürfe. Der Antisemitismus der NLB führt zwar nicht zu einem systematischen Ausschluß getaufter Jüdinnen aus der NLB, stellt aber, wie die Auseinandersetzung um Lina Lejeune zeigt, einen permanenten Streitpunkt dar.[469] Bereits Anfang der 20er Jahre regt sich in der NLB Widerstand gegen Diehls Freundin und designierte Nachfolgerin, der diese gegen den Willen Diehls zum Rückzug aus der NLB zwingt. Lejeune unterrichtet zwar später am Gemeindehelferinnenseminar der NLB, ist aber – wie die Gespräche mit ehemaligen Schülerinnen offenbaren – aufgrund ihrer jüdischen Herkunft unbeliebt. Betrachtet man den 1928 erschienenen »Deutschen Frauenwillen«, ist dieser in vielen seiner Formulierungen latent antisemitisch. So erklärt Diehl das angebliche Versagen der Frauenbewegung damit, daß in ihr »im Anfang sehr stark religionsfeindliche Elemente, vor allem aber artfremde, die in religiöser und nationaler Hinsicht wesensfremd bleiben mußten, [wirkten]«.[470] Die NLB stellt sich Ende der 20er Jahre zwar als antisemitische Bewegung dar, vertritt aber einen konservativen bürgerlichen und keinen biologischen Rassismus.

Versucht man die NLB im politischen Spektrum der Weimarer Republik zu lokalisieren, hat sie wenig mit dem alten Nationalismus gemeinsam, sondern bewegt sich im Spannungsfeld zwischen Konservativer Revolution und den Völkischen, wobei gegen Ende der 20er Jahre eine Annäherung an die Letzteren zu beobachten ist. Beiden Strömungen gemeinsam ist das Volk als vermeintlich revolutionäres Subjekt. Allein aufgrund ihrer bereits während des Ersten Weltkriegs erhobenen Forderung nach völkischer Erneuerung kann die NLB jedoch nicht als völkischer Verband gelten. Mit der damit einhergehenden Idealisierung und Hypostasierung des (deutschen) Volkes als letztem Bezugspunkt allen politischen und theologischen Denkens und Handelns gründet sie sich zunächst als antiliberale Vereinigung. Indem an die Stelle des Individuums als dem Zentrum bürgerlich-liberalen Denkens das Volk gesetzt wird, ist ein entscheidender Schritt in Richtung völkischen Denkens getan,[471] wenngleich die Begriffe Volk und völkisch – auch angesichts der Politisierung und politischen Radikalisierung der NLB in den 20er Jahren – vor 1929 in der NLB nicht rassisch, sondern historisch-kulturell konnotiert sind. Ende der 20er Jahre verbindet sich die Hypostasierung des Volkes mit der Vorstellung von der Existenz unterschied-licher Rassen.

Mit ihrer Affinität zur Konservativen Revolution und zu den Völkischen findet sich die NLB zwar in der Tradition der Jugendbewegung, die als Vertreterin des neuen Nationalismus gilt, geht aber mit ihrem religiös motivierten politischen Radikalismus über die Ziele derselben hinaus. Die Affinität der NLB zur Konservativen Revolution und dem völkischen Denken ist vermutlich für die Schwierigkeiten der NLB in der VEFD mitverantwortlich. Als Repräsentantin des neuen Nationalismus entfaltet die NLB eine Dynamik, die der VEFD, die, das sei hier als Hypothese formuliert, dem alten Nationalismus näher steht, fremd ist. Dennoch liebäugelt auch Magdalene von Tiling, die Theoretikerin der VEFD, Mitte der 20er Jahre mit der völkischen Bewegung. Während sie sich noch 1924 vehement gegen diese abgrenzt, bekundet sie 1925 bereits in vielen Punkten ihre Übereinstimmung, lehnt aber eine Germanisierung des Christentums konsequent ab.[472] Das Verhältnis der VEFD und ihrer Mitgliedsverbände zu den unter-schiedlichen Ausprägungen des Konservatismus in der Weimarer Republik bedarf je-doch einer eigenen Untersuchung.

Resümee: Die Neulandbewegung Ende der 20er Jahre

Ende der 20er Jahre stellt die NLB ein aus konzentrischen Kreisen strukturiertes Gebil-de dar und weist so ein wesentliches Merkmal totalitärer Bewegungen im Sinne Hannah Arendts auf.[473] Diese Konstruktion ermöglicht zum einen, am Eliteprinzip, das heißt an der Vorstellung eines inneren Zirkels von Erleuchteten, umgeben von diversen Kreisen, die immer weniger an der vermeintlichen Wahrheit partizipieren, festzuhalten, zum an-deren, größere Bevölkerungskreise an die NLB zu binden, die mit deren Programm nur partiell übereinstimmen – wie die Mitglieder des *Deutschen Frauenkampfbundes*. Be-trachtet man die Organisationsentwicklung, so zeugt die Gründung immer neuer In-stitutionen und Gruppierungen von einer großen Dynamik und außergewöhnlichem Aktivismus, die jedoch in eklatantem Gegensatz zu einem realen Mitgliederverlust ste-hen.[474] Die Gründungseuphorie dient der Mobilisierung der eigenen Anhängerinnen, die sich immer wieder selbst in Neuland-Projekten engagieren und neue Mitglieder werben müssen beziehungsweise wollen. Wenngleich die NLB in ihrer Bedeutung und Mobilisierungskraft nicht mit der NSB zu vergleichen ist, weist sie analoge Strukturen auf und erhebt ähnlich umfassende Ansprüche. Gleichzeitig offenbart die Analyse der Verfassung eine Doppelstruktur von bündisch organisiertem Zentrum, der Neuland-schar, und demokratisch verfaßter Peripherie, den Studien- und Neulandkreisen. In der ambivalenten Machtstruktur der NLB reflektiert sich ihre Zwischenstellung zwischen bündisch verfaßter Jugendbewegung und stärker demokratisch verfaßter evangelischer Frauenbewegung.

Charakteristisch für die Programmatik der NLB ist ein verbaler Radikalismus, der sich im Selbstverständnis als »Kampfesgenossenschaft« und in Aufrufen zu »Kampf« und »geistiger Revolution« manifestiert. Das Ziel, der nationale Wiederaufstieg Deutsch-

lands, bleibt jedoch unkonkret. Mit dem Erscheinen des »Deutschen Frauenwillens«
rücken die frauenpolitischen Forderungen der NLB ins Zentrum der Programmatik,
werden konkretisiert und radikalisiert. Gleichzeitig distanziert sich die NLB mit dieser
Schrift von der evangelischen Frauenbewegung und nähert sich dem völkischen Lager,
zu dem sich die Kontakte Ende der 20er Jahre intensivieren. In der für die ersten Jahre
der Weimarer Republik aufgezeigten programmatischen Radikalisierung der NLB spiegelt sich der infolge der Unterzeichnung des Versailler Vertrags einsetzende allgemeine
politische Rechtsruck. Aufgrund ihrer kompromißlosen Ablehnung der Demokratie
geht die NLB bereits Mitte der 20er Jahre auf Distanz zur DNVP und wird parteipolitisch heimatlos.

Fragt man nach der Zugehörigkeit der NLB zu Jugendbewegung, evangelischer
Frauenbewegung und Protestantismus, so ist die NLB in alle drei Spektren integriert,
nimmt aber vor allem aufgrund ihres politischen Radikalismus überall eine Außenseiterrolle ein. Die Lokalisierung im Kontext von Frauen- und Jugendbewegung erscheint
widersprüchlich, da das Verhältnis von Frauenbewegung und Jugendbewegung, histo-
risch gesehen, gespannt ist, wenngleich Rosemarie Schade auf ähnliche Zielsetzungen
und die gleiche soziale Herkunft der Anhängerinnen aus den Mittelschichten aufmerksam macht.[475] Davon abgesehen, lassen sich im Fall der NLB die unterschiedlichen
Orientierungen aufeinanderfolgenden Entwicklungsphasen zuordnen, wobei die Jahre
1926 und 1927 im Selbstverständnis der NLB die Übergangsphase von einer Jugendbewegung zu einer »Frauenerneuerungsbewegung« darstellen. Auf programmatischer
Ebene resultiert der Transformationsprozeß in dem Erscheinen des Buchs »Deutscher
Frauenwille« 1928, in dem Diehl die NLB in die Tradition des *Allgemeinen Deutschen
Frauenvereins* zu stellen beansprucht. Mit der Synthese von – aus heutiger Perspektive –
radikal feministisch anmutenden und reaktionären Forderungen im Zeichen einer völkischen Erneuerung trifft das Buch sowohl in der bürgerlichen als auch in der evangelischen Frauenbewegung auf Ablehnung. In der Auseinandersetzung um den »Deutschen
Frauenwillen« isoliert sich die NLB zunehmend und muß erkennen, daß sie die eigenen
gesellschafts-, frauen- und bildungspolitischen Vorstellungen nicht gemeinsam mit der
bürgerlichen oder evangelischen Frauenbewegung, sondern nur mit Hilfe eines starken
Bündnispartners gegen diese durchsetzen kann. Die gleichzeitige organisatorische Ein-
bindung der NLB in die Jugendbewegung und evangelische Frauenbewegung bietet den
machtpolitischen Vorteil, die eigenen Interessen in verschiedenen gesellschaftlichen Zusammenhängen artikulieren und sich selbst darstellen zu können.

Betrachtet man die Publikationen der NLB, so ist das auffälligste Merkmal der universelle Dualismus von innen und außen. In ihm spiegeln sich vor allem die Gegensätze
zwischen »altem« und »neuem Mittelstand« sowie religiös motivierter »innerer Erneuerung« und politischem Handeln. Innen und außen sind in der Konstruktion der NLB
nicht gleichwertig, vielmehr repräsentiert das Innen in der Anfangsphase der NLB eindeutig alles Positive. Es bezeichnet das eigentlich Wichtige gegenüber dem weniger bedeutenden Außen. Ersetzt man innen durch Innerlichkeit und fragt nach dem historischen Ort dieses Konstrukts, so rückt das von der politischen Macht weitgehend aus-
geschlossene, innere-Werte-kultivierende Bürgertum des ausgehenden 19. Jahrhunderts

ins Blickfeld.[476] Der »alte Mittelstand«, besonders das protestantische Bildungsbürgertum, aus dem sich die NLB vor allem rekrutiert, befindet sich in einer gegen Ende der Weimarer Republik eskalierenden »mehrdimensionalen Endkrise«.[477] Das Bildungsbürgertum beziehungsweise diejenigen sozialen Gruppen, die sich in seiner Tradition verstehen, sind von der Nachkriegsinflation besonders hart betroffen und verlieren sowohl gegenüber dem »neuen Mittelstand«, der mittlerweile das Gros der Studierenden stellt, als auch gegenüber neuen Führungsgruppen wie Unternehmern, Gewerkschaftsvertretern und Politikern an sozialem Status und Prestige. Gleichzeitig verfügt das Bildungsbürgertum über keine kollektive politische Interessenvertretung.[478] Vor diesem Hintergrund läßt sich das mit dem deutschen protestantisch geprägten Bildungsbegriff verbundene Primat der Innerlichkeit[479] als Verteidigungsstrategie eines von Prestigeverlust, sozialem Abstieg und Auflösung bedrohten Bildungsbürgertums interpretieren, das seine Rettung im Rückzug nach innen sucht und in Verteidigung seiner kulturellen Hegemonie diesen Bereich zum eigentlich entscheidenden erklärt.

In der kontinuierlichen Aufwertung des Außen im Verlauf der 20er Jahre spiegelt sich auf seiten der NLB die Erkenntnis, daß die Interessen der eigenen sozialen Schicht sich angesichts der politischen, sozialen und ökonomischen Krisen sowie der als besonders bedrohlich wahrgenommenen »nationalen Krise« der Weimarer Republik nicht mehr ausschließlich durch »innere Erneuerung«, sondern vor allem durch politisches Handeln durchsetzen lassen. In diesen »nationalen Krisen« verliert die geschlechsspezifische Zuordnung von innen und außen mit dem – aus der Perspektive Neulands – fortgesetzten Versagen der Männer, die zunächst den Versailler Vertrag und schließlich auch das Dawes-Abkommen und den Young-Plan unterschreiben, an Bedeutung.

Auch die NLB als Kollektiv befindet sich in einer Krise. Betrachtet man die Zahl der Abonentinnen des *Neuland(blatts)*, so ist diese seit 1920 von zunächst 10.000 bis 1925 auf 5.000 zurückgegangen und fällt 1927 schließlich auf 4.000. Besonders eklatant erscheint dieser Mitglieder- und Sympathisantinnenschwund angesichts einer zunehmenden strukturellen Differenzierung der NLB, einem Prozeß, der in der Regel mit dem Wachstum einer Organisation einhergeht. Dieser Erosionsprozeß erscheint um so bemerkenswerter, als die evangelische Jugendbewegung in der Weimarer Republik rasch wächst.[480] Das gleiche gilt für die bündische Jugend – sieht man von den autonomen Mädchenbünden ab[481] – sowie für die evangelische Frauenbewegung. Betrachtet man die Mitgliederentwicklung der der VEFD angeschlossenen Einzelverbände und vergleicht die Mitgliedszahlen von 1920 mit denen von 1929, so gewinnen fast alle Mitgliedsverbände, soweit sie 1929 noch als solche existieren und Zahlenangaben vorhanden sind, stark an Mitgliedern.[482] In absoluten Zahlen liegt der *Landesverband für christlichen Frauendienst Sachsen* mit einem Zuwachs von 151.000 (308 %) an der Spitze. Es folgen die *Evangelische Frauenhilfe* mit 100.000 (20 %), der *Kaiserswerther Verband* mit 13.829 (76 %) und der *Deutsch-Evangelische Frauenbund* mit 7.000 (28 %) neuen Mitgliedern.[483] Ein ähnlich rasantes Wachstum stellt Kaiser für den Landesverband der *Evangelischen Frauenhilfe Westfalen* fest. Die Mitgliedszahlen erhöhen sich von 95.000 im Jahr 1919 auf 160.000 1931.[484] Während die Bezugsgruppen der NLB erfolgreich agieren, muß die NLB – neben ihrer Isolation – zunehmend um ihre Existenz fürchten.

Mit rückläufiger Resonanz konfrontiert, hält sie am Anspruch, Bewegung zu sein, fest. Angesichts des Auseinanderklaffens von Bewegungs-Anspruch und realer Stagnation beziehungsweise Mitgliederverlust bricht Anfang 1926 die Frage auf, inwieweit die Bezeichnung Bewegung noch legitim sei.[485]

Fragt man nach den Gründen für die existentielle Krise der NLB, so gilt zum einen, daß die ursprünglichen Inhalte der Jugendbewegung im Lauf der 20er Jahre immer mehr von der konfessionellen und staatlichen Jugendpflege aufgegriffen werden, ein Sachverhalt, der in der Literatur als »Verstaatlichung der Jugendbewegung« beschrieben wird. Zum anderen ist die Entstehung der NLB – im Gegensatz zu anderen evangelischen Frauenverbänden, die sich im Ersten Weltkrieg zwar auch für den deutschen Sieg engagieren, sich aber bereits vor dem Krieg gegründet haben – unmittelbar mit dem Ersten Weltkrieg verknüpft, so daß das Kriegserlebnis als prägende Erfahrung den entscheidenden Integrationsfaktor der NLB darstellt. Der potentielle Neuland-Nachwuchs ab Mitte der 20er Jahre hat den Ersten Weltkrieg kaum mehr selbst bewußt miterlebt, so daß eine Vereinigung, die den Ersten Weltkrieg und seine Folgeerscheinungen in ihr Zentrum stellt, wenig attraktiv erscheinen muß. Die zahlreichen Artikel über den Ersten Weltkrieg und seine Konsequenzen zeugen von dem immer weniger erfolgreichen Versuch, die Neuland-Anhängerinnen weiterhin um das Kriegserlebnis zu organisieren.

Betrachtet man die Situation und Interessenlage der NLB und ihrer Anhängerinnen Ende der 20er Jahre insgesamt, so erscheint eine Unterstützung der erstarkenden NSDAP und NSB zwar denkbar, nicht aber zwingend. Dagegen spricht vor allem das elitäre Selbstverständnis der NLB, das im Gegensatz zur NSDAP und NSB als Massenorganisationen steht, sowie das öffentliche Auftreten von Anhängern derselben, das einem bildungsbürgerlichen Verhaltenskodex widerspricht. Zwar bedient sich die NLB teilweise schon der völkischen Terminologie, teilt aber nicht den Rassismus der völkischen Bewegung, denn noch sucht sie mit Hilfe des *Deutschen Frauenkampfbundes* Bündnispartner im protestantischen Spektrum, in dem ein offener Rassismus auf Widerstand gestoßen wäre. Das zum Teil sehr unkonkrete und ambivalente Programm ermöglicht jedoch Flexibilität. Organisationssoziologisch betrachtet, können »Organisationen mit nur allgemein definierten Zielen sich Veränderungen der äußeren Situation und wechselnden Mitgliederwünschen leichter anpassen [...] als Organisationen mit eindeutig konkretisierten Zielen«[486] und bieten der »einzelnen führenden Persönlichkeit«[487] in der Organisation einen großen Entscheidungsspielraum. Zieht man Diehls Machtstreben in Betracht und berücksichtigt ihre dominante Stellung in der NLB, so liegt ein Bündnis mit einer politischen Gruppierung nahe, die Chancen hat, die Macht zu erobern und die Partizipation der NLB möglich erscheinen läßt.

TEIL II:
NEULAND ALS PRONATIONALSOZIALISTISCHE BEWEGUNG (1929-1935)

Die Prosperitätsphase der Weimarer Republik, die auf politischer Ebene »eine Abschwächung des rechtsextremistischen Potentials«[1] mit sich bringt, endet im Oktober 1929 mit dem Tod Gustav Stresemanns (1878-1929) und dem New Yorker Börsenkrach. Die ökonomische und mit dem Zerbrechen der Regierung des Sozialdemokraten Hermann Müller auch politische Destabilisierung der Weimarer Republik führt zu einer politischen Radikalisierung nach rechts, von der in den folgenden Jahren vor allem die NSDAP profitiert, der bei den Reichstagswahlen im September 1930 der Durchbruch gelingt. Sie gewinnt zwar ab 1930 reichsweit an Boden, ist jedoch in einigen Regionen, vorwiegend in evangelischen ländlichen Gebieten, außergewöhnlich erfolgreich. Zu diesen Regionen gehört auch Thüringen, wo mit dem Neulandhaus das geographische und geistige Zentrum der NLB liegt.

Bei den Thüringer Landtagswahlen im Dezember 1929 erreicht die NSDAP 11,3% der Stimmen und wird zwischen den Linksparteien und den bürgerlichen Parteien zum »Zünglein an der Waage«, so daß nur mit ihr die »Fortsetzung der antimarxistischen bürgerlichen Regierung möglich [ist]«.[2] Broszat führt die Stimmengewinne der NSDAP in Thüringen vor allem auf ihre Agitation gegen den Young-Plan zurück. Über die Frage des Beitritts zu dem von der »nationalen Opposition« gegründeten *Reichsausschuß zur Durchführung eines Volksbegehrens gegen den Young-Plan* zerbricht die Regierung Thüringens, so daß es im Dezember 1929 zu Neuwahlen kommt. Die NSDAP bildet im Januar 1930 gemeinsam mit den Rechtsparteien, geführt vom *Thüringer Landbund*, die neue Landesregierung.[3] Hitler betrachtet Thüringen als den Testfall nationalsozialistischer Machtergreifung, schaltet sich persönlich in die Regierungsverhandlungen ein und fordert für die NSDAP das Volksbildungs- und das Innenministerium.[4] Diese besetzt er mit Wilhelm Frick,[5] dem Fraktionsvorsitzenden der NSDAP-Reichstagsfraktion und späteren Reichsinnenminister. Am 1.4.1931 wird die Regierung durch ein Mißtrauensvotum mit Unterstützung der *Deutschen Demokratischen Partei* und der *Deutschen Volkspartei* gestürzt und durch eine gemäßigte Rechtsregierung ersetzt, die von der *Sozialdemokratischen Partei* toleriert wird und die die meisten von Fricks politisch äußerst umstrittenen Maßnahmen zurücknimmt. Im Juli 1932 wird die NSDAP mit einem Stimmenanteil von 42,5 % zur stärksten Partei und koaliert wiederum mit dem *Thüringer Landbund*. Damit ist die NSDAP in Thüringen, wenn auch mit Unterbrechung, schon lange vor der Machtergreifung an der Regierung beteiligt.

Betrachtet man die Reaktion des Protestantismus auf das Erstarken der Nationalsozialisten, so zeigt sich, daß die evangelischen Kirchenleitungen und das Kirchenbundesamt als die höchste Kirchenbehörde nach dem Erfolg der NSDAP bei den Reichstagswahlen im September 1930 offiziell an dem Postulat der Überparteilichkeit der Kirche festhalten. Sie unterstützen die Nationalsozialisten zwar nicht, unternehmen aber auch nichts zur Verteidigung der Demokratie.[6] Diese Untätigkeit erklärt sich daraus, daß die evangelischen Kirchenführer und auch die Pfarrer überwiegend selbst zur politischen

Rechten tendieren. Viele von ihnen gehören der DNVP an oder unterstützen sie. Offen zur NSDAP bekennen sich vor der Machtergreifung lediglich die bereits Ende der 20er Jahre entstandenen Deutschen Christen.[7] Der Machtergreifung selbst stehen die Kirchenführer zunächst mit ambivalenten Gefühlen gegenüber. Sie begrüßen zwar die »nationale Revolution« und hoffen auf »die Wiederherstellung eines ›christlichen Staates‹ unter einer starken Führung«, sie fürchten aber auch um die Unabhängigkeit der Kirche.[8] Der Kirchenausschuß, das wichtigste Organ des Kirchenbundes, äußert sich noch am 3.3.1933, unmittelbar vor den Reichstagswahlen, dem NS gegenüber zurückhaltend und distanziert. Die NSDAP hat allerdings nach der Machtergreifung wenig Mühe, die Kirchen zur Aufgabe ihrer offiziellen Neutralität zu bewegen. Besondere Bedeutung kommt in diesem Zusammenhang Hitlers Regierungserklärung vom 23.3.1933 zu, in der er feststellt, daß »die nationale Regierung […] in den beiden christlichen Konfessionen wichtige Faktoren der Erhaltung unseres Volkstums [sieht]«, ihnen Einfluß in »Schule und Erziehung« zusichert und zudem den »Kampf gegen eine materialistische Weltauffassung und für die Herstellung einer wirklichen Volksgemeinschaft« verspricht.[9] Am 26.3.1933 erscheinen erstmals offizielle kirchliche Erklärungen, die sich rückhaltlos zum neuen Reich bekennen. Die nationalsozialistische Machtergreifung wird im folgenden ganz im Sinn der politischen Theologie als Manifestation des Willens Gottes in der Geschichte und Hitler als Gottes Prophet betrachtet. Wie erklärt sich die starke Neigung großer Teile der evangelischen Kirche zum NS? Die evangelische Kirche behält bis zum Ende der Weimarer Republik ihre ambivalente beziehungsweise ablehnende Haltung gegenüber der Demokratie bei. Sie bleibt, so Conway, »monarchist, anti-revolutionary, anti-socialist [and] anti-democratic« eingestellt, was in höherem Maße für die kirchlich engagierten Laien als die Kirchenführer gelte.[10] Zunächst hofft die evangelische Kirche auf eine Restauration der Monarchie. Ab Mitte der 20er Jahre teilt sie den Ruf des Bürgerums nach einem starken charismatischen Führer und erhofft sich einem autoritären, konservativen, christlichen Staat, der die evangelische Kirche in ihre alten Rechte wieder einsetzt. So sieht man Hitler zunächst als Führer einer konservativen nationalen Regierung. Man hofft vor allem, daß er die Kommunisten bekämpft, den Atheismus in seine Schranken verweist und durch die Schaffung einer »Volksgemeinschaft« die Klassengegensätze entschärft, ohne die gesellschaftlichen Macht- und Besitzverhältnisse in Frage zu stellen. Nach dieser Vorarbeit beabsichtigt die evangelische Kirche selbst – im Sinne Adolf Stoeckers –, alle Deutschen in einer Volkskirche zu einigen. Auf theologischer Ebene wird die positive Einstellung zum NS durch »eine bestimmte evangelisch-lutherische Auffassung vom Staate«, die diesen als gottgegebene Ordnung sieht, legitimiert.[11] Zudem gewinnt das völkische Denken zunehmend Einfluß auf die Theologie. Zum einen rechtfertigen die so beeinflußten Theologen die nationalsozialistische Verabsolutierung des Volks, indem sie selbst das Volk zum neuen ethischen Bezugspunkt theologischen Denkens machen. Zum anderen fördert die Durchdringung des Protestantismus mit völkischen Ideen auch die Akzeptanz des nationalsozialistischen Rassismus bei der evangelischen Bevölkerung.[12]

In der Forschungsliteratur herrscht weitgehende Übereinstimmung darüber, daß sich die evangelische Kirche und viele ihrer Anhängerinnen und Anhänger dem NS aus konservativer, nationaler Gesinnung zuwenden und nicht, weil er rassistische Ideen vertritt. Dennoch stellt sich die evangelische Kirche, nachdem sie ihre parteipolitische Neutralität zugunsten einer wohlwollenden Haltung gegenüber dem neuen Staat aufgegeben hat, hinter die antisemitische Politik der Nationalsozialisten. Die Entlassung jüdischer Personen aufgrund des »Gesetzes zur Wiederherstellung des Berufsbeamtentums« sowie der Boykott jüdischer Geschäfte am 1. April 1933 lösen im Ausland Proteste aus, und die deutsche evangelische Kirche wird um Stellungnahme gebeten. Sowohl Kapler, der Präsident des Kirchenbundes, als auch Otto Dibelius, Generalsuperintendent der Kurmark, verteidigen die nationalsozialistische Politik, statt sich mit den Verfolgten zu solidarisieren – und setzen sich mit ihrer Position innerkirchlich durch.[13]

Die organisierten evangelischen Frauen teilen in hohem Maße die Vorbehalte der evangelischen Kirchenführer gegenüber der Weimarer Demokratie. Gleichzeitig spiegeln sich in ihren Erwartungen an den NS aber auch die unterschiedlichen sozialen Rollenzuweisungen an Männer und Frauen. Anfang der 30er Jahre breitet sich laut Kaiser in der evangelischen Frauenbewegung ein tiefgreifendes Krisenbewußtsein aus. Konstitutiv für dieses ist nicht allein die Weltwirtschaftskrise, sondern auch die Angst vor dem Kommunismus: »Die Bedrohung von Ehe und Familie, Sitte und Moral, Religion und Kirche in dieser Republik schien vielen Christen beider Konfessionen damals von der Sowjetunion auszugehen [...]«.[14] Mit dem Begriff des »Kulturbolschewismus«, so Kaiser, greift der NS die Ängste der Frauen auf und bietet sich als politischer Nothelfer an. Um so erstaunlicher erscheint es, daß sich die VEFD in der Endphase der Weimarer Republik nicht öffentlich mit dem NS auseinandersetzt. In der Verbandszeitschrift der VEFD, *Aufgaben und Ziele*, wird zwar immer wieder gegen die Weimarer Republik Stellung bezogen, zum Beispiel anläßlich des Young-Plans, ohne jedoch die NSDAP oder NSB zu thematisieren. Das gleiche gilt für die *Evangelische Frauenhilfe*, betrachtet man die Jahrgänge 1929-1932 der Verbandszeitschrift *Frauenhilfe*. Allein der *Deutsch-Evangelische Frauenbund* befaßt sich im Vorfeld der Machtergreifung überhaupt mit dem NS. So kritisiert Martha Schwarz im März 1931 in der *Evangelischen Frauenzeitung* die Absicht der Nationalsozialisten, die Frauen aus der politischen Sphäre auszuschließen.[15] Wiederaufgenommen wird diese Kritik 1932 von der Frankfurter Gerichtsassessorin Elisabeth Schwarzhaupt, die auf eine Artikelserie zur Frauenfrage in den *Nationalsozialistischen Monatsheften* reagiert. Sie wendet sich scharf gegen die Diskreditierung der Frauenbewegung durch den NS und vermutet hinter den schönen Worten der Nationalsozialisten »eine Mißachtung der Frau als Persönlichkeit und ihre Unterwerfung ausschließlich unter ihre biologische Aufgabe«.[16] Ihrer Kritik folgen kritische Beiträge mit ähnlichem Tenor,[17] jedoch offenbart sich auch, daß in den eigenen Reihen schon zahlreiche Mitglieder auf seiten des NS stehen.

Ihre politische Zurückhaltung gegenüber der NSDAP geben die VEFD ebenso wie die evangelische Kirchenführung nach der Machtergreifung auf.[18] Wenngleich man sich zuvor nicht öffentlich für einen Sieg der NSDAP eingesetzt hatte, wird die Machtergreifung nun gefeiert und als »greifbares Hineinwirken Gottes in das Gesamtgeschick eines Volkes« gedeutet.[19] Mit ihrer Bejahung der nationalsozialistischen Machtergreifung befindet sich von Tiling durchaus im Konsens mit den evangelischen Frauenverbänden, die 1933 bereitwillig »die Überwindung der ›Systemzeit‹ begrüßten und das ›Führerprinzip‹ in den eigenen Reihen einführten«.[20] In einer Stellungnahme zur nationalen Bewegung von 1933 drückt von Tiling zunächst ihre Übereinstimmung mit den nationalen Zielen des NS aus, das heißt vor allem mit dem der Revision des Versailler Vertrags, spricht sich aber dann gegen den totalen Staat aus:

> Das heißt, daß aus dem evangelischen Glauben der nationalen Bewegung ihr Recht und ihre Grenzen gesetzt werden. Vom evangelischen Glauben her weiß man, daß Staat und Volk Gaben Gottes sind, in denen den Menschen zu leben gesetzt ist. Hier weiß man, daß der Christ im Gehorsam gegen die von Gott gegebenen Gesetze menschlichen Lebens steht, wenn er um Ehre und Freiheit von Volk und Nation kämpft. Weil man aber von dem Herrn weiß, der Herr über unser Einzelleben wie Herr über Staat und Volk ist, darum ist es nun nicht möglich, diesem Kampf um Freiheit und Ehre, um Volkstum und Nation zu verabsolutieren, ihn als das Letzte zu betrachten. Nicht Staat, Volk, Rasse, Blut sind das Letzte, sondern der Herr ist der erste und der letzte, der uns in solchen Kampf hineinstellt.[21]

Von Tiling unterstützt den NS als nationale Bewegung und akzeptiert daher dessen Rassismus, ohne ihn in dieser Form zu befürworten. Ähnlich argumentiert Annerose Fröhlich, Dozentin am Christlich-sozialen Frauenseminar des *Deutsch-Evangelischen Frauenbundes*, wenn sie sich zunächst zum »nationalen Staat« bekennt, dann aber dazu aufruft, »die Hybris des Rassenstolzes nieder[zu]ringen«.[22] Mueller-Otfried bejaht die Machtergreifung ebenfalls als »nationale Erhebung«,[23] wendet sich aber »als Frau und Protestantin öffentlich gegen die Politik der Nazis, was die Frauen- und Kirchenpolitik anbelangte«.[24] Sie weigert sich, der NSDAP beizutreten, und räumt ihren Posten als Vorsitzende des *Deutsch-Evangelischen Frauenbundes* im Februar 1934 zugunsten der wesentlich jüngeren Theologin Meta Eyl (1894-1952).

Von Tiling und Mueller-Otfried begrüßen die Machtergreifung vor allem aus ihrer nationalen und konservativen Gesinnung heraus[25] und erwarten wie viele evangelische Frauen, daß Hitler eine »klare konservative Ordnung« durchsetzen würde, die »auf der Grundlage ›natürlicher‹ Unterschiede wie Geschlecht, Alter und Rasse« beruht.[26] Darüber hinaus differenzieren sie zwischen der Gesellschaft als dem Wirkungsbereich der Politik und der Religion, für die eigene Regeln gelten, und weisen so implizit den Totalitätsanspruch der nationalsozialistischen Ideologie zurück. Demgegenüber bedienen sich Hans Hermenau, der spätere Leiter des deutsch-christlichen *Frauendienstes*, und vor allem die bei der Machtergreifung erst 35jährige ›Aufsteigerin‹ Klara Schloßmann-Lönnies,[27] zwei führende Persönlichkeiten der *Evangelischen Frauenhilfe*, einer explizit rassistischen Terminologie und signalisieren so ihre Übereinstimmung mit dem Kernbereich nationalsozialistischer Ideologie.[28] Anders als von Tiling und Mueller-Otfried feiert [Schloßmann-]Lönnies nicht nur den Sieg der »nationalen Bewegung«, sondern auch die Schaffung eines totalen völkischen Staates: »Im letzten Jahr hat uns Gott durch den Sieg des Führers diese neue Staatsform geschenkt, den völkischen Staat, für den alle Mütter nicht dankbar genug sein können.«[29] Mit ihrer Mütterarbeit beabsichtigt sie, an die »Jahrtausende alten Vorstellungen unserer Rasse«[30] anzuknüpfen. Sie läßt sich 1933 von ihrem jüdischen Ehemann scheiden, um als Leiterin des *Reichsmütterdienstes* Karriere zu machen, was ihr jedoch nicht gelingt. Offen bleibt, ob sie den Rassismus der Nazis ›lediglich‹ übernimmt und deren Ziele teilt, oder ob sie mit diesem eigene, nicht notwendigerweise mit dem NS identische Ziele verfolgt.

Der Hinwendungsprozeß der NLB zur NSDAP und NSB beginnt bereits, lange bevor sich die evangelische Frauenbewegung überhaupt für diese interessiert, im Frühjahr 1930, also während der Amtszeit Fricks als Thüringer Innen- und Volksbildungsminister und ist auch vor diesem landespolitischen Hintergrund zu sehen. Durch eine chronologische Rekonstruktion des Hinwendungsprozesses versuche ich im folgenden, zunächst Hinweise auf die diesbezüglichen Motive und Ursachen zu gewinnen.

HINWENDUNG ZUM NATIONALSOZIALISMUS

Der Young-Plan und die Rezeption rassistischer Ideen

Für die Hinwendung der NLB zum NS ist das Krisenjahr 1929 ein Schlüsseljahr. Die Beteiligung der NLB am Referendum gegen den Young-Plan, einer Nachfolgevereinbarung des Versailler Vertrags und des Dawes-Abkommens, in dem die Reparationsfrage neu geregelt wird, ohne jedoch die sogenannte Kriegsschuldklausel, die Deutschland die Alleinverantwortung für den Ersten Weltkrieg zuweist, zu revidieren, bewirkt eine erneute politische Mobilisierung der Anhängerinnen, die eine Annäherung an die NSDAP zum Ergebnis hat.[31] Zudem werden mit dem Rassismus und Antisemitismus zentrale Bestandteile völkischen Denkens und damit auch nationalsozialistischer Ideologie rezipiert.[32] Wie aufzuzeigen ist, verlaufen beide Prozesse zwar parallel, aber unabhängig voneinander.

Zwecks Durchführung eines Volksbegehrens und eines anschließenden Volksentscheids über den Young-Plan rufen Alfred Hugenberg (DNVP) und Franz Seldte (*Stahlhelm*), Heinrich Claß (*Alldeutscher Verband*) und Adolf Hitler (NSDAP) als Führer der »nationalen Opposition« Anfang Juli 1929 den *Reichsausschuß* ins Leben. Ziel der Agitation ist, das Inkrafttretens des Young-Plans zu verhindern sowie das von dem NSDAP-Reichstagsabgeordneten Wilhelm Frick entworfene »Gesetz gegen die Versklavung des deutschen Volkes« durchzusetzen.[33] Wenngleich bei dem Volksentscheid nur 13,8 % der Deutschen für das Gesetz stimmen, liegt die Bedeutung der Kampagne darin, daß sich der NSDAP vor allem durch die Allianz mit Hugenberg, dem Besitzer eines Konzerns von Zeitungsverlagen, Zugänge zu neuen Gesellschaftskreisen und zu Geld- und Einflußmitteln eröffnen, die der Propaganda und Organisation der Partei ungeahnte Entfaltungsmöglichkeiten bieten und den Aufstieg der NSDAP maßgeblich fördern.

Die NLB lehnt den Young-Plan ab, verkündet Mitte Oktober ihren Beitritt zum *Reichsausschuß* und fordert ihre Anhängerinnen auf, sich in die Listen für das Volksbegehren einzutragen.[34] Zieht man die Agitation der NLB gegen das Dawes-Abkommen in Betracht, so verwundert nicht der Beitritt zum *Reichsausschuß*, sondern eher das Zögern vor diesem Schritt beziehungsweise vor dessen Bekanntgabe. Dieses könnte auf Uneinigkeit in der NLB hindeuten. Nachdem Neulands politisches Engagement zunächst auf breite Zustimmung gestoßen zu sein scheint, werden bald kritische Stimmen laut.[35] Da viele Anhängerinnen der NLB von Beruf Lehrerinnen, also verbeamtet sind, kommt es für sie, soweit in Preußen ansässig, zu Loyalitätskonflikten zwischen dem Staat und der NLB, denn der preußische Staat übt Druck auf seine Beamtenschaft aus, das Volksbegehren nicht zu unterzeichnen.[36] Ähnlich wie in der NLB entbrennt, laut Baumann, auch im *Deutsch-Evangelischen Frauenbund* eine heftige Diskussion um den Young-Plan, die aber nicht zu einem Beitritt zum *Reichsausschuß* führt.[37] Wenngleich Neulands Einschätzung des Versailler Vertrags sich nicht wesentlich von der des *Deutsch-Evangelischen Frauenbundes* unterscheidet, besitzt doch diese außenpolitische Frage für die NLB höhere Priorität als für den *Deutsch-Evangelischen Frauenbund*, denn die NLB riskiert mit ihrem Beitritt zum *Reichsausschuß* ein Auseinanderfallen des Verbandes. Betrachtet man das Verhalten der evangelischen Amtskirche, so weigert sich Hermann Kapler, der damals höchste evangelische Funktionsträger in Deutschland, unter Verweis auf die parteipolitische Neutralität der evangelischen Kirche, das Plebiszit zu verurteilen.[38]

Das Referendum über den Young-Plan löst Anfang 1930 – ähnlich wie der Versailler Vertrag 1919 und das Dawes-Abkommen 1924 – eine Diskussion über das politische Mandat der NLB und die politische Betätigung der Anhängerinnen aus, die aber schon im Zeichen der Hinwendung der NLB zur NSDAP steht und sich im Laufe des Jahres immer mehr auf die Frage verengt, ob und inwieweit die NLB die Nationalsozialisten unterstützen sollte. Der Meinungsaustausch erreicht nicht die gleiche Breite wie vorangegangene, und die ›Dissidentinnen‹ befinden sich vergleichsweise stärker in der Defensive. Die Kritik ähnelt den bereits Mitte der 20er Jahre vorgebrachten Argumenten und bewegt sich weiterhin im Dualismus von innen und außen. Charakteristisch für die Diskussion von seiten der Neuland-«Führung» ist eine weitere Aufwertung des politischen Handelns gegenüber der individuellen religiösen und moralischen Erneuerung. Diehl betont Anfang 1930, »daß wir [die Neuland-Anhängerinnen, S. L.] gleichzeitig die äußere Befreiung mit der inneren erkämpfen müssen, daß hier eine Wechselwirkung besteht, der wir nicht ausweichen können«.[39] Religiöse Erneuerung und politisches Engagement werden nun anders als zu Beginn der 20er Jahre gleichberechtigt nebeneinander gestellt, um einer politischen Betätigung der NLB und ihrer Anhängerinnen für die NSDAP den Weg zu ebnen.

Während unmittelbar nach dem Ersten Weltkrieg die deutsche Niederlage durch das moralische Versagen der Heimat, hauptsächlich der Frauen, erklärt wird, kehrt man diesen Begründungszusammenhang nun um, um die Notwendigkeit einer Agitation gegen den Young-Plan zu rechtfertigen. Diehl argumentiert, daß eine Unterzeichnung des Vertrags bedeute, die nationale Ehre nach dem Abschluß des Versailler Friedensvertrags zum zweiten Mal preis zu geben. Der Verlust der äußeren (nationalen) Ehre bringe den Verlust der inneren (individuellen) Ehre mit sich:

Mit der nationalen Würde geht auch die Mannes- und Frauenwürde verloren [...]
Auf dem Gebiet des Frauentums wird nicht nur die weibliche Ehre im Allgemeinen
mit Füßen getreten, sondern überhaupt nicht mehr gekannt. Auch edlere Frauen
sondern sich nicht von führenden weiblichen Persönlichkeiten ab, die keine gesunden Begriffe mehr haben. So geht durch den Verlust der äußeren Ehre ein Ehrloswer-
den und Versumpfen im ganzen Volk vor sich, das in fürchterlicher Weise die Begriffe
verwirrt.[40]

Beim politischen Engagement gegen den Young-Plan geht es nach Meinung Diehls
nicht nur um Außenpolitik, sondern auch um die Wiederherstellung der Sittlichkeit
sowie traditioneller Ehrbegriffe und der entsprechenden Geschlechterordnung. Mit ihrer dramatisierenden Darstellung vermittelt sie die Vorstellung von einer totalen Krise,
definiert eine außenpolitische Frage als Sittlichkeitsfrage und verweist sie damit in den
Zuständigkeitsbereich der Frauen. Auf diese Weise legitimiert Diehl ein politisches
Engagement ihrer Anhängerinnen beziehungsweise versucht, sie darauf zu verpflichten.
   Das Scheitern des Referendums wird, wie Diehls Worte zeigen, als vernichtende
Niederlage bewertet: »Alles war umsonst. Die kämpfende Minderheit ist niedergetreten
worden, der Young-Plan ist angenommen.«[41] Sie stellt den Mißerfolg der »nationalen
Opposition« als gewaltsame Unterdrückung durch eine unbenannte Macht dar und
suggeriert so eine Verschwörung. Der Artikel endet jedoch überraschend optimistisch
mit einem erneuten Aufruf zum »Kampf«. Diehls Optimismus steht vermutlich schon
mit der infolge des Referendums über den Young-Plan erstarkenden NSB in Zusammenhang, auch wenn diese noch nicht explizit genannt wird.
   Parallel zur Politisierung durch die Diskussion des Young-Plans rezipiert die NLB auf
dem 13. Neulandtag zum Thema »Deutschsein und Christsein« im Oktober 1929 in
Auseinandersetzung mit der völkischen Bewegung rassistische und die Germanen verherrlichende Vorstellungen.[42] Mit diesem Thema knüpft man an den Neulandtag 1927
an, der unter dem Motto »Neuland und die Kirche« stand. Es sollen Wege aus der umstrittenen programmatischen Verknüpfung von »Deutschsein und Christsein« diskutiert und gleichzeitig Neulands Position zur völkischen Bewegung geklärt werden,[43] was
sich sowohl in der Auswahl der Rednerinnen und Redner als auch in den Literaturemp-
fehlungen ausdrückt. Als Referenten sprechen u. a. der Historiker Heinrich Wolf[44] zum
Thema »Die Rassenfrage« und »Die Geschichte des heutigen Glaubens«, der Vor- und
Frühgeschichtler Wilhelm Teudt[45] zum Thema »Neue Entdeckungen über die germanische Vorgeschichte« und der Pfarrer, Mitbegründer und Führer der Thüringer *Kirchenbewegung Deutsche Christen*, Siegfried Leffler, zum Thema »Die völkische Bewegung«.[46]
Abgesehen von den Büchern Wolfs und Teudts werden den Teilnehmerinnen zur Vorbereitung Schriften der »Rassenkundler« Hans F.K. Günther und Ludwig Ferdinand
Clauß sowie des völkischen Denkers Paul de Lagarde zur Lektüre empfohlen.[47] Folgt
man dem Bericht über den Verlauf der Veranstaltung,[48] so stellt Wolf die Weltgeschichte
als Rassenkampf dar, in deren Verlauf »sowohl die Religion Jesu als auch das germa-
nisch-deutsche Volkstum [...] in die Entartung hineingerissen [wurden]«. Rassenkunde,
Biologie, Erbgesundheitslehre und Rassenhygiene sollen zur Rückkehr auf einen ver-

meintlich ursprünglichen germanischen Weg verhelfen. Teudt berichtet über seine eigenen Forschungsergebnisse und führt in diesem Kontext die Zerstörung der heiligen Stätten der Germanen auf das »römisch-jüdische Rassenchaos« zurück. Siegfried Leffler stellt in seinem Vortrag die völkische Bewegung als Synthese von Christentum und Volkstum dar und empfiehlt die Nationalsozialisten als deren ideale Verkörperung. Aus der Berichterstattung geht zum einen hervor, daß Rassenkunde und Germanenforschung als Themen neu sind, zum anderen, daß die Vorträge auf positive Resonanz stoßen. So kommentiert Marianne Kelber, Berichterstatterin und Mitarbeiterin Diehls, Teudts Vortrag begeistert: »Der ganze, hochinteressante Vortrag öffnete den Blick in die hohe Kultur der Germanen, aus der sich nur wenige Reste über die Zerstörung durch das vordringende römisch-jüdische Rassenchaos in unsere Zeit gerettet haben.«[49] Ähnlich positiv wird Lefflers Vortrag bewertet.

Mit den ›Wissenschaftlern‹ Wolf und Teudt werden zwei exponierte Vertreter ihres Fachs eingeladen, die auf den betreffenden Gebieten selber forschen und beide zahlreiche Veröffentlichungen aufzuweisen haben. Auch bei Leffler und Max Maurenbrecher, dem Leiter des Neulandtags, handelt es sich nicht um Unbekannte, sondern um exponierte Vertreter der völkischen Bewegung.[50] Warum aber wird ein solcher Aufwand für ein Laienpublikum getrieben, das nicht imstande ist, eine wissenschaftliche Diskussion zu führen und das Gebotene entsprechend zu ›würdigen‹? Ausschlaggebend mag hier das Elitebewußtsein der NLB sein, man gibt sich wie auch auf anderen Neulandtagen nicht mit einer ›zweiten Wahl‹ zufrieden. Außerdem sichert die Hinzuziehung von ›Autoritäten‹, abgesehen von deren Werbewirkung, die Akzeptanz der neuen Theorien und minimiert den Widerstand. Ziel der Veranstaltung ist nicht, sich mit den Prämissen von Rassenkunde und Germanenforschung kritisch auseinanderzusetzen, vielmehr wird eine solche Diskussion von Maurenbrecher im Vorfeld ausdrücklich abgelehnt:

Aber er [Vortrag zur Rassenfrage, S. L.] soll sich nicht in gelehrte Fachfragen im einzelnen verlieren, die ja unter den Männern der Wissenschaft immer strittig bleiben werden. Noch weniger soll das die Aussprache tun, vielmehr müssen wir von vornherein Fragen des Willens, der Tat und der Gestaltung in den Vordergrund rücken.[51]

Offensichtlich soll es vor allem um die ideologische Verwertbarkeit und praktische Umsetzung der rassistischen Theorien gehen.[52] Geplant ist, daß die Teilnehmerinnen die Ergebnisse der Rassen- und Germanenforschung hinsichtlich ihrer »Ehe und Gattenwahl für ihre Kinder«, also unter eugenischen beziehungsweise rassenhygienischen Aspekten, diskutieren.[53] Das setzt voraus, daß die Existenz von Rassen – in Abgrenzung zu den atheistischen völkischen Glaubensbewegungen – mit dem protestantischen Selbstverständnis der NLB in Übereinstimmung gebracht wird. Diese Verknüpfung von Rasse-Konzept und Germanenkult mit der Programmatik der NLB wird von Teudt und Wolf auf dem Neulandtag ›fachwissenschaftlich‹ legitimiert. Die Vorstellung von der Existenz biologisch bestimmter Rassen wird auf die Religion projiziert, Rassen werden als menschliche »Naturgrundlage« und Schöpfung Gottes deklariert und damit gegen jede Kritik immunisiert.[54]

Die Rezeption rassistischer und antisemitischer Vorstellungen auf dem Neulandtag im Oktober 1929 findet bereits im Februar 1930 in der Veröffentlichung von »Leitsätzen«, den späteren »Richtlinien für den deutschen Freiheitskampf«, ihren Niederschlag.[55] Diese werden auf dem Neulandtag im Juni 1930 diskutiert und von der Neulandschar als programmatische Schrift verabschiedet.[56] Die »Leitsätze« sollen keine Revision der 3. Auflage des Programms »Was wir wollen« oder der programmatischen Schrift »Deutscher Frauenwille« darstellen, sondern eine Ergänzung der bisherigen Programme. In ihnen wird zum einen die Vorstellung von der Existenz von Rassen fixiert, zum anderen verpflichten sich die Neuland-Anhängerinnen auf die »Freiheitsbewegung«, ein Synonym für die NSDAP und NSB.[57] Die »Leitsätze« sind über die NLB hinaus von Bedeutung, da in ihnen wesentliche Ideen der Deutschen Christen vorweggenommen werden.[58]

Die »Leitsätze« sind in sechs Kapitel gegliedert. Im ersten Kapitel »Berechtigung und Aufgabe der Volkstümer im Lichte Christi« wird zunächst der Begriff der Rasse eingeführt. Damit werden die 1928 im Buch »Deutscher Frauenwille« benannten »Naturgrundlagen« um die der Rasse erweitert. Man versucht zu beweisen, daß das Neue Testament die Existenz von Rassen beinhaltet, und leitet daraus ab, daß es kein universales Christentum gebe, sondern nur ein volksspezifisches – eine Vorstellung, die später bei den Deutschen Christen im »arteigenen Christentum« ihr Äquivalent findet. Mit der Annahme, daß Gott die Menschen in ihrer »rassisch-völkischen Besonderheit« erschaffen habe und diese zu erhalten und entfalten sei, wird die schon zu Beginn der 20er Jahre artikulierte Vorstellung von der »Volkspersönlichkeit« rassistisch begründet. Das erste Kapitel schließt abrupt mit der Forderung an die Kirche, vor einer Revision des Versailler Vertrags auf internationale Kontakte zu verzichten, und verweist so auf den legitimatorischen Charakter des Rassismus als pseudowissenschaftliche Begründung für die Durchsetzung nationaler Interessen.

Im zweiten Kapitel geht es um »Die Sonderaufgabe des deutschen Volkstums in seiner rassischen und geschichtlichen Bestimmtheit«. Während man »Deutschtum« bislang durch eine willkürliche Aneinanderreihung von Fragmenten deutscher Geistes- und Kulturgeschichte definiert hatte, wird dieses nun durch die Charakteristika der »nordisch-germanischen Rasse« bestimmt, zu der das Gros der Deutschen gehöre. Hier greift Diehl, die Autorin der »Leitsätze«, auf das Rasse-Konzept Günthers, des wichtigsten nationalsozialistischen ›Rassentheoretikers‹, zurück und übernimmt sowohl dessen Kategorisierung als auch seine positive Bewertung der »nordischen Rasse«.[59] Günther bestreitet die Existenz von reinen Rassen und behauptet, daß nicht die Rasse, sondern das »Mischungsverhältnis der Rassen« von Volk zu Volk verschieden sei. Er differenziert zwischen sieben Rassen, wobei die »nordische Rasse« sowohl das rassische Ideal darstelle als auch den größten Anteil am »rassischen Erbe« der Deutschen habe. Die Juden werden als »rassengemischtes Volk« außereuropäischer Herkunft abgewertet.[60]

In Kapitel drei, »Die Neuerweckung der germanischen Urkräfte«, legt Diehl dar, daß das vermeintliche Wesen der Deutschen noch nicht zu seiner »Erfüllung« gelangt sei, daher bedürfe es einer »Wiedergeburt«, deren Inhalt als »Rückbesinnung auf das Germanentum« und die »Verhinderung der Rassenmischung« bestimmt wird. Vorauszetzung hierfür sei, so heißt es im folgenden Kapitel, die »Reinigung« des zeitgenössischen Christentums von »jüdisch-christlich-römischen Bestandteilen«.[61] In diesem Zusammenhang wird die Bedeutung des Alten Testaments relativiert, es sei zwar nicht völlig wertlos – wie zum Teil später von den Deutschen Christen behauptet –, zeuge aber von der jüdischen und damit einer den Deutschen nicht gemäßen Rezeption des Christentums. Der bisher latente konservative bürgerliche Antisemitismus der NLB wird hier erstmals rassistisch begründet. Indem man die Juden als Rasse definiert, wird die ihnen zugeschriebene Wirtschaftsmacht in Form des »jüdisch-mammonistischen Machtwillens« zur Rasseneigenschaft.

In den beiden letzten Kapiteln wird die Verbindung von Religion und Politik neu geknüpft beziehungsweise konkretisiert.[62] Der »Dienst am Vaterland« wird zur Pflicht eines jeden Christen erklärt und als »Reichsgottesarbeit« deklariert. Inhaltlich bestimmt sich dieser durch einen vermeintlichen »Gottesauftrag zur Selbsterhaltung eines jeden Volkstums«. Daraus wird gefolgert, daß nicht die Akzeptanz des Versailler Friedensvertrags und seiner Nachfolgevereinbarungen geboten ist, »sondern der äußerste Kampf dagegen [...] Gottes Wille [ist]. Deutscher Freiheitskampf ist Pflicht des Christen«.[63] Innenpolitisch richtet sich dieser gegen die Errungenschaften der Revolution, die als »sozialistisch-bolschewistischer Internationalismus« diffamiert werden. Geht man davon aus, daß die Nationalsozialisten die wichtigsten Akteure im sogenannten Freiheitskampf sind, so wird unter Zuhilfenahme des pietistisch geprägten Begriffs der Reichsgottesarbeit die Unterstützung der NSB als Gottes Wille deklariert und legitimiert.[64]

Im letzten Kapitel werden Neulands Aufgaben im »Kampf« gegen die außen- und innenpolitischen Gegner neu definiert. Diehl bezeichnet die NLB als »Kampfesbewegung für innere Erneuerung und äußere Befreiung«, stellt so beide Ziele gleichwertig nebeneinander und rückt vom Primat der »inneren Erneuerung« ab, was sich als Resignation und Scheitern von Neulands bisheriger Arbeit deuten läßt. Verantwortlich dafür sei die »Dauer-Versklavung«, die die Arbeit für »innere Erneuerung« zunichte mache. Als Lösung wird der Anschluß an die völkische Bewegung, das heißt die Nationalsozialisten, gefordert.[65]

Die »Leitsätze« werden zur Vorbereitung auf den Neulandtag im Juni 1930 bereits im Februar 1930 im *Neulandblatt* zwecks Mobilisierung der Anhängerinnen abgedruckt. Diehl fordert die noch nicht in Kreisen zusammengeschlossenen Leserinnen auf, zur Diskussion der »Leitsätze« eigens Kreise zu bilden und diese vor dem Neulandtag gewissenhaft durchzuarbeiten.[66] Sie mißt der Verbreitung der »Leitsätze« auch über Neuland hinaus in kirchlichen Kreisen große Bedeutung bei und hofft, so zur Annäherung der Kirche an die völkische Bewegung beizutragen. Die »Leitsätze« stoßen in der NLB jedoch nicht auf ungeteilte Zustimmung.[67] Die ›Dissidentinnen‹ kündigen zum Ärger Diehls an, dem Neulandtag 1930 fernzubleiben, da sie ihre Position offensichtlich als aussichtslos einschätzen. Auf diesem Neulandtag werden die »Leitsätze« – infolge der Diskussion auf der Scharversammlung leicht modifiziert – nun als »Richtlinien für den deutschen Freiheitskampf um innere Befreiung und Erneuerung in Gott, um Befreiung von äußerer Knechtschaft als Gottesforderung in schwerster Zeit« angenommen und bald darauf, auch als Flugblatt veröffentlicht und vertrieben. Außerdem einigt man sich darauf die »Leitsätze« als »Waffe« und »Rüstzeug« im »politischen Kampf der Gegenwart« zu verwenden.[68] Bleibt man in dem Bild, so dienen sie in ihrer Intention der geistigen Aufrüstung der Frauen. Des weiteren ruft van Himbergen, eine Mitarbeiterin Diehls, zur Gründung von »Neulandkameradschaften« auf, in denen die Neuland-Anhängerinnen mit »Anhängern der vaterländischen Verbände oder Mitgliedern der völkischen Bünde gemeinsam arbeiten«.[69] Die »Leitsätze« dienen so nicht nur der Selbstverständigung der Anhängerinnen untereinander, sondern gleichzeitig als Agitationsmaterial zur Unterstützung der »nationalen Opposition«. Es fällt auf, daß van Himbergen als potentielle Bündnispartnerinnen und -partner nicht die evangelischen Frauenverbände, sondern die vaterländischen Verbände und völkischen Bünde benennt und so die Bereitschaft signalisiert, auch außerhalb des Protestantismus nach Bündnispartnern zu suchen.

Wie die in den »Richtlinien« formulierten Vorstellungen sowie zahlreiche ähnliche Äußerungen im *Neulandblatt* zeigen, gilt der NLB die Existenz von biologisch definierten Rassen ab Herbst 1929 als wissenschaftlich belegte Tatsache. Für Diehl gibt es »nun einmal keine ›Menschen‹ im allgemeinen Sinn. Es gibt nur Glieder bestimmter Völker, also Angehörige verschiedener Rassen.«[70] Wenngleich jeder Nation beziehungsweise jeder Rasse theoretisch eine eigene Version des Christentums zugestanden wird, signalisiert der Ausdruck »römisch-jüdisches Rassechaos«, daß in der Vorstellung der Anhängerinnen der NLB höher- und minderwertige Rassen existieren, wobei die Jüdinnen und Juden abgewertet werden. Es ist sicherlich kein Zufall, daß vor Weihnachten 1929 im *Neulandblatt* zwei radikal antisemitische Bücher von Léon de Poncins rezensiert werden.[71] Die Tatsache, daß sie besprochen werden, bedeutet eine Lese-Empfehlung an die Anhängerinnen der NLB, wenngleich man der These, daß die Juden für alle Weltrevolutionen verantwortlich seien, nicht bedingungslos zustimmt. Nachdem auf die Sachlichkeit und die Wissenschaftlichkeit der Untersuchungen hingewiesen wurde, schließt der Artikel: »Die Bücher sind immerhin interessant, selbst wenn man ihre Meinung nicht in allen Punkten teilt.« Demgegenüber wird das Buch »Juden und Deutsche« von Otto Hauser, in dem er die Juden als eine den Deutschen aufgrund von Inzucht unterlegene Rasse darstellt, ausschließlich positiv rezensiert.[72] Einerseits muß die NLB mit der Rezeption des Rasse-Konzepts in Verbindung mit der Vorstellung von einer Ungleichwertigkeit der Rassen mit der Verabschiedung der »Richtlinien« im Juni 1930 als ein rassistischer Verband gelten,[73] andererseits sprechen die zum Teil widersprüchlichen Stellungnahmen zum Antisemitismus dafür, daß man 1930 noch auf der Suche nach einer eigenen Position ist.

Wenngleich in den »Richtlinien« die rassistischen Vorstellungen bereits mit der Aufforderung an die Anhängerinnen, sich für den NS zu engagieren, gekoppelt sind, so werden Rassismus und Antisemitismus vor und unabhängig von der Hinwendung der NLB zum NS rezipiert. Das bedeutet aber, daß die NLB den Rassismus der Nazis nicht einfach akzeptiert, weil sie wie das Gros der evangelischen Frauenbewegung in den Nationalsozialisten die Träger einer »nationalen Erhebung« sieht, sondern an Rassismus und Antisemitismus, dem ideologischen Kern des NS, ein eigenes Interesse hat. Dieser Befund läßt vermuten, daß die Bindung der NLB an den NS besonders stark ist. Die

Übernahme rassistischer und antisemitischer Vorstellungen ist zwar im Zusammenhang mit dem Erstarken der völkischen Bewegung gegen Ende der 20er Jahre zu sehen und wird auch von der NLB selbst in diesem Kontext verortet,[74] sie erfolgt aber nicht in einem gesellschaftspolitischen, sondern im religiösen Kontext, was nahe legt, daß die Ursachen hierfür vor allem im protestantischen Selbstverständnis der NLB liegen.

Fragt man, inwieweit die Rezeption von Rassismus und Antisemitismus für die NLB einen »Versuch der Interpretation und Erklärung der Welt«[75] darstellt, denn Antisemitismus ist niemals Selbstzweck, so werden die rassistischen Lehren von vielen Anhängerinnen der NLB als zeitgemäß erlebt und als eine Weiterentwicklung von Neulands nationalen Ideen unter Einbeziehung der neuesten wissenschaftlichen Ergebnisse interpretiert.[76] In diesem Sinne behauptet die Studentin Käthe Schmidt auf dem Neulandtag 1929, »einen Entwicklungsschritt« erlebt zu haben. Sie fühlt sich als »Neuländerin« berufen, an der »Höherentwicklung unseres deutschen Volkes mitzuarbeiten«.[77] Indem man die Rassenkunde als Wissenschaft deklariert, glaubt man sich nicht nur auf der Seite des Fortschritts, sondern es eröffnet sich auch die Möglichkeit, mit Hilfe derselben pseudo-wissenschaftlich zu bestimmen, was deutsch ist. »Deutschsein« wird nun nicht mehr – wie in den bisherigen Programmschriften – historisch-kulturell, sondern rassisch als »ein Weistum, das unserem Volke im Blute liegt, soweit es nicht durch Rassenmischung verartet ist«,[78] definiert. Gleichzeitig ermöglicht das Konzept der Rasse die Verknüpfung von »Deutschtum« und »Christentum«, den beiden zentralen Programmpunkten der NLB, und löst so ein umstrittenes Problem. Besteht die Menschheit aus unterschiedlichen Rassen, dann, so die Argumentation, muß sich die rassische Eigenart auch und ganz besonders in der Religion manifestieren. Es könne daher kein universales, sondern nur ein rassenspezifisches, das heißt für die Deutschen ein »germanisches Christentum« geben. Die bisherige Nichtbeachtung dieser Erkenntnis seitens der evangelischen Kirche liefert darüber hinaus eine Erklärung für die fortschreitende Säkularisierung der Gesellschaft und das Scheitern volksmissionarischer Bestrebungen der Kirche und auch der NLB.[79] Angesichts des als bedrohlich empfundenen Säkularisierungsprozesses eröffnet die Vorstellung eines rassenspezifischen germanischen Christentums so neue Missionsperspektiven auf dem Weg zu einer – in der Tradition Adolf Stoeckers angestrebten – Rechristianisierung der Gesellschaft und ermöglicht zumindest theoretisch, Teile der völkischen Bewegung an ein sogenanntes Christentum zu binden. Ähnlich schätzt Wolf die Bedeutung der Deutschen Christen ein. Seiner Ansicht nach muß man »die ›Glaubensbewegung Deutsche Christen‹ als eine nationalistisch-religiöse Erweckungsbewegung verstehen, als ein volksmissionarisches Unternehmen, das auf Bekehrung des ganzen deutschen Volkes zum ›arteigenen Christentum‹ ausgeht«.[80]

Davon abgesehen, dient das Rasse-Konzept mit seiner Unterscheidung zwischen Rasse-Eigenem und Rasse-Fremden als universaler Kampfbegriff. Die Ablehnung und Abwehr alles Mißliebigen wie zum Beispiel pazifistischer Strömungen in der evangelischen Kirche, der bürgerlichen Frauenbewegung, bestimmter kultureller Erscheinungen wie der Jazz-Musik als »undeutsch« findet in der Unterscheidung zwischen Rasse-Eigenem und Rasse-Fremdem seine Rationalisierung und ideologische Legitimation.

Das Rasse-Konzept liefert mit dieser Unterscheidung auf alle Lebensbereiche anzuwendende universelle Handlungskriterien. Alle von Neuland beklagten sogenannten Entartungserscheinungen können auf eine einzige Ursache zurückgeführt – die Nichtbeachtung rassischer Kriterien –, und alle können mit dem gleichen Mittel bekämpft werden: der Durchsetzung der Erkenntnisse der Rassenkunde.

Auf innenpolitischer Ebene liefert die Rassenkunde eine pseudo-wissenschaftliche Begründung für Neulands Antisemitismus und Antikommunismus. Die ungeliebten Juden werden als Rassenmischung wahrgenommen, die es von den Deutschen zu trennen gilt. Gleichzeitig liefert das Konzept der Rasse eine Legitimation für den Kampf gegen die Sozialdemokratie und die Kommunisten, deren Internationalismus als mit der Existenz von Rassen unvereinbar erscheinen muß. Sind Rassen Gottes Schöpfung, so läßt sich der Internationalismus als das Wirken des Bösen interpretieren und muß mit allen Mitteln bekämpft werden. Neulands Rückgriff auf die Rassenkunde ist Ausdruck des Bewußtseins von einer tiefgreifenden religiösen, gesellschaftlichen und politischen Krise, die für die NLB nur durch eine Rückkehr zu imaginären germanischen Wurzeln zu bewältigen zu sein scheint.[81]

Der ideologische ›Nutzen‹ von Rassismus und Antisemitismus für die Anhängerinnen der NLB ist also beachtlich. Deren Rezeption erscheint als das Ergebnis einer bruchlosen Entwicklung. Dieser ›Nutzen‹ aber wird erkauft mit dem Verzicht auf den Kern des eigenen Programms, das Primat der Innerlichkeit und des Geistes. Eine Lehre, die den Menschen anhand von Blut und Erbgut definiert, ist unvereinbar mit einer Auffassung, die die Kultivierung des inneren Menschen und die Gesinnung als entscheidend erachtet. Die NLB verkennt den Widerspruch zwischen dem biologisch-deterministischen Rasse-Konzept und der eigenen Vorstellung vom Geist als Motor der Weltgeschichte und versucht, beide quasi gleichberechtigt nebeneinander zu stellen, wie die Formulierung »Wir haben geistiges Erbgut von unseren Vätern mitbekommen, aber auch ganz stark die blutsmäßigen Bindungen, die hauptsächlich zurückgehen ins deutsche Volk«, suggeriert.[82] Diese Nebeneinanderstellung von Blut und Geist widerspricht zwar dem Rasse-Gedanken, der Absolutheit beansprucht, stellt aber gleichzeitig in puncto Rassismus Neulands Kompromißformel mit der völkischen Bewegung beziehungsweise dem NS dar. Für die NLB verkörpert die NSDAP nicht nur die Partei, die die eigenen nationalen Interessen vertritt, sondern wird auch als eine Organisation, die dem eigenen Rassismus und Antisemitismus zu gesellschaftlicher Wirksamkeit zu verhelfen verspricht, unterstützt. Diehl sieht in der NSDAP die Trägerin der »deutschen Wende«, wie sie in der Begründung ihres Parteibeitritts äußert.[83] Gleichzeitig zeichnen sich mit Neulands Ablehnung eines »Rassematerialismus« bereits in der Frühphase die Grenzen der gemeinsamen Interessen auf diesem Gebiet ab. Letztlich führt das nationalsozialistische Primat rassistischer Kriterien über den Schutz der Familie – wie es zum Beispiel in Himmlers *Lebensborn*-Politik[84] zum Ausdruck kommt – 1940 zum Konflikt der NLB mit dem NS.

Kooperation mit Wilhelm Frick im Einsatz gegen den »Kulturbolschewismus«

Die politische Polarisierung in der Weimarer Republik geht mit einer kulturellen Polarisierung einher. Die Rede von den »goldenen zwanziger Jahren« meint den »einzigartigen Reichtum an bemerkenswerten künstlerischen Manifestationen und geistigen Leistungen«[85] und steht in krassem Gegensatz zur wirtschaftlichen und politischen Misere der Zeit. Bei näherem Hinsehen entpuppt sich die »Weimarer Kultur« als zutiefst gespalten. Neben eine Avantgarde, zu der auf dem Gebiet der Malerei vor allem die Expressionisten zählen, gibt es weiterhin traditionelle Kunstrichtungen mit »hergebrachter Formensprache« sowie eine »mächtige kulturpessimistische und zivilisationskritische Strömung«,[86] die dem Vordringen der Moderne entschieden Widerstand entgegen setzt. Was von den einen als persönliche Bereicherung und Fortschritt gewertet wird, bedeutet für die anderen »Kulturverfall und exzessive Libertinage«.[87] Die NLB und der *Deutsche Frauenkampfbund* stehen eindeutig auf seiten der konservativen Kulturkritik. Einen plastischen Eindruck vom Gefühl der Bedrohung vermittelt der Bericht über eine Veranstaltung des *Deutschen Frauenkampfbundes* in Berlin im November 1926, auf der Gertrud Becker und Guida Diehl zum Thema: »Moderne Frauenentartung und Christliches Gewissen« sprechen:

> Im ersten Teil wandte sich Frau Becker gegen die Entartung unserer Frauenwelt, von welcher ein großer Teil das Gefühl für wahres Frauentum und damit für die Kulturwerte verloren hat. Jedesmal, wenn ein Volk dem Untergang entgegengeht, hat die Frau einen wesentlichen Anteil am Verfall, der Unterschied der Geschlechter wird verwischt, sowie heute der Bubikopf mit Herrenschnitt geradezu das Symbol für die innere Entartung ist. Der Bubikopf ist nämlich nicht nur eine Mode, sondern ein Bekenntnis zu einer undeutschen Wesensrichtung. Es ist nicht einerlei, wie das Äußere gestaltet wird. Es ist der Spiegel des Wesens! Es ist nicht von ungefähr, daß sich eine so gekleidete Frauenwelt in Tanzformen bewegt, die der erotischen Versklavung unter den Mann Ausdruck verleihen.[88]

Interessant ist der Gebrauch des Ausdrucks »Versklavung«, der ansonsten nur im Kontext des Versailler Vertrags benutzt wird. In ihm wird das Geschlechterverhältnis erneut mit der nationalen Krise verknüpft.

Gegen Ende der 20er Jahre verschärft sich die Polarisierung auf künstlerischem Gebiet, so daß sich eine Linke, die Kunst nur noch als Waffe im politischen Kampf akzeptiert, und die Nationalsozialisten und ihre Sympathisanten, die die konservative Kulturkritik aufgreifen und die gesamte moderne Kunst als »Kulturbolschewismus« und »Entartung« denunzieren, gegenüberstehen.[89] Hermand und Trommler datieren den Beginn der nationalsozialistischen Kulturpolitik auf 1928.[90] In diesem Jahr gründen Alfred Rosenberg[91] und Franz Ritter von Epps entsprechend einem NSDAP-Parteitagsbeschluß von 1927 zunächst die *Nationalsozialistische Gesellschaft für deutsche Kultur*, die im April 1929 in *Kampfbund für deutsche Kultur* umbenannt wird.[92] Zu seinen Gründungsmitgliedern zählt auch die Vorsitzende der NLB und des *Deutschen Frauen-*

kampfbundes, Guida Diehl. Während der *Kampfbund für deutsche Kultur* relativ unbedeutend bleibt, erhält Wilhelm Frick, ab Anfang 1930 Innen- und Volksbildungsminister in Thüringen, schon bald Gelegenheit, die rassistischen und antisemitischen kulturpolitischen Konzepte der NSDAP zu erproben. Zu Fricks spektakulärsten Maßnahmen in dieser Position gehört die Einführung von auch in kirchlichen Kreisen umstrittenen antisemitischen Schulgebeten.[93] Gleichzeitig verbietet er das Schächten, entläßt jüdische Beamte, untersagt »Mischehen« und verbannt das Alte Testament aus dem Religionsunterricht.[94] Des weiteren tut er sich hervor durch die »Verordnung wider die Negerkultur« vom 5.4.1930, die »Reinigung« der Theater und Bibliotheken, die Ernennung des nationalsozialistischen Architekten Paul Schultze-Naumburg zum Leiter der Weimarer Kunsthochschule, die Berufung des völkischen »Rassenkundlers« Hans F. K. Günther an die Universität Jena und die Erteilung eines Lehrauftrags an den antisemitischen Schriftsteller Adolf Bartels ebenfalls an der Universität Jena.[95] Wenn Broszat zu dem Schluß kommt, daß in der deutschen Öffentlichkeit »die weltanschaulich-rassistischen Elemente der Frickschen Schul- und Kulturpolitik« eher »negative als positive Resonanz« finden,[96] gilt das für die NLB und den *Deutschen Frauenkampfbund* nicht. Sie unterstützen Fricks Kulturpolitik einschließlich der Einführung antisemitischer Schulgebete immer wieder vehement im *Neulandblatt*, bemühen sich um Kooperation und werben für die »Freiheitsbewegung«. Der *Deutsche Frauenkampfbund* fördert Fricks Politik durch zahlreiche »Kampfblätter« und – als er seine Politik vor Gericht verantworten muß – durch »Eingaben beim Obergericht Jena«[97] zu seinen Gunsten. Fragt man nach den gemeinsamen Interessen Fricks und der NLB, so rückt der Kampf gegen den »Kulturbolschewismus« in den Blick. Der Begriff gehört zur völkischen Terminologie und findet in der zweiten Hälfte der 20er Jahre über den *Deutschen Frauenkampfbund* Eingang in das Vokabular der NLB. Der *Deutsche Frauenkampfbund* erstellt 1928 ein Flugblatt »Kulturbolschewismus in Beispielen«, verfaßt im Januar 1929 einen »Weckruf gegen den Kulturbolschewismus« und veranstaltet im April 1929 schließlich einen »Lehrgang gegen den Kulturbolschewismus«. Im gleichen Monat unterzeichnet Diehl in ihrer Funktion als Vorsitzende des *Deutschen Frauenkampfbundes* den Gründungsaufruf des *Kampfbundes für deutsche Kultur*.[98] Der Begriff »Kulturbolschewismus« ist sehr unscharf und bezeichnet für die NLB und den *Deutschen Frauenkampfbund* die Forderung nach Abschaffung beziehungsweise Liberalisierung des Paragraphen 218, die Praxis der Sexualaufklärung, die Duldung von Homosexualität und der »Kameradschaftsehe« ebenso wie die Existenz moderner Literatur und Theaterstücke, Jazz-Musik und vielem mehr.[99] Frick setzt in Thüringen auf kulturellem Gebiet vieles durch, wofür die NLB und der *Deutsche Frauenkampfbund* jahrelang erfolglos gestritten haben. Mit seiner vermeintlich deutschen Kulturpolitik und der Einführung von Schulgebeten stellt er sich in den Augen der NLB als Kämpfer gegen den »Kulturbolschewismus« dar.[100] Er gilt als Retter der deutschen Kultur und des Christemtums, die aus der Sicht der NLB zu einer (deutschen) »christlichen Kultur« verschmelzen. Während letztere für eine gottgegebene Ordnung und überhaupt alles Gute steht, verkörpert der »Kulturbolschewismus« das exakte Gegenteil. Im Kampf gegen den »Kulturbolschewismus« und dessen Repräsentantinnen und Repräsentanten schreckt man in der NLB auch vor Gewalt nicht zurück. So unterstützt die Neuland-Anhängerin Lotte Fischer Hitlers Absicht, den Marxismus »mit Stumpf und Stiel auszurotten«.[101] Ein Aufruf des *Deutschen Frauenkampfbundes* von 1932 stellt klar, daß es sich hierbei nicht etwa um Überzeugungsarbeit handelt, sondern man – das Gebot christlicher Nächstenliebe ›liberal‹ auslegend – durchaus die physische Vernichtung führender Kommunistinnen und Kommunisten sowie Sozialdemokratinnen und Sozialdemokraten wünscht:

> Ueberall, wo von kommunistischer und sozialdemokratischer Seite aus ein Mord oder eine schwere Verletzung ausgeübt wird, müssen sofort die Führer der kommunistischen Ortsgruppe gefangen genommen, festgesetzt, die gesamte Ortsgruppe aber aufgelöst werden. Wird man der Mörder habhaft, so ist die Lage im Schnellgericht zu behandeln, und sie sind standrechtlich zu erschießen.[102]

Es handelt sich bei diesem Text nicht etwa um eine private Meinungsäußerung, sondern eine Eingabe des *Deutschen Frauenkampfbundes* vom 28.6.1932 an den Reichspräsidenten Hindenburg, den Reichskanzler von Papen, das Reichsministerium des Inneren und das Reichswehrministerium.

Der Hauptträger der »christlichen Kultur«, der »alte Mittelstand«, sieht sich Ende der 20er Jahre infolge der Weltwirtschaftskrise von sozialem Abstieg bedroht. In ihrem Jahresleitartikel von 1930 dramatisiert Diehl die erneute Verarmung der bürgerlichen Mittelschichten, aus denen sich auch die NLB rekrutiert: »Diese armen Menschen verkaufen Stück für Stück ihres Mobiliars, wohnen zuletzt in möblierten Zimmern und versinken langsam in die unterste Klasse, die nur mit armseliger Unterstützung ihr Leben fristet.«[103] Mit dem drohenden sozialen Abstieg der Mittelschichten verschärft sich Neulands Abgrenzung zur Arbeiterklasse. Diehl stellt sie als parasitär und aufgrund ihres Anspruchs auf Arbeitslosengeld den Mittelschichten gegenüber privilegiert dar.[104] Während Arbeiterinnen und Arbeiter sowie die Angestellten ein Anrecht auf Arbeitslosengeld haben, können selbständige Handwerker und Gewerbetreibende, also die Angehörigen des »alten Mittelstands« keinen Anspruch darauf erheben.[105] Für die NLB bedeutet die drohende Verarmung des »alten Mittelstands« einschließlich des Bildungsbürgertums als der Verkörperung einer bürgerlich-protestantischen Kultur nicht nur den möglichen Statusverlust der eigenen sozialen Schicht[106] – für sich genommen ein ausreichendes Motiv für die Hinwendung zum NS –, sondern auch derjenigen Werte und sittlichen Prinzipien, die diese im Gegensatz zum angeblich dem »Materialismus« verfallenen »neuen Mittelstand« repräsentiert. So beklagt Diehl bereits 1928:

> So sind ganze Schichten versunken, die in ihren Häusern neben ehrenhaftem Wohlstand sichere und geordnete Kultur und gesunde Empfindung bewahrt hatten. Andere Schichten sind hochgekommen, die zunächst von solchen Kulturgütern nichts mitbrachten [...] Dadurch entsteht jener Niedergang der Kultur, der sich allenthalben bemerkbar macht.[107]

Diehl wendet sich in dieser Passage ausdrücklich gegen den angeblich kulturlosen »neuen Mittelstand«, der den »alten Mittelstand« verdränge und dem Kultur offenbar erst

116

mühsam vermittelt werden müsse. Vor diesem Hintergrund bedeutet eine neuerliche Verarmung des gerade erst mühsam akkulturierten »neuen Mittelstands« eine Verschärfung der kulturellen Krise. Es geht nicht nur um den Erhalt der Kultur als Ordnungsprinzip, vielmehr steht die Rettung der »christlichen Kultur« vor dem »Bolschewismus«, wie Käthe Matthesius, Leiterin eines Berliner Neulandkreises, formuliert, auf dem Programm:

> Bangten wir nicht noch vor zwei Jahren [1930, S. L.] in unseren Großstädten darum, der anschwellende Bolschewismus könnte unser Christentum, unsere gesamte christliche Kultur überfluten? Jetzt ist die drohende Welle durch den Nationalsozialismus zum Stillstand gebracht. Möchte doch unsere evangelische Kirche einsehen, daß ihr in dem Kampf gegen die Gottlosenbewegung niemand treuer zur Seite steht als die Nationalsozialisten.[108]

Durch die ökonomische Entmachtung der Repräsentanten der »christlichen Kultur« beschleunigt – aus der Perspektive der NLB – die eskalierende Wirtschaftskrise gleichzeitig den Säkularisierungsprozeß der Gesellschaft, den die NLB durch ihre eigenen volksmissionarischen Bestrebungen umzukehren trachtet. Dieser Logik folgend, bedeutet der Verfall der »christlichen Kultur« das Ende der religiös legitimierten sittlichen Ordnung überhaupt, also Chaos und Auflösung.

Tatsächlich wird die Weimarer Republik von Diehl als ständig eskalierendes Chaos und fortgesetzter Kriegszustand dargestellt. Sie leitet ihr 1933 erschienenes Buch »Der Ruf der Wende« mit dem Satz ein: »Wir befinden uns in einer Zeit chaotischer Zustände.«[109] Hieran schließt sich eine bei der Aufklärung und industriellen Revolution einsetzende Gesellschaftskritik an, die einen äußeren nationalen sowie einen inneren moralischen Zusammenbruch konstatiert und zu dem Ergebnis kommt: »Eine Kultur, ja eine christliche Kultur ist zusammengebrochen.«[110] Dieser angebliche Niedergang wird als das Ergebnis eines mit der Aufklärung einsetzenden Säkularisierungsprozesses gesehen, dem die Kirchen nichts entgegengesetzt haben. In der Weimarer Republik verschärft sich aus der Perspektive Neulands die kulturelle und religiöse Krise lediglich, indem sie über das bereits entkirchlichte Proletariat zunehmend auch bürgerliche Schichten erfaßt. So läßt zum Beispiel das Erstarken der Freidenker und der Deutschgläubigen Ende der 20er Jahre Zweifel an der Zuverlässigkeit des ohnehin häufig für seine Tatenlosigkeit kritisierten Bürgertums als Träger der »christlicher Kultur« aufkommen.[111] Man sieht sich einer klassenübergreifenden Koalition der »Gottlosen« gegenüber und muß sich angesichts der fortschreitenden Säkularisierung des Bürgertums die Frage nach dem Subjekt der geforderten »inneren Erneuerung« und »geistigen Revolution« stellen.

Unter den Begriff »Kulturbolschewismus« wird alles subsumiert, was die »christliche Kultur« zu bedrohen scheint. Der Ausdruck eignet sich offenbar besonders gut zur Mobilisierung der Neuland-Anhängerinnen und darüber hinaus evangelischer Frauen der Mittelschichten generell, weil er mit dem Begriff Kultur einen zentralen Bestandteil des bürgerlich-protestantischen Wertekanons aufgreift. Er spricht sie zudem besonders als Frauen an, da Frauen im bürgerlichen Denken als Trägerinnen und Vermittlerinnen von

Kultur gelten. Die Krise der »christlichen Kultur« stellt sich als Krise ihrer Trägerinnen und Träger dar. Indem die anhaltende ökonomische Krise zunehmend auch den »alten Mittelstand« als Verkörperung der protestantischen Kultur erfaßt, gerät diese Kultur selbst in Gefahr. Es wächst ein Gefühl nicht nur ökonomischer, sondern totaler existentieller Bedrohung. Angesichts dieser Verunsicherung interpretiert die NLB den Kampf Fricks gegen den »Kulturbolschewismus« als Kampf für die Wiederherstellung einer »christlichen Kultur«, also für eine Rechristianisierung der Gesellschaft, und hofft, daß diese Politik im Fall eines nationalsozialistischen Wahlsiegs reichsweit durchgesetzt wird.

Chronologisch betrachtet, rezipiert die NLB Rassismus und Antisemitismus bereits auf dem Neulandtag 1929 vor den Amtsantritt Fricks, das Erscheinen der »Leitsätze« und die Verabschiedung der »Richtlinien« fällt jedoch schon in seine Amtszeit und steht so im Zeichen seiner Politik. Während Frick dem »Rassenkundler« Günther eine Professur vermittelt, schreibt Diehl sein Rasse-Konzept im Programm der NLB fest. In Fricks Amtszeit setzt sich die Annäherung der NLB an die völkische Bewegung fort, so wird 1930 schließlich eine Resolution des *Deutschbundes*, der die führenden Vertreter der völkischen Bewegung Thüringens angehören, im *Neulandblatt* abgedruckt,[112] was zumindest auf Sympathien schließen läßt.[113] Wie die weitere Berichterstattung im *Neulandblatt* und die Durchführung der ersten Mütter-Oberschule 1933 als einer Kooperationsveranstaltung von NLB, dem *Kampfbund für deutsche Frauenkultur*, der Nachfolgeorganisation des *Deutschen Frauenkampfbundes*, und des *Deutschbundes* offenbart, kommt es zu einer weiteren Annäherung an das völkische Lager. Die NLB setzt aber ihre Hoffnungen auf die NSDAP als der politischen Organisationsform der völkischen Bewegung. Die antiliberale, rassistische und antisemitische Kulturpolitik der NSDAP liegt ganz auf der kulturpolitischen Linie der NLB und des *Deutschen Frauenkampfbundes*, gilt der NLB als Maßstab nationalsozialistischer Politik überhaupt und dient immer wieder als Argument für eine Unterstützung der NSDAP.

Vom Buch »Deutscher Frauenwille« zum Programm der *NS-Frauenschaft*

Die NLB bemüht sich ab Anfang 1931, Einfluß auf die nationalsozialistische Frauenpolitik zu nehmen. Die NSDAP verfügt zu diesem Zeitpunkt weder über ein einheitliches Frauenbild noch über ein klar definiertes frauenpolitisches Konzept.[114] Hans-Jürgen Arendt charakterisiert die nationalsozialistische Frauenpolitik bis zu Beginn der 30er Jahre als »frauenemanzipationsfeindlich« und »konzeptionslos«.[115] Die Äußerungen führender Nationalsozialisten sind zum Teil widersprüchlich, und im Parteiprogramm wird im Paragraph 21 lediglich der »Schutz der Mutter und des Kindes« gefordert.[116] Betrachtet man die Politik der Reichstagsfraktion der NSDAP, so profiliert sich diese zu Beginn der 30er Jahre vor allem mit den Forderungen nach Verschärfung des Paragraphen 218, der Entlassung verheirateter Beamtinnen, der Einführung des weiblichen Arbeitsdienstes, der Bekämpfung der Homosexualität – und agiert damit ganz im Sinne Neulands und des *Deutschen Frauenkampfbundes*.[117]

118

Während die NSDAP den Frauen zunächst nur geringe Bedeutung beimißt, rücken sie ab Sommer 1931 als Zielgruppe stärker ins Zentrum der Propaganda und Politik, und man plant die Gründung einer einheitlichen Frauenorganisation. Die Absicht der NSDAP, die Frauen stärker in die Partei einzubinden und zu mobilisieren, trifft sich mit dem Wunsch der NLB, den im »Deutschen Frauenwillen« formulierten frauenpolitischen Vorstellungen Geltung zu verschaffen. Während die NLB und die NSDAP mit der Ablehnung des Young-Plans und dem Kampf gegen den »Kulturbolschewismus« ein gemeinsames Interesse verbindet, gilt das für die Frauenpolitik nicht in gleichem Maße. Die NLB verfügt über ein Konzept, nicht aber über die Macht, es durchzusetzen, der NSDAP mangelt es an einem Konzept, dafür besitzt sie einen Parteiapparat und ab Herbst 1931 eine Frauenorganisation, in der Positionen zu vergeben sind, die einen frauenpolitischen Gestaltungsspielraum versprechen. Anfang 1931 nimmt Diehl Kontakt zu Gregor Strasser,[118] ab 1928 Reichsorganisationsleiter der NSDAP, auf und geht so den ersten Schritt in Richtung ihrer Amtsübernahme als Kulturreferentin in der Reichsfrauenleitung der NSDAP im November desselben Jahres.

Diehls Tätigkeit als Kulturreferentin ist vergleichsweise gut erforscht, wird aber nicht in Zusammenhang mit der NLB gesehen. Betrachtet man die Berichterstattung im *Neulandblatt*, so ergibt sich auch hier der Eindruck, daß die Parteifunktion Diehls nichts mit der Geschichte und dem Programm der NLB zu tun habe. Diehls Tätigkeit wird nahezu völlig verschwiegen. Es existiert kein Leitartikel wie »Unsere Führerin übernimmt die Frauenarbeit in der NSDAP«, Diehls Parteifunktion wird ausschließlich in *Treufest* thematisiert. Der unterschiedliche Umgang mit dem Thema in *Treufest* und dem *Neulandblatt* deutet darauf hin, daß die Mitglieder der Neulandschar als Zentrum der NLB zwar eingeweiht sind, nach außen aber der Eindruck einer Interessenverquikkung vermieden werden soll. Untersucht man jedoch, wie Diehl Kulturreferentin wird und wie sie diese Position ausfüllt, dann zeigt sich, daß sie bei den Verhandlungen um ihre Position massiv von der NLB unterstützt wird. Indem sie als Kulturreferentin versucht, das bereits 1928 in ihrer programmatischen Schrift »Deutscher Frauenwille« formulierte frauenpolitische Programm durchzusetzen, verknüpft sie nicht nur ihre privaten Machtinteressen mit denen der NSDAP, sondern auch die Interessen der NLB.

Mit der Gründung der *NS-Frauenschaft* werden die beiden konkurrierenden Frauenorganisationen der NSDAP, die dezentral organisierten *Frauengruppen* und *Frauenarbeitsgemeinschaften* und der *Deutsche Frauenorden* aufgelöst und unter der Leitung Elsbeth Zanders in einer einheitlichen Organisation zusammengefaßt.[119] Der *Deutsche Frauenorden* wird 1923 in Berlin von Zander ins Leben gerufen und gründet bald Ortsgruppen in der gesamten Republik. 1926 erreicht er die Anerkennung als weibliche Hilfstruppe der NSDAP, 1928 wird er der Partei direkt unterstellt und organisatorisch angeschlossen. Bewerberinnen müssen mindestens 18 Jahre alt, »arischer« Herkunft und Parteimitglieder sein. Der *Deutsche Frauenorden* übernimmt ausschließlich praktische Aufgaben wie Erste-Hilfe-Leistungen für die Sturmabteilung (SA) und die Beschaffung von Kleidung und Essen für NSDAP-Anhänger.[120] Unabhängig von dem *Deutschen Frauenorden* entstehen ab 1925 auf lokaler Ebene zahlreiche *Frauengruppen* und *Frauenarbeitsgemeinschaften*, die mit den Ortsgruppen der NSDAP zusammenarbeiten und sich ähnlichen Aufgaben widmen wie der *Deutsche Frauenorden*. Aufgrund des raschen Wachsens der NSDAP entwickeln auch deren Frauenorganisationen eine starke Dynamik, und es kommt zwischen 1929 und 1931 zu zahlreichen Konflikten. Der *Deutschen Frauenorden* und seine »Führerin« Elsbeth Zander versuchen, ihren Führungsanspruch als nationalsozialistische Frauenorganisation durchzusetzen, die konkurrierenden *Frauengruppen* und *Frauenarbeitsgemeinschaften* hingegen wollen ihre Autonomie nicht aufgeben. Gregor Strasser versucht, den Konflikt zu entschärfen, indem er im September 1931 beide Organisationen auflöst und diese zum 1.10.1931 in der *NS-Frauenschaft (Deutscher Frauenorden)* zusammenfaßt.

Während es sich sowohl bei dem *Deutschen Frauenorden* als auch bei den *Frauengruppen* und *Frauenarbeitsgemeinschaften* um originäre nationalsozialistische Frauenorganisationen handelt, ist die NLB in ihrem Entstehungszusammenhang von der NSDAP völlig unabhängig und wendet sich dieser als Kollektiv erst mit der Verabschiedung der »Leitsätze« Pfingsten 1930 nach einer bereits 14-jährigen eigenen Geschichte zu. Im Vergleich zur evangelischen Frauenbewegung und Teilen der bürgerlichen Frauenbewegung ist das zwar sehr früh, aber dennoch zu spät, um sich als Frauenorganisation der NSDAP zu etablieren. An die Stelle einer nationalsozialistischen Geschichte tritt so die Neudefinition der eigenen Vergangenheit als »erste deutsche Freiheitsbewegung«[121] und »weibliche Parallelbewegung zum Nationalsozialismus«,[122] um den Anspruch auf Partizipation an der Macht, das heißt auf Gestaltung der Frauenpolitik in einem nationalsozialistischen Staat zu legitimieren. Außerhalb Thüringens scheint die NLB für die nationalsozialistischen Frauenorganisationen keine ernsthafte Konkurrenz darzustellen. Glaubt man der Beschwerde einer Anhängerin des *Deutschen Frauenordens*, dann verhindert die NLB in Weimar immerhin die Gründung einer Ortsgruppe desselben:

> [...] und deshalb ist auch bei der Thüringer Gauleitung der Frauenorden neben dieser Neulandbewegung eine Null. Man hat nicht nur verhindert, dass in Weimar eine Ortsgruppe des Ordens gegründet wurde, nein, man hat sogar dieser Neulandbewegung eine Wochenbeilage des »Nationalsozialist« eingeräumt.[123]

Dieser Brief wird im Juli 1931 kurz nach dem Abtritt Fricks als Innen- und Volksbildungsminister verfaßt und deutet zum einen auf eine Kooperation zwischen Frick und der NLB, zum anderen auf die Fähigkeit Diehls und der NLB hin, sich so in Szene zu setzen, daß die NLB in der Öffentlichkeit viel bedeutender und ›nationalsozialistischer‹ erscheint als sie tatsächlich ist.

Einige Anhängerinnen der NLB wenden sich Ende März 1931 direkt an Hitler in der Absicht, die frauenpolitischen Interessen der NLB durchzusetzen, indem sie Diehl zu einer Parteiposition verhelfen.[124] Sie bezeichnen sich selbst als »Neuländerinnen« und Nationalsozialistinnen, stellen den Einsatz Diehls für den NS heraus und bitten Hitler, Diehl in führender Position einzusetzen. Die Schreiben werden »zuständigkeitshalber« an Gregor Strasser weitergeleitet. Die Tatsache, daß sich die Neuland-Anhängerinnen nicht direkt an Strasser als dem Zuständigen wenden, kann bedeuten, daß man sogleich an höchster Stelle intervenieren will oder aber die Zuständigkeiten nicht kennt. Im April 1931 findet tatsächlich ein Treffen zwischen Diehl und Strasser statt.[125] Bereits bei dieser ersten Zusammenkunft übergibt Diehl ihm von ihr ausgearbeitete »Richtlinien zur Arbeit der Frauenschaft«, die im März 1932 in die »Grundsätze und organisatorische[n] Richtlinien der Nationalsozialistischen Frauenschaft« einfließen.[126] Der an das Treffen anschließende intensive Briefwechsel läßt darauf schließen, daß Strasser zwar keine konkreten Zusagen macht, Diehl jedoch eine Position in Aussicht stellt. Mit Rücksicht auf Zander denkt er jedoch nicht daran, Diehl zur »Reichsreferentin für Frauenfragen bei der Reichsleitung«, so lautet die Amtsbezeichnung der rang-höchsten Frau im Parteiapparat, zu machen, wie Diehl aufgrund diesbezüglicher Andeutungen von Strassers Vertreter hofft.[127] Sie sieht sich selbst als »Führerin« der NS-Frauenschaft und schlägt Strasser vor, Zander mit der Gründung und Führung einer Schwesternschaft Rotes Hakenkreuz zu betrauen und sie so auszuschalten. Diehl ist sehr enthusiastisch, beabsichtigt, ihre Arbeit sofort aufzunehmen und schon im Sommer 1931 einen Schulungskurs für »Führerinnen« der NS-Frauenschaft zu organisieren, den sie bereits konzipiert hat. Strasser versucht vergeblich, sie immer wieder zu bremsen und davon zu überzeugen, daß Zanders Umzug nach München abzuwarten sei, um diese nicht zu verärgern. In dieser Phase des erzwungenen Abwartens häufen sich die Unterstützungsschreiben der Anhängerinnen der NLB. Diese fordern die Reichsorganisationsleitung zum sofortigen Handeln auf und argumentieren, genauso wie Diehl, daß es der bisherigen Frauenarbeit, also der des Deutschen Frauenordens und der Frauengruppen und Frauenarbeitsgemeinschaften, an Konzepten und »geistigem Inhalt« fehle.[128] Sinn der Briefe ist offensichtlich nicht nur, Diehl überhaupt eine leitende Position in der NS-Frauenschaft zu verschaffen, sondern auch, sie gegen Zander als »Führerin« durchzusetzen.

Diehl wird im Herbst immer ungeduldiger, versucht wiederholt, Strasser unter Druck zu setzen und sich mit ihm gegen Zander zu verbünden, die durch ihren langsamen Umzug Diehls eigene Arbeitsaufnahme verzögert.[129] Diehl argumentiert, daß der NSDAP durch ihre Konzeptlosigkeit in der Frauenpolitik viele Frauen verloren gehen, die sie selbst, ließe man ihr freie Hand, durch die Propagierung der im »Deutschen Frauenwillen« formulierten frauenpolitischen Konzepte leicht an die NSDAP binden könne.[130] Wenngleich hier das eigene Machtstreben immer mitspricht und Diehl durch eine dramatische Darstellung der Situation gegenüber Strasser zweifellos ihre eigene Einstellung beschleunigen will, scheint in den am ersten Oktober neu gegründeten Ortsgruppen, folgt man Stephenson, tatsächlich Orientierungslosigkeit zu herrschen und der Wunsch nach Richtlinien oder einem Programm zu bestehen, denn Strasser veröffentlicht – abgesehen von der allgemeinen Anordnung zur Neuorganisation der nationalsozialistischen Frauenarbeit vom 6.7.1931 – bis zum November keinerlei Arbeitsanweisungen.[131]

Als im Herbst 1931 Diehls Arbeitsaufnahme aus nicht rekonstruierbaren Gründen immer noch aussteht, während Zander zum ersten Oktober bereits als »Reichsreferentin für Frauenfragen bei der Reichsleitung« eingestellt wird, versuchen die Anhängerinnen der NLB wieder, mit Unterstützungsbriefen auf Strasser Druck auszuüben, Diehl einzustellen. Schließlich nimmt Diehl am 17.11.1931 inoffiziell und am 1.2.1932 offiziell ihre Arbeit als Kulturreferentin in der Reichsfrauenleitung der NSDAP auf.[132] In dieser Position ist sie Zander unterstellt und arbeitet mit deren Mitarbeiterinnen, Käthe Auerhahn und Hildegard Passow, zusammen.

Wenngleich fraglich ist, ob die insgesamt 22 nachgewiesenen Unterstützungsschreiben für Diehl irgend etwas bewirkt haben, außer ihren Namen bekannt zu machen, so zeigen sie doch, daß Diehls Ambitionen in der NLB bekannt sind und unterstützt werden. Geht man von einer Zahl von ca. 3.000 Anhängerinnen und Sympathisantinnen 1931 aus,[133] so scheinen 22 Unterstützungsschreiben relativ wenig. Bedenkt man aber, daß keine vergleichbaren Briefe von Angehörigen anderer Verbände existieren, so zeugen diese von einer erheblichen Unterstützung Diehls von seiten der NLB. Im Gegenzug versucht Diehl, die mit der Gründung der *NS-Frauenschaft* auf Gau-Ebene neu entstehenden Stellen für »Sachbearbeiterinnen für Kulturfragen« mit »prächtige[n]«, »kluge[n] Frauen«, das heißt Anhängerinnen der NLB, zu besetzen.[134] Betrachtet man die zeitliche Verteilung der Briefe und vergleicht die Argumentationen, so liegt die Vermutung nahe, daß die Schreiben nicht spontan entstanden sind, sondern Manifestationen einer politischen Strategie sind, die nirgends explizit formuliert ist und deren Trägerinnen durch kein sichtbares Band verknüpft sind, sondern vielmehr eine Art unsichtbares Zentrum des Verbandes darstellen.

Als Kulturreferentin vermischt Diehl permanent ihre Parteifunktion mit ihrer Position als »Führerin« der NLB und des *Deutschen Frauenkampfbundes*. So nimmt sie ihre Arbeit nicht – wie Zander und ihre Mitarbeiterinnen – in München auf, sondern bleibt im Neulandhaus und setzt eine Sekretärin der NLB für die zu bewältigende Korrespondenz ein. Legt man ihren Arbeitsbericht vom Oktober 1932 zugrunde, so arbeitet sie überwiegend auf ideologischem Gebiet.[135] Als Vertreterin der *NS-Frauenschaft* hält sie 66 Vorträge »meist in allgemeinen Ortsgruppen-Versammlungen, in den meisten Fällen zur Wahl«, schreibt 15 Zeitungsartikel, einen Zeitschriftenartikel, verfaßt vier »Wahl-Kampfblätter und -Flugblätter«, eine »Denkschrift zur Frauendienstpflicht« und das Buch »Die deutsche Frau und der Nationalsozialismus«, gedacht als Schulungsbuch der *NS-Frauenschaft*.[136] Des weiteren erarbeitet und verbreitet sie Richtlinien zur »Leitung der NS-Frauenschaft« und zur »Gestaltung der Frauenschaftszusammenkünfte«. An den Zeitungsartikeln fällt auf, daß nur einer von fünfzehn in der Sommer 1932 gegründeten *NS-Frauenwarte*, der Zeitschrift der *NS-Frauenschaft*, erscheint, dafür aber fast alle Beiträge im *Neulandblatt* veröffentlicht werden.[137] Ähnliches gilt für die Flugblätter, die zum Teil als Flugblätter des *Deutschen Frauenkampfbundes* im *Neulandblatt* erscheinen. So wird zum Beispiel das für die *NS-Frauenschaft* verfaßte Flugblatt »Wider das Laufenlassen wie es läuft!«, in dem für die Unterstützung Hitlers bei den Präsidentschaftswahlen im Sommer 1932 geworben wird, als Produkt des *Deutschen Frauenkampfbundes* im *Neulandblatt* publiziert.[138] Auch wenn Diehl ihrer Arbeit zunächst das bereits 1928 verfaßte Buch »Deutscher Frauenwille« zugrunde legen will, das sie bei ihrem eigenen Amtsantritt sowohl Gregor Strasser als auch Elsbeth Zander zuschickt, verfaßt sie mit »Die Deutsche Frau und der Nationalsozialismus« 1932 eigens ein Buch, in dem sie die Inhalte und Ziele der Frauenschaftsarbeit zu bestimmen versucht.[139]

Vergleicht man beide Schriften, so fällt auf, daß das Buch »Die deutsche Frau und der Nationalsozialismus«, anders als der »Deutsche Frauenwille«, mit einem Kapitel über den NS beginnt, in dessen Zentrum die Person Hitlers steht, dessen Schrift »Mein Kampf« ausführlich zitiert wird. Oft ist nicht zu entscheiden, ob Diehl Hitler referiert oder ihre eigene Meinung äußert. Die Passagen, in denen es um die historische Analyse der Situation der Frau und die Einschätzung der bürgerlichen und evangelischen Frauenbewegung geht, sind überwiegend wortwörtlich aus dem »Deutschen Frauenwillen« übernommen, zum Teil aber mit antisemitischen und rassistischen Inhalten ›angereichert‹. Das gilt auch für Diehls frauenpolitische Forderungen. Die Mütterschulungen haben nun einen anderen Schwerpunkt, es geht vor allem um eine Vermittlung der »Rassegesetze«, die »Weckung des Rasse-Instinkts« u. ä.[140] Auf die Forderung nach Väterschulungen wird verzichtet. Das Buch »Die deutsche Frau und der Nationalsozialismus« endet mit dem Versuch, die Aufgaben der *NS-Frauenschaft* zu bestimmen, wobei Diehl ganz im Sinne der NLB am Primat der geistig-kulturellen Aufgaben gegenüber praktischer Hilfstätigkeit für Parteigenossen festhält. Insgesamt läßt sich die Schrift als eine der veränderten historischen Situation angepaßte, unter rassistischen und antisemitischen Gesichtspunkten ›überarbeitete‹ Neuauflage des »Deutschen Frauenwillens« lesen.[141] Das Buch will jedoch nicht nur Programmschrift, sondern auch Schulungsbuch der *NS-Frauenschaft* sein. Es enthält daher auch Argumentationshilfen, mittels derer besonders berufstätige Frauen, die durch den NS ihre beruflichen Chancen und politischen Rechte bedroht sehen, vom NS überzeugt werden sollen.

Während die protestantische Motivation Diehls bereits im »Deutschen Frauenwillen« hinter die völkisch-nationale zurücktritt, verzichtet sie in »Die deutsche Frau und der Nationalsozialismus« fast völlig auf religiöse Rhetorik. Erst im Nachwort bemerkt sie: »Solche gewaltigen Aufgaben [Lösung der Frauenfrage, S. L.] aber vollziehen sich nur im Glauben [...] Deshalb gehört zu solcher Frauenerneuerung eine tiefgehende Glaubenserneuerung, eine ganz neue wahre Einmündung und Verankerung in Gott, wie er sich in seiner weltentschaffenden und weltentfüllenden Majestät unserer Erde in Christus offenbart hat.«[142] Sie stellt so die Religion – wie bereits im Ersten Weltkrieg – in den Dienst der Politik und versucht eine Synthese von völkischem Denken und Protestantismus. Diehls weitgehender Verzicht auf religiöse Rhetorik kann bedeuten, daß für sie die Nationalsozialisten das Erbe der Kirche angetreten haben, oder es erklärt sich taktisch als ein Bestreben der Parteifunktionärin, nicht nur die evangelischen, sondern alle deutschen Frauen anzusprechen. Bereits in die zweite Auflage des Buchs »Die deutsche Frau und der Nationalsozialismus«, die 1933 erscheint, wird ein neues Kapitel, »Die Glaubensbewegung ›Deutsche Christen‹«, aufgenommen. Hierin spricht Diehl besonders die weiblichen Mitglieder der Deutschen Christen an, was darauf hindeutet, daß sie sich nach schwierigen Auseinandersetzungen in der *NS-Frauenschaft* wieder verstärkt ihrer protestantischen Klientel zuzuwenden beabsichtigt.[143]

Ebenso wie im »Deutschen Frauenwillen« werden die NLB und der *Deutsche Frauenkampfbund* in »Die deutsche Frau und der Nationalsozialismus« als Avantgarde und Verkörperung der propagierten frauenpolitischen Konzepte dargestellt.[144] Während beide in der ersten Auflage der letztgenannten Schrift erst gegen Ende des Buchs Erwähnung finden, werden sie in der fünften Auflage (1933) bereits in der Einleitung als Pionierinnen der nationalsozialistischen Frauenarbeit hervorgehoben, was sich als Kritik an der Arbeit der *NS-Frauenschaft* interpretieren läßt, deren Konzepte und Aktivitäten sich immer weiter von den Vorstellungen der NLB entfernen. Sieht man von den aus dem »Deutschen Frauenwillen« wörtlich übernommenen Passagen ab, so bewegt sich die Schrift »Die deutsche Frau und der Nationalsozialismus« sprachlich auf dem Niveau des NS und wirkt inhaltlich noch undifferenzierter als das erste Buch oder andere ausschließlich für die NLB verfaßte Schriften. Das mag mit der breiteren Zielgruppe zusammenhängen, an deren geringere intellektuelle Fähigkeiten Diehl ihren Stil anpassen zu müssen glaubt.

Die Tatsache, daß Diehl die Autorität Zanders nicht anerkennt – ihr beispielsweise das Buch »Die deutsche Frau und der Nationalsozialismus« nicht zur Genehmigung vorlegt – und gleichzeitig ihre Tätigkeiten als »Führerin« der NLB mit ihren Aufgaben als Kulturreferentin vermischt, führt sehr schnell zu Konflikten in der *NS-Frauenschaft*, die Zander dazu benutzt, Diehl als Parteirednerin an den Rand zu drängen.[145] Die Konflikte beruhen zum einen auf persönlichen Differenzen und auf der Konkurrenz um Macht, haben zum anderen aber auch eine politische Dimension. Es treffen unterschiedliche Vorstellungen von den Aufgaben der Frauen im zukünftigen nationalsozialistischen Staat aufeinander. Während für Zander die soziale Arbeit an sich und die Unterstützung männlicher Parteimitglieder im Mittelpunkt der Frauenschaftsarbeit stehen, liegt für Diehl die Aufgabe der *NS-Frauenschaft* – wie Berger 1932 feststellt – nicht »in der Verwundetenhilfe des Frauenordens. Die von ihr [Diehl, S.L.] trotz ihren späten Übertritts (Sommer 1930) maßgeblich beeinflußte nationalsozialistische Frauenschaft steht innerlich im Gegensatz zum ›Deutschen Frauenorden‹«.[146] Für Diehl hat die ideologische Schulung, also die Vermittlung nationalsozialistischer Ideologie, Vorrang. Die Frauen sollen über ihre Stellung und Aufgaben in der »Volksgemeinschaft« ›aufgeklärt‹ werden und dann aus nationalsozialistischer Gesinnung die konkrete soziale Arbeit verrichten. Diehls Argumentation ist identisch mit ihrer Kritik am *Nationalen Frauendienst* und der evangelischen Frauenbewegung, die 1916 zur Gründung des Neulandbundes geführt hatte. Damals hatte sie beiden vorgeworfen, sich in sozialer Hilfsarbeit zu erschöpfen und die ideologische Schulung der Frauen zu vernachlässigen.

Diehl weigert sich, weiterhin unter Zander zu arbeiten, und verbindet ihre Kritik mit der Forderung nach einer Umstrukturierung der *NS-Frauenschaft*, konkret der Umwandlung ihres Dezernates in eine eigene Abteilung, die der Reichsorganisationsleitung direkt untersteht, was sie von Zander als Vorgesetzter befreien würde. Um ihrem Plan Nachdruck zu verleihen, legt sie ihrem Brief ein bereits fertig ausgearbeitetes Konzept bei, in dem sich die in ihrem Buch »Die deutsche Frau und der Nationalsozialismus« formulierten Aufgaben widerspiegeln. Sollten ihre Bedingungen nicht erfüllt werden, kündigt sie ihren Rücktritt an und bittet zunächst Strasser, dann Hitler persönlich darum, »dass meine dann im Neuland vorgetriebene gleiche Arbeit die Sanktion unseres Führers bekommt und [ich] Hand in Hand mit dem Nationalsozialismus arbeiten kann«.[147] Diehl bezeichnet die NLB gegenüber Hitler als »weibliche Parallelbewegung zum Nationalsozialismus« – und will sie der *NS-Frauenschaft* gleichgestellt wissen. Da

Wahlkampfplakat von 1933 (BAYHSTA)

ihre Bedingungen nicht erfüllt werden, tritt sie Anfang 1933 von ihrem Amt zurück, um sich wieder ganz der NLB zu widmen. Sie bleibt jedoch parteiamtliche Rednerin und betreibt weiterhin Wahlkampf für die NSDAP, bis sie im Mai 1933 von Gottfried Krummacher, dem Nachfolger Zanders und gleichzeitig Landesleiter der *Glaubensbewegung Deutsche Christen* im Rheinland, Redeverbot erhält.[148]

Versucht man die Bedeutung von Diehls Tätigkeit für den NS einzuschätzen, so hat sie durch ihre konzeptionelle Arbeit beim Aufbau der *NS-Frauenschaft* maßgeblich mitgewirkt. Wenngleich es nie offiziell als programmatische Schrift oder Schulungsbuch der Frauenarbeit autorisiert wird, ist Diehls Buch »Die deutsche Frau und der Nationalsozialismus« Mitte 1932 das erste Schulungsbuch der *NS-Frauenschaft*. Die Tatsache, daß es bereits 1933 in fünfter Auflage erscheint, spricht für eine große Verbreitung.[149] Geht man davon aus, daß Diehl bis zum Frühjahr 1933 als Reichsparteirednerin auf über hundert Wahlkampfveranstaltungen für die NSDAP geworben hat und legt hypothetisch eine Teilnehmerinnenzahl von durchschnittlich 300 zugrunde, so hat sie durch ihre Vorträge 30.000 Personen direkt erreicht. Davon, daß ihre Veranstaltungen gut besucht und beliebt sind, zeugen mehrere Ankündigungen, so wird beispielsweise mit dem Text »Eine Guida Diehl-Versammlung ist ein Erlebnis« geworben.[150] Für die Wirksamkeit ihrer Rede spricht die Äußerung einer Anhängerin in einem Brief an Diehl anläßlich des Verbots des *Neulandblatts* 1940:

> Gerade heute steigt wieder heisser Dank zu Ihnen auf, denn Sie haben mir persönlich den Weg zum Nationalsozialismus geebnet. Die politischen Versammlungen, die Sie damals in Wuppertal u[nd] Hagen abhielten, werde ich nie vergessen, denn sie waren einzigartig. Nie vorher u[nd] nie nachher habe ich die Ideen unseres Führers so edel dargestellt gehört, wie aus Ihrem Munde, auch nicht so überzeugend. Und das bewog mich auch 1931 zum Eintritt in die Partei, weil ich durch Sie zur völligen Klarheit über nationalsozialistisches Gedankengut gelangt bin. Ich sehe noch die alten Kämpfer vor mir, die damals in Hagen – es war wohl 1930 – an ihrem Munde hingen. Ihre Begeisterung für Sie kannte am Schluß keine Grenzen, sie war aber ehrlich.[151]

Diehl versucht, besonders berufstätige Frauen der Mittelschichten anzusprechen, die die NSDAP zunächst ablehnen, weil sie um ihr Recht auf Arbeit und politische Partizipation fürchten. Das von Diehl verfaßte Flugblatt mit dem Titel »Deutsche Frauen erwacht!«, das gleichzeitig als Kapitel in ihr Buch »Die deutsche Frau und der Nationalsozialismus« eingeht, sowie ein Vortrag vor einer Frankfurter Frauenversammlung im Februar 1932 sind genau auf diese Zielgruppe zugeschnitten.[152] Diehl wirbt zu einer Zeit für die NSDAP, zu der Frauen der Mittelschichten der NSDAP gegenüber noch sehr zurückhaltend sind und, sofern evangelisch, eher der DNVP ihre Stimme geben. Durch ihre Propaganda trägt sie erheblich dazu bei, die NSDAP für diese Frauen wählbar zu machen. Daß Strasser trotz ihres anmaßenden Stils 1931 an ihr festhält, zeugt davon, wie sehr die NSDAP zu diesem Zeitpunkt solche Frauen benötigt.

Das Zusammenwirken Diehls und der NLB im Einsatz für eine Führungsposition in der *NS-Frauenschaft* läßt sich einerseits als Instrumentalisierung der Anhängerinnen der

NLB für Diehls machtpolitische Ambitionen deuten, andererseits kann man argumentieren, daß die NLB, nachdem sie bereits längere Zeit mit der NSDAP sympathisiert hat, Anfang 1931 versucht, sich deren Konzeptlosigkeit in puncto Frauenpolitik nutzbar zu machen und Guida Diehl zu einer Führungsposition in der Partei zu verhelfen, um so das eigene frauenpolitische Programm im Bündnis mit der NSDAP durchzusetzen.

Angriffe auf die bürgerliche Frauenbewegung
und Distanzierung von der Jugendbewegung

Mit der expliziten Hinwendung zur NSB ab 1930 geht die NLB verstärkt auf Konfrontationskurs zur bürgerlichen Frauenbewegung und gibt den Anspruch, auch Teil der Jugendbewegung zu sein, auf. Geht man von der Berichterstattung im *Neulandblatt* aus, so flaut nach der Auseinandersetzung um den »Deutschen Frauenwillen« der Streit mit der bürgerlichen Frauenbewegung ab. Stattdessen tritt zunächst die Kontroverse um die Hinwendung der NLB zur NSB ins Zentrum, bis Diehl im Herbst 1931 – nun als Kulturreferentin in der Reichsfrauenleitung der NSDAP – den Kampf gegen die bürgerliche Frauenbewegung erneut aufnimmt. Ihre Kritik richtet sich hauptsächlich gegen die »Internationale Frauenkampagne zur Abrüstung« anläßlich der Genfer Abrüstungskonferenz des *Völkerbundes* 1932, auf die die »nationalen Frauenkreise Deutschlands« mit einer Gegenerklärung antworten, die die NLB unterstützt.[153] Zweite Zielscheibe ist die von der *Kommunistischen Partei Deutschlands* und der *Internationalen Arbeiterhilfe* initiierte Kampagne gegen den Paragraphen 218, die von Teilen der bürgerlichen Frauenbewegung mitgetragen wird.[154] Diehl fordert als Vorsitzende des *Deutschen Frauenkampfbundes* Brüning in einem Telegramm auf, die Frankfurter Ausstellung »Frauen in Not« sofort zu schließen, und wird dabei von einem Mitglied des Neulandrates vehement unterstützt.[155] Gleichzeitig setzt sich der *Deutsche Frauenkampfbund* in seinem 12. »Kampfblatt« mit dem Titel »Wider die Angriffe auf § 218« und diversen Pamphleten gegen den »Kulturbolschewismus« für den Erhalt des Paragraphen ein. Angesichts dieser Kritikpunkte fällt auf, daß die beiden großen Hausfrauenverbände ihren Austritt aus dem BDF im Sommer 1932 auch mit dem Engagement des BDF für die Internationale Frauenkampagne zur Abrüstung begründen.[156] Da der *Reichsverband landwirtschaftlicher Hausfrauenvereine* bereits 1929 die Aufrufe des *Deutschen Frauenkampfbundes* unterzeichnet, hängt sein Austritt aus dem BDF möglicherweise mit der Unterstützung der Politik des *Deutschen Frauenkampfbundes* zusammen.

Der BDF reagiert im Sommer 1932 auf die Angriffe Diehls und anderer Nationalsozialistinnen mit der Herausgabe der »Gelben Blätter«. Sie erscheinen bis Februar 1933 und sollen »insbesondere dem Abwehrkampf gegen die immer stärker werdenden frauenfeindlichen Bestrebungen in der Öffentlichkeit dienen«.[157] In ihnen werden Texte führender Nationalsozialistinnen – darunter auch mehrere Texte von Diehl – nahezu kommentarlos abgedruckt. Statt Diehls Propaganda zu analysieren und zu bekämpfen, scheint man erfreut, daß sie auf Vorstellungen der Frauenbewegung zurückgreift: »Es ist interessant, wie die führenden Frauen in der nationalsozialistischen Bewegung wohl an der alten Ideologie an sich festhalten, in ihren parteiamtlichen Äußerungen nunmehr aber die Ziele der Frauenbewegung bis zu einem gewissen Grade übernehmen.«[158] Manche Passagen lassen sich eher als Werbung für den NS denn als eine Widerlegung der Diehlschen Konzepte lesen. Nach Evans Einschätzung sind die besagten Blätter insgesamt »dull« und dürften bestenfalls geeignet gewesen sein, dem nationalsozialistischen Einfluß auf die Mitglieder des BDF entgegenzuwirken.[159]

Der BDF reagiert auf die nationalsozialistischen Gleichschaltungsversuche, indem er sich im Mai 1933 auflöst. Auch die Einzelverbände lösen sich auf oder aber schließen ihre »nicht-arischen« Mitglieder aus und setzen das Führerprinzip durch, um sich der NS-Frauenfront – ab Oktober 1933 dem Deutschen Frauenwerk – anzuschließen.[160] Der geringe Widerstand, den der BDF der nationalsozialistischen Gleichschaltungspolitik entgegensetzt, resultiert aus seiner eigenen ambivalenten Haltung gegenüber der Weimarer Republik – Greven-Aschoff gibt hinsichtlich des BDF zu bedenken, daß »die Kritik des Nationalsozialismus am Weimarer System auch die eigene Kritik war«.[161] Zudem erweist sich eine Distanzierung als schwierig, da das Emanzipationskonzept des BDF den von seiten der NS-Frauenschaft artikulierten frauenpolitischen Forderungen ähnelt.

Die Abrechnung der NLB mit der bürgerlichen Frauenbewegung erfolgt in einem Artikel über die Ausstellung »Die Frau« im Frühjahr 1933, die von Goebbels, ab März 1933 Reichsminister für »Volksaufklärung und Propaganda«, eröffnet wird. Nun auf der Seite der Sieger stehend, zählt Diehl im Anschluß an eine massive Kritik der Ausstellung alle ›Entgleisungen‹ der Frauenbewegung auf. Im Gegensatz zur bürgerlichen Frauenbewegung habe Neuland schon immer »als einzige Frauen-Erneuerungs-Bewegung gegen die Irreführung der Frauenwelt angekämpft«.[162] Schließlich konstatiert Diehl mit Genugtuung, daß Gertrud Bäumer ihre Stellung im Innenministerium verliert.

Mit der Annäherung an die NSDAP rückt in der NLB ab Herbst 1930 der politische Kampf auf Kosten jugendbewegter Aktivitäten in den Mittelpunkt. Das Abwenden von der Jugendbewegung stößt bei den Anhängerinnen der NLB nicht auf einhellige Zustimmung. So wird von der geschäftlichen Versammlung der Neulandschar 1931 berichtet, daß einige Schärlerinnen »mehr praktische Arbeit [...] mehr Wandern, Volkstanz, Laienspiel«[163] wünschen. Wie aus Berichten im Neulandblatt hervorgeht, konzentrieren sich die sporadischen Kontakte Neulands zur Jugendbewegung auf deren völkischen und evangelischen Flügel. So berichtet Erna Braun, die Leiterin des Elbinger Jungneulandkreises, von einer gemeinsamen Veranstaltung mit der Singgemeinde, der völkischen Freischar Schill und dem der evangelischen Jugendbewegung zuzurechnenden Bund Deutscher Jugendvereine, auf der man sich gemeinsam mit den Schriften des von der Jugendbewegung stark rezipierten »Rassenkundlers« L. F. Clauß auseinandergesetzt habe.[164] Laut Mosse ist »Clauß' Buch ›Die nordische Seele‹ richtungsweisend für ihre Sicht [der völkischen Jugendbünde, S.L.] der Rassenfrage«.[165] Des weiteren wird 1933 im Neulandblatt für die Siedlungsbestrebungen des völkischen Jugendbundes Artam geworben.[166]

Die evangelische Jugend sympathisiert bereits 1932 mit den Nationalsozialisten[167] und schließt sich nach der Machtergreifung »in ihrer überwältigenden Mehrheit jener Volksbewegung Hitlers [...] begeistert an«.[168] Die politische Haltung des zahlenmäßig

Erklärung
der Neulandbewegung
zur deutschen Wende

Mit heißem Dank gegen den Führer ins neue Deutschland und seine Mit-kämpfer erlebt Neuland den Anbruch der neuen Zeit. Da Neuland seit 1914 die große historische Stunde Deutschlands er-kannt, den Kampf um die deutsche Seele in geistiger Mobil-machung aufgenommen und sich beim Zusammenbruch sofort zur Freiheits-bewegung zusammengeschlossen hatte, so bejahte es die männliche Freiheits-bewegung von Anfang an. Trotzte es doch selbst der Regierung der Lan-desverräter, warf sich dem Zeitgeist entgegen, rief gegen Versailles, Dawes und Young den deutschen Willen auf und kämpfte später im Deutschen Frauenkampfbund einen erbitterten Angriffskampf gegen die Volksverderbung, die planmäßige Entsittlichung, Entmütterlichung und Entweiblichung, trotz Verleumdung und geistiger Niederknüppelung! Als es dann die Sendung Adolf Hitlers erkannte, bekannte es sich 1928 öffentlich auf seinen Tagungen zu ihm und seinen Mitkämpfern. Nach dem 1930 erfolgten Eintritt seiner Führerin und zahlreicher Glieder in die NSDAP. haben diese in deren Reihen einmütig mit-gekämpft.

So ist der Durchbruch des deutschen Willens ein Sieg, den es als Mit-kämpfer jauchzend begrüßt. So stellt sich die Neulandbe-wegung auch für den zweiten Teil des Kampfes der neuen Regierung und ihrem Führer zur Verfügung. Sie grüßt in Adolf Hitler das Symbol des deutschen Manneswillens und will ihm ihren „Deutschen Frauenwillen," der seit Jahren ein geistiger Fak-tor in Deutschland geworden ist, zugesellen. Sie erstrebt weiter innerste Erneuerung der Volksseele durch Erneuerung Ein-zelner, insonderheit Frauenerneuerung, neue Kraftentfaltung der deutschen Frau, Glaubenser-neuerung und kirchliche Erneuerung und stellt sich zur Verfügung zum großen einheitlichen Kampf um Christus und Deutschland, um die deutsche Seele und um volle Befreiung des Vaterlandes.

Zugleich bitten wir die Regierung, die große geschichtliche Wende im Frauenleben in ihrer hohen Bedeutung für die Menschheitsgeschichte zu er-kennen und unseren Kampf um die deutsche Frauenseele, um neue Frauenbildung, um Neuerweckung der Mut-terkraft, um den vollen Einsatz des Muttergeistes und die Mittelpunktstellung des Muttergeschlechts, den wir in Einmütigkeit mit der NS.-Frauenschaft führen wollen, im Volksganzen zu unterstützen und ihm die Bahn frei machen.

Heil unserem Volkskanzler und seinen Mitkämpfern!
Heil dem neuen Deutschland!

Die Neulandbewegung, Eisenach

Flugblatt von 1933 (ADJB)

größten evangelischen Jugendverbandes in der Weimarer Republik, des *Evangelischen Verbandes*, von dem sich die NLB 1918 abgespalten hatte, kennzeichnet Priepke als »konservativ-national«[169] – ohne genauer auf sein Verhältnis zum NS im Vorfeld der Machtergreifung Bezug zu nehmen. Interessant ist in diesem Zusammenhang Diehls Klage, daß sich der *Evangelische Verband*, nachdem er sich 1918 auf den Boden der Weimarer Republik gestellt habe, ab Anfang 1932 in opportunistischer Weise der NSB annähere, wodurch sie die Glaubwürdigkeit des *Evangelischen Verbands* gefährdet sieht – und Konkurrenz um die Gunst der Nationalsozialisten befürchtet.[170] Nach der Machtergreifung teilt auch der *Evangelische Verband* die Begeisterung der evangelischen Jugend für den NS.[171] Anders als die NLB setzt sich das Gros der evangelischen Jugend aber vor der Machtergreifung nicht öffentlich für den politischen Sieg der NSDAP ein und lehnt auch später die nationalsozialistische Rassenideologie ab.[172] Nach der Machtergreifung fordert der *Ausschuß Evangelischer Jugendverbände* die NLB auf, eine gemeinsame Erklärung zur Machtergreifung zu unterzeichnen, in der diese begrüßt wird. Wenngleich die NLB inhaltlich zustimmt, lehnt sie die Aufforderung ab und veröffentlicht stattdessen gemeinsam mit dem *Kampfbund für deutsche Frauenkultur*, der Nachfolgeorganisation des *Deutschen Frauenkampfbundes* eine eigene Stellungnahme.[173] Diehl rechnet bei dieser Gelegenheit mit den evangelischen Jugendverbänden ab, indem sie rekapituliert, daß Neuland im *Ausschuß Evangelischer Jugendverbände* 14 Jahre lang angefeindet worden sei, weil es dort genau die Ideen geäußert habe, die nun von den Nationalsozialisten vertreten werden, und wirft dem Ausschuß Opportunismus vor.[174]

Die Hoffnung auf Expansion und Partizipation an der Macht erfährt für die NLB – ebenso wie für viele andere Jugend- und Frauenverbände, die ihre Hoffnungen auf den NS gesetzt hatten – mit der nationalsozialistischen Gleichschaltungspolitik eine erste Ernüchterung. Auch Jungneuland, der 12-17jährige Nachwuchs der NLB, ist von dem »Abkommen über die Eingliederung der evangelischen Jugend«, das am 19.12.1933 zwischen dem Reichsjugendführer Baldur von Schirach und Reichsbischof Ludwig Müller gegen den Willen des Führerrates des *Evangelischen Jugendwerks* abgeschlossen wird, in seiner Existenz bedroht.[175] In diesem Abkommen wird für die evangelische Jugend die Verpflichtung zur Doppelmitgliedschaft in *Hitlerjugend* und *Evangelischem Jugendwerk* festgeschrieben, »geländesportliche (einschliesslich turnerische und sportliche) und staatspolitische Erziehung« bleiben der *Hitlerjugend* vorbehalten. Das *Evangelische Jugendwerk* muß sich auf die christliche Verkündigung beschränken und erleidet folglich eine erhebliche Einbuße an Attraktivität. Diehl versucht vergeblich, durch Intervention bei Reichsbischof Müller Einfluß auf den Inhalt des besagten Abkommens zu nehmen, indem sie diesem im November 1933 eine diesbezügliche Denkschrift überreicht und ihre Teilnahme an der entscheidenden Sitzung des Führerrates zunächst ankündigt, dann aber kurzfristig absagt.[176] Laut Marianne Kelber, einer engen Mitarbeiterin Diehls, kritisiert diese den Eingliederungsvertrag die Beschränkung der evangelischen Jugendarbeit auf die Bibelarbeit und den Zwang zur Doppelmitgliedschaft für alle, die weiterhin einem evangelischen Jugendverband angehören wollen, weil die Doppelmitgliedschaft zur »Zerstörung der Familie« führe.[177] Da Diehl das besagte Abkommen nicht verhindern kann, versucht sie, den Machtkonflikt zwischen nationalsozialistischem Regime und Autonomieanspruch der NLB durch eine rückwirkende Neudefinition des Selbstverständnisses der NLB zu entschärfen und die Bedeutung der »Eingliederung« auf ideologischer Ebene zu minimieren, indem sie behauptet, daß sie »ohne Bedeutung« sei, da die NLB »immer die Sache Gereifter« war.[178] Wäre die Einschränkung der Jugendarbeit der NLB tatsächlich so bedeutungslos wie hier behauptet, hätte Diehl nicht diesbezüglich beim Reichsbischof zu intervenieren versucht.[179]

Gegenüber den Anhängerinnen Jungneulands verfolgt die NLB eine Doppelstrategie: Einerseits rät die Kreisleiterin Ellinor Falk den Jungneuland-Kreisleiterinnen, »Führerinnen« im *Bund Deutscher Mädel* zu werden, der laut Reese einen großen Bedarf an »Führerinnen« hat,[180] um dort ihren Einfluß im Sinne Neulands geltend zu machen, oder zumindest freundschaftliche Beziehungen zu diesem zu pflegen, um so eine Doppelmitgliedschaft zu ermöglichen.[181] Andererseits beabsichtigt die NLB, ihre Jugendarbeit in Form von Bibelarbeit fortzusetzen, und lädt dazu auch diejenigen als Gäste ein, die sich gegen eine Doppelmitgliedschaft und für den *Bund Deutscher Mädel* entscheiden.[182] Die Mitglieder der evangelischen Jugendverbände setzen ihre Aktivitäten zum Teil als evangelische Gemeindejugend fort. Legt man die Ankündigungen im *Neulandblatt* zugrunde, so finden ab 1934 offiziell keine Jungneuland-Veranstaltungen mehr statt, was auf eine Auflösung schließen läßt.[183] Die NLB kann ihre Jugendzeitschrift *Jungneuland* erhalten, benennt sie aber 1934 in *Wartburg-Ruf* um und versucht so, die Gemeindejugend zu erreichen. Sieht man von der »Eingliederung« Jungneulands in die *Hitlerjugend* ab, so werden im Rahmen der »Gleichschaltung« auf organisatorischer Ebene zunächst keine Veränderungen vorgenommen. Da das Führerprinzip bereits durchgesetzt ist, erweist sich eine entsprechende Satzungsänderung vorerst als nicht notwendig. Ebenso erübrigt sich eine Neubesetzung des Vorstandes, also des Neulandrates, da seine Mitglieder den pronationalsozialistischen Kurs der NLB 1930 selbst mit beschließen, also Nationalsozialistinnen sind.

Wenngleich Diehl die NLB im »Deutschen Frauenwillen« als die Erbin der bürgerlichen Frauenbewegung darstellt, besteht Diehl angesichts des Vorgehens der Nationalsozialisten gegen die bürgerliche Frauenbewegung nicht auf diesem Anspruch. Sie reiht die NLB wieder in die evangelischen Frauenverbände ein, die nach der Machtergreifung zunächst relativ unbehelligt weiterarbeiten können, und bewahrt die NLB so durch geschicktes Manövrieren vor der Auflösung oder dem zwangsweisen Anschluß an die *Deutsche Frauenfront* beziehungsweise an das *Deutsche Frauenwerk*.

Diskussion und Akzeptanz nationalsozialistischer Politik und Ideologie

Ab Anfang 1930 verknüpft die NLB ihre Interessen auf unterschiedlichen Ebenen mit denen der NSDAP und NSB. Betrachtet man den Hinwendungsprozeß, so zeigt sich, daß Diehl in diesem als treibende Kraft wirkt. Gleichzeitig stellt sich die Frage nach bewegungsinternen Prozessen im Zusammenhang mit der Durchsetzung und Akzeptanz des pronationalsozialistischen Kurses der NLB. Denkbar wäre beispielsweise eine spontane bedingungslose Unterwerfung der Anhängerinnen unter Diehls Willen, aber auch Widerstand, der Diehl und die nationalsozialistischen »Neuländerinnen« zum Einlenken zwingt, ein Kompromiß, der Diehls Engagement akzeptiert, aber die NLB nicht parteipolitisch bindet, oder auch eine Spaltung der NLB. Inwieweit wird der NS tatsächlich die Sache der gesamten NLB? Inwiefern ist die einzelne Anhängerin gezwungen, Stellung zu beziehen, oder kann sie in der NLB eine ›unpolitische‹ Existenz führen und sich anderen Aktivitäten widmen? Darüber hinaus interessiert, inwieweit die Neuland-Anhängerinnen ihren Bekenntnissen zum NS Taten folgen lassen, indem sie sich in nationalsozialistischen Organisationen engagieren, und wie die NLB sich nach der Machtergreifung tatsächlich gegenüber der menschenverachtenden Politik der Nationalsozialisten verhält.

Polarisierung der Anhängerinnen

Die Hinwendung der NLB zur NSDAP und NSB stellt sich nicht als einmaliger kollektiver Akt, sondern als ein Prozeß dar, der im Winter 1929/1930 beginnt und individuell ungleichzeitig verläuft. Wenngleich Diehl in der Begründung ihres Beitritts zur NSDAP angibt, sie habe die NSB seit dem Hitlerputsch aufmerksam verfolgt, hat diese vor dem Referendum gegen den Young-Plan für die NLB keine Rolle gespielt. Noch in dem 1928 aus Anlaß des zehnten Jahrestags der Unterzeichnung des Versailler Vertrags in dritter Auflage erschienenen Buch »Heilige Flamme glüh!« kommentiert Diehl den Hitlerputsch emotionslos: »In dieser Not versuchen Ludendorff und Hitler in München eine Aktion zur Rettung. Sie wollen eine Volkserhebung zur Einführung neuer Ordnung. Aber es ist ein ganz vergeblicher Vorstoß.«[184] Zu diesem Zeitpunkt betrachtet Diehl die NSDAP offensichtlich als eine unbedeutende Partei unter anderen, die nicht über die Macht verfügt, ihre Ziele, mit denen die NLB offenbar sympathisiert, durchzusetzen. Anfang 1930, nachdem die NSDAP bereits auf dem Weg zu einer Massenpartei ist, finden sich im *Neulandblatt* erste Hinweise auf die NSB. Sie wird als »Morgenröte am Himmel der Nation«[185] bezeichnet, die einen »neuen Tag« verkünde und als ein sich unabhängig vom menschlichen Willen vollziehendes, Naturgesetzen gehorchendes Ereignis dargestellt.

Indem die Anhängerinnen der NLB die »Leitsätze« als programmatische Schrift verabschieden, verpflichten sie sich zwar, die »Freiheitsbewegung« zu unterstützen, dennoch herrschen in der NLB zu diesem Zeitpunkt noch erhebliche Vorbehalte gegen ein parteipolitisches Engagement im allgemeinen sowie gegen die Nationalsozialisten und die völkische Bewegung im besonderen. Ellinor Falk, Studienrätin und Kreisleiterin des Waldenburger Neulandkreises, artikuliert die Bedenken der ›Dissidentinnen‹ auf dem Neulandtag im Juni 1930, der nach dem Referendum gegen den Young-Plan, aber vor dem ersten großen Wahlerfolg der Nationalsozialisten im September desselben Jahres stattfindet, und stellt dann die Frage: »Und was war nun das Ergebnis der diesjährigen Tagung? Vielleicht werden viele sagen: Sollen wir etwa gezwungen werden, zu den National-Sozialisten herüber zu gehen oder uns irgendeiner völkischen Bewegung usw. anzuschließen? Das sei ferne!«[186] Wenngleich die Nationalsozialisten hier bereits an erster

Stelle genannt werden, läßt die Tatsache, daß zu diesem Neulandtag »interessante Vertreter verschiedener Parteien«[187] eingeladen werden, vermuten, daß noch diskutiert wird, welche Gruppierung innerhalb der »Freiheitsbewegung« die NLB unterstützen solle. Falk charakterisiert das Spektrum der geladenen Gäste als »Pfarrer aus Stadt und Land, Studienräte, Vertreter der völkischen Bewegung, des Stahlhelms und der national-sozialistischen Partei.«[188] Diese Aufzählung stellt eine eigenartige Mischung aus Berufsgruppen- und Parteivertretern dar und verweist sowohl auf die soziale Herkunft der Betreffenden als auch auf den politischen Horizont der NLB.

Im Juli 1930 bekennt sich in *Treufest* der Pfarrer Gotthard Meincke, zu dieser Zeit eine der einflußreichsten Personen im Umfeld Diehls, als Neuländer zum NS und äußert die Hoffnung: »Sicherlich, es wäre sehr schön, wenn wir Neuländer politisch alle Nationalsozialisten wären, eben in unserem Herrn Christus vertiefte Nationalsozialisten.«[189] Diehl tritt der NSDAP am 31.8.1930 bei, also unmittelbar vor den Reichstagswahlen am 14.9.1930, bei denen der NSDAP mit einem Stimmenanteil von 18,3 % der Durchbruch gelingt.[190] Diehl verkündet und begründet diesen Schritt ebenfalls in *Treufest*. Als Konsequenzen für die NLB und die Anhängerinnen formuliert sie:

Es bedeutet nicht:
1. Daß Neuland als Ganzes nationalsozialistisch werden soll […]
2. Daß auf einzelne Neuländer ein Zwang ausgeübt werden soll, nun auch zum Nationalsozialismus zu kommen. Dieser liegt ebenfalls nicht im Sinne Neulands und ebenso wenig im Sinne des Nationalsozialismus, der nur freie Gefolgschaft will, und vor allem nur aktive, tapfere Menschen brauchen kann. Solche, die nicht voll überzeugt sind, würden ihm zum Hemmschuh.[191]

Wenn Diehl zusichert, es solle kein »Zwang« ausgeübt werden, kann das nur bedeuten, daß die ›Dissidentinnen‹, diejenigen, die nicht Nationalsozialistinnen werden wollen, zunächst nicht ausgeschlossen werden. Da die Zugehörigkeit zur NLB freiwillig ist, verfügt Diehl, vom Ausschluß abgesehen, über keinerlei Mittel, den individuellen Beitritt zur NSDAP oder zumindest deren Unterstützung durchzusetzen. Wie sie selbst treffend analysiert, würde der Einsatz ihrer Autorität nur Mitläuferinnen, aber keine kämpferischen Nationalsozialistinnen produzieren.

Diehls Beitritt zur NSDAP folgt eine Überzeugungsoffensive, die von zahlreichen bereits für den NS gewonnenen Neuland-Anhängerinnen unterstützt wird. Eingeleitet wird sie mit einer ausführlichen Präsentation des ersten und zweiten Bandes von Hitlers »Mein Kampf« im *Neulandblatt*. Die ›Dissidentinnen‹ werden aufgefordert, sich über den NS zu informieren, Parteiveranstaltungen der NSDAP zu besuchen, nationalsozialistische Schriften zu lesen, ihre Bedenken auf den Neulandtagen offen auszusprechen und, falls dies alles sie nicht überzeuge, ihrer »Führerin« zu vertrauen. Sie werden als Noch-Nicht-Nationalsozialistinnen behandelt, deren abweichende Meinung auf mangelhafte Information zurückzuführen ist. Indirekt wirft man ihnen vor, ihrer »Führerin« nicht zu vertrauen, womit ihr Status als Anhängerinnen der NLB in Frage gestellt wird.

Das Verhältnis Neulands zum NS entwickelt sich ab Herbst 1930 zum dominanten Thema innerhalb der NLB. Die Diskussion wird sowohl im *Neulandblatt* als auch in *Treufest* geführt. Da beide Zeitschriften sowie der von Diehl jährlich herausgegebene Bibelweiser von allen Scharmitgliedern abonniert werden müssen, wird erheblicher Druck auf alle Zögernden ausgeübt, sich mit dem NS auseinanderzusetzen. Die Diskussion wird auf diese Weise auch in die einzelnen Studien- und Neulandkreise hineingetragen und löst dort zum Teil Widerstand aus. Dieser resultiert zunächst in einer breiten Diskussion und führt schließlich zu zahlreichen Austritten. Wenngleich die NLB sich 1930/31 in Befürworterinnen und Gegnerinnen eines Engagements für den NS zu spalten droht,[192] halten Diehl und ihre Mitarbeiterinnen an dem pronationalsozialistischen Kurs fest. Der gerade neu konstituierte Neulandrat,[193] das nach Diehl und neben der Neulandschar höchste Entscheidungsgremium, beschließt bereits am 5.1.1931, den NS zu unterstützen:

> Wir bejahen freudig diese deutsche Wende, erkennen aber auch ihre Fehler und Schwächen. Ein Aufgehen Neulands im Nationalsozialismus ist niemals beabsichtigt, weil wir wichtigere eigene Güter weiterzutragen haben, besonders: erneuertes Christsein, bußfertige Vaterlandsliebe und den Deutschen Frauenwillen.[194]

Einerseits bekennt man sich im Unterschied zu den »Richtlinien«, in denen noch von der »Freiheitsbewegung« die Rede war, nun explizit zum NS, andererseits befürchten die Ratsmitglieder offensichtlich eine zu starke Annäherung an den NS und verteidigen die Autonomie der NLB prophylaktisch. Auch mit den Hinweisen auf »Fehler und Schwächen« bemüht man sich um Distanz und versucht möglicherweise, Diehl und bereits zum NS ›konvertierte‹ Anhängerinnen in ihrem Engagement für den NS zu bremsen. Nach dem Neulandrat stimmt auf dem Neulandtag im Mai 1931 auch die Neulandschar[195] über Neulands Stellung zum NS ab:

> Die Scharversammlung billigt die Haltung der Führerin gegenüber der Freiheitsbewegung: Diese Haltung stellt sich so dar: Neuland mündet als Ganzes nicht im Nationalsozialismus. Es bejaht aber die Freiheitsbewegung und sieht insonderheit im Nationalsozialismus den Träger der deutschen Wende. Neuland erkennt seine Aufgabe, die ihm gegebenen inneren Güter in die Freiheitsbewegung hineinzutragen.[196]

Ebenso wie der Neulandrat befürwortet die Schar prinzipiell eine Annäherung an den NS, drückt sich jedoch mit dem Wort »billigt« deutlich zurückhaltender aus. Neben der Unterstützung des NS steht die Sorge um die Autonomie der NLB, die die Mitglieder der Neulandschar, ebenso wie der Neulandrat, durch den politischen Kurs ihrer »Führerin« in Gefahr sehen. Auffallend ist, daß in beiden Erklärungen von der »deutschen Wende« und nicht etwa von »nationaler Erhebung«, wie in evangelischen Frauenkreisen in Verbindung mit dem NS üblich, die Rede ist. Mit dieser Begrifflichkeit signalisieren die Anhängerinnen der NLB ihre Zustimmung zu den Grundgedanken des NS: dem Rassismus und Antisemitismus. Über Gegenstimmen wird nicht berichtet, so daß nicht zu klären ist, wie stark die einzelnen Fraktionen sind. Da bereits 1930 angesichts der

Neuland-Veranstaltung im Wartburghof 1933 (DWV)

sich in den »Richtlinien« andeutenden Hinwendung der NLB zum NS einige Anhängerinnen der NLB ihre Teilnahme am Neulandtag verweigern, ist davon auszugehen, daß die ›Dissidentinnen‹ auch zum Neulandtag 1931 nicht erscheinen und nicht an der Abstimmung teilnehmen, da sie kaum Chancen haben, ihren Standpunkt gegen die charismatische »Führerin« Diehl und die Mehrheit der NLB durchzusetzen.[197]

Das Jahr 1932 stellt sowohl für die NSB als auch für Neuland ein Schlüsseljahr dar. Die NSDAP wird bei den Reichstagswahlen am 31.7.1932 mit einem Stimmenanteil von 37,8% zur stärksten Partei.[198] Gleichzeitig setzt sich die Akzeptanz des NS in der NLB gegen den verbleibenden Widerstand durch. Berichte über den Neulandtag 1932 lassen auf die Anwesenheit zahlreicher Nationalsozialisten schließen.[199] Als Funktionsträger der NSDAP sind Hans Schemm, Mitglied des Reichstags für die NSDAP und Vorsitzender des *Nationalsozialistischen Lehrerbundes*, sowie der Regierungsrat Dr. Fabricius, Fraktionsgeschäftsführer der NSDAP im Reichstag und späterer Mitarbeiter Fricks als Reichsinnenminister, geladen.[200] Von diesem Neulandtag wird im *Neulandblatt* mit großem Enthusiasmus berichtet. Diehls Feststellung, daß »der Widerspruch gegen die Freiheitsbewegung [...] tatsächlich am Schwinden [ist]«,[201] kann bedeuten, daß sich immer mehr Anhängerinnen dem NS zuwenden oder aber, daß sie sich von der NLB abkehren. Während Diehls Darstellung für die erste Option spricht, legt Erna Brauns Bericht über das gleiche Ereignis nahe, daß die ›Dissidentinnen‹ sich zurückziehen, was sie aber nicht zu bedauern scheint: »Wohl waren einige Menschen da mit dunklen Gesichtern, die sich trotzig verschlossen – sie konnten nicht in den Einklang einmünden – sie gingen bald wieder fort – sie fanden nicht Raum in dem Pfingstwunder, weil sie nicht glauben konnten.«[202] Die ›Dissidentinnen‹ werden als sehr unsympathische Zeitgenossinnen, fast schon als Verbrecherinnen beschrieben, obwohl es sich vermutlich nicht um Fremde – die Neulandtage sind öffentlich und jedermann zugänglich – sondern um Anhängerinnen der NLB handelt. Der Ausdruck »Pfingstwunder« ist in diesem Kontext doppeldeutig. Zum einen findet der Neulandtag Pfingsten statt und verweist so auf die Ausgießung des Heiligen Geistes, zum anderen bezeichnet er den Schulterschluß mit der NSB, der so gleichzeitig eine religiöse Weihe erhält.

Angesichts der Erwartungen von seiten Diehls, ihrer Mitarbeiterinnen, aber auch der schon für den NS gewonnenen Anhängerinnen wird eine parteipolitisch neutrale Haltung spätestens 1932 unmöglich, so daß letztlich jede Neuland-Anhängerin vor der Entscheidung steht, entweder in der NLB zu verbleiben und sich für einen Sieg der NSDAP einzusetzen oder aber sich von der NLB zu trennen, eine Option, die für viele aufgrund starker persönlicher Bindungen von großer Tragweite ist. Dieser Polarisierungsprozeß wird von seiten der pronationalsozialistischen Anhängerinnen forciert, die versuchen, die NLB zu einer fanatischen »Kampftruppe« für den NS umzugestalten. So stellt Emma Kottmann, die Leiterin des Hagener Neulandkreises, sich eindeutig auf die Seite des NS, »selbst auf die Gefahr hin, Mitglieder zu verlieren, was in ihrem Kreis allerdings nicht vorgekommen ist. Ihre Mitglieder stehen fast sämtlich irgendwie in der Arbeit innerhalb der Partei oder gehören der Hitlerjugend an.«[203]

Von seiten Diehls und ihrer Mitarbeiterinnen wird von den Anhängerinnen der bedingungslose Einsatz für den politischen Sieg der NSDAP gefordert. So wird beispielsweise erwartet, daß sie, wenn sie nicht der NSDAP beitreten, zumindest für diese werben, bei allen Reichstagswahlen für die NSDAP stimmen, bei der Wahl des Reichspräsidenten für Hitler votieren, auf Kreisebene mit dem *Deutschen Frauenorden* beziehungsweise der *NS-Frauenschaft* zusammenarbeiten, Werbeveranstaltungen für den »Freiheitskampf« gemeinsam mit der NSDAP organisieren, Bekannte im persönlichen Gespräch vom NS überzeugen etc. Sie werden verpflichtet selbst im Urlaub, für die NSDAP zu werben.[204] Die Frage, ob es sich bei der offensichtlichen Begeisterung vieler Neuland-Anhängerinnen für den NS um die eigene Überzeugung oder aber um Unterwerfung unter die Entscheidung Diehls handelt, läßt sich nicht eindeutig beantworten. Die zahlreichen Artikel in *Treufest* und im *Neulandblatt*, in denen Anhängerinnen der NLB für eine Unterstützung des NS argumentieren, sprechen gegen eine unreflektierte Unterordnung. Davon abgesehen, scheint ein Teil der Anhängerinnen durch die Thematik überfordert. So beruft sich Ursula Seicher auf eine »Gehorsamspflicht, treu zu bleiben, auch wenn wir etwas mal nicht verstehen«,[205] und weicht so einer eigenen Auseinandersetzung mit dem Thema NS aus.

Betrachtet man die Entscheidungsprozesse in der NLB, so gehen diese ihren satzungsmäßigen Gang: Diehl entscheidet, der Neulandrat und die Neulandschar stimmen ab, das heißt zu. Indem die Anhängerinnen der NLB einbezogen werden, weist der Entscheidungsfindungsprozeß unter formalen Gesichtspunkten demokratische Momente auf, so daß sich in Anbetracht des Führerprinzips die Frage nach Sinn und Funktion der Abstimmungen stellt. Da der Neulandrat den Entscheidungen Diehls qua Satzung positiv gegenübersteht, müßten sich Abstimmungen erübrigen. Der Sinn des Verfahrens liegt offenbar nicht in einer demokratischen Legitimation des politischen Kurses der NLB, vielmehr verpflichten sich die Anhängerinnen, indem sie individuell zustimmen, auf den von Diehl festgelegten Kurs. Auf diese Weise versichert sich Diehl der Loyalität möglichst vieler ihrer Anhängerinnen. Dementsprechend heißt es auch in der Satzung, daß Diehls Entscheidungen von den entsprechenden Gremien nicht etwa kritisch diskutiert, sondern »durchgearbeitet« werden müssen. Die Zustimmung von Neulandrat und Neulandschar zum pronationalsozialistischen Kurs der NLB deutet einerseits darauf hin, daß eine Annäherung an den NS von der Basis weitgehend getragen wird, andererseits ist zu bedenken, daß Dissens zwar prinzipiell möglich ist, aber einen Bruch des bündischen Führerinnen-Gefolgschafts-Verhältnisses und so letztlich den Selbst-Ausschluß aus der NLB bedeutet. Der pronationalsozialistische Kurs der NLB führt zu einer Polarisierung der Anhängerinnen in überzeugte Nationalsozialistinnen und ›Unpolitische‹ beziehungsweise Gegnerinnen des NS. Während die ersteren sich gemeinsam mit ihrer »Führerin« in den Dienst des NS stellen, bleibt den letzteren nur der Austritt. Wenngleich letztlich nicht zu entscheiden ist, ob tatsächlich nur überzeugte Nationalsozialistinnen in der NLB verbleiben, geht es Diehl und ihrer pronationalsozialistischen Klientel um die Umgestaltung der NLB zu einer fanatischen »Kampftruppe« für den NS.[206]

Auf der Ebene der Organisationsentwicklung bestätigt sich der Eindruck einer Polarisierung der Anhängerinnen. Die NLB erhofft sich von der Annäherung an die NSB zunächst eine Überwindung der eigenen Krise. Trotz gleichbleibend rückläufiger

Mitglieder- beziehungsweise Abonnentinnen-Entwicklung setzt zu Beginn der 30er Jahre ein verstärktes Streben nach Expansion ein, das eine Erweiterung der Zielgruppe intendiert und in engem Zusammenhang mit dem Anwachsen der NSB steht. Dieses versetzt Diehl ab 1930 in Euphorie und läßt sie zu dem Schluß kommen, daß die Menschen nun auch für die Programmatik der NLB besonders empfänglich sein müssen und folglich die Werbung zu intensivieren sei.[207] Die NLB hofft, an der Dynamik der NSB zu partizipieren, indem sie die eigenen Anhängerinnen zwecks Werbung neuer Zielgruppen mobilisiert. Diese sollen, dem Modell konzentrischer Kreise folgend, zwar an die NLB gebunden, nicht aber in die Neulandschar integriert werden. So wird Anfang 1930 dazu aufgerufen, zwecks Diskussion der »Richtlinien« neue Kreise, sogenannte »Neulandkameradschaften« zu bilden. Zusammengefaßt werden sollen hierin nicht nur junge Frauen, sondern auch Männer und Ehepaare, die zwar die »Richtlinien« anerkennen, die man aber nicht für würdig befindet, in die NLB aufgenommen zu werden.[208] 1932 werden erstmalig Belohnungen für die Werbung neuer Abonnentinnen des *Neulandblatts* ausgesetzt.[209] Im Rahmen der Werbeoffensive wird auch ein Reisedienst initiiert. Es werden Listen von Personen, meist Kreisleiterinnen, erstellt, die zu bestimmten Themen referieren und von den Neulandkreisen eingeladen werden können. Gleichzeitig veröffentlicht man genaue Instruktionen zur Organisation von Werbeveranstaltungen und bemüht sich so, die eigene Arbeit zu professionalisieren.

Neulands Hinwendung zum NS und die verstärkte Werbetätigkeit führen 1930 und 1931 jedoch keineswegs zu dem erhofften schnellen Anwachsen der NLB. Sie rufen vielmehr Kritik hervor und bewirken den Austritt zahlreicher Mitglieder, so daß sowohl die Zahl der Scharmitglieder als auch die der Abonnentinnen des *Neulandblatts* weiterhin rückläufig bleibt:

> Über unsere Stellung zur Freiheitsbewegung wurde noch einmal gesprochen, da aus Herford in Westfalen 14 Mitglieder das Neulandblatt abbestellt hatten, und zwar aus politischen Gründen. Auch aus anderen Teilgruppen haben sich im Ganzen etwa 20 Neuländerinnen abgemeldet mit Angabe des Grundes, daß Neuland sich der Freiheitsbewegung zu sehr nähere.[210]

Wenn Scharmitglieder das *Neulandblatt* abbestellen, so ist davon auszugehen, daß sie auch aus der Neulandschar austreten, denn jedes Scharmitglied muß das *Neulandblatt* abonnieren. Legt man die Zahl von 1.400 Scharmitgliedern zugrunde, so viele wurden 1927 gezählt,[211] so würde der Austritt von 34 Scharmitgliedern einen Verlust von 2,4% bedeuten. Folgt man der Berichterstattung im *Neulandblatt*, so scheint sich der Abwärtstrend auf dem Neulandtag 1932 umzukehren. Es kommt dort offensichtlich zu einer Art Beitrittswelle.[212] Demgegenüber zeigt der entsprechende Geschäftsbericht, daß es sich nicht etwa um Massenbeitritte, sondern lediglich um die »Aufnahme von 9-Probe-Scharmitgliedern in die Schar und 7 Aufnahmen ins Probejahr«[213] handelt. Wenngleich auf diesem Neulandtag, der mit Hans Schemm als Redner ganz im Zeichen des NS steht, offensichtlich überdurchschnittlich viele Personen der Neulandschar beitreten, kehrt sich die rückläufige Mitgliederentwicklng der NLB nicht um.

138

Nimmt man die Auflagenhöhe der Neuland-Zeitschriften als Indikator für die Mitgliederentwicklung und die Attraktivität der NLB überhaupt, so setzt sich die Krise bis 1935 und darüber hinaus fort. Während das *Neulandblatt* 1929 noch eine Auflage von 4.000 aufweist, geht diese bis 1931 auf 3.000 und bis 1933 auf 2.500 zurück, fällt also von 1929 bis 1933 um 37,5 %.[214] 1935 beträgt sie 2.300. Ebenso sinkt die Auflage der Zeitschrift *Jungneuland* von 2.000 Exemplaren 1929 auf 1.000 1933 um 50 %. Betrachtet man zum Vergleich die *Evangelische Frauenzeitung*, die Verbandszeitschrift des *Deutsch-Evangelischen Frauenbundes*, so steigt deren Auflage von 12.000 1929 zunächst auf 12.900 1931, um bis 1935 dann auf 9.945 zurückzugehen. Die Auflage der *Frauenhilfe*, der Verbandszeitschrift der *Evangelischen Frauenhilfe*, steigt von 3.400 1929 auf 3.800 1933 und kann ihre Auflage während des NS bis 1939 sogar auf 4.900 erhöhen. *Die Frau*, Verbandszeitschrift des BDF, steigert ihre Auflage von 6.500 1929 bis 1931 zunächst auf 8.000, diese geht jedoch bis 1933 auf 4.500 und 1935 schließlich auf 3.300 zurück. Während die Auflagenhöhe der *Evangelischen Frauenzeitung* und der Zeitschrift *Die Frau* erst ab 1931 rückläufig ist, weisen einzig die Zeitschriften der NLB seit Beginn der 20er Jahre einen kontinuierlichen Abwärtstrend auf. Das *Neulandblatt* verliert während der Hinwendung der NLB zum NS fast 40 %, *Jungneuland* 50 % seiner Abonnentinnen. Zum Teil ist der Auflagenrückgang Ende der 20er Jahre vermutlich auf eine Verarmung der Anhängerinnen der NLB und Neuland-Sympathisantinnen durch die 1929 einsetzende Wirtschaftskrise zurückzuführen. Hierfür spricht eine sukzessive Preissenkung des *Neulandblatts* von 3,– Reichsmark halbjährlich 1928 auf 2,40 Reichsmark 1932, durch die man der eigenen Klientel entgegenkommt. Die Wirtschaftskrise verstärkt lediglich den kontinuierlichen Anhängerinnen-Schwund der NLB, worauf auch der Rückgang der Zahl der Jungneulandkreise von 53 1929 um 22,64 % auf 41 1932 hindeutet, der sich nicht ökonomisch erklären läßt.[215]

Insgesamt erfüllt sich die Erwartung der NLB, durch ihre Unterstützung der NSDAP und NSB auch an deren Wachstum zu partizipieren und die eigene Krise zu überwinden, nicht. Vielmehr erschwert Neulands Annäherung an die NSB – wie zum Beispiel in Ostpreußen – die Werbung für die NLB, da man »Neuland als Lockmittel für die N.S.D.A.P.« betrachtet.[216] Die mit der Annäherung der NLB an den NS einhergehenden Austritte aus der NLB und die Abbestellungen des *Neulandblatts* lassen sich zum einen als Protest gegen den pronationalsozialistischen Kurs der NLB und ihrer »Führerin« interpretieren, zum anderen aber auch als Abwanderung zur NSDAP oder zu nationalsozialistischen Organisationen, also als Entscheidung für den NS gegen die NLB, die an ihrer Autonomie festhält, erklären. Die letztgenannte Deutung legen Briefe aus dem Jahre 1940 nahe, in denen ehemalige Anhängerinnen der NLB bedauern, daß sich diese noch nicht aufgelöst beziehungsweise den Deutschen Christen oder der Thüringer *Nationalkirchlichen Bewegung* angeschlossen habe.[217] Diese Briefe verweisen gleichzeitig auf das Dilemma der NLB, die ab 1930 für den NS wirbt und gleichzeitig selbst davon zu profitieren hofft: Überzeugt sie ihre eigenen Anhängerinnen sowie Außenstehende tatsächlich vom NS, so werden diese zwar den NS unterstützen, sich aber von der NLB abwenden und letztlich deren Existenzberechtigung in Frage stellen.

Die NLB verliert mit ihrer Hinwendung zum NS zwar viele Anhängerinnen, aber die Mehrheit befürwortet die Unterstützung des NS. Dieses hat seine Ursache in programmatisch-inhaltlichen Interessenverknüpfungen, ist aber gleichzeitig vor dem Hintergrund der Isolation der NLB in Jugendbewegung, Frauenbewegung und Protestantismus zu sehen. In dieser desolaten Lage verleiht die Anerkennung der Programmatik und der politischen Agitation der NLB sowohl seitens Nationalsozialisten als auch seitens der Deutschen Christen dem Hinwendungsprozeß der NLB zum NS eine besondere Dynamik. Die Anerkennung durch die Nationalsozialisten bedeutet für die Anhängerinnen der NLB eine Genugtuung für vermeintlich erlittene Ungerechtigkeiten und bestätigt die eigenen Forderungen:

> Wir sind so gewohnt, unter Druck, unter Schmerz über die Zustände im Vaterland, unter Verleumdungen unsere Energien zu spannen, unter einem »trotz allem« und »nun gerade« den Hochflug der Seele geschenkt zu bekommen, daß diesmal die leichtere, frohe Luft der Anerkennung Neulands, die beschwingende Hoffnung einer nahen Wende, der Zusammenklang mit so vielen, der Tagung eine ganz eigene Note gaben.[218]

Das Erstarken der NSB, deren politische Zielsetzung mit der der NLB zunächst weitgehend identisch zu sein scheint, legitimiert das vermeintliche Leiden der NLB und bestärkt die Anhängerinnen in ihrem politischen Radikalismus. Die Anerkennung der NLB von seiten des NS, die sich beispielsweise in der Kooperation mit nationalsozialistischen Funktionsträgern auf dem Neulandtag 1932, aber auch in der Förderung der NLB durch Frick als Thüringer Innen- und Volksbildungsminister manifestiert, beendet deren Einzelkämpferdasein. Während die NLB zuvor oft auf Widerstand gestoßen war, wird sie nun von den Nationalsozialisten zur Kooperation aufgefordert und quasi in die NSB integriert. »Neuland wird gebraucht!«, so konstatiert Helene Meyer 1932 begeistert.[219]

In Anbetracht der vehementen Auseinandersetzung um das im »Deutschen Frauenwillen« formulierte frauenpolitische Neuland-Programm festigt die Tatsache, daß Diehl Kulturreferentin in der Reichsfrauenleitung der NSDAP wird, die Anhängerinnen der NLB in ihrem Glauben an die Richtigkeit des eigenen Programms und die Bedeutung Diehls: »Ist es uns nicht wie ein kaum faßbares Wunder, wenn Neuland jetzt aus seinem Aschenbrödeldasein hervorgezogen wird, wenn unsere Führerin von großen Volksversammlungen freudig begrüßt wird als eine der ganz wenigen Frauen, die zu einer großen öffentlichen Wirksamkeit berufen sind?«[220] Wenngleich die Retterin hier nicht benannt wird, ist eindeutig die NSDAP gemeint, die Diehl bereits zu Amt und Würden verholfen hatte. Durch die Unterstützung des pronationalsozialistischen Kurses der NLB glauben ihre Anhängerinnen möglicherweise, an der Anerkennung und dem zweifelhaften Ruhm Diehls zu partizipieren.

Die NLB findet nicht nur Anerkennung seiten der NSB, sondern auch von führenden Vertretern der Deutschen Christen, die – wenngleich sie nicht als Parteiorganisation anerkannt sind – als evangelische Nationalsozialisten auftreten. So betont Friedrich

Wieneke, einer der führenden Vertreter der Berliner Deutschen Christen, mehrfach öffentlich die Vorreiterrolle Diehls und der NLB. In seiner Broschüre »Die Glaubensbewegung ›Deutsche Christen‹« empfiehlt er die Publikationen der NLB zur Lektüre und bezeichnet Diehl als die »große Jugendführerin, die selbst innerhalb der NSDAP. steht, […] schon vor vielen Jahren die Not des Deutschen Christentums [erkannte] und […] in ihrem Bunde ganz und gar in unserem Geist [wirkt].«[221] Die Tatsache, daß Diehl von den Deutschen Christen ebenso wie von anderen prominenten Parteivertretern geachtet wird, stärkt zudem ihre Führungsposition in der NLB und fördert die Loyalität zu denjenigen Instanzen, die die Anerkennung gewähren: zur NSDAP sowie zu den Deutschen Christen.

Kontroverse über die Annäherung an die NSDAP

Die Kontroverse um die Hinwendung der NLB zum NS beginnt 1930 und wird auf den Neulandtagen, auf Teilgruppentreffen, Freizeiten sowie im *Neulandblatt* und in *Treufest* ausgetragen und in letzteren dokumentiert. Die verbandsinternen Diskussionsprozesse über die Hinwendung der NLB zum NS sind von besonderem Interesse, denn sie sind noch nicht von dem Bemühen geprägt, das Überleben der eigenen Organisation angesichts der nationalsozialistischen Gleichschaltungspolitik zu sichern. Die mit dem NS verbundenen Hoffnungen und Bedenken können vor der Machtergreifung noch frei geäußert werden. Während 1930 noch relativ viele kritische Stimmen zu Worte kommen, verstummen diese nach und nach, weil die ›Dissidentinnen‹ sich entweder von der NLB abwenden oder aber die Seiten wechseln, wie am Beispiel der Studienrätin und Plauener Kreisleiterin Margarete Hantelmann aufgezeigt werden soll. Im folgenden stelle ich die wichtigsten Argumente der Nationalsozialistinnen in der NLB denen der ›Dissidentinnen‹ gegenüber, wobei den Argumenten der letzteren von der Autorin vergleichsweise mehr Raum gelassen wird als ihnen im realen Diskussionsprozeß an Bedeutung zukommt.

Nach Diehls Beitritt zur NSDAP Ende August 1930 wird im *Neulandblatt* und in *Treufest* massiv für die NSB geworben, und die Neuland-Anhängerinnen werden zur Unterstützung derselben aufgefordert. Die Befürworterinnen einer Hinwendung zum NS berufen sich vor allem auf die bereits im Ersten Weltkrieg propagierte Untrennbarkeit von Religion und Politik und argumentieren, daß politische Tätigkeit »Reichsgottesarbeit« und damit die Pflicht eines jeden Christen und einer jeden Christin sei.[222] Alle Christen tragen, so behaupten die pronationalsozialistischen Anhängerinnen, ein zentrales Argument der politischen Theologie[223] aufgreifend, eine politische Verantwortung für ihr Volk und Vaterland. Die Nationalsozialistinnen beklagen, daß diese Verantwortung von den Kirchen bisher zu wenig wahrgenommen wurde. Sie kritisieren die defensive Haltung derselben in der Arbeiter- und Frauenfrage und warnen davor, die Zeichen der Zeit nochmals zu ignorieren, Einflußmöglichkeiten zu verschenken und so letztlich dem Säkularisierungsprozeß Vorschub zu leisten.[224] In Umkehrung der ursprünglichen politischen Strategie der NLB warnt van Himbergen, Reisesekretärin der NLB, nun vor einer Selbstbeschränkung auf die religiöse Verinnerlichung und dramatisiert die Lage: »Wenn wir als Neuland so schwach sind in unserem völkischen Willen, wie es zum Teil sich ansieht, so werden wir überrannt, dann folgen wir Gottes Ruf nicht, den wir vernommen haben, dann gibt es in ein paar Jahren kein Neuland mehr!«[225] In ihrer Argumentation verknüpft van Himbergen die Existenz der NLB, an der allen Anhängerinnen gelegen sein muß, mit der Unterstützung der NSB und suggeriert, daß mit einer Ablehnung der NSB gleichzeitig das Fortbestehen der NLB gefährdet werde. Die Handlungsperspektiven werden so auf eine Kooperation mit dem NS oder den vermeintlichen ›Untergang‹ der NLB reduziert. An die Stelle einer differenzierten Argumentation tritt eine religiöse Deutung der NSB, die sich weder beweisen noch widerlegen läßt und angesichts derer alle Gegenargumente bedeutungslos sind.

Dem steht die Forderung nach einer Trennung von Religion und Politik gegenüber, die zu Beginn der 30er Jahre nur noch von wenigen Anhängerinnen beziehungsweise Kreisen vertreten wird.[226] Dennoch definiert sich, selbst angesichts der massiven Überzeugungsversuche von seiten Diehls und der bereits zum NS konvertierten Anhängerinnen, ein Teil der »Neuländerinnen« weiterhin als religiöser Verband, dessen Aufgaben ausschließlich auf dem Gebiet der »inneren Erneuerung« und nicht der Politik liegen. So will ein Pfarrer Heuer »das Politisieren jeder Art aus dem *Neulandblatt* gebannt wissen«.[227] Ebenso fordert der Clever Neulandkreis im *Neulandblatt* die Konzentration der NLB auf religiöse Aktivitäten, erklärt, »den Weg Neulands in der nationalsozialistischen Frage um des Gewissens willen nicht mitgehen zu können«, stellt die Forderung einer, wenn auch nicht unpolitischen, so doch »entschieden überparteilichen politischen Haltung« auf und verweist auf das widersprüchliche Verhalten Diehls:

Es wird uns nach dem Juli-Scharblatt und den letzten Neulandblättern schwer, an den ernsten Willen der Neulandführung zu einer überparteilichen deutschpolitischen Einstellung zu glauben. Zwar die Worte und Versprechungen fehlen nicht! [...] Allein, wir sehen diese Forderungen und Verheißungen in denselben Blättern nicht erfüllt.[228]

In der besagten Ausgabe von *Treufest* werden die »Richtlinien« als »Waffe« im »deutschen Freiheitskampf« deklariert und die Neuland-Anhängerinnen zur Unterstützung der NSB aufgefordert.[229] Eichholz, der Sprecher des Clever Neulandkreises, teilt die religiöse Deutung der NSB nicht und fordert eine strikte Trennung des »Reich[s] Gottes« und »der Welt der Politik«.[230] Indem er auf parteipolitische Äußerungen im unmittelbaren Vorfeld der eigenen Stellungnahme verweist, deutet er einen Kurswechsel der NLB an und nimmt die seiner Meinung nach überparteiliche Tradition der NLB für die Begründung der eigenen Position in Anspruch. Der von Eichholz konstatierte Kurswechsel wird von den nationalsozialistischen Anhängerinnen und Diehl energisch bestritten. Sie bestehen auf der programmatischen Kontinuität der NLB und behaupten, daß der »Wille zur inneren und äußeren Befreiung des Vaterlandes [...] ein wichtiger Bestandteil Neulands von Anfang seiner Entstehung her«[231] gewesen sei, und versuchen so, ihre Sicht der Geschichte durchzusetzen. Mit der Absicht, den von Eichholz angesprochenen Widerspruch zwischen postulierter Neutralität und tatsächlichem Engagement für den NS zu entkräften, konstatiert Diehl, daß die NLB zwar nicht »parteipolitisch« sei, aber auf seiten der »Freiheitsbewegung« stehe.[232] Damit behauptet sie, daß die NLB keine partikularen Interessen, sondern, ebenso wie die »Freiheitsbewegung«, das Allgemeininteresse vertrete. Indem Diehl zwischen der NSDAP und der »Freiheitsbewegung«, eine Bezeichnung, die zunächst die gesamte »nationale Opposition« meint, aber zunehmend als Synonym für die NSB benutzt wird, differenziert, verweist sie außerdem auf strukturelle Gemeinsamkeiten von NSB und der NLB, die sich auch als Bewegung darstellt. Sie umgeht so den Begriff Partei, der, da mit dem Parlamentarismus der Weimarer Republik assoziiert, negativ besetzt ist.

Die unterschiedlichen Einschätzungen der Aufgaben und Ziele sowie des politischen Kurses der NLB im Spannungsfeld von Religion und Politik zeugen davon, daß weder über die Programmatik der NLB noch über Begriff und Sphäre des Politischen in der NLB ein Konsens herrscht. Neben der pronationalsozialistischen und der unpolitischen Fraktion existiert eine dritte Fraktion, für deren Position Erna Ziehe stellvertretend genannt sein soll. Sie kritisiert nicht – wie Heuer – generell das politische Engagement der NLB, sondern ihre einseitige Parteinahme für die NSB. Sie fordert keinen Rückzug Neulands aus der Politik, sondern eine breitere politische Berichterstattung, die auch andere politische Gruppierungen berücksichtige. Nachdem sie die Verworrenheit und Widersprüchlichkeit nationalsozialistischer Ideen kritisiert hat, fordert sie die Anhängerinnen der NLB auf, sich selbst gründlich zu informieren, das heißt, sowohl Versammlungen der NSDAP als auch anderer völkischer Gruppierungen wie beispielsweise des *Tannenbergbundes* zu besuchen.[233] Das Spektrum an Parteien und völkischen Gruppierungen, mit dem sich die Neuland-Anhängerinnen ihrer Meinung nach auseinandersetzen sollten, um sich ein eigenes Urteil über die NSDAP und NSB bilden zu können, spricht für die Begrenztheit des politischen Horizontes selbst der kritischen Anhängerinnen.[234]

Während für Diehl und van Himbergen bereits 1930 feststeht, daß die NSB und Hitler von Gott gesandt sind, um die Deutschen vor dem vermeintlichen ›Untergang‹ zu bewahren, eine Vorstellung, die nach der Machtergreifung im Protestantismus insgesamt verbreitet ist, äußern zunächst noch viele ›Dissidentinnen‹ – so auch Margarete Hantelmann – Zweifel am im Parteiprogramm der NSDAP geforderten »positiven Christentum«. Sie verweist diesbezüglich besonders auf Rosenbergs »Mythus des 20. Jahrhunderts« und auf widersprüchliche Äußerungen verschiedener Nationalsozialisten:

> Wenn es nach Hitlers Buch erscheint, als ob er den Dienst am Volke als Dienst für Gottes Sache ansähe, so ist das ein Punkt, den ich noch niemals in einer Versammlung aussprechen hörte – und ich habe eine ganze Reihe der Führer gehört – sondern immer wurde betont, daß die Triebfeder nationalsozialistischen Handelns das »fanatische Deutschbewußtsein« sei, und ihr einziges Ziel der »fanatische Deutsche«, daß der Glaube an das Volkstum das allein Beseelende sei.[235]

Hantelmann bezweifelt, daß das Motiv nationalsozialistischen Handelns die »Bindung an Gott« ist, bringt Beispiele anti-christlicher Propaganda und verweist auf programma-

tische Unklarheiten. Gegen die NSB spricht ihrer Meinung nach auch ihr Charakter als
Massenbewegung, während Neuland sich als Elitebewegung verstehe. Sie bezweifelt die
Möglichkeit, in der NSB missionarisch zu wirken, und kommt noch im September
1930 zu dem Schluß, daß die Anhängerinnen der NLB, statt sich für den NS zu engagieren, »alle ihre übrige Kraft und Zeit Neuland selbst schenken [möchten]«.[236] Ähnlich
wie sie sehen auch andere Anhängerinnen der NLB im »positiven Christentum« weniger einen Schutz des Christentums vor dem Atheismus als die Gefahr, die Verkündigung
Parteiinteressen unterordnen zu müssen.[237]

Auch das gewalttätige Auftreten vieler Nationalsozialisten, das den Umgangsformen
derjenigen Gesellschaftskreise, aus denen sich die NLB rekrutiert, wohl kaum entspricht,
lehnen manche Anhängerinnen ab. Käthe Schmidt, Studentin der Theologie und Philosophie, spricht sich im Auftrag der »Führerinnen« der sächsischen Neulandkreise grundsätzlich für eine Annäherung der NLB an die NSB aus. Während sie die Durchsetzung
einer »artgemäßen Kultur« ausdrücklich begrüßt, gibt sie aber zu bedenken:

> Es trennt uns von ihr [NSB, S.L.] oder erschwert uns wenigstens die volle Zustim-
> mung eine gewisse Unsachlichkeit, besonders in der äußeren Form und manchmal
> das unbedachte Draufgängertum. Die schwersten Bedenken haben aber viele
> Neuländerinnen in bezug auf die Frage einer religiösen Bindung der Freiheitsbewe-
> gung.[238]

Die Tatsache, daß die sächsischen Kreisleiterinnen trotz vieler auf dem »Führerinnen-
treffen« geäußerter Bedenken den pronationalsozialistischen Kurs der NLB befürworten, spricht für den Vorrang politischer Erwägungen bei der Entscheidungsfindung und
für eine Übereinstimmung mit den politischen Zielen der NSB – wenngleich die Methoden zum Teil abgelehnt werden. Entscheidend ist für die sächsischen Kreisleiterinnen, daß die NSDAP auf eine Zerstörung der Weimarer Republik hinarbeitet und den
Rassegedanken konsequent durchzusetzen verspricht. Die Nationalsozialistinnen in der
NLB argumentieren hinsichtlich der geäußerten Bedenken, daß es sich um »Auswüch-
se« handle, die zu jeder Bewegung gehören, die durch die gegnerische, das heißt die
kommunistische und bürgerliche Presse hochgespielt würden.[239] Diehl führt – bereits
ganz in der Logik der Nationalsozialisten – nicht akzeptable Verhaltensweisen auf die
angebliche Dekadenz der Weimarer Republik zurück und macht so die Demokratie für
die Gewalttaten der Nazis verantwortlich.[240]

Einige Anhängerinnen der NLB nehmen die NSB als frauenfeindlich wahr und befürchten eine Beschränkung der Frauen auf »Kinder, Kirche, Küche [und] Kammer«.[241]
Dem tritt Helene Meyer, die Leiterin des Gemeindehelferinnenseminars, energisch entgegen, indem sie die »4 K« positiv besetzt:

> Ei, lasset uns sogleich und jede anfangen, diese Ämter zu üben – kräftig hinein in die
> Volksküche, den kochenden Brei gerührt, daß das Gärende und Brodelnde nicht in
> Schaum und Dampf sich verflüchtigt, sondern ein guter Grundsatz bleibt [...]
> Wahrlich, gerade die 4 K rufen uns zum Dienst am öffentlichen Leben.[242]

In der unterschiedlichen Bewertung der Aufgaben der Frau in einem noch fiktiven nationalsozialistischen Staat treffen bürgerlich-liberales und völkisches Denken aufeinander. Während das bürgerlich-liberale Denken auf der Trennung von privat und öffentlich basiert und die Zuständigkeit der Frauen für die »4 K« einer Beschränkung auf den Privatbereich gleichkommt, kennt das völkische Denken diese Unterscheidung nicht. Jede Betätigung wird in ihrer Bedeutung für das »Volksganze« gesehen und ist in diesem Sinne politisch. In Ermangelung einer Privatsphäre ordnet Meyer die Tätigkeiten der Frauen der öffentlichen Sphäre zu und bezeichnet Kinder, Kirche, Küche und Kammer als »Ämter«. Ämter beziehungsweise deren Inhaber und Inhaberinnen üben in der Regel öffentliche Funktionen aus und sind »verbeamtet«.[243] Dieser Logik folgend, werden die Frauen nicht marginalisiert, vielmehr tragen sie eine besondere Verantwortung, und ihren Aufgaben kommt eine allgemeine öffentliche Bedeutung zu, weswegen sie sich – aus Meyers Perspektive – als Frauen gerade besonders für den politischen Sieg der NSDAP engagieren sollten.

Die Diskussion um Neulands Hinwendung zum NS setzt sich zwar bis 1933 fort, bereits 1931 kommen jedoch weniger kritische Stimmen zu Wort – und einige der zunächst entschiedensten Gegnerinnen der NSB werden nun zu begeisterten Fürsprecherinnen derselben. Relativ genau läßt sich der Meinungswandel bei Margarete Hantelmann verfolgen. Während sie dem NS noch im September 1930 sehr kritisch gegenübergestanden hatte,[244] bekennt sie sich im April 1931 im *Neulandblatt* zum NS und fordert die Neuland-Anhängerinnen zum »Mitkampf« auf:

Und wir, was können wir tun? Einmal müssen wir es nun wirklich glauben, daß Gott spürbar durch unser Volk schreitet. Du darfst nicht hinstehen und meinen: erst müßtest du abwarten, ob wirklich allen, durch die die vaterländische Bewegung geht, auch die Notwendigkeit der Erneuerung aus Gott klar ist, dann erst könntest du dich miteinsetzen.[245]

In ihrer Ausdrucksweise spiegeln sich noch die anfänglichen Zweifel. Wenngleich Hantelmann noch einige Monate zuvor die christliche Motivation der Nationalsozialisten bezweifelt hatte, betrachtet sie diese nun als von Gott gesandt und akzeptiert so die religiöse Deutung des NS. Worauf das Wort »müssen« sich begründet, wird nicht benannt, offenbar sieht sie im Wachsen der NSB – genauso wie Diehl – ein Zeichen Gottes. Hantelmann gehört fortan zu den fanatischsten Verfechterinnen des NS in der NLB und wird immer wieder versuchen, Diehl eine einflußreiche Position im nationalsozialistischen Machtapparat oder auch in der Kirche zu verschaffen. Als Vertreterin zweier Teilgruppen im Neulandrat gehört sie zu den einflußreichsten Personen in der NLB.[246] Geht man den Gründen ihres Gesinnungswandels nach, dann stellt sich die Frage nach den politischen Optionen für die Neuland-Anhängerinnen.

Viele von ihnen gehören, ebenso wie Diehl, vor ihrem Beitritt zur NSDAP der DNVP an.[247] Da Hugenberg Ende der 20er Jahre immer mehr an Einfluß in der DNVP gewinnt und im Oktober 1928 schließlich den Parteivorsitz übernimmt, sieht der christlich-soziale Flügel der DNVP, der bis dahin vielen Neuland-Anhängerinnen eine politische Heimat geboten hatte, seine Interessen in dieser Partei immer weniger vertreten. Er gründet im Juni 1928 zunächst die *Christlich-Soziale Reichsvereinigung* innerhalb der DNVP, spaltet sich im Dezember 1929 schließlich ab und schließt sich noch im gleichen Monat mit dem von den württembergischen Pietisten gegründeten *Christlichen Volksdienst* zum *Christlich-Sozialen Volksdienst* zusammen.[248] Als Pendant zum *Zentrum* als der politischen Interessenvertretung des Katholizismus versucht der *Christlich-Soziale Volksdienst* vor allem das evangelische Kleinbürgertum, die Arbeiterschaft und auch die Frauen anzusprechen.[249] Nach der September-Wahl 1930 zieht der *Christlich-Soziale Volksdienst* mit 14 Mandaten in den Reichstag ein. Dort schließt er sich nicht, wie viele seiner Anhängerinnen und Anhänger gehofft hatten, der »nationalen Opposition« an, sondern stellt sich auf den Boden der Weimarer Republik. Er unterstützt die Politik Brünings, stimmt sogar am 15.10.1930 bei der Wahl des Reichstagspräsidenten für den SPD-Kandidaten Paul Löbe und verhindert am 6.12.1930 den Sturz der Regierung Brüning.

Verfolgt man Hantelmanns Gesinnungswandel anhand ihrer Publikationen im *Neulandblatt* und in *Treufest*, so fällt auf, daß sie, nachdem Diehl sich bereits für die NSDAP entschieden hat, im September 1930 einen wohlwollenden Artikel über den *Christlich-Sozialen Volksdienst* veröffentlicht. In ihrer Kritik am NS verteidigt sie den *Christlich-Sozialen Volksdienst* gegen die ihrer Ansicht nach ungerechtfertigten Angriffe der NSDAP.[250] Zu diesem Zeitpunkt, kurz vor der Entscheidung des *Christlich-Sozialen Volksdienstes*, die Regierung Brüning zu unterstützen, scheint dieser für Hantelmann durchaus eine politische Alternative zur NSDAP darzustellen. Bereits im Februar 1931 distanziert sie sich jedoch wieder vom *Christlich-Sozialen Volksdienst*, denn dieser stehe »auf dem Boden des heutigen Staates« und betreibe »gemeinsam mit anderen Parteien Erfüllungspolitik«,[251] womit sie offensichtlich auf die Unterstützung der Regierung Brüning anspielt. Des weiteren umgehe er die »Auseinandersetzung mit wichtigen rassisch-völkischen Fragen«, ist also nicht rassistisch genug. Ausschlaggebend für ihre Entscheidung für die NSDAP ist, schenkt man ihren eigenen Argumenten Glauben, die mangelnde politische Radikalität und die politische Bedeutungslosigkeit des *Christlich-Sozialen Volksdienstes* angesichts einer schnell wachsenden NSDAP.[252] Ebenso wie Hantelmann argumentiert Diehl machtpolitisch, wenn sie im September 1930 ihren Beitritt zur NSDAP begründet:

> Vielleicht denkt manche, es sei schade, daß ich nicht zum Christlichen Volksdienst gegangen sei. Diese kleine Gruppe hat wohl Wichtigkeit zur Weckung enger Christen für Aufgaben im politischen Leben. Aber eine neue deutsche Zukunft schaffen kann sie selbstverständlich nicht, ebensowenig im Freiheitskampf irgendeine Rolle spielen, ganz abgesehen davon, daß ich dort vieles für falsch halte.[253]

Diehl sieht die Bedeutung des *Christlich-Sozialen Volksdienstes* lediglich in seiner Politisierungsfunktion. Für »falsch« hält sie ebenso wie Hantelmann die Kooperation des *Christlich-Sozialen Volksdienstes* mit den demokratischen Parteien und sein ›Versagen‹ in »rassisch-völkischen Fragen«. Auch für ihren Austritt aus der DNVP sind wahrscheinlich machtpolitische Erwägungen ausschlaggebend, wenngleich Diehl erklärt: »Ich hätte jetzt auch Hugenberg von Herzen zustimmen können, wenn mir der National-sozialismus nicht als diejenige Volksbewegung erschiene, die Gott in unserem Volk geweckt hat.«[254] Fragt man, wie sich ihr wohl Gottes Wille offenbart haben mag, so ist zu bedenken, daß sie in der NSDAP zum einen ihre eigenen politischen Interessen und die der NLB vertreten sieht, zum andern handelt es sich bei der NSDAP im Gegensatz zur DNVP um eine dynamische, politisch erfolgreiche Gruppierung, der am ehesten die Eroberung der Macht, an der sie zu partizipieren hofft, zuzutrauen ist.

Mit der Desintegration der DNVP kommen viele Anhängerinnen der NLB, die in ihrem politischen Denken den christlich-sozialen Gedanken mit der radikalen Ableh-nung der Weimarer Republik verbinden, in die schwierige Lage, sich zwischen dem sich zur Weimarer Republik bekennenden *Christlich-Sozialen Volksdienst* als Verkörperung christlich-sozialen Denkens und der DNVP als der Trägerin völkisch-nationaler und kapitalistischer Interessen entscheiden zu müssen. Die NSDAP scheint die mit der Spal-tung der DNVP auseinanderfallenden völkisch-nationalen und christlich-sozialen Mo-mente zu vereinigen. Angesichts des Dilemmas der DNVP plädiert Gotthard Meincke, Pfarrer und Mitglied des Neulandrates, für eine Betätigung in der NSDAP:

Die Deutschnationalen sind viel zu sehr bürgerliche Standesinteressenpartei gewor-den und gehen unter den schweren sozialen Kämpfen immer mehr zurück. Die Na-tionalsozialisten sind aber eine selbstlos nationale Bewegung, die gleichzeitig ein ganz großes neues innenpolitisches Moment mitbringt: die gesellschaftliche Klassen-versöhnung zwischen »Bürger« und »Arbeiter«.[255]

Auf Reichsebene geht der Stimmenanteil der DNVP von über 20 % 1924 auf 7 % 1930 und schließlich auf 5,9 % bei den Reichstagswahlen im Juli 1932 zurück. Laut Broszat kommen diese Verluste »fast ganz und gar der NSDAP zugute«.[256] Er erklärt den Ero-sionsprozeß mit der innerparteilichen Machtübernahme Alfred Hugenbergs, die dazu geführt habe, daß »die breite Angestelltenbasis der DNVP politisch heimatlos und in der Folgezeit mehr und mehr von der NSDAP aufgesogen wurde«.[257] Zu den in der DNVP »heimatlos« gewordenen Angestellten beziehungsweise Beamtinnen zählt auch Grete Hantelmann.

Die Hinwendung zum NS ist anfangs in der NLB offensichtlich umstritten, sie ver-läuft nicht komplikationslos, sondern führt zu einer breiten Diskussion, in deren Ver-lauf die pronationalsozialistischen Anhängerinnen immer mehr an Boden gewinnen. In den Diskussionen geht es nicht darum, zu strittigen Punkten Argumente auszutauschen und Kompromisse auszuhandeln, die die Zustimmung der Mehrheit finden, vielmehr versuchen Diehl und ihre pronationalsozialistischen Anhängerinnen ein spezifisches Deutungsmusters des NS durchzusetzen: seine religiöse Sendung. Den übrigen Anhän-gerinnen der NLB bleibt die Wahl, dem zuzustimmen oder aber diese Deutung abzu-lehnen. Eine rational differenzierende Diskussion verbietet sich angesichts eines solchen Glaubenssatzes, da er sich weder beweisen noch widerlegen läßt. Kompromisse sind unmöglich, denn aus der Perspektive der Nationalsozialistinnen gibt es nur die Alternative zwischen ›Rettung‹, das bedeutet die Unterstützung des NS, und ›Untergang‹. Gleichzeitig steht die Geschichte der NLB als religiöse und/oder politische Vereinigung zur Debatte, wobei beide Seiten die eigene Position als die logische Konsequenz einer kontinuierlichen Entwicklung darstellen und so die Geschichte für sich in Anspruch nehmen. Dieser Streit um die Geschichte der NLB verbindet sich mit einer Kontroverse um die Autonomie des Politischen. Während die ›Dissidentinnen‹ für eine Trennung von Religion und Politik votieren, leiten die pronationalsozialistischen Neuland-Anhängerinnen das Politische aus dem Religiösen ab. Rassismus und Antisemitismus stehen im Zusammenhang mit der Hinwendung der NLB zum NS überraschender-weise kaum zur Diskussion, was darauf hindeuten könnte, daß diesen Themen wenig Bedeutung beigemessen wird, oder aber darauf, daß in diesen Punkten weitgehender Konsens herrscht.

Auseinandersetzung mit Rassismus und Antisemitismus

Rassismus und Antisemitismus stellen einen festen Bestandteil völkischen Denkens dar, sind aber keineswegs auf völkische Bewegungen beschränkt. Im Protestantismus ist der Name Adolf Stoeckers, des Mentors Guida Diehls, fest mit der Popularisierung des An-tisemitismus verknüpft. Sein Antisemitismus ist sehr vielschichtig und schwierig zu klassifizieren.[258] Rassismus und Antisemitismus in der evangelischen und bürgerlichen Frauenbewegung sind bislang wenig erforscht.[259] Umstritten sind nach wie vor die Um-stände, die die Wahl Alice Salomons 1914 beziehungsweise 1919 zur Vorsitzenden des BDF verhindert haben.[260] Bekannt ist, daß Käthe Schirmacher und Martha Voß-Zietz, die beide dem äußersten rechten antisemitischen Flügel der DNVP sowie dem *Deut-schen Frauenkampfbund* angehören, antisemitische Ideen vertreten.[261] Die NLB weist schon bei ihrer Entstehung antisemitische Tendenzen auf. Als protestantische Bewe-gung gewährt sie zwar Jüdinnen keine Aufnahme – was nahe liegt – wohl aber, wie die Auswertung der Interviews zeigt, getauften Bewerberinnen jüdischer Herkunft. Ab Frühjahr 1930 aber bilden Rassismus und Antisemitismus zentrale Bestandteile des Neuland-Programms. Angesichts der verbalen Übereinstimmung der NLB mit dem NS in diesen Punkten stellt sich zum einen die Frage, inwieweit der Rassismus und Anti-semitismus der NLB mit dem nationalsozialistischen identisch ist, zum anderen, wie die NLB auf die bereits Anfang 1933 einsetzende rassistische und antisemitische Gesetz-gebung der Nationalsozialisten reagiert. Betrachtet man das *Neulandblatt*, so eignet sich ein Teil der dort publizierenden Anhängerinnen der NLB mit der Hinwendung der NLB zum NS ab Anfang 1930 auch das nationalsozialistische Vokabular an, wobei Diehl eine Vorreiterrolle einnimmt. Im Annäherungsprozeß an den NS gewinnen Ras-sismus und Antisemitismus an Bedeutung und Aggressivität. Diehl warnt jedoch mehr-mals vor einer Verabsolutierung der Rasse, einem »Rassenmaterialismus«.[262]

Bis zum Herbst 1932 bleibt aber der »Bolschewismus« das bedeutendste Feindbild, was sich beispielsweise in der Rede von der »planmäßige[n] Entsittlichung der marxi-stisch-bolschewistischen Front«[263] zeigt. In ihrem Mitte 1932 in erster Auflage erschie-nenen Schulungsbuch der *NS-Frauenschaft* »Die deutsche Frau und der Nationalsozialismus« gibt Diehl alle Vorbehalte gegenüber Rassismus und Antisemitismus auf, bewegt sich ganz in völkischer Terminologie und propagiert permanent den Kampf gegen die »jüdische Weltverschwörung«. Im *Neulandblatt* formuliert sie diese Vorstellung erstmals in einem Werbeartikel für die NSDAP vor den Reichstagswahlen im November 1932: »[…] da waren Agenturen genug am Werk, jede Völkergemeinschaft zu zerstören, und die jüdische Weltumklammerung richtete schon längst ihre besonderen gehässigen Angriffe auf Deutschland, das letzte Bollwerk gegen den Mammonismus«.[264] Der Zeitpunkt der Veröffentlichung deutet darauf hin, daß Diehl hofft, noch unentschlossene Anhängerinnen und Außenstehende durch eine Dramatisierung der Lage zu einer Stimmabgabe für die NSDAP zu bewegen. Ihre vorherige Zurückhaltung könnte dafür sprechen, daß ihr dieses nationalsozialistische Deutungsmuster zu weit geht oder aber, daß sie befürchtet, bei den Neuland-Anhängerinnen damit auf Ablehnung zu stoßen und so ihre eigene Machtposition zu untergraben.

Die Vorstellung von einer »jüdischen Weltverschwörung« wird nun regelmäßig im *Neulandblatt* artikuliert und so implizit zu einem Programmpunkt der NLB. In ihrer 1933 erschienenen, dem deutsch-christlichen *Eisenacher Arbeitsring*[265] gewidmeten Schrift »Der Ruf der Wende« hingegen äußert Diehl sich etwas moderater. Sie sucht die Schuld für alle angeblichen Mißstände der Welt nicht nur bei den Juden, sondern konstatiert ein Versagen der Kirchen sowie der Christinnen und Christen selbst, welches das Erstarken der vermeintlichen Gegner erst ermöglicht habe:

> Ist es ein Wunder, wenn die Kirchenaustrittsbewegung immer mehr wächst? Verelendung und Arbeitslosigkeit bereiten den Boden, träge Christlichkeit aber hat keine Gegenkraft gegen die wütende und raffinierte Propaganda des Gottlosentums. Wie ein großes Gericht überschwemmt es Rußland und drängt zu uns vor. Sechs Millionen des Volkes der Reformation bekannten sich bei der Wahl im November dazu, denn Kommunismus und Gottlosentum sind dasselbe. Die Teufelsfratze grinst über Deutschland.[266]

Jüdische Einflüsse haben, nach Diehl, die Gemeinden »zersetzt« und das Christentum verfälscht, indem »Humanität« an die Stelle von »wahrhafter Liebe«, »Pazifismus« an die Stelle von »Heldentum« und »Toleranz« an die Stelle von »Kampf« gesetzt wurde.[267] Der Nachdruck und die Radikalität, mit der rassistische und antisemitische Vorstellungen vertreten werden, scheint von der jeweiligen Zielgruppe abzuhängen, so daß der Verdacht nahe liegt, daß Diehl strategisch handelt und Rassismus und Antisemitismus benutzt, um jeweils eine bestimmte Klientel zu bedienen. Gegen eine Instrumentalisierung spricht, daß es sich auch um programmatische Forderungen der NLB selbst handelt, so daß davon auszugehen ist, daß Diehl Rassismus und Antisemitismus sowohl aus Überzeugung vertritt als auch taktisch einsetzt.

Innerhalb der NLB stellen Antisemitismus und Rassismus, sieht man von einer anfänglichen Kritik im Zusammenhang mit ihrer Rezeption auf dem Neulandtag im Herbst 1929 ab, keine Diskussionsthemen dar. Martha Brandt, Studienrätin und Leiterin eines Berliner Neulandkreises, warnt zu diesem Zeitpunkt vor einer biologischen Definition von »Deutschtum« und argumentiert:

Haben alle am wahren Deutschtum Teil, die unsere Muttersprache sprechen? Sollen nur die sich deutsch nennen, die ihre rein germanische Abstammung nachweisen können? Dann käme wohl in keiner Großstadt ein deutscher Verein zustande [...] Nicht auf dieses wenige Wissen und Ahnen können wir unser Deutschtum bauen, nicht aus ihm neue Offenbarung erwarten: Gehen wir diesen Weg weiter, so werden wir eine furchtbare Götzendämmerung erleben.[268]

Wer aber ist hier mit »wir« gemeint? Die Deutschen, die völkische Bewegung oder Neuland? Brandt, die bis 1929 regelmäßig im *Neulandblatt* publiziert, wird zwar 1931 noch in den Neulandrat gewählt, zieht sich aber mit ihrem kritischen Artikel zumindest publizistisch aus der NLB zurück. Das Fehlen einer Diskussion um Rassismus und Antisemitismus deutet darauf hin, daß diese Punkte sehr bald als zum Kern des Neuland-Programms gehörig betrachtet werden und nicht zur Disposition stehen. Eine radikale Kritik am Rassismus der NLB und damit indirekt auch am pronationalsozialistischen Kurs der NLB ist nur von einer Person dokumentiert: »Der völkischen Bewegung im Neuland stehe ich ablehnend gegenüber. Ich glaube nicht an ein neues deutsches Christentum, an eine Erneuerung, die nur aufgrund eines Neugeborenwerdens des Menschen in seiner rassisch-völkischen Eigenart möglich ist.«[269] Ihr Beitrag wird in *Treufest* anonym abgedruckt. Im Gegensatz zu allen anderen Anhängerinnen der NLB, die Bedenken äußern und die man daraufhin vom NS zu überzeugen versucht, gibt man diese ›Dissidentin‹ verloren und rät ihr, sich »von Neuland zu lösen«.[270] Die Neuland-Anhängerinnen stehen an diesem Punkt vor der Wahl zwischen Akzeptanz und Unterwerfung oder Trennung von der NLB.

Nach der nationalsozialistischen Machtergreifung ändern sich die Rahmenbedingungen für das Verhältnis von NLB und NS grundlegend. Während die NSDAP zunächst Bündnispartner benötigt, um die Macht zu erlangen, hat sie sie nun erobert und bedarf der Unterstützung der NLB nicht mehr. Statt dessen sieht sich diese gezwungen, zur rassistischen und antisemitischen Politik des nationalsozialistischen Regimes Position zu beziehen. Bereits im April 1933 werden aufgrund des »Gesetzes zur Wiederherstellung des Berufsbeamtentums« Frauen, Juden und politische Gegner aus dem Staatsdienst entlassen.[271] Die im *Neulandblatt* veröffentlichten Reaktionen zeigen, daß man sowohl die konkreten Auswirkungen des Gesetzes befürwortet, das heißt die Entfernung der politischen Gegner des NS, die mit denen der NLB zunächst identisch sind, als auch die dem Gesetz zugrunde liegenden rassistischen und antisemitischen Gedanken. So kommentiert der Studienrat Max Gerlach: »Das arische Prinzip ist durchgeführt worden. Niemand kann Reichsbeamter werden, der nichtarisches Blut in den Adern hat. Es ist nicht Rassenhaß, was zu diesem Gesetz geführt hat, es ist der Trieb der Selbsterhaltung des Gesamtvolkes. ›Blut ist ein ganz besonderer Saft‹.«[272] Diese Einschätzung eines Bildungsbürgers ist Teil eines Artikels, der eine einzige Lobeshymne auf den NS darstellt. In pseudo-wissenschaftlicher Manier verschwindet bei Gerlach das individuelle Interesse hinter dem vermeintlichen Wohl des »Volksganzen«. Ausländische Proteste gegen die antisemitische Politik Hitlers werden ganz in der Logik des NS als feindliche, durch eine »jüdische Weltverschwörung« initiierte Handlungen »Alljudas«

abgetan.[273] Kritische Stimmen melden sich nicht zu Wort oder sind Diehls Zensur beziehungsweise derjenigen des NS zum Opfer gefallen. Die Tatsache, daß der Artikel von Diehl nicht kommentiert wird, deutet darauf hin, daß er auf dem von ihr maßgeblich bestimmten politischen Kurs der NLB liegt.

Das am 14.7.1933 verabschiedete »Gesetz zur Verhütung erbkranken Nachwuchses«, die Rechtsgrundlage für insgesamt ca. 400.000 Sterilisationen,[274] bewertet Gerlach ebenfalls positiv. Individuelle Härten werden mit der Notwendigkeit der Unterordnung von Einzelinteressen unter das Gesamtinteresse legitimiert. Gerlach findet sich mit seiner Einschätzung in Übereinstimmung mit Diehl. Sie betrachtet das Gesetz als Fortschritt und kommt im Frühjahr 1934 zu dem Schluß: »Ein weiterer Schritt vorwärts ist vom Nationalsozialismus beschlossen: die erblich Belasteten – Schwach- und Blödsinnigen, Epileptiker, Psychopathen, erblich Geisteskranken, Alkoholiker und Gewohnheitsverbrecher – an der Fortpflanzung zu hindern.«[275] Im Herbst 1934 nach dem Einsetzen der Zwangssterilisationen wird im *Neulandblatt* ein Artikel von Hans Harmsen,[276] dem Experten für Bevölkerungsfragen und Eugenik des *Zentralausschusses für Innere Mission*, unkommentiert abgedruckt. Darin spricht er sich gegen die Sterbehilfe aus.[277] In diesem Artikel spiegelt sich der Diskussionsstand im »Ständigen Ausschuß für Fragen der Rassenhygiene und Rassenpflege« des *Zentralausschusses*, dessen Mitglieder ab Herbst 1934 versuchen, eine »Verschärfung des rassenpolitischen Kurses von Partei und Staat« zu verhindern.[278] Die Veröffentlichung von Harmsens Artikel im *Neulandblatt* deutet auf ein Überdenken der eigenen Position und eine Suche nach Orientierung hin. Nach der Verabschiedung der »Nürnberger Gesetze«, dem »Gesetz zum Schutz des deutschen Blutes und der deutschen Ehre« sowie dem »Reichsbürgergesetz«[279] September 1935 verweist Harmsen im *Neulandblatt* darauf, daß es schon immer staatliche Heiratsbeschränkungen gegeben habe. Er stellt die »Nürnberger Gesetze« in diesen Kontext und lenkt so von ihrem rassistischen und antisemitischen Charakter ab.[280] Diehl befürwortet die »Behandlung [der Juden] als Fremdvolk«[281] und sieht hierin die gerechte Strafe für eine angebliche »jüdische Weltverschwörung«, die sie dezidiert nachzuweisen versucht, wobei sie immer wieder die antisemitische Ausrichtung der NLB selbst hervorhebt.

Wenngleich sich der überwiegend von Diehl formulierte Antisemitismus der NLB rassistisch begründet und mit dem des NS identisch erscheint, ist Diehls Haltung in diesem Punkt inkonsequent und widersprüchlich. Einerseits propagiert sie mit der Vorstellung von einer »jüdischen Weltverschwörung« selbst einen wesentlichen Gedanken nationalsozialistischer Ideologie, andererseits schreckt sie vor den Konsequenzen zurück. So ordnet sie die getauften Juden nicht per se der »jüdischen Rasse« zu und will sie nicht generell aus der christlichen Gemeinschaft ausgeschlossen wissen:

Oder sollte man vielleicht die getauften Juden aus der Evangelischen Kirche entfernen und in einer jüdischen Sonderkirche unterbringen? Ich halte diesen Vorschlag für einfach lächerlich. Es muß ja armselig in unseren Gemeinden aussehen, wenn die ganz wenigen getauften Juden zu ihrer Verjudung beitragen können.[282]

Die getauften Juden dürfen nach Diehl zwar Gemeindemitglieder bleiben, sollen aber »aus psychologischen Gründen« vom Pfarramt ausgeschlossen werden.[283] Dieser Ausschluß jüdisch-christlicher Pfarrer soll jedoch nicht rückwirkend erfolgen, sondern »müßte freilich erst von jetzt an einsetzen, weil jede Härte gerade hier bei Mitchristen schädlich ist«.[284] Kann man sich durch Taufe rassistischer Ausgrenzung entziehen, so wird die Rasse als entscheidendes gesellschaftliches Ordnungskriterium im Sinne des NS in Frage gestellt. Im übrigen nimmt die NLB weder vor noch nach ihrer Hinwendung zum NS eine Judenausschlußklausel in ihre Satzung oder ihr Programm auf.

Die rassistische und antisemitische Politik der Nazis in den Jahren von 1933 bis 1935 stößt in der NLB – soweit dokumentiert – auf Akzeptanz und Zustimmung. Allerdings ist zu bedenken, daß Kritik nicht mehr so offen formuliert werden kann wie vor der Machtergreifung, gleichzeitig aber auch kein Zwang, Begeisterung zu äußern, besteht. Wenngleich Rassismus und Antisemitismus als zentrale Bestandteile national-sozialistischer Ideologie und Politik erkannt und befürwortet werden, lehnt man auch weiterhin ihre Verabsolutierung ab. Dieses geschieht weniger aus Mitleid mit den Leidtragenden, sondern aus der Befürchtung heraus, den Deutschgläubigen in die Hände zu arbeiten und Argumente für eine generelle Ablehnung des Christentums als ›rassenfremde‹ Religion zu liefern:

> Von dieser Rassenkunde und Vererbungslehre geht aber nun die sog[enannte] germanische Gläubigkeit aus und behauptet, das germanische Erbgut empfinde das Christentum als artfremd […] Gewiß will die Rassenkunde und Vererbungslehre dieser Strömung nicht Vorschub leisten, aber es kommt ganz von selbst, daß dies doch rein physische Begreifen des Menschen, bei dem das Seelische streng an das Körperliche gebunden ist und ein Drittes, der Geist, das Ich gar nicht anerkannt wird – daß eine solche Lehre für jene Gedankenreihen einen fruchtbaren Boden abgibt.[285]

Das Rasse-Konzept erweist sich zwar auf politischem und volksmissionarischem Gebiet als nützlich, ist aber letztlich mit dem bildungsbürgerlichen Primat der Innerlichkeit und des Geistigen unvereinbar, so daß selbst bei prinzipieller Zustimmung zum Rassismus und Antisemitismus der NSDAP in der Einschätzung der Bedeutung des Rasse-Faktors eine Differenz zwischen dem von der NLB vertretenen Rassismus beziehungsweise Antisemitismus und dem nationalsozialistischen bestehen bleibt.[286]

Ebenso wie in der NLB stößt die rassistische und antisemitische Politik der Nationalsozialisten in der evangelischen Frauenbewegung zunächst auf Zustimmung. In der Verbandszeitschrift der VEFD verteidigt Dr. med. Gertrud Soeken 1934 das »Gesetz zur Verhütung erbkranken Nachwuchses« und argumentiert:

> Die Schaffung dieses Gesetzes ist der erste aktive Schritt, um der hemmungslosen Vermehrung minderwertiger Elemente in unserem Volke Einhalt zu gebieten. Es ist zugleich die praktische Anwendung der erbbiologischen Erkenntnisse, welche in den letzten 50 Jahren in zahlreichen Untersuchungen gewonnen wurden […].[287]

Laut Koonz ist die Eugenik eines der Gebiete, auf denen die evangelischen Frauen eine Kooperation mit den Nationalsozialisten für möglich halten.[288] Die Nationalsozialisten können diesbezüglich an sozialdarwinistische und eugenische Vorstellungen anknüpfen, die bereits in den 20er Jahren Eingang in den Protestantismus gefunden hatten.[289] Anders als die NLB, die Rassismus und Antisemitismus zunächst über die Religion rezipiert, will das Gros der organisierten evangelischen Frauen, sieht man von Klara Schloßmann-Lönnies und Hans Hermenau sowie ihrer Anhängerschaft ab, den Geltungsbereich von Rassismus und Antisemitismus auf den säkularen Bereich beschränkt wissen. Agnes von Grone, die Führerin des *Evangelischen Frauenwerks* erreicht 1934 vorübergehend die Aussetzung des Arierparagraphen für das *Evangelische Frauenwerk*.[290] Im Hinblick auf den Antisemitismus in der evangelischen Frauenbewegung ist laut Koonz jedoch aufgrund der schlechten Quellenlage »jede eindeutige Aussage problematisch«.[291]

Engagement der Anhängerinnen für den Nationalsozialismus

1933 sind 2,5 Millionen Frauen in evangelischen Frauenverbänden organisiert, davon treten 250.000, also 10 %, der NSDAP bei.[292] Unbekannt ist bislang, wieviele der organisierten Frauen Parteiorganisationen angehören. Geht man davon aus, daß die NLB ihre Interessen sehr eng mit denen der NSDAP verknüpft, so ist zu erwarten, daß besonders viele Anhängerinnen der NSDAP beitreten oder sich in ihren Organisationen engagieren. Von seiten der Nationalsozialistinnen in der NLB und Diehl wird schon vor 1933 starker Druck auf alle Anhängerinnen ausgeübt, sich nicht nur als »Neuländerinnen« für den politischen Sieg der NSDAP einzusetzen, sondern darüber hinaus in die NSDAP und deren Organisationen einzutreten und nach Möglichkeit dort Führungspositionen zu übernehmen. Mit letzter Sicherheit läßt sich über das tatsächliche Engagement nur durch die individuelle Überprüfung jeder einzelnen Anhängerin Aufschluß gewinnen. Aufgrund fehlender Mitgliederlisten konnte eine solche jedoch nur in wenigen Fällen, in denen die erforderlichen Daten zu Verfügung standen, vorgenommen werden.

Diehl selbst hebt immer wieder das große Engagement vieler Neuland-Anhängerinnen in nationalsozialistischen Organisationen hervor. So argumentiert sie beispielsweise in ihrer Verteidigung aus Anlaß ihres Parteiausschlußverfahrens 1941 vor dem Obersten Parteigericht: »Aus zahlreichen Briefen von Neuland-Mitgliedern in neuester Zeit geht hervor, welche starke ›politische Zuverlässigkeit‹ Neuland in seinen Mitgliedern schafft, von denen Zahlreiche in führenden Stellungen in der N.S.F., N.S.V., im N.S.L.B. stehen.«[293] Sie benennt mit der *NS-Frauenschaft*, der *Nationalsozialistischen Volkswohlfahrt* und dem *Nationalsozialistischen Lehrerbund* diejenigen Organisationen, die für die Anhängerinnen der NLB von größtem Interesse gewesen sein dürften. Bei ihrer Aussage ist jedoch zu bedenken, daß sie durch diese ihre eigene politische Zuverlässigkeit zu beweisen versucht, also vermutlich übertreibt.

Aufgrund der Analyse von Todesanzeigen und Nachrufen ließen sich die Lebensdaten einiger Neuland-Anhängerinnen, darunter auch die der engsten Mitarbeiterinnen

Diehls, rekonstruieren. Für Diehls Mitarbeiterinnen sowie Frauen, die nach 1929 regelmäßig im *Neulandblatt* publizieren, sich also in der NLB über ihre Zugehörigkeit hinaus besonders engagieren, ergibt sich folgendes Bild: Von den insgesamt 21 Frauen sind 15 Mitglieder der NSDAP.[294] Davon treten acht Frauen vor 1933, eine 1933 und sechs erst später der NSDAP bei. Es fällt auf, daß sich die Beitritte jeweils unmittelbar nach den Neulandtagen im Mai 1931 und 1937 häufen. So treten allein drei Frauen am 1.5.1931 und vier Frauen zum 1.5.1937 in die NSDAP ein, was auf eine verbandsinterne Absprache hindeuten könnte.[295]

Sieben der 15 Parteimitglieder gehören darüber hinaus dem *Nationalsozialistischen Lehrerbund* an. Die bereits bekannte Studienrätin Grete Hantelmann, seit Mai 1931 Mitglied der NSDAP, bekleidet die Position einer »Kreisreferentin für Mädchenbildung und Lehrerinnenfragen«. Sie gehört zu Beginn der 30er Jahre zu den aktivsten Kreisleiterinnen, ist eine überzeugte Nationalsozialistin und versucht immer wieder, durch Empfehlungsschreiben an Partei- und Kircheninstanzen Diehl eine Führungsposition zu verschaffen. Gleichzeitig ist sie Mitglied des Neulandrates und gehört dort als Vertreterin mehrerer Teilgruppen zu den einflußreichsten Personen. Am 15.8.1941 wird sie vom Reichsminister für Wissenschaft, Erziehung und Volksbildung zur Oberstudienrätin ernannt – und so für ihren Einsatz belohnt. Friedel Fügmann, eine der Leiterinnen des Chemnitzer Neulandkreises, ist als »Schulzellenobmann« im *Nationalsozialistischen Lehrerbund* tätig. Käthe Mathesius, Leiterin eines Berliner Neulandkreises, betätigt sich als »Block- und Zellenwalterin« im *Nationalsozialistischen Lehrerbund*. Auffallend sind die durchweg frühen Beitrittsdaten. Drei Frauen treten dem *Nationalsozialistischen Lehrerbund* bereits Anfang 1932 bei, die restlichen vier bis Anfang 1934. Der frühe Anschluß spricht dafür, daß sie aus Überzeugung handeln.

Fünf NSDAP-Mitglieder gehören gleichzeitig der *NS-Frauenschaft* an, eine davon, Erna Braun, Leiterin des Elbinger Neulandkreises und Initiatorin der Elbinger Mütterschule, bekleidet die Position einer »Kulturwärtin der NS-Frauenschaft«. Friedel Fügmann fungiert neben ihrer Funktion in der NLB und im *Nationalsozialistischen Lehrerbund* als »Abteilungsleiterin« in der *NS-Frauenschaft*. Darüber hinaus bestehen sowohl Verbindungen zur *Deutschen Arbeitsfront* sowie zur *NS-Kulturgemeinde*. Hanna Berger, von Beruf Lehrerin, ist hauptamtlich als »Referentin« in der *Deutschen Arbeitsfront* tätig. Des weiteren gehört ein NSDAP-Mitglied, Helene Langebartels, zur *NS-Kulturgemeinde* und ist Mitglied im *Reichsluftschutzbund*. Diehls Mitarbeiterinnen, die im Neulandhaus tätigen Angestellten der NLB Emma Huber, Lotte van Himbergen und Marianne Kelber, die in den Neuland-Zeitschriften alle immer wieder als überzeugte Nationalsozialistinnen schreiben, treten der NSDAP zwischen Mai und Juli 1931 bei, also unmittelbar, nachdem die Neulandschar den pronationalsozialistischen Kurs der NLB bestätigt hat, und gehen so den übrigen Anhängerinnen der NLB mit ›gutem‹ Beispiel voran.[296] Zudem arbeitet van Himbergen gleichzeitig als »Blockwalterin« für die *Nationalsozialistische Volkswohlfahrt*,[297] einer Parteiorganisation, die auf dem Gebiet der Mütterschulung mit der *NS-Frauenschaft* konkurriert.

Diese Ergebnisse sind nicht repräsentativ für die NLB, deuten aber darauf hin, daß es zumindest auf der Ebene der Kreisleiterinnen vor und in den ersten Jahren nach der

Machtergreifung eine enge Kooperation der NLB mit nationalsozialistischen Organisationen, vor allem dem *Nationalsozialistischen Lehrerbund* und der *NS-Frauenschaft* gegeben hat. Die Anhängerinnen der NLB bekleiden dort zum Teil Führerinnenpositionen, in denen sie möglicherweise im Sinne des »Deutschen Frauenwillens« zu wirken versuchen.

ZUSAMMENARBEIT MIT DEN NATIONALSOZIALISTEN

Die NLB verknüpft ihre Interessen auf vielfältige Weise mit denen der Nationalsozialisten und stimmt mit deren Rassismus und Antisemitismus weitgehend überein. Im folgenden gehe ich daher der Frage nach, inwieweit und in welchen Formen sich die programmatische Hinwendung der NLB zum NS in der Praxis der NLB manifestiert. Da es sich bei der NLB um ein komplexes soziales Gebilde handelt, soll untersucht werden, wie die Ausbildungsinstitutionen, also die Mütterschule, die Mütter-Oberschule und das Gemeindehelferinnenseminar sowie der *Deutsche Frauenkampfbund* als assoziierte Vereinigung sich entwickeln und mit der NSDAP oder ihren Organisationen kooperieren. Um Aufschluß über das Ausmaß der Kooperation mit den Nationalsozialisten zu gewinnen, interessiert außerdem, inwieweit die NLB ihre Ressourcen, vor allem ihre Zeitschriften und das Neulandhaus, zur Unterstützung der NSDAP und NSB einsetzt. Auf die Neuland-Mütterschule gehe ich ausführlich ein, da aufgrund Neulands Erfahrung in der Mütterschulung eine Mitwirkung am Aufbau der Mütterschulung der *NS-Frauenschaft* in Thüringen nahe liegt.

Die Zeitschriften als Sprachrohre des Nationalsozialismus

Die NLB verfügt vor und nach der nationalsozialistischen Machtergreifung über vier regelmäßig erscheinende Zeitschriften: das *Neulandblatt, Treufest, Jungneuland* beziehungsweise den *Wartburg-Ruf* und *Hand in Hand ... ins Sonnenland*. Das *Neulandblatt* ist aufgrund seiner Auflage, die 1930 bei 3.500 liegt, sowie seiner Funktionen die bedeutendste Zeitschrift der NLB.[298] Sie dient sowohl der Selbstverständigung der Neuland-Anhängerinnen untereinander als auch der Selbstdarstellung der NLB, der Mitgliederwerbung und den Neulandkreisen als Diskussionsgrundlage. Gleichzeitig wird das *Neulandblatt* ab Sommer 1932 zum Publikationsorgan des *Eisenacher Arbeitsrings,*[299] einer von der NLB initiierten deutsch-christlichen Vereinigung, und enthält Artikel, Aufrufe etc. des *Deutschen Frauenkampfbundes*, der nicht über eine eigene Zeitschrift verfügt. Das *Neulandblatt* muß von allen Mitgliedern der NLB, sollte von Mitgliedern des *Eisenacher Arbeitsrings* und kann darüber hinaus von Sympathisantinnen und Sympathisanten abonniert werden, ist also prinzipiell für Propaganda über die Mitgliedschaft hinaus geeignet.

Im *Neulandblatt* wird die Auseinandersetzung mit dem NS nach dem bewegungsöffentlichen Beitritt Diehls zur NSDAP Ende August 1930 zum dominanten Thema. Daneben erscheinen jedoch auch weiterhin Artikel eher unpolitischen Inhalts. Bei den Beiträgen, die sich mit dem NS auseinandersetzen, gilt es, zwischen solchen zu unterscheiden, in denen direkt und explizit für den NS geworben wird, und inhaltlich diffusen Artikeln zwecks Förderung der »Freiheitsbewegung«, in denen sich die Ziele der NLB mit denen des NS untrennbar vermischen. Zur ersten Gattung gehört eine außergewöhnlich ausführliche, sich über zwei Ausgaben erstreckende Besprechung von Hitlers »Mein Kampf«,[300] mittels derer die Anhängerinnen der NLB vom NS überzeugt werden sollen. Ein Beispiel für die zweite Gattung ist der Aufruf »An alle, die die deutsche Wende begreifen« von Anfang 1931. Guida Diehl und Gotthard Meincke werben in diesem Aufruf für die »Freiheitsbewegung«. Er endet mit der Aufforderung: »Werdet alle Leser des Neulandblattes (gegr. 1916). Alle Gesinnungsgenossen bitten wir, sich zu gemeinsamer Arbeit zu melden. Eint Euch mit uns zur Tat!«[301] Der Text wird im *Neulandblatt* abgedruckt und erscheint gleichzeitig als Flugblatt – je nach persönlicher Präferenz der Anhängerin – mit oder ohne Widmung des damaligen Thüringer Innen- und Volksbildungsministers Wilhelm Frick, die lautet: »Die Bestrebungen Neulands verdienen jede Förderung.« Die doppelte Ausfertigung des Flugblattes, das in der einen oder anderen Version von allen Anhängerinnen der NLB verteilt werden soll, spricht zum einen dafür, daß zu diesem Zeitpunkt nicht alle Neuland-Anhängerinnen bereit sind, sich und die NLB öffentlich mit der NSDAP zu liieren. Zum anderen verdeutlicht sie das Dilemma der NLB: Vorteile kann diese Widmung nur gegenüber Nationalsozialisten sowie deren Sympathisantinnen und Sympathisanten verschaffen. Werden die letzteren für den NS gewonnen, so schließen sie sich wahrscheinlich der NSDAP und nicht der NLB an.

Besonders vor den Präsidentschaftswahlen und den verschiedenen Reichstagswahlen 1932 werden indirekte und direkte Wahlempfehlungen gegeben, Resolutionen des *Deutschen Frauenkampfbundes*, des politischen Arms der NLB, und anderer völkischer Gruppierungen wie der *Vereinigung Vaterländischer Verbände* und des *Deutschbundes* veröffentlicht.[302] Außerdem läßt man auch renommierte Nationalsozialisten wie Hans Fabricius, ab 1932 Geschäftsführer der NSDAP-Reichstagsfraktion, und den Vorsitzenden des *Nationalsozialistischen Lehrerbundes*, Hans Schemm, zu Worte kommen.[303] Nach der Machtergreifung werden im *Neulandblatt* wieder stärker eigene Themen diskutiert, vor allem die Frauenfrage, an deren Lösung die Anhängerinnen der NLB mitzuarbeiten hoffen, und die Frage der »inneren Erneuerung« der Gesellschaft. Ab Mitte 1933 nimmt die Auseinandersetzung mit dem Kirchenkampf breiten Raum ein. Einerseits werden im *Neulandblatt* die eigenen deutsch-christlichen Ideen propagiert, andererseits tritt an die Stelle der Werbung für den NS nun die Kommentierung und Vermittlung der nationalsozialistischen Politik, wie eine Stellungnahme zum »Gesetz zur Wiederherstellung des Berufsbeamtentums« zeigt: »Schon werden die wichtigsten Beamtenposten neu besetzt, schon greift die starke Hand des Kabinetts durch. Endlich kommt der Tag der Abrechnung, hoffentlich bald der Tag der Rache!«[304] Mit dieser nicht sonderlich christlich anmutenden Formulierung wird der Leserschaft signalisiert, daß die Entfernung demokratischer Beamter nicht weit genug gehe, und so ihre Verfolgung gefordert.

Im *Neulandblatt* spiegelt sich die Hinwendung der NLB zum NS in all ihren Ambivalenzen. Es gewinnt einen Doppelcharakter von religiöser Erbauungszeitschrift und Propaganda-Instrument der NSDAP, wobei beide Arten von Beiträgen oft unvermittelt nebeneinander stehen. Mit seiner relativ geringen Auflage erreicht das *Neulandblatt* jedoch keine Massenwirksamkeit, wenngleich versucht wird, eine breitere Zielgruppe anzusprechen, indem man den Preis senkt und Anfang 1935 eine »Volksausgabe« einführt.[305]

In *Treufest*, dem Insiderblatt der NLB, steht ab Herbst 1930 die Auseinandersetzung mit dem NS im Vordergrund. Das Bemühen, die ›dissidenten‹ Anhängerinnen vom NS zu überzeugen, und die Diskussion über die Formen der Kooperation mit der NSDAP und ihren Organisationen stehen thematisch im Zentrum. *Treufest* hat keinen propagandistischen Wert nach außen, sondern stärkt ›nur‹ die Kampfmoral nach innen. Im Gegensatz dazu wenden sich *Jungneuland* und die Kinderzeitschrift ebenso wie das *Neulandblatt* auch Außenstehenden zu. In beiden wird dem Alter der Zielgruppe gemäß mit spannenden Geschichten sowie dem Propagieren eines revisionistischen Geschichtsbildes dem NS der Boden bereitet. Gestaltet werden die beiden Blätter überwiegend durch Lotte van Himbergen und Marianne Kelber – beide überzeugte Nationalsozialistinnen. Kelber charakterisiert die Zeitschrift *Hand in Hand ... ins Sonnenland* 1932 als das »einzige Kinderblatt, durch das, gerade aus dem aufrichtigen Willen zum Gehorsam gegen Gott heraus, ein kräftiger, gesunder deutscher Wille geweckt und gestärkt wird«.[306] Man beschränkt die Agitation für den NS also nicht auf Erwachsene, sondern versucht bereits durch die Jugendzeitschriften, im Sinne des NS zu wirken. Quantitativ betrachtet, erzielen sie mit einer Auflage von insgesamt 2.350 im Jahr 1930, ebenso wie das *Neulandblatt*, keine Breitenwirkung.[307]

Das Neulandhaus: Ein Vorposten der Nationalsozialisten in Eisenach

Mit der Hinwendung der NLB zum NS wird das Neulandhaus zu einem Zentrum nationalsozialistischer Aktivitäten in Eisenach. Das Neulandhaus beherbergt sowohl die Sekretariate der NLB, des *Deutschen Frauenkampfbundes*, des 1930 gegründeten *Verbandes der Kirchgemeindehelferinnen*[308] und des 1932 entstandenen *Eisenacher Arbeitsrings* als auch den Neuland-Verlag und die verbandseigene Buchhandlung. Gleichzeitig wird es als Hotel beziehungsweise »Hospiz« genutzt. Das Neulandhaus befindet sich ebenso wie zwei angrenzende Häuser, von denen eins ab 1929 als Jugendherberge dient, im Besitz der NLB. Die Jugendherberge, Neulandschlößchen genannt, ist 1931 bereits als »Jugendherberge für die nationalsozialistische Jugend« über Eisenach hinaus bekannt und wird der nationalsozialistischen Jugend empfohlen.[309] In der Hoffnung, Reichsfrauenführerin zu werden, betont Diehl 1932 gegenüber dem Reichsorganisationsleiter Gregor Strasser, daß das Neulandhaus schon seit 1920 »judenrein« gewesen sei. Eine jüdische Zeitung, das »Israelitische Familienblatt«, habe es 1928 als einziges antisemitisches Hotel in Eisenach aufgeführt. Zudem habe das Neulandhaus ab 1930 die SA unterstützt: »1930-1933 war das große S.A.-Schild, das allgemein als ein antijüdisches Zeichen bekannt war, am Tor des Neulandhauses angebracht, und wir leisteten der S. A. und der Partei mit unserem Haus die größten unentgeltlichen Dienste.«[310] Das Neulandhaus arbeitet der SA nicht nur praktisch zu, sondern bekennt sich durch das SA- Schild demonstrativ öffentlich zur NSDAP.

Des weiteren verrichtet Diehl ihre Tätigkeit als Kulturreferentin, statt sich in die Münchener Parteizentrale zu begeben, im Neulandhaus und setzt die Mitarbeiterinnen der NLB, die durch die Mitgliedsbeiträge der Anhängerinnen finanziert werden, für die anfallende Korrespondenz ein. Gleichzeitig dient das Neulandhaus der *NS-Frauenschaft* und dem *Bund Deutscher Mädel*, der weiblichen Sektion der *Hitlerjugend*, als Versammlungsort. Nach der Machtergreifung scheint das Neulandhaus, sieht man von einer »Müttererholung« der *NS-Volkswohlfahrt* im Sommer 1934 ab, nicht mehr von nationalsozialistischen Organisationen in Anspruch genommen zu werden.[311] Da die NSDAP nun selbst über die Macht verfügt, ist sie nicht mehr auf kostenlose Verpflegung ihrer SA-Leute im Neulandhaus angewiesen. Außerdem wird Diehl aufgrund ihrer Konflikte mit der *NS-Frauenschaft* in Parteikreisen schon bald zur persona non grata.[312]

Die Zeitschriften der NLB und die Publikationen Diehls werden im verbandseigenen Neuland-Verlag publiziert.[313] In diesem erscheinen auch Diehls Schulungsbuch der *NS-Frauenschaft* »Die deutsche Frau und der Nationalsozialismus« sowie die Schriften des *Eisenacher Arbeitsrings*. Außerdem verfügt die NLB über eine eigene Buchhandlung, die vor allem die Schriften Diehls, darüber hinaus aber auch »sorgfältig ausgewählte Bücher für deutsche Verinnerlichung«[314] und mit der Hinwendung zum NS auch nationalsozialistische Literatur zum Verkauf anbietet. 1941 argumentiert Diehl in einem Schreiben an den Präsidenten der Reichsschrifttumskammer, daß »die Neuland-Buchhandlung [...] als erste in Eisenach seit 1928 nationalsozialistische Literatur mit aller Kraft unter dem weiten Leserkreis des Neulandblattes verbreitet [hat]«.[315] Wenngleich davon auszugehen ist, daß die Neuland-Buchhandlung in Eisenach diesbezüglich tatsächlich eine Vorreiterrolle einnimmt, gibt es, abgesehen von dieser Äußerung Diehls, keine Hinweise darauf, daß die NLB schon 1928 die NSDAP und die NSB unterstützt hat. Vermutlich wird der Vertrieb nationalsozialistischer Schriften erst mit der Hinwendung der NLB zum NS, also 1930, aufgenommen.

Als Zentrum der NLB und Veranstaltungsort der Neulandtage, von Freizeiten und Schulungskursen bietet das Neulandhaus ab 1929 Vertretern der völkischen Bewegung und der Deutschen Christen wie zum Beispiel Siegfried Leffler, Max Maurenbrecher, Julius Kuptsch, »Rassenkundlern« und Germanenforschern wie Hermann Wirth, Ferdinand Clauß und Wilhelm Teudt, und Nationalsozialisten wie Hans Schemm[316] und Hans Fabricius ein Forum, ihre Ideen zu propagieren. Fragt man, warum gerade die Nationalsozialisten Schemm und Fabricius eingeladen werden, so liegt im Fall Schemms auf der Hand, daß er als Vorsitzender des *Nationalsozialistischen Lehrerbundes* bei den Anhängerinnen der NLB auf besonderes Interesse stößt, da viele von ihnen von Beruf Lehrerinnen und Studienrätinnen sind. In Anbetracht der brutalen Vorgehensweise der nationalsozialistischen Schlägerkommandos vermittelt Schemm, daß bildungsbürgerliches Selbstverständnis nicht im Gegensatz zum NS steht, sondern die NSDAP auch beziehungsweise gerade die Interessen der Gebildeten repräsentiert. Tatsächlich treten viele Anhängerinnen der NLB dem *Nationalsozialistischen Lehrerbund* bei. Hans Fabricius, promovierter Jurist, wird 1929 wegen NS-Betätigung von seinem Amt als Regierungsrat beim Landesfinanzamt Brandenburg suspendiert. Ab 1930 gehört er zu den Mitarbeitern der Propagandaabteilung des Gaues Großberlin der NSDAP. Infolge des

Das Neulandhaus (ADFB)

ersten großen Wahlerfolgs der NSDAP zieht er im September 1930 als Abgeordneter der NSDAP in den Reichstag ein.[317] Im gleichen Jahr wird er bei einer von dem NSDAP-Gauleiter von Berlin-Brandenburg, Joseph Goebbels, initiierten Protestaktion gegen den Antikriegsfilm »Im Westen nichts Neues« von der Berliner Polizei vorübergehend festgenommen, auf Veranlassung Fricks aber sofort wieder freigelassen.[318] Mit dieser Aktion liegt er zum einen auf der kulturpolitischen Linie der NLB, die diesen Film ebenfalls ablehnt, da er nicht in das eigene, den Ersten Weltkrieg verherrlichende Geschichtsbild paßt. Zum anderen verficht Fabricius in seinen Schriften die deutschchristliche These von einer Zusammengehörigkeit von Nationalsozialismus und Christentum, spricht die Anhängerinnen der NLB so über ihr protestantisches Selbstverständnis an und verleiht dem NS eine religiöse Weihe:

> Seit ich die Hitlerbewegung kenne, vertrete ich die Überzeugung, daß der Nationalsozialismus nicht nur eine politische, sondern mittelbar auch eine religiöse Sendung in sich trägt. Politisch ist er in erster Linie dazu bestimmt, die durch Liberalismus und Marxismus dem eigenen Volke entfremdeten Deutschen zu dem lebendigen Gefühl einer Volksgemeinschaft zurückzuführen. Eben dadurch wird aber zugleich der Boden bereitet, auf dem auch religiöses Leben wieder in breiteren Schichten unseres Volkes erblühen kann.[319]

Fabricius verbindet die Hoffnung auf eine Rechristianisierung der Deutschen explizit mit dem Entstehen einer rassisch definierten »Volksgemeinschaft« und artikuliert damit auch die Position der NLB, wie sie in der Hoffnung auf ein Zusammenwirken von völkischem und religiösem Erwachen zum Ausdruck kommt.

Unterricht in »Rassenkunde« und »Vererbungslehre« am Gemeindehelferinnenseminar

Anders als der *Eisenacher Arbeitsring* sind die Frauenbildungsinstitutionen der NLB, das Neuland-Gemeindehelferinnenseminar und die Neuland-Mütterschule, bereits 1927 vor Neulands Hinwendung zum NS entstanden. Angesichts der Rezeption von Rassismus und Antisemitismus von seiten der NLB ab 1929 und ihrer Annäherung an die NSDAP ab 1930 stellt sich zum einen die Frage, inwieweit das Gemeindehelferinnenseminar den politischen Kurs der NLB teilt, zum anderen, inwieweit auf dem Gemeindehelferinnenseminar die für die NLB programmatische deutsch-christliche Vorstellung eines rassenspezifischen Christentums propagiert wird.

Betrachtet man die Selbstdarstellungen des Gemeindehelferinnenseminars, so grenzt es sich im Sommer 1932 von vergleichbaren Bildungs-Einrichtungen folgendermaßen ab:

> Und noch ein Anderes unterscheidet unser Gemeindehelferinnenseminar von den vielen kirchlichen Wohlfahrtsschulen, und das ist die Pflege einer tüchtigen Kenntnis der deutschen Geschichte des letzten Jahrhunderts und einer klaren Urteilsbil-

dung über die Zusammenhänge und Ursachen der geschichtlichen Entwicklung der letzten Vergangenheit und der Gegenwart.[320]

Mit dieser verschlüsselten, aber im Kontext des *Neulandblatts* eindeutigen Ausdrucksweise gibt sich das Gemeindehelferinnenseminar als auf dem Boden der »nationalen Opposition« stehend zu erkennen und wirbt mit seiner Affinität zum NS. Betrachtet man den Fächerkanon des Gemeindehelferinnenseminars, so bieten vor allem die Fächer »Bürgerkunde« und »Einführung in die geistigen Strömungen der Gegenwart« sowie »Zeitgeschichte« Raum für die Vermittlung politischer Inhalte. »Rassenkunde«, »Vererbungslehre« und »Deutschtumskunde« gehören jedoch erst ab 1933 zum Curriculum.[321] Der Unterricht in den pädagogischen Fächern wird von qualifizierten Neuland-Anhängerinnen, der in den politischen Fächern wird teils von Diehl selbst, teils von dem Studienrat Max Gerlach übernommen. Dieser agiert ab 1930 als politischer Berichterstatter im *Neulandblatt* und ist begeisterter Nationalsozialist. Mit der Lehrerin Helene Meyer leitet außerdem eine überzeugte Nationalsozialistin das Seminar. Sie ruft in *Treufest* mehrfach zum Beitritt zur *NS-Frauenschaft* auf und wirbt im *Neulandblatt* für den NS, so daß davon ausgegangen werden kann, daß die Seminaristinnen bereits vor der Machtergreifung politisch im Sinne der Nationalsozialisten beeinflußt werden. Das Gemeindehelferinnenseminar gibt sich jedoch vor 1933 nicht explizit als deutsch-christlich zu erkennen. Es wird nicht mit der für die NLB programmatischen Vorstellung eines rassenspezifischen das heißt »arteigenen« Christentums geworben. Das erklärt sich dadurch, daß der Unterricht in biblischen Fächern überwiegend nicht von Diehl oder Anhängerinnen der NLB, sondern von Vertretern der Thüringer Landeskirche – darunter auch von dem späteren Landesbischof Moritz Mitzenheim[322] – erteilt wird, die gleichzeitig auch die Prüfungen abnehmen. Auf eine grundsätzliche Auseinandersetzung über das christliche Bekenntnis will man sich offenbar nicht einlassen, da die Berufsperspektiven der Seminaristinnen von der kirchlichen Anerkennung des Abschlusses abhängen.

Nach der nationalsozialistischen Machtergreifung wird nicht nur »Rassenkunde« zum Lehr- und Prüfungsfach, auch bei den Prüfungsthemen bemüht man sich um eine enge Zusammenarbeit mit den Nationalsozialisten. So schlägt Meyer 1935 der landeskirchlichen Prüfungskommission beispielsweise das Thema: »Was kann die Gemeindehelferin dazu beitragen, daß die Grundsätze der Volkserziehung Adolf Hitlers verwirklicht werden?« vor.[323] Wie eine Erläuterung des Curriculums von 1937 zeigt, ist der »germanische Glaube« mittlerweile ebenso Teil des Lehrprogramms wie »Der 30. Januar«, »Rosenbergs Mythus« und die nationalsozialistischen Rassengesetze. Die Stichworte »Stammbaum« und »Ahnentafel« verweisen darauf, daß auch das Anfertigen von »Stammbäumen« zwecks »Ariernachweis« zu den potentiellen Aufgaben einer Gemeindehelferin gehört.[324] Wenngleich nicht rekonstruierbar ist, wann genau die Umgestaltung des Lehrplans stattgefunden hat, ist davon auszugehen, daß das Gemeindehelferinnenseminar nach der nationalsozialistischen Machtergreifung nicht nur politisch auf dem Boden des NS steht, sondern darüber hinaus deutsch-christliche Inhalte vermittelt werden.[325] Insgesamt erweckt die Durchsicht der Akten nicht den Eindruck, daß man sich unter äußerem Zwang mit den Nationalsozialisten arrangiert, vielmehr zeugen die Dokumente von bereitwilliger Zustimmung, ja Begeisterung für die Ziele des NS.

Betrachtet man die Entwicklung der Absolventinnen-Zahlen, so wird 1931 mit 19 zunächst ein Höhepunkt erreicht, 1932 fällt die Zahl auf zwölf, um dann wieder anzusteigen. Der vorübergehende Rückgang könnte damit zusammenhängen, daß das Gemeindehelferinnenseminar sich vergleichsweise früh auf nationalsozialistischen Boden stellt und so potentielle Kandidatinnen zunächst abschreckt, während die Affinität zum NS mit dem Wachsen der NSDAP und NSB positiv zu Buche schlägt. Der Rückgang ließe sich auch als Folge der Weltwirtschaftskrise interpretieren, was aber den Wiederanstieg der Absolventinnen-Zahlen vor dem Abflauen der Krise nicht erklärt. Mit insgesamt 111 Absolventinnen bis 1937, als infolge der Auseinandersetzungen mit der Thüringer Landeskirche das Gemeindehelferinnenseminar geschlossen wird, ist die Wirkung quantitativ gering, wenngleich es sich bei den Gemeindehelferinnen um Multiplikatorinnen handelt. Als private, kirchlich anerkannte Ausbildungsanstalt kann das Gemeindehelferinnenseminar sich seine Schülerinnen selbst auswählen. Wie die Selbstdarstellungen in den Werbebroschüren offenbaren, wird mit der Hinwendung der NLB zum NS eine bestimmte politische Gesinnung der Teilnehmerinnen bereits vorausgesetzt. Die Zielgruppe sind evangelische Frauen, die schon auf dem Boden der »nationalen Opposition« stehen.

Der *Deutsche Frauenkampfbund* als Vorläufer der *NS-Frauenschaft*

Der *Deutsche Frauenkampfbund* veranstaltet jährlich eine Tagung im Neulandhaus, verfaßt nachweislich 13 »Kampfblätter« gegen die sogenannte kulturelle Dekadenz, versucht, durch zahlreiche Eingaben politisch wirksam zu werden, und unterstützt Frick als Thüringer Volksbildungs- und Innenminister.[326] Diehl führt die »Kampfblätter« des *Deutschen Frauenkampfbundes* teilweise gleichzeitig als Arbeitsergebnisse ihrer Tätigkeit als Kulturreferentin auf und unterzeichnet als Vorsitzende des *Deutschen Frauenkampfbundes* den Gründungsaufruf für Alfred Rosenbergs *Kampfbund für deutsche Kultur*. Beides spricht für die Nähe des *Deutschen Frauenkampfbundes* zur NSB.[327] Die Aktivitäten des *Deutschen Frauenkampfbundes*, sofern sie im *Neulandblatt* dokumentiert werden, lassen zu Beginn der 30er Jahre nach. Die letzte ordentliche Jahrestagung findet 1930 statt. Dieses verwundert, da sich das politische Klima für derartige Aktivitäten mit dem politischen Erfolg der NSDAP verbessert. Wie aus einem Brief Diehls an Strasser zu erfahren ist, geht der *Deutsche Frauenkampfbund* aus taktischen Gründen nicht in die Offensive:

> Es wäre nun für unsere Partei von großem Wert, wenn hier erstmalig die Frauenschaft auf den Plan träte und ihren deutschen Frauenwillen bekundete. Ich habe nun diese Arbeit [Kampf gegen die Liberalisierung des § 218, S.L.] im Deutschen Frauenkampfbund ausdrücklich deshalb nicht so weit vorgestossen, weil ich dies lieber als erstes Werk in der Nationalsozialistischen Frauenschaft tun wollte.[328]

Durch die Gründung der *NS-Frauenschaft* verliert der *Deutsche Frauenkampfbund* für Diehl an Bedeutung. Die damit einhergehende Einschränkung der Aktivitäten spiegelt sich auch im abnehmenden Interesse des Berliner Polizeipräsidenten am *Deutschen Frauenkampfbund*. Nach einer republikfeindlichen und antisemitisch ausgerichteten Großveranstaltung des *Deutschen Frauenkampfbundes* im April 1928 im Berliner Kriegervereinshaus[329] forderte der preußische Innenminister vom Berliner Polizeipräsidenten einen Bericht über die Aktivitäten des *Deutschen Frauenkampfbundes* an, welcher im folgenden bis 1931 nachweislich beobachtet wird. Aus einem der Berichte geht hervor, daß der *Deutsche Frauenkampfbund* bereits 1928 »vor den Wahlen […] geschlossen zum ›völkisch-nationalen Block‹ übergetreten [ist]«.[330] Bei dem Kriegervereinshaus handelt es sich laut Broszat um ein »Traditionslokal von NSDAP-Versammlungen«,[331] durch dessen Wahl als Veranstaltungsort der *Deutsche Frauenkampfbund* seine Affinität zu den Zielen der NSDAP bekundet. Noch im gleichen Jahr gelingt es dem *Deutschen Frauenkampfbund*, eine Berliner »Kampftruppe« zu gründen, die Anfang 1929 60 Mitglieder zählt, bis Ende 1931 jedoch auf 25 Personen schrumpft. Der Berliner Polizeipräsident kommt im November 1931 zu dem Ergebnis, daß der *Deutsche Frauenkampfbund* bisher in Berlin keine »besondere politische Bedeutung« erlangt habe und stellt die Beobachtung ein.[332] Der *Deutsche Frauenkampfbund* kann als ein Vorläufer der *NS-Frauenschaft* betrachtet werden, zumal seine hauptsächlich von Diehl initiierten Aktivitäten Ende 1931 in der *NS-Frauenschaft* ihre Fortsetzung finden.

Nach der nationalsozialistischen Machtergreifung benennt er sich in *Kampfbund für deutsche Frauenkultur* um. Als solcher will er gemeinsam mit der NLB »eine wahrhaft deutsche Frauenbewegung herauführen helfen«[333] und eine neue Lösung der Frauenfrage durchsetzen. Während er als *Kampfbund für deutsche Frauenkultur* noch 1933 als Mitunterzeichner der »Erklärung der Neulandbewegung zur deutschen Wende«[334] und Mitveranstalter des Neulandtags agiert, tritt er 1934 nicht mehr in Erscheinung. Aufgrund der Neuland-Publikationen ist nicht rekonstruierbar, ob der *Deutsche Frauenkampfbund* sich nach der Machtergreifung der *Deutschen Frauenfront* anschließt oder aber sich freiwillig umbenennt und schließlich auflöst:

> Seit 1933 kann sich der Deutsche Frauen-Kampfbund ganz solchen aufbauenden Aufgaben zuwenden, und er tut es unter dem Namen »Kampfbund für deutsche Frauenkultur«. Als solcher hat die alte Kampfgemeinschaft noch weiter ihre Pflicht getan, bis auch hier ihre Arbeit einmündete in eine der großen Organisationen der Partei.[335]

Diese Aussage spricht zunächst gegen eine einfache Auflösung oder »Eingliederung in Neuland«,[336] wie sie auf dem 17. Neulandtag zur Debatte steht. Mit »eine[r] der großen Organisationen der Partei« könnte Alfred Rosenbergs *Kampfbund für deutsche Kultur* (1929-1934) gemeint sein, zu deren Gründungsmitgliedern Diehl als Vorsitzende des *Deutschen Frauenkampfbundes* gehört. Dieser hatte jedoch nie den Status einer Parteiorganisation. Möglicherweise löst Diehl den *Deutschen Frauenkampfbund* auf, da seine destruktiven Aufgaben – im Gegensatz zu den konstruktiven der NLB – mit der nationalsozialistischen Machtergreifung erfüllt sind und er so seine Existenzberechtigung verliert.

Die Vorstellung vom »Mutterkult« als ideologischem Leitbild und politischer Handlungsmaxime der nationalsozialistischen Frauenpolitik ist inzwischen einer differenzierteren Sichtweise gewichen, die zum einen auf dem Gebiet der Frauenarbeitsmarktpolitik zwischen verschiedenen Phasen unterscheidet,[337] zum anderen Rassismus und Antisemitismus als wesentliche Elemente nationalsozialistischer Frauenpolitik anerkennt.[338] Angesichts von sechs Millionen Arbeitslosen versucht das nationalsozialistische Regime nach der Machtergreifung zunächst, die Frauen zur Aufgabe von Erwerbsarbeit zu bewegen, und beabsichtigt, mit der Vergabe von Ehestandsdarlehen an Personen, die die rassistischen Kriterien erfüllen, Eheschließungen und Geburten zu fördern. Damit einhergehend, wird die Mutterrolle der »arischen« Frau betont und zum Leitbild erhoben. In diesem doppelten Kontext vom Propagieren der Mutterschaft und von der Vermittlung der nationalsozialistischen Rassen- und Bevölkerungspolitik ist auch die Institutionalisierung der Mütterschulung durch die *NS-Frauenschaft* in Form des *Reichsmütterdienstes* im *Deutschen Frauenwerk* im Herbst 1934 zu sehen.

Nach zahlreichen Führungskrisen in der *NS-Frauenschaft* wird Gertrud Scholtz-Klink im Februar 1934 zur Reichsfrauenführerin ernannt. In dieser Funktion erläßt sie in Kooperation mit dem Reichsinnenministerium im Mai 1934 Richtlinien, gemäß derer ab Oktober desselben Jahres die Arbeit aufgenommen wird.[339] Sie sollen die bislang unkoordinierte Mütterschulung vereinheitlichen und unter die Kontrolle der *NS-Frauenschaft* und des *Deutschen Frauenwerks* bringen. Zudem wird die Mütterschulung reichsweit ausgedehnt und so gleichzeitig aufgewertet. Der Unterricht soll in Form von »geschlossenen Mütterschulen«, »offenen Mütterschulen« und »Internatsmütterschulen« stattfinden.[340] Angeboten werden Veranstaltungen zu den Themen Haushaltsführung, Gesundheit und Erziehung.[341] Wenngleich die Mütterschulung nicht generell verpflichtend ist, sollen nach Möglichkeit alle Frauen erfaßt werden. Ab 1936 müssen Frauen, die SS-Männer heiraten, die Teilnahme an einem Mütterschulungskurs nachweisen. Die Mütterschulung stellt 1937 eines der wichtigsten Arbeitsgebiete des *Deutschen Frauenwerks* dar.[342]

Zieht man in Betracht, daß die Mütterschulung 1934 zu einem Arbeitsschwerpunkt von *NS-Frauenschaft* und *Deutschem Frauenwerk* avanciert, so kommt den Mütterschulen und Mütter-Oberschulen der NLB eine besondere Bedeutung zu. Folgt man der Selbstdarstellung Diehls, so leistet die NLB auf diesem Gebiet Pionierarbeit,[343] was einerseits stimmt, andererseits aber nur die halbe Wahrheit ist, da es auch außerhalb der NLB während der 20er Jahre schon vereinzelte Mütterschulen gibt und die evangelische Frauenbewegung Ende der 20er Jahre ihre Mütterschulungsarbeit intensiviert. Die Mütterschulung der NLB nimmt im Februar 1927, also vor der Hinwendung der NLB zum NS, mit einem einmonatigen Mütterschulkurs im Neulandhaus ihren Anfang, wird bis 1931 in dieser Form einmal jährlich abgehalten, 1932 unterbrochen und mündet 1933 schließlich in eine Mütter-Oberschule.[344] Bei der Mütterschule handelt es sich zunächst um ein Gemeinschaftsprojekt der NLB und des *Deutschen Frauenkampfbundes*. Sie wird von Diehl beziehungsweise Helene Meyer, der Leiterin des Gemeindehelferinnenseminars, geleitet. Den Unterricht erteilen qualifizierte Anhängerinnen der NLB und Mitglieder des *Deutschen Frauenkampfbundes*.[345] Unterrichtet wird in den allgemeinen Fächern »Der Beruf der Gattin«, »Der Beruf der Mutter«, »Das Kind«. Der Kurs richtet sich an »alle jüngeren und älteren Frauen«, »Frauen und junge Mädchen aller Stände«.[346] Es geht darum, den Frauen die »ungeheure Wichtigkeit ihres Berufs fürs Volksganze« zu vermitteln.[347] Die Mütterschulen werden 1930 und 1931 nicht explizit in einen nationalsozialistischen Kontext gestellt, lassen aber Mutterschaft als den Beitrag der Frauen zum »Volksganzen« erscheinen. Mit dem Kampf gegen die angeblich hauptsächlich von den Kommunisten verschuldete »Entmütterlichung« weisen sie zudem eine klar antikommunistische Ausrichtung auf.

Verfolgt man die Erfolgsberichte über die Mütterschulen im *Neulandblatt*, so verwundert es, daß nach 1931 die Mütterschulung eingestellt wird. Das könnte an der verstärkten Konkurrenz durch andere Träger liegen, denn 1929 entdeckt auch die evangelische Frauenbewegung die Mütterschulung für sich. Die *Evangelische Frauenhilfe* gründet ein *Mütterwerk* mit Klara Schloßmann-Lönnies an der Spitze und führt reichsweit Mütterschulungskurse durch.[348] Allein in Thüringen steigt die Zahl der vom *Mütterwerk* der evangelischen Frauen durchgeführten Mütterschulungen von einer 1929 auf 48 im Jahr 1932.[349] Darüber hinaus veranstalten in Thüringen auch die Volkshochschulen sowie die Kreisberatungsstellen Mütterschulungskurse. Alle genannten Institutionen werden durch kirchliche beziehungsweise öffentliche Mittel subventioniert und können ihre Kurse daher preiswerter anbieten als die NLB, was besonders in der Weltwirtschaftskrise von Bedeutung ist.[350] Erklären läßt sich der ›Mütterschulboom‹ zu diesem Zeitpunkt als Reaktion konservativer Kreise auf die Weltwirtschaftskrise. Man versucht, Armut und Arbeitslosigkeit durch den Ausbau der Mütterschulung zu bekämpfen, indem man die Frauen vom Arbeitsmarkt entfernt und sie gleichzeitig instruiert, die immer knapper werdenden Mittel möglichst ökonomisch zu verwenden. Der Rückzug der NLB aus der Mütterschulung könnte auch damit zusammenhängen, daß Diehl im Herbst 1931 ihre Arbeit in der Reichsfrauenleitung aufnimmt und sich anderen Aufgaben widmet. Die Korrespondenz des Neulandhauses mit der Evangelischen Landeskirche legt jedoch die Vermutung nahe, daß nicht genügend Interessentinnen für die Fortführung der Mütterschule gefunden werden können.[351]

Mit der Machtergreifung im Januar 1933 rückt die Frauenfrage wieder ins Zentrum des Interesses und der Ambitionen der NLB. Die zweite Februar-Ausgabe des *Neulandblatts* ist ausschließlich diesem Thema gewidmet. Gleichzeitig wird die Mütterschulung zum Dreh- und Angelpunkt der Lösung der Frauenfrage.[352] In einem auf dem Neulandtag 1933 verfaßten »Deutschen Frauen-Kulturprogramm« wird für alle Frauen eine mindestens dreimonatige Mütterschule als Teil eines Frauendienstjahres und für angehende Studentinnen sogar ein einjähriges Mütterschuljahr gefordert.[353] Das Konzept der Mütterschulung wird 1933 dahingehend modifiziert, daß Rassenkunde und Vererbungslehre in den Lehrplan aufgenommen werden und nun zielgruppenspezifisch unterschiedliche Schulungsformen geplant sind. So fordert Diehl im Juli 1933:

Dagegen ist es von höchster Wichtigkeit, auch die reiferen Frauen von 30-40 Jahren irgendwie durch die Mütterschulung zu wecken. Das kann in den Städten durch Nachmittags- und Abendkurse geschehen, auf dem Land durch Wanderkurse. Freilich wäre es noch besser, auch hier die Form der konzentrierten Mütterschule einzuführen und Ferienheime und dergl[eichen] dazu zu benutzen.[354]

In der Erwartung, daß man die Mütterschulung im »Dritten Reich« allgemein einführt und somit ein großer Bedarf an entsprechenden Lehrerinnen bestehen wird, eröffnet die NLB im Mai 1933 gemeinsam mit dem *Kampfbund für deutsche Frauenkultur*, der Nachfolgeorganisation des *Deutschen Frauenkampfbundes*, und dem völkischen *Deutschbund* eine Mütter-Oberschule. Sie soll in einem dreimonatigen Lehrgang Frauen mit Berufsabschluß zu Lehrerinnen von Mütterschulen weiterqualifizieren. Angesprochen werden zum einen Anhängerinnen der NLB, zum anderen vor allem arbeitslose Frauen mit Berufsabschluß, von denen erwartet wird, daß sie nach Absolvieren des Lehrgangs als Multiplikatorinnen neue Mütterschulen gründen oder aber an schon bestehenden unterrichten. Unter Umgehung der *NS-Frauenschaft* sichert Diehl der Mütter-Oberschule die Anerkennung Fricks, der mittlerweile Reichsinnenminister geworden ist und sich bemüht, die nationalsozialistischen Frauenorganisationen dem Zuständigkeitsbereich der Partei zu entziehen und seinem eigenen einzuverleiben. Die Absolventinnen werden staatlich geprüft und dürfen sich »Obermütter« nennen. Der Lehrplan orientiert sich an dem der Mütterschulen. Großen Wert legt man auf das Fach Rassenkunde, denn für dieses Fach wird zur ersten Mütter-Oberschule der Breslauer Pathologe, Parteigenosse und Rassenhygieniker Professor Martin Staemmler,[355] als Dozent hinzugezogen.[356] Erna Braun, die Leiterin des Elbinger Neulandkreises und – schenkt man der Aussage einer Zeitzeugin Glauben – in der *NS-Frauenschaft* engagiert, greift die Anregung, selbst Mütterschulungen durchzuführen, auf und organisiert mit Unterstützung einer Absolventin der Mütter-Oberschule der NLB zwei Mütterschulungskurse in Elbing. Im *Neulandblatt* fordert sie die Neuland-Anhängerinnen auf, es ihr gleich zu tun und gibt genaue Instruktionen für die Vorgehensweise.[357]

Da die NLB auf dem Gebiet der Mütterschulung erfahren ist, in jeder Beziehung Loyalität gegenüber dem NS demonstriert und auch über die Mütter-Oberschule im Sinne des NS zu wirken glaubt, stellt sich die Frage nach der Rolle der NLB beim Aufbau der Mütterschulung in Thüringen – insbesondere da in Eisenach eine »ständige Mütterschule« eingerichtet werden soll.[358] Während die Mütter-Oberschule 1933 und auch 1934 unbehindert operiert und ihr Konzept verbreiten kann,[359] kommt es nach der Amtsübernahme durch Scholtz-Klink und der sich anschließenden Neuordnung der Mütterschulungsarbeit sowohl über das Ausbildungskonzept als auch über die Autonomiefrage zu Konflikten mit der *NS-Frauenschaft*, die schließlich zur Schließung der Neuland-Mütter-Oberschule führen.

Während die *NS-Frauenschaft* eine besondere Ausbildung für Mütterschul-Lehrerinnen nicht für notwendig hält und lediglich einen zweiwöchigen Kurs befürwortet, besteht Diehl demgegenüber auf der Notwendigkeit einer dreimonatigen intensiven Schulung, um die Einflüsse der »liberalistischen Frauenbewegung« auf die angehenden

2. Mütter = Oberschule im Neulandhaus zu Eisenach

vom 16. April bis 16. August 1934.

Befürwortung des Reichs=Innenministeriums:

„Das große Werk des deutschen Aufbaues kann ohne Mitwirkung der deutschen Frau als Hausfrau und Mutter nicht gelingen. Die Vorbereitung der heranwachsenden weiblichen Jugend auf ihre heiligste Aufgabe, die Mutterschaft, ist deshalb eine besondere Pflicht gegenüber der gegenwärtigen Generation. Bevor der Staat an die Regelung dieser Erziehungsaufgaben herangehen kann, müssen private Organisationen und Institute diese Erziehung übernehmen. Ich begrüße es deshalb, daß das Neulandhaus in Eisenach eine Mütter-Oberschule errichten will, in der die Leiterinnen künftiger Mütterschulen ihre Ausbildung genießen sollen und wünsche dem Neulandhaus und der neu zu gründenden Mütterschule besten Erfolg. 27. III. 33.   gez. Frick."

Der Thüringer Berufsschulrat bekundet:

„Die Mütter=Oberschule im Neulandhaus in Eisenach untersteht der staatlichen Schulaufsicht. Die stattfindenden Schulungskurse bilden die Teilnehmerinnen in allen Fächern einer Mütterschule aus. Nach bestandener Abschlußprüfung können die Teilnehmerinnen in den Mütterschulen der Großstädte oder bei Mütterschulfreizeiten oder in neu einzurichtenden Mütterschulen als Lehrerinnen und Leiterinnen tätig sein.
L. S. 30. V. 33.   Unterschrift."

Das Abschlußexamen der 1. Mütter-Oberschule fand unter Inspektion zweier Vertreter der Thüringer Regierung statt, die sich sehr anerkennend über die Art und die Einrichtung der Schule ausgesprochen haben und deren Anwesenheit im Abschlußzeugnis bemerkt werden durfte.
Von den Examinandinnen des ersten Lehrgangs stehen schon mehrere in der für unser

Titelseite eines Werbeprospekts für die Mütter-Oberschule der *Neulandbewegung* von 1934 (ADJB)

Lehrkräfte zu bekämpfen. Diese seien »gar nicht dafür vorgebildet, den ganzen Umfang der Mutter- und Frauenaufgaben in Ehe, Haus, Volk und Staat übersehen zu können«.[360] Nachdem Diehl ihre eigenen Vorstellungen nicht durchsetzen konnte, bittet sie Reichsbischof Müller, in ihrem Sinn bei der *NS-Frauenschaft* zu intervenieren.[361] Trotz dieser Differenzen versucht Diehl, beim Aufbau der Mütterschulung mitzuwirken, wendet sich diesbezüglich im Frühjahr 1934 an Scholtz-Klink und bietet ihre eigene beziehungsweise die Mitarbeit der NLB an. Scholtz-Klink schlägt daraufhin vor, im Neulandhaus eine »ständige Internatsmütterschule« einzurichten »unter der Voraussetzung selbstverständlich, daß sie sich der Gaugemeinschaft für Mütterschulung eingliedern müsse und daß sie sich in der Ausrichtung ihrer Arbeit uns unterstellt«.[362] Als selbsternannte Pionierin der Mütterschulung weigert Diehl sich, eine von ihr geleitete Schule der *NS-Frauenschaft* zu unterstellen.[363] Da sich Scholtz-Klink genügend andere Kooperationspartner bieten, allen voran der *Mütterdienst* der *Reichsfrauenhilfe*, braucht sie keine Konzessionen zu machen, so daß Diehls Weigerung und ihre Ablehnung des Ausbildungskonzeptes für Mütterschul-Lehrerinnen das Ende der Mütterschulungsarbeit der NLB bedeutet.

Quantitativ betrachtet, ist die Neuland-Mütterschulung mit fünf Mütterschulen und zwei Mütter-Oberschulen kaum von Bedeutung. Die Zahl der Absolventinnen von maximal 300 steht in keinem Verhältnis zu propagandistischen Verwertung der Ausbildung. Das gilt insbesondere angesichts der Mütterschulung der evangelischen Frauenbewegung unter Schloßmann-Lönnies, die sich überdies mit dem Mütterwerk der evangelischen Kirche bereitwillig dem *Deutschen Frauenwerk* unterstellt. Wenn Kaiser Schloßmann-Lönnies als die »eigentliche Schöpferin der ev[angelischen] Mütterarbeit im 20. Jahrhundert«[364] bezeichnet, so ist dem, was die Breitenwirkung der Mütterschulung betrifft, sicher zuzustimmen. Nichtsdestoweniger ist die Neuland-Mütterschulung zu den Vorläufern der Mütterschulung in der *NS-Frauenschaft* zu zählen und hat konzeptionelle Vorarbeit für die Mütterschulung durch den *Reichsmütterdienst* geleistet. Diehl hat in ihrer Funktion als Kulturreferentin dazu beigetragen, diesen Programmpunkt der NLB in der Arbeit der *NS-Frauenschaft* zu verankern.

Vergleicht man Diehls Konzeption der Mütterschulung vom Juli 1933 mit den Richtlinien des *Reichsmütterdienstes*, so tragen diese Diehls Handschrift. Hinsichtlich der Form der Schulung fällt auf, daß Diehl mit der Differenzierung zwischen Nachmittags- und Abendkursen, Wanderkursen und der »konzentrierten Mütterschule« bereits im Juli 1933 genau die in den Richtlinien des *Reichsmütterdienstes* im Mai 1934 veröffentlichte Regelung zur Mütterschulung vorwegnimmt, oder – anders betrachtet –, daß der *Reichsmütterdienst* sich ihr Konzept aneignet.[365] Die inhaltliche Schulung des *Reichsmütterdienstes* erfolgt jedoch stärker unter praktischen als unter ideologischen Gesichtspunkten. Während im »Lehrgang über Haushaltsführung« des Reichsmütterdienstes »1. Kochen 2. häusliche Näharbeiten 3. Waschen und Plätten« unterrichtet wird, werden diese Fächer im Neuland-Programm unter »Der Beruf der Gattin« als »Verwaltung des Haushalts, Wohnung, Kleidung, Ernährung« subsumiert.[366] In den Nuancen der Programmformulierung reflektiert sich die unterschiedliche Schwerpunktsetzung von NLB und *NS-Frauenschaft*. Während es der letzteren primär um die Einübung von praktisch-hausfraulichen Tätigkeiten geht, steht für die NLB die ideologische Schulung im Zentrum – eine Problematik, die bereits Ende 1932 zum Rückzug Diehls aus der Reichsfrauenleitung beigetragen hatte. Die NLB leistet zwar einen maßgeblichen Beitrag zur Akzeptanz und Durchsetzung der Mütterschulung im »Dritten Reich«, sie wird jedoch in dem Moment, in dem die Mütterschulung sich tatsächlich durchsetzt, von ihrer Realisierung ausgeschlossen beziehungsweise zieht sich angesichts der Konditionen, unter denen sie ihre Arbeit fortsetzen könnte, ›freiwillig‹ zurück.

Zweifellos tragen die Mütterschulungskurse zur Akzeptanz des NS bei und vermitteln den Frauen – wie Stephenson feststellt – die nationalsozialistische Bevölkerungs- und Rassenpolitik.[367] Gerade die Tatsache, daß »Rassenkunde« stets neben Kochen, Handarbeiten etc. unterrichtet wird, verweist auch die ›Lehre‹ von der Existenz von »Rassen« in das Alltagswissen und entzieht dieses Wissen so der Reflexion. Den Mütterschulen kommt hinsichtlich der Integration der Frauen in eine rassistisch definierte »Volksgemeinschaft« zentrale Bedeutung zu. Laut Horváth ist es nicht entscheidend, ob Frauen die Kurse als »überzeugte Nationalsozialistinnen verlassen«, denn »Zustimmung stellt sich vor allem auch über selbstverantwortliche Tätigkeit her«.[368] Indem die Frauen diese Kurse absolvieren, leben sie bereits ein Stück nationalsozialistischer Ideologie.

Fragt man nach dem Verhältnis von »Führerin« und Bewegung, so zeigt sich bei der Mütterschulung wie bei vielen anderen Punkten, daß sich die Institution zwar Neuland-Mütterschule nennt und auch im Neulandhaus stattfindet, Diehl aber die treibende Kraft dahinter ist. Inwieweit ist es angesichts dieser Tatsache überhaupt legitim, von einer Neuland-Mütterschule zu sprechen? Was hat die NLB überhaupt mit der Mütterschule und Mütter-Oberschule zu tun? Zum einen werden die Anhängerinnen der NLB aufgefordert, sich selbst einer solchen Schulung zu unterziehen, das heißt, es ist auch eine Schule für die NLB. Zum anderen werden sie im *Neulandblatt* in jedem Bericht über die Mütterschulung ermahnt, für dieselbe zu werben: »Wir bitten deshalb ganz dringend, möglichst viel zum Besuch oder zur Werbung zu tun. Haben Werbenotizen in allen Lokalblättern gestanden? Sind Prospekte verbreitet, Briefe geschrieben, Besuche gemacht worden? Wir können nur dann fruchtbar schaffen, wenn ihr alle helft.«[369] Von den Neuland-Anhängerinnen wird gefordert, sich um die Finanzierung der Mütterschule zu kümmern und »auch an die Kirchen heranzutreten und um Beihilfen zu bitten, damit auch solche, die sich einen solchen Lehrgang nicht leisten können, daran teilnehmen können«.[370] Die Mütterschule gilt als Sache aller Anhängerinnen der NLB, sie fordert deren bedingungslosen Einsatz und dient gleichzeitig ihrer Mobilisierung und so dem Erhalt der NLB als Bewegung.

Abgrenzung von den Deutschgläubigen

Anfang der 30er Jahre sieht sich die NLB auf religiösem Gebiet mit unterschiedlichen Entwicklungen konfrontiert. Zahlreiche Berichte im *Neulandblatt* über »Gottlosen-Veranstaltungen«, auf denen die Kirche verspottet und zum Kirchenaustritt aufgerufen wird, zeugen von einem wachsenden Gefühl der Bedrohung von seiten der Atheisten. Dieses hat seinen realen Kern in der Verlegung der kommunistischen Freidenkerzentrale nach Berlin im Jahr 1930, mit der eine verstärkte und aggressive antikirchliche Agitation einhergeht.[371] Gleichzeitig nimmt zu Beginn der 30er Jahre die Auseinandersetzung mit den völkischen Glaubensbewegungen im *Neulandblatt* einen breiten Raum ein. Als geistige Protagonistin dieser Glaubensbewegungen gilt der NLB Mathilde Ludendorff. Neulands Kritik entzündet sich an der zweiten Auflage von M. Ludendorffs Schrift »Deutscher Gottglaube«, die 1930 erscheint, und ihrem 1931 erstmals veröffentlichten Buch »Erlösung von Jesu Christo«.[372] Davon ausgehend, daß jede Rasse ihre eigene Religion hervorbringe, bezeichnet M. Ludendorff das Christentum als »Jahwe-Religion« beziehungsweise »Judenreligion«, die dem deutschen Volk aufgezwungen wurde und es ins Verderben geführt habe. Sie bestreitet die Existenz eines persönlichen Gottes, setzt an seine Stelle eine »Urmacht« und fordert die Rückkehr zu germanischen Glaubensvorstellungen. Neben dem Alten verwirft sie auch das Neue Testament, indem sie behauptet, es sei aus alten indischen religiösen Schriften abgeschrieben.

Die Auseinandersetzung mit M. Ludendorffs »Deutschem Gottglauben« ist für Neuland schwierig, denn Ludendorffs Anhänger und Anhängerinnen kommen aus dem gleichen politischen Lager wie die Anhängerinnen der NLB und sind so potentielle politische Bundesgenossinnen und -genossen. Wie in den »Richtlinien für den deutschen Freiheitskampf« deutlich wird, geht Neuland außerdem von den gleichen rassistischen Prämissen aus wie die völkischen Glaubensbewegungen. Während Neuland am universalen Charakter des Christentums festhält, das rassenspezifisch rezipiert und assimiliert werde – eine Vorstellung, die sich bei den Deutschen Christen im Konzept des »artgemäßen Christentums« findet – bestreitet M. Ludendorff die Möglichkeit der Assimilation. Diehls Kritik richtet sich primär gegen die pauschale Ablehnung des Christentums als »Judenreligion« und gegen das Ersetzen eines persönlichen Gottes durch eine »Urmacht«, wodurch der »germanische Gottglaube« zu einer atheistischen Religion werde, deren Vertreter mit den kommunistischen Freidenkern Hand in Hand arbeiten.[373] Diehl sieht die christliche Religion von beiden Seiten gleichermaßen gefährdet:

> [...] so sehen wir folgendes Zwillingsgeschwisterpaar vor uns: auf der einen Seite das internationale Freidenkertum und Gottlosentum mit seiner Kirchenaustrittspropaganda, auf der anderen Seite den national sich gebärdenden Ludendorffschen Tannenbergbund und neuen Verein »Deutschvolk« mit seinem sog[enannten] Gottglauben, der keiner ist, und seiner Kirchenaustrittspropaganda. Beide sind sich wesensähnlich.[374]

Guida Diehl

Eisenach

Dienstag 14. Febr. 1933

Unkostenbeitrag 30 Pfg., Erwerbsl. 10 Pfg.

Die Kämpferin für Christentum und deutsches Wesen spricht am **Donnerstag, 16. Februar 1933, abends 8,30 Uhr, im Schütting.**

Deutsche Männer u. Frauen!

Erscheint in Massen!

N. S. D. A. P. Ortsgruppe Varel

Eine Guida Diehl-Versammlung ist ein Erlebnis.

Böttmann & Gerriets Nachf., Varel i. O.

Flugblatt: Ankündigung einer Wahlkampfrede Guida Diehls 1933 (BAYHSTA)

Der *Tannenbergbund*, nach dem Ort der siegreichen Schlacht gegen die Russen 1914 benannt, wird 1925 von Erich Ludendorff als Dachverband völkischer Wehr- und Jugendbünde gegründet. Mathilde Ludendorff gilt als der »ideologische ›Kopf‹« der Organisation und zeichnet so für deren anti-christliche Ausrichtung verantwortlich.[375] Einen lebendigen Eindruck von der Stärke des Gefühls der Bedrohung vermittelt ein detaillierter Bericht im *Neulandblatt* über eine Kirchenaustrittsveranstaltung des *Tannenbergbundes* in Berlin: »Genau wie die Bolschewisten verhöhnen und verlästern auch sie alles das, dreist, frech und unbekümmert, was irgend mit Gott in Zusammenhang gebracht wird. Ja, es genügt, daß der Name Luther oder Chamberlain fällt, und der Saal bricht in frenetisches Gelächter aus!«[376] Interessant ist, daß der ›Rassentheoretiker‹ und Antisemit Houston Steward Chamberlain (1855-1927)[377] direkt neben Martin Luther gestellt wird. Als Verfechter einer »germanischen Religion« wird Chamberlain hier offenbar angeführt, um die Zusammengehörigkeit von Christentum und germanischer Rasse gegenüber den völkischen Glaubensbewegungen, die deren Unvereinbarkeit propagieren, zu verteidigen.[378] Die NLB befindet sich in einem Dilemma: Sie will nicht auf den Rassismus als pseudowissenschaftliche Begründung für die Durchsetzung der eigenen innen- und außenpolitischen sowie volksmissionarischen Interessen verzichten, muß aber dagegen ankämpfen, daß der gleiche Rassismus die Argumente für die Liquidierung des Christentums als »artfremder« Religion von seiten der völkischen Glaubensbewegungen liefert.[379] In dieser prekären Lage erscheint der Artikel 24 des Parteiprogramms der NSDAP[380] als ›rettender Anker‹. Auf ihn beruft sich Diehl in einer Auseinandersetzung mit Mathilde Ludendorff:

Was nun die nationalsozialistische Freiheitsbewegung betrifft, so spricht sie in ihrem Programm klar aus, daß sie dem »positiven Christentum« zustimmt. Sie bekennt sich damit zu einer anderen Gläubigkeit als dem »Deutschen Gottglauben«. Auch Hitler bekennt sich in seinem Buch »Mein Kampf« ganz klar zum Christentum […].[381]

Mit der Verpflichtung auf ein »positives Christentum« geben die Nationalsozialisten vor, das Christentum nicht nur gegen den linken Atheismus, sondern auch gegen die völkischen Glaubensbewegungen zu verteidigen, rechtfertigen beziehungsweise fordern gleichzeitig seine Durchdringung mit rassistischen Ideen und treffen so genau die Interessenlage der NLB.

Hitlers Rückkehr zum Prinzip der kirchenpolitischen Neutralität nach den Kirchenwahlen im Juli 1933[382] und die damit einhergehende »Entkonfessionalisierung des öffentlichen Lebens«[383] geben den völkischen Glaubensbewegungen neuen Auftrieb.[384] Ende Juli 1933 schließen sie sich – als Reaktion auf die Gründung der Deutschen Evangelischen Kirche – unter Führung des Religionswissenschaftlers Jakob Wilhelm Hauer zur *Arbeitsgemeinschaft der Deutschen Glaubensbewegung* zusammen. In einer Denkschrift an Hitler, Frick und Jäger vom August 1933 fordert Hauer die öffentlich-rechtliche Anerkennung der *Arbeitsgemeinschaft* und deren Gleichstellung mit den Kirchen, etwa in bezug auf das Recht, bei der schulischen Erziehung mitzuwirken.[385] Unter Verschärfung ihres anti-kirchlichen Kurses und der Verbreitung ihres Einflusses reorganisiert sich die *Arbeitsgemeinschaft der Deutschen Glaubensbewegung* im Mai 1934 als zentralistisch verfaßte *Deutsche Glaubensbewegung*.[386]

Diese Offensive der völkischen Glaubensbewegungen verstärkt auf seiten Neulands das Gefühl der Bedrohung, was sich in der ausführlichen Berichterstattung im *Neulandblatt* ab Anfang 1934 spiegelt. Diehl fordert die *Arbeitsgemeinschaft* unter Verweis auf Paragraph 24 des Parteiprogramms der NSDAP auf, ihre Forderungen zurückzuziehen – wozu diese keinen Grund sieht. Im Januar 1934 führt die NLB gemeinsam mit dem auf dem Neulandtag 1932 gegründeten deutsch-christlichen *Eisenacher Arbeitsring* eine Arbeitstagung zum Thema »Deutsche Glaubensbewegung« durch, auf der Strategien für den Umgang mit der *Deutschen Glaubensbewegung* entwickelt werden sollen. Wie aus der im *Neulandblatt* ausgetragenen Auseinandersetzung mit der *Arbeitsgemeinschaft* beziehungsweise ihrer Nachfolgeorganisation hervorgeht, ist sich die NLB zu Beginn des Jahres 1934 nicht mehr sicher, ob die NSDAP den Paragraphen 24 tatsächlich gegen die völkischen Glaubensbewegungen durchzusetzen bereit ist, und zieht immerhin die Möglichkeit der »Heuchelei« in Betracht.[387] In der NSDAP selbst gilt Rosenberg als Interessenvertreter der Deutschgläubigen und wird so zum Feindbild der NLB – wenngleich man sich im Kampf gegen den »Kulturbolschewismus« zunächst mit ihm liiert hatte.[388]

Dem hat nun schon lange das Rosenberg'sche Buch [Der Mythus des zwanzigsten Jahrhunderts, S. L.], das in NS-Kreisen weithin Anerkennung fand, widersprochen! Was dort proklamiert wurde, ist eben kein »positives Christentum« mehr. Dieser klaffende Widerspruch war im ganzen Geistesstrom der Bewegung so lange verhüllt, als sie im heißen Kampf stand. Da wurde der § 24 verschiedenartig ausgelegt.[389]

Nach der Machtergreifung »klafft der innere Zwiespalt [zwischen »positivem Christentum« und Deutschgläubigkeit, S. L.] auseinander«.[390] Wenngleich diese Erkenntnis die religiöse Legitimation des Einsatzes der NLB für den NS in Frage stellt, erfolgt keine Distanzierung. Angesichts der religiösen und kirchenpolitischen Ambivalenz des NS gebieten für die NLB nun definitiv andere Gründe dessen Unterstützung. Zu nennen ist hier vor allem der militante Antikommunismus der NLB, denn der entschiedene Kampf der Nationalsozialisten gegen den »Bolschewismus« wird immer wieder positiv hervorgehoben.[391]

Zwischen Deutschen Christen und Bekennender Kirche

Guida Diehl gilt als eine Wegbereiterin der Deutschen Christen. Wer sind nun die Deutschen Christen? Ihre Entstehung nimmt 1927 in Thüringen mit den Aktivitäten der Pfarrer Siegfried Leffler und Julius Leutheuser ihren Anfang.[392] Sie verkünden eine Synthese aus Evangelium und nationalsozialistischer Ideologie, in der sich völkisches Denken mit christlichem Bekenntnis verbindet, und organisieren ihre Anhängerinnen und Anhänger in der *Kirchenbewegung Deutsche Christen*. Während die Entstehung der *Kirchenbewegung* primär völkisch-religiös motiviert ist, beruht die Gründung der *Glau-*

bensbewegung Deutsche Christen im Februar 1932 in Berlin auf machtpolitischen Erwägungen des Fraktionsvorsitzenden der NSDAP im preußischen Landtag, Wilhelm Kube.[393] Kube beauftragt den Nationalsozialisten und evangelischen Pfarrer Joachim Hossenfelder mit dem Aufbau einer kirchenpolitischen Partei, die bei den preußischen Kirchenwahlen im Herbst 1932 die evangelische Kirche unter nationalsozialistische Kontrolle bringen und gleichzeitig als erster Baustein einer reichsweiten Organisation dienen soll. Im Juni 1932 schließt sich die *Kirchenbewegung* zunächst der *Glaubensbewegung Deutsche Christen* an und bildet deren radikalen Flügel.[394] Infolge der Sportpalastkundgebung im November 1933, auf der der Gauobmann von Berlin, Reinhold Krause, sich als Anhänger Alfred Rosenbergs, also als Deutschgläubiger, entpuppt, kommt es zu einer Zersplitterung der *Glaubensbewegung*. Sie reorganisiert sich unter der Führung Christian Kinders, des Nachfolgers des abgesetzten Hossenfelder,[395] als *Reichsbewegung Deutsche Christen*. Zudem spalten sich die Thüringer Deutschen Christen ab und nennen sich nun wieder *Kirchenbewegung Deutsche Christen*. Diese radikalisiert sich und expandiert in den folgenden Jahren, bis sie sich 1937 mit anderen deutsch-christlichen Gruppierungen zur *Nationalkirchlichen Bewegung Deutsche Christen* zusammenschließt.

Das Erstarken der Deutschen Christen und der totalitäre Anspruch des NS-Regimes, alle gesellschaftlichen Bereiche zu durchdringen und zu beherrschen, führt im Sommer 1933 zum Kirchenkampf. In ihm geht es vor allem um die Frage der Autonomie der evangelischen Kirche. Die Bekennende Kirche beziehungsweise ihre Vorläufer, die *Jungreformatorische Bewegung* und der *Pfarrernotbund*, verknüpfen mit ihrer Forderung nach Autonomie den Schutz des christlichen Bekenntnisses vor völkisch-rassistischen Vorstellungen, wie sie im Konzept des »artgemäßen Christentums«, der Ablehnung des Alten Testamentes und im Arierparagraphen von den Deutschen Christen artikuliert werden.[396] Auf politischer Ebene unterstützen zunächst alle genannten Gruppierungen das NS-Regime gleichermaßen.

Die NLB nimmt bereits mit der Verabschiedung der »Richtlinien für den deutschen Freiheitskampf« 1930 rassistische Vorstellungen in ihr Programm auf und antizipiert so den Kerngedanken der *Glaubensbewegung Deutsche Christen*. Wie stellt sich nun das Verhältnis der NLB zu den verschiedenen deutsch-christlichen Gruppierungen und der Bekennenden Kirche konkret dar? Die NLB zeigt zunächst Interesse an der *Kirchenbewegung Deutsche Christen*, mit der sie in Thüringen unmittelbar konfrontiert ist, und läßt Leffler auf dem Neulandtag 1929 einen Vortrag zum Thema »Die völkische Bewegung« halten.[397] Wenngleich dieser auf positive Resonanz stößt – Leffler wird 1930 nochmals eingeladen – kommt es zu keiner weiteren Kooperation. Nicht zu klären ist, ob dieses auf persönliche oder inhaltliche Differenzen zurückzuführen ist.[398] Im folgenden kooperiert die NLB weniger mit den im deutsch-christlichen Lager als sehr radikal geltenden Thüringer Deutschen Christen als mit den Berliner Deutschen Christen im Umfeld Hossenfelders. Ab 1931 steht die NLB zunächst in engem Kontakt zu Julius Kuptsch, dem ehemaligen Kultusminister von Lettland und dem geistigen Mitbegründer der Deutschen Christen, der sich möglicherweise sogar der NLB anschließt.[399] Dieser publiziert zahlreiche Artikel im *Neulandblatt* und wirkt an dem Neulandtag 1932 und an anderen Veranstaltungen der NLB mit. Seine Schriften zählen 1932 – neben denen Diehls – zur wichtigsten »Kampfliteratur« der Deutschen Christen.[400]

Auf dem Neulandtag im Juni 1932 – unmittelbar nach der Veröffentlichung der »Richtlinien der Deutschen Christen« im Mai 1932 durch die Berliner *Glaubensbewegung Deutsche Christen* – ergreift die NLB wiederum die Initiative und gründet den *Eisenacher Arbeitsring*, »der innerhalb der Freiheitsbewegung an der Erneuerung des Glaubens, der Erneuerung des Volkes und der Erneuerung der Kirche arbeiten will«.[401] Programmatisch bezieht er sich auf die »Richtlinien für den deutschen Freiheitskampf« und die »Grundsätze für Glaubenserneuerung«. Er behauptet eine Zusammengehörigkeit von NS und Christentum und propagiert rassistische Vorstellungen. So lautet Paragraph eins der »Grundsätze für Glaubenserneuerung«: »Wir bekennen uns zu der Gottesschöpfung: Familie, Volk, Vaterland und Rasse als zu der uns gegebenen ersten Gottesoffenbarung, ohne deren gewissensmäßige Bejahung es kein wahres Aufnehmen der zweiten Gottesoffenbarung in Christus geben kann.«[402] Der *Eisenacher Arbeitsring* arbeitet mittels Versammlungen, Vorträgen und publiziert regelmäßig Artikel im *Neulandblatt*. Seine programmatischen Schriften erscheinen im Neuland-Verlag. Der *Eisenacher Arbeitsring* hat die Aufgabe – ähnlich wie zuvor der *Deutsche Frauenkampfbund* –, all denjenigen als Sammelbecken zu dienen, die zwar partiell mit den Zielen der NLB übereinstimmen, aber nicht für würdig befunden werden, zum Zentrum der NLB, der Neulandschar, zugelassen zu werden:

> [...] nun muß irgend eine Form gefunden werden, um die Menschen, die noch außerhalb Neulands stehen und die doch eine Arbeit im gleichen Sinn leisten, auch nach der Tagung zusammen zu halten zum gemeinsamen Kampf für Gott, Freiheit, Ehre, Vaterland. So wurde die geistige Einheitsfront gebildet, die unsere Führerin schon in den Neulandblättern als eine Notwendigkeit gefordert hatte [...].[403]

Ab 1932 tritt der *Eisenacher Arbeitsring* gelegentlich als Mitveranstalter von Neuland-Tagungen auf und soll im Kirchenkampf zwischen den völkischen Glaubensbewegungen und den Deutschen Christen vermitteln. Wie alle Neuland-Einrichtungen wird auch der *Eisenacher Arbeitsring* von Diehl dominiert. Er ist personell eng mit der *Glaubensbewegung Deutsche Christen* verbunden, ihm gehören viele ihrer prominenten Vertreter an. So zählen neben dem bereits genannten Julius Kuptsch auch Heinrich Meyer, Friedrich Wieneke und Gustav Heidenreich, alles Gründungsmitglieder der *Berliner Glaubensbewegung Deutsche Christen*, zu seinen Mitgliedern.[404] Außerdem gehören ihm Walter Vogel, Schriftleiter und Vorstandsmitglied der *Deutsch-Christlichen Arbeitsgemeinschaft Großdeutschlands*,[405] und Friedrich Klein, der ab 1932 Vorsitzender der *Arbeitsgemeinschaft nationalsozialistischer evangelischer Geistlicher im nationalsozialistischen Lehrerbund* ist[406] und 1933 zu einem engen Mitarbeiter des Reichsbischofs Ludwig Müller avanciert, an. Trotz dieser personellen Verflechtung schließt sich der *Eisenacher Arbeitsring* der *Glaubensbewegung Deutsche Christen* nach deren reichsweiter Ausdehnung ab Juni 1932 nicht an, sondern hält an seiner Autonomie fest. Der *Eisenacher Arbeitsring* äußert den Wunsch nach gegenseitiger »Befruchtung und Kooperation«, betont aber gleichzeitig, daß die Ziele des *Eisenacher Arbeitsrings* über die der *Glaubensbewegung* hinausgehen, was nicht näher erläutert wird.[407] Ob und inwieweit die Gründung des *Eisenacher Arbeitsrings* mit dem Beginn der öffentlichen Agitation der *Glaubensbewegung* im selben Monat in direktem Zusammenhang steht, ist nicht rekonstruierbar. Neben ihr erlangt der *Eisenacher Arbeitsring* keine Bedeutung, selbst wenn im *Neulandblatt* wiederholt zur »Zellenbildung« und damit zur Expansion aufgerufen wird.[408]

Unmittelbar nachdem die *Glaubensbewegung Deutsche Christen* an die Öffentlichkeit getreten ist, stellt sich auch die NLB auf deren Seite, definiert sich als Teil derselben und wirbt im *Neulandblatt* für sie. Mit dem Reichsleiter Hossenfelder und seinem Mitarbeiter Gustav Heidenreich werden führende Vertreter der *Glaubensbewegung* zu Neulandveranstaltungen eingeladen. So wird der Neulandtag Pfingsten 1933 mit einem Gottesdienst von Heidenreich eröffnet. Darüber hinaus hebt Diehl in ihrem Bericht über die erste Reichstagung der *Glaubensbewegung* die Identität der Interessen von NLB und *Glaubensbewegung* hervor und verweist die NLB so explizit ins deutsch-christliche Lager:

> Kaum ein Gedanke wurde in den Vorträgen ausgesprochen, den wir nicht längst in dunkler Zeit in das völkische und kirchliche Leben hineingearbeitet hätten. Den Beweis liefert unser Neulandblatt, unsere Schriften und unsere Neulandtagungen […] Eine besondere Freude für uns war es, daß dieser letzte Redner [Pfarrer Wieneke, S.L.] in seiner Schilderung des Herauswachsens dieser neuen Gedanken uns im Neuland nannte als die Träger solcher Wahrheit, und daß der ganze Saal Beifall zollte. Das war eine große Freude nach so vielen Verfolgungen und Verleumdungen, die wir um der Wahrheit willen immer wieder erdulden mußten.[409]

Die NLB ist, laut Diehl, der *Glaubensbewegung Deutsche Christen* vorangegangen. Diese artikuliere, so deutet Diehl an, keine originären Ideen, sondern habe lediglich Neulands Thesen aus »Der Christ im deutschen Freiheitskampf« übernommen, und das, ohne die NLB als Urheberin genügend zu würdigen.[410] Es entsteht der Eindruck, daß die Erfolge der *Glaubensbewegung* eigentlich auf Neulands Konto gehen.

Abgesehen von ihrer Kooperation mit der *Glaubensbewegung Deutsche Christen* setzt die NLB große Hoffnungen auf den deutsch-christlichen Reichsbischof Ludwig Müller, von dem sie sich die Einigung der evangelischen Kirche erhofft.[411] Dieser besucht aus Anlaß eines Lehrgangs zum Thema »Neue Formen des Religionsunterrichts und der religiösen Jugendunterweisung« im Oktober 1933 das Neulandhaus. Infolge dieses Besuchs entwickelt sich ein reger Schriftverkehr, in dem die NLB den Reichsbischof für die Durchsetzung ihrer Interessen gegenüber dem *Deutschen Frauenwerk* und dem *Evangelischen Frauenwerk* einzuspannen versucht.[412]

Angesichts ihres Scheiterns als Kulturreferentin in der Reichsfrauenleitung der NSDAP bemüht sich Diehl, innerhalb der *Glaubensbewegung Deutsche Christen* an Einfluß zu gewinnen, dort die Frauenarbeit aufzubauen und schließlich auf diesem Weg Neulands frauenpolitische Vorstellungen durchzusetzen:

176

So muß es zu einer Bearbeitung der Frauenfrage kommen, zu einer Umgestaltung der Frauenbildung und der Frauen-Berufswege und endlich zur wahren Mutter-Betätigung im Volksganzen […] So ist die Aufgabe der Frauen unter den Deutschen Christen nichts anderes als eine Erweiterung unserer Neulandaufgaben in die Allgemeinheit hinein.[413]

Diehl nimmt als Frauenreferentin der *Glaubensbewegung* an deren erster Reichstagung im April 1933 in Berlin teil und hält dort – als einzige weibliche Referentin überhaupt – einen Vortrag zum Thema »Der Dienst der deutschen Frau am Christsein«.[414] Der Aufbau der Frauenarbeit innerhalb der *Glaubensbewegung Deutsche Christen* bleibt ihr jedoch versagt.[415] Schenkt man den Aussagen einer Zeitzeugin Glauben, so kommt es auf dem Neulandtag im Frühjahr 1933 zum Eklat, weil Heidenreich beabsichtigt, eine andere Person mit der Frauenarbeit der *Glaubensbewegung* zu beauftragen. Da Heidenreich im August 1933 an einem von Diehl als Frauenreferentin der *Glaubensbewegung* organisierten »Führerinnenlehrgang für die Frauenarbeit in der Glaubensbewegung ›Deutsche Christen‹« im Neulandhaus mitarbeitet, sind jedoch Zweifel an dieser Aussage angebracht. Nichtsdestoweniger kommt es angesichts Diehls Forderung nach Zulassung von Frauen zur deutsch-christlich dominierten Nationalsynode offenbar zu Konflikten mit der männlich dominierten *Glaubensbewegung*, die ihrer ›Karriere‹ als Referentin für Frauenfragen ein Ende setzen.[416]

Da die NLB schon seit 1930 programmatisch auf dem Boden der späteren Deutschen Christen steht und ab Sommer 1932 praktisch mit der *Glaubensbewegung Deutsche Christen* kooperiert, bleibt nun noch Neulands Haltung zur Autonomieforderung der Bekennenden Kirche zu klären. In ihrem Artikel »Zur Kirchenwende«, der im Juli 1933 im *Neulandblatt* erscheint, legitimiert Diehl staatliche Eingriffe in die Autonomie der Kirche mit deren mangelnder Kooperationsbereitschaft und den gemeinsamen »volkserzieherischen Aufgaben« von Staat und Kirche. Sie gesteht dem nationalsozialistischen Regime das Eingriffsrecht in die Kirche als Organisation zu, fordert aber die Unantastbarkeit der Kirche als »Verwalterin des Glaubensgutes«.[417] Diese Forderung der NLB läuft angesichts der freiwilligen Übernahme rassistischer Vorstellungen in ihr Programm ins Leere. Die NLB erhofft von staatlichen Eingriffen zu diesem Zeitpunkt die Entfernung der eigenen kirchenpolitischen Gegner. Diese wird mit der Vergeltung für ein vermeintlich erlittenes Unrecht gerechtfertigt:

Wir erinnern daran, daß wir die Kirchenregierungen und Synoden vom Deutschen Frauenkampfbund aus immer wieder und wieder anriefen, uns doch beizustehen, daß wir an sämtliche Pfarrer Deutschlands einen Notschrei richteten, als die Frauen- und Mutterwürde zertreten darnieder lagen, und als evangelische Pfarrer sich so weit erniedrigten, den § 218 für überflüssig zu erklären und die Verhütungsmittel in ihren Sprechstunden weiterzugeben. Damals aber wurde kein wilder Kampf aufgenommen, der sehr am Platz gewesen wäre.[418]

Im Laufe des Jahres 1934 nimmt die von den Deutschen Christen dominierte Kirchenpolitik eine neue Qualität an. Nach dem Scheitern der Einigung der evangelischen Kirche streben Reichsbischof Müller und seine Mitarbeiter August Jäger und Heinrich Overheid die organisatorische Verschmelzung von Staat und Kirche in Form einer Staatskirche an.[419] Sie versuchen, dieses Ziel durch die Unterdrückung der Opposition und die gewaltsame »Gleichschaltung« der Landeskirchen zu erreichen. Im nachhinein lassen sie dieses Vorgehen von der fast ausschließlich deutsch-christlich besetzten Nationalsynode sanktionieren. In einem Artikel über diese Nationalsynode artikuliert Diehl erstmals Kritik an der Kirchenpolitik der deutsch-christlichen Kirchenleitung. Diehls Kritik richtet sich gegen das Ziel einer Staatskirche. Sie beruft sich auf Adolf Stoecker und plädiert, anders als noch in ihrem Artikel »Zur Kirchenwende«, auch für die organisatorische Autonomie der Kirche.[420] Dieser Gesinnungswandel weist auf einen Vertrauensverlust in die deutsch-christlich dominierte Kirchenpolitik hin und bedeutet hinsichtlich der Autonomiefrage eine Annäherung der NLB an die Position der Bekennenden Kirche. Möglicherweise sind die kirchenpolitischen Gegner der NLB zu diesem Zeitpunkt bereits entfernt, so daß die staatlichen Eingriffe für die NLB ihren Zweck erfüllt haben. Gleichzeitig vertritt die NLB weiterhin rassistische Vorstellungen und bewegt sich so programmatisch auf dem Boden der Deutschen Christen, wenngleich sie sich selbst mit Ausbruch des Kirchenkampfes als überparteilich darstellt.[421] Dieser wird zunächst positiv als Zeichen von Leben in einer angeblich erstarrten Kirche interpretiert. 1934 überwiegt jedoch bereits die Befürchtung einer Kirchenspaltung – man hatte von der deutsch-christlichen Kirchenpolitik gerade die Einigung der evangelischen Kirche erwartet – sowie die Sorge, daß die *Deutsche Glaubensbewegung* von dem Streit profitiere. Ganz in der Logik völkischen Denkens wird das »internationale Judentum« als Nutznießer identifiziert: »Wer ist der lachende Dritte bei diesem Kirchenstreit und bei einer etwaigen Spaltung? Niemand anders als das internationale Judentum samt dem Jesuitismus und allen damit zusammenhängenden Mächten des Bolschewismus, des Gottlosentums, des Großkapitalismus.«[422] Verschuldet haben den Kirchenstreit – laut Diehl – all diejenigen gesellschaftlichen Gruppen, die die Nationalsozialisten bekämpfen.

Besorgt über den anhaltenden Kirchenkampf, beabsichtigt die NLB auf dem Neulandtag 1934, zwischen Deutschen Christen und Bekennender Kirche zu vermitteln, und verfaßt zu diesem Zweck einen programmatischen Text »Erneuerung der Kirche – Fortführung der deutschen Reformation«, dem beide Parteien zustimmen sollen. Die Tatsache, daß der Text die Forderung nach einer »germanischen Wiedergeburt in Christus« enthält, verurteilt das Unternehmen von vornherein zum Scheitern und verweist darauf, daß der Rassismus für die NLB nicht zur Disposition steht.[423] Tatsächlich geht es in dem Text nicht um eine Versöhnung mit der Bekennenden Kirche, sondern um die Verteidigung eines sich rassistisch definierenden deutschen Christentums gegenüber den Deutschgläubigen. Angesichts des an Boden gewinnenden völkischen Atheismus erscheint der NLB die Aufnahme rassistischer Vorstellungen in das christliche Glaubensbekenntnis als eine Art ›Modernisierung‹ und unwesentliche Modifikation desselben. Die Forderung nach Autonomie der Kirche bei gleichzeitigem Festhalten am

Erneuerung der Kirche — Fortführung der deutschen Reformation

Der Gott des Gerichtes läßt toben den Sturm,
Daß er uns erwecke, befreie,
Die Glocken, sie läuten von Turm zu Turm,
Daß sich seine Kirche erneue.
O hört Gottes Stimme,
Erkennt Gottes Zeiten!
Und harret auf Christ:
Er wird für uns streiten!
Eint euch zum Kampf!

1. Die germanische Wiedergeburt und Christus
2. Die Klärung des Kirchenbegriffes als Forderung der Zeit
3. Christentum oder erneuertes Christsein als Inhalt des kirchlichen Lebens
4. Das Glaubensgut der Kirche und die Bibel
5. Lehre und Bekenntnis im lebendigen Fluß der Gegenwartsgeschichte
6. Reformen innerhalb der Kirche in ihren Einrichtungen
7. Die Aufgaben der Kirche gegenüber Volk und Staat im neuen Deutschland

Thesen:

1. Die germanische Wiedergeburt und Christus

1. Wir stehen mitten in einer germanischen Wiedergeburt, unser Volk findet sich selbst! Solche Zeiten greifen in die Tiefe der Volksseele und fordern neuen starken Glauben. Es ist Entscheidungszeit. Jetzt muß der Christusglaube sich in seiner Fülle und Kraft beweisen. Dazu bedarf aber unsere Kirche einer tiefgehenden Erneuerung. Die Vorbereitung dazu wäre die Erkenntnis, daß das neue Bewußtwerden von Rasse und Volkstum eine Lebensnotwendigkeit im großen deutschen Kampf und von Gott gewirkt ist.

2. Diese germanische Wiedergeburt ist deshalb so besonders nötig, weil die Volksseele mehrmals eine starke Einbuße an germanischer Urkraft und damit an der Gesundheit ihrer Naturgrundlage erlitten hat:

a) durch Unterdrückung (nicht Erlösung) ihres Wesens bei der späteren Christianisierung durch ein schon verunreinigtes Christentum;

b) durch das Fehlen eines starken deutschen Staates;

c) dadurch, daß bei Renaissance und Humanismus wohl eine Bereicherung durch edelstes griechisches und römisches Volkstum, aber auch eine Abwendung vom eigensten urgermanischen Gut entstand;

d) durch die Bewunderung und Nachäffung des Fremden, wie sie besonders in der Schwächezeit nach dem Dreißigjährigen Kriege entstand und bis heute nicht überwunden ist.

Wir brauchen deshalb eine Wendung zum Erbgut des alten Germanentums und eine Neu-Aufnahme desselben zur Neubeseelung unseres Volkstums, eine Neu-Erweckung germanischer Urkraft.

3. Bei der Erkenntnis dieser Notwendigkeit kommt uns die wachsende Erforschung des Urgermanentums sehr zustatten. Ihre Ergebnisse lehren uns, daß unsere Vorfahren ein Kulturvolk, zumeist Bauernvolk, von hohen Gaben gewesen sind. Die Quellen der germanischen Renaissance müssen eifrig kennengelernt und benutzt werden. (Urgeschichtsforschung, Ausgrabungskunde, Runenkunde; die Edda und die Island-Saga und andere Schrift-Denkmäler; Erkenntnis der Wort- und Sprachbildung, Sprachforschung; Märchen und Sagen, Heldenlieder und das Heldenepos des Mittelalters; Sitten und Gebräuche, Volkslieder und Volksreigen; römische Schilderungen altgermanischer Wesensart. Dazu kommt: Rassenkunde, Vererbungslehre).

4. Die Neubelebung solcher Güter muß sich verbinden mit dem Vertiefen in die Güter der deutschen Kultur und Geschichte späterer Zeiten und in die Sonderaufgabe des deutschen Volkstums in seiner rassischen und geschichtlichen Bestimmung. Dies alles muß zu einer starken Neubeseelung der verarmten und entleerten deutschen Volksseele angewandt werden. Dazu gehören: Gesundung des äußeren Lebens durch lebensreformerische Bestrebungen, durch Erziehung zu Genügsamkeit und Entbehrung, zu Einfachheit und Natürlichkeit; Sippen- und Ahnenforschung, Neubelebung alter Sitten und Gebräuche, Neuschaffung deutschen Volksrechtes. Insonderheit muß sich auch das Frauentum an altgermanischem Frauenwesen überprüfen und sich neu auf sich selbst besinnen. Aus einer solchen „germanischen Wiedergeburt" kann eine Gesundung der uns gegebenen Naturgrundlage entstehen, durch die der deutsche Mensch „aus der Wahrheit" werden kann, besonders dann, wenn das Verant-

1

Broschüre deutsch-christlichen Inhalts von 1935 (ADJB)

Rassismus der Deutschen Christen charakterisiert die kirchenpolitische Position Neulands auch in den folgenden Jahren.

Die NLB setzt – ihre kirchenpolitische Neutralität stets betonend – 1935 ihre Kooperation mit Vertretern der Deutschen Christen fort, wobei besonders der Oberkirchenrat Walter Grundmann, Verfasser der »28 Thesen der sächsischen Volkskirche,« zu nennen ist. Diese Thesen bilden nach dem Zerfall der *Glaubensbewegung Deutsche Christen* Ende 1933 das neue Programm der Deutschen Christen.[424] Grundmann ist ab 1936 als Professor für Neues Testament an der Universität Jena tätig, gehört zu den führenden Köpfen der Deutschen Christen in Sachsen und agiert 1938 schließlich als Mitbegründer und »wissenschaftlicher« Leiter des »Institutes zur Erforschung des jüdischen Einflusses auf das deutsche kirchliche Leben« in Eisenach.[425] Er wirkt ebenso wie Wieneke am Neulandtag 1935 mit und beteiligt sich darüber hinaus u. a an einer Tagung der sächsischen Teilgruppe der NLB sowie – mit einem Vortrag über die »Germanische Wiedergeburt und Christus« – an einem »Evangelischen Schulungslager« derselben.[426] Über Grundmann versucht sich Diehl, im Sommer 1935 Zugang zur Dresdener Universität zu verschaffen, um dort als Vertreterin der Deutschen Christen an der theologischen Fakultät zu lehren.[427]

Festzuhalten bleibt, daß die NLB mit ihrem rassistischen Programm zu den geistigen Wegbereitern der Deutschen Christen zählt, mit diesen kooperiert und sich an der Verbreitung deutsch-christlicher, das heißt rassistischer Vorstellungen beteiligt. In der zeitgenössischen deutsch-christlichen Literatur wird Neulands Rolle entsprechend ›gewürdigt‹:

> Am Ende dieser Schrift ist die wichtigste nach und nach erschienene Kampfliteratur unserer Richtung und ihr nahestehender Männer aufgeführt. Allen voran ist Pfarrer Kuptsch-Riesenburg und auch Frau Guida Diehl-Neulandbund, Eisenach zu nennen. Letztere hat schon vor 18 Jahren im Neuland-Bund eine Kampfestruppe Deutscher Christen begründet, anfangs eine Jugendbewegung, heute getragen von weiten Volkskreisen.[428]

Wenngleich sich die NLB, trotz Drucks von verschiedenen Seiten, nicht der radikalen *Nationalkirchlichen Bewegung* anschließt und so in Thüringen paradoxerweise zur kirchlichen Opposition gehört, trennt der programmatisch verankerte Rassismus sie von der Bekennenden Kirche.

Beitritt zum *Evangelischen Frauenwerk*

Im Unterschied zum rücksichtslosen Vorgehen gegen die bürgerlichen Frauenverbände läßt das nationalsozialistische Regime im Umgang mit der evangelischen Frauenbewegung größere Vorsicht walten. Ihr wird mit der Gründung des *Evangelischen Frauenwerks* am 16.7.1933 zunächst eine eigene parteiunabhängige Organisation zugestanden.[429] Das *Evangelische Frauenwerk* wird unter Beibehaltung seiner Selbständigkeit als »Organ der Reichskirche« in die ebenfalls neu gegründete Deutsche Evangelische

Kirche integriert.[430] Da Magdalene von Tiling, die Vorsitzende der VEFD, durch ihr Engagement in der DNVP als politisch vorbelastet gilt, tritt die wesentlich jüngere Agnes von Grone an die Spitze des *Evangelischen Frauenwerks*.[431] Sie ist überzeugte Nationalsozialistin, ab Mai 1933 Parteigenossin und war zuvor Vorsitzende der Braunschweigischen *Frauenhilfe*.[432]

Unmittelbar nach seiner Gründung schließt sich das *Evangelische Frauenwerk* an den Paula Siber unterstehenden Dachverband der *Reichsarbeitsgemeinschaft deutscher Frauenverbände*, einer eher unpolitischen, dem Innenministerium und damit letztlich Wilhelm Frick unterstehenden Konkurrenzorganisation zu der von Lydia Gottschewsky geleiteten *Frauenfront*, an. Mit der Auflösung von *Reichsarbeitsgemeinschaft* und *Frauenfront* zugunsten des neu eingerichteten *Deutschen Frauenwerks* im September 1933 beginnt das *Evangelische Frauenwerk* mit dem *Deutschen Frauenwerk* über die Beitrittsbedingungen zu verhandeln. Die im Frühjahr 1934 erzielte Vereinbarung enthält die gewünschte staatliche Schutz- und Bestandsgarantie für das *Evangelische Frauenwerk*, läßt Doppelmitgliedschaften zu und lockert das bereits im August 1933 von Wilhelm Frick erlassene Verbot, neue Frauenvereine zu gründen.[433]

Im Kirchenkampf versucht das *Evangelische Frauenwerk* zunächst, neutral zu bleiben, was in den deutsch-christlich dominierten Landeskirchen einer Ablehnung des Machtanspruchs der Deutschen Christen gleichkommt und diese, ebenso wie Reichsbischof Müller, nicht geneigt macht, das *Evangelische Frauenwerk* gegen die Übergriffe der *NS-Frauenschaft* zu schützen. So unterstützt der Reichsbischof das *Evangelische Frauenwerk* nicht im Kampf gegen ein von Gertrud Scholtz-Klink am 1. Juli 1934 erlassenes und bis Ende des Jahres befristetes Neuaufnahme- und Neugründungsverbot von Vereinen, das nun auch für das *Evangelische Frauenwerk* gilt. Zum Bruch mit dem Reichsbischof und der Reichskirchenleitung kommt es anläßlich eines von von Grone mitunterzeichneten Schreibens vom September 1934 an den Reichsbischof, in welchem dieser aufgefordert wird, »die von ihm zu verantwortenden Gewaltmaßnahmen seines Kirchenregiments zurückzunehmen und mit der kirchlichen Neuordnung nur solche Persönlichkeiten zu betrauen, die über Rückhalt beim Kirchenvolk verfügten«.[434] Müller reagiert mit der Amtsenthebung von Grones, woraufhin sich das *Evangelische Frauenwerk* mit ihr solidarisch erklärt, der Reichskirchenregierung die Kooperation aufkündigt und sich im November 1934 der einen Monat zuvor gegründeten, der Bekennenden Kirche nahestehenden *Arbeitsgemeinschaft der missionarischen und diakonischen Werke und Verbände in der Deutschen Evangelischen Kirche* anschließt. Hans Hermenau, im Februar 1935 von Müller zum Nachfolger von Grones ernannt, bemüht sich nun – in Kooperation mit der *NS-Frauenschaft* – den deutsch-christlichen Einfluß auf die evangelischen Frauenverbände zu sichern und so das *Evangelische Frauenwerk* zu spalten. Er fordert deren Mitgliedsverbände auf, sich seinem neugegründeten deutsch-christlichen *Frauendienst* anzuschließen, was auf den energischen Widerstand des *Evangelischen Frauenwerks* stößt. Das Projekt *Frauendienst* erweist sich als nur mäßig erfolgreich, denn es kann bis 1945 nur 10% der 2,5 Millionen organisierten evangelischen Frauen für sich gewinnen.[435]

Die Affinität der NLB zu den Deutschen Christen läßt ein problematisches Verhältnis zur *Arbeitsgemeinschaft der missionarischen und diakonischen Werke und Verbände* und damit zu dem der Bekennenden Kirche nahestehenden *Evangelischen Frauenwerk* vermuten.[436] Nachdem es der NLB weder gelungen ist, sich an Stelle des *Deutschen Frauenordens* als Frauenorganisation der NSDAP zu etablieren, noch ihre frauenpoliti- schen Ziele über die Deutschen Christen durchzusetzen, bemüht sie sich – wie aus einem Schreiben Diehls an von Grone vom 20.11.1934 hervorgeht[437] – bereits Anfang November 1933 um Aufnahme in das *Evangelische Frauenwerk*, aus dessen Vorläufer, der VEFD, die NLB im Oktober 1931 im Streit ausgetreten war, um sich für den NS zu engagieren. Das *Evangelische Frauenwerk* versucht, die Wiederaufnahme hinauszuzö- gern, und gewährt sie erst nach der Intervention eines Beauftragten des Reichsbischofs Müller im März 1934. Die NLB benötigt Anfang 1934 »gewissen Kreisen gegenüber die Anerkennung der Evangelischen Reichskirche«,[438] um ihre Frauenbildungsarbeit fortsetzen zu können. Gemeint ist vermutlich die *NS-Frauenschaft*, die bis Anfang 1934 unter der Leitung Krummachers steht.[439] Dieser hatte Diehl im Mai 1933 ein Redeverbot als Rednerin für die *NS-Frauenschaft* erteilt. Die NLB drängt auf den Anschluß an das *Evangelische Frauenwerk*, weil sie die Arbeit ihrer Mütter-Oberschule und ihres Gemeindehelferinnenseminars offenbar durch die *NS-Frauenschaft* bedroht sieht.[440] Als sich der Anschluß hinauszögert, bemüht sie sich – unter Umgehung des *Evangelischen Frauenwerks* – um eine direkte »Eingliederung« in die Deutsche Evangeli- sche Kirche und wendet sich diesbezüglich an Reichsbischof Müller, der sie wiederum an das *Evangelische Frauenwerk* zurückverweist und letztlich auch ihre Aufnahme durchsetzt.

Diehls Schreiben an von Grone vom 20.11.1934 liest sich als ein einziger Beschwer- dekatalog. Sie wirft von Grone vor, Neuland aus der Arbeit des *Evangelischen Frauen- werks* auszuschließen. Die NLB sei nicht zu einer Tagung zur Mütterschularbeit im Spätsommer sowie einem Treffen des »Frauenrats« im August 1934 eingeladen worden, habe die Rundschreiben des *Evangelischen Frauenwerks* nicht erhalten, sei bei der »Bil- dung des Führerrats« übergangen worden,[441] werde nicht in den Mitgliederlisten des *Evangelischen Frauenwerks* aufgeführt, und nicht einmal ihre – Guida Diehls – eigenen Briefe seien beantwortet worden, um nur die wichtigsten Vorwürfe zu nennen. Tatsäch- lich wird die NLB – wenngleich im März 1934 in das *Evangelische Frauenwerk* auf- genommen und in die Abteilung *Mütterdienst* eingegliedert – bis 1937 auf keiner Mit- gliederliste als Mitgliedsverband geführt.[442] Mit Ausnahme der zweiten Reichsmütter- konferenz des *Evangelischen Frauenwerks* am 30.11.1933 in Berlin, in deren Programm Diehl als Referentin zum Thema »Volksmissionarische Methoden im Mütterdienst der Kirche« mit dem Vermerk »angefragt« angekündigt wird, bezieht man die NLB nicht in die Arbeit des *Evangelischen Frauenwerks* ein.[443]

Diehls Vorwürfe erscheinen zumindest zum Teil berechtigt und deuten in ihrer Ge- samtheit darauf hin, daß es sich tatsächlich nicht um Versehen handelt, sondern, daß man von seiten des *Evangelischen Frauenwerks* nichts mit der NLB und Diehl als ihrer Repräsentantin zu tun haben will, den Anschluß der NLB an das *Evangelische Frauen- werk* aufgrund der politischen und kirchenpolitischen Situation aber nur schlecht expli- zit verweigern kann. Man erwartet vom Reichsbischof zu diesem Zeitpunkt noch den Schutz des *Evangelischen Frauenwerks* vor den Ansprüchen des *Deutschen Frauenwerks* und der *NS-Frauenschaft* und kann so kaum die Aufnahme eines Frauenverbandes ablehnen, für den dieser Sympathien hegt, so daß man sich für die Strategie entscheidet, die NLB zwar einerseits aufzunehmen und so keine Angriffsfläche zu bieten, andererseits aber bei der praktischen Arbeit und in Entscheidungsprozessen zu ignorieren, also indirekt auszuschließen.

Ausschlaggebend für die Ablehnung der NLB durch das *Evangelische Frauenwerk* sind zum einen vermutlich die Konflikte, die zum Austritt der NLB aus der VEFD geführt haben, und Diehls Abrechnung mit der evangelischen Frauenbewegung, zum anderen aber auch die Zugehörigkeit zu unterschiedlichen kirchenpolitischen Parteien. Mit der Aufnahme der NLB bestünde die Gefahr, daß der kirchenpolitische Streit zwischen Bekennender Kirche und den Deutschen Christen in das *Evangelische Frauenwerk* hineingetragen und zu seiner Spaltung führen würde. Wie Neulands Ersuchen um »Eingliederung« in die Deutsche Evangelische Kirche und das *Evangelische Frauenwerk* zeigt, ist das Verhältnis der NLB zur *NS-Frauenschaft* und zum *Deutschen Frauenwerk* bereits Ende 1933 gespannt. Nach der Amtsübernahme Scholtz-Klinks im Frühjahr 1934 kommt es zu einem Konflikt über die Mütterschulung, der letztlich zum Bruch mit der *NS-Frauenschaft* führt.[444] Aus der Perspektive des *Evangelischen Frauenwerks* würde der Beitritt Diehls beziehungsweise Neulands *zum Evangelischen Frauenwerk* die ohnehin schwierigen Verhandlungen des *Evangelischen Frauenwerks* mit dem *Deutschen Frauenwerk* erschweren und ist möglicherweise aus diesem Grunde unerwünscht. Davon abgesehen, sieht von Grone in Diehl wegen deren offensichtlicher machtpolitischer Ambitionen möglicherweise eine Unruhestifterin, die nicht nur eine Einigung mit Scholtz-Klink erschweren, sondern ihr auch bei ihren Auseinandersetzungen mit dem deutsch-christlichen Reichsbischof Müller ›in den Rücken fallen‹ könnte. In ihrem Kampf um Autonomie des *Evangelischen Frauenwerks* im *Deutschen Frauenwerk* gegen die Reichsfrauenführerin Scholtz-Klink und in ihren Verhandlungen mit Reichsbischof Müller kann von Grone sich keine interne Auseinandersetzung um ihre Position leisten. Zudem arbeitet Diehl im Frühjahr 1933 offenbar kurzfristig mit Hans Hermenau zusammen, der als Geschäftsführer die *Reichsfrauenhilfe* zu diesem Zeitpunkt als einzige kirchlich anerkannte evangelische Frauenorganisation zu etablieren versucht. In einem Schreiben an den Reichskirchenausschuß finden sich Hinweise, daß Diehl eine führende Position in der *Reichsfrauenhilfe* übernehmen soll.[445]

Lotte van Himbergen, eine Mitarbeiterin Diehls und Angestellte der NLB, beschwert sich bereits drei Tage nach Diehls besagtem Brief an von Grone – also ohne eine mögliche Antwort abzuwarten – im Auftrag der NLB über von Grones Verhalten beim *Zentralausschuß für Innere Mission*, dem auch das *Evangelische Frauenwerk* angeschlossen ist. Sie bemüht sich außerdem zu eruieren, wie der *Zentralausschuß* zum Beitritt des *Evangelischen Frauenwerks* zur *Arbeitsgemeinschaft der missionarischen und diakonischen Werke und Verbände in der Deutschen Evangelischen Kirche* steht.[446] Wie aus einem weiteren Brief an den *Zentralausschuß* hervorgeht, versucht van Himbergen darüber hinaus, bei Probst Lohmann, dem Vertreter des *Evangelischen Frauenwerks* gegenüber der Reichskirchenregierung, Erkundigungen über das *Evangelische Frauenwerk* einzuziehen, und beschwert sich offenbar auch an dieser Stelle über dessen Verhalten. Probst Lohmann leitet die betreffenden Briefe – sehr zum Mißfallen der NLB – direkt an von Grone weiter, die so Aufschluß über die Intrigen von seiten der NLB gewinnt.[447]

Das aus seiner Perspektive hinterlistige Vorgehen der NLB dürfte das *Evangelische Frauenwerk* in der Ablehnung Neulands bestärkt haben. Diehls Handlungsweise läßt vermuten, daß es ihr zu diesem Zeitpunkt weniger um eine konstruktive Arbeit innerhalb des *Evangelischen Frauenwerks* geht als um die Machtfrage. Potentielle Konflikte zwischen dem *Evangelischen Frauenwerk* und dem *Zentralausschuß* oder der Deutschen Evangelischen Kirche versucht die NLB zu benutzen, um sich selbst als zuverlässige deutsch-christliche Bewegung gegenüber dem ab Herbst 1934 zur Bekennenden Kirche neigenden *Evangelischen Frauenwerk* zu profilieren.[448] Die NLB engagiert sich weder 1933/34 noch später im *Evangelischen Frauenwerk*. Hinweise auf einen Anschluß der NLB an den *Frauendienst*, der von Reichsbischof Müller im Frühjahr 1935 gegründeten deutsch-christlichen Konkurrenzorganisation zum *Evangelischen Frauenwerk* unter Führung von Hans Hermenau, existieren nicht. Aus der Korrespondenz zweier Neuland-Anhängerinnen geht aber hervor, daß Diehl eine Führungsposition im *Frauendienst* anstrebt und sich hierbei durch untereinander abgesprochene Empfehlungsschreiben ihrer Anhängerinnen unterstützen läßt.[449]

Mit der Einsetzung des Reichskirchenausschusses im Sommer 1935 durch den Reichskirchenminister Kerl beginnt ein Reorganisationsprozeß des *Evangelischen Frauenwerks*, in dessen Verlauf die Einrichtung einer »Frauenkammer«, die für die gesamte evangelische Frauenarbeit zuständig sein soll, zur Debatte steht.[450] Wenngleich die NLB im *Evangelischen Frauenwerk* offensichtlich keine Rolle spielt, versucht Diehl dennoch, in der geplanten »Frauenkammer« eine Führungsposition einzunehmen. Zu diesem Zweck läßt sie sich, wie bereits zuvor praktiziert, durch ›ihre Neuländerinnen‹ bei der übergeordneten Instanz, in diesem Fall unter Umgehung des *Evangelischen Frauenwerks*, beim Reichskirchenminister beziehungsweise Reichsbischof empfehlen. Sich als »evangelische Nationalsozialistin« ausweisend, reklamiert Hantelmann, »im Namen unzähliger deutscher christlicher Frauen« zu sprechen, und hebt die Verdienste Diehls für die NSB und die evangelische Kirche hervor.[451] Infolge des Zerwürfnisses des *Evangelischen Frauenwerks* mit der Reichskirchenleitung im Herbst 1936 kommt die angestrebte Frauenkammer jedoch nicht zustande.

Geht man von einer Affinität des *Evangelischen Frauenwerks* zur Bekennenden Kirche und der Zugehörigkeit der NLB zu den Deutschen Christen aus, so stellt sich die Frage, inwieweit *Evangelisches Frauenwerk* und NLB den Nationalsozialisten und der Kirchenleitung gegenüber unterschiedliche Inhalte vertreten und unterschiedliche Ziele verfolgen. Die NLB besteht ebenso wie das *Evangelische Frauenwerk* auf der Autonomie der evangelischen Frauenverbände gegenüber der *NS-Frauenschaft*, hat aber ein unkritischeres Verhältnis zur deutsch-christlich dominierten Reichskirchenleitung, von der sich das *Evangelische Frauenwerk* ab Herbst 1934 nach der gewaltsamen »Gleichschaltung« der evangelischen Landeskirchen zunehmend abgrenzt. Die Tatsache, daß auch die NLB besagte »Gleichschaltung« ablehnt, aber gleichzeitig weiterhin die deutsch-christliche Kirchenleitung unterstützt, spricht dafür, daß sich die NLB zum einen der rassistischen Programmatik der Deutschen Christen verpflichtet fühlt, zum anderen die

Loyalität gegenüber der Reichskirchenleitung als Ausdruck der Loyalität gegenüber dem NS betrachtet. Die Position der Bekennenden Kirche wird, wenngleich man deren Autonomie-Forderung teilt, mit der Ablehnung des NS assoziiert. So wirft Diehl 1933 der *Jungreformatorischen Bewegung*, einer Vorläuferin der Bekennenden Kirche, vor: »Es ist doch nun aber ganz unmöglich, sich auf den Boden der Freiheitsbewegung und des neuen Staates zu stellen, aber gleichzeitig gegen die aus der Freiheitsbewegung hervorgewachsene Glaubensbewegung Deutscher Christen ›mit aller Leidenschaft‹ kämpfen zu wollen.«[452] Wenngleich auch die *Jungreformatorische Bewegung* und später die Bekennende Kirche den NS bejahen, erscheint der NLB eine Unterstützung dieser Gruppen unvereinbar mit ihrer Loyalität gegenüber dem nationalsozialistischen Regime, die offenbar Vorrang hat – auch wenn die Nationalsozialisten bereits nach den Kirchenwahlen im Sommer 1933 ihre Allianz mit den Deutschen Christen aufgekündigt haben.

Die Orientierung des *Evangelischen Frauenwerks* an der Bekennenden Kirche sagt wenig über die politische Haltung der Mitgliedsverbände zum nationalsozialistischen Regime aus, zeugt aber davon, daß die Mehrheit der organisierten evangelischen Frauen den nationalsozialistischen Rassismus nicht auf das Christentum angewandt haben wollen, sondern – im Gegensatz zur NLB – an einem unverfälschten Bekenntnis festhalten. So existieren in der Literatur keine Hinweise darauf, daß die Mitgliedsverbände des *Evangelischen Frauenwerks* ihre Programme freiwillig oder unfreiwillig unter rassenspezifischen Kriterien neu formulieren, wie das in der NLB bereits mit den »Richtlinien« 1930 geschieht.

Rückzug aus der Politik

Nach der Machtergreifung schlägt sich sie Durchsetzung des Führerprinzips in allen gesellschaftlichen Bereichen noch 1933 in entsprechenden Satzungsänderungen bei den evangelischen Frauenverbänden nieder. Der *Deutsch-Evangelische Frauenbund* beschließt bereits auf seiner Migliederversammlung am 31. Juli 1933, also nur zwei Wochen nach der Gründung des *Evangelischen Frauenwerks*, eine Satzungsänderung.[453] Für die NLB bedeutet die Machtergreifung zunächst keinen Bruch, denn das Führerprinzip ist bereits realisiert und in der Verfassung von 1921 festgeschrieben. Veränderungen im Neulandrat, dem höchsten beschlußfassenden Gremium der NLB, sind nicht dokumentiert. Dennoch verabschiedet die Neulandschar im Januar 1935 eine neue Verfassung sowie eine Neuauflage des Programms »Was wir wollen!«.

Betrachtet man die neue Verfassung, so bleibt die Neulandschar als Zentrum der NLB bestehen, die Zugangsvoraussetzungen verschärfen sich jedoch erheblich.[454] An die Stelle eines Probejahrs tritt nun eine einjährige Bewährung in der NLB. Des weiteren muß die Anwärterin »noch ½ Jahr Einführung und eine achttägige Schulung« absolvieren. Der Neulandschar vorgeschaltet ist die »Neulandbewegung«,[455] ihr können alle angehören, die »den Zielen Neulands gemäß arbeiten« und ihr Leben entsprechend gestalten wollen. Interessentinnen und Interessenten müssen sich nur im Neulandhaus anmelden und einen Mitgliedsbeitrag zahlen. Den nächsten Kreis bilden die Neulandfreunde als zahlende Mitglieder, den äußeren Kreis stellt schließlich die Neulandgemeinde als diejenigen, die »über die Neulandgedanken unterrichtet werden und in das Neulandwollen hineinwachsen« möchten, dar. Die Zusammenfassung der Einzelmitglieder in Neulandkreisen, die Strukturierung in Teilgruppen und der Einsatz von Neulandhelferinnen bleibt bestehen, neu sind die Arbeitsringe, die eine ähnliche Funktion erfüllen wie die Kreise.

In dem Umstrukturierungsprozeß werden zwei unterschiedliche Intentionen deutlich: zum einen eine stärkere Abgrenzung der Neulandschar nach außen, was als Reaktion auf den deutschvölkischen Atheismus gewertet werden könnte, zum anderen eine Öffnung für ein breiteres Publikum, die sich in der Schaffung neuer Gruppen, zu denen jede Zugang hat, manifestiert. In einem Schreiben im Vorfeld der Verfassungsänderung begründet Diehl diese Öffnung ausdrücklich mit dem Wunsch nach Erweiterung der NLB: »Aus unserem Eisenacher Arbeitsring kommt die Frage, ob wir nicht unsere Neulandbewegung so umgestalten wollen, dass grössere Kreise erfasst werden [...] Wir müßten dann unsere Neulandverfassung ändern.«[456] Indem man mit der »Neulandbewegung«, den Neulandfreunden und der Neulandgemeinde neue Gruppen schafft und gleichzeitig den Zugang zur Neulandschar erschwert, versucht man, neue Personenkreise an die NLB zu binden, hält aber gleichzeitig am elitären Selbstverständnis fest und versucht, eine deutschvölkische Unterwanderung zu verhindern. Die de facto Differenzierung zwischen Anhängerinnen erster und zweiter Klasse findet ihren Niederschlag in einer »A-Ausgabe« des *Neulandblatts* für Mitglieder der Neulandschar und einer »B-Ausgabe« für alle anderen. Gleichzeitig dient die Billigausgabe des *Neulandblatts* der Mobilisierung der Neuland-Anhängerinnen. So kündigt Diehl bereits im Dezember 1934 an:

Vom 1. Januar an soll auch das Neulandblatt eine Abwandlung insofern erfahren, als ausser der gewöhnlichen Ausführung des Blattes noch mehrere 1000 Blätter auf ganz billiges Papier gedruckt und zur Massenverbreitung geeignet gemacht werden. Ihr werdet gebeten, schon jetzt nachzudenken, wie Ihr zu dieser Massenverbreitung helfen könnt [...].[457]

Durch die Konstruktion neuer Kreise wird das Strukturprinzip des Geheimbundes weiter ausgeprägt, wobei zu den in der Satzung verankerten Gruppen ein innerer Zirkel von Wissenden hinzukommt, der immer dann in Aktion tritt, wenn es darum geht, der »Führerin« eine Machtposition zu verschaffen, beispielsweise bei dem Versuch, sie zur Reichsfrauenführerin zu machen.[458] Die Öffnung der NLB ist ebenso wie die Mobilisierung der Anhängerinnen zwecks Verteilung des *Neulandblatts* als Versuch zu werten, die NLB in Bewegung zu halten, also die Dynamik zu wahren, wobei »mehrere 1.000« in Verbindung mit »Massenverbreitung« komisch wirkt. In dem Widerspruch zwischen elitärem Selbstverständnis und dem Wunsch nach Massenwirksamkeit spiegelt sich ein Grundkonflikt der gesamten Bündischen Jugend.

Des weiteren wird in der neuen Verfassung das Führerprinzip verschärft. Während in der Satzung von 1921 zwischen der Führung der NLB, die in der Hand Diehls liegt, und ihrer Leitung, die dem Neulandrat zukommt, differenziert wird – wenngleich

Diehl eine Generalvollmacht für alle Leitungsfunktionen besitzt – vereinigt Diehl in der neuen Verfassung explizit Führungs- und Leitungsaufgaben in ihrer Person. Der Neulandrat steht ihr lediglich beratend zur Seite und büßt seine ohnehin geringen Einflußmöglichkeiten ein. Er setzt sich zur einen Hälfte aus Dauermitgliedern, das heißt aus den Mitarbeiterinnen Diehls, zur anderen Hälfte aus Mitgliedern der Neulandschar, die von den Dauermitgliedern berufen werden, zusammen. Die Neulandschar und die »Neulandbewegung« versammeln sich zwar einmal pro Jahr, haben aber keinerlei Befugnisse. Das Beitrittsalter wird von 17 auf 18 Jahre heraufgesetzt, was mit der Erfassung der unter 18-jährigen durch die *Hitlerjugend* beziehungsweise den *Bund Deutscher Mädel* zusammenhängt. Die Radikalisierung des Führerprinzips ist zwar im Sinne Diehls, die sich stets gegen demokratische Momente in der Verfassung gewehrt hat, muß aber auch im Kontext der gesamtgesellschaftlichen Durchsetzung des Führerprinzips im »Dritten Reich« gesehen werden, also als von außen induziert. Zur Verabschiedung des neuen Programms und der neuen Verfassung wird eine »ausserordentliche Scharversammlung« einberufen, was daraufhin deutet, daß unter äußerem Druck gehandelt wird. Auffallend ist, daß die äußeren Zwänge, die offensichtlich zur Umgestaltung des Neuland-Programms und der Neulandverfassung beitragen, in Diehls erklärendem Schreiben in keiner Weise thematisiert werden.

Bei einem Vergleich der Ausgaben von »Was wir wollen!« von 1922 und 1935[459] zeigt sich, daß die letzte Ausgabe sehr viel kürzer ist als die vorhergehende, statt der ehemals 44 Paragraphen enthält sie nur noch 17. Weggefallen sind all jene Passagen, in denen es um die Revision des Versailler Vertrags, also die außenpolitischen Ziele der NLB geht. In Paragraph eins tritt an die Stelle »innerer Erneuerung des Vaterlandes« die »Erneuerung des Volkskerns«. Diese Formulierung ist zwar schon in der Programmschrift von 1922 enthalten, aber nicht an so prominenter Stelle, so daß dieses Ziel in der neuen Version offensichtlich betont werden soll. Die Rede vom »Volkskern« transportiert die Vorstellung von der Ungleichwertigkeit der Menschen und bedient so den nationalsozialistischen Rassismus. Der Begriff bezeichnet die Zielgruppe der NLB, die Angehörigen des Bildungsbürgertums als die Trägerinnen und Träger der protestantischen Kultur. Die geographisch und politisch konnotierten Begriffe Vaterland und Nation werden konsequent durch den seit 1929 rassistisch konnotierten Begriff Volk ersetzt. Mit der Entflechtung religiöser und politischer Ziele werden die religiösen Zielsetzungen unter dem Punkt »Umgestaltung der Kirche« klarer formuliert,[460] gleichzeitig verliert das Programm durch die Entkopplung von Religion und Politik an Dynamik.

Die programmatischen Schriften »Deutscher Frauenwille« und die »Richtlinien für den Deutschen Freiheitskampf« werden beide in verkürzter Form aufgenommen, indem die »neue Bearbeitung der Frauenfrage«, die man als »Erkenntnis der wahren Frauenaufgaben und Frauenkräfte fürs Volksganze«[461] definiert, sowie die »Wiedererweckung rassisch-völkischen Erbguts«[462] gefordert wird. Mit der Einbeziehung der Frauenfrage trägt man dem neuen Selbstverständnis der NLB als »Frauenerneuerungsbewegung« Rechnung. Mit der Rede vom »rassisch-völkischen Erbgut« verbindet sich die deutsch-christliche Vorstellung eines rassenspezifischen Christentums. Über die Bedeutung des besagten Erbguts scheint man sich jedoch unsicher zu sein, dieses sei wohl »ein hohes menschliches Ziel, aber keine Erkenntnis des höchsten Gotteswillens und keine um-schaffende Kraft«.[463] Einerseits wird der Begriff Rasse zur Markierung der eigenen Posi-tion in Anspruch genommen und die Anforderungen an die »Lebenshaltung« um die Forderung nach »Beachtung der Grundsätze der Rassenkunde und Vererbungslehre bei der Gattenwahl«[464] ergänzt, andererseits will man ihn nicht deterministisch verstanden wissen.

Wie spiegelt sich nun das Engagement der NLB für den NS in der Neufassung des Programms wider? Der Paragraph eins enthält mit der Aussage: »Neuland ist eine aus dem Beginn des großen Krieges erwachsene Kampfesgenossenschaft, die [...] seit 1930 in Geistesgemeinschaft mit der großen deutschen nationalsozialistischen Freiheitsbewe-gung [...]«[465] ein eindeutiges Bekenntnis zum NS. Davon, daß es sich hier nicht um ein reines Lippenbekenntnis handelt, zeugen andere Passagen, in denen die NLB sich als »Kraftstation«[466] für den NS darstellt. Dennoch erscheint das Verhältnis zum NS nicht mehr völlig ungebrochen, wenn als Ziel der NLB die »Erfüllung der Sehnsucht des wahren Nationalsozialismus«[467] formuliert wird. Die Rede vom »wahren Nationalsozia-lismus« impliziert die Existenz eines ›unwahren Nationalsozialismus‹, so daß hier eine latente Kritik am NS artikuliert wird, die sich gegen erstarkende atheistische deutsch-gläubige Strömungen innerhalb desselben richtet. In Abgrenzung von den Deutschgläu-bigen, die das Christentum für nicht »artgemäß« halten, vertritt die NLB die Auffas-sung, »daß der ›Deutsche Gottglaube‹ der Christusglaube ist, und daß seine äußeren Formen dem deutschen Wesen entsprechen, also ›artgemäß‹ sein müssen«.[468] Mit dieser Formulierung hält man an der Rassentheorie als einem universalen Erklärungskonzept fest, indem man der Vorstellung der Deutschgläubigen, daß das Christentum nicht die »artgemäße« Religion der Deutschen sei, die gegenteilige Behauptung entgegensetzt.

Vergleicht man die Neufassung des Programms mit den »Richtlinien für den deut-schen Freiheitskampf« von 1930, so wird 1935 sehr viel vorsichtiger formuliert. Wäh-rend 1930 das Engagement für die »Freiheitsbewegung« zur Pflicht einer jeden Christin und eines jeden Christen erklärt wurde, beschränkt man sich 1935 auf die Forderung nach »Verständnis für die Bedürfnisse des völkischen Nationalstaates«.[469] 1930 stehen die Zeichen auf Kampf und Bewegung, 1935 richtet man sich ein und sucht nach einem Modus vivendi. Der vergleichsweise geringe Enthusiasmus läßt sich entweder als Ernüchterung, als Minimalkonsens einer heterogenen Gruppe oder aber als Hinweis darauf deuten, daß viele Ziele der NLB mit der nationalsozialistischen Machtergreifung als erreicht betrachtet und nicht mehr thematisiert werden. So kommentiert Diehl die Neufassung des Programms: »Ihre Aufgaben [die der NLB, S.L.] als deutsche Freiheits-bewegung sind nicht mehr sehr betont, da unser neues Deutschland einen Teil der-selben zu erfüllen sucht, der andere Teil aber von uns nicht zu erreichen ist.«[470] Die unerfüllbaren Aufgaben bestimmt sie nicht näher. Mit der Revision des Programms ver-schiebt sich der Arbeitsschwerpunkt der NLB vom politischen hin zum religiösen Enga-gement. Einerseits überläßt man die Revision des Versailler Vertrags nun der NSDAP, andererseits erfolgt der Rückzug aus der Politik im Anschluß an das Zerwürfnis der NLB mit der *NS-Frauenschaft* über die Mütterschulung und parallel zur Auseinander-setzung des *Evangelischen Frauenwerks* mit dem *Deutschen Frauenwerk*, so daß die Programmänderung vermutlich auch auf äußeren Druck zurückzuführen ist. Dafür spricht sowohl die »ausserordentliche Scharversammlung« – es muß also unter Zeitdruck gehandelt werden – als auch die Äußerung von Scholtz-Klink in einem Gutachten über Diehls Buch »Die deutsche Frau und der Nationalsozialismus« von 1936: »Außerhalb der NS-Frauenschaft und in ihren Neulandkreisen habe ich ihr [Diehl, S. L.] keine Schwierigkeiten bereitet und werde es nicht tun, sofern sie sich auf ihre kirchlich gebundene Arbeit beschränkt.«[471] Die Revision des Programms bedeutet keinen abrupten Bruch in der Arbeit und Zielsetzung der NLB, wohl aber eine zumindest teilweise unfreiwillige Akzentverschiebung in Richtung religiöses Engagement.

Exkurs: Die *Neulandbewegung* nach 1935

Ein kurzer Ausblick auf die Geschichte der NLB nach 1935 sei noch erlaubt. Als Mitglied des *Evangelischen Frauenwerks* teilt die NLB das Schicksal der evangelischen Frauenbewegung, die Ende 1936 aus dem *Deutschen Frauenwerk* ausgeschlossen wird. Der Ausschluß bedeutet, daß es keine staatliche Bestandsgarantie für die evangelische Frauenarbeit mehr gibt und die einzelnen Gruppierungen den Willkürmaßnahmen der Gestapo, die lokal sehr unterschiedlich gegen die Frauenverbände vorgeht, ausgesetzt sind. Die NLB kann nach 1935 zunächst weiterarbeiten, gerät jedoch ab Mitte der 30er Jahre von seiten der unter der Leitung von Leffler und Leutheuser stehenden *Nationalkirchlichen Bewegung* unter Druck, sich dieser anzuschließen. Die NLB lehnt aber deren Kampfmethoden und überwiegend völkischen Lehren ab und besteht auf ihrer Autonomie. 1937 eskaliert der Konflikt und führt zu der Schließung des Gemeindehelferinnenseminars, dessen Absolventinnen bislang von der Thüringer Kirchenleitung geprüft wurden. Ausgelöst wird der Streit durch die Gründung des *Laienbundes Evangelische Tatkraft*, einer weiteren von Anhängerinnen der NLB dominierten Organisation, die im Kirchenkampf vermittelnd wirken soll. Aus diesem Anlaß verfaßt ein Vertreter der *Nationalkirche* einen Diehl persönlich beleidigenden Artikel, der einen Streit auslöst, in dessen Verlauf die schon lange schwelenden Konflikte zwischen der NLB und der *Nationalkirchlichen Bewegung* zu Tage treten.

Die NLB muß ihre Aktivitäten letztlich nicht aufgrund des Konflikts mit der Thüringer *Nationalkirchlichen Bewegung* einstellen – die vom NSDAP-Ortsgruppenführer unterstützte Klage Lefflers und Leutheusers wird abgewiesen –, sondern infolge des Eingreifens von Scholtz-Klink. Nach ihrer Intervention wird das *Neulandblatt* im Juni 1940 mit Verweis auf einen bereits im Januar erschienenen Artikel verboten. In ihm konstatiert Diehl die »Unverbrüchlichkeit der Gottesgesetze« und wendet sich gegen die von Himmler proklamierte Geburtenpolitik. Im sogenannten Himmler-Erlaß (Befehl vom 28.10.1939) fordert dieser auch unverheiratete Frauen »arischer« Herkunft auf, Kinder zu gebären, und sichert deren Unterbringung in Heimen des *Lebensborns e.V.*, zu.[472] Auch wenn sich in der NLB ein Sturm der Entrüstung und des Unverständnisses erhebt, wird das Verbot nicht zurückgenommen, und die NLB muß ihre Arbeit einstellen.[473]

Obwohl Diehl 1945 bereits 77 Jahre alt ist und in einem Spruchkammerverfahren Anfang 1948 als politisch belastet eingestuft wird,[474] versucht sie, in der DDR – ebenso wie einige Anhängerinnen in der BRD – die NLB wieder aufzubauen. Sie zeigt kein Zeichen von Reue oder Einsicht, sondern stellt sich als »Opfer des Faschismus« beziehungsweise als Widerstandskämpferin dar, so auch in ihrem Antrag auf Registrierung des Neuland-Verlags von 1946: »Die Unterzeichnete ist also absolut nicht als Parteimitglied, sondern als ›Opfer des Faschismus‹ zu betrachten, ganz ebenso wie der Verlag, dem sogar durch die Gestapo sein großer Papiervorrat an holzfreiem Papier einfach geraubt wurde.«[475] Sie beabsichtigt, ihre Arbeit fortzusetzen, und beantragt die Wiedereröffnung des Gemeindehelferinnenseminars,[476] die Wiederzulassung zur evangelischen Jugendkammer[477] und die Registrierung des Neuland-Verlags[478] – letzteres wird ihr tatsächlich gewährt. 1948 geht das Neulandhaus zwar in den Besitz der Thüringer Landeskirche über,[479] kann aber bis zum Bruch mit dieser Ende der 50er Jahre noch von Diehl für Neuland-Treffen und andere religiöse Veranstaltungen genutzt werden. Bereits 1947 erscheint die Neuland-Programmschrift »Was wir wollen« in Neuauflage. Nach wie vor geht es um eine »Erneuerung des Volkskerns durch Erneuerung Einzelner aus Christi Kraft«. Mit Enttäuschung blickt man auf das »1933 aufgerichtete neue Deutschland«, das gestorben sei »am alten Menschen«.[480] Daß Guida Diehl, die Autorin des Flugblatts, nichts dazugelernt hat, erscheint aufgrund ihres Alters und ihrer Biographie weniger verwunderlich, als daß dieses Pamphlet in einem seinem Selbstverständnis nach antifaschistischen Staat gedruckt und verbreitet werden konnte. Zudem läßt sich 1955 beim Neuland-Verlag Diehls rassistische Schrift »Christen erwacht!« beziehen.[481] Es ist unklar, ob die Thüringer Landeskirche, in deren Schutz Diehl agiert, und letztlich auch die staatlichen Institutionen der DDR Diehl und ihre Anhängerinnen aufgrund latenter Sympathien gewähren lassen, oder aber ob niemand Diehls Aktivitäten ernst nimmt, weil sie nach 1945 bereits eine alte Frau ist.

1959, im Alter von 91 Jahren, siedelt Diehl – mit Unterstützung ihres ehemaligen Gegenspielers und Repräsentanten der Bekennenden Kirche, Martin Niemöller – in die BRD über und versucht, dort die NLB wieder aufzubauen. Auch nach ihrem Tod 1961 treffen sich ihre verbliebenen Anhängerinnen weiterhin. Vom NS gelöst haben sich – so offenbaren die Interviews – viele bis heute nicht. Sie wiegen sich vielmehr im Glauben, als Anhängerinnen der NLB den ›richtigen‹ Nationalsozialismus vertreten zu haben, aber von den Nationalsozialisten verkannt worden zu sein.

RESÜMEE: EINSATZ FÜR DEN NATIONALSOZIALISMUS

Betrachtet man die organisatorische und programmatische Entwicklung der NLB ab 1929, so rezipiert die NLB mit dem Konzept des rassenspezifischen Christentums auf religiösem Gebiet bereits vor ihrer Hinwendung zum NS rassistische und antisemitische Vorstellungen. Im Rassismus und Antisemitismus der NSDAP sieht sie ihre eigenen Vorstellungen repräsentiert, was eine besonders starke Bindung an den NS zur Folge hat. Mit der Konstruktion und Verkündigung eines rassenspezifischen Christentums hofft die NLB, dem Säkularisierungsprozeß Einhalt zu gebieten, die Deutschen zu rechristianisieren und in einer Volkskirche zu einigen. Wie die Auseinandersetzungen mit den Kommunisten, den Freidenkern und dem *Tannenbergbund* zeigen, wächst Anfang der 30er Jahre das Gefühl der Bedrohung sowohl von seiten der linken und bürgerlichen Atheisten als auch von seiten der völkischen Glaubensbewegungen. Parallel dazu nähert sich die NLB der NSDAP wegen deren Engagements gegen den Young-Plan an. Sie stimmt also mit den außenpolitischen Zielen der Nationalsozialisten, das heißt zunächst mit der Ablehnung des Young-Plans, überein. In den »Richtlinien für den deutschen Freiheitskampf« vom Juni 1930 wird die Vorstellung eines rassenspezifischen Christentums bereits mit der Verpflichtung der Neuland-Anhängerinnen auf die NSB verbunden und so eine Synthese von völkischem Denken und Christentum versucht, die wesentlichen Programmpunkte der erst 1932 an Bedeutung gewinnenden Deutschen Christen vorwegnimmt.

Während die »Richtlinien« in der NLB im Frühjahr 1930 zur Diskussion stehen, wird Frick in Thüringen Innen- und Volksbildungsminister. Mit seiner Agitation gegen den »Kulturbolschewismus« erweckt er den Anschein, sich für eine »christliche Kultur« einzusetzen, die zu bewahren ein wesentliches Anliegen der NLB darstellt. Die antiliberale und rassistische Kultur- und Bildungspolitik Fricks liegt ganz auf der kulturpolitischen Linie der NLB und des *Deutschen Frauenkampfbundes*, gilt der NLB als Maßstab nationalsozialistischer Politik überhaupt und dient immer wieder als Argument für ein politisches Engagement für die NSDAP. Die NLB unterstützt Fricks Politik nach Kräften. Im Gegenzug für die geleisteten Dienste bekundet Frick der NLB seine Sympathie, so daß es ihr während seiner Amtszeit gelingt, sich in Thüringen vorübergehend zumindest punktuell gegen den *Deutschen Frauenorden* zu behaupten. Zur gleichen Zeit tritt Diehl der NSDAP bei und initiiert so eine interne Diskussion um das politische Mandat und den politischen Kurs der NLB.

Ab Frühjahr 1931 versucht die NLB, auf die nationalsozialistische Frauenpolitik Einfluß zu nehmen. Diehl nutzt die frauenpolitische Konzeptlosigkeit der NSDAP, wird mit der Unterstützung ihrer Anhängerinnen im Herbst 1931 zur Kulturreferentin in der Reichsfrauenleitung der NSDAP ernannt und versucht als Parteifunktionärin, den frauen- und bildungspolitischen Vorstellungen der NLB Gehör zu verschaffen. Der »Deutsche Frauenwille« wird zu diesem Zweck unter rassistischen und antisemitischen Gesichtspunkten ›überarbeitet‹, aus dem protestantischen Kontext gelöst und als Schulungsbuch der *NS-Frauenschaft* neu aufgelegt. Wägt man die verschiedenen Beweggründe gegeneinander ab, so wirken der Wunsch nach einer Revision des Versailler Vertrags, die Verteidigung des Christentums, wenn auch eines rassistischen, und der militante Antikommunismus zusammen und sind für die Hinwendung der NLB zum NS entscheidend. Erst nachdem die NLB sich bereits auf einen pronationalsozialistischen Kurs festgelegt hat, rückt die Gestaltung der NS-Frauenpolitik ins Zentrum des Interesses. Dieser Befund spricht dafür, daß frauenpolitische Überlegungen für die Entscheidung von Frauen für den NS generell nicht ausschlaggebend waren.

Abgesehen von dem Wunsch nach »nationaler Erhebung« erfüllt sich kaum eine der mit der nationalsozialistischen Machtergreifung verbundenen Erwartungen. Die Hinwendung zur NSB und NSDAP bringt der NLB keineswegs das erhoffte Wachstum und damit eine Überwindung der eigenen Krise, sie führt vielmehr zu einer Polarisierung der Anhängerinnen in überzeugte Nationalsozialistinnen und ›Dissidentinnen‹, denen nur der Austritt bleibt – der Typ der Mitläuferin hat aufgrund der totalen Mobilisierung der NLB für den NS kaum eine Chance. Obwohl fast ein Drittel der Abonnentinnen das *Neulandblatt* abbestellen, hält Diehl am pronationalsozialistischen Kurs der NLB fest. Auch wenn die NLB sich bereits 1931 ganz in den Dienst des NS stellt, ist auch sie von den Gleichschaltungsmaßnahmen des nationalsozialistischen Regimes betroffen. Während Jungneuland in der evangelischen Gemeindejugend aufgeht und der *Deutsche Frauenkampfbund* vermutlich aufgelöst wird, rettet sich die NLB durch den Anschluß an das *Evangelische Frauenwerk* und kann so – sieht man von der Schließung der Mütter-Oberschule ab – zunächst weiterarbeiten, muß sich aber 1935 aus der Politik zurückziehen. Dennoch bleibt sie dem nationalsozialistischen Regime gegenüber loyal. Hieran ändert auch die nationalsozialistische Kirchenpolitik nichts, die schon bald auch bei der NLB Zweifel daran aufkommen läßt, ob die NSDAP tatsächlich an einem »positiven Christentum« festhält. Die NLB distanziert sich jedoch nicht vom NS-Regime, sondern verweist auf dessen ›Erfolge‹ im Kampf gegen die Kommunisten und Sozialdemokraten.

Die Hinwendung der NLB zur NSDAP und NSB steht am Ende eines Politisierungsprozesses, für deren Verlauf eine ständige Aufwertung des Außen gegenüber dem Innen charakteristisch ist. Die Unterstützung der NSDAP zeugt von dem Scheitern des eigenen Politikkonzeptes, das sich zunächst auf die Kultivierung bürgerlicher Innerlichkeit konzentriert hatte. Im Hinwendungsprozeß der NLB zum NS spiegelt sich die Krise des protestantischen Bildungsbürgertums in der Weimarer Republik, das sich als Klasse von sozialem Abstieg und Verarmung bedroht sieht. Mit dem Statusverlust der eigenen Klasse als der Trägerin der »christlichen Kultur« wird das Ende dieser Kultur selbst assoziiert, was die Lage dramatisiert. Die bildungsbürgerlichen Ängste vor sozialem Abstieg tragen zur Empfänglichkeit der Neuland-Anhängerinnen für den NS bei. Gleichzeitig bewahrt ihr bildungsbürgerliches Selbstverständnis mit dem Primat des Geistes und der Innerlichkeit die NLB vor einer totalen Identifikation mit dem nationalsozialistischen Rassismus und Antisemitismus, denn gerade der Innerlichkeitskult und die Betonung des Geistigen lassen eine biologisch-deterministische Interpretation von Rassismus und Antisemitismus, von der NLB als »Rassenmaterialismus« kritisiert, nicht zu, so daß man sich in einem permanenten Konflikt zwischen bildungsbürgerlichem Erbe und politischen und religiösen Nützlichkeitserwägungen befindet.

Die Hinwendung der NLB zum NS wird in hohem Maß von Diehl vorangetrieben, so daß sich die Frage nach der Akzeptanz des NS in der NLB und dem Verhältnis von »Führerin« und Bewegung stellt. Geht man von einer Dominanz des Führerprinzips aus, so wäre zu erwarten, daß sich die Anhängerinnen der NLB Diehls Entscheidungen widerstandslos unterwerfen. Wie die Analyse des *Neulandblatts* und *Treufests* zeigen, löst der pronationalsozialistische Kurs der NLB ab 1930 aber heftige Diskussionen aus, die von Diehl zunächst gefördert werden. Diehl und den bereits zum NS konvertierten Neuland-Anhängerinnen geht es jedoch weniger um einen demokratischen Meinungsaustausch mit dem Ziel, einen Kompromiß auszuhandeln, als um die Durchsetzung eines revisionistischen Geschichtsbildes und einer religiösen Deutung des NS, die alle

Diskussionen ad absurdum führt. Ebenso dient das Instrument der Abstimmung nicht der demokratischen Legitimation, sondern soll die Anhängerinnen auf die Entscheidungen ihrer »Führerin« verpflichten.

Wenngleich das Verhältnis von »Führerin« und NLB einseitig und asymmetrisch erscheint, ist es gleichzeitig eines der wechselseitigen Abhängigkeit und Kooperation, denn die Autorität Diehls bedarf der Anerkennung ihrer Anhängerinnen, die auf Freiwilligkeit beruht. Betrachtet man Diehls Kampf um Machtpositionen, so offenbart sich ein strategisches Zusammenwirken von Diehl und den Anhängerinnen der NLB. Abgesehen von der formalen Organisationsstruktur konzentrischer Kreise, scheint ein innerer unsichtbarer Zirkel von Anhängerinnen zu existieren, der 1931 versucht, Diehl als Reichsfrauenführerin zu positionieren. Er tritt immer dann in Erscheinung, wenn die NLB sich in einer Krise befindet oder wenn es um die Verteilung von Macht geht wie bei der Schaffung des deutsch-christlichen *Frauendienstes* 1935/36 oder bei der Einrichtung einer Frauenkammer für die evangelische Frauenarbeit. Im Kampf um die Macht wirken Diehl und die NLB äußerst geschickt zusammen. Zunächst wendet Diehl sich direkt an die Personen an den Schaltstellen der Macht, zum Beispiel Hitler, Strasser, Reichsbischof Müller. Sie verschwendet ihre Zeit nicht mit untergeordneten Repräsentanten ohne Entscheidungsbefugnis, sondern konfrontiert die Verantwortlichen direkt mit ihren eigenen bereits ausgearbeiteten Konzepten, oft in Form von Denkschriften.[482] In einem zweiten Schritt werden die Anhängerinnen, also ein innerer unsichtbarer Kreis von Verschworenen innerhalb der Neulandschar, angeregt, Diehls machtpolitische Ambitionen durch untereinander abgesprochene Empfehlungsschreiben zu befürworten, so daß der Eindruck einer breiten öffentlichen Unterstützung der von Diehl artikulierten Ideen entsteht und gleichzeitig Diehl selbst als ideale Person für deren Realisierung erscheinen muß. Im Kampf um die Position der Reichsfrauenführerin legen Datierung und Inhalt der Empfehlungsschreiben diese Vermutung nahe. Nachweisen läßt sich eine Absprache hinsichtlich Diehls Versuch, im *Frauendienst* an leitender Stelle tätig zu werden.[483]

Unterscheidet man mit Hannah Arendt zwischen Macht und Gewalt und verortet Macht in der Gesellschaft als auf dem einvernehmlichen Handeln mehrerer Individuen beruhend,[484] so basiert die Macht Diehls auf der Existenz der NLB und des *Deutschen Frauenkampfbundes*. Während die NLB sich als Eliteorganisation durch die große Loyalität der Anhängerinnen auszeichnet, ist der *Deutsche Frauenkampfbund* aufgrund seines Charakters als Massenorganisation von Bedeutung, denn Macht ist, so H. Arendt, eine Frage der Zahl – nicht die Eigenschaft einer Person.[485] Stellt die NLB als Organisationsform einvernehmlichen Handelns mehrerer Individuen neben dem *Deutschen Frauenkampfbund* eine wichtige Machtbasis Diehls dar, so muß das Verbleiben jeder einzelnen Anhängerin in der NLB als Beitrag zum Machterhalt Diehls und so auch als Unterstützung und Zustimmung zu ihrer Agitation für den NS gewertet werden. Diese Zustimmung ist nicht ein einmaliger Akt, sondern wird von Diehl immer wieder eingefordert, so auch bei den Voten der unterschiedlichen Gremien über die Hinwendung der NLB zum NS.

Fragt man nach Diehls Bedeutung für die NLB, so läßt sich mit Sicherheit sagen, daß es ohne sie nie eine NLB gegeben hätte. Sie gründet die Kreise, die später zum Ausgangspunkt der NLB werden, sie formuliert alle programmatischen Schriften der NLB, die sie den Anhängerinnen lediglich zur Zustimmung vorlegt. Ihr Wort ist – so ließe sich die Aussage zuspitzen – das Programm der NLB.[486] Betrachtet man das Verhältnis von »Führerin« und NLB in seinem zeitlichen Verlauf, so ist Diehls Führungsanspruch niemals wirklich gefährdet, wenngleich sich an verschiedenen Punkten in der NLB Widerstand regt. Zu Dissonanzen zwischen Diehl und der NLB kommt es primär über den politischen Kurs der NLB, so 1924 anläßlich der Ablehnung des Dawes-Plans, 1929/30 anläßlich des Referendums gegen des Young-Plan und ab 1930 schließlich über die Hinwendung zum NS. Diehl setzt sich in allen Punkten durch, wenn auch – besonders bei der Annäherung an den NS – unter erheblichem Verlust von Anhängerinnen.

Versucht man die Bedeutung der NLB für den NS einzuschätzen, erscheint es sinnvoll, zwischen der Zeit vor und nach der Machtergreifung zu unterscheiden. Mit ihrer Hinwendung zur NSB 1930 macht sich die NLB zu einer Art Hilfsorganisation der NSDAP, die in ihrer Propaganda jedoch immer ambivalent bleibt und sowohl für die NSDAP als auch für den eigenen Verband werben will. So bemüht sich die NLB, als Zulieferer der *NS-Frauenschaft* zu agieren und diejenigen Frauen an den NS zu binden, die mit diesem zwar sympathisieren, aber der NSDAP oder *NS-Frauenschaft* nicht beitreten wollen oder können. Gleichzeitig arbeitet die NLB über den *Deutschen Frauenkampfbund* an der Zerstörung der Weimarer Republik. Das geschieht sowohl durch die Diskreditierung der demokratischen Institutionen als auch durch die Dehumanisierung politischer Umgangsformen. Wenn der *Deutsche Frauenkampfbund* 1932 in einer Resolution die standrechtliche Erschießung führender Kommunisten und Sozialdemokraten fordert, nimmt er die nach der Machtergreifung einsetzende Verfolgung von Kommunisten und Sozialdemokraten vorweg und legitimiert sie. Obwohl die NLB bemüht ist, sich in den Dienst der NSDAP zu stellen, und die Anerkennung als Parteiorganisation der NSDAP anstrebt, ist die materielle Unterstützung der NSDAP und der NSB eher gering einzuschätzen. Anders sieht es auf ideologischer Ebene aus. In den »Richtlinien für den deutschen Freiheitskampf« legitimiert die NLB den Einsatz für den Sieg der NSDAP religiös und nimmt gleichzeitig zentrale Vorstellungen der Deutschen Christen vorweg. Mit ihrem eigenen Rassismus und Antisemitismus bereitet die NLB deren nationalsozialistischen Varianten den Weg, mit der Schrift »Die deutsche Frau und der Nationalsozialismus« liefert sie der *NS-Frauenschaft* das erste Programm und beeinflußt so deren Arbeit in den ersten Jahren nachhaltig.

Nach der Machtergreifung vermittelt Diehl ihren Anhängerinnen und Sympathisantinnen die nationalsozialistische Politik und sichert so deren Loyalität gegenüber dem NS. Aufgrund der veränderten politischen Lage kann die NSDAP nun auf die Unterstützung der NLB verzichten, was diese schon bald zur Bedeutungslosigkeit verurteilt. In Anbetracht der Forderung nach totaler Unterwerfung wird jedoch die simple Existenz der NLB immer mehr zu einem Ärgernis für das nationalsozialistische Regime.

Während das *Evangelische Frauenwerk* sich Ende 1934 der *Bekennenden Kirche* nähert, stellt sich die NLB mit ihrem rassistischen Programm auf die Seite der Deutschen Christen. Diese propagieren im Gegensatz zur Bekennenden Kirche, die an der Autonomie der Kirche und der Verkündigung eines unverfälschten christlichen Bekenntnisses festhält, ein rassistisches Glaubensbekenntnis und gestehen dem Staat ein Mitsprache-recht in kirchlichen Angelegenheiten zu. Zieht man in Betracht, daß sowohl die Beken-nende Kirche als auch die Deutschen Christen das nationalsozialistische Regime zu-nächst unterstützen, läßt sich aufgrund dieser Klassifikation das *Evangelische Frauen-werk* nicht dem Widerstand, also den ›Guten‹, und die NLB den ›Bösen‹ zuordnen. Es gilt vielmehr, zwischen der Ebene einer direkten politischen Unterstützung und einer ideologischen Ebene zu differenzieren. Auf der ersten sind *Evangelisches Frauenwerk* und NLB gleich, beide bekunden ihre Loyalität gegenüber dem nationalsozialistischen Re-gime. Mit ihrem explizit rassistischen Bekenntnis geht die NLB jedoch einen Schritt weiter und macht sich selbst zum Sprachrohr des nationalsozialistischen Rassismus und Antisemitismus. Wenngleich aufgrund des rassistischen Programms der NLB zu erwar-ten wäre, daß sie die Anwendung des Arierparagraphen auf die Kirche unterstützt, zeigt Diehl sich hier sehr zurückhaltend. Sie befürwortet zwar eine innerkirchliche Entmach-tung jüdischer Christinnen und Christen, spricht sich aber gegen deren Ausschluß aus der christlichen Gemeinde aus. Damit bezieht sie Position zwischen den Deutschen Christen, die Personen jüdischer Herkunft aus den christlichen Gemeinden ausschlie-ßen wollen, und der Bekennenden Kirche, die an der Gleichstellung jüdischer Christen und Christinnen mit Gläubigen nicht-jüdischer Herkunft festhält. Es handelt es sich bei der NLB folglich nicht um einen typisch deutsch-christlichen Verband. Nach ihrer anfänglichen Unterstützung staatlicher Eingriffe in die Kirche fordert Diehl bereits 1934 ebenso wie die Bekennende Kirche die Autonomie der evangelischen Kirche, hält aber gleichzeitig an dem eigenen rassistischen Programm fest. Die NLB verbindet die Forderung der Bekennenden Kirche nach Autonomie mit dem Rassismus der Deut-schen Christen und nimmt so formal betrachtet eine Zwischenposition ein: Sie will die Nazifizierung des Christentums in eigener Regie durchführen. Die NLB verteidigt selbst angesichts des starken Drucks von seiten der 1937 von den Thüringer Deutschen Christen gegründeten *Nationalkirchlichen Bewegung* ihre Autonomie, widersetzt sich einer weiteren Radikalisierung und markiert so die Grenzen ihrer Kompromißbereit-schaft hinsichtlich der völkisch-rassistischen Entstellung des christlichen Bekenntnisses.

TEIL III:
DIE NEULANDBEWEGUNG IN DEN BIOGRAPHIEN VON ZWEI ANHÄNGERINNEN

Ein Teil der Anhängerinnen der NLB trifft sich noch heute jährlich, was für die große lebensgeschichtliche Bedeutung der NLB für diese Personen spricht. Die Rekonstruktion der programmatischen und organisatorischen Entwicklung der NLB anhand von Programmen, Zeitschriften und Akten – wie bisher geschehen – läßt die Frage nach der biographischen Bedeutung von NLB und NS für die Anhängerinnen offen. Um diese Lücke zu schließen, habe ich zehn biographisch-narrative Interviews geführt, von denen ich im folgenden zwei auswerte.[1] Dabei gehe ich im Sinne der Biographieforschung zunächst den Fragen nach, inwieweit der Anschluß an die NLB das damalige Leben der Anhängerinnen bestimmt hat, eventuell noch in ihr heutiges Leben hineinwirkt, und wie die Zugehörigkeit zur NLB mit einer möglichen Hinwendung zum NS zusammenhängt. Ich möchte Aufschluß darüber gewinnen, wie sich die Zugehörigkeit zur NLB im allgemeinen, die überragende Bedeutung Diehls für die NLB und die Durchsetzung des Führerprinzips im besonderen in der Art und Weise, wie die Neuland-Anhängerinnen ihre Biographien konstrieren, spiegeln. Zudem erscheint es sinnvoll, an dieser Stelle die Ergebnisse der Querschnittanalyse, die auf die große Bedeutung der politischen Ausrichtung der NLB für deren Attraktivität verweisen, zu konkretisieren.

Nach einer kursorischen Analyse aller zehn Interviews habe ich zwei Interviews mittels der »hermeneutischen Fallrekonstruktion« – wie von Gabriele Rosenthal entwickelt – bearbeitet.[2] Das Verfahren beruht auf der Annahme, daß einzelne Daten ihre Bedeutung erst im biographischer Kontext offenbaren und es zuerst das Strukturprinzip einer Biographie zu rekonstruieren gilt. Die Auswahl der beiden Interviews erfolgte gemäß dem Konzept der »theoretischen Stichprobe«,[3] das heißt, die theoretisch interessanten Fälle und nicht die zufällig ermittelten wurden ausgewertet. Bei dem Verfahren geht es nicht um statistische Repräsentativität, sondern darum, »die Typik eines jeden Falls zu rekonstruieren«.[4] Ausschlaggebend für die Auswahl der Interviews war die Zugehörigkeit der Person zum Zentrum der NLB, der Neulandschar. Abgesehen davon habe ich möglichst unterschiedliche Interviews ausgesucht. So differieren die Interviewpartnerinnen hinsichtlich ihrer Generationszugehörigkeit und ihres Beitrittsdatums zur NLB. Ferner unterscheiden sie sich in bezug auf ihren Familienstand, ihre Funktion in der NLB und schließlich hinsichtlich ihrer Erzählkompetenz. Gemeinsam ist beiden, daß sie früher in Sachsen gelebt haben. Während Frau Dorn heute noch dort wohnt, verließ Frau Winter 1956 die damalige DDR und siedelte nach Kassel über. Die Gültigkeit (Validität) der Strukturhypothese und der Interpretationen bezieht sich nur auf den jeweiligen Fall. Da es sich bei den Interviews um Ergebnisse eines Interaktionsprozesses handelt, sind sie nicht beliebig reproduzierbar (Reliabilität).

Frau Winter wurde 1900 geboren, sie gehört also, folgt man Rosenthal, zur wilhelminischen Jugendgeneration (1890-1900). Diese Generation erlebte ihre Kindheit und Jugend im Kaiserreich und wurde durch den Ersten Weltkrieg entscheidend geprägt.

Die Angehörigen der wilhelminischen Jugendgeneration erfuhren die Weimarer Republik als eine »wirtschaftlich und politisch instabile Epoche« und sahen sich in der Lebensphase, in der es darum ging, ihre »berufliche wie familiale Existenz aufzubauen«,[5] mit Inflation und Wirtschaftskrise konfrontiert. Darüber hinaus gehört Frau Winter zu der Generation, die während der Hinwendung der NLB zum NS die Kreisleiterinnen stellte. Frau Dorn, 1910 geboren, zählt demgegenüber zur Weimarer Jugendgeneration (1906-1919). Diese wurde als erste Generation in der Weimarer Republik sozialisiert und hat ihre politische Identität, anders als die vorhergehende oder die nachfolgende *Hitlerjugend*-Generation, »in einer pluralistischen Gesellschaft ausbilden können«.[6]

FRAU DORN: »DURCH GUIDA DIEHL HABE ICH ERST JESUS CHRISTUS KENNENGELERNT UND BIN DADURCH GLÄUBIG GEWORDEN«[7]

Kindheit und Jugend in Chemnitz

Frau Dorn wurde 1910 als jüngstes von vier Geschwistern in Chemnitz geboren. Sie hatte eine Schwester und zwei Brüder. Ihre Familie, zu der sie ein sehr intensives und gutes Verhältnis hatte, charakterisiert sie als »nicht besonders gläubig, christlich, nicht, also wir sind normale Christen gewesen mit Kirchgang und so weiter« – obwohl ihr Vater im Kirchenvorstand war. Von ihrer Kindheit erzählt Frau Dorn wenig, wahrscheinlich aufgrund der auf die NLB zielenden Ausgangsfrage. Ihr Vater war Strumpffabrikant und beschäftigte in »guten Zeiten« bis zu hundert Personen. Die Strumpfindustrie stellte nach der Jahrhundertwende einen der wichtigsten Industriezweige in Chemnitz dar, in dem sich besonders viele Juden engagierten. So betrug 1930 »der Anteil jüdischer Firmen […] in der Chemnitzer Wirk- und Strickwarenindustrie über 35 Prozent, im Textilhandel etwa 34 Prozent«.[8] Chemnitz verfügte also über eine bedeutende jüdische Minderheit. Dort wohnten Mitte der 20er Jahre 2.800 jüdische Bürgerinnen und Bürger, die zum Teil bereits im letzten Drittel des 19. Jahrhunderts aus Rußland und Polen eingewandert waren.[9] Außerdem siedelten sich während des Ersten Weltkriegs etwa 1.200 aus Leipzig und Dresden ausgewiesene russische und polnische Juden in Chemnitz an. In Frau Dorns Kindheit und Jugend warf die Fabrik ihres Vaters große Gewinne ab. Die Familie konnte sich regelmäßig ausgiebige Urlaube am Meer sowie kürzere Reisen in die Umgebung erlauben. Des weiteren war Frau Dorns Familie im Besitz eines Autos, was zu dieser Zeit von Wohlstand zeugte, und Mitglied im entsprechenden Club.

Geht man davon aus, daß die NLB sich überwiegend aus dem »alten Mittelstand«, besonders aus bildungsbürgerlichen Schichten, rekrutierte, so stellt Frau Dorn als Vertreterin des »neuen Mittelstands« diesbezüglich keine typische Anhängerin der NLB dar. Sie selbst scheint ihre soziale Herkunft als problematisch zu empfinden und sich an bildungsbürgerlichen Vorstellungen zu orientieren. Das Geschäft des Vaters ermöglichte ihr zwar lange Zeit ein sorgenfreies Leben, aber sie hält die entsprechenden Arbeitsleistungen für moralisch anrüchig. So betont sie, daß ihr Vater »ein guter Geschäftsmann und ein sehr reeller Geschäftsmann« gewesen sei, was sie angesichts der ihrer Auffassung nach weniger reellen Juden für eine Ausnahme hält. Außerdem bezeichnet sie ihn nicht als Fabrikbesitzer oder Fabrikanten, was angemessen wäre, sondern als »Geschäftsmann« oder »Kaufmann«, womit sie ihn nicht in den Kontext der neureichen industriellen Elite stellt, sondern ihn in den vorindustriellen »alten Mittelstand« verweist. Von ihrer Schwester, die das Geschäft des Vaters übernahm, behauptet Frau Dorn, sie sei durch ihren Beruf von Neuland abgekommen, was den Beruf als problematisch erscheinen läßt, wenngleich die Schwester gut von dem Geschäft leben konnte.

Nach Abschluß der Schule 1926 arbeitete Frau Dorn als Haustochter auf einem Dorf in der Nähe von Chemnitz, blieb aber bei ihrer Familie wohnen. Diese Entscheidung deutet darauf hin, daß sie einen traditionellen weiblichen biographischen Entwurf verfolgte. Sie verzichtete auf eine Ausbildung und signalisierte so, daß sie nicht selbst ihren Lebensunterhalt zu verdienen beabsichtigte, sondern lediglich eine Beschäftigung suchte, um die Zeit bis zu ihrer Verheiratung zu überbrücken. Sie stellte bewußt die Weichen für Ehe und Familie, wobei Ehe immer eine standesgemäße Ehe meint. Den Automobilclub, den sie mit ihrer Familie regelmäßig besuchte, beschreibt sie zwar als geeignetes Rekrutierungsfeld für den passenden Heiratskandidaten, sie beklagt jedoch, daß die dort verkehrenden potentiellen Bewerber hauptsächlich an ihrem Geld oder aber an ihrem Äußeren interessiert gewesen seien. Für sie hingegen sei es entscheidend gewesen, einen gläubigen Mann zu finden. Auch die Kritik an den Mitgliedern des Automobilclubs spricht für ihr ambivalentes Verhältnis zum »neuen Mittelstand«. Bei dem Primat des Glaubens bei der Suche eines Heiratskandidaten im Automobilclub handelt es sich jedoch um eine nachträgliche Deutung, da Frau Dorn erst später mit ihrer Hinwendung zur NLB zum Glauben kam.

In der 1929 einsetzenden Weltwirtschaftskrise ging die Fabrik des Vaters in Konkurs. Frau Dorn erklärt den finanziellen Ruin durch die »Geschäftstüchtigkeit« der Juden, besonders der »Ostjuden«, die durch ihr Unterbieten viele Chemnitzer Geschäfte, darunter auch das des Vaters, angeblich in den Ruin trieben:

Und nun kamen, das ist nun mal so, die Juden vom Osten rein. Juden waren ja immer sehr geschäftstüchtig, und ich kenn' sie noch mit Ringellöckchen und einem hohen Hut und einem Kaftan. So kamen die vom Osten nach Chemnitz, und bald sah man die nicht mehr. Die wurden eben von den Chemnitzer Juden dann aufgenommen, und die haben dann das Geschäft beherrscht. Eigentlich tut mir's leid, denn ich liebe die Juden, das muß ich sagen, hab' sie aber erst lieben gelernt. Aber damals war's eben, die unterboten immer, so daß die Geschäfte eins nach dem anderen eingingen. Und das ist ganz klar, wenn die Wechsel platzten und kein Geld mehr da war, mußte Konkurs gemacht werden. Also unser Geschäft fiel auch mit darunter.

Frau Dorn spielt hier auf die Juden an, die während des Ersten Weltkriegs nach Chemnitz kamen und bei ihren Glaubensgenossinnen und -genossen Unterstützung fanden. Sie werden als Fremde im Chemnitzer Stadtbild dargestellt, die mit den einheimischen Juden in verschwörerischer Absicht gemeinsame Sache machten, um dann durch nicht reelle Geschäftspraktiken auf Kosten der ›Deutschen‹ zu Wohlstand zu kommen. Für Frau Dorn und ihre Familie bedeutete der Konkurs zunächst die materielle Verarmung.

Statt ausgiebiger Reisen stand Frau Dorn nun am Bahnhof, um dort den Zugverkehr zu beobachten, und ging mit den Eltern in der Umgebung wandern. Abgesehen von der Verarmung stellte der Konkurs des elterlichen Geschäftes ihren gesamten biographischen Entwurf in Frage. Sie sah aufgrund der schlechten finanziellen Lage der Eltern keine Möglichkeit mehr, standesgemäß zu heiraten:

> Naja, nachher wurde es ja eben mit dem Geschäft und da konnten wir auch gar nicht, da sagten wir: wir können gar nicht ans Heiraten denken, das können wir den Eltern ja gar nicht zumuten. Und da richtet man sich innerlich schon drauf ein, nicht, daß man die Gedanken davon ablenkt. Und nun kam uns eben Neuland auch zu Hilfe.

Zudem stand sie offenbar vor der Notwendigkeit, zum Unterhalt der Familie beitragen zu müssen, verfügte aber über keinerlei Ausbildung. In dieser Situation begann sie ebenso wie ihre Schwester eine Lehre als Gutssekretärin, die sie aber nicht abschloß. Als sie sich im Herbst 1931 zur NLB kam, war sie immer noch als Haustochter tätig.

Die »deutsche Wende«

Betrachtet man die Textstruktur, so beginnt Frau Dorn ihre Eingangserzählung mit einer Argumentation: »Ja, man muß es aus der Zeit damals heraus sehen, erst mal war ich ja jung [...].« Sie erweckt so die Erwartung, daß das nun Folgende der Legitimation bedarf und deutet so einen Zusammenhang zwischen ihrer Hinwendung zur NLB und dem NS an. Es folgt die Vorgeschichte ihres Anschlusses an die NLB, der in mehreren Phasen verlief. Bereits im Frühjahr 1931 forderte Lotte Heier, die Schwester der Chemnitzer Neulandkreisleiterin, sie und ihre Geschwister auf, den Chemnitzer Neulandkreis zu besuchen, »[...] aber da war noch kein Funke bei uns. Wir bedankten uns für die Einladung, aber es war noch nichts.« Im Herbst des gleichen Jahres lud Else Heier, die Leiterin des Chemnitzer Neulandkreises, sie zu einem Vortrag Diehls ein. Diesmal ging sie hin:

> Und dann, 1932 war das, da war ich 22 Jahre, da kam sie auch wieder und sagte: »Guida Diehl, die Neulandführerin, kommt nach Chemnitz und hält einen Vortrag über die deutsche Wende.« Das war ja damals die Zeit 32, naja, wie Hitler schon so im Anzug war, nicht. Und seltsamerweise oder wunderbarerweise waren wir elektrisiert dafür. Wir gingen also hin, meine Schwester, mein Bruder und ich. Ich weiß nicht, ob Mutter auch mitkam. Und das war so wunderbar, schon die Guida Diehl selbst zu sehen, eine Frau, wie man sie sich als Frauenführerin gar nicht besser vorstellen konnte und eine Tiefe des Vortrags, die uns also einfach faszinierte. Und das war so, daß ich, am nächsten Tag war dann Neulandtreffen, das nannte sich Schar, die Neulandschar. Und da fragte ich, ob ich mit hinkommen dürfte. Und das durfte ich, und von da war ich im Inneren Neuländerin.[10]

Ihre veränderte Haltung bringt sie mit den Erfolgen der NSDAP in Verbindung, die sich zu dieser Zeit zu einer Massenpartei entwickelte. Der Verweis auf Hitler deutet darauf hin, daß sie zu diesem Zeitpunkt bereits Nationalsozialistin war oder aber zumindest mit den Nazis sympathisierte, so daß die eigene pronationalsozialistische Haltung sie für die Inhalte der NLB empfänglich machte. Nicht rekonstruierbar bleibt, ob Diehl den besagten Vortrag in ihrer Funktion als Kulturreferentin in der Reichsfrauenleitung der NSDAP, in der sie die Frauen der Mittelschichten für die NSDAP zu gewinnen suchte, oder als »Führerin« der NLB hielt, was wohl kaum einen inhaltlichen Unterschied gemacht haben dürfte, wohl aber ihrem Auftreten jeweils ein anderes Gewicht verliehen haben würde.

Der Titel des Vortrags »Die deutsche Wende« verweist auf eine politische Rede, in der, ähnlich wie in dem Anfang 1931 verbreiteten Flugblatt »An alle, die die deutsche Wende begreifen« sowohl für die NLB als auch für die NSDAP und NSB geworben wird. Der Ausdruck »deutsche Wende« ist zudem Bestandteil sämtlicher Loyalitätserklärungen der NLB gegenüber dem NS und steht für die Zustimmung der NLB zum nationalsozialistischen Rassismus. In ihrer Eingangserzählung abstrahiert Frau Dorn völlig vom Inhalt des Vortrags und verweist lediglich auf seine »Tiefe«, so daß sich die Frage stellt, was sie und ihre Geschwister, abgesehen von der fraglos charismatischen Person Diehls, an dem Vortrag so fasziniert hat, daß er letztlich einen lebensgeschichtlichen Bruch bewirkte. Eine diesbezügliche Frage beantwortet Frau Dorn mit der »Umwertung aller Werte«, die sie in ihrer Eingangserzählung als das Kernstück des Neuland-Programms erläutert:

> Es gibt die Umwertung aller Werte, man bekommt einen anderen Wertbegriff, nicht vom Menschen her, sondern eben vom Glauben her. Und durch Guida Diehl habe ich erst Jesus Christus kennengelernt und bin dadurch gläubig geworden und dann im Laufe des Lebens immer mehr hineingewachsen.

Wenngleich diese Äußerung sich nicht direkt auf den Vortrag bezieht, wird deutlich, daß Frau Dorn sich bemüht, den religiösen Charakter der NLB in den Vordergrund zu rücken und den Vortrag als den Beginn ihrer Konversion zum Glauben darzustellen. An dieser Stelle offenbart Frau Dorn das Konstruktionsprinzip ihrer Biographie: sie stellt sich selbst als Gläubige dar, die zwar vor dem besagten Vortrag schon Christin war, die aber durch Diehl und die NLB in einer Art religiöser Wiedergeburt erst richtig zum Glauben gekommen ist, der im folgenden ihr ganzes Leben bestimmen sollte. Die Selbstdarstellung als Gläubige geht mit der Präsentation der NLB als religiöser Vereinigung einher und führt zu einer Entpolitisierung der NLB sowie der thematischen Trennung von NLB und NS in Frau Dorns Darstellung.

Im obigen Zitat spiegelt sich die von Diehl propagierte Abkehr vom Humanismus der Aufklärung, der den Menschen zum Maß aller Dinge macht, zugunsten eines voraufklärerischen theozentrischen Weltbildes. Frau Dorn teilt mit Diehl die Ablehnung des Säkularisierungsprozesses der Gesellschaft. Bei der »Umwertung aller Werte« geht es ihr im Gegensatz zu der von ihren Eltern praktizierten Religiosität um eine grundlegende geistige Neuorientierung, die die Trennung zwischen einer säkularen bürgerlichen und einer christlichen Existenz aufhebt: »Und alles zielte auf Christus hin, auf den inneren Wert des Lebens.« Zieht man in Betracht, daß die NLB sich mit den »Richtlinien für den deutschen Freiheitskampf« bereits Anfang 1931 als rassistischer und antisemitischer Verband verstand, so ist zu vermuten, daß gerade Neulands Rassismus und Antisemitismus bei Frau Dorn auf Zustimmung stießen, nachdem – aus ihrer Perspektive – die Juden das Geschäft ihres Vaters in den Konkurs getrieben und damit ihren auf Ehe und Familie ausgerichteten biographischen Entwurf zerstört hatten.

Aufschluß über den politischen Inhalt von Diehls Vortrag gibt eine andere Textstelle. Auf die Frage, wie sich die Themenstellung und Arbeitsweise der NLB nach der Machtergreifung geändert haben, antwortet Frau Dorn:

> Was politisch war, das sagte ich ja, aber das waren ja nicht unsere Themen, das wurde mit erwähnt, aber nicht, daß wir daraus Themen machten, es sei denn wie eben zur Wende, die deutsche Wende, nicht. Was ich schon mal erwähnte den Vortrag und die Umwertung aller Werte, da wurde das Politische, na wie soll ich sagen, mit erwähnt und begründet, unsere Haltung dazu begründet.

Hier konzediert Frau Dorn, daß es auch um Politik ging, wenn auch nur im Ausnahmefall, wozu jedoch der besagte Vortrag zählt. Diehl begründete in ihrem Vortrag offensichtlich die Einheit von NS und Christentum und lieferte so auch Frau Dorn die religiöse Legitimation für ihre eigene politische Position. Geht man davon aus, daß Frau Dorn schon vor ihrer ersten Begegnung mit Diehl Nationalsozialistin oder zumindest Sympathisantin war, so vermittelt Diehl ihr die Gewißheit, Gottes Willen auszuführen, wenn sie die Nazis unterstützt, und bewirkt somit eine stärkere Bindung Dorns an den NS.

Beitritt zum Chemnitzer Neulandkreis und Aufnahme in die Neulandschar

Frau Dorn war von Diehls Vortrag so beeindruckt, daß sie sofort um Aufnahme in den Neulandkreis Chemnitz ersuchte. Gleichzeitig schlossen sich ihre beiden Brüder und ihre Schwester dem Chemnitzer Neulandkreis an. Der Beitritt erfolgte mit Zustimmung und Unterstützung der Eltern, der Neulandkreis traf sich sogar des öfteren in der elterlichen Wohnung. Folgt man Frau Dorns Darstellung, so trugen die Aktivitäten des Kreises gänzlich unpolitischen Charakter. Es wurden Bibelverse diskutiert, man wanderte, studierte Laienspiele, besonders Krippenspiele, ein und führte sie auf. Demgegenüber entpuppt sich der Chemnitzer Neulandkreis anhand der schriftlichen Quellen als Bastion des NS. Die Leiterinnen Else Heier und Johanna Müller, beide Lehrerinnen, teilten bereits 1931 den pronationalsozialistischen Kurs Diehls und gehörten zu den Mitunterzeichnerinnen eines an Hitler gerichteten Schreibens vom November 1931, in dem Diehl als nationalsozialistische Frauenführerin vorgeschlagen wurde.[11] Darüber hinaus geht aus einem Bericht im *Neulandblatt* vom Juli 1931 hervor, daß der Chemnitzer Neulandkreis nicht nur Diehl als Frauenführerin sehen wollte, sondern auch die rassistischen und antisemitischen Parolen der NLB unterstützte. So berichtete eine der beiden Chemnitzer Kreisleiterinnen über ein sächsisches Neulandtreffen:

> Im traulichen Kreise saßen wir beisammen und durchdachten die Fragen nach unseres Volkes innerer Erneuerung. Wir brauchen jetzt unbedingt ein Sichbesinnen auf Volk und Volkstum, ein Bewußtwerden der rassischen Erbgüter und Grundlagen. Wir müssen auch erkennen, daß durch die Art und Weise, wie das Christentum bei uns eingeführt wurde, viel römisches und artfremdes Wesen in unser Volk hereinkam […] Wir müssen unser Gewissen schärfen, müssen Fremdes, nicht ganz Wahres ablegen versuchen.[12]

Else Heier, Gewerbeoberlehrerin, war Patin von Frau Dorn. Sie betreute diese während des Probejahrs vor Aufnahme in die Neulandschar und befürwortete deren Aufnahme bei Diehl. Die andere Kreisleiterin, Johanna Müller, war nachweislich Kreisrednerin der NSDAP[13] und bekleidete in der *NS-Frauenschaft* die Position einer Abteilungsleiterin.[14] Sie trat bereits im Januar 1932 dem *Nationalsozialistischen Lehrerbund* bei und betätigte sich darüber hinaus als »Schulzellenobmann«. Von den erwähnten Laienspielen ist nur eins, »»Neues Land›: Vom Wesen, Willen und Weg Neulands«,[15] erhalten. Es wurde von einem Bruder Frau Dorns verfaßt und 1936, zum 20sten Jahrestag der Entstehung der NLB, in Eisenach erfolgreich aufgeführt. Frau Dorns stolzer Kommentar, daß es eine »gute Zensur« bekommen habe, läßt bereits auf einen nazistischen Inhalt schließen. Die Geschichte der NLB wird als Kampf des Guten gegen das Böse dargestellt, aus dem mit dem Sieg des NS das Gute als Sieger hervorgeht. Hitler wird als Geschenk Gottes präsentiert, »der uns als Volk einte und Ehre, Freiheit, Frieden wiedergibt«.[16] Das Böse gibt jedoch nicht auf, sondern inszeniert den Kirchenkampf, um die Christen zu spalten. Mit diesem Stück stellt sich der Chemnitzer Neulandkreis 1936 politisch eindeutig auf die Seite des NS und benennt die NLB als Vorkämpferin der NSB. Abgelehnt wird jedoch eine Verabsolutierung des Rassismus. Dahinter verbirgt sich aber nicht etwa die Sorge um die Juden – immerhin wurden 1935 die Nürnberger Gesetze erlassen – sondern die Ablehnung der Deutschgläubigen, die im Christentum eine rassenfremde Religion sahen, womit dieser Neulandkreis die Position Diehls teilte.

Die Tatsache, daß Frau Dorns Bruder das Stück verfaßt hat, spricht – ebenso wie die Neulandtreffen in der elterlichen Wohnung – für eine nationalsozialistische Orientierung von Frau Dorns Familie. In ihrer Darstellung der Arbeit des Chemnitzer Neulandkreises wird der NS, abgesehen von der »guten Zensur« der Aufführung, überhaupt nicht thematisiert, sie differenziert so zwischen der guten NLB und dem NS. Hier wirken unterschiedliche Bewältigungsstrategien, die Rosenthal mit Dethematisierung, Entpolitisierung und Normalisierung bezeichnet, zusammen.[17] Indem Frau Dorn das Thema NS ausblendet, entpolitisiert sie die Aktivitäten des Chemnitzer Neulandkreises und versucht so gleichzeitig, die eigene Lebensgeschichte aus der Verstrickung mit dem Nazi-Regime zu lösen, sie zu normalisieren.

Frau Dorn wurde zwar sofort nach Diehls Vortrag in den Chemnitzer Neulandkreis aufgenommen, die Aufnahme in die Neulandschar setzte jedoch ein Probejahr, inklusive einer Patin, die den Aufnahmeantrag unterstützen sollte, voraus. Frau Dorn wählte die nationalsozialistische Kreisleiterin Else Heier als Patin und trat der Neulandschar bereits nach halbjähriger Probezeit auf dem Neulandtag im Mai 1932 bei. Während die anfängliche Begeisterung und der Beitritt zum Chemnitzer Neulandkreis sich als spontane, das heißt unüberlegte Handlungen deuten lassen, entschied sie sich nun endgültig und bewußt für die NLB und für deren Programmatik. In ihrer Eingangserzählung erzählt Frau Dorn nicht die Geschichte ihrer Aufnahme, stattdessen liefert sie allgemeine Beschreibungen, in deren Zentrum ästhetische Aspekte – zunächst die schöne Lage und Ausstattung des Neulandhauses sowie »eine Atmosphäre, die man kaum beschreiben kann«, stehen. In Antwort auf eine Frage nach besonderen Erlebnissen auf den Neulandtagen kommt sie auf den besagten Neulandtag zurück, jedoch ohne ihn als den Neulandtag ihres Beitritts zu benennen: »Und dann war Schemm, das war ein Nationalsozialist gewesen, der war auch mal zu einer Pfingsttagung mit da, der war Lehrer, das war ein feiner Mann, das muß ich sagen, und der begeisterte uns natürlich auch.« Hans Schemm, Vorsitzender des *Nationalsozialistischen Lehrerbundes*, hielt auf dem Neulandtag 1932 einen Vortrag. Hans Fabricius, der Fraktionsvorsitzende der NSDAP im Reichstag, war ebenfalls geladen, erkrankte aber. Frau Dorn erinnert sich an Schemm im Zusammenhang mit einer Feier im Wartburghof, auf der Lutherlieder gesungen und »*deutsche* [betont] Sprüche« rezitiert wurden. Wohl wissend, daß der NS heute diskreditiert ist, trennt sie die Anwesenheit Schemms auf dem Neulandtag 1932 von ihrem eigenen Beitritt zur Neulandschar thematisch und versucht gleichzeitig, seine Anwesenheit herunterzuspielen. Mit dem Wort »auch« signalisiert sie entweder, daß sie damals selbst Nationalsozialistin war, daß alle Anhängerinnen der NLB Nationalsozialistinnen waren, oder aber sie bezieht es auf Diehl, von der zuvor die Rede war. Indem sie Schemm als »feinen Mann«, was in diesem Kontext für gebildet steht, bezeichnet, behauptet sie, daß es auch ›gute‹ Nationalsozialisten gab. Als Angehöriger des Bildungsbürgertums, dem sich auch Frau Dorn zugehörig fühlt, vermittelte Schemm, daß der NS nicht nur die Ideologie sozial entwurzelter Schläger war, sondern auch den vermeintlich gehobenen Ansprüchen der Gebildeten gerecht wurde und ihre Interessen artikulierte. Für heute läßt ihre Ausdrucksweise auf eine ambivalente Haltung gegenüber dem NS schließen. Beurteilt man den Neulandtag 1932 aufgrund der Berichterstattung in *Treufest* und im *Neulandblatt*, so nahmen viele Nationalsozialisten daran teil. Zu diesem Zeitpunkt herrschte die denkbar größte Übereinstimmung zwischen NLB und NS, wobei ein Großteil der NLB in Diehl die zukünftige nationalsozialistische Frauenführerin sah. Bei den Reichstagswahlen im Juli 1932 erreichte die NSDAP 37,8 Prozent,[18] was eine Beteiligung der Nazis an der Regierung in greifbare Nähe rückte und die Verbundenheit zwischen NLB und NSDAP gefördert haben dürfte. Wenngleich Frau Dorn immer wieder versucht, ihre Entscheidung für die NLB als religiös begründet darzustellen, spricht die Tatsache, daß sie sich der Neulandschar gerade auf dem Neulandtag 1932, auf dem Höhepunkt der Agitation der NLB für den NS, angeschlossen hat, für ihre politische pronationalsozialistische Motivation.

Frau Dorns Anschluß an die NLB erfolgte in einer persönlichen Krise. Mit dem sozialen Abstieg ihrer Familie und der Zerstörung ihres biographischen Entwurfs konfrontiert, boten ihr der Rassismus und Antisemitismus des Neuland-Programms eine Erklärung ihrer Misere beziehungsweise bestätigen ihre eigenen Theorien. Des weiteren legitimierte das Neuland-Programm ein eheloses Leben, ohne die Bedeutung von Ehe und Mutterschaft prinzipiell in Frage zu stellen, und verlieh ihrem Leben mit der »Umwertung aller Werte« einen neuen religiösen Sinn. Die NLB wurde für Frau Dorn zunächst zum Ersatz für eine eigene Familie. Sie besuchte regelmäßig die Neulandtage, nahm eifrig an den Aktivitäten des Chemnitzer Neulandkreises teil und versuchte, den Anforderungen der NLB gerecht zu werden. Alle Neuland-Aktivitäten werden von ihr aus dem nationalsozialistischen Kontext gelöst und als vorbildlich dargestellt, wobei Frau Dorn immer wieder – mit kritischem Blick auf heute – die moralischen Standards der NLB hervorhebt:

> Es waren Jungens dabei und wir Mädels eben, also das war ein so schönes Miteinander, da wären wir gar nicht auf Ideen gekommen, wie sie heute kommen, auf die Sex-Ideen [lacht], das gab's überhaupt nicht, brauchten wir gar nicht. Wir hatten soviel Freude miteinander, nahmen unsere Brote mit und dann wurde eben gefrühstückt.

Zu bedenken ist, daß Frau Dorn bei ihrem Beitritt zur Neulandschar bereits 22 Jahre alt, also erwachsen war. Mit der Tabuisierung der Sexualität zugunsten von Kameradschaft teilt sie eine zentrale Position der Jugendbewegung, die der Sexualität kein Eigenrecht einräumte.[19] Sie bezieht Position gegen die von einem Teil ihrer Zeitgenossinnen praktizierte sexuelle Freizügigkeit, die in der Weimarer Republik mit der »neuen Frau« assoziiert wird.

Nach ihrem Beitritt zum Chemnitzer Neulandkreis – das genaue Datum ist nicht rekonstruierbar – arbeitete Frau Dorn zunächst weiter als Haustochter, übernahm dann jedoch die Geschäftsführung mehrerer evangelischer Kindertagesstätten und Kindergärten. Den Wechsel begründet sie damit, daß sie ihre Tätigkeit als Haustochter nicht mehr »ausfüllte«, wenngleich vermutlich ökonomische Gründe für die Entscheidung mit ausschlaggebend waren. Obwohl sie mehrere Jahre bis zu ihrer Heirat 1939 in dieser Position tätig war, erzählt sie darüber nichts, sie teilt lediglich mit, daß sie von den Nazis ins Wohlfahrtsamt übernommen und so städtische Angestellte wurde.

Bei dieser Tätigkeit begegnete sie 1938 ihrem späteren Mann, mit dem sie sich bereits auf dem ersten Rendezvous verlobte und den sie 1939 geheiratet hat. Während Frau Dorn insgesamt nur wenig Geschichten erzählt, sondern meist berichtet oder argumentiert, erzählt sie sehr ausführlich, wie sie ihren Mann kennengelernt hat. Offensichtlich hält sie diese Geschichte für unverfänglich. Mit ihrer Heirat realisierte sie ihren ursprünglichen biographischen Entwurf, wenn auch verspätet. Nach der Heirat »kam man dann von Neuland etwas ab«. Die anschließende Bemerkung, daß sie danach nicht mehr an den Neulandtagen teilnahm, deutet auf eine äußere Distanzierung, nicht aber eine Abkehr von den Zielen der NLB hin. Nicht rekonstruierbar bleibt, warum der finanzielle Faktor hinsichtlich einer Verehelichung nun keine Rolle mehr spielte. Entweder machte Frau Dorn selbst Abstriche, was die Hochzeitsfeier etc. anging, oder aber die finanzielle Lage der Familie hatte sich wieder stabilisiert. Möglicherweise profitierte ihre Familie von der 1938 einsetzenden »Arisierung« der Chemnitzer Strumpfindustrie.[20]

Nach der Heirat 1939 gab sie ihre Berufstätigkeit auf und brachte 1941 einen Jungen zur Welt. Wenngleich sie ihren Rückzug ins Privatleben nicht als politisch motiviert darstellt, erfolgte er zu einem Zeitpunkt, zu dem das nationalsozialistische Regime sich im Rahmen der Kriegswirtschaft bereits wieder um eine Integration der Frauen in den Arbeitsmarkt bemühte. Frau Dorn setzte ihren eigenen Wunsch gegen die erklärten Interessen des NS durch, was für eine gewisse Distanz zu diesem spricht. Ihr Mann wurde noch vor der Geburt des Kindes eingezogen und fiel 1942 bei Stalingrad. Nach seinem Tod intensivierte sich der Kontakt zur NLB wieder. Frau Dorn stand privat mit vielen Neuland-Anhängerinnen in Verbindung und korrespondierte mit Diehl. Während sie den durch die NLB erworbenen Glauben als treibende Kraft all ihrer Aktivitäten darstellt, blendet sie den NS in ihrer Erzählung aus. Weder die Judenpogrome noch der Krieg besitzen für sie, abgesehen vom Tod ihres Mannes, Relevanz.

»Schwester« in der Abteilung für Haut- und Geschlechtskrankheiten

Während Frau Dorn weder etwas über ihre Tätigkeit als Haustochter noch als Geschäftsführerin erzählt, thematisiert sie ihre Arbeit als Krankenschwester in der Ambulanz für Haut- und Geschlechtskrankheiten in einem Krankenhaus in Aue ausführlich. Von den DDR-Autoritäten mit der Notwendigkeit zu arbeiten konfrontiert, begann sie 1946 eine Ausbildung zur Krankenschwester. Nach deren Beendigung arbeitete sie dreißig Jahre lang, mehrere Jahre über die Pensionsgrenze hinaus, mit großem Eifer im genannten Bereich. Diese Tätigkeit bedeutete ihr mehr als eine Möglichkeit, ihren Lebensunterhalt zu verdienen, sie fühlte sich zu dieser Arbeit berufen. Ihr Beruf bot ihr die Möglichkeit, ihren über die NLB erworbenen Glauben umzusetzen und missionarisch zu wirken: »Und das war das Schöne, ich konnte dort seelsorgerlich wirken, das hat mir sehr gelegen, und ich hatte immer Ärzte, die das geschehen ließen, wenn die mich mit einem Patienten sprechen sahen, da winkten sie ab, ich könnte weiter sprechen, nicht.« Glaubens- und Berufsbiographie fallen in ihrer Darstellung zusammen.

In Anbetracht von Frau Dorns rigorosen moralischen Anschauungen stellt sich die Frage, wie es ihr gelingen konnte, dreißig Jahre in einer Abteilung zu arbeiten, in der sie permanent mit den Folgen vermeintlichen sittlichen Versagens konfrontiert wurde. Da Diehl zweifellos noch heute ihr Vorbild ist, liegt nahe, daß sie sich in deren Nachfolge versteht. So verweist Frau Dorn auf die Nachfrage nach dem Inhalt von Diehls Vortrag »Die Deutsche Wende« auf deren Einsatz für die Frankfurter Kellnerinnen, die Diehl vor einem sogenannten sittlichen Abgleiten zu retten versucht hatte. Die Wiederherstellung von Moral und Sittlichkeit stellt für Frau Dorn einen wesentlichen Inhalt der NLB dar, zu der sie durch ihre Tätigkeit als »Schwester« beizutragen versuchte. Die Selbstbezeichnung »Schwester« läßt neben der Assoziation Krankenschwester auch die der

Ordensschwester zu und soll ihrer Arbeit möglicherweise eine religiöse Weihe verleihen. Sie stellt ihre Tätigkeit als Krankenschwester als Konsequenz ihrer durch Diehl bewirkten Konversion zum Glauben dar.

Neben ihrer beruflichen Tätigkeit setzte sie auf privater Ebene ihre Kontakte zu anderen Anhängerinnen der NLB fort. Dem nach 1945 in Leipzig weiter bestehenden Neulandkreis schloß sie sich aus finanziellen und zeitlichen Gründen nicht an.[21] Sie ist jedoch von ihren Argumenten selbst nicht ganz überzeugt und hat ein schlechtes Gewissen. Zu einer Wiederannäherung an die verbliebenen Neuland-Anhängerinnen kam es 1968 auf einem Treffen in Eisenach anläßlich von Diehls 100stem Geburtstag. Von da an nimmt Frau Dorn regelmäßig an den Treffen der in der DDR lebenden Anhängerinnen im Schniewindhaus, einer religiösen Begegnungsstätte, teil.[22] Später besuchte sie auch Treffen mit in der BRD wohnhaften Anhängerinnen. Noch heute ist sie regelmäßig auf den jährlichen Neuland-Zusammenkünften in Bad Pyrmont zugegen, die fortgesetzt werden sollen, bis die letzte Neuland-Anhängerin verstorben ist.

Ambivalentes Verhältnis zum Nationalsozialismus

Zur Zeit ihres Beitritts zur Neulandschar war Frau Dorns Anschluß an die NLB untrennbar mit ihrem politischen Bekenntnis zum NS verknüpft, auch wenn sie sich heute bemüht, in ihrer Darstellung beide Themen zu trennen. Die von der NLB 1932 angestrebte Verbindung von Christentum und »Deutschtum«, die auf Frau Dorn damals eine große Anziehungskraft ausübte, macht ihr bis heute eine kritische Auseinandersetzung mit dem NS unmöglich. Das von Diehl propagierte Christentum, durch das sie sich zum Glauben gebracht sieht, ist ein rassistisches und den NS legitimierendes. Das Festhalten an den pseudo-christlichen Inhalten des Neuland-Programms erfordert ein Ausblenden der rassistischen und antisemitischen Komponenten sowie das Herauslösen aus dem politischen Kontext des NS. Ein Hinterfragen ihrer damaligen politischen Überzeugung würde gleichzeitig ihren Glauben erschüttern und somit ihre gesamte Biographie in Frage stellen. Hieraus resultiert eine im Gegensatz zur »schweren Zeit« der Weimarer Republik überwiegend positive Darstellung des NS.

Sich als durch die NLB zum Glauben Gekommene präsentierend, meidet Frau Dorn in ihrer Erzählung und im internen Nachfrageteil das Thema NS weitgehend. Erst im externen Nachfrageteil konzediert sie, selbst Nationalsozialistin gewesen zu sein, und behauptet, der NS sei nicht völlig negativ zu bewerten: »Ich bin nicht Parteimitglied gewesen, auch nicht in der *Frauenschaft* und so, ich war eben Neuländerin, nicht. Aber ich habe es mit gut geheißen, nicht, also das Gute gut geheißen.«[23] Auch wenn sie nicht in der Partei war, hat sie den NS als Anhängerin der NLB unterstützt. Sie differenziert zwischen negativen und positiven Qualitäten, eine Unterscheidung, die jedoch erst im nachhinein getroffen werden kann und so ihren heutigen Bewußtseinsstand reflektiert. Gleichzeitig wendet sie sich mit ihrer Aussage gegen die aus heutiger Perspektive übliche pauschale Verurteilung des NS, um ihre eigene Unterstützung plausibel zu machen.

Als positive Leistung des NS benennt Frau Dorn die Revision des Versailler Vertrags, den Kampf gegen »Randalierer«, den Autobahnbau, das weibliche Pflichtjahr sowie den

Arbeitsdienst, denn »dadurch kamen die [Arbeitslosen, S. L.] von der Straße weg, und wir hatten Ruhe. Das war wunderbar, und das merkt man dann, und da ist man dann natürlich wach dafür und freut sich.« »Wir« meint in diesem Kontext vermutlich die NLB, als deren Mitglied Dorn sich definiert. Sie stellt hier ihr eigenes Engagement für den NS nicht als politische Option, sondern als »natürlich«, also nicht begründungsbedürftig, dar. Wie die Analyse der biographischen Daten zeigt, spielen diese vermeintlich positiven Leistungen hinsichtlich ihres Engagements für den NS eine eher untergeordnete Rolle und stellen eine gängige Legitimationsstrategie dar. Ihre Übereinstimmung mit dem nationalsozialistischen Rassismus und Antisemitismus verschweigt sie hingegen.

Da Frau Dorn den NS in ihrer Erzählung kaum thematisiert, ist nicht zu klären, ob sie bis 1945 Nationalsozialistin war. Ihr Verhältnis zum NS scheint eng mit dem der NLB zum NS verknüpft gewesen zu sein: »Ja, das war eine ganz klare Einstellung dann. Und wie wir eben auch hörten, daß Guida Diehl von Hitler bekämpft wurde, das war uns dann ganz klar, daß man nicht dem Nationalsozialismus hinterherging, nicht.« Frau Dorn spielt hier auf den Konflikt um einen Artikel von Guida Diehl im *Neulandblatt* an. In diesem Anfang 1940 erschienenen Artikel »Die Unverbrüchlichkeit der Gottesgesetze« kritisiert Diehl den Himmler-Erlaß vom 28. Oktober 1939, in dem er »arische« Frauen und Männer dazu aufrief, auch außerhalb der Ehe Kinder zu zeugen, die in den Heimen des *Lebensborns e. V.* aufwachsen sollten. Diesen Artikel nahm die Reichsfrauenführerin Gertrud Scholtz-Klink zum Anlaß, ein Verbot des *Neulandblatts* zu beantragen, das sein Erscheinen Mitte 1940 – ohne das Eingreifen Hitlers – einstellen mußte. Einen Kampf zwischen Diehl und Hitler hat es nicht gegeben. Frau Dorn betreibt hier eine massive Aufwertung der Person Diehls als Gegenspielerin Hitlers und konstruiert einen Loyalitätskonflikt, der in dieser Schärfe nicht bestand, denn Diehl selbst hielt das Verbot des *Neulandblatts* für einen Irrtum beziehungsweise zurecht für eine von Scholtz-Klink initiierte Intrige. Diehl trat daher auch nicht aus der Partei aus, wie Frau Dorn behauptet, sondern kämpfte mit allen Mitteln für ihren Verbleib.[24] Dennoch stellt Frau Dorn klar, daß ihre Verpflichtung gegenüber der NLB Vorrang vor einer Unterstützung des NS hatte, ihre Loyalität diesem gegenüber also nicht bedingungslos war. Sie begründet ihre Distanzierung vom NS nicht inhaltlich mit der Ablehnung bestimmter Facetten nationalsozialistischer Politik, sondern mit der Loyalität gegenüber Guida Diehl, die für sie offensichtlich über Hitler stand. Sie behauptet nach dem Konflikt um das *Neulandblatt*, bestärkt durch Diehl, zunehmend auf Distanz zum NS gegangen zu sein. 1942 ließ Frau Dorn eine Berliner Schneiderin für sich arbeiten, die ohne Wohnung und Geld war, also wahrscheinlich verfolgt wurde. Diese berichtete ihr von den Berliner Judendeportationen:

Und die erzählte mir, wie man mit den Juden umgegangen ist, daß man die Sachen aus dem Fenster geschmissen hat, die Juden die Treppe herunter geschmissen hat. Und das hat mich so bewegt, daß das möglich war, also das hatte ich bis dahin noch nicht gehört, diese Brutalität. Und ich konnte es kaum glauben, aber sie hat mir immer wieder Beispiele erzählt, sie hat es selbst erlebt, daß ich dann sagte, also auf so eine Weise können wir den Krieg gar nicht gewinnen.

Frau Dorn gibt im Unterschied zu vielen ihrer Zeitgenossinnen und Zeitgenossen zu, von der Judenverfolgung gewußt zu haben. Ihre Kritik richtet sich nicht prinzipiell gegen die Judenverfolgung, die hier zudem nur angedeutet wird, sondern das brutale Vorgehen, das offensichtlich ihrem deutsch-bürgerlichen Verhaltenskodex widerspricht. Sie befürchtete, daß Deutschland durch einen solchen Verrat am »Deutschtum« seine Kriegsziele nicht erreichen würde. Obwohl Frau Dorn – wenn auch nicht aus humanistischer Gesinnung – die Vernichtung der Juden ablehnt, kann doch bis heute nicht von einer eindeutigen Abwendung vom NS die Rede sein. Zum einen versucht sie, die ›guten Seiten‹ des NS hervorzuheben, und verharmlost diesen so, zum anderen ist sie bemüht, Differenzen und Konflikte zu konstruieren, die in dieser Form nicht existiert haben.

›Werkzeug Gottes‹ oder mündiges Subjekt?

Das Konstruktionsprinzip von Frau Dorns Biographie ist die Präsentation als eine Gläubige, die ihr ganzes Leben in den Dienst Gottes gestellt hat, wobei Diehls Vortrag eine Art geistige Wiedergeburt verursachte, die Frau Dorn erst zur Gläubigen machte und somit entscheidend für ihr gesamtes weiteres Leben war. Geht man der Frage nach, ob sie sich selbst als Handelnde, ihr Leben Gestaltende oder aber als Opfer widriger Umstände darstellt, so stößt man immer wieder auf die »Führung Gottes«. Alle wichtigen Entscheidungen in ihrem Leben werden nicht als eigener Entschluß, sondern als Reaktion auf vermeintliche Zeichen Gottes dargestellt. In einer biographischen Krise, in der ihr eigener Lebensentwurf an Umständen zu zerbrechen drohte, die sich ihrer Kontrolle entzogen, erschienen die NLB und Diehl als deren Repräsentantin als von Gott gesandt. Sie boten akzeptable Erklärungen für die eigene Misere und offerierten mit der Unterstützung der NSDAP eine vermeintliche Perspektive. Im Anschluß an Diehls Vortrag versuchte Frau Dorn nicht mehr, ihre Entscheidungen rational zu begründen, sondern begann, die Welt nach Offenbarungen Gottes zu befragen, um ihr Handeln daran zu orientieren und zu seinem Werkzeug zu werden. Bereits zu Beginn ihrer Erzählung sagt sie über Diehls Vortrag: »seltsamerweise oder wunderbarerweise waren wir elektrisiert dafür«. Mit dem Wort »wunderbarerweise« deutet sie an, daß sie den Besuch des Vortrags im nachhinein für gut und richtig hält, das eigene Interesse aber durch – aus ihrer Perspektive – überirdische Kräfte stimuliert wurde. Der Inhalt des Vortrags, der sie sehr begeisterte, bestätigt die Theorie, daß Gott sie zu dieser Veranstaltung geleitet habe. Die Entscheidung, dem Chemnitzer Neulandkreis beizutreten, bedurfte keiner rationalen Abwägung, sie fiel spontan und war unwiderruflich. Frau Dorn war sich ihrer Sache völlig sicher, sie hegte keine Zweifel, wie sie bei rationaler Abwägung aufzutreten pflegen. Alle weiteren wichtigen Entscheidungen in ihrem Leben folgten diesem Muster. Als man ihr eine Ausbildung zur Krankenschwester vorschlug, deutete sie das als »wunderbare Fügung« und griff ohne Überlegung sofort zu:

> Das war ein netter junger Arzt noch, also ein jüngerer, und der sagte: »Ja, was wollen sie machen? Wollen sie in die Anmeldung gehen? Wollen sie Fürsorgerin sein oder

Schwester?« Da habe ich mich gleich zur Schwester gemeldet. Ich weiß gar nicht, das kam aus dem Inneren heraus, und das war mir auch, das lag mir dann, und da sollte ich auch schon gleich anfangen. Das war sehr schön. Mein Junge ging noch in den Kindergarten, und es war also kurz vorm Schulbeginn von ihm, 1948. Und, naja, da war ich in den Beruf gekommen und wußte nicht wie, und zwar in einen Beruf, der mir also lag.

Die Tatsache, daß die DDR, ein seinem Anspruch nach demokratisch-sozialistischer Staat, Frau Dorn zur Erfüllung ihrer vermeintlichen Berufung verhalf, scheint sie mit diesem zu versöhnt zu haben, denn sie teilt den militanten Antikommunismus der NLB nicht.

Gott hat ihrer Darstellung zufolge nicht nur die großen biographischen Weichen ihres Lebens gestellt, sondern er lenkte auch in Krisensituationen alles zum Besten. So stellte er, als sich ihre Eltern nach dem Konkurs des Betriebes keine Reisen mehr erlauben konnten, sicher, daß die Eltern gesund waren und wandern konnten: »Gott sei dank konnten's die Eltern eben auch körperlich, nicht, daß wir alle wandern konnten, und das war schön. Und da sieht man auch immer wieder Gottes Führung in allem, daß man da so gehalten wird auch innerlich.« Wird die Welt in dieser Weise als Wirkungsstätte Gottes betrachtet, so lassen sich nicht nur Diehls rassistisches Christentum, sondern auch Hitler und der NS als Offenbarungen Gottes deuten, wobei das eigene Interesse implizit immer der Prüfstein für die Wahrheit der Deutung ist. Die Verehrung Diehls, die 1931/1932 als Prophetin des NS agierte und diesen als von Gott gesandt deklarierte, spricht für Dorns religiöse Deutung des NS.

Mit ihrer konsequenten Selbstdarstellung als Gläubige und der NLB als einer religiösen Vereinigung versucht Frau Dorn, ihre eigene Teilhabe am NS sowie die der NLB zu negieren. Da sie unterschlägt, daß das von Diehl verkündete Evangelium rassistisch und antisemitisch war, geht ihre Entlastungsstrategie nicht auf. Die Betonung der religiösen Inhalte der NLB entspricht der allgemeinen Selbstdarstellung der NLB nach 1945 und ist paradoxerweise von den Nazis mitproduziert, die den Rückzug aus der Politik zur Bedingung des Weiterbestehens der NLB – sowie der evangelischen Frauenbewegung insgesamt – machten. Die Tatsache, daß die NLB 1940 tatsächlich ihre Arbeit einstellen mußte, ermöglicht eine Selbstdarstellung als verfolgter Verband und verstellt gleichzeitig die Notwendigkeit einer kritischen Reflexion des eigenen Handelns.

Frau Dorn stellt sich selbst weder als eigenverantwortlich Handelnde noch als Opfer der Verhältnisse, sondern als den Willen Gottes Ausführende dar. So verschleiert sie ihre eigenen Entscheidungen vor sich selbst religiös und enthebt sich der Notwendigkeit einer Begründung. Frau Dorn war ab Herbst 1931, im Alter von 21 Jahren, Nationalsozialistin sowie Anhängerin der NLB. Wenngleich sie persönlich durch ihr Handeln – anders als beispielsweise Aufseherinnen in Konzentrationslagern – möglicherweise niemandem Schaden zugefügt hat, trug sie die menschenverachtende nationalsozialistische Ideologie in zentralen Punkten mit. Angesichts der Unterordnung unter Diehl bleibt jedoch die Frage, inwieweit sie als mündiges Subjekt handelte.

Erste Begegnung mit Guida Diehl in Halle

Frau Winter wurde im Jahr 1900 in Halle an der Saale geboren. Sie hatte drei Schwestern und einen Bruder. Ihr Vater war wissenschaftlicher Buchhändler – die Betonung liegt auf wissenschaftlich – und betrieb eine Buchhandlung auf dem Universitätsgelände. Die Mutter war zunächst Hausfrau, übernahm aber im Ersten Weltkrieg, als ihr Mann eingezogen wurde, die Buchhandlung. Frau Winter mußte mit 15 Jahren ohne Abschluß die Schule verlassen, um in der Buchhandlung der Eltern mitzuarbeiten, obwohl sie gerne einen höheren Schulabschluß erworben hätte. So äußert sie im Kontext einer angeblichen Minderbezahlung ihrer Schwester, mit der sie zusammenlebt: »Für uns alle ist das Abitur ja damals noch gar nicht möglich gewesen.« Das stimmt in dieser Allgemeinheit zwar nicht, denn Frauen waren bereits zum Abitur zugelassen,[26] kann aber subjektiv sehr wohl zutreffend gewesen sein, weil es, abgesehen von den Auswirkungen des Krieges, in Halle zu der Zeit eventuell noch keine Möglichkeit für Frauen gab, das Abitur abzulegen, oder weil ihre Familie dieses Vorhaben nicht unterstützte. 1900 geboren, wurde Frau Winter im Kaiserreich sozialisiert und im Ersten Weltkrieg, der laut Broszat zu einer umfassenden politischen Mobilisierung aller Bevölkerungsschichten führte,[27] schon früh politisiert. Ihre politische Gesinnung läßt sich bis in die 20er Jahre als deutsch-national und monarchistisch charakterisieren. Sie erlebte den Ersten Weltkrieg als Zeit extremer Armut – die Familien der Soldaten bezogen im Vergleich zum Zweiten Weltkrieg nur eine geringe Unterstützung – stellte seinen Sinn aber weder damals noch heute in Frage. Halle galt hinsichtlich des politischen Klimas im Ersten Weltkrieg als eine »Hochburg der Sozialdemokratie, als das politische und organisatorische Zentrum der Arbeiterbewegung im Regierungsbezirk Merseburg«.[28] In Halle hielten die Sozialdemokraten am Erfurter Programm[29] fest und kritisierten die Zustimmung der SPD zu den Kriegskrediten.[30] Frau Winter sah sich mit einer starken, nach links tendierenden Sozialdemokratie konfrontiert, die den Krieg ablehnte, den Frau Winter selbst nicht hinterfragte und der ihr persönliche Opfer abverlangte, das heißt materielle Armut und den Verzicht auf die gewünschte Schulbildung brachte.

Auf die Ausgangsfrage des Interviews hin kommt Frau Winter sofort auf ihre erste Begegnung mit Guida Diehl in Halle zu sprechen. Diese fand, wie aus einer schriftlichen Quelle hervorgeht, im Juni 1919, also nach Kriegsende und Abschluß der Revolution, ungefähr zeitgleich mit der Unterzeichnung des Versailler Vertrags statt. Diehl bereiste zu dieser Zeit das Deutsche Reich, warb in patriotischen Vorträgen für die NLB – und wetterte gegen die Unterzeichnung des Versailler Vertrags. Von einem Studenten erfuhr Frau Winter von Diehls Vortrag zum Thema »Was wir wollen«. Von der Ankündigung fühlte sie sich angezogen, da Diehl besonders die »akademische Jugend und die gebildeten Mädchen« ansprach. Wenngleich Frau Winter weder aufgrund ihrer sozialen Herkunft noch aufgrund ihrer eigenen (Aus-)Bildung dem Bildungsbürgertum zuzurechnen war, identifizierte sie sich mit dieser Gesellschaftsschicht und wollte gerne dazugehören. Über den Inhalt des Vortrags äußert sie sich zunächst nicht – im externen

Nachfrageteil liest sie einen Großteil des gleichnamigen Programms vor – sondern geht direkt auf die Bedeutung der NLB für ihr Leben ein: »Und was mich vor allen Dingen eben angezogen hat, das ist, das weiß ich noch, wie ich am nächsten Tag in der Mittagszeit von unserer Buchhandlung nach Hause ging: ›Du bist angerufen, und hier ist etwas, dahin gehörst du sozusagen‹.« Mit dem betonten »du« hebt Frau Winter hervor, daß Diehls Vortrag genau auf Frauen in ihrer Lage, also vermeintliche Töchter des Bildungsbürgertums, zugeschnitten war und sie sich persönlich angesprochen fühlte, mit dem zweiten Teil des Satzes verweist sie auf die sinnstiftende Leistung Diehls, die Frau Winter ihren Platz in der »Volksgemeinschaft« zuwies und so ihrer Existenz in Relation zum »Volksganzen« eine Bedeutung verlieh.

Frau Winter sah sich spätestens seit der deutschen Niederlage im Ersten Weltkrieg mit einem totalen Sinnverlust konfrontiert. Mit vielen anderen Deutschen teilte sie die Frage nach dem Sinn der deutschen Niederlage in einem Krieg, den sie als gerecht empfand und der sich für sie persönlich nachteilig auswirkte. Auf diesen kollektiven Sinnverlust antwortete Diehl für Frau Winter überzeugend mit dem Ruf nach völkischer Erneuerung:

Es ist eine Zeit gewesen, wo nach dem Ersten Weltkrieg die Menschen fragten: »*So kann das Leben nicht weiter gehen, es muß eine Erneuerung auf der ganzen Linie sein.*« [dramatische Intonation] Und das ist das, was Guida Diehl immer wieder eben ausgesprochen hat, ein erneuertes, ein ganz lebendiges Christentum und ein ebensosehr lebendiges aber auch sehr erneuertes Deutschtum. Das waren die beiden Ziele, die das Neuland eben gehabt hat.

Der kollektive Sinnverlust ging für Frau Winter mit einem individuellen Sinnverlust einher. Der Erste Weltkrieg reduzierte die Zahl ihrer potentiellen Heiratskandidaten erheblich – zwei Millionen deutsche Soldaten fielen an der Front[31] – und stellte damit ihren auf Heirat und Familie angelegten biographischen Entwurf in Frage. Diehl lieferte Frau Winter in dieser für sie schwierigen Situation die Legitimation für ein unfreiwillig eheloses Leben. »Guida Diehl hat uns eine Lebensaufgabe gegeben, um die es sich lohnt zu leben, auch wenn man nicht Frau und Mutter werden konnte« – ein Argument, das sie im Interview immer wieder aufgreift. Es handelt sich hierbei nicht um eine spontane Äußerung, vielmehr hat Frau Winter diese Aussage bereits vor Beginn des Interviews auf einen Zettel geschrieben und liest sie vor, was darauf hindeutet, daß ihr dieser Satz besonders wichtig und gut formuliert erscheint, so daß sie ihn keinesfalls vergessen will.[32] Hier wird deutlich, daß sie eigentlich heiraten und Kinder haben wollte. Ende des Ersten Weltkriegs befand sich Frau Winter in einer schwierigen Lage: einerseits sah sie ihre Heiratschancen beeinträchtigt, andererseits verfügte sie nicht über eine Ausbildung, die ihr eine ihrem gewünschten sozialen Status entsprechende Tätigkeit hätte verschaffen können. Für ein Hochschulstudium fehlte ihr das Abitur als Zugangsvoraussetzung, beziehungsweise es fehlten ihr die Mittel oder die Entschlußkraft, diese zu erwerben.

Das Ende des Ersten Weltkriegs, die Revolution und Frau Winters Anschluß an die NLB fallen in den »Übergang zur Spätadoleszenz und zum frühen Erwachsenenalter«, also in eine Phase, in welcher tiefgreifende Identitätsbildungsprozesse stattfinden.[33] In dieser Entwicklungsphase werden Zukunftspläne entworfen, an denen später das im Leben Erreichte gemessen wird. Diese Entwicklungsphase ist bei Frau Winter von einer starken Verunsicherung über ihre Zukunft gekennzeichnet. In dieser biographischen Krise schloß sie sich der NLB an.

Ihre Verunsicherung über die Rolle der Frau in der Gesellschaft offenbart sich heute in widersprüchlichen frauenpolitischen Forderungen. Frau Winter befürwortet zum einen die Rückführung der Frauen zu ihren ›eigentlichen‹ Aufgaben:

> [...] vor allen Dingen die Berufstätigkeit der Frauen. Meine Schwester in ihrer Tätigkeit hat's ja auch öfters erlebt, daß dann eine Mutter sagte: »Ja, wenn ich nach Hause komme, dann bin ich soweit, daß ich meine Kinder durchhaue, weil ich so fertig bin von der Berufsarbeit.« Das ist das heute, und die Kinder, die alle heute so alleingelassen aufwachsen. Und es scheint mir doch jetzt wieder gewisse Einsichten zu geben, die Frau muß wieder zurückgeführt werden zu einem Frauenleben.

An dieser Stelle liest sie einige Passagen aus Diehls Autobiographie vor, in denen diese die mütterlichen Aufgaben der Frau betont und vor einem Ausleben der Sexualität warnt. Zum anderen gibt sie jedoch zu bedenken, daß viele Frauen nach dem Ersten Weltkrieg »wieder zurückgedrängt an den Kochtopf« wurden, was sie als ungerecht empfindet und nicht für wünschenswert hält. Sie spielt hier auf die Entlassung vieler Frauen im Zuge der Demobilisierung an. Es folgt die Geschichte der Minderbezahlung ihrer Schwester als Fürsorgerin gegenüber anderen Berufskolleginnen, die über das Abitur verfügten, so daß der Eindruck entsteht, daß ihre Kritik an der vermeintlichen Vernachlässigung familiärer Pflichten durch den Neid auf die heute berufstätigen Frauen motiviert ist, die es ihrer Meinung nach so viel einfacher haben als sie selbst es hatte.

Engagement in der *Neulandbewegung*

Unmittelbar nach Diehls Vortrag trat Frau Winter einem der beiden Haller Neulandkreise bei. Geleitet wurde dieser von Erna Baader, der Gattin eines Bankdirektors, die mit Diehl eng befreundet war und »die Möglichkeiten hatte gesellschaftlich«, was offensichtlich entscheidend für den Anschluß an diesen Neulandkreis war – der andere wurde von der Frau eines Pfarrers geleitet. Baader trat als Kreisleiterin nicht weiter in Erscheinung, sie publizierte weder im *Neulandblatt* noch nahm sie andere Aufgaben in der NLB wahr. Ihre eigene immerhin 37jährige Mitgliedschaft und Aktivität im Haller Neulandkreis (1919-1956) faßt Frau Winter knapp zusammen:

> Und ich hatte mich ja auch gleich für den Kreis angemeldet und bin Mitglied gewesen. Ich habe den Kreis nachher selbst noch lange geführt, nachdem bei uns ja alles kaputt war, und Frau Baader auch nicht mehr konnte. Die waren auch raus gesetzt aus ihrem Haus und was nicht alles.

Zwischen 1919 und 1945 ereignete sich in besagtem Neulandkreis offensichtlich nichts für sie Relevantes. An anderer Stelle fügt sie hinzu, daß regelmäßig Abende abgehalten wurden, an denen über Themen »aus der Geschichte, aus der Kultur und natürlich auch das christliche Thema« diskutiert wurde. Ihre Sprachlosigkeit verwundert, wenn man bedenkt, daß sie heute noch überzeugte und begeisterte Neuland-Anhängerin ist. Auf eine Nachfrage hin verweist sie auf ein »Heft über die Arbeit in den Studienkreisen«, in dem die Neuland-Norm, also die allgemeine Arbeitsweise von Neulandkreisen, beschrieben wird und die einzelnen Neulandkreise sich vorstellen. Entweder erschöpften sich die Aktivitäten des Haller Neulandkreises in Routinehandlungen, die sich nur schwer erzählen lassen – was unwahrscheinlich erscheint –, oder aber Winter hält ihre eigenen Erfahrungen für irrelevant und will an deren Stelle die offizielle Selbstdarstellung der NLB setzen, als deren Mittlerin sie sich versteht. Das bedeutet, sie verfügt heute über keine biographische Gesamtsicht ihres Lebens, die ihr ermöglicht, biographisch relevante Geschichten auszuwählen.

Offen bleibt, wann genau Frau Winter die Leitung des Haller Neulandkreises übernahm. Während sie zunächst andeutete, nach 1945, gibt sie bei der Erhebung der Sozialdaten an, daß sie selbst zu diesem Zeitpunkt zwischen 30 und 40 Jahre alt war, das heißt, sie leitete den Kreis während des NS, was sich gut mit ihrer Tätigkeit als Leiterin der Volksbibliothek verbinden ließ. Tatsächlich arbeitete sie mit »Frauengruppen« zusammen, die sich in der Bibliothek trafen, womit sie die *NS-Frauenschaft* meinen könnte. Bei der ersten Aussage handelt es sich möglicherweise um den Versuch einer temporalen Verschiebung, um ihr Engagement für die NLB vom NS thematisch zu trennen. Auf überregionaler Ebene war Frau Winter bereits ab Anfang der 20er Jahre in der NLB aktiv. In der Zeit von 1922 bis 1929 veröffentlichte sie zahlreiche Artikel im *Neulandblatt* und in *Treufest*. Sie gehörte zum 1921 eingerichteten Jugendrat der NLB und wirkte in dieser Position am Sturz Lina Lejeunes, Diehls engster Mitarbeiterin und Freundin, einer getauften »Viertel-Jüdin«, mit. In der Einleitung zu dieser für ihre Verhältnisse ausführlichen Erzählung artikuliert sie zunächst ihre Zweifel, ob sie die Geschichte tatsächlich erzählen soll: »Ja ich weiß jetzt nicht, ob sie noch lebt. Und wenn Sie das interessiert mit Lieselotte Schneider zum Beispiel, das könnte ich ja, ich wollte eigentlich das Problem kaum anschneiden. Guida Diehl hat doch sehr mit einer Jüdin zusammengelebt.« In dieser Passage liefert sie mehrere Gründe für ihre Unsicherheit. Sie weiß nicht, ob die Geschichte interessiert, sie befürchtet, Schneider, falls sie noch lebt, mit der Geschichte zu schaden, die Geschichte ist aufgrund ihres Themas problematisch, und Frau Winter ist nicht sicher, was die offizielle Neuland-Stellungnahme zum Antisemitismus ist und inwiefern dieser heute gesellschaftlich akzeptiert ist. Analysiert man die Geschichte, so fällt zunächst auf, daß Frau Winter Lina Lejeune als »Linachen« bezeichnet, was entweder abwertend oder als Kosename gemeint sein kann. Des weiteren erfährt man, daß Lejeune »an und für sich ein lieber netter Mensch« war, gegen den Frau Winter keine persönlichen Aversionen hegte, und daß Lejeunes Vorfahren bereits seit mehreren Generationen getauft waren. Frau Winter betrachtet Juden also jenseits ihrer persönlichen Eigenschaften als eine minderwertige Rasse, wenn überhaupt als Menschen: »Nachdem Guida Diehl dagewesen war, da kam eine Mitarbeiterin, und das war das Linachen Lejeune, und die war dann bei uns, und wir waren ganz erstaunt, was da auf einmal auftauchte«. Mit dem Gebrauch des Pronomens »was« statt »wer« deutet sie an, daß es sich bei »Linachen« nicht um einen Menschen handelt, und vollzieht so die Dehumanisierung der Juden durch die Nazis nach. Die Geschichte spielt jedoch nicht im »Dritten Reich«, sondern zu Beginn der 20er Jahre, zu einem Zeitpunkt, zu dem die NLB noch keine rassenbiologischen Vorstellungen vertrat. Frau Winter macht sich hier also die NS-Perspektive zu eigen.

Abgesehen vom Jugendrat gehörte Frau Winter zur »Arbeitsgruppe für edle natürliche Lebenshaltung in Wohnung, Arbeit und Ernährung« und pflegte im Auftrag des Haller Neulandkreises Kontakte zur »Frauenkultur«, ihren Erläuterungen zufolge einem für Reformkleidung eintretenden Frauenverein. Laut Evans versuchte die besagte Vereinigung jedoch nicht, Reformkleidung, sondern spezifisch deutsche Kleidung zu entwickeln, um die deutschen Frauen vom vermeintlichen Pariser Modediktat zu befreien,[34] was Frau Winters Engagement eine andere Bedeutung verleiht. Mit Reformkleidung wird heute unmittelbar Fortschritt assoziiert, was wiederum ein positives Licht auf die NLB wirft, die mit einer scheinbar so fortschrittlichen Vereinigung wie der »Frauenkultur« zusammengearbeitet hat. Frau Winter war im Winter 1927/28 einige Monate lang in der Buchhandlung des Neulandhauses tätig und verschickte dort den »Deutschen Frauenwillen«. Außerdem nahm sie regelmäßig an Neulandtagen und Freizeiten der NLB teil. In diesem Zusammenhang erzählt sie auch von einer Singfreizeit im Neulandhaus. Die Geschichte steht unter dem Motto »unsere Neulandgemeinschaft«, womit Frau Winter gleichzeitig ein zentrales Thema des Interviews benennt. Sowohl die Freizeiten als auch die Neulandtage beeindruckten Frau Winter stark: »Wer von diesen Freizeiten kam, hat immer erlebt, daß er *wie ganz neu erfrischt weiter ins Leben ging* [stark betont].« Dennoch erzählt sie kaum etwas darüber, sondern referiert, was Diehl tat, schrieb oder sagte. Statt ihrem eigenen Erleben Ausdruck zu verleihen, versucht sie, eine offizielle Version der Neuland-Geschichte zu vermitteln, die Diehl für sie verkörpert.

Während Frau Winter bis 1929 sehr stark in die NLB eingebunden war, publizierte sie nach 1929 keine Artikel mehr und trat im *Neulandblatt* nicht mehr als Funktionsträgerin in Erscheinung. Diese Zurückhaltung könnte man als Ablehnung der Rezeption rassistischer und antisemitischer Vorstellungen durch die NLB zu dieser Zeit deuten, ihr an anderer Stelle artikulierter Antisemitismus läßt diese Interpretation jedoch unwahrscheinlich erscheinen. Ihr publizistischer Rückzug hing möglicherweise mit dem Beginn ihrer Ausbildung zur Bibliothekarin in Leipzig im Sommer 1928 zusammen. Warum sie die Ausbildung gerade zu diesem Zeitpunkt begann, bleibt offen. Denkbar ist, daß sie die Hoffnung auf Ehe und Familie nun endgültig aufgab und sich eine Existenzgrundlage zu schaffen beabsichtigte, oder daß ihre Familie, in deren Buchhandlung sie bis dahin gearbeitet hatte, sie nun freigab. Frau Winter selbst stellt diese für ihr weiteres Leben wesentliche Entscheidung als zufallsbedingt dar.

Frau Winter erzählt über die Zeit der Weimarer Republik wenig und blendet die Zeit des NS einschließlich damit zusammenhängender Themen wie Krieg und Holocaust weitgehend aus ihrer Darstellung aus. Die Jahre 1933-1945 fehlen in ihrer Biographie. Einerseits erscheint es nachvollziehbar, daß sie sich nicht selbst durch Geschichten, die ihre eigene Unterstützung des NS offenbaren, belasten will, andererseits bietet sich jedoch prinzipiell die Möglichkeit, durch Bewältigungsstrategien wie Dethematisierung, Entpolitisierung und Derealisierung[35] die Kontinuität der eigenen Biographie zu wahren, Möglichkeiten, die Winter bezüglich des NS weitgehend ungenutzt läßt. Entweder sind alle Lebensbereiche so stark mit dem NS verwoben, daß sich keiner gefahrlos thematisieren läßt, was unwahrscheinlich erscheint, oder aber sie steht ihrem eigenen Leben ratlos gegenüber und kann nicht entscheiden, welche Erlebnisse und Ereignisse für sie biographisch relevant und gleichzeitig sozial akzeptabel sind. So mißversteht sie die wiederholte Aufforderung, über die Zeit vor 1945 zu erzählen, zunächst als Aufforderung, über die Zeit nach 1945 zu berichten, und verdeutlicht so ihre Erzählpräferenzen.[36] Auf die Klarstellung reagiert sie mit: »Nein, ja, wie soll ich das bezeichnen [lacht]?« Auf die erneute Erzählaufforderung hin demonstriert sie wieder Ratlosigkeit: »Ja, das da kann ich nur, was soll ich dazu sagen? Ich hatte meine Berufsarbeit und nebenbei den Kreis. Ja, wie soll ich, das weiß ich nicht. Ich habe keine weiteren Verbindungen mit anderen Sachen gehabt.« Zunächst scheint sie den Rahmen einer Erzählung abstecken zu wollen, dann kommen ihr aber Zweifel, und sie zieht sich zurück. Sie behauptet nicht, daß sie sich an nichts erinnern könne, sondern, daß sie nicht wisse, was sie – als Repräsentantin der NLB – erzählen solle.

Geht man der Frage nach Frau Winters damaliger Involvierung in den NS nach, so argumentiert sie in Antwort auf eine allgemeine Erzählaufforderung bezüglich der Zeit des NS, daß sowohl ihre Familie als auch sie selbst diesen wohl unterstützten, sie selbst aber durch die NLB, ihren Beruf und ihre Familie – sie lebte noch bei ihren Eltern – so ausgelastet gewesen sei, daß sie aus Zeitgründen nicht als Aktivistin für den NS habe tätig sein können. Ihre Entscheidung für den NS hing mit dem Engagement der NLB für den NS zusammen und erfolgte in Absprache mit Diehl, mit der sie das Thema diskutierte: »Und ich weiß sogar noch, wie ich mit Guida Diehl darüber gesprochen habe und ihr sagte: ›Und sie nennen sich Nationalsozialisten.‹ Sie hat sich auch angeschlossen gehabt, eben aus diesem Grund, daß nun etwas anderes kommt als was damals gewesen ist.« Wenngleich hier fast der Eindruck entsteht, als habe Frau Winter Diehl zum NS bekehrt, so war, ganz im Gegenteil, Winters starke Identifikation mit Diehl neben ihrer multiplen Eingebundenheit in die NLB für ihre Hinwendung zum NS verantwortlich. Dazu kam Frau Winters Hoffnung, daß Diehl als Frauenführerin eine auf Ehe und Mutterschaft ausgerichtete Frauenpolitik verfolgen würde, so daß andere Frauen der vermeintlich weiblichen Bestimmung von Ehe und Mutterschaft nachkommen können würden. Davon abgesehen, stellten Diehls Antisemitismus und Antikommunismus wichtige ideologische Anknüpfungspunkte dar.

In die NSDAP mußte Frau Winter ihrer eigenen Darstellung zufolge gegen ihren Willen kurz vor Ende des Kriegs aus beruflichen Gründen eintreten: »Aber wir sind in keine, das heißt, zu allerletzt ist man schließlich noch gepreßt worden, daß man eben auch noch in die Partei eintrat. Aber das konnte ich auch gar nicht, denn ich hatte ja auch, ich lebte mit meinen Eltern zusammen.« Ihr Parteiausweis zeigt demgegenüber, daß sie der NSDAP bereits im Mai 1937 beitrat, Mitglied anderer Parteiorganisationen wurde sie nicht. Das Zurückverlegen des Beitrittsdatums soll offenbar das Zwanghafte des Beitritts plausibel machen, der aber wohl eher freiwillig beziehungsweise aus Karrieregründen erfolgte. Aus dem Briefwechsel mit einer befreundeten Anhängerin der NLB geht hervor, daß Frau Winter im Winter 1933/34, also schon bald nach der Machtergreifung, für sie selbst unerwartet zur stellvertretenden Leiterin der Haller Büchereien befördert wurde, was mit ihrer politischen Gesinnung zusammengehangen haben könnte. In den folgenden Jahren avancierte sie zur Leiterin der Haller Volksbibliothek. Dieser Karriereschritt erforderte möglicherweise eine Parteimitgliedschaft. Ende des Zweiten Weltkriegs wurde Halle zunächst von den Amerikanern, dann von sowjetischen Truppen besetzt. Frau Winter wurde nach dem Einmarsch der Roten Armee entlassen beziehungsweise »rausgeschmissen«, wie sie selbst formuliert. Ihre Entlassung als Leiterin der Volksbibliothek empfindet sie angesichts ihres Einsatzes für die Bibliothek noch heute als große Ungerechtigkeit und Kränkung. Voller Stolz erzählt sie – es handelt sich um ihre ausführlichste Erzählung überhaupt – wie sie die Russen überlistete und das »amtliche Material«, es handelte sich vermutlich um Parteipublikationen, deren Zugriff entzog. Das bibliothekseigene gerahmte Hitlerbild eignete sie sich selbst an, das Bild ist zwar inzwischen ausgewechselt, der Rahmen ziert jedoch noch heute ihre Wohnung im Altersheim. Das wenige, was sie über ihr Leben im NS erzählt oder was sich darüber hinaus in Erfahrung bringen läßt, weist sie als ehemalige Nationalsozialistin aus. Ihre distanzlose Erzählweise, die besonders bei der vermeintlichen Verteidigung der Bibliothek gegenüber der sowjetischen Armee zum Tragen kommt, legt nahe, daß sie heute noch Sympathien für den NS hegt.

Wenngleich NLB und NS in ihrer Biographie eng zusammenhängen, versucht Winter in ihrer Darstellung, beide thematisch zu trennen. »Und die anderen [Neulandkreise, S. L.] hatten zum Teil auch sehr viel Verbindung mit der Frauenkultur gehabt, der damaligen. Und da war die Hoffnung die die damals aussprachen, daß Guida Diehl wohl die Frauenführerin werden sollte.« Einerseits bemüht sich Frau Winter hervorzuheben, was die »Führerin« der NLB, die ihrem eigenen Leben wieder einen Sinn verliehen hat, für eine bedeutende Frau war, andererseits trennt sie Diehls Absicht, Frauenführerin zu werden, vom politischen Kontext des NS. Die Hoffnung der NLB und damit auch ihre eigene, Diehl in dieser Stellung zu sehen, projiziert sie auf die »Frauenkultur«, mit der allenfalls einzelne Neulandkreise kooperierten, die aber wohl kaum darauf gedrungen haben dürfte, Diehl zur Frauenführerin zu machen. In der folgenden Interviewpassage kommt Winter zwar scheinbar unvermittelt doch auf den NS und die NLB zu sprechen, aber nicht, um die Unterstützung des NS durch die NLB zu thematisieren, sondern, um auf die vermeintlich ungerechte Behandlung der NLB durch die Nationalsozialisten hinzuweisen: »Aber Neuland ist ja ganz falsch verstanden worden nachher vom Nationalsozialismus. Und es ist dann so dazu gekommen, daß auch unsere Bewegung wie die anderen auch dann eben verboten wurde.« Gegen den Strich gelesen, meint diese Passage, daß die NLB vom NS zunächst richtig verstanden und anerkannt wurde, das heißt, die NLB unterstützte und bejahte den NS. Während die NLB ihr kooperatives Verhalten beibehielt, mißverstanden die Nationalsozialisten – aus Perspektive Frau Winters – die konstruktive Kritik der NLB an Himmlers *Lebensborn*-Politik als Kritik am NS selbst und verboten die NLB ungerechtfertigterweise. Die NLB war, so Frau Winter, niemals gegen den NS eingestellt, wurde aber nichtsdestoweniger gegnerischen Bewegungen gleichgestellt und verboten. Sie stellt die NLB als Opfer des NS dar. Zunächst wurde ihre Jugendorganisation verboten, dann das *Neulandblatt* und schließlich die NLB selbst.

»Nachher« bezeichnet für Frau Winter die Zeit nach dem Erlaß Himmlers vom Oktober 1939. Ein kritischer Artikel Diehls, in dem sie zwar die Institution der Familie verteidigte – sich aber um so antisemitischer gab – führte zum Verbot des *Neulandblatts* und setzte den Aktivitäten der NLB ein Ende. Dieser Himmler-Erlaß markiert für Frau Winter die Trennlinie zwischen einem angeblich guten und einem schlechten NS und bietet die Möglichkeit, Diehl als Widerstandskämpferin und die NLB als Widerstandsbewegung darzustellen. Statt ihre eigene Kritik am NS zu artikulieren, liest Winter die entsprechende Passage aus Diehls Autobiographie vor, kommentiert sie und schließt sich so implizit Diehls Ausführungen an. Indem sie Diehl ihre eigene Kritik am NS formulieren läßt, erscheint ihr Verhältnis zum NS als ein durch die NLB vermitteltes. Der Rückgriff auf die Biographie einer anderen Person läßt einen Mangel an eigener Biographie vermuten. Der Rekurs auf Diehl stützt die Hypothese, daß Frau Winter sich bemüht, die offizielle von Diehl verkörperte Version der Neuland-Geschichte zu vermitteln. Diehls Autobiographie wird als zeitlose, kanonische Schrift behandelt, die über jede kritische Diskussion des NS erhaben ist. Von außen betrachtet, bedeutete der Himmler-Erlaß keine Wende in der nationalsozialistischen Frauen- und Familienpolitik, vielmehr standen sich in der NSDAP von Beginn an eine männerbündische und eine familienorientierte Fraktion gegenüber.[37] Zur letzteren zählten u. a. Wilhelm Frick und Joseph Goebbels, zur ersteren Alfred Rosenberg und Heinrich Himmler. Bei Kriegsbeginn trat die von Himmler vertretene männerbündische Linie stärker in den Vordergrund. Mit dem Himmler-Erlaß wurde zwar der vermeintliche familienpolitische Konsens von NLB und NS in Frage gestellt, was aber nichts an der prinzipiellen Loyalität der NLB gegenüber dem nationalsozialistischen Regime änderte.

Wenngleich Frau Winter ein unkritisches, distanzloses Verhältnis zum NS zur Schau stellt, weiß sie, daß dieser heute diskreditiert ist und ihr eigenes Engagement für den NS der Legitimation bedarf. Auf die Aufforderung hin, mehr über die Zeit des NS zu erzählen, stellt sie diesen als Reaktion auf die Aktivitäten der Linken dar:

Das ist der Grund, warum das deutsche Volk mitgetan hat. Und es sind viele Menschen dabei gewesen, die das also so empfunden haben als eine Erlösung von der ganzen roten Sache. Denn was wir in Halle erlebt haben, wie sie die Menschen damals von den Dächern runter geschossen haben, also ehemalige Offiziere, die zurückkamen aus dem Feld und so weiter und in unserer Saale ertränkt haben und tot geschlagen, *was wir erlebt haben allein in Halle an rotem Terror damals* [betont], das hat uns wirklich […].

Mit der Bezeichnung »Erlösung« – an anderer Stelle redet sie von der Erfüllung eines »Traums« – bekommt die NSB eine religiöse Weihe. Sie wird in Frau Winters Darstellung zu einer von Gott gesandten Bewegung zur Erlösung von den ›bösen‹ Linken. Die heutige Diskreditierung des NS führt sie auf das ›falsche‹ Geschichtsbild der jüngeren Generationen, zu der sie auch die Verfasserin zählt, zurück. Demgegenüber sieht sie sich selbst als Wissende: »Sehen Sie, Ihr wißt ja das alles gar nicht, was da alles gewesen ist, und wie wir damals. Das ist der Grund, und immer heißt es also, das ist alles vergiftet worden. Nein! Das war's nicht, aber es ist nachher durch Himmler und so weiter ist dann alles anders gemacht worden.« Nach ihrem eigenen Erleben befragt, versucht sie, sich in ihrer Argumentation immer wieder abzusichern, indem sie betont, daß sie nicht anders gehandelt habe als das »deutsche Volk«. Vergeblich bemüht sie sich, den Namen des Anführers des angeblichen »roten Terrors« zu erinnern – es handelt sich um Ernst Thälmann.

In Halle gründete die *Kommunistische Partei Deutschlands* als Reaktion auf den dort von rechten Wehrverbänden abgehaltenen »deutschen Tag« im Juli 1924 einen eigenen Kampfverband, den *Roten Frontkämpferbund*, dessen Vorsitz Thälmann, Leiter des Zentralkomitees der *Kommunistischen Partei*, 1925 übernahm.[38] Die Straßenkämpfe, die Frau Winter in dem Interview mehrfach schildert, waren wahrscheinlich Zusammenstöße zwischen rechten Wehrverbänden und dem *Roten Frontkämpferbund* beziehungsweise zwischen letzterem und der Polizei wie im Vorfeld der Reichspräsidentenwahlen 1925. Eigenartigerweise führt Winter als Beispiel für besagten »roten Terror« den Einzug der »Brigade Erhardt« in Halle an. Diese war maßgeblich am Kapp-Putsch beteiligt, ist also der politischen Rechten zuzuordnen.[39] Entweder verwechselt Frau Winter die Brigade Erhardt mit einer Brigade Thälmann, die durch Halle marschiert sein könnte, oder zum »deutschen Tag« ist zum Gedenken an den Kapp-Putsch tatsächlich eine Brigade Erhardt aufmarschiert, die dann jedoch dem rechten Terror zuzurechnen wäre.[40]

Die Berichte über die Schießereien zeigen, daß sich Frau Winter nicht persönlich beziehungsweise besonders als Frau bedroht sah. So bemerkt sie im Zusammenhang mit den Gewalttätigkeiten: »Aber es war für die Frauen doch alles gar kein Problem.« Das bedeutet, sie teilte lediglich die allgemeine Angst der bürgerlichen Schichten vor einer Revolution.

Nachkriegszeit

Das Ende des Zweiten Weltkriegs erlebte Frau Winter nicht als Befreiung, sondern als persönliche Katastrophe, denn sie wurde im Rahmen der in der sowjetischen Besatzungszone durchgeführten Entnazifizierungsmaßnahmen als Leiterin der Volksbibliothek unehrenhaft entlassen: »Und da habe ich dann die Diplomprüfung durchgemacht und war dann nachher in Halle tätig, bis ich nachher dann da herausgeschmissen wur-

de.« Das Entscheidende ihrer bis dahin immerhin 15jährigen Berufstätigkeit als Bibliothekarin sieht sie in ihrer Entlassung. Die bis heute spürbare Wut hierüber verwundert,
da sie keineswegs lange arbeitslos war oder den Beruf wechseln mußte. Zunächst versuchte Frau Winter, die Buchhandlung ihres Vaters wieder aufzubauen. Er mußte in
den 40er Jahren seine Räume in der Universität der Partei zur Verfügung stellen und
wird so auch zu den Opfern des NS gezählt. Darüber hinaus fand sie bald eine Stelle als
Aushilfskraft in der Universitätsbibliothek Halle, in der sie bis 1956 arbeitete. Dort
wurde sie – wenngleich sie sich selbst für hochqualifiziert hält – aufgrund ihrer volks-
bibliothekarischen Ausbildung »minder bezahlt«, so daß sie sich wieder – wie schon ihr
ganzes Leben – als ›zu kurz gekommen‹ fühlte. Ihre Entscheidung, in relativ fortge-
schrittenem Alter von Halle nach Kassel überzusiedeln, sie arbeitete dort bis zu ihrer
Pensionierung in der Staatsbibliothek, begründet sie selbst nicht weiter. Wahrscheinlich
ist, daß sie in der DDR ihre während des NS begonnene berufliche Karriere aufgrund
ihrer Verstrickung in den NS nicht fortsetzen konnte und sich vor der Alternative sah,
entweder den Rest ihrer Berufslaufbahn vermeintlich unterbezahlt zu arbeiten oder aber
in den Westen zu gehen. 1956 starb möglicherweise der letzte noch lebende Elternteil,
mit dem sie zusammenlebte, so daß sie sich nun frei fühlte, Halle zu verlassen. In Kassel
angekommen, nahm sie sofort Kontakt zum dortigen Neulandkreis auf:

> Und dann, wie ich dann nachher hier nach Kassel gekommen bin von Halle aus,
> dann habe ich mich dann hier bei den Kasseler Neuländerinnen gemeldet und bin
> dann nachher, nachdem die naja die Leiterin sehr krank war, habe ich die Leitung
> des Kasseler Neulandkreises durchgeführt.

Ihre Ausdrucksweise legt nahe, daß es nicht so sehr ihr eigener Wunsch war, sich diesem
Neulandkreis anzuschließen, sondern daß es sich um eine Art ›höheren Auftrag‹ handelte. Mit der Formulierung »dann habe ich die Leitung des Kasseler Neulandkreises
durchgeführt« stellt sie sich selbst nicht als Individuum, sondern als Funktionsträgerin
der NLB, die den Willen Diehls exekutiert, dar.

Verlust der Biographie und Identifikation mit Guida Diehl

Die erste Frage, die – laut Rosenthal – an einen Interviewtext gestellt werden sollte, ist
die nach den »Selektionsmechanismen, die die Auswahl der erzählten Geschichten steu-
ern«.[41] Diese wiederum hängen von der biographischen Gesamtsicht[42] der Person ab,
die sich aus ihrer lebensgeschichtlichen Erzählung ergibt. Frau Winter erweist sich in
dem Interview als unfähig, eine biographische Großerzählung zu konstruieren. Rosenthal diskutiert vier Voraussetzungen für die Ausgestaltung einer lebensgeschichtlichen
Erzählung, von denen zwei für Frau Winter relevant sein könnten. Gegeben sein muß
»eine erlebte Lebensgeschichte mit einem gewissen Ausmaß an biographischen Hand-
lungsspielräumen und Wechseln in der Lebensführung«.[43] Als Beispiel für das Fehlen
solcher Handlungsspielräume nennt sie, in Anlehnung an Erwin Goffmann, »totale Institutionen« wie Klöster, Gefängnisse und psychiatrische Kliniken, die die Bewegungs-

und Handlungsfreiheit ihrer Mitglieder erheblich einschränken. Ihr Leben ist überwiegend fremdbestimmt, sie haben wenig »aktiven Anteil an der Planung und Gestaltung ihrer Zukunft«.[44] In diesem Sinn kann die NLB nicht als totale Institution bezeichnet werden, denn ihre Mitglieder wurden nicht im Neulandhaus kaserniert und so in ihrer Handlungsfreiheit beschnitten. Nichtsdestoweniger forderte die NLB die Ausrichtung des gesamten Lebens auf ihre Programmatik und die begeisterte Unterordnung unter die Pläne Diehls. Die NLB bot dafür Aufnahme in die Gemeinschaft und Sinngebung. Frau Winter büßte, äußerlich betrachtet, durch ihren Anschluß an die NLB ihre Handlungsfreiheit nicht ein, stellte jedoch ihr Leben in einem Akt freiwilliger ideologischer Unterwerfung in den Dienst der NLB. Sie sieht sich selbst nicht als Person, die neben der NLB anderen Gruppen und Vereinen angehörte und dort ihre Interessen verfolgte, sondern als Neuland-Anhängerin, das heißt als Mitglied des Kollektivs NLB. Angesichts des für sie heute noch gültigen Neuland-Programms erscheint ihr ihre eigene Biographie irrelevant. Sie versteht sich heute wie früher als Repräsentantin der Neuland-Ideen, die ihrer Meinung nach für die Nachwelt festgehalten werden sollen. So betrachtet, erscheint es sinnvoll, möglichst viel vorzulesen und immer wieder auf die Neuland-Schriften zu verweisen, um eine Art offizielles Bild der NLB zu vermitteln. Der permanente Rekurs auf Schriften Diehls, besonders auf ihre Autobiographie, sowie ihre Handlungen und Meinungen sprechen für eine starke Identifikation Frau Winters mit Diehl. Statt ihre eigene Biographie zu präsentieren, liest sie die ihrer »Führerin« vor und versucht so, an deren zweifelhaftem Ruhm zu partizipieren. Das Verhältnis der NLB zu Diehl und damit auch ihr eigenes stellt sie als eins der absoluten Übereinstimmung dar, so daß das, was Diehl sagte, für sie gleichzeitig die Meinung der NLB und auch ihre eigene war. So kommentiert Frau Winter Diehls Ablehnung des besagten Himmler-Erlasses: »Da sind wir alle auch der Meinung gewesen.« Dieser Konsens, soweit er real war, wurde hergestellt, indem ›Dissidentinnen‹ austraten: »Und es haben sich allerhand Menschen auch wieder gelöst von Neuland, das ist schon richtig.« Zudem spricht diese Bemerkung für die These, daß es angesichts der Annäherung der NLB an den NS zu einer Polarisierung innerhalb der NLB kam.

Im Gegensatz zu den oben angeführten totalen Institutionen bemühte sich die NLB, die innere Handlungsfreiheit ihrer Mitglieder zu reglementieren, indem Anspruch auf die gesamte Person erhoben und versucht wurde, Deutungsmuster zu institutionalisieren, die jeden Entscheidungsspielraum auf die Alternativen Rettung oder Untergang reduzierten. Anders als die Insassen eines Gefängnisses waren die Anhängerinnen der NLB zumindest theoretisch jeder Zeit frei, ihre Institution zu verlassen. Inwieweit Frau Winter Ende der 20er Jahre tatsächlich frei war, der NLB den Rücken zu kehren, sei dahingestellt. Interessant zu erfahren wäre, ob Frau Winter in der Lage ist, über die Zeit vor ihrem Beitritt zur NLB zu erzählen.[45] Zu diesem Zweck hätte die Ausgangsfrage jedoch allgemeiner formuliert werden müssen.

Außerdem erfordert die Ausgestaltung einer lebensgeschichtlichen Erzählung laut Rosenthal »die Kongruenz von erlebter Lebensgeschichte und biographischer Gesamtevaluation«,[46] das bedeutet, die erlebte Geschichte muß sich in der gewünschten Präsentation darbieten lassen, beide dürfen nicht zu weit auseinanderklaffen. Probleme, ihre

Lebensgeschichte zu erzählen, haben oft Personen, deren »Vergangenheit oder Gegenwart sozial nicht anerkannt oder für sie selbst problematisch ist«.[47] Frau Winter signalisiert bereits vor Beginn des Interviews, daß sie sich freut, daß sich endlich jemand für die NLB interessiert, und hofft, daß die Geschichte der Vereinigung, die für sie so wichtig war und ist, aufgeschrieben wird. So ist zu vermuten, daß sie beabsichtigt, die NLB und ihre »Führerin« möglichst positiv darzustellen und die große Bedeutung der NLB für ihr Leben herauszustellen. Tatsächlich ist aber die Geschichte der NLB, wie ihre eigene Biographie, stark mit dem NS verwoben, der heute diskreditiert ist. Sie steht vor dem Problem, die Erfolgsgeschichte der NLB präsentieren zu wollen, ohne die NLB durch eine Verstrickung in den NS zu diskreditieren. Weder ihre eigene Geschichte noch die der NLB läßt sich jedoch ohne Rekurs auf den NS erzählen.

Die NS-Problematik erklärt, warum Winter zum NS noch weniger erzählt als zu anderen Zeitabschnitten, nicht aber, warum sie insgesamt kaum erzählt.[48] Da sie der NLB bereits 1919 beigetreten ist, hätte sie zumindest ausführlich Geschichten aus der Anfangsphase der Weimarer Republik erzählen oder etwa verstärkt auf die Zeit nach 1945 eingehen können. Offenbar wirken bei Frau Winter das Fehlen einer eigenen Biographie als Mitglied des Kollektivs NLB und eine problematisch gewordene Vergangenheit zusammen. Einerseits steht sie ihrem eigenen Leben konzeptlos gegenüber und besitzt keine Kriterien dafür, welche Geschichten beziehungsweise Erlebnisse dazugehören und welche nicht, andererseits sind die Geschichten, die sie gerne erzählen würde, wegen ihres Inhalts problematisch.

VERGLEICH DER BIOGRAPHIEN

Sowohl Frau Dorn als auch Frau Winter haben Probleme, Geschichten zu erzählen, und neigen stattdessen zu Berichten und Argumentationen. Frau Dorn gelingt es dennoch, eine biographische Großerzählung zu konstruieren und ihr Leben unter ein Thema, »wie ich durch die NLB zum Glauben kam«, zu stellen. Dieses schafft Frau Winter nicht. Sie verfügt über keine eigene Biographie (als soziales Konstrukt), sondern geht ganz im Kollektiv NLB auf und versteht sich als deren Funktionsträgerin und Repräsentantin. Beide Frauen identifizieren sich in hohem Maß mit den Zielen der NLB und geben infolge ihres Beitritts zur NLB die Verantwortung für ihr Leben ab. Ganz in der Logik der von Scholder beschriebenen politischen Theologie beschränkt sich Frau Dorn darauf, die Welt nach Zeichen Gottes zu befragen, an denen sie ihr Handeln orientiert – gemäß der politischen Theologie manifestiert sich Gott in der Geschichte. Frau Winter hingegen gliedert sich völlig in das Kollektiv NLB ein, bemüht sich, eine gute »Neuländerin« zu sein und ihr Leben lang im Sinn von »Führerin« und NLB zu handeln. So glaubt sie noch heute, für die NLB die »Verbindung« zum *Deutschen Verband Frau und Kultur*, der Nachfolgeorganisation der »Frauenkultur«, »durchführen« zu müssen, kann dieser Aufgabe aber aufgrund ihres Alters nicht mehr gerecht werden.

Obwohl die NLB für beide Frauen von zentraler lebensgeschichtlicher Bedeutung ist, besitzt Frau Dorn etwas mehr Distanz zu derselben und zu Diehl. Das könnte an ihrem etwas höheren Beitrittsalter liegen, sie war bereits 21 Jahre alt, als sie sich der NLB anschloß, während Winter erst 19 Jahre zählte, oder auch daran, daß sie keine Funktion ausübte, also nicht so stark eingebunden war. Darüber hinaus lockerten Frau Dorns Heirat und Mutterschaft ihre Beziehung zur NLB zumindest etwas, während Frau Winter ledig blieb und ihr Leben so diesbezüglich bruchlos verläuft. Während Frau Dorn in der NLB und in Diehl die Instanzen sieht, die sie zum Glauben gebracht haben, ist die Gemeinschaft der NLB für Frau Winter Selbstzweck. Der religiöse Charakter der NLB war und ist, die heutige und damalige Perspektive unterscheiden sich für Frau Winter kaum, von nebensächlicher Bedeutung. Für sie steht die NLB als Frauenbewegung, die unverheirateten Frauen Gemeinschaft bot, auf ideologischer Ebene ihr eheloses Leben legitimierte und dieses als vollwertig anerkannte, im Vordergrund. Beide Lebensgeschichten werfen ein ganz anderes Licht auf die NLB und stehen für unterschiedliche Zugänge zu ihr, treffen sich aber in der Ablehnung der »Weimarer Kultur«.

Wenngleich beide Frauen sich der NLB zu unterschiedlichen Zeitpunkten, 1919 und 1931, zugewendet haben, befanden sie sich in einer ähnlich gelagerten biographischen Krise, die nicht nur persönlich bedingt, sondern auch jeweils Ausdruck der widersprüchlichen Lebensbedingungen bürgerlicher Frauen jener Zeit war. Sowohl Frau Dorn als auch Frau Winter verfolgten zunächst auf Ehe und Familie ausgerichtete traditionelle Lebensentwürfe. Während Frau Dorns Pläne durch die Weltwirtschaftskrise und den Bankrott des väterlichen Betriebs gefährdet erschienen, sah Frau Winter – wie viele ihrer Altersgenossinnen – ihre Heiratschancen infolge des Ersten Weltkriegs schwinden. Beide Frauen sahen sich mit der Möglichkeit eines unfreiwillig ehelosen Lebens konfrontiert. Die Gefährdung ihrer Heiratschancen stellte für beide nicht nur und nicht in erster Linie ein emotionales Problem dar, sondern implizierte meines Erachtens auch Angst vor sozialem Abstieg. In einer Gesellschaft, in der Frauen und Männer nicht über die gleichen Chancen verfügen, ihre Existenz selbständig zu bestreiten, sondern für Frauen der sicherste Weg über eine standesgemäße Heirat führt, muß eine Beeinträchtigung der Heiratschancen Angst vor dem eigenen Statusverlust bewirken. Die Angst vor sozialem Abstieg stellt ein zentrales Motiv für die Hinwendung von Angehörigen der Mittelklasse zum NS dar.[49]

Beide Frauen waren überzeugte Nationalsozialistinnen. Während Frau Dorn sich der NLB als einer pronationalsozialistischen Vereinigung anschloß, sich mit der Entscheidung für die NLB also gleichzeitig für eine Unterstützung des NS entschied, erfolgte bei Frau Winter die Hinwendung zur NLB und zum NS zeitlich unabhängig voneinander. Ihre Unterstützung des NS erscheint aber durch die NLB vermittelt und daher nicht bedingungslos, denn nach Diehls Kritik am sogenannten Himmler-Erlaß folgten beide ihrer »Führerin« und gingen zumindest partiell auf Distanz zum NS-Regime. Beide Frauen kommen aus nationalsozialistisch orientierten Familien, so daß der familiäre Einfluß mit dem der NLB zusammenwirkte. Heute verbindet beide Frauen ein unkritisches, wenig reflektiertes Verhältnis zu ihrer eigenen Kooperation und zur Kooperation der NLB mit dem NS. Dieses mag sich zum einen in dem von Diehl nach 1945 vorgegebenen Argumentationsmuster begründen – sie stellt die NLB als die vermeintlich richtige nationalsozialistische Bewegung dar, die von den Nazis verkannt und verfolgt wurde –, zum anderen lieferte die nationalsozialistische Politik mit der »Eingliederung« Jungneulands in die *Hitlerjugend*, der erzwungenen Selbstbeschränkung der NLB auf die Religion und dem Verbot des *Neulandblatts* selbst Anhaltspunkte zu einer kollektiven Selbstdarstellung als verfolgter Verband.

Zeitgeschichtlich betrachtet, spiegeln sich in Frau Winters Biographie vor allem der Erste Weltkrieg und seine Konsequenzen sowie die widersprüchliche Lage von Frauen aus konservativen bürgerlichen Kreisen zu jener Zeit und ihr Wunsch nach sozialer Integration. Für Frau Winter bedurfte weibliche Berufstätigkeit, anders als für die zehn Jahre jüngere Frau Dorn, noch der Legitimation. Frau Dorn hat weder den Ersten Weltkrieg bewußt miterlebt, noch wurde ihr Denken durch das Kriegserlebnis geprägt, und sie bringt ihre Hinwendung zum NS nicht mit diesem in Zusammenhang. In ihrer Biographie spiegelt sich zum einen die ökonomische Krise des Bürgertums, zum anderen, ähnlich wie in Frau Winters Fall, die widersprüchliche Lage konservativ denkender bürgerlicher Frauen, die die traditionelle Geschlechterordnung sowohl durch Wirtschaftskrisen, also den ökonomischen Abstieg der eigenen Klasse, als auch durch die angeblich die sittliche Ordnung auflösende »Weimarer Kultur« gefährdet sahen.

SCHLUSSBETRACHTUNG:
DIE NEULANDBEWEGUNG ALS SPIEGEL
DER ZEITGESCHICHTE

Am Ende der Arbeit soll aufgezeigt werden, was die Untersuchung der NLB an Erkenntnissen über das Bildungsbürgertum, die evangelische und bürgerliche Frauenbewegung und die Genese und Wirksamkeit der nationalsozialistischen Ideologie und Politik liefert. Zunächst rekapituliere ich die Fragestellungen und fasse die Ergebnisse der Arbeit kurz zusammen. Ausgehend davon, daß die NLB sich im Gegensatz zu anderen evangelischen Frauenverbänden bereits lange vor der Machtergreifung für die Nationalsozialisten engagiert, ging es darum, Programmatik, Organisationsstruktur, Selbstverständnis und die politische Orientierung der NLB vor ihrer Hinwendung zum NS zu untersuchen, um anschließend sowohl den Hinwendungsprozeß in seiner Chronologie zu rekonstruieren und nach seinen Ursachen zu fragen als auch die Formen der Kooperation mit den Nationalsozialisten zu untersuchen.

Die NLB entsteht während des Ersten Weltkriegs durch die Initiative Guida Diehls, Lehrerin und langjährige Vorsitzende der Frankfurter Ortsgruppe des *Deutsch-Evangelischen Frauenbundes*, in Abspaltung vom *Evangelischen Verband* als eine evangelisch-völkische Jugendbewegung. Während der *Nationale Frauendienst* die »Heimatfront« durch praktische Hilfstätigkeiten stützt, steht für die NLB die geistige Mobilisierung der Frauen, speziell der »gebildeten weiblichen Jugend«, für den Krieg im Vordergrund. Die NLB rekrutiert ihre Anhängerinnen ebenso wie die bürgerliche Jugendbewegung sowie die evangelische und interkonfessionelle Frauenbewegung aus dem »alten Mittelstand«, vor allem dem Bildungsbürgertum. Wenngleich die NLB in ihrer Entstehung unmittelbar mit dem Ersten Weltkrieg verknüpft ist, löst sie sich bei Kriegsende nicht auf, sondern gibt sich ein Programm, in dem eine religiöse, »innere Erneuerung« mit nationalem Wiederaufstieg verknüpft und zur Sache der Frauen erklärt wird. Mit diesem Programm stellt sich die NLB als eine protestantisch-völkische Bewegung junger Frauen dar, die sich in ihren Aktivitäten zunächst eher an der Jugendbewegung als an der Frauenbewegung orientiert. Die Stellung zwischen Jugendbewegung und Frauenbewegung spiegelt sich auch in der Organisationsstruktur, die eine Mischung aus bündisch-autoritärer und demokratischer Verfassung darstellt. Die einzelnen Segmente der NLB sind als konzentrische Kreise aufeinander bezogen, so daß der Verband insgesamt die Struktur einer totalitären Bewegung im Sinne Hannah Arendts aufweist. Organisatorisch ist die NLB in der Weimarer Republik sowohl der VEFD angeschlossen, also in der evangelischen Frauenbewegung verankert, als auch Mitglied im *Reichsausschuß deutscher Jugendverbände*. 1928 faßt Diehl die frauen- und gesellschaftspolitischen Forderungen der NLB in der Programmschrift »Deutscher Frauenwille« zusammen und stellt die NLB in die Tradition der bürgerlichen Frauenbewegung. Der »Deutsche Frauenwille« ruft sowohl in der bürgerlichen als auch in der evangelischen Frauenbewegung heftige Kritik hervor und muß als Vorläufer von Diehls programmatischer Schrift für die *NS-Frauenschaft* »Die Deutsche Frau und der Nationalsozialismus« gelten.

Die deutsche Niederlage im Ersten Weltkrieg, die Revolution und der Versailler Vertrag erschüttern das bürgerlich-protestantische Weltbild der Neuland-Anhängerinnen und ihrer »Führerin« zutiefst. Sie lehnen die Weimarer Republik kompromißlos ab – anders als die evangelische Kirche und die evangelische Frauenbewegung, die sich mit der Demokratie arrangieren, ohne sie jedoch aus demokratischer Überzeugung zu unterstützen. Der Versailler Vertrag und seine Nachfolgevereinbarungen, die thematischen Schwerpunkte der antidemokratischen Rechten, dienen immer wieder der politischen Mobilisierung gegen die Weimarer Republik. Bereits ab Mitte der 20er Jahre nähert sich die NLB der völkischen Bewegung. Mit der Gründung des *Deutschen Frauenkampfbundes* arbeitet Diehl auf ein Bündnis von Konservativen, darunter auch Teilen des BDF, Völkischen und dem Protestantismus hin, dessen antidemokratische Stoßrichtung außer Frage steht. Die NLB rezipiert bereits vor ihrer Annäherung an die NSDAP 1930 im religiösen Bereich rassistische und antisemitische Vorstellungen. Ausgelöst wird der Hinwendungsprozeß zum NS durch das Referendum der »nationalen Opposition« gegen den Young-Plan. Durch die antiliberale und antisemitische Kulturpolitik Wilhelm Fricks als Thüringer Volksbildungs- und Innenminister wird die NLB in ihrem politischen Kurs bestärkt. Außerdem hofft Diehl als Kulturreferentin in der Reichsfrauenleitung der NSDAP, das frauen- und gesellschaftspolitische Programm der NLB durchsetzen zu können, die NLB zur Parteiorganisation der NSDAP zu machen und so gleichzeitig – angesichts rückläufiger Anhängerinnen-Zahlen – die Existenz der NLB als Verband zu sichern. Betrachtet man die Gründe und Motive für die Hinwendung zum NS, so wirken auf seiten der NLB nationale, volksmissionarische, frauenpolitische, schichtspezifische und verbandsinterne Interessen zusammen.

Die frühe Hinwendung zum NS und ihre vielfältige Werbung für diesen zahlt sich, machtpolitisch betrachtet, für die NLB nicht aus. Guida Diehl beeinflußt zwar als Kulturreferentin die Arbeit der *NS-Frauenschaft* in den ersten Jahren entscheidend, kann sich aber letztlich nicht mit ihren Vorstellungen durchsetzen und tritt Anfang 1933 von ihrer Position zurück. Die NLB kann – im Schutz des *Evangelischen Frauenwerks* – nach der nationalsozialistischen Machtergreifung zwar ihre Arbeit fortsetzen, erhält aber weder einen besonderen Status als Parteiorganisation, noch gelingt es ihr, durch die Annäherung an die NSDAP die eigene Krise zu überwinden. Die mangelnde Bereitschaft Diehls und ihrer Anhängerinnen, sich der *NS-Frauenschaft* unterzuordnen, führt zum Ausschluß der NLB aus der Mütterschulungsarbeit, zu deren Pionierinnen sie zweifelsohne gehört. Das Selbstverständnis der NLB als deutsch-christliche Bewegung – Diehl ist 1933 vorübergehend Frauenreferentin der *Glaubensbewegung Deutsche Christen* – führt zu Spannungen zum *Evangelischen Frauenwerk*, dessen Mitgliedsverbände überwiegend zur Bekennenden Kirche neigen. Nachdem die Nationalsozialisten sich an der Macht etabliert haben, wird die NLB für sie bedeutungslos. Wennleich die NLB auch weiterhin die nationalsozialistische Politik unterstützt, stellt sie aus der Perspektive der Nazis ebenso wie alle anderen noch bestehenden Verbände ein zu eliminierendes Hindernis auf dem Weg zur totalitären »Gleichschaltung« aller gesellschaftlichen Bereiche dar. Die Auswertung der Interviews zeigt, daß die befragten Anhängerinnen sich zu einem hohen Grad mit den

Inhalten der NLB identifizierten und daß die NLB das Leben der betreffenden Frauen nachhaltig geprägt hat.

Geht man davon aus, daß die Neuland-Anhängerinnen auch als Angehörige ihrer sozialen Schicht handeln, dann stellt sich die Frage, in wiefern sich in Programmatik und Politik der NLB die Krise des Bildungsbürgertums im Kaiserreich und in der Weimarer spiegelt. Die Anhängerinnen der NLB und ihre »Führerin« sind überwiegend bildungsbürgerlicher Herkunft und definieren sich als Bildungsbürgerinnen. Tatsächlich gehören viele von ihnen jedoch gar nicht zu dieser sozialen Schicht. Als Lehrerinnen und als in sozialen Berufen Tätige verfügen sie – abgesehen von den wenigen Studienrätinnen – über keine akademische Ausbildung, die gemeinhin als ›Eintrittskarte‹ gilt. Innerhalb des Bildungsbürgertums marginalisiert, vertreten sie meines Erachtens dessen Ideologie besonders vehement, um ihren Anspruch auf Zugehörigkeit geltend zu machen. Ihre unsichere Stellung in einer ohnehin von sozialem Abstieg bedrohten Schicht macht sie besonders empfänglich für den NS. Bestätigt wird diese Einschätzung durch das Engagement zahlreicher Neuland-Anhängerinnen im *Nationalsozialistischen Lehrerbund*.

Von der Statusangst der NLB und ihrer Anhängerinnen zeugen ihr elitäres Selbstverständnis als Vereinigung der »gebildeten weiblichen Jugend« und die zum Teil groteske Selbstüberschätzung. Beides ist laut Giesecke charakteristisch für die Bündische Jugend. Das Elitebewußtsein »erhöhte die, die sich tatsächlich erniedrigt und falsch oder schlecht plaziert fühlten«.[1] Der Zusammenschluß der Neuland-Anhängerinnen zu einem Bund stellt eine »Variation der allgemeinen Flucht der deutschen Mittelschichten in politische Illusionen« dar und ist verbunden mit der »Hoffnung, eine ›Volksgemeinschaft‹, in der jeder seinen ›Stand‹ hat, könne die notorische Statusunsicherheit dieser Mittelschichten beseitigen«.[2] Wenngleich Gieseckes Analyse sich auf die Bündische Jugend bezieht, ist zu bedenken, daß sich die evangelische und bürgerliche Frauenbewegung vorwiegend aus der gleichen Gesellschaftsschicht rekrutiert. Das bedeutet, daß die Rede von der »Volksgemeinschaft« in der evangelischen und bürgerlichen Frauenbewegung ebenfalls als Ausdruck der Krise der bürgerlichen Mittelschichten in der Weimarer Republik interpretiert werden kann. Mit der Unterstützung der NSDAP glauben große Teile des Bürgertums, ihre Klasseninteressen zu realisieren. Laut Mosse handelt es sich bei der »deutschen Revolution« der Nazis um eine »›ideale‹ bürgerliche Revolution«, die die Besitz- und Machtverhältnisse unangetastet läßt, aber nichtsdestoweniger eine grundlegende Gesellschaftsveränderung verspricht.[3]

Betrachtet man die Programmatik der NLB, so reflektiert sich darin der Konflikt zwischen einem im letzten Drittel des 19. Jahrhunderts an Bedeutung gewinnenden »neuen Mittelstand«, den Gewinnern der voranschreitenden Industrialisierung Deutschlands, und dem »alten Mittelstand«, zu dem auch das Bildungsbürgertum zählt. Er befindet sich ökonomisch in der Defensive und sieht seinen Führungsanspruch auf kulturellem Gebiet bedroht. Die von der NLB immer wieder propagierte Ablehnung des »Materialismus« richtet sich zum einen gegen die Arbeiterschaft, zum anderen aber auch gegen den »neuen Mittelstand«, deren vermeintlich materialistische Orientierung man zugunsten des Primats der Innerlichkeit und Gesinnungsethik ablehnt. Indem die

Anhängerinnen der NLB Innerlichkeit und Gesinnung zu den eigentlich relevanten Bereichen menschlicher Existenz erklären, versuchen sie, die kulturelle Hegemonie der eigenen Klasse gegenüber dem außenorientierten »neuen Mittelstand« zu verteidigen.

In der Innenorientierung der NLB äußert sich die unpolitische Haltung des deutschen Bürgertums, das sich zwar seine ökonomische Emanzipation erkämpft hat, aber im Kaiserreich von der politischen Herrschaft weitgehend ausgeschlossen bleibt, sowie die Konstruktion des Geschlechterverhältnisses in der bürgerlichen Gesellschaft, das die Frauen dem Innen, also der Privatsphäre, und die Männer dem Außen zuordnet. Auf programmatischer Ebene findet diese doppelte Innenorientierung ihren Ausdruck in der Vorstellung, durch eine innere geistig-moralische Erneuerung zum nationalen Wiederaufstieg zu gelangen. Zunächst scheint es sich hier um eine gänzlich unpolitische Vorstellung zu handeln, denn es werden zwei Sachverhalte zueinander in Beziehung gesetzt, die im bürgerlich-liberalen Denken unterschiedlichen Sphären zugeordnet sind. Die geistig-moralische Erneuerung fällt in das Gebiet der Religion und so der Privatsphäre, die Organisation des nationalen Wiederaufstiegs in das Gebiet der Politik und so in die öffentliche Sphäre. Gerade dieses scheinbar ›unpolitische‹ Politikkonzept ist – wie die NLB demonstriert – latent totalitär, denn es basiert auf einer Aufhebung der Trennung von öffentlichem Raum und Privatsphäre und führt zu einer totalen Politisierung der letzteren und so schließlich zu ihrer Zerstörung.

Die Forderung nach »innerer Erneuerung« erweist sich nicht nur angesichts der wirtschaftlichen, sozialen, ökonomischen und politischen Probleme der Weimarer Republik als unangemessene politische Strategie, sondern mit dem kulturellen Pluralismus der Weimarer Republik löst sich auch der Konsens über bürgerliche Werte wie Ehe, Familie, Religion und Nation auf. So läßt sich die Gründung des *Deutschen Frauenkampfbundes* bereits als Versuch deuten, der Auflösung traditioneller bürgerlicher Werte entgegenzuwirken und so den inneren Zerfall des Bildungsbürgertums, das diese Werte in hohem Maße verkörpert, aufzuhalten. Jarausch kommt zu dem Schluß, daß die Geschichte des Bildungsbürgertums in der Weimarer Republik in einer »mehrdimensionalen Endkrise«[4] ihren Abschluß findet, die das Bildungsbürgertum für den NS in besonderer Weise empfänglich macht. Die vorliegende Untersuchung zeigt, daß die NLB an der Krise des Bildungsbürgertums partizipiert. Diese stellt sich für die Anhängerinnen der NLB besonders dramatisch dar, da ihnen das Bildungsbürgertum als Trägerin der »christlichen Kultur« erscheint, deren Untergang mit der Auflösung der eigenen Klasse besiegelt wird.

Betrachtet man die NLB im Lichte von Protestantismus und evangelischer Frauenbewegung, so überrascht, daß die NLB sich bereits 1930 dem NS zuwendet, das heißt zu einem Zeitpunkt, zu dem die evangelischen Kirchenführer, wenngleich sie der Weimarer Demokratie mit einer ambivalenten Haltung gegenüberstehen, sich noch parteipolitisch neutral geben und der NS in der VEFD kein Diskussionsthema ist. Die offene Parteinahme der NLB für den NS lange vor der Machtergreifung zeugt zum einen davon, daß das Postulat parteipolitischer Neutralität im Protestantismus nicht Konsens ist, zum anderen, daß Teile des Verbandsprotestantismus weiter rechts stehen als die Kirchenführer. Es stellt sich die Frage, inwieweit die evangelische Kirche sich

Ende der 20er Jahre tatsächlich mit der Weimarer Demokratie versöhnt oder ob sie sich lediglich aus politisch-taktischen Gründen in ihrer Ablehnung mäßigt. In dem frühen und vehementen Engagement der NLB für den NS spiegelt sich die Ablehnung der Weimarer Demokratie durch große Teile der evangelischen Kirche, die die NLB als Laienbewegung – ohne politische Rücksichten nehmen zu müssen – zum Ausdruck bringen kann. So wird der Konflikt zwischen der Weimarer Demokratie und der evangelischen Kirche zunächst nicht im Zentrum, sondern an der Peripherie ausagiert.

Fragt man, warum die NLB sich dem NS zuwendet, so zeigt die vorliegende Untersuchung, daß sie mit großen Teilen des Protestantismus, so auch der evangelischen Frauenbewegung, die Hoffnung auf einen starken Mann, nationalen Wiederaufstieg, die Wiederherstellung einer konservativen christlichen Gesellschaftsordnung und einen Sieg über den Kommunismus teilt. Der Kenntnisstand der kirchengeschichtlichen Forschung über den NS wird dadurch bestätigt.[5] Zu ergänzen ist, daß die NLB das Christentum nicht nur durch den vermeintlichen Atheismus der Linken, sondern auch durch den an Boden gewinnenden bürgerlichen Atheismus sowie die sogenannte Deutschgläubigkeit bedroht sieht. Abweichend vom bisherigen Forschungsstand zeigt die Auseinandersetzung mit der NLB jedoch auch, daß ein Teil der evangelischen Frauenbewegung bereits lange vor der Machtergreifung rassistische und antisemitische Vorstellungen propagiert und auch an diesen Punkten seine Interessen mit denen der Nationalsozialisten verknüpft. Die Hinwendung der organisierten evangelischen Frauen zum NS kann weder generell als Selbsttäuschung über seinen wahren Charakter interpretiert werden – wozu vor allem in der älteren Literatur eine Neigung besteht[6] – noch kann an der Behauptung festgehalten werden, die evangelische Kirche habe sich lediglich passiv verhalten und durch ›Unterlassungssünden‹ schuldig gemacht. Letzteres klingt zum Beispiel im Stuttgarter Schuldbekenntnis der Evangelischen Kirche in Deutschland vom Oktober 1945 an, wenn es heißt, »[...] aber wir klagen uns an, daß wir nicht mutiger bekannt, nicht treuer gebetet, nicht fröhlicher geglaubt und nicht brennender geliebt haben«.[7] Während die Mehrheit der organisierten evangelischen Frauen – allen voran Magdalene von Tiling und Paula Mueller-Otfried – die Machtergreifung als ein Bündnis von Konservatismus und Nationalismus begrüßt, ohne jedoch – wie die NLB – den biologischen Rassismus und Antisemitismus als Kern nationalsozialistischer Ideologie und Politik zu erkennen und als solchen zu unterstützen, erwartet die NLB von den Nationalsozialisten nicht nur eine »nationale Erhebung«, wie andere evangelische Frauenverbände, sondern darüber hinaus eine rassistisch konzipierte »deutsche Wende«. Ob sich der Antisemitismus von Frauen aus der Anpassung an männliche Vorurteile ableitet, wie Margarete Mitscherlich behauptet,[8] oder eigenen Interessen entspringt, sei dahingestellt. Festzuhalten bleibt, daß die Anhängerinnen der NLB lange vor der Machtergreifung und sogar vor ihrer eigenen Hinwendung zur NSDAP lautstark rassistische und antisemitische Ideen propagieren.

Sucht man nach einer Erklärung dafür, daß sich die NLB vergleichsweise früh dem NS zuwendet und außergewöhnlich vehement für einen Sieg der NSDAP einsetzt, gilt es nach den Gemeinsamkeiten und Differenzen zu anderen evangelischen Frauenverbänden beziehungsweise der VEFD, die sich bis zur Machtergreifung politisch zurückhält, zu fragen. Im Unterschied zu den großen Mitgliedsverbänden der VEFD ist die Entstehung und Programmatik der NLB eng mit dem Ersten Weltkrieg verknüpft. Zunächst geht es der NLB um eine Mobilisierung der Frauen für den Krieg, dann um die Revision des Versailler Vertrags. Während letztere für die NLB den zentralen Programmpunkt darstellt, hinter den die frauenpolitischen und religiösen Forderungen zurücktreten, kommt diesem Postulat in anderen Verbänden nicht die gleiche Bedeutung zu. So besiegelt die Unterzeichnung des Versailler Vertrags die Abkehr der NLB von der Weimarer Republik, das Dawes-Abkommen führt zu einer Politisierung, die in die Gründung des *Deutschen Frauenkampfbundes* mündet, und das Volksbegehren gegen den Young-Plan führt die NLB schließlich an die Seite der NSDAP, wobei man im Gegensatz zu anderen evangelischen Frauenverbänden mit dem Beitritt zum *Ausschuß für das Volksbegehren* eine Spaltung des eigenen Verbandes in Kauf nimmt. Der sich hierin offenbarende hohe Stellenwert der Politik zeugt vom Primat des Ideologischen in der NLB – im Gegensatz zu anderen Frauenverbänden, die sich, wie beispielsweise der Kaiserswerther Verband, der caritativen Arbeit widmen und deren Mitglieder weniger politisch interessiert sind.

Betrachtet man die frauenpolitischen Forderungen und Konzepte der evangelischen Frauenbewegung im Kaiserreich sowie in der Weimarer Republik – die Arbeiten von Baumann und Kaufmann sind hier vor allem relevant –, so sind die programmatischen und politischen Differenzen zwischen der NLB und der VEFD vor der Hinwendung der NLB zum NS eher gradueller als prinzipieller Art. Das bedeutet, sie können nicht für das vergleichsweise frühe und vehemente Engagement der NLB für den NS verantwortlich gemacht werden. Die NLB geht jedoch über den von Doris Kaufmann konstatierten Illiberalismus der evangelischen Frauenbewegung hinaus, indem sie ihre Forderungen explizit in einen antidemokratischen, totalitären gesellschaftspolitischen Kontext stellt und eine individuelle Entscheidungsfreiheit negiert. Anders als die führenden Vertreterinnen der evangelischen Frauenbewegung will Diehl die für die bürgerliche Gesellschaft konstitutive Trennung von Privatsphäre und öffentlich-politischem Raum zugunsten einer totalitären Interpretation des Politischen – wie sie dem völkischen Denken eigen ist – aufgehoben wissen. In dieser Affinität der NLB zum völkischen Denken und zu den Ideen der Konservativen Revolution liegt meines Erachtens sowohl die entscheidende Differenz zwischen der VEFD und der NLB begründet als auch die Ursache für die frühe Hinwendung der NLB zum NS.

Die namhaften Persönlichkeiten der VEFD stehen stärker in der Tradition des alten Nationalismus als Guida Diehl und ihre Anhängerinnen. Das gilt sowohl für Magdalene von Tiling, die Jochen-Christoph Kaiser als »eine jener typischen altkonservativen Funktionärinnen kirchlicher Frauenarbeit«[9] bezeichnet, als auch für Paula Mueller-Otfried, deren Denken laut Silke Mehrwald »von den Ideen eines konservativen, kaisertreuen Nationalismus«[10] geprägt ist. Zugleich deutet bei beiden die permanente Rede von Volk und »Volksgemeinschaft« auf Affinitäten zum neuen Nationalismus beziehungsweise zur Konservativen Revolution hin. Magdalene von Tiling fühlt sich, wie Kaufmann herausstellt, in ihrem Denken Friedrich Gogarten, einem Vertreter der Konservativen Revolution, verpflichtet, an dessen ständestaatliches Gesellschaftskonzept sie mit ihren gesellschaftspolitischen Vorstellungen anknüpft.[11] Die NLB weist jedoch – anders als die VEFD – mit ihrer programmatischen Verquickung von nationalem Wiederaufstieg und religiöser Erneuerung, dem Selbstverständnis als »Kampfesgenossenschaft« und ihren permanenten Aufrufen zur »mutigen Tat« und zum »Kampf« schon zu Beginn der 20er Jahre wesentliche Kennzeichen völkischer Bewegungen auf. Gleichzeitig hält sie im Unterschied zur VEFD emphatisch an dem Anspruch, Bewegung zu sein und so auch ›in Bewegung‹ zu bleiben, fest. Die Annäherung der NLB an die völkische Bewegung ab Mitte der 20er Jahre führt zu einer Germanisierung des Christentums, die in den »Richtlinien für den deutschen Freiheitskampf« erstmals zum Ausdruck kommt. Magdalene von Tiling lehnt eine solche Germanisierung des Christentums trotz ihrer Sympathien für die Völkischen strikt ab. Die Annäherung an die völkische Bewegung führt in der NLB zudem zu einer Polarisierung und Radikalisierung des Denkens, die von den maßgeblichen Vertreterinnen der VEFD nicht geteilt wird, die der NLB aber mit der NSDAP gemeinsam ist. Die Bedeutung des völkischen Denkens und der Ideen der Konservativen Revolution für die evangelische Frauenbewegung insgesamt sowie für einzelne Frauenverbände ist noch unerforscht und bedarf der Aufarbeitung.

Völkisches Denken und die Ideen der Konservativen Revolution verstehen sich als Gegenmodell zu den bürgerlich-liberalen Ideen der Aufklärung. Stellt man die überwiegend antidemokratische Ausrichtung des deutschen Protestantismus in der Weimarer Republik in Rechnung, so gibt Ursula Baumann zu Recht zu bedenken, daß der Protestantismus im Vergleich zum Katholizismus zwar gemeinhin als fortschrittlich gilt, aber dennoch eine »innere Zwiespältigkeit« im Verhältnis zur gesellschaftlichen »Moderne« aufweist.[12] Diese Zwiespältigkeit spiegelt sich in der evangelischen Frauenbewegung insgesamt, indem sie die Forderungen der bürgerlichen Frauenbewegung übernimmt, aber deren liberale Prämissen ablehnt, kommt aber in der NLB vergleichsweise stärker zum Tragen. Die NLB verbindet in ihrem Programm eine radikale Kritik an den Ideen der Aufklärung – Humanismus und Individualismus werden für den infolge der Aufklärung einsetzenden Säkularisierungsprozeß verantwortlich gemacht, der aus der Perspektive der NLB im Untergang der »christlichen Kultur« zu enden droht – mit einer ›Modernisierung‹ des Protestantismus, in deren Rahmen die NLB einen Großteil der Forderungen und Konzepte der bürgerlichen Frauenbewegung übernimmt. In der programmatischen Synthese von Religion und Politik spiegelt sich das Verlangen nach Wiederherstellung einer infolge der Aufklärung verlorengegangenen Einheit, nach Aufhebung der Trennung beider Bereiche und Unterordnung der Politik unter die Religion. Diese Sehnsucht nach Einheit und umfassender Sinngebung zeigt sich auch in den Selbstzeugnissen der Neuland-Anhängerinnen über ihren Anschluß an die NLB im Ersten Weltkrieg und in den Interviews. Die NLB stellt die Autonomie des Politischen in Frage, demgegenüber strebt das NS-Regime zunächst eine Synthese von Politik und Religion unter umgekehrten Vorzeichen an, woraufhin die NLB notgedrungen zur Verteidigerin kirchlicher Autonomie wird.

Der Kirchenkampf zwingt auch die evangelische Frauenbewegung, kirchenpolitisch Position zu beziehen. Die NLB stellt sich – anders als die Mehrheit der organisierten evangelischen Frauen – explizit auf die Seite der Deutschen Christen, ja trägt selbst wesentlich zur Entwicklung ihrer rassistischen und antisemitischen Lehre bei. Nachdem die NLB zunächst staatliche Eingriffe in die kirchliche Autonomie duldet, teilt sie mit der Bekennenden Kirche schon bald die Forderung nach Unabhängigkeit der Kirche. Die Zwischenposition, die die NLB schließlich im Kirchenkampf einnimmt, verlangt nach einer stärker differenzierenden Sichtweise in der kirchengeschichtlichen Forschung. Wie die Untersuchung der NLB zeigt, geht die Forderung nach Unabhängigkeit der Kirche nicht notwendigerweise mit dem Schutz des christlichen Bekenntnisses einher, sondern kann sich – ganz im Gegenteil – mit dem Propagieren eines rassistischen und antisemitischen Glaubensbekenntnisses verbinden, was die generelle Frage aufwirft, inwieweit die Autonomieforderung im Protestantismus zu dieser Zeit vielleicht nur der Verbreitung eines eigenen ›gemäßigten‹ Rassismus und Antisemitismus dient. Motiviert ist die Rezeption von Rassismus und Antisemitismus in der NLB durch den Wunsch, die völkische Bewegung in eine imaginäre Volkskirche zu integrieren, um so dem voranschreitenden Säkularisierungsprozeß Einhalt zu gebieten und eine Rechristianisierung der Gesellschaft voranzutreiben. In der Strategie der NLB reflektiert sich der Versuch der evangelischen Kirche, durch eine ›Öffnung‹ des Bekenntnisses ›Abtrünnige‹ zurückzugewinnen – unter Verzicht auf die theologische Substanz. Einzufordern wäre an dieser Stelle eine weniger deskriptiv und stärker analytisch vorgehende kirchengeschichtliche Forschung, die sich nicht auf die Darstellung der aus heutiger Perspektive schwer nachvollziehbaren Forderungen und Programme der Deutschen Christen beschränkt, sondern auch deren gesellschaftliche Ursachen offenlegt.

In der Programmatik der NLB manifestiert sich nicht nur der Einfluß der völkischen Bewegung, sie steht auch – ebenso wie die evangelische Frauenbewegung insgesamt – in der Tradition des christlich-sozialen Flügels des Protestantismus, als deren Hauptvertreter Adolf Stoecker und Friedrich Naumann gelten. Beide sind um die Jahrhundertwende maßgeblich an der Entstehung der ersten evangelischen Frauenverbände beteiligt. In der Programmatik der NLB zeigt sich vor allem der Einfluß Adolf Stoeckers, des Mentors Guida Diehls, der in der Literatur aufgrund seiner Popularisierung des Antisemitismus häufig als Wegbereiter des NS dargestellt wird. Der Antisemitismus der NLB ist nicht mit dem Stoeckers identisch, verfolgt aber dasselbe Ziel: eine Rechristianisierung der Gesellschaft und die Schaffung einer Volkskirche, die alle Deutschen vereint. In der Verfolgung dieses Ziels verbündet sich Stoecker, nachdem seine Versuche, die Arbeiterschaft zu organisieren, gescheitert sind, mit radikalen Antisemiten, die NLB mit den Nationalsozialisten. Einerseits trägt Stoeckers Erbe zur Hinwendung der NLB zum NS bei, andererseits liefert es mit der Forderung nach Trennung von Staat und Kirche der NLB – und nicht nur ihr – Argumente gegen den Anspruch des totalitären Staates nach »Gleichschaltung« der Kirchen.

An der ›Karriere‹ Guida Diehls von der Gründerin der Frankfurter Ortsgruppe des *Deutsch-Evangelischen Frauenbundes* 1902 zur Kulturreferentin läßt sich aufzeigen, wie eine – im Kontext des *Deutsch-Evangelischen Frauenbundes* progressive – evangelische Frauenführerin zu einer überzeugten Nationalsozialistin wird. Fragt man nach den Gründen für diese Entwicklung, so rückt immer wieder der Erste Weltkrieg in den Blick. Im Ersten Weltkrieg wird Diehl zu einer fanatischen Nationalistin und rezipiert

Vorstellungen der Konservativen Revolution und der völkischen Bewegung. Wenngleich sie als Kulturreferentin die Konzepte der *NS-Frauenschaft* nachhaltig prägt, sind nationale Gründe – und nicht frauenpolitische Erwägungen – für ihre Hinwendung zum NS ausschlaggebend. Diese Erkenntnis wirft in Anbetracht der bürgerlichen Frauenbewegung die Frage auf, inwieweit die geringe Resistenz vieler der im BDF zusammengeschlossenen Frauenverbände gegenüber dem NS möglicherweise mit einer Rezeption der antidemokratischen Ideen des neuen Nationalismus in Zusammenhang steht.

Tatsächlich verpflichtet der BDF sich in der Weimarer Republik zu parteipolitischer Neutralität. Angesichts des Weimarer Parteienspektrums – im Reichstag stehen sich Demokraten und Gegner der Weimarer Demokratie unversöhnlich gegenüber – bedeutet das, daß sich der BDF nicht explizit auf den Boden der Weimarer Demokratie stellt und seine Emanzipationsforderungen nicht konzeptionell mit einer demokratischen Gesellschaftsordnung verknüpft, wenngleich Anfang der 20er Jahre mehrere BDF-Vorstandsmitglieder der zunächst linksliberalen *Deutschen Demokratischen Partei* angehören. So kann Bäumer nach der nationalsozialistischen Machtergreifung zu dem Schluß kommen, es sei für die Lage und Aufgabe der Frauenbewegung »im letzten Grunde vollkommen gleichgültig, wie der Staat beschaffen ist, in dem heute die Frage der Einordnung der Frauen besteht: ob es ein parlamentarischer, ein demokratischer, ein faschistischer Staat ist. Für jeden Aufbau wird sich die Frage nach den Formen der Mitgestaltung durch die Frauen ergeben«,[13] ohne gegen das BDF-Programm von 1919 zu verstoßen. Irene Stoehr bezeichnet Bäumers Äußerung als »eine[n] der schlimmsten Widerstände«, da sie die Nazis durch »Gleichgültigkeit« strafe,[14] klammert in ihrer Verteidigung der Politik der gemäßigten bürgerlichen Frauenbewegung und deren Festhalten am Anspruch auf parteipolitische Neutralität das Verhältnis dieser zur Weimarer Demokratie völlig aus. Sie bewertet das Neutralitätspostulat ausschließlich positiv als Entscheidung gegen eine bestimmte Männerpartei, ohne aber die in diesem Neutralitätsprinzip latente Trennung von Demokratie und Frauenemanzipation – für die die Programmatik der NLB steht – auch nur zu bedenken. Die Vereinnahmung vieler Forderungen der bürgerlichen Frauenbewegung durch die NLB sowie die *NS-Frauenschaft* verweist jedoch auf die Notwendigkeit, die Emanzipation der Frauen konzeptionell an demokratische Verhältnisse zu binden.

An der Entwicklung der Programmatik und Politik der NLB läßt sich exemplarisch die Bedeutung des Ersten Weltkriegs und des Versailler Vertrags für die Zerstörung der Weimarer Demokratie und für die nationalsozialistische Machtergreifung aufzeigen. In der programmatischen Entwicklung der NLB im Übergang vom Kaiserreich zur Weimarer Republik zeigt sich die politische Radikalisierung und Polarisierung zu Beginn der Weimarer Republik, in deren Verlauf die NLB bereits erste Elemente völkischen Denkens rezipiert. Der Versailler Vertrag und seine Nachfolgevereinbarungen werden von der NLB sowie der gesamten politischen Rechten für die wirtschaftliche und soziale Depression der Weimarer Republik verantwortlich gemacht und führen zu einer politischen Mobilisierung gegen die Weimarer Demokratie. Laut Broszat erweist sich der Erste Weltkrieg als der »entscheidende Umbruch der politischen Kultur, in Deutschland auch als der eigentliche Nährboden des Nationalsozialismus«.[15] Die NLB macht die Revision des Versailler Vertrags und den nationalen Wiederaufstieg Deutschlands zu ihrem zentralen Anliegen. Sie definiert dieses Ziel jedoch nicht nur als Kampf der Männer, sondern auch als Kampf der Frauen. Die Untersuchung der NLB zeigt, daß das »Kriegserlebnis« nicht nur für die am Krieg beteiligten Männer prägend ist, sondern ebenso für die Frauen, und nicht an die Kameradschaft im Schützengraben gebunden ist. Während viele Männer nach Kriegsende eine Rückkehr zur Normalität verweigern und sich Wehrverbänden anschließen, um dort weiter ›Krieg zu spielen‹, verfügen die Frauen zunächst nicht in gleichem Maße über entsprechende Organisationen, die zudem oft Ableger der Männerverbände sind wie der erst 1924 gegründete *Königin-Luise-Bund* als Zusammenschluß von mit dem *Stahlhelm-Bund* sympathisierenden Frauen. Die NLB läßt sich so auch als weibliches Äquivalent zu den infolge des Ersten Weltkriegs entstandenen männlichen Wehrverbänden sehen. Der äußeren Aufrüstung der Wehrverbände entspricht auf seiten der NLB eine innere Militarisierung, wie sie sich in der Selbstbezeichnung Kampfesgenossenschaft oder Stoßtrupp und auch im Aufruf zur »Angriffstat« zeigt.

Den Frauen eröffnen sich im Ersten Weltkrieg neue Betätigungsfelder und Erwerbsmöglichkeiten. Einen Beitrag zur Frauenemanzipation hat die kriegsbedingte soziale und ökonomische Integration von Frauen sowie ihre Politisierung mit Blick auf die NLB jedoch nicht geleistet. Selbst wenn die Neuland-Anhängerinnen den Aufrufen ihrer Führerin Folge leisten, sich in kriegsrelevanten Bereichen betätigen und sich so neue Handlungsfelder erschließen, bleiben alle Aktivitäten auf das »Volksganze« bezogen. Dieser Vorrang des kollektiven nationalen Interesses vor individuellen Emanzipationsansprüchen wird aus Kriegs- in Friedenszeiten übernommen und bildet das Kernstück des antidemokratischen neuen Nationalismus der NLB. Auch wenn die bürgerliche Frauenbewegung ihren Kriegseinsatz an die Einlösung ihrer Forderungen in Friedenszeiten bindet, stellt sich die Frage, inwieweit auch sie mit ihren Forderungen in der Weimarer Republik in eine Volksgemeinschaftsideologie eingebunden bleibt, die sowohl eine konsequente Durchsetzung frauenpolitischer Forderungen als auch eine klare Unterstützung der Weimarer Demokratie verhindert.

Zudem erweckt die von der NLB bereits im Ersten Weltkrieg propagierte totalitäre Politisierung des Privaten, das heißt traditionell weiblicher Tätigkeiten, den Anschein politischer und sozialer Partizipation, jedoch ohne die Veränderung der tatsächlichen Lebensbedingungen auch nur zu versprechen. Wie Leonie Wagner bemerkt, handelt es sich lediglich um eine »Neuinterpretation der Verhältnisse«.[16] Die Weimarer Republik bringt den Frauen zwar die staatsbürgerliche Gleichberechtigung, Frauen sind jedoch weder entsprechend ihrem Anteil an der Bevölkerung in politischen Entscheidungsgremien vertreten noch partizipieren sie gleichberechtigt und -bezahlt am Produktionsprozeß, geschweige denn, daß die Männer ihren Anteil an der Reproduktionsarbeit übernehmen. Vor diesem Hintergrund läßt sich der 1928 publizierte »Deutsche Frauenwille« auch als ein frauenpolitisches Resümee aus der Weimarer Republik lesen. Auf die Zersplitterung der Fraueninteressen auf parlamentarischer Ebene antwortet Diehl mit der Forderung nach Frauenkammern, der fortgesetzten ökonomischen und sozialen

Ausgrenzung vieler Frauen setzt sie die Forderung nach Stärkung und Ausbau einer weiblichen Sphäre entgegen etc.

Die Hinwendung der NLB zum NS ist ein Beispiel für die Instrumentalisierung von Geschichte für politische Zwecke. Die NLB repräsentiert eine Vereinigung, die einige Jahre vor der Machtergreifung ihre gesamte Geschichte verleugnet beziehungsweise neu interpretiert, um sich selbst als »erste deutsche Freiheitsbewegung« und »weibliche Parallelbewegung zum Nationalsozialismus« in den Dienst der NSDAP zu stellen – und zwar so überzeugend, daß selbst einige Historikerinnen diese Selbstdarstellung unhinterfragt übernehmen und die NLB als die erste pronationalsozialistische Frauengruppe darstellen. Der Kampf der Neuland-Anhängerinnen um ihr Selbstverständnis und die Definition der Geschichte der NLB wird zentral für das Verhältnis der NLB zum NS. Gegenüber der NSDAP geht es darum, die eigenen Ansprüche auf Teilhabe an der Macht zu begründen. In den verbandsinternen Diskussionsprozessen über die Hinwendung der NLB zum NS reklamiert jede Fraktion die Geschichte für sich und stellt die eigene Position als Ergebnis einer historischen Kontinuität dar. Deutlich wird in dieser Auseinandersetzung die Relevanz von Selbstdefinitionen und Geschichtsbildern für aktuelles politisches Handeln.

Fragt man, welche Nationalsozialisten für die NLB zunächst den NS verkörpern, so rücken neben Hitler, der unbestritten an erster Stelle steht, Wilhelm Frick, Hans Fabricius, Gregor Strasser und Hans Schemm in den Blick. Abgesehen von Hitler handelt es sich ausnahmslos um Akademiker, also Bildungsbürger, und so Angehörige derjenigen sozialen Schicht, mit der sich die Anhängerinnen der NLB selbst identifizieren. Der NS stellt sich auf diese Weise der NLB als politische Lehre der eigenen sozialen Schicht dar. Indem Frick zunächst als Thüringer Volksbildungs- und Innenminister seine rassistische und antisemitische Politik legal durchsetzt, entsteht der Eindruck, die Maßnahmen selbst seien rechtmäßig. Günter Neliba bezeichnet Frick als den »Legalisten im Unrechtsstaat« und deutet damit an, daß Frick den Eindruck vermittelt, daß die menschenverachtende Politik der Nazis – Frick zeichnet als Reichsinnenminister für die nationalsozialistischen Rassengesetze verantwortlich – rechtmäßig sei. Auf diese Weise macht Frick sie so für die Recht und Ordnung hochschätzenden bürgerlichen Mittelschichten, zu denen auch die Neuland-Anhängerinnen zählen, akzeptabel.

Außerdem gehören Frick, Schemm und Strasser – folgt man Szilvia Horváth in ihrer Differenzierung zwischen einer familienorientierten und einer männerbündischen Linie in der NSDAP – der familienorientierten Fraktion an.[17] Frick bestimmt in den ersten Jahren nach der Machtergreifung gemeinsam mit Goebbels die nationalsozialistische Familienpolitik maßgeblich. Mit Blick auf Frick ist die Hoffnung der NLB auf eine Politik, die den Schutz und die Förderung der Familie in ihr Zentrum stellt, berechtigt. Zudem versucht man nach der Machtergreifung, auf dem Gebiet der Mütterschulung mit Frick zu kooperieren. Diesem gelingt es jedoch nicht, die Zuständigkeit für die Frauenarbeit seinem Ressort einzuverleiben. Die NLB orientiert sich an NSDAP-Funktionären, die zur Zeit der Machtergreifung einflußreich sind, aber – sieht man von Frick ab – schnell an Bedeutung verlieren. Die genannten Personen übernehmen vermutlich nicht nur für die Anhängerinnen der NLB eine Art Vermittlungsfunktion. Zum einen bekleiden sie in der Weimarer Republik respektable Positionen und verkörpern bürgerliche Werte wie Recht, Ordnung und den Schutz der Familie, gleichzeitig stehen sie aber schon für den neuen nationalsozialistischen Staat.

Die Anhängerinnen der NLB entsprechen der typischen NSDAP-Wählerin, sie sind jung, protestantisch, kommen aus überwiegend ländlichen Gebieten und gehören zu den bürgerlichen Mittelschichten. In der Hinwendung der Neuland-Anhängerinnen zum NS spiegelt sich die Wirksamkeit der nationalsozialistischen Propaganda und Politik im Vorfeld der Machtergreifung: So macht der Parteiausschluß des Völkisch-Religiösen Arthur Dinter 1928 die NSDAP für Protestanten und Katholiken wählbar und stellt damit eine Voraussetzung für die Hinwendung der NLB zum NS dar. Hitler wird durch seine gemeinsame Agitation mit Hugenberg, Claß und Seldte gegen den Young-Plan auch der NLB bekannt – und kann schon bald auf die Unterstützung der NLB zählen. In der Hinwendung der NLB zum NS zeigt sich der Erfolg von Hitlers Werben um konservative Kreise, das sich auch in Wilhelm Fricks pseudo-konservativer rassistischer Kulturpolitik als Thüringer Innen- und Kultusminister manifestiert. Der NLB erscheint die NSDAP daraufhin als Retterin der vom Untergang bedrohten »christlichen Kultur«, und sie wird in dieser Auffassung durch den Artikel 24 des Parteiprogramms bestärkt. Die Hinwendung der Neuland-Anhängerinnen zum NS geht einher mit der Erosion des bürgerlich-protestantischen Lagers ab 1930.[18]

Die Untersuchung der NLB zeigt, daß auch Frauen sich nicht erst nach der nationalsozialistischen Machtergreifung notgedrungen mit dem NS arrangieren, sondern bereits lange zuvor kämpferisch für den politischen Sieg der NSDAP eingesetzt haben. Die Anhängerinnen der NLB handeln nicht unter Zwang, sondern – sofern sie sich nicht von der NLB distanzieren – aus freiem Willen, ja aus Begeisterung für den NS. Mit ihrem Engagement verfolgen sie nicht nur klassisch-konservative Ziele wie eine vermeintliche ›Wiederherstellung von Recht und Ordnung‹, sondern teilen auch, wie der Ruf nach einer »deutschen Wende« zeigt, den Rassismus und Antisemitismus der Nationalsozialisten. In dem vehementen Einsatz vieler Neuland-Anhängerinnen für den NS spiegelt sich vor allem der antidemokratische Nationalismus des deutschen Bürgertums, die Angst der bürgerlichen Mittelschichten vor sozialem Abstieg, das für Frauen nur unvollständig eingelöste Emanzipationsversprechen der Weimarer Demokratie und die Hoffnung großer Teile des Protestantismus auf eine Rechristianisierung der Gesellschaft.

VERZEICHNIS
DER BENUTZTEN ABKÜRZUNGEN

allgemein

BDF	Bund Deutscher Frauenvereine
DNVP	Deutschnationale Volkspartei
NLB	Neulandbewegung
NS	Nationalsozialismus/nationalsozialistisch
NSB	Nationalsozialistische Bewegung
NSDAP	Nationalsozialistische Deutsche Arbeiterpartei
SA	Sturmabteilung
VEFD	Vereinigung Evangelischer Frauenverbände Deutschlands

Zeitschriften

NLTT	Neulandblatt
NLD	Neuland
TF	Treufest

Archive

ADEF	Archiv des Deutsch-Evangelischen Frauenbundes
ADFB	Archiv der deutschen Frauenbewegung
ADJB	Archiv der deutschen Jugendbewegung
ADW	Archiv des Diakonischen Werks
DWV	Deutschen Waldenservereinigung
BARCH	Bundesarchiv
BAYHSTA	Bayerisches Hauptstaatsarchiv
EZA	Evangelisches Zentralarchiv
GSTAPK	Geheimes Staatsarchiv Preussischer Kulturbesitz
HLA	Helene-Lange-Archiv
IFZG	Institut für Zeitgeschichte
LEKT	Landeskirchenarchiv der Evangelisch-Lutherischen Kirche in Thüringen
LKAK	Landeskirchliches Archiv Karlsruhe
STAEI	Stadtarchiv Eisenach
IFST	Institut für Stadtgeschichte Frankfurt a. M.
THÜHSTA	Thüringisches Hauptstaatsarchiv Weimar

ANMERKUNGEN

EINLEITUNG

1   Guida Diehl: Neuland und Politik. In: TF 23/1930. S. 151. DWV. Hervorhebungen in den Quellen habe ich – aufgrund ihres inflationären Gebrauchs – beim Zitieren nicht berücksichtigt. Die Angehörigen der NLB bezeichne ich als (Neuland-) Anhängerinnen und nicht etwa als Neuländerinnen, was ihrem Selbstverständnis entspräche, um nicht die Innenperspektive des Verbandes ungebrochen zu reproduzieren. Zudem benutze ich ausschließlich die weibliche Form, wenngleich die NLB sich 1920 Männern öffnet, denn sie bleibt immer eine Bewegung von Frauen, der nur vereinzelt Männer, oft Pfarrer oder die Ehemänner der Anhängerinnen, angehören.

2   Richtlinien für den deutschen Freiheitskampf. In: NLTT 15. 13/1930. S. 139.

3   Wenn von evangelischer Frauenbewegung die Rede ist, sind die Mitgliedsverbände der *Vereinigung Evangelischer Frauenverbände Deutschlands* gemeint.

4   Zitiert in: Merton 1965. S. 144.

5   Vgl. Koonz 1984 u. 1988, Stephenson 1981, Thalmann 1987, Wittrock 1983.

6   Vgl. z. B. Kuhn u. Rothe 1982. S. 14.

7   Zur weiblichen Opferrolle vgl. z. B. Lück 1979, Mitscherlich 1985, Schüddekopf 1982, Szepanzky 1986, Thalmann 1987, Wiggershaus 1984.

8   Diese Erweiterung der Perspektive ist meines Erachtens Teil eines generellen Paradigmenwechsels in der Frauenforschung in den 80er Jahren. Frauen rücken seither nicht mehr ausschließlich als Opfer einer patriarchalisch strukturierten Gesellschaft ins Blickfeld, sondern es wird versucht, auch die eigenen Anteile der Frauen an deren Funktionieren offen zu legen und zu analysieren. Vgl. Haug 1980, Thürmer-Rohr 1987.

9   Kaufmann 1988. S. 15.

10 Zu nennen sind hier vor allem die Arbeiten von Jochen-Christoph Kaiser, Doris Kaufmann und Ursula Baumann.

11 Die Mitgliederzahl Neulands wird 1928 mit 4.650, die der *Christdeutschen Jugend*, ein Synonym für *Christdeutscher Bund*, mit 1.517 angegeben. Vgl. Stange 1929. S. 524.

12 Vgl. Priepke 1960. S. 21ff., Pross 1964. S. 284, Toboll 1974.

13 Vgl. z. B. Cordier 1925 u. 1926, Ehrenthal 1929, Frobenius 1929, Siemering 1931, Stange 1929, Vesper 1934.

14 Keine Erwähnung findet sie z. B. bei Paetel 1930, Stählin 1925.

15 Zur Jugendbewegung gerechnet wird die NLB von: Kindt 1974, Jantzen 1972, Kneip 1974. Keine Erwähnung findet die NLB beispielsweise in: Kater 1977, Laqueur 1978, Raabe 1961, Treziak 1986.

16 Betrachtet man die Arbeiten zur weiblichen Jugendbewegung, so erwähnen Marion des Ras und Magdalena Musial die NLB in ihren Arbeiten nicht. Rosemarie

Schade und Irmgard Klönne schließen sie jedoch in ihre Darstellungen ein. Vgl. I. Klönne 1988, Musial 1982, de Ras 1988, Schade 1985, 1986a, 1986b. Zur NLB im Kontext der evangelischen Jugendbewegung vgl. Jürgensen 1984, Priepke 1960, Riedel 1976.

17 Vgl. Wittrock 1983, Wagner 1996.

18 Vgl. Stephenson 1981. S. 27.

19 Koonz 1984. S. 214. Kurz erwähnt wird die NLB zum Beispiel von Kater 1983. S. 229ff., Wittrock 1983.

20 Vgl. Koonz 1994, Schade 1988, Wittrock 1983.

21 Bruns 1996. S. 386.

22 Während die ersten beiden Teile überwiegend im Präsens verfaßt sind, habe ich mich im dritten Teil für die Vergangenheit entschieden, da es bei der Analyse der Interviews so einfacher ist, zwischen verschiedenen Zeitebenen zu differenzieren. Zudem signalisiert der Tempuswechsel, daß es sich um eine neue methodische Herangehensweise handelt.

23 Wenn es um die Zeitschrift »Neuland« geht, habe ich *Neuland* kursiv gesetzt. Ansonsten benutze ich Neuland als Synonym für die NLB.

24 Darüber hinaus veröffentlicht die NLB ab 1922 die Jugendzeitschrift *Jungneuland* für die 12-17jährigen, die 1934 in *Wartburg-Ruf* umbenannt wird, und ab November 1929 die Kinderzeitschrift *Hand in Hand ... ins Sonnenland*.

25 Die Neuland-Anhängerin Margarete Pernak argumentiert diesbezüglich: »Das Neulandblatt muß richtunggebend sein, deshalb darf es nur Artikel aufnehmen, die in seiner Richtung liegen. Dazu ist erforderlich, daß die Schriftleitung in der Hand einer Persönlichkeit liegt, die Neulands Ziel und Aufgaben klar sieht.« Dies.: Das Neulandblatt. In: TF 8/1925. O.S. DWV. Die Tatsache, daß sich die Redaktion von einigen Artikeln explizit distanziert, deutet darauf hin, daß die übrigen im Toleranzbereich vertretbarer Meinungen liegen.

26 Der Nachlaß ist inzwischen aufgelöst und findet sich unter der Signatur Neulandbund 1/2 im ADJB.

27 Diese dienten als Hintergrundinformation, wurden aber nicht systematisch ausgewertet.

28 Vgl. Die Methode erläutere und diskutiere ich in meiner Dissertation ausführlich, in dieser Veröffentlichung beschränke ich mich auf die entsprechenden Literaturhinweise. Vgl. Teil III.

TEIL I: DIE NEULANDBEWEGUNG ZWISCHEN PROTESTANTISMUS UND VÖLKISCHER BEWEGUNG (1916-1928)

1 Adolf Stoecker (1835-1909) war Geistlicher und Politiker. Er beklagt den mit der Aufklärung einsetzenden Säkularisierungsprozeß und setzt sich dafür ein, diesen umzukehren und alle Deutschen in einer Volkskirche zu vereinigen. Auf politischem Gebiet bemüht er sich, die Arbeiterinnen und Arbeiter für Christentum,

Monarchie und die nationale Idee zu gewinnen, und gründet zu diesem Zweck 1878 die *Christlich-Soziale Arbeiterpartei* (ab 1881 *Christlich-Soziale Partei*). Die Bedeutung Stoeckers liegt zum einen in seinem sozialpolitischen Engagement, mit dem er letztlich scheitert, zum anderen in einer Popularisierung des Antisemitismus. Zu Stoecker vgl. Brakelmann 1982, Greschat 1982, 1985 u. 1989, Jochmann 1982. Siehe auch Teil I Kapitel »Neuland und evangelische Kirche«

2 Diehl [1959]. S. 24, 78ff.

3 Friedrich Naumann war Theologe und Politiker. Im Zuge seines sozialen Engagements gründet er 1896 den *National-Sozialen Verein*. 1919 nimmt er als Abgeordneter und Vorstandsmitglied der *Deutschen Demokratischen Partei* an der Arbeit des Verfassungsausschusses der Nationalversammlung teil. Er zählt zu den prominentesten Vertretern des modernen Sozialliberalismus. Er gilt zwar als Schüler Stoeckers, lehnt aber dessen Antisemitismus ab.

4 Diehl [1959]. S. 47.

5 Vgl. IFST/S 818/1 u. S 1231/2,3.

6 Vgl. Tätigkeitsberichte des *Deutsch-Evangelischen Frauenbundes* und die Korrespondenz Diehls mit Paula Mueller. ADEF/Frankfurter Ortsgruppe.

7 Der *Bund für Mutterschutz* setzt sich für die »rechtliche, wirtschaftliche und soziale Gleichstellung von verheirateten und unverheirateten Müttern« ein. Bussemer 1987. S. 13. Zu Helene Stöcker vgl. Herlitzius 1995, Wickert 1991.

8 Sie gründet 1899 den ersten deutschen Zweigverein der *Internationalen Abolutionistischen Föderation*. 1907-1914 ist sie Schriftleiterin des *Bundes Deutscher Frauenvereine*. Vgl. Pappritz, Anna 1954. S. 843.

9 Vgl. Lange 1994. Zur bürgerlichen Frauenbewegung in Frankfurt siehe auch Klausmann 1997.

10 1909 stellt die Ortsgruppe den Antrag an die Stadtverordnetenversammlung, daß »die Erteilung von Konzessionen zum Betrieb von Gast- und Schankwirtschaften allgemein vom Nachweis eines vorhandenen Bedürfnisses abhängig sein soll«. IFST/STVV 780, Bl 36ff.

11 Paragraph zwei der Satzung. IFST/T 139.

12 Vgl. Baumann 1992. S. 209ff.

13 Nach ihrem Einzug in den Reichstag 1920 nennt sie sich nach ihrem Großvater, einem bekannten Archäologen, Mueller-Otfried.

14 Brief von Guida Diehl an Paula Mueller vom 23.9.1912. ADEF/Frankfurter Ortsgruppe.

15 Vgl. Pross 1964. S. 469, Stephenson 1981. S. 27, Kleines Handbuch 1931. S. 8.

16 Vgl. Lina Lejeune: »Lebensbild«. In: NLTT 13. Sondernummer vom 29.7.1928. S. 172.

17 Diehl [1915]. S. 9.

18 Cordier 1926. S. 405ff.

19 Der Verband entsteht 1893 auf Anregung von Johannes Burckardt als *Vorständeverband der evangelischen Jungfrauenvereine Deutschlands*, wird 1913 in *Evangelischer Verband zur Pflege der weiblichen Jugend Deutschlands*, 1919 in *Evangelischer*

Verband für die weibliche Jugend Deutschlands e.V. und 1928 schließlich in *Evangeli-scher Reichsverband Weiblicher Jugend e.V.* umbenannt. Vgl. Barbara Thiele 1968. S. 146ff., Wilhelm Thiele 1918. Im folgenden bezeichne ich ihn als *Evangelischer Verband*.

20 Zur Tätigkeit Diehls für den *Evangelischen Verband* vgl. Cordier 1925. S. 313-326 u. 1926. S. 404ff., Thiele 1968. S. 31ff. Zum *Evangelischen Verband* vgl. Hartwich 1929. S. 89-101.

21 Brief vom Paula Mueller an Guida Diehl vom 27.9.1912. ADEF/Frankfurter Orts-gruppe.

22 Guida Diehl: Neuland als Bewegung. In: NLTT 10. 17/1925. S. 164.

23 Vgl. Baumann 1992. S. 229ff., Greschat 1994. S. 51ff., Hilpert-Fröhlich 1996. S. 41ff.

24 Sontheimer 1994. S. 97.

25 Vgl. Hering 1990. S. 48ff.

26 Vgl. Diehl 1918a. S. 41.

27 Leider ist keiner dieser Vorträge erhalten. Eine der Zeitzeuginnen schließt sich auf-grund eines solchen Vortrags der NLB an. Sie war von Diehl fasziniert, erinnert aber den Inhalt des Vortrags nicht.

28 Cordier 1926. S. 407.

29 Zum Programm vgl. »Kriegsbund deutscher Frauen«. ADEF/H 2 e I.

30 Vgl. Walle 1993. S. 17, Hering 1990. S. 53ff.

31 Brief von Guida Diehl an Paula Mueller vom 13.2.1915. Vgl. auch Brief von Diehl an Mueller vom 18.2.1918. ADEF/H 2 e I. Diehl spielt in diesem Zitat auf einen Konflikt des *Nationalen Frauendienstes* mit der *Frankfurter Ortsgruppe des Deutsch-Evangelischen Frauenbundes* an, diesem wird aufgrund einer von Diehl initiierten mit dem *Nationalen Frauendienst* nicht abgesprochenen politischen Aktion mit Ausschluß gedroht.

32 Brief an Diehl vom 16.2.1915. ADEF/Frankfurter Ortsgruppe.

33 Der *Evangelische Verband* hatte bereits seit 1910 geplant, eine Zeitschrift für die »gebildete weibliche Jugend« herauszugeben. Die Zeitschrift *Neuland* wird 1924 in *Neulandblatt* umbenannt. Sie umfaßt durchschnittlich zwischen acht und zwölf Seiten. 1916 kostet ein Exemplar 10 Pfennige. Der Preis steigt bis 1920 auf 30 Pfennige und ist in den Inflationsjahren (1921-1923) nach Selbsteinschätzung zu entrichten. Von 1924 bis 1931 beträgt er 25 Pfennige, wird 1932 auf 20 Pfennige herabgesetzt.

34 Guida Diehl: Deutsche Jugend. In: NLD 1. 1/1916. S. 1.

35 Vgl. Guida Diehl: Die schärfste Waffe. In: NLD 2. 5/1917.

36 Guida Diehl: Wir kämpfen mit! In: NLD 1. 2/1916. S. 9.

37 Guida Diehl: Zum fünften Kriegsjahr. In: NLD 3. 16/1918. S. 77.

38 Diehl 1918a. S. 49. Vgl. Teil I Kapitel »Organisation«.

39 Siehe Auflistung der jährlich stattfindenden Neulandtage und deren thematische Schwerpunkte im Anhang.

40 Der Ablösungsprozeß erstreckt sich über mehrere Jahre (1917-1920) und endet im

Streit. Die Zeitschrift *Neuland* geht Anfang 1918 in den Besitz Guida Diehls über, sie selbst wird bis März 1918 vom *Evangelischen Verband* bezahlt. Geht man von den Protokollen der Vorstandssitzungen des *Evangelischen Verbandes* aus, so wäre es im November 1918 fast zu einer Einigung gekommen. Das letztliche Scheitern der Verhandlungen könnte mit der infolge der deutschen Niederlage und der Revolution sich rasch verändernden politischen Lage beziehungsweise unterschiedlichen Einschätzungen derselben zusammenhängen. Zur Auseinandersetzung vgl. Protokolle der Vorstandssitzung des *Evangelischen Verbandes* vom 17.6.und 15.11.1918, Beilage zum Vorstandsprotokoll vom 24. März 1920. ADEF/H 2 e II. Zu den *Mädchenbibelkreisen* vgl. Wind 1978.

41 Vgl. Thiele 1968. S. 34ff.

42 Beilage zum Vorstandsprotokoll des *Evangelischen Verbandes* vom 24.3.1920. ADEF/H 2 e II.

43 Vgl. Lina Lejeune: Bericht von der 2. Jahresversammlung des Verbandes der Studien- und Neulandkreise. In: NLD 4. 12/1919. S. 66.

44 Thiele 1968. S. 43.

45 Guida Diehl: Vaterland. In: NLD 3. 4/1918. S. 18.

46 Ebd. S. 18.

47 Tilgner 1970. S. 138.

48 Bildungsbürgertum sei definiert als »die Kreise, die im 19. Jahrhundert ihre Identität daraus bezogen haben, daß sie die Bildung für sich zum Statussymbol machten. Bildung war dabei idealistisch auf Philosophie, Sprachen, Kultur begrenzt. Man zog sich zurück, um sich selbst zu entfalten und eine Persönlichkeit zu werden, absentierte sich von der Politik«. Bildungsbürgertum 1991. S. 58.

49 Rammstedt definiert den »neuen Mittelstand« als »die Summe der Berufsgruppen, die seit der Industrialisierung entstanden oder im Unterschied zu anderen Berufsgruppen überproportional wuchsen und nicht in der Selbst- und Fremdeinschätzung Ober- oder Mittelschichten zugerechnet werden, z. B. die Angestellten«. Ders. 1994a. S. 443.

50 Rammstedt definiert den »alten Mittelstand« als »die Summe der Berufsgruppen, die bereits vor der Industrialisierung dem dritten Stand angehörten und nicht in Ober- oder Unterschichten gelangten; z. B. Kleinunternehmer, Selbständige, Handwerker, Staatsbeamte, Akademiker. Beim a. M. spielt deutlich die Identität des Ranges des einzelnen mit seiner Berufsgruppe eine Rolle sowie eine in der Außendarstellung unterstellte Einheitlichkeit der Lebensweise, die als unabhängig von der ökonomischen Situation des Einzelnen verstanden wird.« Ders. 1994b. S. 442.

51 Zum Verhältnis von Bildungs- und Wirtschaftsbürgertum vgl. Ritter u. Kocka 1974. S. 322.

52 Beavan u. Faber 1987. S. 7.

53 Vondung 1976a. S. 21.

54 Greven-Aschoff 1981b. S. 334.

55 Vgl. Ritter u. Kocka 1974. S. 344. Bussemer betont, daß der in der zeitgenössischen Literatur immer wieder hervorgehobene »Frauenüberschuß« für die schwie-

rige Lage der »höheren Töchter« auf dem Heiratsmarkt nicht ausschlaggebend ist, sondern diese vielmehr durch die Verarmung des Bildungsbürgertums bedingt erscheint. Dies. 1985. S. 38.

56 Vgl. Ritter u. Kocka 1974. S. 342.
57 Plessner 1974. S. 103ff.
58 Nipperdey 1988. S. 124. Vgl. hierzu auch Baumann 1992. S. 30ff.
59 Nipperdey 1988. S. 121.
60 Vgl. auch Berger 1993.
61 Gersdorff 1969. S. 15.
62 Vgl. Hering 1990. S. 40.
63 Vgl. Vondung 1976b. S. 163.
64 Ebd. S. 167.
65 Zurückgegriffen wird auf Selbstzeugnisse in Festschriften. Die Interviews sind für diese Fragestellung nicht ergiebig, da sich fast alle Befragten der NLB erst nach Ende des Ersten Weltkriegs angeschlossen haben.
66 Martha Brandt: Grüße zum 60. Geburtstag. In: NLTT 13. Sondernummer vom 29.7.1928. S. 182.
67 Else Randermann: 20 Jahre Neulandblatt. In: NLTT 21. 1/1936. S. 5.
68 Baumann 1992. S. 233.
69 Erna Heyl: 20 Jahre Neulandblatt. In: NLTT 21. 1/1936. S. 4.
70 Elizabeth Barckhausen. In: NLTT 21. 1/1936. S. 1.
71 Vondung 1976b. S. 154.
72 Bei den ersten drei Auflagen mußte das Erscheinungsdatum aus dem Inhalt beziehungsweise aus Hinweisen in der Zeitschrift *Neuland* erschlossen werden muß. Die vierte Auflage ist mit 1935 datiert.
73 Diehl [1918b]. S. 1.
74 Ebd. S. 3.
75 Ebd. S. 4.
76 Ebd. S. 6.
77 Ebd. S. 2/3. Vgl. auch Guida Diehl: Von innen nach außen. In: NLD 3. 18/1918. S. 87.
78 Diehl [1918b]. S. 1.
79 Vgl. Hübinger 1994. S. 7ff.
80 Im Versailler Vertrag wird Deutschland als Urheber des Ersten Weltkriegs für alle Verluste und Schäden haftbar gemacht. Es muß diverse Gebiete abtreten, verliert alle Kolonien und wird entwaffnet. Als Sicherheit für die Ausführung des Vertrags bleibt das linke Rheinufer maximal 15 Jahre lang besetzt. Wenngleich alle Parteien den Versailler Vertrag ablehnen, wird er angesichts der drohenden Besetzung Deutschlands durch die Siegermächte am 22. Juni 1919 von der Weimarer Nationalversammlung angenommen.
81 Diehl [1919]. S. 1.
82 Ebd. S. 8. Vgl. auch Guida Diehl: Innere Revolution. In: NLD 4. 7/1919. S. 34.
83 Diehl [1919]. S. 9.

84 Ebd. S. 11.
85 Diehl [1922]. S. 3.
86 Diehl [1919]. S. 12.
87 Diehl [1922]. S. 15. Mit dieser Forderung kommt Diehl einem Ausspruch Hitlers von 1921 sehr nahe: »Jede Idee ›ist wertlos, solange sich ihr Wollen nicht umsetzt in die Tat, sondern ewig nur Gedanke bleibt […]‹«. Zitiert in: Broszat 1987. S. 17.
88 Diehl [1922]. S. 14.
89 Guida Diehl: Mutige Tat. In: NLTT 9. 3/1924. S. 19.
90 Ebd. S. 19. Die Verwendung von Ausdrücken und Bildern aus der Militärsprache läßt sich mit weiteren Beispielen belegen.
91 Das Flugblatt erscheint erstmals 1924, wird 1928 in überarbeiteter Form nochmals veröffentlicht. Ersteres in ADJB/Neulandbund 1/2, letzteres in LKAK/GA Nr. 5569.
92 Hermann Heinenberg: Mutige Tat. In: NLTT 11. 2/1926. S. 22.
93 Scholder 1986. S. 93ff.
94 Guida Diehl: Was wir wollen. In: NLTT 13 9/1928. S. 101.
95 Vgl. Mosse 1991. S. 49ff. Zu Julius Langbehn vgl. auch Stern 1963. S. 127-222.
96 Guida Diehl: Was wir wollen. In: NLTT 13. 11/1928. S. 126.
97 Guida Diehl: Was wir wollen. In: NLTT 13. 11/1928. S. 125. Vgl. Teil I Kapitel »Neuland und Frauenbewegung«.
98 Guida Diehl: Festgrüße zum 12. Neulandtag. In: NLTT 13. 19/1928. S. 237-239.
99 Synkretismus meint ursprünglich die Vermischung unterschiedlicher Religionen, wird von Dahm aber auch für die Vermischung von Religion und Politik benutzt. Vgl. ders. 1965. S. 96ff.
100 Diehl [1918b]. S. 8.
101 Scholder 1986. S. 124ff. Der Begriff politische Theologie stammt laut Greiffenhagen von Carl Schmitt und bezeichnet für diesen die Einsicht, daß alle prägnanten Begriffe der modernen Staatslehre säkularisierte theologische Begriffe sind. Vgl. Greiffenhagen 1971. S. 94ff. Im folgenden benutze ich den Begriff ausschließlich im Sinne Scholders.
102 Scholder 1986. S. 129. Er bezieht sich hier auf den Theologen Emanuel Hirsch.
103 Ebd. S. 127.
104 Ebd. S. 133.
105 Vgl. auch Nowak u. Raulet 1994.
106 Dieses ist, vergleicht man das Neuland-Programm mit den bei von Wilhelm Raabe abgedruckten Programmen unterschiedlicher Bünde, untypisch. Vgl. Raabe 1961. S. 203ff.
107 Sontheimer 1994. S. 244.
108 Vgl. Arbeitsprogramm der VEFD vom November 1925. Abgedruckt In: »mitteilungen« 1993. S. 38. Das Programm ist sehr allgemein und knapp formuliert.
109 Zugrunde gelegt werden die Selbstdarstellungen der Kreise aus den Jahren 1917 und 1925. In: Aus unserer Jugendbewegung, Beiblatt zum NLD, November und Dezember 1917, u. Fretzdorff 1925.

110 Elly Dir: Osterfreizeit zu Horchheim b. Koblenz a. Rh. In: NLTT 9. 11/1924. S. 86.

111 Nach Hermann Schmalenbach vereinigt der Bund Charakteristika von Gemeinschaft und Gesellschaft. Bünde haben außerdem eine »Affinität zum Religiösen« und beruhen auf Gefühlserlebnissen. Vgl. ders. 1922. S. 43.

112 Vgl. »Neulandschwur«. ADJB/A2-123.

113 Neulandkreise dürfen sich die Zusammenschlüsse nur nennen, wenn mehr als die Hälfte der Mitglieder dem Neulandbund angehören, sonst handelt es sich um Studienkreise, die in die Programmatik der NLB einführen sollen.

114 Vgl. Fretzdorff 1925. S. 14. Vgl. die Satzungen des Neuland- und Jungneulandkreises Brieg. S. 130-131.

115 Merkblatt über ›Neuland‹. In: NLD 4. 11/1919. S. 63.

116 Vgl. hierzu Linse 1983. S. 97-128, Pross 1964. S. 254-257.

117 Vgl. Teil I Kapitel »Neuland im antidemokratischen Spektrum«, Teil II Kapitel »Frau Winter«.

118 Vgl. Teil I Kapitel »Neuland und Jugendbewegung«.

119 Die Dissidentinnen beanspruchen zunächst in der Tradition der »ursprünglichen Neulandbewegung« zu stehen, nennen sich *Neulandjugendbewegung* und berufen sich auf das erste Programm der NLB. Zur Auseinandersetzung vgl. ADJB/A2-123, ADW/CA 859 I.

120 Vgl. Toboll 1971. S. 154ff. Toboll beurteilt die Differenzen zwischen Diehl und Cordier als minimal und führt die Spaltung der NLB auf eine Verkettung ungünstiger Umstände zurück.

121 Vgl. Emma Huber: Aus dem Bericht der Scharversammlung. In: TF 12/1926. O.S. DWV.

122 Vgl. Neuland-Verfassung von 1921. ADJB/A2-123.

123 Schade 1986b. S. 126.

124 Diehl 1923. S. 35.

125 Vgl. z. B. Lina Lejeune: Unser Neuland-Hilfsdienst. In: NLD 5. 15/1920, Flugblatt »Hilfsdienst für überlastete Mütter«. Undatiert, vermutlich 1919. ADJB/A2-123.

126 Unsere Arbeitsgemeinschaften. In: NLTT 9. 18/1924. S. 139.

127 Vgl. den Prospekt »Die Neuland-Wohlfahrtsschule in Eisenach«. ADW/CA 859 I.

128 Ein neuer Plan: Eine gemeinsame Stätte der Arbeit. In: NLD 6. 1/1921. S. 7.

129 Am 20.6.1922 wird in Thüringen ein Wohlfahrtsgesetz verabschiedet, das die Einstellung von Gemeindefürsorgerinnen vorsieht. Diese unterstehen der Aufsicht des Wohlfahrtsamtes und benötigen somit vermutlich eine staatlich anerkannte Prüfung als Einstellungsvoraussetzung.

130 Die Schreibweise variiert zwischen *Deutscher Frauen-Kampfbund* und *Deutscher Frauenkampfbund*. Er vergleicht sich mit der *Frauenliga gegen schwarze Schmach*, einer Organisation, die sich für die Entfernung der Schwarzen aus der französischen Besatzungsarmee einsetzt. Vgl. Scheck 1997. S. 50.

131 »Deutscher Frauen-Kampfbund: Jahresbericht vom ersten Oktober 1927 bis zum 1. Oktober 1928«. Eisenach 1928. Privatbesitz Frieda Diehls.

132 Guida Diehl: Der 10. Neulandtag. In: NLTT 11. 20/1926. S. 239. Bei den »beiden Blättern« handelt es sich um das *Neulandblatt* und *Jungneuland*.

133 Vgl. »Vorläufige Satzung des Deutschen Frauen-Kampfbundes« beschlossen am 9.10.1926. LEKT/Neuland VD 35.

134 Emma Huber: Aus dem Bericht der Scharversammlung. In: TF 12/1926. O.S. DWV.

135 Vgl. Flugblatt. ADW/CA 859 I. Zum Kampf gegen den »Kulturbolschewismus« vgl. Teil II Kapitel »Kooperation«.

136 Siehe Auflistung der »Frauen-Kampfblätter« im Anhang.

137 Vgl. Bridenthal 1994. S. 119.

138 Bei den Zahlenangaben handelt es sich um Berechnungen der Verfasserin, die auf dem 1928 verbreiteten Flugblatt »Deutsche Zukunft in Gefahr!« basieren. Vgl. ADJB/Neulandbund 1/2.

139 Zum politischen Bewußtsein von Hochschullehrern in der Weimarer Republik vgl. Reimann 1990.

140 Vgl. H.-J. Arendt 1990.

141 Mit der Reichsgerichtsentscheidung vom 11.3.1927 legalisiert der Gesetzgeber zudem die Abtreibung aufgrund medizinischer Indikation, was eine weitere Liberalisierung bedeutet. Vgl. Petersen 1988. S. 50.

142 Vgl. Greven-Aschoff 1981b. S. 115ff. Zu den Landfrauenverbänden vgl. Schwarz 1990, zu den Haufrauenverbänden Bridenthal 1984, Schmidt-Waldherr 1987, Wolff 1995.

143 Kater 1977. S. 166.

144 Eine Mütterschule vom 12. Februar bis 12. März im Neulandhaus. In: NLTT 11. 24.1926. S. 303.

145 Ebd. S. 303.

146 Ebd. S. 303.

147 Helene Meyer: Mütterschule im Neulandhaus. In: NLTT 15. 12/1930. S. 130.

148 Vgl. Teil I Kapitel »Neuland und evangelische Kirche«.

149 Vgl. hierzu LEKT/A 730 u. V 25, ADJB/Neulandbund A2-123. Siehe auch Teil II Kapitel »Unterricht«.

150 Mayntz 1963. S. 108.

151 Vgl. Studienkränzchen oder Studienkreise für die gebildete weibliche Jugend. In: NLD 1. 10/1916.

152 Zusammengestellt nach Fretzdorff 1925.

153 Schneider 1928. S. 24ff.

154 Fretzdorff 1925. S. 147.

155 Schneider 1928. S. 39.

156 Die Bevölkerung des Deutschen Reiches 1936. S. 60.

157 Nicht alle Abonnentinnen sind Neuland-Anhängerinnen, alle Scharmitglieder müssen aber das *Neulandblatt* beziehen.

158 Vgl. Postkarte von Guida Diehl an Frau Ridderbusch vom 6.3.1916. ADJB/Neulandbund 1/2.

159 20 Jahre Neulandblatt. In: NLTT 21. 1/1936. S. 8. Angaben in anderen Zusammenhängen legen die Vermutung nahe, daß die Auflage etwas geringer ist und nur
9000 beträgt.

160 Guida Diehl: Geschäftsbericht vom Oktober 1920 bis August 1921. ADJB/A2-
123.

161 Guida Diehl: Geben ist seeliger als Nehmen. In: TF 6/1924. O.S. ADJB/Neu-
landbund 1/2.

162 Vgl. Sperlings 1923 bis 1939. Die Tatsache, daß in Neuland-Publikationen für das
Neulandblatt 1927 eine Auflage von 3500, im Sperlings aber die Zahl 4000 angegeben ist, deutet auf das Bemühen hin, die NLB nach außen als bedeutender
darzustellen als sie ist.

163 Studienkränzchen oder Studienkreise für die gebildete weibliche Jugend. In: NLD
1. 10/1916. S. 77/78, »Verband der Studien- u. Neulandkreise« 1918. ADW/CA
859 I. Es handelt sich um eine vollständige Auflistung aller Kreise, einschließlich
der Leiterinnen.

164 Verband der Studien- und Neulandkreise 1920.

165 Vgl. Fretzdorff 1925.

166 Ebd.

167 1923 findet die Ruhrkrise in der Einstellung des passiven Widerstands ihr Ende,
der vor allem Bayern sich widersetzt. Ende 1923 versucht Hitler, durch einen
Putschversuch Kapital aus dieser Krise zu schlagen.

168 Rosenthal 1990. S. 16ff.

169 Vgl. LEKT/A 730.

170 Der hohe Anteil von Pfarrerstöchtern unter den Seminaristinnen deutet darauf
hin, daß der von Oliver Janz für das Kaiserreich herausgearbeitete Trend zur
Selbstrekrutierung der Pfarrerschaft sich in der Weimarer Republik fortsetzt. Vgl.
Janz 1994. Darin, daß die Pfarrerstöchter nicht den Beruf der Pfarrerin ergreifen,
sondern den der Gemeindehelferin, spiegelt sich die Geschlechterhierarchie.

171 Bei der Interpretation der Zahlen ist zu bedenken, daß das Gemeindehelferinnenseminar auch Personen offen steht, die nicht zur NLB gehören, wahrscheinlich
aber überwiegend von Anhängerinnen der NLB zur Ausbildung genutzt wird.

172 Studienkränzchen oder Studienkreise für die gebildete weibliche Jugend. In: NLD
1. 10/1916.

173 Bei einer Frau läßt sich aufgrund des Adelstitels nicht feststellen, ob sie verheiratet
ist.

174 Das ist daran abzulesen, daß nur ein Name angeben ist, also nicht Geburtsname
und Name des Ehemannes.

175 Ralph Linton unterscheidet zwischen einem unabhängig von Leistungen und Fähigkeiten zugeschriebenen sozialen Status und einem durch individuelle Leistung erworbenen sozialen Status. Die Möglichkeit, den zugeschriebenen sozialen Status zu verändern, gilt als Kennzeichen moderner Industriegesellschaften. Vgl. Lamnek 1991.

176 Kater charakterisiert die Anhängerinnen der NLB als »gutbürgerliche Anhängerinnen« Diehls. Vgl. Kater 1983. S. 230.

177 Vgl. Dahm 1965. S. 11ff. Der voranschreitende Säkularisierungsprozeß, der Verlust des Bildungsmonopols und die materielle Verarmung (in der Weimarer Republik), um nur einige Faktoren zu nennen, führen seiner Ansicht nach zu einer Positionsverunsicherung der Pfarrer.

178 Janz 1994. S. 491.

179 Schmidt 1981. S. 22ff.

180 Auf einen hohen Prozentsatz an Lehrerinnen deuten auch die Kreisberichte hin. Vgl. Lejeune 1919.

181 Vondung 1976a. S. 27. Während Studienrätinnen über eine akademische Ausbildung verfügen, findet die Ausbildung der Volksschullehrerinnen und -Lehrer bis 1919 generell auf Lehrerseminaren statt. In der Weimarer Republik erfolgt die Qualifizierung, je nach Land unterschiedlich, entweder weiterhin auf Lehrerseminaren, an Universitäten oder pädagogischen Akademien. Geißler 1960. Vgl. auch Huerkamp 1996. S. 51-61.

182 Jarausch geht auf die Problematik hinsichtlich technischer Hochschulen ein, thematisiert aber nicht die sozialen Frauenschulen. Jarausch 1989. S. 183.

183 Ebd. 1989. S. 189.

184 Zum Thema Bildungsbürgerinnen vgl. Huerkamp 1996.

185 Kaufmännische Berufe sind in der NLB verpönt, da sie nicht der Entfaltung der mütterlichen Fähigkeiten der Frau dienen, sondern angeblich oft aus finanziellen Gründen gewählt werden. Hier scheint es aber auch starke regionale Unterschiede zu geben. So berichtet eine Zeitzeugin, daß die Mitglieder des Kasseler Neulandkreises überwiegend Büroangestellte waren.

186 Vgl. Guida Diehl: Geschäftsbericht vom Oktober 1920 bis August 1921. ADJB/A2-123.

187 Ulbricht 1988-92. S. 106.

188 1924 muß eine Männerfreizeit aus Mangel an Interessenten abgesagt werden. Außerdem ist in Fretzdorffs Zusammenstellung der Kreisberichte von 1925 keine männlich Gruppe vertreten.

189 Vgl. Titelblatt der Zeitschrift *Neuland* 1. 1/1916. Von Anfang 1916 bis Ende 1919 werden die Mitarbeiterinnen und Mitarbeiter auf der Titelseite namentlich aufgeführt, 1920 vorübergehend auf der letzten Seite – bis die Angabe Mitte 1920 ganz entfällt.

190 Vgl. Flugblatt »Ew. Hochwohlgeboren« von 1919. ADW/CA 851 I.

191 Vgl. Flugblatt »Gemeindehelferinnen (Pfarrgehilfinnen) Seminar der Neulandbewegung Eisenach«. Undatiert. LEKT/V 25.

192 Schade 1986a. S. 71.

193 Bei diesem Verfahren werden die relevanten Daten aus ihrem biographischen Kontext gelöst, unter zuvor gebildete Kategorien subsumiert und verglichen.

194 Interview mit Frau Wiese, geb. 1895, Beitritt zur NLB ca. 1918. Die Zitate sind der besseren Lesbarkeit halber redaktionell überarbeitet, bleiben aber aus Gründen der Authentizität dicht an der gesprochenen Sprache. Das gleiche gilt für Teil III der Arbeit. Zudem sind alle Personen anonymisiert.

195 Vgl. W. Tiehle 1918. S. 8.

196 Interview mit Frau Bertram, geb. 1911, Beitritt 1927.

197 Interview mit Frau Ende, geb. 1911, Beitritt zwischen 1929 und 1932. Der Vortrag Diehls findet vermutlich 1932 statt.

198 Schade 1986b. S. 124.

199 Interview mit Frau Bertram. Sie bezieht sich auf die Jahre 1927/28. Zum emanzipatorischen Gehalt der weiblichen Jugendbewegung vgl. Musial 1982. Meine Ergebnisse stimmen mit der Behauptung Schades überein, daß Eltern von Mitgliedern rechtsstehender Organisationen ihre Töchter sehr stark unterstützen. Vgl. Schade 1986a. S. 61.

200 Interview mit Frau Kurz, geb. 1908, Beitritt ca. 1927.

201 Frau Wiese. Das geschilderte Erlebnis fällt in die Zeit des Ersten Weltkriegs.

202 Frau Kurz. Ihre Kritik richtet sich implizit auch gegen die pietistische Tradition in der evangelischen Jugendarbeit.

203 Frau Bertram.

204 Vgl. hierzu Petersen 1988.

205 Fiedler 1989. S. 25.

206 Ebd. S. 25.

207 Giesecke 1981. S. 13.

208 Mosse 1991. S. 186.

209 Felix Raabe unterscheidet zwischen dem Wandervogel und der Freideutschen Jugend im Sinne unterschiedlicher Phasen der Jugendbewegung, während andere Autoren wie z. B. Hermann Giesecke beide der gleichen Phase zuordnen. Ich orientiere mich in meiner Darstellung an Ulrike Treziak, die dem Drei-Phasen-Modell folgt. Vgl. Giesecke 1981, Raabe 1961, Treziak 1986.

210 »Die Freideutsche Jugend will ihr Leben nach eigener Bestimmung, vor eigener Verantwortung, in innerer Wahrhaftigkeit gestalten. Für diese innere Freiheit tritt sie unter allen Umständen geschlossen ein. Alle Veranstaltungen der Freideutschen Jugend sind alkohol- und nikotinfrei.« Zitiert in: Treziak 1986. S. 11.

211 Vgl. de Ras 1988. S. 2.

212 15 000 Mitglieder des Wandervogels und der Freideutschen Jugend werden eingezogen oder melden sich freiwillig, 9000 kommen nicht zurück. Vgl. Treziak 1986. S. 11.

213 Ebd. S. 12.

214 Ebd. S. 12.

215 Giesecke 1981. S. 95. Vgl. hierzu auch Kater 1977. S. 133.

216 Giesecke 1981. S. 94.

217 Kater 1977, S. 135ff.

218 Giesecke 1981. S. 94.

219 Schade 1985. S. 240. Inzwischen ist ihre Dissertation auf deutsch veröffentlicht. Vgl. Schade 1996.

220 Vgl. de Ras 1988. S. 101ff.

221 Vgl. Mogge 1990. S. 103ff.

222 Vgl. Bradter 1970. S. 484.
223 Die Bezeichnung neuer Nationalismus ist von Kurt Sontheimer geprägt, der ihn als Oberbegriff für die Konservative Revolution u. a. Varianten des Nationalismus, die er von den Völkischen und den Deutschnationalen abgrenzt, benutzt. Vgl. Teil I Kapitel »Neuland im antidemokratischen Spektrum«.
224 Vgl. Guida Diehl: Grundanders. In: NLD 6. 3/1921. S. 17.
225 Raabe 1961. S. 115.
226 Zur Abgrenzung gegenüber der Jugendbewegung vgl. Diehl 1920.
227 Vgl. Raabe 1961. S. 13.
228 Vgl. Guida Diehl: Jugendbewegung. In: NLD 5. 18/1920, Guida Diehl: Grundanders. In: NLD 6. 3/1921.
229 Vgl. de Ras 1988. S. 111.
230 Vgl. Raabe 1961. S. 50.
231 Martha Brandt: Die Ausgestaltung des Bundes. In: Unser Neulandbund vom 1.1921. S. 3. ADJB/Neulandbund 1/2.
232 Leopold Cordier: Was uns an der Neulandführung irre machte. In: Vertrauliche Mitteilungen an den gesamten Neulandbund: Beilage zu Nr. 2 der *Christdeutschen Stimmen*. O.S. Zur Spaltung der NLB aus Perspektive der Dissidentinnen und Dissidenten siehe außerdem: *Christdeutsche Stimmen*. Mitteilungen des Neulandbundes junger Männer 1.1921, *Christdeutsche Stimmen*. Das Blatt der Neulandjugendbewegung 2.1921. Alles in: ADJB/Neulandbund 1/2. Aus Perspektive Diehls und ihrer Anhängerinnen: Geschäftsbericht vom Oktober 1920 bis August 1921, Mitteilungen an den Neulandbund und die Leiter von Studien- und Neulandkreisen. Undatiertes Rundschreiben. Beides in: ADW/CA 859 I, Mitteilungsblatt für den Neulandbund 2.1921, Mitteilungen als Ergebnis der Augustkonferenz 1921 im Neulandhaus. ADJB/A2-123.
233 Brief von Guida Diehl an Wilhelm Stählin vom 1.7.1922. ADJB/A2-123.
234 Sowohl Otto Stählin als auch Dieter Toboll übernehmen Cordiers Argumentation unreflektiert und ordnen die NLB der Jugendpflege zu. Vgl. Toboll 1974. S. 574, Stählin 1930. S. 57.
235 Vgl. Giesecke 1981. S. 140ff., Raabe 1961. S. 53ff.
236 Vgl. Teil I Kapitel »Organisation«.
237 Guida Diehl: Neuland als Bewegung. In: NLTT 10. 17/1925. S. 166.
238 Giesecke 1981. S. 140.
239 Riedel 1976. S. 11.
240 Die Mitgliedschaft der NLB verwundert, da die Akzeptanz der Weimarer Republik als Beitrittsvoraussetzung gilt. Offensichtlich haben auch materielle Vergünstigungen wie beispielsweise Fahrpreisermäßigungen bei der Reichsbahn für den Beitritt der NLB eine Rolle gespielt.
241 Zu den unterschiedlichen Positionen Vgl. Luise Grüneberg: Muß Neuland nicht mehr Verbindung mit anderen Jugendbewegungen in gemeinsamer Arbeit suchen? In: TF 7/1925. O.S. DWV und Guida Diehl: Neuland als Bewegung. In: NLTT 10. 17/1925. Brief von Guida Diehl an Winny Jording vom 25.11.1919.

ADJB/Neulandbund 1/2. In diesem Brief befürchtet Diehl, daß die Neuland-Anhängerinnen sich argumentativ nicht gegen die »freideutschen Jünglinge« durchsetzen können, und warnt vor deren Internationalismus.

242 Vgl. Schade 1986a. S. 40. Ebenso wie die NLB widmet der *Deutsche Mädchenwanderbund* sich im Ersten Weltkrieg dem Kampf gegen die »inneren Feinde« wie »Vergnügungssucht« etc. Darüber hinaus fordert er schon 1923 Mütterschulen, über deren Einrichtung jedoch nichts bekannt ist. Der *Deutsche Mädchenwanderbund* schließt sich 1927 mit dem *Alt-Wandervogel Mädchenbund* zusammen, löst sich aber Anfang 1929 aus Mangel an Nachwuchs auf. Vgl. de Ras 1988. S. 118, 148.

243 Guida Diehl: Neuland als Bewegung. In: NLTT 10. 17/1925. S. 164.

244 Guida Diehl: Jugendbewegung. In: NLD 5. 18/1920. S. 124.

245 Guida Diehl: Einheit. In: NLD 6. 10/1921. S. 74.

246 Guida Diehl: Die Freideutsche Jugend auf dem Ludwigstein und Hohen Meißner. In NLD 8. 18/1923. S. 140.

247 Guida Diehl: Neuland als Bewegung. In: NLTT 10. 17/1925. S. 165.

248 Diehl [1959]. S. 232.

249 Im Gegensatz zu einigen Mitarbeitern und Scharmitgliedern bezeichnet Diehl die NLB selten als evangelische Vereinigung, sondern als deutsche Bewegung. Diese Tatsache weist auf unterschiedliche Akzente im Selbstverständnis in der NLB hin.

250 Cordier 1926. S. 417.

251 Anna Pöschel: Neuland und Jugendbewegung. In: NLTT 12. 2/1927. S. 17.

252 Siemering 1931. S. 147.

253 Vgl. de Ras 1988. S. 148.

254 Beitrittsdatum oder eventuell auch Austrittsdatum ist nicht rekonstruierbar. 1922 wird im *Neulandblatt* erstmalig über die Teilnahme an der Konferenz des *Ausschusses Deutscher Jugendverbände* berichtet. Zum *Reichsausschuß* vgl. Bradter 1970, Schley 1980.

255 Vgl. Reichsausschuß 1928. S. 7.

256 Vgl. Reichsausschuß 1930. S. 6ff.

257 Ende 1929 beginnt man mit der Gründung von Kindergruppen. Mit *Hand in Hand ... ins Sonnenland* erhalten die Kinder eine eigene Zeitschrift.

258 Paradoxerweise löst sich der Neulandbund zu Beginn der bündischen Phase der Jugendbewegung bereits wieder auf. Abgesehen davon, daß an die Stelle des Neulandbundes die Neulandschar tritt, ändert sich an den Zielen und der Organisationsstruktur der NLB, wie bereits dargelegt, wenig.

259 Günther Ehrenthal beziffert die Mitgliederzahl Neulands Ende der 20er Jahre auf 4.000 Frauen, davon sind 2.000 unter 25 Jahre alt. Wenngleich unklar ist, worauf sich diese Zahlen genau beziehen, deuten sie auf eine Überalterung der NLB hin. Vgl. Ehrenthal 1929. S. 91.

260 Unter rechte Bünde faßt sie die *Artamanen*, die *Adler und Falken*, die *Geusen*, *Neuland*, den *Jungnationalen Bund* und den *Deutschen Mädchenwanderbund.* Vgl. Schade 1986a. S. 40.

261 Vgl. Teil I Kapitel »Neuland im antidemokratischen Spektrum«.

262 Die Etikettierung völkisch ist im Kontext der Jugendbewegung zwar üblich, der Begriff ist aber im Kontext der Bündischen Jugend nicht trennscharf, da ihr Denken insgesamt – je nach Bund mehr oder weniger stark – um die »Erneuerung des deutschen Volkes« kreist und in diesem Sinn als völkisch bezeichnet werden kann. Rassismus und Antisemitismus gelten zwar als Kennzeichen völkischer Bünde, lassen sich aber auch bei Teilen der Jugendbewegung nachweisen, die nicht als völkisch bezeichnet werden.

263 In dieser Zeitschrift wird auch über die Tagungen des *Deutschen Frauenkampfbundes* berichtet und Diehls Buch »Deutscher Frauenwille« angekündigt.

264 Vgl. von zur Mühlen 1977. S. 109.

265 Dazu kommt Hermine Baart de la Faille, Sekretärin der *Deutschen christlichen Vereinigung studierender Frauen* (1907-1922). Diese Organisation steht in der Tradition der Erweckungsbewegung und ist nicht der VEFD angeschlossen. Vgl. Hilpert-Fröhlich 1996.

266 Vgl. Dürkop 1984. S. 144ff.

267 Führerschaft. In: NLD 1. 3/1916, Der vaterländische Hilfsdienst und die weibliche Jugend. In: NLD 2. 6/1917, Zum 1. Neulandtag. In: NLD 2. 19/1917.

268 Vgl. Greven-Aschoff 1981a. S. 16.

269 Ich folge in der Begrifflichkeit Bussemer 1987.

270 Der Begriff steht für das Programm des 1904 gegründeten, vor allem von Helene Stöcker geprägten *Bundes für Mutterschutz*, der für die »rechtliche, wirtschaftliche und soziale Gleichstellung von verheirateten und unverheirateten Müttern« eintritt. Bussemer 1987. S. 13. Zu Stöcker vgl. Herlitzius 1995, Wickert 1991.

271 Bussemer 1987. S. 11. Vgl. auch Kaufmann 1988.

272 Vgl. Evans 1976. S. 158ff., Herlitzius 1995. Zur sozialistischen Frauenbewegung vgl. Schwartz 1995b.

273 Vgl. Greven-Aschoff 1981a. S. 104.

274 Vgl. Evans 1976. S. 153.

275 Gerhard 1990. S. 348.

276 Vgl. Evans 1976. S. 235ff. Das Programm wird von Evans auf 1919, von Greven-Aschoff auf 1920 datiert. Es ist abgedruckt in Greven-Aschoff 1981a. S. 296-298.

277 Greven-Aschoff 1981a. S. 297.

278 Stoehr 1987. S. 235.

279 Greven-Aschoff 1981a. S. 190.

280 Gerhard 1990. S. 336.

281 Ebd. S. 365.

282 Vgl. Evans 1976. S. 239ff.

283 Greven-Aschoff 1981a. S. 194.

284 Programm des BDF. Zitiert in: Greven-Aschoff 1981a. S. 296.

285 Ebd. S. 298-299.

286 Bridenthal 1994.

287 Kaufmann 1988. S. 45.

288 »Denkschrift über Ziel und Zweck der Vereinigung Evangelischer Frauenverbände Deutschlands«. Geschäftsstelle der VEFD (Hg.). ADW/CA 848 I. Zitiert in: Kaufmann 1988. S. 46.

289 Vgl. Paragraph eins der Satzung der VEFD vom 14.6.1918. In: *»mitteilungen«* 1993. S. 9.

290 Vgl. Baumann 1992. S. 225.

291 Kaufmann 1988. S. 68.

292 Ebd. S. 67.

293 Von Tiling 1925a. S. 3.

294 Die DNVP bemüht sich nach der Revolution 1918 um die konservativen Frauen und richtet bereits im Dezember des gleichen Jahres einen Reichsfrauenausschuß ein, zu dem auch Mueller gehört und dessen Leitung Margarete Behm, Vorsitzende des *Gewerkvereins der Heimarbeiterinnen* und Mitglied des *Deutsch-Evangelischen Frauenbundes*, übernimmt. Vgl. Baumann 1992. S. 259 u. Scheck 1997. S. 41.

295 Baumann 1992. S. 254.

296 Kriegsjahrbuch 1919. S. 9.

297 Lauterer 1994. S. 38.

298 Der *Allgemeine Deutsche Frauenverein* wird 1865 unter der Federführung von Louise Otto in Leipzig gegründet. Seine Gründung gilt als die Geburtsstunde der organisierten deutschen Frauenbewegung. Vgl. Gerhard 1990. S. 76ff.

299 Diehl 1928a. S. 1.

300 Ebd. S. 152.

301 Ebd. S. 154/155.

302 Von Zahn-Harnack weist darauf hin, daß Diehl mit ihrem Konzept von Ständekammern für Männer und Frauen an entsprechende Vorstellungen Stoeckers anknüpft. Vgl. von Zahn-Harnack 1928b. S. 29.

303 Diehl 1928a. S. 164.

304 Ebd. S. 87.

305 Ebd. S. 51.

306 Helene Meyer: »Deutscher Frauenwille«. In: TF 19/1928. S. 119. DWV.

307 Vgl. Martha Grupe: Aussprache über »Deutscher Frauenwille«. In: NLTT 13. 11/1928. Zur internen Diskussion um den »Deutschen Frauenwillen« vgl. Helene Braun: Aussprache über »Deutscher Frauenwille«. In: NLTT 13. 10/1928, Martha Brandt: Geforderte Menschen: Ein Gruß zum 12. Neulandtag. In: NLTT 13. 19/1928, Gertrud Trefftz: Deutscher Frauenwille. In: TF 17/18/1928, Helene Langebartels: Was hat Guida Diehls Buch »Deutscher Frauenwille« zu sagen? In: TF 17/18/1928. DWV.

308 Es handelt sich um eine Stellungnahme zum »Deutschen Frauenwillen« im Neuland-Rundbrief II. Diese Rundbriefe stellten ein Diskussionsforum vor allem für nicht in Neulandkreise integrierte Anhängerinnen dar. ADFB/Neuland-Verschiedenes.

309 Zunächst sollen die Mütter der »Neuländerinnen« und die Freundeskreise gewonnen werden. Außerdem werden die Zeitschriften systematisch mit Rezensionen

beschickt – viele positive Rezensionen stammen nachweislich von Neuland-Anhängerinnen. Vgl. dazu Guida Diehl: Frauen-Neuland. In: TF 19/1928. DWV. Deutscher Frauenwille. In: NLTT 15. 5/1930.

310 Käthe Schirmacher gehört ursprünglich zum ›radikalen‹ Flügel der bürgerlichen Frauenbewegung, bewegt sich aber seit 1904 politisch immer weiter nach rechts. 1919 sitzt sie als Abgeordnete für die DNVP in der Nationalversammlung, arbeitet im Reichsfrauenausschuß der DNVP mit und zählt zu den Mitgliedern des *Deutschen Frauenkampfbundes*. Zu Schirmacher vgl. Waler 1991.

311 Vgl. Stefanie Behm-Cierpka: Die öffentliche Aufgabe der Frau. In: NLTT 11. 10/1926. Über das Verhältnis von Frauenbewegung und Jugendbewegung: Dies. 1925 in: *Die Frau*. Sie nimmt 1926 als Vertreterin der NLB am von der VEFD organisierten 3. evangelischen Frauentag teil und veröffentlicht im *Neulandblatt* einen wohlwollenden Bericht. Dies.: Der 3. evangelische Frauentag in Darmstadt. In: NLTT 11. 14/1926.

312 Auflistung der Mitgliedsverbände des BDF in: Von Zahn-Harnack 1928a. Anhang.

313 Agnes von Zahn-Harnack veröffentlicht 1928 ebenfalls ein Buch zur Frauenbewegung: Dies. 1928a. Sie ist Mitglied der *Deutschen Demokratischen Partei* und von 1913 bis 1919 Vorsitzende des *Deutschen Akademikerinnenbundes*. Vgl. Greven-Aschoff 1981a. S. 163, Bussemer 1987. S. 48.

314 Vgl. Lange 1928. Sie betrachtet Diehls Schrift als konservative Kritik an dem Buch von Zahn-Harnack (1928a) und charakterisiert es im Gegensatz zu einem kritischen Artikel von Leonore Kühn als »auf einem sehr viel geringeren Niveau an Sachlichkeit«.

315 Von Zahn-Harnack 1928b. S. 28.

316 Ebd. S. 29.

317 Lange 1928. S. 153.

318 Vgl. Von Velsen 1929. Sie ist Mitglied der *Deutschen Demokratischen Partei* und gehört von 1923-1926 zum engeren Vorstand des BDF. Vgl. Greven-Aschoff 1981a. S. 298/299.

319 Zum 12. Neulandtag: Die im Bund Deutscher Frauenvereine organisierten 10 Eisenacher Zweigvereine. In: *Eisenacher Zeitung* vom 27.9.1928. STAEI. Vgl. auch Erwiderung Diehls: Neuland und Frauenvereine. In: *Eisenacher Zeitung* vom 31. September 1928. LEKT/Neuland VD 35.

320 Auch in *Aufgaben und Ziele*, dem Publikationsorgan der VEFD, werden bis 1927 größere Veranstaltungen und Lehrgänge der NLB angekündigt.

321 Diehl äußert sich auf einer Mitgliederversammlung im November 1926 in diesem Sinne. ADEF/G 2 d I.

322 Die Satzung ist abgedruckt in Hartwich 1929. S. 17ff. Ende 1927 hatte die NLB bereits den Ausschluß aller Verbände gefordert, die nicht reichsweit organisiert sind, vermutlich, um unliebsame Konkurrenz auszuschalten und sich selbst einen Sitz im Arbeitsausschuß zu verschaffen. Der Antrag wird abgelehnt, da nur wenige Verbände die Voraussetzung erfüllen. Zur Auseinandersetzung der NLB mit der VEFD vgl. ADEF/VEFD G 2 d III.

323 Es gibt keinen Beschluß zum »Deutschen Frauenwillen«, wie Diehl ursprünglich annimmt, wohl aber individuelle ablehnende Äußerungen, die, schenkt man entsprechenden Hinweisen Glauben, in einem nicht erhaltenen Sitzungsprotokoll dokumentiert sind.

324 Ein Bericht über die Gründung des *Deutschen Frauenkampfbundes* in der Verbandszeitschrift der VEFD macht deutlich, daß die VEFD den *Deutschen Frauenkampfbund* als unliebsame Konkurrenzorganisation betrachtet, die ähnliche Ziele verfolgt wie sie selbst. Vgl. Tagungen 1926. S. 117.

325 Vgl. hierzu ADEF/VEFD G 2 d III, »Deutscher Frauen-Kampfbund: Jahresbericht vom ersten Oktober 1927 bis zum 1. Oktober 1928«. Privatbesitz Frieda Diehls.

326 Der *Deutsche Frauenkampfbund* stellt bereits im Januar 1928 einen entsprechenden Antrag an den Deutschen Reichstag. Vgl. LEKT/Neuland VD 35. Zur Auseinandersetzung um den Paragraphen 175 vgl. Petersen 1988. S. 170ff.

327 Zu diesem Thema findet im März 1928 eine Protestversammlung im Preußischen Herrenhaus in Berlin statt, auf welcher der ehemalige Hofprediger Bruno Doehring, ein radikaler Gegner der Weimarer Republik, als Hauptredner auftritt.

328 »Aufruf! Deutsche Zukunft in Gefahr!« Undatiert. ADJB/Neulandbund 1/2. Dieser wird laut Neulands Antrag an den Arbeitsausschuß der VEFD vom 29.2.1929 von fünf Mitgliedern desselben unterschrieben. Zur Auseinandersetzung der NLB mit der VEFD vgl. ADEF/VEFD G 2 d III.

329 Behm (1860-1929) ist Vorsitzende des *Gewerkvereins der christlich-sozialen Heimarbeiterinnenorganisation*. Vgl. Baumann 1992. S. 179ff. Heide(-Krösing), Ärztin von Beruf, ist Mitbegründerin und Vorstandsmitglied der *Christlichen Vereinigung studierender Frauen*. Vgl. Hilpert-Fröhlich 1996. S. 16ff., 42. Zarnack ist Direktorin des Burkardthauses und Schriftführerin des *Evangelischen Verbandes*. Vgl. Hartwich 1929. S. 96. Engel-Reimers lehrt als Professorin für Nationalökonomie an der Berliner Hochschule für Politik und gehört zur *Kirchlich-sozialen Frauengruppe*. Anfang der 20er Jahre führt sie im Auftrag der VEFD »staatsbürgerliche Bildungskurse« für Frauen durch. Vgl. Kaufmann 1988. S. 57.

330 Außerdem wird im Mai 1927 die *Evangelische Hauptstelle gegen Schund und Schmutz* gegründet, der der *Deutsche Frauenkampfbund* kurz darauf beitritt. Vgl. EZA 1/A2 176. Zur Debatte um »Schund und Schmutz« vgl. Petersen 1988. S. 87ff.

331 Brief von Paula Mueller-Otfried und Magdalene von Tiling an Guida Diehl vom 27.1.1928. ADEF/VEFD G 2 d III.

332 Vgl. Kaufmann 1988. S. 100ff.

333 Auch D.W. Zoellner, Generalsuperintendent von Westfalen, ab 1935 Vorsitzender des Kirchenausschusses, äußert sich ausführlich zu dem Buch. Er sieht sich zu der Warnung genötigt, daß »die Frauen sich nicht über die Männer erheben«. Ders.: Ein neues Frauenprogramm. In: *Allgemeine Evangelisch-Lutherische Kirchenzeitung*. Undatiert, vermutlich 1928. S. 184. LEKT/ Neuland VD 35.

334 Protokoll der Sitzung des Arbeitsausschusses der VEFD vom 29.2.1928. ADEF/ VEFD G 2 d III.

335 Protokoll der Mitgliederversammlung der VEFD vom 21.3.1928. ADEF/VEFD
     G 2 d III.
336 Guida Diehl: Der »Deutsche Frauenwille« im Kampf. In: NLTT 16. 20/1931.
     S. 215.
337 Vertrauliches Schreiben von Nora Hartwich vom 12.6.1938. ADW/CA 859 II.
338 Koonz kommt zu dem Schluß, daß Diehl im Unterschied zu den Vorsitzenden
     anderer protestantischer Frauenorganisationen die »christliche Sanftmut« fehlt.
     Koonz 1994. S. 104/105.
339 Im Gegensatz befindet sich die NLB auch zu vereinzelten demokratisch orientier-
     ten Vertreterinnen der evangelischen Frauenbewegung. So kommt es anläßlich
     eines Vortrags von Diehl zum Thema »Jugend und Großstadt« zu einer Ausein-
     andersetzung mit zwei Theologinnen, von denen Diehl sich fragen lassen muß:
     »Wie verträgt es sich mit der Erlösung durch Jesus Christus, auf die Sie sich für
     diese Sache – die Neulandbewegung – dauernd berufen haben, daß sie all denen,
     die weltanschaulich oder politisch nicht auf dem Boden der politischen Rechten
     stehen, einen Abend lang in immer neuen Abwandlungen Feigheit, Ehrlosigkeit
     und persönliche Unsauberkeit nachsagten?« Gschlössel u. Rübens 1928. Wie eine
     Notiz der Redaktion in einer der folgenden Ausgaben der Zeitschrift *Christliche
     Freiheit* offenbart, hält Diehl es für unter ihrer Würde, auf den Brief zu antworten,
     und beschimpft stattdessen ihre Kritikerinnen.
340 Deutscher Frauenwille: In: NLTT 16. 9/1931. S. 95.
341 Programm des BDF. Vgl. Greven-Aschoff 1981a. S. 297.
342 Vgl. ebd. S. 15ff., 91ff.
343 »Arbeitsprogramm der Vereinigung Evangelischer Frauenverbände Deutschlands«
     abgedruckt in »*mitteilungen*« 1993. S. 38.
344 Kaufmann 1986a. S. 388.
345 Vgl. Kaufmann 1988. S. 87.
346 Vgl. z. B. von Tiling 1925a.
347 Vgl. Wright 1977. S. 2ff.
348 In der altpreußischen Generalsynode stehen sich vier kirchenpolitische Parteien
     gegenüber: die konfessionellen Lutheraner und die Positive Union auf dem rech-
     ten Flügel, die Evangelische Vereinigung in der Mitte und die »kleine Gruppe der
     Liberalen auf der Linken«. Wright 1977. S. 6.
349 Ebd. S. 7.
350 Scholder 1986. S. 23.
351 Ebd. S. 8.
352 Wright 1977. S. 66.
353 Ebd. S. 83/84.
354 Ebd. S. 87. Auf dem gleichen Kirchentag hält Paul Althaus einen Vortrag, in dem
     sich bereits eine ambivalente Haltung zum völkischen Denken offenbart. Vgl.
     ders. S. 76/77.
355 Ebd. S. 43.
356 Ebd. S. 97. Kapler war von 1925 bis 1933 Präsident des Kirchenausschusses.

357 Dahm 1965. S. 12ff., Tanner 1994. S. 27.

358 Vgl. z. B. Tanner 1994. S. 27.

359 Vgl. Teil I Kapitel »Guida Diehl«.

360 Guida Diehl: Schwenkung des Burckhardthaus-Verbandes? In: NLTT 17. 4/1932. S. 51/52.

361 Vgl. »Zehn Jahre Neulandarbeit«. Undatiert, ca. 1926. DWV.

362 Diehl 1928a. S. 9. Als löbliche Ausnahmen werden immer wieder Friedrich Naumann und vor allem Adolf Stoecker angeführt.

363 Veidt 1926. S. 48. Vgl. Diehl 1928a. S. 86.

364 Schreiben von Diehl an die Thüringer Kirchenleitung vom September 1928 betreffend eine Tagung des *Deutschen Frauenkampfbundes*. LEKT/V 25.

365 Vgl. Gotthard Meincke: Kirche und Neuland. In: NLTT 7. 6/1922. S. 48.

366 Charlotte van Himbergen: Was hat uns der 11. Neulandtag gesagt? In: TF 16/1927. S. 102. DWV.

367 Während Diehl die Aufnahme der NLB in den *Zentralausschuß* als eine reichsweite Organisation beantragt, stimmt der *Zentralausschuß* der Aufnahme des Neulandhauses zu und grenzt die NLB so lokal ein. Diese unterschiedlichen Auffassungen werden zwar nicht thematisiert, führen aber, als Neuland 1931 – nach abgeschlossener Umstrukturierung der *Inneren Mission* – wiederum seine Aufnahme beantragt, zu Kontroversen darüber, ob Neuland dem *Zentralausschuß*, wie die NLB wünscht, oder dem *Thüringer Verband für Innere Mission*, wie der Zentralausschuß befürwortet, angeschlossen sein solle. Vgl. ADW/CA 859 I.

368 Friedrich Mahling wird 1892 Vorsteher der Stadtmission in Hamburg, gehört seit 1909 u. a. dem *Zentralausschuß für Innere Mission* an und ist Vorsitzender der *Evangelischen Reichsarbeitsgemeinschaft zur Bekämpfung der Alkoholnot*. Von 1909 bis 1932 lehrt er als Professor in Berlin Praktische Theologie.

369 Bruno Doehring wird 1914 Hof- und Domprediger in Berlin, lehrt dort von 1923 bis 1953 Praktische Theologie und fungiert von 1924 bis 1927 als Vorsitzender des *Evangelischen Bundes*, der sich unter seiner Leitung immer weiter nach rechts bewegt. Von 1930 bis 1933 nimmt er ein Reichstagsmandat für die DNVP wahr. Zu Doehrings Funktion im *Evangelischen Bund* vgl. Fleischmann-Bisten 1989, Gottwald. 1984.

370 Bei Heinrich Lhotzky, Schüler Christoph Blumhardts des Älteren (1805-1880) und des Jüngeren (1848-1919), handelt es sich um einen pietistisch geprägten evangelischen Theologen und Schriftsteller.

371 Ward bezeichnet Brunstäd als konservativ und sozial engagiert. Adolf Stoecker gilt als sein großes Vorbild. Ward 1979. S. 225ff.

372 Leffler gilt als Mitbegründer der *Kirchenbewegung Deutsche Christen* in Thüringen. Er übernimmt nach der Machtergreifung die Leitung der Abteilung für kirchliche Angelegenheiten im Thüringer Volksbildungsministerium und wird 1944 Präsident des 4. Thüringer Landeskirchentages. Vgl. Lautenschläger 1995. S. 464.

373 Maurenbrecher gilt als Verfechter des völkischen *Bundes für Deutsche Kirche* kurz

Deutschkirche genannt. Zu Maurenbrecher vgl. Dahm 1965, Jansen 1964, Ulbricht 1995, Wright 1977.

374 Greschat schildert Stoeckers Wirken eindrücklich: »Er [Stoecker, S. L.] attackierte nicht nur Einzelheiten des liberalen Konzepts, sondern verwarf dieses grundsätzlich und schuf damit ein klares Feindbild. Er wollte nicht verstehen, analysieren, sondern allem Fragen und Zweifeln ein klares, eindeutiges Bekenntnis entgegensetzen. Darum hämmerte er unentwegt Schlagworte ein, nicht nur religiöse oder theologische, sondern ebenso nationale und antiliberale, völkische und antisemitische, die er mit erschreckender Unbekümmertheit sich aneignete.« Greschat 1985. S. 267. Diese Charakterisierung Stoeckers trifft auch den Agitationsstil Diehls ziemlich genau.

375 Vgl. Wright 1977. S. 94.

376 Vgl. beispielsweise Walter Vogel: Familienforschung ein Mittel zur Volkswerdung. In: NLTT 17. 22/1932. Im *Mitteilungsblatt Deutsch-Christliche Arbeitsgemeinschaft Großdeutschlands* 5/1928. S. 3, wird Diehl als der *Arbeitsgemeinschaft* nahestehend bezeichnet. ADW/EVA 19.

377 Vgl. beispielsweise das Schreiben des Freundesrates an den *Centralausschuß für Innere Mission* vom 5.2.1936. ADW/CA 859 I.

378 Vgl. LEKT/VD 309, ADJB/Neulandbund 1/2.

379 Brief von Guida Diehl an den Landesoberpfarrer vom 6.1.1927. LEKT/VD 309.

380 Vgl. Mütterschule: Das Neulandhaus. In: NLTT 16. 8/1931. S. 87.

381 Brief eines Pfarrers an den *Volksdienst* der Thüringer Evangelischen Kirche vom 9.4.1929. LEKT/VD 309.

382 Vgl. Teil II Kapitel »Von der Neuland-Mütterschulung«.

383 Brief von Diehl an den Landesoberpfarrer vom 3.11.1927, Antwortschreiben vom 10.11.1927. LEKT/V 25.

384 Schreiben des Landeskirchenrats der Thüringer Evangelischen Kirche an den Deutschen Evangelischen Kirchenausschuß vom 6.10.1931. EZA 1/B3/440.

385 Vgl. »Einladung zur Aufklärungs-Kundgebung über die wahren Ursachen der sittlichen Verwahrlosung der Jugend am Dienstag, den 1. April 1928«. ADW/CA 859 I.

386 Diehls eigenen Berichten zufolge stößt der *Deutsche Frauenkampfbund* in kirchlichen Kreisen, vor allem bei männlichen Funktionsträgern, auf große Resonanz.

387 Guida Diehl: Neuland und Kirche. In: NLTT 12. 17/1927. S. 208. Zum Kampf um Anerkennung vgl. auch Grete Haase: Aus der praktischen Arbeit in den Jugendkreisen. In: TF 23/1930. S. 157 DWV.

388 Vgl. LEKT/A 730 u. V 25, ADW/CA 859 I.

389 Guida Diehl: Neuland und Kirche. In: NLTT 12. 17/1927. S. 207.

390 Ebd. S. 207. Mit »jene Organisationen« sind der *Evangelische Verband*, der *Bund deutscher Jugendvereine*, die *Bibelkreise* und die *Jungmännervereine* gemeint, gegenüber welchen sich Neuland benachteiligt fühlt.

391 Bestätigt wird dieses Ergebnis in einem Gespräch mit Ingo Braecklein, dem ehemaligen Landesbischof von Thüringen. Er kommt für die Weimarer Republik zu dem Schluß, daß »die Verbundenheit zwischen Neuland und der Kirche nicht sehr

stark [war]. Guida Diehl war eine starke, selbstbewußte Persönlichkeit mit einer wirklich auch für sie und ihre Person ausstrahlenden Art und stand wie eben vieles, was nicht in den Grenzen und Organisationen der Kirche war, auch in einem gewissen Abseits oder Gegenüberstellung.« Gespräch vom Juni 1991. Braecklein war von 1933 bis 1939 Hilfspfarrer und Pfarrer in Thüringen und stand in dieser Funktion während des Kirchenkampfes auch mit der NLB in Kontakt. Zu Braecklein vgl. Stegmann 1984. S. 61ff., Lautenschläger 1995. S. 476.

392 Gemeint ist auf die Öffentlichkeit gerichtetes Handeln im Gegensatz zu einer sich ausschließlich auf ideologischer Ebene abspielenden Neubewertung des Alltagshandelns als politisch.

393 Es handelt sich vermutlich um die *Deutsche Vaterlandspartei* (1917-1918). Sie gründet sich als Reaktion auf die Annahme der Friedensresolution vom 19.7.1917 durch den Reichstag. Ihr Ziel ist, die Bevölkerung bis zum Sieg zum Durchhalten zu bewegen und einen Verständigungsfrieden zu verhindern. Dietrich Schäfer, der ab 1921 zu den Mitarbeitern der NLB zählt, ist im Arbeitsausschuß der Partei vertreten. 1918 geht die *Vaterlandspartei* in der DNVP auf. Vgl. Ullrich 1968, Weißbecker 1984.

394 Guida Diehl: Friedensverhandlungen. In: NLD 3. 3/1918. S. 14.

395 Vgl. Baumann 1992. S. 244ff.

396 Guida Diehl: Von innen nach außen. In: NLD 3. 18/1918.

397 Vgl. Kaufmann 1988. S. 37ff.

398 Vgl. Martha Brandt: Die neuen politischen Parteien. In: NLD 4. 1/1919. S. 5.

399 Guida Diehl: Liebe Leserinnen! In: NLD 4. 1/1919. S. 6.

400 Vgl. Kaufmann 1988. S. 38ff.

401 Guida Diehl: Zum dunklen Jahr 1919. In: NLD 4. 1/1919. S. 1. Die *Unabhängige Sozialdemokratische Partei* leidet unter Personalmangel, sie stellt keinen Minister, wenngleich sie die größte Koalitionspartei in der sozialistisch dominierten Landesregierung ist. Vgl. Geschichte Thüringens 1978. S. 454.

402 Broszat 1987. S. 73.

403 Vgl. Haffner 1978. S. 423ff.

404 Guida Diehl: Das Ende. In: NLD 4. 13/1919. S. 69.

405 Ebd. S. 70.

406 Vgl. Broszat 1987. S. 72.

407 Guida Diehl: Neuland und Politik. In: NLD 4. 20/1919. S. 110.

408 Ebd. S. 115.

409 Es handelt sich um eine Nachfolgevereinbarung des Versailler Vertrags, in der dessen Bestimmungen modifiziert werden, aber gleichzeitig an der alleinigen Zuweisung der Kriegsschuld an Deutschland festgehalten wird.

410 Guida Diehl: Nein! In: NLTT 9. 17/1924. S. 129.

411 Guida Diehl: Deutsche Frauen heraus! In: NLTT 9. 18/1924. S. 138.

412 Die Tatsache, daß ein Großteil der Abgeordneten der DNVP mit den Regierungsparteien für eine Annahme des Dawes-Abkommens stimmt, trägt vermutlich zu einer Entfremdung der NLB von dieser bei.

413 Eine Frage: Elbinger Studienkreis. In: NLTT 10. 2/1925. S. 15.

414 Insgesamt werden 29 Stellungnahmen abgedruckt, entweder von Kreisleiterinnen für ihre Kreise oder von einzelnen Mitgliedern.

415 In diesem Kontext ist einige Male vom »roten Sachsen« die Rede.

416 Grete Haase: Antworten auf die Frage des Elbinger Studienkreises. In: NLTT 10. 6/1925. S. 49. Ich nenne diese Fraktion im folgenden die ›Politischen‹ und grenze diese von den ›Unpolitischen‹ ab.

417 Elisabeth Trautmann: Antworten auf die Frage des Elbinger Studienkreises. In: NLTT 10. 4/1925. S. 32.

418 Steht Neuland über den Parteien, was alle Neuland-Anhängerinnen fordern, so stellt sich die Frage, ob eine »Neuländerin« Mitglied einer Linkspartei sein kann. Eine Anhängerin gibt zu bedenken, daß der deutsch-nationale Geist der NLB nicht mit dem »Universalismus«, »Pazifismus« und »Internationalismus der Linksparteien« zu vereinbaren sei. Politische Betätigung ist so nur im rechten politischen Spektrum oder in der politischen Mitte möglich. Vgl. Maria Clajus: Antworten auf die Frage des Elbinger Studienkreises. In: NLTT 10. 4/1925. S. 31.

419 Eugen Bachhofer: Stimmen und Austausch. In: NLTT 10. 6/1925. S. 50.

420 Guida Diehl: Neuland und Politik. In: NLTT 10. 6/1925. S. 46.

421 Der *Stahlhelm-Bund der Frontsoldaten* (1918-1935) ist vor 1930 der bedeutendste militaristische Massenverband in der Weimarer Republik. Die Mitgliedschaft besteht vor allem aus »irregeleiteten Kleinbürgern und Arbeitern«, ehemalige kaiserliche Offiziere und Junker stellen die Führer. Bis 1928 orientiert sich der *Stahlhelm* laut Mahlke auf die DNVP und die *Deutsche Volkspartei*, »danach versuchte er zeitweilig ›selbständig‹ Politik zu machen, geriet aber – spätestens ab 1932 – völlig in das Fahrwasser der NSDAP«. 1933 wird er der SA eingegliedert und 1935 schließlich verboten. 1924 schließen sich mit dem *Stahlhelm* sympathisierende Frauen im *Königin-Luise-Bund* zusammen, von dem sich 1928 der *Stahlhelm-Frauenbund* abspaltet. Mahlke 1986. S. 145ff. Vgl. auch Berghahn 1966.

422 Aufruf! Deutsche Frauen! Deutsche Mädchen! In: NLTT 11. 8/1926. S. 93.

423 Guida Diehl: Unser Frauenkampfbund. In: NLTT 11. 18/1926. S. 214.

424 Helmut v. Kunovski: Warum brauchen wir eine Arbeitsgemeinschaft (7) »Beteiligung am Staatsleben«? In: NLTT 11. 12/1926. S. 150.

425 Gotthard Meincke: Neuland und die Politik. In: NLTT 11. 15/1926. S. 189.

426 Gotthard Meincke: Neulands Sendung: Die allgemeine politisch-geistige Lage und ihre Rückwirkung auf die evangelische Kirche. In: NLTT 13. 16-17/1928. S. 203-206. Meincke entwickelt sich in den folgenden Jahren zu einem vehementen Fürsprecher des NS und fördert die Hinwendung der NLB zum NS maßgeblich.

427 Kaufmann 1986b. S. 290.

428 Vgl. Kaufmann 1986a. S. 387.

429 Ebd. S. 388.

430 Zur DNVP vgl. Ruge 1984. S. 491ff., Schlangen 1979. S. 84ff.

431 Stephenson 1981. S. 27.

432 Sontheimer bleibt in dem Punkt, ob das völkische Denken eine Variante des neu-

en Nationalismus darstellt oder eine Zwischenstellung zwischen neuem und altem Nationalismus einnimmt, ambivalent. Er unterscheidet darüber hinaus zwischen einem revolutionären Nationalismus, dem Nationalbolschewismus und dem Nationalsozialismus. Vgl. Sontheimer 1994. Statt neuer Nationalismus wird in der Literatur häufig der Begriff junger Nationalismus benutzt. Zum Nationalismus in der Weimarer Republik vgl. auch Breuer 1993, Gerstenberger 1972, Greiffenhagen 1971, von Klemperer 1962, Mannheim 1964, Mohler 1972.

433 Vgl. Sontheimer 1994. S. 114ff.

434 Ebd. S. 27.

435 Gerstenberger 1972. S. 342.

436 Von Klemperer 1962. S. 133. Er bezeichnet den *Herrenclub* als »Treffpunkt der Junker der Schwerindustrie und Finanz«, was der Einschätzung Gerstenbergers zu widersprechen scheint. Während Gerstenberger vermutlich von der Anhängerschaft redet, meint von Klemperer die Ideologieproduzenten im Zentrum der Bewegung.

437 Sontheimer 1994. S. 119.

438 Gerstenberger 1972. S. 342.

439 Ebd. S. 343. Vgl. auch Lenk 1989. S. 139ff.

440 Der Begriff stammt von Moeller van den Bruck. Vgl. Mosse 1991. S. 296.

441 Sontheimer 1994. S. 120.

442 Gerstenberger differenziert zwischen einer Art geistigem Rassismus, der die Überlegenheit des deutschen Volkes zum Inhalt hat, und dem biologisch deterministischen Rassismus der Völkischen. Vgl. dies. 1972. S. 343.

443 Von Klemperer 1962. S. 132.

444 Vgl. Sontheimer 1994. S. 36.

445 Ebd. S. 133. Vgl. auch Greiffenhagen 1971. S. 266.

446 Vgl. Scholder 1986. S. 96.

447 Vgl. z. B. H.-J. Arendt 1990, Evans 1976.

448 Sontheimer 1994. S. 131.

449 Zugrunde gelegt wird die 3. Aufl. von 1922.

450 Diehl 1928b. S. 93/94. Wie der Briefwechsel zwischen Diehl und den Neuland-Anhängerinnen offenbart, wird die Invasion Belgiens 1940 primär als »Befreiung des Kaisers« erlebt und begrüßt. Vgl. BARCH/OPG.

451 Dahm 1965. S. 197. Vgl. auch Gottwald 1984. S. 584ff.

452 Diehl 1928b. S. 9.

453 Diehl 1928a. S. 14.

454 Ebd. S. 19.

455 Ebd. S. 56.

456 Diehl [1922]. S. 9.

457 Diehl 1928a. S. 191ff.

458 Raepke 1990. S. 287. Zu Lienhard vgl. auch Châtelier 1996, Ulbricht 1995.

459 Vgl. H. Hohlwein 1962. Spalte 1425. Beide werden von Wilhelm Frick als Thüringer Innenminister protegiert.

460 Die Autobiographie Guida Diehls trägt den Titel »Christ sein, heisst Kämpfer sein« und erinnert so an Hitlers Buch »Mein Kampf«.

461 Diehl 1928b. S. 15.

462 Zum *Deutschbund* vgl. Fricke 1983, Ulbricht 1995. S. 39ff.

463 Zu den Mitgliedschaften der NLB und des *Deutschen Frauenkampfbundes* siehe Anhang.

464 Die Zurückhaltung in puncto Rassismus hängt m. E. damit zusammen, daß der *Deutsche Frauenkampfbund* sich lange Zeit um den Beitritt der VEFD und die Unterstützung von Vertretern der evangelischen Kirche bemüht.

465 Vgl. H.-J. Arendt 1990. S. 93/94.

466 Zu Kotzde vgl. Ulbricht 1995. S. 29ff.

467 Laut Ulbricht tagt die *Arbeitsgemeinschaft* vom 31. Oktober bis zum 3. November 1928 im Neulandhaus. Vgl. Ulbricht 1988-92. S. 109. Im *Mitteilungsblatt der Deutsch-Christlichen Arbeitsgemeinschaft Großdeutschlands* 3/1928 wird Diehl als »uns innerlich sehr nahe stehende Führerin der Neulandbewegung« bezeichnet. Darüber hinaus veröffentlichen mehrere Mitglieder der Ringführerschaft der *Arbeitsgemeinschaft* im *Neulandblatt* beziehungsweise sind Mitglieder der Neulandschar. ADW/CA EVA 19. Zur *Deutsch-Christlichen Arbeitsgemeinschaft* vgl. Fricke 1983. S. 522.

468 Gemeint ist eine säkularisierte Form der Judenfeindschaft, die die Juden für alle Erscheinungen der Modernität verantwortlich macht, die abgelehnt werden. Vgl. Nipperdey u. Rürup 1972.

469 Lina Lejeune ist unter Diehls Vorsitz zweite Schriftführerin der Frankfurter Ortsgruppe des *Deutsch-Evangelischen Frauenbundes* und unterstützt Diehl später beim Aufbau der NLB. Nach ihrem Rückzug aus der Leitung der NLB arbeitet Lejeune von 1922 bis 1927 für den Thüringer *Volksdienst* der evangelischen Kirche und ist danach als Lehrerin wieder im Neulandhaus tätig. 1929 eröffnet sie eine Bräuteschule, mit der sie gezielt Frauen aus der Oberschicht anzusprechen beabsichtigt. LEKT/Angestellte: Lina Lejeune.

470 Diehl 1928a. S. 16.

471 Vgl. Hartung 1996. S. 23.

472 Vgl. von Tiling 1924 u. 1925b.

473 Vgl. H. Arendt 1993a. S. 495ff.

474 Laut H. Arendt können totalitäre Bewegungen nur existieren, solange sie in Bewegung bleiben. Vgl. dies. 1993. S. 506.

475 Vgl. Schade 1985. S. 230ff.

476 Zur bürgerlichen Innerlichkeit vgl. Beavan u. Faber 1987. S. 4.

477 Vgl. Jarausch 1989. S. 196.

478 Ebd. S. 194ff.

479 Vgl. Bollenbeck 1994. S. 107.

480 Riedel 1976. S. 7. Er unterscheidet nicht zwischen evangelischer Jugendbewegung und Jugendarbeit.

481 Vgl. de Ras 1988. S. 246.

482 Die einzige Ausnahme bildet der *Evangelische Verband*, der 8,3% seiner Mitglieder verliert.
483 Zusammengestellt nach *Nachrichtenkorrespondenz* 1920 und Hartwich 1929.
484 Vgl. Kaiser 1981. S. 189.
485 Vgl. TF 9 u.10/1926. DWV.
486 Mayntz 1963. S. 68.
487 Ebd. S. 70.

TEIL II: NEULAND ALS PRONATIONALISTISCHE BEWEGUNG (1929-1935)

1 Broszat 1987. S. 94.
2 Ebd. S. 103.
3 Vgl. Geschichte Thüringens 1978. S. 506.
4 Broszat 1987. S. 104ff.
5 Neliba betont die Bedeutung des promovierten Juristen Wilhelm Frick (1877-1946) für die Installierung des nationalsozialistischen Regimes. Als Reichsinnenminister gibt er ab 1933 der menschenverachtenden Politik des »Dritten Reichs« einen legalen Anstrich und macht sie so für weite Bevölkerungsteile akzeptabel. Neliba bezeichnet ihn als »Legalisten des Unrechtsstaates«. Vgl. Neliba 1995. S. 75ff., ders. ausführlich 1992.
6 Vgl. Wright 1977. S. 165ff.
7 Die Bezeichnung Deutsche Christen benutze ich als Sammelbegriff für unterschiedliche Gruppen. Vgl. Teil II Kapitel »Zwischen Deutschen Christen«.
8 Vgl. Wright 1977. S. 183.
9 Zitiert in Brakelmann 1981. S. 146.
10 Conway 1983. S. 129.
11 Von Norden 1968. S. 395/396.
12 Vgl. Conway 1983. S. 140.
13 Vgl. Wright 1977. S. 191ff.
14 Kaiser 1985. S. 140, vgl. auch Lindt 1981. S. 17-34.
15 Schwarz 1931.
16 Schwarzhaupt 1932. S. 123.
17 Kritisch äußern sich z. B. von Gröben 1932, Rötger 1932. Für den NS spricht sich aus Müller-Treskow 1932.
18 Vgl. Koonz 1994. S. 271.
19 Von Tiling 1933b. S. 155.
20 Kaiser 1985. S. 142.
21 Von Tiling 1933a. S. 23. In diesem Sammelband bestimmen evangelische Frauen ihr Verhältnis zum NS. Von den insgesamt sieben Autorinnen bezieht einzig Barbara Thiele, Mitarbeiterin des Seminars für kirchlichen Frauendienst in Berlin, kritisch Position.
22 Fröhlich 1933. S. 150.

23 Mueller-Otfried 1933. S. 97.

24 Koonz 1994. S. 278.

25 Von Norden kommt zu dem Schluß, daß die evangelischen Frauenverbände in der nationalsozialistisch dominierten Regierung zunächst ein Bündnis von Nationalismus und Konservatismus sehen. Ders. 1979b. S. 14.

26 Koonz 1994. S. 276ff.

27 Schloßmann-Lönnies baut zunächst die Mütterarbeit der *Evangelischen Frauenhilfe* in Schlesien auf, gründet dann den »populären evangelischen Mütterdienst«, den sie 1934 freiwillig der Reichsfrauenführerin Scholtz-Klink unterstellt. Koonz 1994. S. 287. Vgl. auch Kaiser 1985. S. 194ff.

28 Vgl. Kaiser 1985. 172ff.

29 Lönnies [1933]. S. 199.

30 Ebd. S. 202.

31 Anläßlich des 10. Jahrestags der Unterzeichnung des Versailler Vertrags wird diesem Thema eine komplette Ausgabe des *Neulandblatts* gewidmet. Ihm liegt ein Aufruf des *Alldeutschen Verbandes* bei, in dem die Revision des Artikels 231, also des Kriegsschuldparagraphen des Versailler Vertrags, gefordert wird. Vgl. NLTT 14. 12/1929.

32 Vgl. z. B. Röhr 1992. S. 26ff.

33 Inhalt des Gesetzes ist die Streichung des Versailler Kriegsschuldparagraphen sowie aller Reparationen, die sofortige Räumung aller besetzten Gebiete und die Bestrafung der Unterzeichner des Abkommens als Landesverräter. Vgl. Bracher 1979. S. 176ff.

34 Da Diehl zu dieser Zeit schwer krank in einem Schweizer Hospital lag, zeichnen ihre Mitarbeiterinnen für diesen Schritt verantwortlich. Vgl. Lotte van Himbergen: Neuland im Vaterland. In: TF 23/1930. S. 152. DWV.

35 Guida Diehl: Selbstverständlichkeiten. In: NLTT 14. 21/1929. S. 206, Emma Kottmann: Neulands vorgezeichneter Weg. In: NLTT 15. 11/1930. S. 118.

36 Vgl. Wright 1977. S. 100.

37 Vgl. Baumann 1992. S. 267.

38 Vgl. Wright 1977. S. 99/100.

39 Guida Diehl: Ist die Arbeit für innere Erneuerung fruchtbar, wenn sie losgelöst ist von der Arbeit für äußere Befreiung? In: NLTT 15. 5/1930. S. 39. Vgl. auch Guida Diehl: Selbstverständlichkeiten. In: NLTT 14. 21/1929.

40 Guida Diehl: Ist die Arbeit für innere Erneuerung fruchtbar, wenn sie losgelöst ist von der Arbeit für äußere Befreiung? In: NLTT 15. 5/1930. S. 38.

41 Guida Diehl: Der Young-Plan angenommen. In: NLTT 15. 7/1930. S. 70.

42 Beides sind nach Mosse wesentliche Elemente völkischen Denkens. Vgl. Mosse 1991. In den Rassentheorien verkörpern die Germanen die »arische« und damit die allen anderen überlegene Rasse. Vgl. von zur Mühlen 1977. S. 52ff.

43 Vgl. Max Maurenbrecher: Der 13. Neulandtag. In: NLTT 14. 17/1929. Charlotte van Himbergen: Aus Neulands Leben und Wirken. In: NLTT 14. 18/1929. Guida Diehl: Der 13. Neulandtag. In: NLTT 14. 19/1929.

44 Wolf ist Professor in Düsseldorf. Vgl. auch Ulbricht 1995. S. 36.

45 Teudt ist Gründer und »geistiger Führer« der *Vereinigung der Freunde der germani-*
   schen Vorgeschichte, die die Zeitschrift *Germanien: Monatshefte für Vorgeschichte und*
   Erkenntnis deutschen Wesens herausgibt. Er publiziert zur »Völkerseelenkunde« und
   Germanentum. 1929 erscheint sein Buch: Germanische Heiligtümer: Beiträge zur
   Aufdeckung der Vorgeschichte in erster Auflage. Zu Teudt vgl. Bollmus 1970.
   S. 177.

46 Die übrigen Vorträge: Pfarrer Losch: »Die Begegnung des Urgermanentums mit
   dem Christentum«; Kirchenrat Genzel: »Deutsch-christliche Kunst«; Studienrat
   Gerlach: »Das Deutschtum im Kampf der letzten Jahrhunderte«; Studienrätin
   Martha Brandt: »Christus und die deutsche Seele«. Zu Leffler vgl. auch Teil II
   Kapitel »Zwischen Deutschen Christen«.

47 Vgl. NLTT 14. 12/1929. S. 129.

48 Vgl. Marianne Kelber: Der 13. Neulandtag in Eisenach vom 28. September bis
   5. Oktober. In: NLTT 14. 20/1929. S. 200-203.

49 Ebd. S. 201.

50 Die Wahl Maurenbrechers stellt ein politisches Votum für die völkische Bewegung
   dar. Seine Wahl könnte damit zusammenhängen, daß Diehl und Maurenbrecher
   mit Friedrich Naumann einen gemeinsamen Bezugspunkt haben. Maurenbrecher
   war Redakteur von Naumanns Zeitschrift *Die Hilfe*. In den 20er Jahren ist er als
   Pfarrer in Thüringen tätig.

51 Max Maurenbrecher: Der 13. Neulandtag. In: NLTT 14. 17/1929. S. 165.

52 Eine prinzipielle Diskussion wäre ohnehin schwierig gewesen, da viele ›Rassentheoretiker‹ – so auch Wolf – sich überhaupt nicht um den Nachweis der Existenz von
   Rassen und deren begriffliche Definition bemühen, sondern diese als gegeben vor-
   aussetzen. So konstatiert Wolf: »Für mich sind die Rassen ganz einfach da als eine
   unleugbare Tatsache der Gegenwart.« Zitiert in: von zur Mühlen 1977. S. 121.

53 Max Maurenbrecher: Der 13. Neulandtag. In: NLTT 14. 17/1929. S. 166. Zur
   aktuellen Diskussion zu Eugenik und Rassenhygiene siehe Herlitzius 1995, Kühl
   1997, Schwartz 1993, 1995a u. 1995b. Weingart, Kroll u. Bayertz 1996.

54 Vgl. Guida Diehl: Zum 13. Neulandtag. In: NLTT 14. 19/1929. S. 185.

55 Vgl. Leitsätze: In: NLTT 15. 3/1930, Richtlinien für den deutschen Freiheitskampf: In: NLTT 15. 13/1930.

56 Vgl. Lotte van Himbergen: Liebe Neuländer und Neuländerinnen! In: TF 25/
   1930. S. 165. DWV.

57 In einem Artikel zur Vorbereitung des Neulandtags stellt Diehl die »Leitsätze« bereits im Juni 1930 explizit in diesen Kontext. Guida Diehl: Zum 14. Neulandtag.
   In: NLTT 15. 11/1930.

58 Zur Programmatik der Deutschen Christen vgl. Denzler u. Fabricius 1995, Meier
   1964, Siegele-Wenschkewitz 1994, Tilgner 1966. Siehe Teil II Kapitel »Zwischen
   Deutschen Christen«.

59 An anderer Stelle stimmt sie Günther prinzipiell zu, merkt aber an, daß er »manch-
   mal in der Bewertung der nordischen Rasse über das Ziel hinausschießt«. Guida

Diehl: Rassenkunde. In: NLTT 15. 15/1930. S. 163. Günther ist der Gegenspieler von Clauß, der zum Neulandtag 1931 eingeladen wird.

60 Zitiert in: Mosse 1978. S. 102/103.

61 Kapitel IV: »Die Notwendigkeit einer neuen Begegnung der deutschen Seele mit Christus«.

62 Kapitel V: »Der Christ in den politischen Kämpfen der Gegenwart«, Kapitel VI: »Neulands Aufgabe im Freiheitskampf« wird in den »Richtlinien« zu: »Unsere persönliche Stellung im deutschen Freiheitskampf«.

63 Leitsätze. In: NLTT 15. 3/1930. S. 27.

64 Der Ausdruck Reichsgottesarbeit gehört auch zum begrifflichen Instrumentarium der Religiösen Sozialisten. In diesem Begriff lassen sich Religion und Politik offenbar auf unterschiedliche Art und Weise verknüpfen. Scholder verweist darauf, »daß die ersten nationalsozialistischen Kirchenparteien in Landeskirchen entstanden, die als Hochburgen der Religiösen Sozialisten galten«. Vgl. ders. 1986. S. 248.

65 Vgl. Leitsätze. In: NLTT 15. 3/1930. S. 28.

66 Üblicherweise werden auf den Neulandtagen Vorträge von prominenten Personen gehalten. Abgewichen wird von diesem Ablauf bereits auf dem Neulandtag 1928, auf dem es um eine Diskussion des Buchs »Deutscher Frauenwille« geht, das schließlich ebenfalls als programmatische Schrift verabschiedet wird.

67 Vgl. z. B. Werner Neßler: Neulandnöte! NLTT 15. 10/1930.

68 Charlotte van Himbergen: Die Richtlinien über das Thema Gott – Freiheit – Vaterland. In: NLTT 15. 13/1930. S. 137.

69 Ebd. S. 137.

70 Guida Diehl: Rassenkunde. In: NLTT 15. 15/1930. S. 163. Vgl. auch die »Leitsätze« in: NLTT 15. 3/1930.

71 Es handelt sich um die Bücher: »Hinter den Kulissen der Revolution« und »Judentum und Weltumsturz«. Vgl. NLTT 14. 23/1929. S. 265. De Poncin veröffentlicht auch nach 1945 ›einschlägige‹ Schriften wie z. B. »Judaism and the Vatican: an attempt of spiritual supervision«.

72 NLTT 14. 23/1929. S. 265.

73 Zur Definition von Rasse und Rassismus vgl. Miles 1991. S. 93ff.

74 Vgl. Therese Bernhardi. Deutschtum und Christentum. In: TF 21/1929. S. 136. DWV.

75 Vgl. Miles 1991. S.109.

76 Vgl. Therese Bernhardi: Die Bedeutung des 13. Neulandtags. In: TF 21/1929. DWV.

77 Käthe Schmidt: Zum 13. Neulandtag. In: NLTT 14. 20/1929. S. 203.

78 Therese Bernhardi: Deutschtum und Christentum. In: TF 21/1929. S. 136. DWV. Bernhardi gehört vermutlich, ebenso wie Walter Vogel, zur »Ringführerschaft« der *Deutsch-Christlichen Arbeitsgemeinschaft Großdeutschlands*.

79 Vgl. Guida Diehl: Die »Island-Saga«. In: NLTT 15. 9/1930.

80 Zitiert in: Tilgner 1966. S. 220. Vgl. auch Thalmann 1994.

81 Guida Diehl: Rassenkunde. In: NLTT 15. 15/1930.

82 Lotte van Himbergen: Neuland im Vaterland. In: TF 23/1930. S. 151. DWV. Vgl. auch: Grete Hantelmann: Unser Mitkampf. In: NLTT 16. 7/1931.

83 Guida Diehl: Mein Bekenntnis zur Freiheitsbewegung. In: TF 26/1930. S. 180. DWV.

84 Nach Beginn der Zweiten Weltkriegs versucht Himmler ein befürchtetes Geburtendefizit zu verhindern, indem er die SS-Männer auffordert, auch außerehelich Kinder zu zeugen (Befehl vom 28.10.1939) und zusichert, diese in den Heimen des *Lebensborn e. V.* zu versorgen. Vgl. Lilienthal 1985. S. 132ff.

85 Kolb 1988. S. 92.

86 Ebd. S. 92.

87 Ebd. S. 105.

88 Der Deutsche Frauen-Kampfbund in Berlin. In NLTT 11. 23/1926. S. 288.

89 Im Innenausschuß des Reichstags wird 1930 eine Resolution angenommen, »in der Staat und Kirchen ›zum Kampf gegen den Kulturbolschewismus‹ aufgefordert wurden«. Vgl. Petersen 1988. S. 98.

90 Hermand u. Trommler 1978. S. 421.

91 Alfred Rosenberg (1893-1946) gilt als »halboffizieller Parteiphilosoph« und wird 1933 Leiter des Außenpolitischen Amtes der NSDAP. Er tritt bereits 1919 der NSDAP bei, wird 1923 zum Hauptschriftleiter des *Völkischen Beobachters* befördert. 1930 veröffentlicht er seine wichtigste Schrift »Der Mythus des zwanzigsten Jahrhunderts«, das nach Hitlers »Mein Kampf« zur »zweiten ›Bibel‹ der NS-Bewegung« avanciert. Darin bezeichnet er das Judentum und Christentum als »tödliche Feinde der germanischen Seele und ihres Ehrbegriffs«. 1934 wird er zum »Beauftragten des Führers für die Überwachung der gesamten geistigen und weltanschaulichen Schulung und Erziehung der NSDAP« ernannt. Wistrich 1983. S. 229-230. Zu Rosenberg vgl. auch Bollmus 1970 u. 1989.

92 Vgl. Giersch 1985. S. 169ff.

93 Bei der Einführung von Schulgebeten handelt es sich um eine besonders geschickte Propagandaaktion Fricks, durch die der Eindruck entsteht, Schulgebete seien zuvor verboten gewesen, was nicht der Fall ist. Vgl. Schreier 1985. S. 126.

94 Vgl. Liesenberg 1995. S. 447ff.

95 Vgl. Geschichte Thüringens 1978. S. 511ff.

96 Broszat 1987. S. 107/108.

97 Vgl. Verteidigungsschreiben in ihrem Parteiausschlußverfahren vor dem Obersten Parteigericht vom 5.8.1941. BARCH/OPG, Widerspruch Diehls gegen das Verbot des *Neulandblatts* vom 25 6.1940. BARCH/OPG.

98 Zum *Kampfbund für deutsche Kultur* vgl. Bollmus 1970, Giersch 1985, IFZG/MA 803, BARCH/«Research« Ordner 211.

99 Vgl. »Lehrgang gegen den Kulturbolschewismus«, »Weckruf gegen den Kulturbolschewismus«, »Kulturbolschewismus in Beispielen«. ADW/CA 859 I. Zur Begriffsbestimmng vgl. Petersen 1988. S. 98.

100 Vgl. z. B. W. Frühwald: Das Jahr 1930 im politischen Leben unseres Volkes. In: NLTT 16. 4/1931. Frick steht nicht nur für den Kampf gegen den »Kulturbol-

schewismus«, sondern gilt auch als Schlüsselfigur bei der Durchführung des Volksbegehrens, so daß die Neuland-Anhängerinnen in ihm auch ihre nationalen Interessen vertreten sehen können.

101 Lotte Fischer: Grundsätzliches zur Kritik am Nationalsozialismus. In: TF 28/ 1931. S. 200. DWV.

102 Bürgerkrieg entfacht! Notschrei deutscher Frauen. In: NLTT 17. 15/1932. S. 172.

103 Guida Diehl: Zum neuen Jahr. In: NLTT 15. 1/1930. S. 2. Im September 1929 beträgt die Arbeitslosigkeit 1,3 Millionen, ein Jahr später bereits drei Millionen, 1932 5,1 Millionen und erreicht im Winter 1932/33 schließlich sechs Millionen. Betroffen sind neben der Arbeiterschaft vor allen Dingen das »Kleinbürgertum« und die »Angestellten«. Vgl. Bracher 1979. S. 183. Jarausch betont, daß die Weltwirtschaftskrise das Bildungsbürgertum psychologisch verunsichert und real große Einkommenseinbußen bedeutet. So verlieren z. B. Studienrätinnen und Studienräte 30-40% ihrer Nominalbezüge. Vgl. Jarausch 1989 S. 197ff.

104 Guida Diehl: Neujahr nach zehn Jahren Knechtschaft. In: NLTT 14. 1/1929.

105 Theodor Geiger verweist auf die unterschiedliche Interessenlage und Mentalität des »alten« und »neuen Mittelstands« in der Weimarer Republik und argumentiert gegen die Bezeichnung »Mittelstand« für beide Gruppen. Vgl. Geiger 1932 S. 108ff.

106 Wenngleich die schwierige Lage der Mittelschichten beklagt wird, scheinen die Anhängerinnen der NLB selbst von Arbeitslosigkeit kaum betroffen zu sein. So weist die Scharversammlung 1931 den Vorschlag, für arbeitslose Anhängerinnen Schulungskurse einzurichten, mit der Begründung zurück, daß »die Zahl der Arbeitslosen in unseren Reihen noch nicht so groß ist«. Vgl. Coba Heyer, Lotte van Himbergen: Geschäftliche Jahresversammlung der Neulandschar am 28. Mai 1931. In: TF 29/1931. S. 207. DWV.

107 Diehl 1928b. S. 115/116.

108 Käthe Matthesius: Ist Neuland noch not? In: NLTT 17. 10/1932. S. 112.

109 Diehl 1933b. S. 9.

110 Ebd. S. 28.

111 Ebd. S. 35.

112 Vgl. Beschlüsse des Deutschbundes auf seiner Bundestagung in Bamberg: In: NLTT 15. 17/1930.

113 Vgl. hierzu Hohlwein 1962. Spalte 1426.

114 Wolfgang Schieder verweist darauf, daß die NSDAP bis 1933 aus Gründen der ideologischen Flexibilität keine »Programmpartei«, sondern eine »Weltanschauungspartei« ist. Das gilt m. E. in besonderem Maße für die Frauenpolitik. Vgl. ders. 1993. Zu frauenpolitischen Konzepten der NSDAP vor 1933 vgl. H.-J. Arendt 1982, Kaplan u. Adams 1990, Stephenson 1983. Zum nationalsozialistischen Frauenbild vgl. Rupp 1977.

115 H.-J. Arendt 1982. S. 66.

116 Paragraph 21 lautet: »Der Staat hat für die Hebung der Volksgesundheit zu sor-

gen, durch den Schutz der Mutter und des Kindes [...]«. Zitiert in: Diehl [1932a].
S. 120.

117 H.-J. Arendt 1982. S. 62ff.

118 Gregor Strasser (1892-1934) ist von Beruf Apotheker, tritt bereits 1920 der *Natio-nalsozialistischen Freiheitspartei*, einer Vorläuferin der NSDAP, bei. 1924 bis 1933 vertritt er die NSDAP im Reichstag. 1934 wird er in Zusammenhang mit der Röhm-Affäre erschossen. Gregor Strasser, zeitweise Hitlers gefährlichster Konkurrent, zählt ebenso wie sein Bruder Otto zum sogenannten linken Flügel der NSDAP. Zudem erkennt er die Notwendigkeit, die Frauen in die Partei zu integrieren, und fördert die Gründung einer einheitlichen Frauenorganisation. Vgl. Stockhorst 1985. S. 415, Wistrich 1983. S. 262ff.

119 Ich beziehe mich im folgenden auf Stephenson 1981.

120 Ebd. S. 29ff. Im August 1930 weist der *Deutsche Frauenorden* 160 Ortsgruppen mit einer Mitgliederzahl von insgesamt 4.000 Personen auf gegenüber 3.500 Mitgliedern und Sympathisantinnen der NLB – legt man die Abonnentinnenzahl des *Neulandblatts* zu Grunde.

121 »Unser Ruf – unser Bekenntnis: Ohne innerste Erneuerung unseres Volkskerns aus Gottes Kraft beim Schaffen neuer Verhältnisse gibt es keine deutsche Zukunft«. Flugblatt der NLB, des *Deutschen Frauenkampfbundes* und des *Eisenacher Arbeitsrings*. Undatiert, vermutlich 1932. ADJB/A2-123.

122 Diehl [1932a]. S. 45. Ähnlich drückt sie sich in einem Brief an Hitler aus, in dem sie in Anbetracht ihrer Schwierigkeiten in der *NS-Frauenschaft* die Anerkennung der NLB als der NSDAP »geistesverwandte Bestrebung« zu bewirken hofft. Brief von Diehl an Hitler vom 8.11.1932. BARCH/RKK.

123 Ida M. an Gregor Strasser vom 17.7.1931. BARCH/NS 22/431. *Der National-sozialist* ist die Parteizeitung der NSDAP in Thüringen. Der relevante Jahrgang ist nicht erhalten.

124 Scheiben von Charlotte F., Margarete P. an Hitler vom 27.3.1931; Dora G. an Hitler vom 29.3.1931; Gertrud R. an Hitler vom 30.3.1931; Anna L. am 27.3.1931 an Hitler. BARCH/NS 22/431.

125 Brief der Reichsorganisationsleitung an Lotte F. vom 22.4.1931. BARCH/NS 22/431.

126 Vgl. BARCH/NS 22/430.

127 Dieser teilt Diehl unter dem Zusatz »geheim« mit, daß sich in einem Gespräch mit Strasser herauskristallisiert habe, daß sie gemäß der von ihr entworfenen Richtlinien die *NS-Frauenschaft* und Zander die *Nationalsozialistische Schwestern-schaft* führen solle. Schreiben von Paul Schulz an Diehl vom 17.8.1931. BARCH/NS 22/431.

128 Vgl. z. B. Brief von Frieda K. an Strasser vom 16.11.1931; Diehl an Strasser vom 5.11.1931. BARCH/NS 22/431.

129 Schreiben von Diehl an Strasser vom 8.12.1931. BARCH/NS 22/430.

130 Brief von Diehl an Strasser vom 5.11.1931. BARCH/NS 22/431.

131 Vgl. Stephenson 1981. S. 51ff.

132 In ihrem Arbeitsbericht gibt Diehl an, ihre Stelle am 1.2. 1932 angetreten zu haben. Woraus sich die unterschiedlichen Daten erklären, ist nicht rekonstruierbar. Die Reichsfrauenleitung besteht aus drei Abteilungen: der für geistig-kulturelle Erziehung, die von Diehl übernommen wird, der für nationalwirtschaftliche und hausfrauliche Erziehung und der für karitative Arbeit. Vgl. hierzu: »Die Organisation der nationalsozialistischen Frauen in der Nationalsozialistischen Frauenschaft«. BARCH/NS 44/55.

133 Die Auflage des *Neulandblatts* beträgt zu diesem Zeitpunkt 3.000.

134 Schreiben von Diehl an Strasser vom 20.11. und 8.12.1931. Schreiben von Diehl an Zander vom 8.12.1931 BARCH/NS 22/430.

135 Der Bericht bezieht sich auf den Zeitraum von Oktober 1931 bis Oktober 1932. Diehl listet in ihrem Bericht auch Vorträge auf, die sie bereits vor ihrem Amtsantritt im Oktober 1931 als Reichsparteirednerin gehalten hat. Vgl. Arbeitsbericht Diehls für Strasser vom 8.10.1932. BARCH/RKK.

136 Das Buch erscheint in insgesamt sechs Auflagen. Ebenso wie Diehls Schrift »Heilige Flamme glüh!« wird es 1935 in die nationalsozialistische Bibliographie aufgenommen.

137 Vgl. z. B. der Artikel: Guida Diehl: Wir klagen an! In: NLTT 17. 18/1932. Diehl führt diesen auch in ihrem Arbeitsbericht als Produkt ihrer Tätigkeit als Kulturreferentin an.

138 Vgl. NLTT 17. 1/1932.

139 Ich beziehe mich im folgenden auf die erste Auflage, die im Sommer 1932 erschienen ist.

140 Diehl [1932a]. S. 95ff.

141 Ebenso entspricht die auf dem Neulandtag 1933 erstellte und an alle »einflußreichen Stellen« versandte »Denkschrift für die Erneuerung deutschen Frauentums und seine Eingliederung ins Volksganze« in etwa den im »Deutschen Frauenwillen« artikulierten frauenpolitischen Forderungen der NLB. DWV.

142 Diehl [1932a]. S. 116.

143 Diehl ist 1933 vorübergehend als Frauenreferentin der *Glaubensbewegung Deutsche Christen* tätig. Vgl. Teil II Kapitel »Zwischen Deutschen Christen«.

144 Diehl [1932a]. S. 113.

145 Nachdem es auf der Tagung der Gaufrauenschaftsleiterinnen Ende Juli 1932 in München zu Meinungsverschiedenheiten gekommen war, vermittelt Zander Diehl nicht mehr als Rednerin für die *NS-Frauenschaft*. Hierüber beklagt sie sich bei Strasser. Vgl. Schreiben von Diehl an Strasser vom 3.10.1932. BARCH/RKK.

146 Beyer 1932. S. 73.

147 Schreiben von Diehl an Strasser vom 3.10.1931, Schreiben von Diehl an Hitler vom 8.11.1932. BARCH/RKK.

148 Vgl. Kirkpatrick 1938. S. 109.

149 Die erste Auflage erscheint im August 1932 im Neuland-Verlag, umfaßt 4.000 Exemplare und ist laut Diehl nach sechs Wochen vergriffen.

150 Ankündigung. BAYHSTA/FlSlg 28.

151 Schreiben von Alwine W. an Diehl vom 26.7.1940. BARCH/OPG.

152 Laut Diehls Arbeitsbericht erreicht das Flugblatt bis Oktober 1932 eine Auflage von 450.000. Vgl. auch »Ausarbeitung über den Vortrag von Frau Guida Diehl, Kultursachbearbeiterin i. d. Abt. f. Frauenarbeit der Reichsleitung der NSDAP, am 27. Februar 1932 in Frankfurt/M.« In: ADJB/Personalakte Guida Diehl.

153 Erklärung nationaler Frauenkreise Deutschlands gegen die Genfer Abrüstungskommission 1932. In: NLTT 17. 1/1932. Ebenso kritisiert die NLB die Gründung einer deutschen Sektion des *Weltfriedensbundes der Mütter*, die von Constanze Hallgarten geleitet wird und der viele prominente Mitglieder der bürgerlichen Frauenbewegung angehören. Vgl. Guida Diehl: Der »Weltfriedensbund der Mütter«? In: NLTT 17. 4/1932.

154 Vgl. Gerhard 1990. S. 369, Grossmann 1984.

155 Vgl. Guida Diehl: »Weihnachtsfrieden« – »Notverordnung« und – Wirklichkeit. In: NLTT 17. 2/1932, Grete Hantelmann: Noch einmal »Frauen in Not«. In: NLTT 17. 4/1932.

156 Vgl. Evans 1976. S. 248ff.

157 Zitiert in: Gerhard 1990. S. 375. Vgl. auch Evans 1976. S. 255.

158 Material zum Kampf der Frauen um Arbeit und Beruf von September 1932, »Gelbe Blätter« und verschiedene Korrespondenz und Anschreiben zum Kampf gegen die NSDAP 1932-1934. HLA/Film 57 256, 1-3.

159 Vgl. Evans 1976. S. 255.

160 Zur »Gleichschaltung« der bürgerlichen Frauenorganisationen vgl. H.-J. Arendt 1979. Kammer und Bartsch definieren »Gleichschaltung« als einen Prozeß, dessen Ziel es ist, »die bestimmenden Führungskräfte in allen Bereichen der Gesellschaft des bisher demokratisch regierten Deutschen Reiches abzulösen und alle Vollmachten auf die Führung der NSDAP und die von ihr gestellte Reichsregierung zu übertragen, um jeden Bereich des Staates und des sozialen Lebens nationalsozialistisch zu durchdringen und zu beherrschen«. 1992. S. 80.

161 Greven-Aschoff 1981a. S. 186.

162 Guida Diehl: Die Ausstellung »Die Frau« in Berlin. In: NLTT 18. 9/1933. S. 99. Die Ausstellung findet im März und April 1933 in Berlin statt.

163 Coba Heyer u. Lotte van Himbergen: Geschäftliche Versammlung der Neulandschar am 28. Mai 1931. In: TF 29/1931. S. 207. DWV.

164 Vgl. Erna Braun: Der Neulandkreis Elbing (Hornung 1931). In: NLTT 16. 6/1931.

165 Mosse 1991. S. 292. Im Gegensatz zu Hans F. K. Günther, der das Aussehen einer Person zum Ausgangspunkt seiner Klassifizierung wählt, vertritt Clauß die Ansicht, daß »die äußere Erscheinung nicht wesentlich, wenn auch wünschenswert, für die arische Persönlichkeit sei«. Gerade die Uneinigkeit der nationalsozialistischen ›Rassentheoretiker‹ über die Kriterien der Klassifikation ermöglichte nach Mosse eine flexible Handhabung durch die Nazis. Ders. 1991. S. 319. Zum Verhältnis von Jugendbewegung und NS vgl. z. B. A. Klönne 1980, 1985, 1995.

166 Vgl. Erna Braun: Kampf um »Neues Land« in Ostpreußen. In: NLTT 18. 2/1933.

167 Vgl. Jürgensen 1984. S. 13.

168 Priepke 1960. S. 45.

169 Ebd. S. 15.

170 Vgl. Guida Diehl: Schwenkung des Burckhardthaus-Verbandes? In: NLTT 17. 4/ 1932.

171 Vgl. Jürgensen 1984. S. 20.

172 Vgl. Priepke 1960. S. 52.

173 Vgl. Erklärung der Neulandbewegung zur deutschen Wende: Die Neulandbewegung, Der Kampfbund für deutsche Frauenkultur. In: NLTT 18. 8/1933. Zudem vertreibt die NLB unter dem gleichen Titel – mit leicht abgewandeltem Text – ein Flugblatt, das jedoch nur mit »Neulandbewegung« unterzeichnet ist.

174 Vgl. Guida Diehl: Zeichen der neuen Zeit. In: NLTT 18. 8/1933.

175 Die evangelischen Jugendverbände schließen sich im Juli 1933 zum *Evangelischen Jugendwerk* zusammen. Der Text des Abkommens und die Ausführungsbestimmungen sind abgedruckt in: Jürgensen 1984. S. 168-170. Vgl. auch Priepke 1960. S. 54ff.

176 Vgl. Brief von Diehl an Reichsbischof Müller vom 18.12.1933. EZA 1/A4/58.

177 Marianne Kelber: Die Eingliederung der ev. Jugend in die Hitlerjugend. In: NLTT 19. 5/1934. S. 62.

178 Guida Diehl: Die Neulandbewegung und ihre Jugendarbeit. In: NLTT 19. 5/ 1934. S. 60.

179 Vgl. Marianne Kelber: Die Eingliederung der ev. Jugend in die Hitlerjugend. In: NLTT 19. 5/1934.

180 Vgl. Reese 1991. S. 213.

181 Berichte über die Arbeitstagung 3.-8. Januar: Erna Braun u. a. In: NLTT 19. 2/ 1934.

182 Vgl. Lotte van Himbergen: Die Eingliederung der Evangelischen Jugend in die HJ. In: *Wartburg-Ruf* 11. 5/1934.

183 Inoffiziell versucht man, die Jugendarbeit fortzusetzen. Eine der Zeitzeuginnen berichtet, noch 1939 an einer Jungneuland-Freizeit teilgenommen zu haben.

184 Diehl 1928b. S. 113.

185 Guida Diehl: Zum neuen Jahr. In: NLTT 15. 1/1930. S. 2. Vgl. auch Grete Hantelmann: Vom 14. Neulandtag: Neuland sei wach! In: NLTT 15. 13/1930. Sie bezeichnet den NS als »völkische Welle«.

186 Ellinor Falk: Ein Rück- und Ausblick. In: NLTT 15. 13/1930. S. 136.

187 Ebd. S. 135.

188 Ebd. S. 136.

189 Gotthard Meincke: Neuland und Nationalsozialismus. In: TF 25/1930. S. 172. DWV. Vgl. auch ders: Politik und Pfarrer. In: NLTT 15. 14/1930. Nach Beate Schreier ist Meincke »durch die Jugendarbeit zu den Nazis gekommen«. Sie beschreibt ihn als »glühenden Verteidiger der Schulgebete Fricks«. Vgl. dies. 1985. S. 124/125.

190 Beitrittsnummer 339 212. Vgl. »Fragebogen zur Bearbeitung des Antrags auf Aufnahme in die Reichsschrifttumskammer«. Undatiert, vermutlich von 1938. BARCH/RKK. Zum Wahlausgang vgl. Broszat 1987. S. 112.

191 Guida Diehl: Mein Bekenntnis zur Freiheitsbewegung. In: TF 26/1930. S. 180. DWV.

192 Guida Diehl: Geschäftsbericht des Jahres 1930/31. In: TF 29/1931. S. 204. DWV.

193 Auf dem Neulandtag Pfingsten 1930 wird der bislang aus Jugendrat und Freundesrat bestehende Neulandrat umgestaltet, da ein spezifischer Jugendrat aufgrund der Altersstruktur der Neuland-Anhängerinnen nicht mehr notwendig erscheint. Der Neulandrat setzt sich nun zum einen aus Diehl und den Angestellten der NLB, zum anderen aus den Vertreterinnen der 14 Teilgruppen zusammen. Von den Teilgruppen werden jeweils zwei Personen vorgeschlagen, von denen von den Dauermitgliedern eine ernannt wird. Vgl. Guida Diehl: Vorschläge für die Scharversammlung Pfingsten 1930. In: TF 23/1930. S. 154. DWV.

194 Emma Huber: Die erste Neulandratssitzung. In: TF 27/1931. S. 188. DWV. Die 14 Teilgruppen werden von insgesamt zehn Personen vertreten, darunter sind neun Frauen und ein Mann. Alle Vertreterinnen und der Vertreter sind vermutlich Kreisleiterinnen oder Kreisleiter.

195 Die Mitglieder der Neulandschar gehören zum innersten Kreis der NLB (ca. 1.000 Personen). Sie sind bei der Abstimmung nicht alle präsent, denn insgesamt erscheinen auf dem Neulandtag 1931 nur »ueber 100 Vertreter«. Vgl. Vom 15. Neulandtag 1931. In: NLTT 16. 11/1931. S. 110.

196 Lotte van Himbergen u. Coba Heyer: Geschäftliche Jahresversammlung der Neulandschar am 28. Mai 1931. In: TF 29/1931. S. 206. DWV.

197 Guida Diehl: Neuland und Politik. In: TF 23/1930. DWV.

198 Vgl. Broszat 1987. S. 150.

199 Vgl. Helene Meyer: Aufgaben. In: TF 32/1932. DWV. Auf dem Neulandtag sind vermutlich ca. 200 Personen anwesend. Vgl. Elisabeth Wagner: Berichte vom Neulandtag. In: NLTT 17. 11/1932. S. 121.

200 Schemm hält eine Rede zur Würdigung Luthers als Christ und Deutscher. Fabricius ist zwar verhindert, bringt seine Meinung aber des öfteren im *Neulandblatt* zum Ausdruck. Günter Neliba bezeichnet Fabricius als den »Hofbiographen« Fricks. Vgl. ders. 1992 u. 1995.

201 Guida Diehl: Liebe Mitglieder der Neulandschar! In: TF 31/1932. S. 221. DWV.

202 Erna Braun: Für alle Neuländerinnen, die noch abseits der Freiheitsbewegung stehen. In: TF 32/1932. S. 234. DWV. Braun ist Leiterin des Elbinger Neulandkreises.

203 Ellinor Falk u. Traute Lode: Geschäftliche Jahresversammlung der Neulandschar am 17. Mai 1932. In: TF 32/1932. S. 238. DWV.

204 Vgl. Guida Diehl: Durchhalten. In: NLTT 17. 14/1932.

205 Ursula Seicher: Ein schlichtes »Muß«. In: NLTT 15. 19/1930. S. 217.

206 Vgl. Guida Diehl: Liebe Neulandschar! In: TF 28/1931. S. 199. DWV.

207 Vgl. z. B. Guida Diehl: Werbetätigkeit für Neuland. In: NLTT 17. 2/1932.

208 Vgl. Guida Diehl: Zu den Vorarbeiten des 14. Neulandtags. In: NLTT 15. 4/1930.

209 Vgl. Liebe Neulandleser! Der Neulandverlag. In: NLTT 17. 2/1932.

210 Coba Heyer, Lotte van Himbergen: Geschäftliche Jahresversammlung der Neulandschar am 28. Mai 1931. In: TF 29/1931. S. 206. Vgl. auch Guida Diehl: Geschäftsbericht des Jahres 1930/1931. In: TF 29/1931. DWV.

211 Elisabeth Tiede: Liebe Schar! In: TF 13/1927. O.S. DWV.

212 Lotte van Himbergen: Unser 16. Neulandtag: Dank und Freude. In: TF 32/1932. DWV.

213 Ellinor Falk u. Traute Lode: Geschäftliche Jahresversammlung der Neulandschar am 17. Mai 1932. In: TF 32/1932. S. 237. DWV.

214 Alle folgenden Zahlenangaben sind nach Sperlings zusammengestellt. Vgl. Sperlings 1923-1939.

215 Vgl. Guida Diehl: Geschäftsbericht vom Oktober 1928 – Oktober 1929. In: TF 22/1929. S. 145. DWV.

216 Ellinor Falk u. Traute Lode, Geschäftliche Jahresversammlung der Neulandschar am 17. Mai 1932. In: TF 32/1932. S. 238. DWV.

217 Vgl. BARCH/OPG. Zum Dilemma der NLB zwischen Eigenwerbung und Werbung für den NS vgl. auch Teil II Kapitel »Die Zeitschriften«.

218 Helene Meyer: Neue Aufgabe. In: TF 32/1932. S. 232. DWV. Vgl. auch Guida Diehl u. Gotthard Meincke: An alle, die die deutsche Wende begreifen. In: NLTT 16. 1/1931.

219 Helene Meyer: Neue Aufgabe. In: TF 32/1932. S. 233. DWV.

220 Käthe Matthesius: Ist Neuland noch not? In: NLTT 17. 10/1932. S. 111/112. Vgl. auch Elizabeth Thimm: Heilige Flamme. In: TF 32/1932. S. 231. DWV.

221 Wieneke 1932. S. 30. Auch von Arnold Dannenmann, ebenfalls Vertreter der Deutschen Christen, wird Diehl als Vorkämpferin derselben betrachtet und als einzige Frau aufgeführt. Vgl. ders. 1933. S. 17. Vgl. auch Teil II Kapitel »Zwischen Deutschen Christen«.

222 Vgl. Leitsätze. In: NLTT 15. 3/1930. S. 27.

223 Vgl. Teil I Kapitel »Programm«.

224 Anita Ukert: Pfingstmontag, den 16. Mai 1932. In: NLTT 17. 11/1932. Vgl. auch Diehl 1933c. S. 38.

225 Lotte van Himbergen: Neuland im Vaterland. In: TF 23/1930. S. 152. DWV.

226 Diehl beklagt, daß ein Teil der NLB »die politischen Fragen ausgeschaltet wissen will«. Vgl. Guida Diehl: Jahresbericht 1929/30. In: TF 25/1930. S. 173. DWV.

227 Heuer: Gegenwartsaufgaben Neulands: Für und wider im Kampf der Meinungen. In: NLTT 15. 10/1930. S. 105.

228 Wilhelm Eichholz: Nationalsozialismus oder Neuland? In: NLTT 15. 19/1930. S. 218. In offener Opposition zum pronationalsozialistischen Kurs der NLB steht auch der Krefelder Neulandkreis, deren Leiterin bereits 1926 aus der Neulandschar ausgetreten ist. Vgl. Lotte van Himbergen: Bericht über die Reisetätigkeit

1930/31. In: TF 29/1931. DWV. Zur Zurückhaltung gegenüber der NSB und Überparteilichkeit mahnt die ostpreußische Scharversammlung. Vgl. Dorothea Crome: Liebe Scharmitglieder. In: TF 28/1931. DWV. Vgl. auch Unsere Ostpreußenfreizeit in Neuheuser. Berliner Neuländer u. a. In: NLTT 16. 17/1931.

229 In dieser Ausgabe erklärt und begründet Gotthard Meincke, Mitglied des Neulandrates und eine der einflußreichsten Personen in der NLB, seinen Beitritt zur NSDAP.

230 Wilhelm Eichholz: Nationalsozialismus oder Neuland? In: NLTT 15. 19/1930. S. 219.

231 Guida Diehl: Schlußwort. In: NLTT 15. 19/1930. S. 221.

232 Ebd. S. 221.

233 Erna Ziehe: Treue halten. In: NLTT 15. 18/1930.

234 Selbst die DNVP, der zu diesem Zeitpunkt noch viele Anhängerinnen angehören, zählt nach Ziehe nicht zu den wählbaren Parteien.

235 Margarete Hantelmann: Kritik am Nationalsozialismus. In: NLTT 15. 19/1930. S. 219.

236 Ebd. S. 220.

237 Vgl. Dora Schröter: Als Christ hinein in die Partei! In: TF 26/1930. DWV.

238 Käthe Schmidt: Bericht über das sächsische Führertreffen in Dresden. In: TF 28/1931. DWV. S. 201.

239 Vgl. Gotthard Meincke: Neuland und Nationalsozialismus. In: TF 25/1930. S. 172. DWV.

240 Guida Diehl: Schlußwort. In: NLTT 15. 19/1930. Der Vorwurf der Gewaltanwendung wird von verschiedenen Seiten durch den Hinweis auf Jesu Tempelaustreibung zurückgewiesen. Die Tempelaustreibung soll beweisen, daß Gewalttätigkeit und Christentum sich nicht widersprechen.

241 Erna Ziehe: Treue halten. In: NLTT 15. 18/1930. S. 210.

242 Helene Meyer: Positive Neulandarbeit. In: TF 26/1930. S. 181. DWV.

243 Auch Diehl bezeichnet die Aufgaben der Frauen als »Hüterin des Heiligsten im Volk« – gemeint ist das Blut – als »Amt«. Vgl. dies. [1932a]. S. 84.

244 Vgl. Margarete Hantelmann: Kritik am Nationalsozialismus. In: NLTT 15. 19/1930.

245 Margarete Hantelmann: Unser Mitkampf. In: NLTT 16. 7/1931. S. 67.

246 Eine ähnliche Entwicklung durchläuft Erna Braun, Studienrätin und Leiterin des Elbinger Neulandkreises. Vgl. dies.: Neuland über den Parteien. In: TF 26/1930, dies.: Für alle, die noch abseits der Freiheitsbewegung stehen. In: TF 32/1932. DWV.

247 Vgl. hierzu: Elli Gottschilling: Neuland über den Parteien. In: TF 26/1930. DWV.

248 Zum Christlich-Sozialen Volksdienst vgl. Methfessel 1968, Opitz 1969.

249 Vgl. Opitz 1969. S. 176. Tatsächlich gelingt es dem Christlich-Sozialen Volksdienst, bei den Reichstagswahlen am 14. September 1930 Teile der evangelischen Frauenbewegung an sich zu binden. Insgesamt sind zwei Drittel seiner Wählerschaft

weiblichen Geschlechts, was Opitz auf die größere kirchliche Bindung von Frauen zurückführt. Ebd. S. 182.

250 Margarete Hantelmann: Was will der Christlich-Soziale Volksdienst. In: NLTT 15. 18/1930.

251 Margarete Hantelmann: Der Christlich-Soziale Volksdienst. In: TF 27/1931. S. 196. DWV.

252 Ebd. S. 196.

253 Guida Diehl: Mein Bekenntnis zur Freiheitsbewegung. In: TF 26/1930. S. 180. DWV. Diehl meint den *Christlich-Sozialen Volksdienst*, denn der *Christliche Volksdienst* existiert seit seiner Vereinigung mit dem christlich-sozialen Flügel der DNVP nicht mehr.

254 Ebd. S. 180.

255 Gotthard Meincke: Neuland und der Nationalsozialismus. In: TF 25/1930. S. 172. DWV.

256 Broszat 1987. S. 113.

257 Ebd. S. 101.

258 Vgl. Greschat 1989.

259 Vgl. Dürkop 1984, Herlitzius 1995.

260 Vgl. hierzu Dürkop 1984. S. 144ff., Greven-Aschoff 1981a. S. 112.

261 Vgl. Evans 1976. S. 243. Zu Salomon, Schirmacher und (Voß)-Zietz vgl. Teil I Kapitel »Neuland und Frauenbewegung«.

262 Guida Diehl: Rasseerbgut und Neugeburt. In: NLTT 16. 12/1931. S. 123.

263 Guida Diehl: Aus der inneren Not der Zeit. In: NLTT 17. 9/1932. S. 100.

264 Guida Diehl: Eine ungesühnte Schmach. In: NLTT 17. 21/1932. S. 231.

265 Vgl. Teil II Kapitel »Zwischen Deutschen Christen«.

266 Diehl 1933b. S. 33, vgl. auch S. 25, Diehl 1933c. S. 38.

267 Diehl 1933b. S. 90.

268 Martha Brandt: Deutschtum. In: NLTT 14. 18/1929. S. 181. Vgl. auch Hans Pförtner: Geschichte und Volkstum als Quellen der Erneuerung. In: NLTT 14. 16/1929.

269 Deutsches Christentum? In: TF 26/1930. S. 182. DWV.

270 Gotthard Meincke: Antwort. In: TF 26/1930. S. 182. DWV.

271 Vgl. Thalmann 1987. S. 95. Das Gesetzt ist abgedruckt in: Dokumente des Verbrechens 1993. S. 38-41.

272 Max Gerlach: Die politische Reformation im Lutherjahr 1933. In: NLTT 19. 1/1934. S. 5/6. Ähnlich äußert sich Diehl bereits im März 1933. Vgl. Guida Diehl: Das deutsche Blut singt in uns. In: NLTT 18. 6/1933.

273 Max Gerlach: Die nationale Revolution im Jahre 1933. In: NLTT 18. 10/1933. S. 104-105.

274 Vgl. Bock 1986. S. 8. Das Gesetz ist abgedruckt in: Deutsche Geschichte 1993. S. 94-95. Vgl. auch Weingart, Kroll u. Bayertz 1996. S. 464ff.

275 Guida Diehl: Die Mittelpunktstellung des Muttergeschlechtes. In: NLTT 19. 8/1934. S. 98. In Thüringen setzen die Sterilisationen bereits unmittelbar nach der

Machtergreifung ein, bis Ende 1936 sind 1% aller 17-24jährigen sterilisiert. Vgl. Weingart, Kroll u. Bayertz 1996. S. 471.

276 Hans Harmsen promoviert 1924 bei dem Sozialhygieniker Alfred Grotjahn mit einer bevölkerungspolitischen Arbeit zum Dr. med. Ab 1927 arbeitet er als Experte für Bevölkerungspolitik, Sozialpathologie und Sozialethik für den *Zentralausschuß*. Er ist Geschäftsführer der 1924 gegründeten *Arbeitsgemeinschaft für Volksgesundung*, zu der auch die NLB gehört, und übernimmt 1928 zusätzlich das neugegründete »Referat für Gesundheitsfürsorge« des *Zentralausschusses*. Ab 1931 leitet er zudem die »Fachkonferenz für Eugenik«, deren »Ständiger Ausschuß« sich ab Oktober 1933 »Ständiger Ausschuß für Fragen der Rassenhygiene und Rassenpflege« nennt. Zu Harmsen vgl. Kaiser 1986. S. 204ff., Lauterer 1994. S. 116, Schwartz 1995a S. 433ff.

277 Hans Harmsen: Geistig Tote? In: NLTT 19. 17/1934.

278 Kaiser 1986. S. 212. Das »Gesetzes zur Verhütung erbkranken Nachwuchses« entspricht zwar in wesentlichen Punkten den bereits 1931 in Treysa geäußerten Forderungen, abgelehnt wird aber der Zwangscharakter der Sterilisationen. Ebd. S. 207ff.

279 Ersteres untersagt Eheschließungen sowie außerehelichen Geschlechtsverkehr zwischen »Juden und Staatsangehörigen deutschen oder artverwandten Blutes«, letzteres scheidet die Juden als »Staatsangehörige« von den »Reichsbürgern«. Vgl. Deutsche Geschichte 1993. S. 95-96.

280 Hans Harmsen: Staatliche Ehezeugnisse und Eheverbote. In: NLTT 20. 21/1935.

281 Guida Diehl: Der deutsche Kampf gegen das Judentum. In: NLTT 20. 19/1935. S. 225.

282 Guida Diehl: Das Judentum gegenüber Christus und dem Christentum. In: NLTT 20. 19/1935. S. 227.

283 Ebd. S. 227

284 Guida Diehl: Die »Verjudung« der Kirche. In: NLTT 20. 21/1935. S. 248.

285 Guida Diehl: Zum neuen Jahr. In: NLTT 19. 1/1934. S. 2/3.

286 Vgl. Teil II Kapitel »Der Young-Plan«.

287 Soeken 1934. S. 137.

288 Koonz 1994. S. 286.

289 Vgl. Kaufmann 1988. S. 117ff., Schwartz 1995a.

290 Koonz 1994. S. 317.

291 Ebd. S. 316.

292 Vgl. Koonz 1994. S. 275 u. 284. Die Zahl 250.000 bezieht sich vermutlich auf das Jahr 1934.

293 Schreiben Diehls an das Gaugericht Thüringen vom 8.5.1941. BARCH/OPG. Vgl. auch Brief von Diehl an Hitler vom 8.11.1932. BARCH/RKK.

294 Im Dezember 1934 beträgt der Anteil der Frauen in der NSDAP 5,5 %. Vgl. Kater 1983. S. 206.

295 Das Beitrittsdatum wurde gewöhnlich um einige Wochen vor die Antragstellung zurückverlegt.

296 Van Himbergen und Huber müssen sich nach 1945 ebenso wie Diehl einem Entnazifizierungsverfahren vor der Eisenacher Spruchkammer unterziehen. Vgl. BARCH/FB 1524 A 25.

297 Zur *Nationalsozialistischen Volkswohlsfahrt* vgl. Teil II Kapitel »Das Neulandhaus«.

298 Vgl. Sperlings 1930. S. 289.

299 Vgl. Rundschreiben Diehls an die Mitglieder des Eisenacher Arbeitsrings. Undatiert, vermutlich 1933. ADJB/Neulandbund 1/2.

300 Guida Diehl: Adolf Hitler: Mein Kampf (1. Band). In: NLTT 15. 17/1930, dies.: Adolf Hitler: Mein Kampf (2. Band). In: NLTT 15. 18/1930.

301 Guida Diehl, Gotthard Meincke: An alle, die die deutsche Wende begreifen. In: NLTT 16. 1/1931. Mit Fricks Empfehlung: BARCH/NS 44/55.

302 Indirekte Wahlempfehlungen: Vgl. Max Gerlach: Quo Vadis Germania? In: NLTT 17. 20/1932, ders: Quo Vadis Germania? In: NLTT 17. 21/1932, Freiin von der Soltz: Die Stimme des Auslandsdeutschtums. In: NLTT 17. 13/1932. Direkte Wahlempfehlungen: Vgl. Erklärung der Vereinigten Vaterländischen Verbände, Wider das Laufenlassen, wie es läuft! Beide Artikel in: NLTT 17. 7/1932, Guida Diehl: Durchhalten. In: NLTT 17. 14/1932.

303 Hans Fabricius: Kirche und Deutschland. In: NLTT 17. 2/1932, ders: Pfingst-Gedanken über Volk und Kirche. In: NLTT 17. 10/1932, Ansprache von Hans Schemm: In: NLTT 17. 11/1932.

304 Guida Diehl: Das deutsche Blut singt in uns. In: NLTT 18. 6/1933. S. 54. Der Artikel wird unmittelbar nach den März-Wahlen 1933 verfaßt.

305 Vgl. Schreiben von Diehl an alle Neuländerinnen vom 12.12.1934. ADJB/Neulandbund 1/2. Vgl. Teil II Kapitel »Rückzug«.

306 Marianne Kelber: Unser Kinderblatt verdoppelt seinen Umfang. In: NLTT 17. 12/1932. S. 139.

307 Vgl. Sperlings 1930. S. 56.

308 Es handelt sich um einen Berufsverband der Absolventinnen des Neuland-Gemeindehelferinnenseminars, der für diese jährliche Treffen sowie Weiterbildungsveranstaltungen durchführt.

309 Vgl. Eine Jugendherberge für die nationalsozialistische Jugend. Undatiert, vermutlich 1931. BARCH/NS 22/431.

310 In ihrem Schreiben an Gregor Strasser vom 3.8.1932 rechnet Diehl vor, daß die NLB 300 Mittagessen für SA-Leute finanziert, der *NS-Frauenschaft* und dem *und Deutscher Mädel* Räume zu Verfügung gestellt habe etc. BARCH/RKK.

311 Schreiben von Lotte van Himbergen an den Centralausschuß für Innere Mission vom 24.7.1934. ADW/CA 859 I. Die *Nationalsozialistische Volkswohlfahrt*, eine im Mai 1933 gegründete Organisation der NSDAP, ist zuständig »für alle Fragen der Volkswohlfahrt und Fürsorge« für die den nationalsozialistischen Rassenkriterien entsprechenden Personen. Im März 1934 werden ihr die Organisationen der freien Wohlfahrtspflege unterstellt. Zu den Aufgaben der *Nationalsozialistischen Volkswohlfahrt* gehört auch das Durchführen von Mütterschulungen, ein Gebiet,

auf dem sie mit der *NS-Frauenschaft* konkurriert. Vgl. Kammer u. Bartsch 1992. S. 143/144.

312 Vgl. Teil II Kapitel »Von der Neuland-Mütterschulung«.

313 Der Verlag wird Anfang 1918 mit der Ablösung der NLB vom *Evangelischen Verband*, gegründet. Die Zeitschrift *Neuland* wird nun nicht mehr vom Burkhardthaus-Verlag, sondern vom Neuland-Verlag herausgegeben.

314 Zitiert in: Ulbricht 1988-92. S. 103.

315 Schreiben Diehls an den Präsidenten der Reichsschrifttumskammer vom 18.8.1941. BARCH/RKK. Diehl begründet in diesem Schreiben den Widerspruch gegen ihren Ausschluß aus der Reichsschrifttumskammer infolge ihres Parteiausschlußverfahrens.

316 Hans Schemm (1891-1935) ist von Beruf Lehrer, nimmt am Ersten Weltkrieg teil, schließt sich dann den Freikorps an und gründet und leitet schließlich den *Nationalsozialistischen Lehrerbund*. 1928 zieht er als NSDAP-Abgeordneter in den Bayerischen Landtag, 1930 in den Reichstag ein. 1933 wird er Bayerischer Staatsminister für Unterricht und Kultus. Vgl. Stockhorst 1985. S. 377.

317 Vgl. Stockhorst 1985. S. 128.

318 Vgl. Neliba 1992. S. 53. Zu der Protestaktion vgl. auch Broszat 1987. S. 60ff. Bei dem Film »Im Westen nichts Neues« handelt es sich um eine Verfilmung des gleichnamigen Buchs von Eva Maria Remarque, die 1930 viel Aufsehen erregt.

319 Dr. Fabricius: Pfingst-Gedanken über Volk und Kirche. In: NLTT 17. 10/1932. S. 111.

320 Das Gemeindehelferinnen-Seminar: In: NLTT 17. 16/1932. S. 179.

321 Von Art und Arbeit des Kirchgemeindehelferinnenseminars der Neulandbewegung. In: NLTT 18. 14/1933. S. 157.

322 Marianne Kelber: Aus unserem Neuland-Kirchgemeindehelferinnen-Seminar. In: NLTT 16. 20/1931. S. 218.

323 Schreiben von Meyer an den Kirchenrat vom 14.2.1935. LEKT/A 730.

324 Von Art und Arbeit des Gemeindehelferinnenseminars der Neulandbewegung. EZA 1/B3/362.

325 Vgl. auch Helene Meyer: Die pädagogischen Grundlagen des Neuland-Gemeindehelferinnenseminars. In: NLTT 20. 3/1935.

326 Der *Deutsche Frauenkampfbund* macht z. B. eine Eingabe an den Reichstag zwecks Ausdehnung des Paragraphen 175 auf Frauen, in der gefordert wird, auch weibliche Homosexualität unter Strafe zu stellen. Vgl. LEKT/Neuland VD 35. Zudem initiiert er im Juni 1932 eine Eingabe an den Reichspräsidenten Hindenburg, den Reichskanzler von Papen, das Reichsministerium des Inneren und das Reichswehrministerium betreffend ein härteres Durchgreifen gegen die Kommunisten. Vgl. Bürgerkrieg entfacht! Notschrei deutscher Frauen. In: NLTT 17. 15/1932. Zur Zusammenarbeit mit Frick vgl. Teil II Kapitel »Kooperation«.

327 Vgl. Verteidigungsschreiben in ihrem Parteiauschlußverfahren vor dem Obersten Parteigericht vom 5.8.1941. BARCH/OPG.

328 Schreiben Diehls an Gregor Strasser vom 15.7.1931. BARCH/NS 22/431.

329 Vgl. Die Rettung aus dem Sumpf! Aufklärungskundgebung des Deutschen Frauenkampfbundes in Berlin. In: *Deutsches Tageblatt* vom 19.4.1928. GSTAPK/Rep. 77 Tit. 4043 Nr. 424.

330 Bericht des Berliner Polizeipräsidenten an den Preußischen Minister des Inneren vom 3.7.1928. GSTAPK/Rep. 77 Tit. 4043 Nr. 424. Es handelt sich vermutlich um die Reichstagswahlen im Mai 1928, bei denen die NSDAP 2,6% der Stimmen gewinnt. Vgl. Broszat 1987. S. 92.

331 Broszat 1987. S. 42.

332 Bericht des Berliner Polizeipräsidenten an den Preußischen Minister des Inneren vom 8.11.1931. GSTAPK/Rep. 77 Tit. 4043 Nr. 424.

333 Umwandlung des Deutschen Frauenkampfbundes in den »Kampfbund für Deutsche Kultur«. In: NLTT 18. 4/1933. S. 34.

334 Vgl. Erklärung der Neulandbewegung zur deutschen Wende: Die Neulandbewegung, Der Kampfbund für deutsche Frauenkultur. In: NLTT 18. 8/1933, Einladung zum 17. Neulandtag im Neulandhaus zu Eisenach: In: NLTT 18. 7/1933.

335 Hübscher 1938. S. 42. Zum *Kampfbund für deutsche Frauenkultur* vgl. auch Hermann Hoffmann: Ein Frauenleben im Kampf. In: Guida Diehl zum 65. Geburtstag. Beilage des *Aufwärts* vom 10.8.1933. DWV. In der Forschungsliteratur ist der *Kampfbund für deutsche Frauenkultur* nirgends erwähnt.

336 Therese Bernhardi: Berichte über den 17. Neulandtag: Donnerstag, den 8. Juni. In: NLTT 18. 12/1933. S. 128.

337 In der ersten Phase (1933-1935) geht es um den Abbau der Arbeitslosigkeit, die zweite Phase (1936-1939) beginnt mit Görings Vier-Jahresplan, für dessen Durchführung auch weibliche Arbeitskräfte benötigt werden, die dritte Phase setzt mit Anfang des 2. Weltkriegs ein, mit dessen Beginn Frauen für die Kriegsproduktion benötigt werden. Schäf-Koch 1984. S. 60ff. Vgl. auch Evans 1976. S. 262ff.

338 Vgl. hierzu Bock 1986.

339 Nach Stephenson versteht sich die *NS-Frauenschaft* als Eliteorganisation, der man nur individuell beitreten kann. Das *Deutsche Frauenwerk*, die Nachfolgeorganisation der *Deutschen Frauenfront*, stellt zunächst den Zusammenschluß aller »gleichgeschalteten« Frauenorganisationen dar, öffnet sich aber nach dem Aufnahmestopp der *NS-Frauenschaft* ab Februar 1936 auch Einzelmitgliedern. Beide unterstehen Scholtz-Klink als Reichsfrauenführerin und werden 1941 organisatorisch zusammengefaßt. Vgl. dies. 1981. S. 124.

340 Vgl. Rundschreiben NR. 1134: An alle Kreis- und Ortsgruppenfrauenschaftsleiterinnen des Gaus Thüringen, THÜHSTA/E 246. »Geschlossene Mütterschulen« meint ständige Mütterschulen, sie werden in Städten eingerichtet. »Offene Mütterschulen« bedeutet, daß vereinzelte Kurse durch reisende Lehrerinnen in ländlichen Regionen abgehalten werden, und »Internatsmütterschulen« finden in Form von mehrwöchigen Freizeiten statt.

341 Vgl. Werbeprospekt: Was hat das Deutsche Frauenwerk Mütterdienst unseren Frauen und Müttern zu sagen? BAYHSTA/Slg Varia 1355.

342 Bis 1938 haben bereits 500.000 Frauen, bis 1944 ca. fünf Millionen Frauen einen

Mütterschulungskurs besucht. Vgl. Stephenson 1981. S. 157ff., Tidel 1984. S. 96.

343 Vgl. z. B. Schreiben von Diehl an das Reichsministerium für Propaganda und Aufklärung vom 25.6.1940. BARCH/OPG. Diehl führt die Neuland-Mütterschule immer wieder an, wenn es darum geht, auf die Verdienste der NLB oder ihre eigenen gegenüber der NSDAP hinzuweisen.

344 Zur Neuland-Mütterschulung vgl. LEKT/VD 309.

345 Der *Deutsche Frauenkampfbund* wird nach 1927 nicht mehr als Kooperationspartner angeführt.

346 Eine Mütterschule vom 12. Februar bis 12. März im Neulandhaus. In: NLTT 11. 24/1926. S. 303/304.

347 Helene Meyer: Mütterschule im Neulandhaus. In: NLTT 15. 12/1930. S. 130.

348 Vgl. Kaiser 1985. S. 196.

349 Vgl. Mutter und Volk: Mütterdienst der evangelischen Frauenvereine Thüringens (Hg.). Undatiert, vermutlich 1933. THÜHSTA/A 1514.

350 Die Volkshochschule Thüringen in Jena führt 1929 erstmals »Mütterwochen« durch und bekommt dafür vom Innenministerium 2.100,– RM bewilligt. Die Kreisberatungsstellen Hildburghausen, Meiningen und Eisenach veranstalten 1931 in einer Eisenacher Wohlfahrtsschule einen dreiwöchigen Mütterschulungskurs für eine Teilnahmegebühr von 40,– RM. THÜHSTA/E 245. Demgegenüber kostet ein vierwöchiger Kurs im Neulandhaus 1931 100,– RM. Vgl. Emma Huber: Die 5. Mütterschule im Neulandhaus. In: NLTT 16. 4/1931. Die Unterstützung der Evangelischen Landeskirche mit insgesamt 250,– RM ist offensichtlich zu gering, um die Konkurrenzfähigkeit der Neuland-Mütterschule zu sichern.

351 Vgl. Teil I Kapitel »Neuland und evangelische Kirche«.

352 Vgl. Guida Diehl: Die Notwendigkeit der Mütterschulbildung. In: NLTT 18. 4/1933. Die Mütterschulung stellt für die NLB die Lösung der sozialen Frage, der Frauenfrage und – während der Weltwirtschaftskrise – eine Bewältigungsstrategie derselben dar. Durch die Einbeziehung aller gesellschaftlichen Schichten sollen die sozialen Gegensätze überwunden werden, durch die »Wiedererweckung der Mutterinstinkte« die Frauen dem Arbeitsmarkt entzogen und durch die Vermittlung haushaltstechnischer Fähigkeiten die Armut behoben werden.

353 Vgl. Deutsches Frauen-Kulturprogramm: In: NLTT 18. 4/1933. Auf dem Neulandtag 1933 wird eine »Denkschrift für die Erneuerung deutschen Frauentums und seine Eingliederung ins Volksganze« erstellt, die »allen Regierungen und Ländern, den Statthaltern und Oberpräsidenten sowie sonstigen einflußreichen Stellen, die mit Frauenbildung zu tun haben überreicht werden [soll]«. Vgl. Berichte über den 17. Neulandtag. In: NLTT 18. 12/1933.

354 Guida Diehl: Unsere Mütteroberschule als deutsches Erstlingswerk In: NLTT 18. 14/1933. S. 154. »Konzentrierte Mütterschule« meint, daß die Schulung in Form einer Freizeit durchgeführt wird, die Frauen also aus ihrer gewohnten Umgebung entfernt werden, um sich mehrere Wochen intensiv mit ihrer vermeintlichen Mutteraufgabe auseinanderzusetzen. Als Vorbild dient die Neuland-Mütterschule.

355 Vgl. Weingart, Kroll u. Bayertz 1996. S. 379, Weinreich 1946. S. 283. Staemmler
     prägt 1932 die Formel von der »Rassenpflege der bastardisierten Völker« und ver-
     öffentlicht im gleichen Jahr eine Schrift zur »Rassenpflege im völkischen Staat«.
     1934 publiziert er gemeinsam mit Alfred Kühn und Fritz Burgdörfer ein Buch
     mit dem einschlägigen Titel »Erbkunde – Rassenpflege – Bevölkerungspolitik –
     Schicksalsfragen des deutschen Volkes«. Vgl. Weingart, Kroll u. Bayertz 1996.
     S. 379, 720, 557.
356 Vgl. Ch. Gerland: Lehrgang über Rassenpflege und Vererbungslehre. In: NLTT
     18. 13/1933.
357 Erna Braun: Die Veranstaltung von Mütterschulen durch Neulandkreise. In:
     NLTT 19. 4/1934.
358 Rundschreiben des Reichsmütterdienstes Thüringen an alle Kreisfrauenschafts-
     leiterinnen Thüringens vom 30.8.1934. THÜHSTA/E 246.
359 Die NLB führt insgesamt zwei Mütter-Oberschulen durch. Die Absolventinnen
     beider Kurse können, laut Diehl, erfolgreich vermittelt werden. Im Laufe des zwei-
     ten im Oktober 1934 treten die neuen Richtlinien zur Mütterschulung in Kraft,
     so daß einige Kursteilnehmerinnen den Kurs vorzeitig abbrechen, um eine Stelle
     als Mütterschul-Lehrerin anzutreten. Vgl. Guida Diehl: Die Abschlußprüfung der
     Lehrgangs der 2. Mütter-Oberschule im Neulandhaus. In: NLTT 19. 16/1934.
     S. 197.
360 Schreiben Diehls an Reichsbischof Müller vom 24.6.1934. EZA 1/C3/183. Im
     Januar 1935 einigt sich die *Reichsarbeitsgemeinschaft für Mütterschulung* im *Reichs-
     mütterdienst* des *Deutschen Frauenwerks* auf einen 14-tägigen Lehrgang zwecks
     Ausbildung von Mütterschul-Lehrerinnen. Vgl. Arbeitstagung der Reichsarbeits-
     gemeinschaft für Mütterschulung im Reichsmütterdienst 1935.
361 Schreiben Diehls an Reichsbischof Müller vom 24.6.1934. EZA 1/C3/183.
362 Stellungnahme von Scholtz-Klink zu Diehl als Antwort auf eine Anfrage des Stell-
     vertreters des Führers vom 9.3.1936. BARCH/RKK.
363 Wie ein Schreiben an Reichsbischof Müller vom Januar 1934 zeigt, gerät die NLB
     bereits vor der Amtsübernahme von Gertrud Scholtz-Klink im Februar 1934 mit
     ihren Frauenbildungsinstitutionen von seiten der *NS-Frauenschaft* unter Druck:
     »Um freudig weiterarbeiten zu können, brauchen wir gewissen Kreisen gegenüber
     die Anerkennung der Deutschen Evangelischen Reichskirche für unsere Arbeit,
     die wir zusammenfassen möchten zu einer Evangelischen Frauenberufsausbil-
     dung.« Schreiben von Helene Meyer an Reichsbischof Müller vom 24.1.1934.
     EZA 1/C3/183. Vgl. auch Teil II Kapitel »Beitritt«.
364 Kaiser 1985. S. 194.
365 Rundschreiben Nr. 1134: An alle Kreis- und Ortsgruppenfrauenschaftsleiterinnen
     des Gaus Thüringen. THÜHSTA/E 246.
366 Eine Mütterschule vom 12. Februar bis 12. März im Neulandhaus. In: NLTT 11.
     24/1926. S. 303/304.
367 Vgl. Stephenson 1981. S. 163.
368 Horváth 1987. S. 139.

369 Mütterschule: In: NLTT 15. 5/1930. S. 50/51.

370 Emma Huber: Die 5. Mütterschule im Neulandhaus. In: NLTT 16. 4/1931. S. 39.

371 Vgl. Dahm 1965. S. 138ff.

372 Mathilde Ludendorff, geb. von Kemnitz, von Beruf Ärztin, heiratet den General, Politiker und »Führer« des *Tannenbergbundes* Erich Ludendorff und wirbt mit ihm gemeinsam für den von ihr konzipierten »Deutschen Gottglauben«. Bemerkenswert ist, daß die NLB nicht schon 1928 auf die erste Auflage des Buchs »Deutscher Gottglaube« reagiert.

373 Vgl. Guida Diehl: Unser neuer Bibelwegweiser. In: NLTT 16. 2/1931, Guida Diehl: Ein Not-Sommer. In: NLTT 16. 13/1931, Diehl 1931b, H. Roth: Louis Jacolliot und Mathilde Ludendorff. In: NLTT 18. 3/1933.

374 Guida Diehl: »Der Deutsche Gottglaube« von Frau Dr. Mathilde Ludendorff. In: NLTT 16. 16/1931. S. 172.

375 Vgl. Zentner u. Bedürftig 1985. S. 574.

376 Arno Melker: Der Tannenbergbund wirbt für Kirchenaustritt. In: NLTT 16. 22/1931. S. 241.

377 Chamberlain, der Schwiegersohn Richard Wagners und ein Schüler Gobineaus, versucht, dessen Rassismus auf eine wissenschaftliche Grundlage zu stellen. Er gilt als der bedeutendste ›Rassentheoretiker‹ im Vorfeld des NS. Bekannt wird er durch sein 1899 erschienenes Buch »Die Grundlagen des 19. Jahrhunderts«, in dem er die Geschichte als »Rassenkampf« darstellt und eine »jüdische Weltverschwörung« konstruiert. Vgl. Bracher 1979. S. 15ff., Mosse 1991. S. 104ff.

378 Auf dem 15. Neulandtag 1931 will man sich Klarheit über die Argumente der völkischen Glaubensbewegungen verschaffen, indem man den ›Rassentheoretikers‹ Ferdinand Clauß einlädt und die Schriften Hermann Wirths diskutiert.

379 Vgl. Guida Diehl: Zum neuen Jahr. In: NLTT 19. 1/1934.

380 Der Artikel 24 lautet: »Wir fordern die Freiheit aller religiösen Bekenntnisse im Staat, soweit sie nicht dessen Bestand gefährden oder gegen das Sittlichkeits- und Moralgefühl der germanischen Rasse verstoßen. Die Partei als solche vertritt den Standpunkt des positiven Christentums, ohne sich konfessionell an ein bestimmtes Bekenntnis zu binden. Sie bekämpft den jüdisch-materialistischen Geist in und außer uns und ist überzeugt, daß eine dauernde Genesung unseres Volkes nur erfolgen kann von innen heraus auf der Grundlage: Gemeinnutz geht vor Eigennutz.« Zitiert in: Diehl [1932a]. S. 120.

381 Guida Diehl: Unser neuer Bibelwegweiser. In: NLTT 16. 2/1931. S. 14/15.

382 Nachdem die Kirchenleitungen weitgehend in deutsch-christlicher Hand sind, erklärt Hitler am 5.8.1933 das kirchenpolitische Ziel der NSDAP für erreicht und verkündet die Rückkehr zur kirchenpolitischen Neutralität. Es folgen ähnlich lautende Äußerungen von Alfred Rosenberg und Rudolf Heß. Vgl. Scholder 1986. S. 571ff.

383 Meier 1976. S. 12.

384 Buchheim 1953. S. 164ff. Dazu gehören: Die *Germanische Glaubensgemeinschaft*,

die *Volkschaft der Nordungen*, die *Nordische Glaubensgemeinschaft*, die *Deutschgläubige Gemeinschaft*, der *Rig-Kreis* und der nicht völkisch orientierte *Bund Freireligiöser Gemeinden*.

385 Vgl. Scholder 1986. S. 671. August Jäger ist ab Juni 1933 der Leiter der Kirchenabteilung beim Kultusministerium. Als Kommissar für sämtliche Landeskirchen Preußens und später als »Rechtswalter« in Ludwig Müllers »Geistlichem Ministerium« zeichnet er für die »Gleichschaltung« der preußischen Kirchen sowie der übrigen Landeskirchen verantwortlich.

386 Vgl. Meier 1976. S. 18.

387 Vgl. Guida Diehl: Die »Deutsche Glaubensbewegung«. In: NLTT 19. 1/1934. Guida Diehl: Ein Dokument des Neuheidentums. In: NLTT 19. 3/1934.

388 Vgl. Teil II Kapitel »Kooperation«.

389 Guida Diehl: Die »Deutsche Glaubensbewegung«. In NLTT 19. 1/1934. S. 12.

390 Ebd. S. 12.

391 Ebd. S. 12.

392 Sofern nicht anders angegeben, orientiert sich die Darstellung an: Meier 1964. S. 1ff. Vgl. auch Buchheim 1953. S. 48ff., van Norden 1979a. S. 139ff., Scholder 1986. S. 239.

393 Vgl. Buchheim 1953. S. 79ff. Er stellt Kubes Initiative u. a. als Reaktion auf den *Christlich-Sozialen Volksdienst* dar, der der NSDAP im preußischen Landtag einige Niederlagen zufügt.

394 Vgl. Tilgner 1966. S. 218ff.

395 Sowohl Krause als auch Hossenfelder werden unter dem Druck der kirchlichen Opposition von Reichsbischof Müller abgesetzt. Am Beispiel Krauses zeigt sich, daß deutsch-christliche und deutsch-gläubige Vorstellungen ineinander übergehen.

396 Die Deutschen Christen bilden keine homogene Gruppe. Gemeinsam ist den unterschiedlichen Gruppierungen die Ablehnung des Alten Testaments als »Judenbuch«, die Vorstellung eines »artgemäßen« Christentums, die theologische Deutung des NS und die Übertragung des Führerprinzips auf die Kirche. Vgl. Hans Buchheim 1953. S. 77. Die verschiedenen Strömungen innerhalb der Deutschen Christen sind graphisch dargestellt in: Hey 1974. S. 149.

397 Vgl. Teil II Kapitel »Der Young-Plan«.

398 In einer späteren Auseinandersetzung verweist Diehl auf Lefflers Jugend und dessen Selbsteingenommenheit. Aus einem offenen Briefwechsel von 1937 geht hervor, daß Leffler und Leutheuser Diehl 1933 auffordern, für den Landeskirchentag als Vertreterin der Deutschen Christen zu kandidieren, sie wird jedoch von der Liste gestrichen, weil Frauen unerwünscht sind. Vgl. Guida Diehl: Offener Brief an Herrn Oberregierungsrat Leffler und Kirchenrat Leutheuser. LEKT/A 730. Vgl. auch NLTT 22. 17/1937.

399 Er publiziert ab 1931 in der Zeitschrift *Treufest*, die den Mitgliedern der Neulandschar vorbehalten ist.

400 Vgl. Wieneke 1932. S. 11.

401 Die Einheitsfront gebildet: In: NLTT 17. 11/1932. S. 119. Aufschlußreich ist die Verwendung des Begriffs »Einheitsfront« im Titel des Artikels. Zum einen verweist er auf die im Oktober 1931 gebildete »Harzburger Front«, zum anderen impliziert er, daß die NLB auf religiösem Gebiet das nachvollzogen habe, was den Rechtsparteien auf politischem Gebiet gelungen ist, und zeugt hinsichtlich der Bedeutung der NLB wiederum von einer Selbstüberschätzung.

402 Was ist der Eisenacher Arbeitsring? Undatiert, vermutlich 1933. ADJB/A2-123.

403 Lotte van Himbergen: Der Eisenacher Arbeitsring. In: TF 33/1932. S. 239. DWV.

404 Vgl. Mitgliederliste vom November 1934. ADJB/Neulandbund 1/2.

405 Vgl. *Mitteilungsblatt Deutsch-Christlicher Arbeitsgemeinschaft Großdeutschlands* 3/1928. ADW/CA EVA 19.

406 Hans Schemm gliedert dem von ihm 1927 gegründeten *Nationalsozialistischen Lehrerbund* auch Geistliche ein. Die *Arbeitsgemeinschaft nationalsozialistischer Geistlicher* übt im Gegensatz zum *Nationalsozialistischen Lehrerbund* auf die Pfarrer nur geringe Anziehungskraft aus, da das Neutralitätsprinzip der NSDAP einen Pfarrerbund als selbständige Parteiorganisation verbietet. Friedrich Klein versucht in Bayern, Heinrich Meyer, der ebenfalls der NLB nahesteht, in Niedersachsen nationalsozialistische Pfarrer um sich zu sammeln. Vgl. Scholder 1986. S. 244.

407 Wilhelm Meyer: Vom Eisenacher Arbeitsring: Deutsche Christen und Eisenacher Arbeitsring. In: NLTT 17. 20/1932.

408 Vgl. Rundschreiben an die Mitglieder des Eisenacher Arbeitsrings. Undatiert, vermutlich 1933. ADJB/Neulandbund 1/2.

409 Guida Diehl: Die Reichstagung der »Glaubensbewegung Deutsche Christen«. In: NLTT 18. 8/1933. S. 84/85.

410 Vgl. Guida Diehl: Zum 18. Neulandtag. In: TF 38/1934. Mit ihrem Hinweis auf »Der Christ im Deutschen Freiheitskampf« meint Diehl vermutlich Neulands programmatische Schrift »Die Richtlinien für den deutschen Freiheitskampf«, in der wesentliche Glaubenssätze der *Glaubensbewegung Deutsche Christen* vorweggenommen sind. Vgl. Teil II »Der Young-Plan«.

411 Müller gibt zwar nach der Sportpalastkundgebung seine Schirmherrschaft über die *Glaubensbewegung Deutsche Christen* auf, handelt aber weiterhin in deren Sinn. Zur Begeisterung für Ludwig Müller vgl. Guida Diehl: Heil dem Reichsbischof. In: NLTT 18. 20/1933.

412 Er soll beispielsweise die Aufhebung eines von der *NS-Frauenschaft* über Diehl verhängten Redeverbots bewirken und Neulands Aufnahme ins *Evangelische Frauenwerk* durchsetzen. Vgl. Teil II Kapitel »Beitritt«.

413 Guida Diehl: Unsere Frauenaufgaben als »Deutsche Christen«. In: NLTT 18. 20/1933. S. 212.

414 Vgl. Diehl 1933a. Auf dieser Reichstagung gelingt der *Glaubensbewegung Deutsche Christen* der Durchbruch zu einer Massenbewegung. Man will sowohl durch die Vorträge als auch durch die Anwesenheit von Frick und Göring den Eindruck erwecken, sie habe großen Rückhalt in der Partei. Vgl. Scholder 1986. 366ff.

415 Möglicherweise hat Gottfried Krummacher, Landesleiter der *Glaubensbewegung* im Rheinland und zu der Zeit auch Leiter der *NS-Frauenschaft*, seine Hände im Spiel, denn er erteilt Diehl im Mai 1933 Redeverbot für die *NS-Frauenschaft*. Vgl. Teil II Kapitel »Vom Buch«.

416 Geht man von der Einladung zum besagten »Führerinnenlehrgang« aus, so hat es im Sommer 1933 bei der *Glaubensbewegung Deutsche Christen* bereits »Gaureferentinnen für Frauenfragen« gegeben. Zum Verlauf des Lehrgangs vgl. Irmela Peter: Der Führerinnenlehrgang für die Frauenarbeit unter den Deutschen Christen im Neulandhaus. In: NLTT 18. 16/1933, Frauenarbeit in der Glaubensbewegung Deutsche Christen. In: *Kreuz-Zeitung* 15.8.1933. EZA 1/B3/441.

417 Guida Diehl: Zur Kirchenwende. In: NLTT 18. 13/1933. S. 140. Diehl faßt in diesem Artikel Neulands Kritik an der »alten Kirche« zusammen und schätzt die aktuelle kirchenpolitische Entwicklung ein.

418 Guida Diehl: Wie führt man kirchliche Kämpfe? In: NLTT 19. 4/1934. S. 109.

419 Scholder führt diese Wende auf die Rezeption der Lehre vom totalen Staat des Juristen Carl Schmitt zurück. Vgl. Scholder 1988a. S. 17.

420 Vgl. Guida Diehl: Zur Kirchenfrage. In: NLTT 19. 17/1934.

421 Vgl. Schreiben an die Mitglieder des Eisenacher Arbeitsrings von 1933 und 1934. ADJB/Neulandbund 1/2.

422 Guida Diehl: Zum Kirchenkampf. In: NLTT 19. 21/1934. S. 250.

423 Infolge der Diskussion auf dem Neulandtag 1934 wird der Text leicht verändert. Die Forderung nach einer »germanischen Wiedergeburt« rückt vom Ende direkt an den Anfang des Textes, was für die Bedeutung des Punktes spricht. Des weiteren wird dem Dokument ein Paragraph hinzugefügt: »Die Aufgabe der Kirche gegenüber Volk und Staat im neuen Deutschland«, in dem die NLB nochmals ein explizites Bekenntnis zum NS ablegt. Die überarbeitete Version wird als Flugblatt gedruckt und verbreitet.

424 Vgl. Scholder 1986. S. 728.

425 Vgl. Institut zur Erforschung des jüdischen Einflusses auf das deutsche kirchliche Leben. Flugblatt von 1940. LEKT/DC III 2a. Siehe auch Heschel 1994. S. 127ff., Weinreich 1946. S. 62ff.

426 Vgl. Tagung der Neulandbewegung Teilgruppe Sachsen unter Beteiligung des NS-Pfarrerbundes. In: NLTT 20. 18/1935, Evangelisches Schulungslager. In: NLTT 20. 19/1935.

427 Schreiben von Lotte van Himbergen an Grundmann vom 30.8.1935. LEKT/DC III 2f.

428 Wieneke 1932. S. 11. Vgl. auch Dannenmann 1933. S. 17.

429 Das *Evangelische Frauenwerk* gliedert sich in fünf Sektionen: gemeindliche Frauenarbeit, karitativ-soziale Arbeit, Erziehungs- und Bildungsarbeit, Mütterdienst und die berufliche Diakonie. Vgl. Kaiser 1982.

430 Von Norden 1979b. S. 15.

431 Zu von Grone vgl. Mybes 1981.

432 Von Tiling übernimmt zunächst die Führung der Gruppe III des *Evangelischen*

Frauenwerks, das heißt die Erziehungs- und Bildungsarbeit, bis sie im Rahmen einer Umstrukturierung desselben im August 1934 auch dieses Amt verliert.

433 Kaiser 1982. S. 488ff.

434 Ebd. S. 492.

435 Ebd. S. 495.

436 Fritz Mybes charakterisiert die *Arbeitsgemeinschaft* als Pendant zum *Pfarrernotbund* auf seiten des im Herbst 1933 »gleichgeschalteten« *Zentralausschusses*. Sie gründet sich offiziell am 25.10.1933, das *Evangelische Frauenwerk* schließt sich ihr am 5.11.1934 an. Vgl. Mybes 1979. S. 31ff.

437 Brief von Diehl an von Grone vom 20.11.1934. ADW/CA 2334.

438 Schreiben von Helene Meyer an Reichsbischof Müller vom 24.1.1934. EZA 1/C3/183.

439 Seine Nachfolge tritt Erich Hilgenfeld, der Führer der *Nationalsozialistischen Volkswohlfahrt*, an. Scholtz-Klink wird im Februar 1934 zur stellvertretenden »Führerin« der *NS-Frauenschaft* ernannt. Vgl. Stephenson 1981. S. 97ff.

440 Vgl. Schriftwechsel zwischen der NLB und dem Reichsbischof EZA 1/C3/183.

441 Der Begriff Führerrat bezeichnet den geschäftsführenden Vorstand. Den Frauenrat definiert Diehl in ihrem Schreiben als Versammlung der »Führerinnen« aller Verbände.

442 Vgl. ADW/CA 848 II, III, III/1, III/2.

443 Vgl. EZA 1/B3/441.

444 Vgl. Teil II Kapitel »Von der Neuland-Mütterschulung«.

445 Schreiben Brandmeyers an den Reichskirchenausschuß vom 6.10.1936. ADW/CA 848 III/1.

446 Brief von Lotte van Himbergen an den Centralausschuß für Innere Mission vom 23.11.1934. ADW/CA 2334. Am 28.11. mahnt van Himbergen bereits beim Centralausschuß eine Antwort an, was für große Ungeduld spricht.

447 Brief von Lotte van Himbergen an Direktor Schirmacher vom 5.12.1934. ADW/CA 2334.

448 Brief von Lotte van Himbergen an den Centralausschuß für Innere Mission vom 23.11.1934. ADW/CA 2334.

449 Brief von Anne Mielke an Alwine Jording-Ridderbusch vom 2.6.1936. ADJB/Neulandbund 1/2.

450 Vgl. Ergebnisse der Ausschußberatung am Freitag den 13 Dez. 1935. ADW/CA 848 III/2. Der Ausschuß für kirchliche Frauenarbeit, auf den hier Bezug genommen wird, wird im November 1935 von den Vorsitzenden aller Mitgliedsverbände des *Evangelischen Frauenwerks* und dem Führerrat der *Reichsfrauenhilfe* eingesetzt. Dieser aus neun Personen bestehende Ausschuß soll in Kooperation mit dem Reichskirchenausschuß die evangelische Frauenarbeit neu ordnen. Vgl. Aufgaben, Arbeit und Beschlüsse des Ausschusses für kirchliche Frauenarbeit vom Sommer 1936. ADW/CA 848 III/1.

451 Brief von Grete Hantelmann an den Reichskirchenminister vom 11.1.1936 EZA 1/C3/185.

452 Guida Diehl: Die Jungreformatorische Bewegung. In: NLTT 18. 13/1933. S. 146.

453 Bundesnachrichten 1933. S. 190.

454 Vgl. Verfassung der Neulandbewegung von 1935. ADJB/Neulandbund 1/2.

455 »Neulandbewegung« meint hier eine intermediäre Gruppe zwischen Neuland-schar und dem Kreis der Neulandfreunde.

456 Schreiben von Diehl an alle Neuländerinnen vom 12.12.1934. ADJB/Neuland-bund 1/2.

457 Ebd.

458 Vgl. Teil II Kapitel »Vom Buch«

459 Diehl [1922] und 1935.

460 Die NLB fordert die Umgestaltung der Kirche zu einer Volkskirche und eine stärkere Betonung des Laienelementes.

461 Diehl 1935. S. 7. Des weiteren wünscht man die »Neuerweckung der Frauenseele und Mutterkraft«, die »Frauendienstpflicht«, die »Schaffung neuer Frauenberufe und Berufsausbildungen« und die »Schaffung neuer Frauenkultur«.

462 Verfassung der NLB von 1935. ADJB/Neulandbund 1/2.

463 Diehl 1935. S. 2.

464 Ebd. S. 6.

465 Ebd. S. 1.

466 Ebd. S. 8.

467 Ebd. S. 3.

468 Ebd. S. 2/3.

469 Ebd. S. 6.

470 Brief von Diehl an alle Neuländerinnen vom 12.12.1934. ADJB/Neulandbund 1/2.

471 Gutachten Scholtz-Klinks für den »Stellvertreter des Führers« im März 1936 an-läßlich der Kontroverse um eine Neuauflage von Diehls Buch »Die Deutsche Frau und der Nationalsozialismus«. BARCH/RKK.

472 Vgl. Guida Diehl: Die Unverbrüchlichkeit der Gottesgesetze. EZA 1/B3/362.

473 Auch Gertrud Bäumer reagiert auf den Himmler-Erlaß und einen entsprechenden Artikel in der SS-Zeitschrift *Das Schwarze Korps*, auf die Diehl sich bezieht. Bäu-mers Kommentar, es handelt sich kaum um eine Kritik, fällt jedoch so »lahm« aus, daß Dorothee von Velsen wünscht, sie hätte geschwiegen. Vgl. Huber 1970. S. 422/423. Zu dieser Auseinandersetzung siehe auch Schaser 1997. S. 34ff.

474 Wenngleich Diehls Entnazifizierungsakte nicht auffindbar ist, geht aus dem Ver-teidigungsschreiben hervor, daß sie in erster Instanz verurteilt wird, wogegen sie Widerspruch einlegt. Vermutlich lautet ihr Urteilsspruch ähnlich wie der ihrer bei-den engsten Mitarbeiterinnen, Emma Huber und Lotte van Himbergen, die »ge-mäß Paragraph 9 der Ausführungsbestimmungen Nr. 2 zum Befehl 201 des Ober-sten Chefs des SMAD« von Leitungsfunktionen ausgeschlossen werden und keine Posten bekleiden dürfen, die mit der Anstellung und Entlassung von Arbeitern und Angestellten verbunden sind. Vgl. BARCH/FB 1524 A25. Amtliche Be-kanntmachung der Verhandlung in: *Thüringer Volk* vom 20.1.1948.

475 Guida Diehl an die Thüringische Landesstelle für Buch- und Bibliothekswesen vom 31.1.1946. THÜHSTA/Landesstelle für Bibliothekswesen: 331.

476 Vgl. Schreiben Guida Diehls an die Leitung der Thüringer Evangelischen Kirche vom 21.5.1946. LEKT/A 730.

477 Vgl. Brief Guida Diehls an den Landeskirchenrat der Thüringer Evangelischen Kirche vom 17.5.1947. In einem Empfehlungsschreiben an die Evangelische Kirche in Deutschland raten Vertreter der Thüringer Landeskirche aufgrund Diehls Engagements für den NS von einer Wiederzulassung ab. LEKT/A 730.

478 Vgl. THÜHSTA/Landesstelle für Bibliothekswesen: 331.

479 Vgl. hierzu LEKT/F 143 c.

480 »Neulandaufgaben in deutscher Not: Was wir wollen«. Flugblatt von 1947. LEKT/A 730.

481 Bestellzettel. LEKT/F 143 c.

482 Z. B. die »Denkschrift für die Erneuerung deutschen Frauentums und seine Eingliederung ins Volksganze«, erstellt auf dem Neulandtag 1933; Denkschrift zur Ausgestaltung der evangelischen Jugendarbeit vom November 1933.

483 Vgl. Brief von Anne Mielke an Alwine Jording-Ridderbusch vom 2.6.1936. ADJB/Neulandbund 1/2.

484 Vgl. H. Arendt 1993b. S. 45ff. Hiermit grenzt sich H. Arendt von Max Weber ab, der Gewalt mit Macht gleichsetzt und diese als Herrschaftsinstrument auf der Seite des Staates lokalisiert. Vgl. Weber 1968. S. 475ff. Ina Paul-Horn argumentiert, daß H. Arendts Differenzierung zwischen Macht und Gewalt erst die Sicht auf einen »potentiellen Handlungsraum« eröffnet, der die Analyse einer Beteiligung von Frauen am NS ermöglicht. 1993. S. 61.

485 Der *Deutsche Frauenkampfbund* umfaßt mit ca. 200.000 Personen zwar erheblich mehr Mitglieder als die NLB mit ca. 5.000 Anhängerinnen. Da es sich überwiegend um Vereine und Verbände handelt und die Loyalität der einzelnen Personen zunächst der eigenen Organisation gilt, ist der *Deutsche Frauenkampfbund* Diehl nicht in gleicher Weise ergeben wie die NLB.

486 Auf einem gemeinsamen Flugblatt »Unser Ruf unser Bekenntnis« der NLB, des *Eisenacher Arbeitsrings* und des *Deutschen Frauenkampfbundes* von 1933 werden alle Schriften Diehls entweder als programmatische Schriften der NLB oder des *Eisenacher Arbeitsrings* bezeichnet. Vgl. ADJB/A2-123.

Teil III: Die Neulandbewegung
in den Biographien von zwei Anhängerinnen

1 Zum biographisch-narrativen Interview vgl. Herrmanns 1991, Hopf 1991, Karakalos 1979, Schütze 1983. Die Interviews wurden durch folgende Ausgangsfrage eingeleitet: »Sie wissen, daß ich mich für die NLB interessiere. Sie waren beziehungsweise sind daran beteiligt, daher interessiere ich mich auch für Ihr Leben.

Vielleicht beginnen Sie, Ihr Leben zu erzählen, ab dem Zeitpunkt, wo Sie sich daran erinnern und wie Sie das erste Mal von der NLB gehört haben und erzählen
dann weiter von Erlebnissen und Erfahrungen, die Ihnen besonders in Erinnerung
geblieben sind, und wie dann Ihr Leben so weiterging, bis alles Wichtige erzählt ist.
Ich werde mich zunächst ruhig verhalten und keine Zwischenfragen stellen, bis Sie
fertig sind. Ich werde mir, während Sie erzählen, einige Notizen machen und Ihnen
dann am Ende meine Fragen stellen.«

2 Vgl. Rosenthal 1990 u. 1995. Rosenthal rekurriert in dem Verfahren vor allem auf
die Erzählanalyse von Fritz Schütze und die objektive Hermeneutik Ulrich Oever-
manns. Vgl. Schütze 1976 und Oevermann 1979.

3 Vgl. Glaser und Strauss 1967.

4 Rosenthal 1990. S. 24.

5 Ebd. S. 18.

6 Ebd. S. 18.

7 Das Interview habe ich im September 1992 in Frau Dorns Wohnung in Aue geführt. Es hat insgesamt knapp drei Stunden gedauert. Kennengelernt habe ich Frau
Dorn 1991 auf einem der jährlich stattfindenden Veteraninnentreffen der NLB in
Bad Pyrmont. Um die Anonymität der Zeitzeuginnen und anderer beteiligter Personen zu wahren, sind bei beiden Interviews ein Teil der Quellennachweise unvollständig.

8 Kreschnak 1988. S. 7. Vgl. auch Diamant 1970. S. 81.

9 Kreschnak 1988. S. 5ff.

10 Die Rekonstruktion der biographischen Daten ergibt, daß der Vortrag im Herbst
1931 stattgefunden hat.

11 Vgl. Brief an Hitler vom 11.11.1931, unterzeichnet von zehn Neuland-Anhängerinnen, darunter auch den beiden Kreisleiterinnen. BARCH/NS 22/431. Darüber
hinaus publizierten sie mehrere Artikel im *Neulandblatt*.

12 Else Heier 1931 im *Neulandblatt*.

13 Sie sprach zu den Themen: »Was verlangen wir von der deutschbewußten Frau?«
und »Heimkultur«.

14 Vgl. Mitgliedsausweis der NSDAP. BARCH. Frau Bunte, eine andere Zeitzeugin,
verweist darauf, daß Johanna Müller nach 1945 im Rahmen der Entnazifizierung
interniert wurde: »Wir hatten eine Lehrerin, die Johanna Müller, die also meine
Patentante war, die hatten sie ja eingesperrt, nach dem Krieg, weil sie angeblich,
die hat Meisterschülerinnen ausgebildet, also Mütter, die war Kochlehrerin gewesen [...].«

15 Hans H. »Neues Land«: Vom Wesen, Willen und Weg Neulands. Chemnitz 1936.
ADJB/Neuland 1/2.

16 Ebd.

17 Rosenthal 1992. S. 23ff.

18 Broszat 1987. S. 113.

19 Vgl. Busse-Wilson 1920.

20 Vgl. Kreschnak 1988. S. 33ff.

21 Als Krankenschwester verdiente sie wenig, als alleinerziehende Mutter mußte sie sich um ihren Sohn kümmern.

22 Sowohl in der DDR als auch der BRD setzen die Anhängerinnen der NLB nach 1945 ihre Aktivitäten fort. Vgl. Teil II Kapitel »Exkurs«.

23 Eine Überprüfung im BARCH bestätigt, daß Frau Dorn nicht in der NSDAP war.

24 Vgl. BARCH/OPG.

25 Der Kontakt zu Frau Winter wurde von Frieda Diehl, der Nichte Guida Diehls, vermittelt. Das Interview fand im August 1992 in Witzenhausen statt und hat insgesamt ca. 3 ½ Stunden gedauert.

26 Helene Lange richtet 1893 die ersten Gymnasialkurse ein. Ab 1908 wurden Frauen in Preußen zum Universitätsstudium zugelassen. Vgl. Gerhard 1990. S. 154ff.

27 Vgl. Broszat 1987. S. 68.

28 Mende 1993. S. 172.

29 Im Erfurter Programm wurde der Marxismus zur offiziellen Grundlage der deutschen Sozialdemokratie. Vgl. Miller u. Potthoff 1988. S. 52ff.

30 Mende 1993. S. 172.

31 Hering 1990. S. 145.

32 Der gleiche Satz wurde von Frau Winter bereits in einem Brief an die Interviewerin vom 4.2.1992 verwendet. Er scheint für sie eine Art Standardformel darzustellen.

33 Vgl. Rosenthal 1995. S. 136.

34 Bei der »Frauenkultur« handelt es sich um den *Verband für deutsche Frauenkleidung und Frauenkultur*, der sich 1929 in *Deutsche Frauenkultur* umbenannte. Zur Verbandsgeschichte vgl. Hildebrandt 1996. Laut Evans wächst der Verband von 5.000 Mitgliedern 1919 auf 8.000 1931. Vgl. ders. 1976. S. 338/339. Erwähnt wird der Verband auch bei Bruns 1996. S. 388.

35 Vgl. Rosenthal 1992. S. 23ff. Derealisierung bedeutet für Rosenthal die Umkehrung der Halluzination, das heißt, Tatsachen, beispielsweise der Judenvernichtung, wird der Realitätscharakter abgesprochen.

36 Die Hypothese, daß die sich häufenden Kommunikationsprobleme auf Frau Winters Schwerhörigkeit zurückzuführen sind, ist unhaltbar, da diese überwiegend an inhaltlich problematischen Stellen des Interviews auftauchten und die Interviewerin sehr laut sprach.

37 Vgl. Horváth 1987. S. 123ff.

38 Abendroth 1967. S. 18.

39 Vgl. Broszat 1987. S. 20.

40 Folgt man dem Diskussionsbeitrag von Frau Winters Schwester, so sind in Halle auch die Studenten, die Winter mehrfach als »unsere Studenten« tituliert, gegen die Arbeiter angetreten, was angesichts der Tatsache, daß der 1926 gegründete *Nationalsozialistische Studentenbund* bereits im Sommer 1931 die Studentenschaft dominierte, glaubhaft erscheint. Davon abgesehen, ist es an der Universität Halle ebenfalls 1931 zu Ausschreitungen der Studentenschaft gegen die Berufung des religiösen Sozialisten Günther Dehn gekommen. Vgl. Scholder 1986. S. 219ff.

41 Rosenthal 1990. S. 251.

42 Rosenthal definiert »biographische Gesamtsicht« als »latente Organisationsstruktur der Erfahrungs- und Handlungsorganisation«. Vgl. dies. 1995. S. 14.

43 Ebd. S. 99.

44 Ebd. S. 109. Vgl. Goffmann 1961.

45 Rosenthal verweist in diesem Zusammenhang auf die Biographie einer Nonne, die ausführlich über ihr Leben vor dem Klosterbeitritt erzählt, dann die Routine des Klosteralltags beschreibt und schließlich die Biographie der Ordensgründerin referiert. Vgl. dies. 1995. S. 111-113.

46 Ebd. S. 99.

47 Ebd. S. 114.

48 Ihre Unfähigkeit zu erzählen scheint auch nicht Konzentrationsschwierigkeiten geschuldet. Frau Winter hat keine Probleme, bei dem Thema zu bleiben, auffällig ist lediglich, daß sie die Sprachform der Erzählung meidet und stattdessen argumentiert beziehungsweise vorliest. Sie liest sehr konzentriert vor, hebt für sie relevante Textstellen mittels Intonation hervor und erläutert Punkte, die ihr besonders wichtig erscheinen, wie beispielsweise den Himmler-Erlaß.

49 Vgl. z. B. Geiger 1932.

SCHLUSSBETRACHTUNG:
DIE NEULANDBEWEGUNG ALS SPIEGEL DER ZEITGESCHICHTE

1   Giesecke 1981. S. 96.

2   Ebd. S. 95.

3   Mosse 1991. S. 14.

4   Vgl. Jarausch 1989. S. 196.

5   Vgl. zum Beispiel von Norden 1979b.

6   Vgl. zum Beispiel Kappeller 1974, Mybes 1975a, von Norden 1979b.

7   Zitiert in: Rehmann 1986. S. 11.

8   Vgl. Mitscherlich 1985.

9   Kaiser 1985. S. 165.

10 Mehrwald 1993. S. 33.

11 Vgl. Kaufmann 1988. S. 89ff.

12 Baumann 1992. S. 25. Sie bindet das Verständnis von der Moderne an die Entstehung der bürgerlichen Gesellschaft und sieht in dieser die Trägerin des »Projekts der Moderne«. Vgl. dies. S. 21. Zum »Projekt der Moderne« vgl. Habermas 1994. Die Annahme von einer inneren Zusammengehörigkeit von Protestantismus und Fortschrittlichkeit ist angesichts der großen Unterstützung, auf die die NSDAP gerade in evangelischen Kreisen trifft, meines Erachtens unhaltbar. Erstaunlicherweise scheint die Verstrickung der evangelischen Kirche in den NS dieser These bis heute keinen Abbruch zu tun. So singt Jürgen Moltmann noch 1990 ein Loblied auf den Protestantismus als »›Religion der Freiheit‹«, ohne Verstrickung der evangelischen Kirche in den NS zu reflektieren.

13 Bäumer 1933. S. 385.
14 Stoehr 1983. S. 32.
15 Broszat 1987. S. 68.
16 Wagner 1996. S. 63.
17 Vgl. Horváth 1987. S. 130ff.
18 Vgl. Jaschke 1991. S. 30.

QUELLEN- UND LITERATURVERZEICHNIS

ARCHIVALIEN

Archiv der deutschen Frauenbewegung (ADFB)
- FD I 4-9, 11-82
- FD 83-25
- AJ, ohne Signatur
- Neuland-Verschiedenes
- Neulandbriefe (später Neulandblatt) nach 1945

Archiv der deutschen Jugendbewegung (ADJB)
- A2-123
- Neulandbund 1/2
- Personalakte Guida Diehl

Archiv des Deutsch-Evangelischen Frauenbundes (ADEF)
- H 2 e I und II
- G 2 d I, II, III
- Frankfurter Ortsgruppe des Deutsch-Evangelischen Frauenbundes

Archiv des Diakonischen Werks Berlin (ADW)
- CA 94
- CA 848 I bis 848 III/2
- CA 851
- CA 859 I, II
- CA EVA 19
- CA Stat.Slg.I.5.9
- CA B III b 2/II bis B III b 2/III/4
- CA B III c 7
- CA B IV 7n
- CA 2334

Bayerisches Hauptstaatsarchiv (BAYHSTA)
- PrASlg (= Presseausschnittsammlung) 932, 526, 536
- Slg P 469 (= Sammlung Personen)
- Slg Varia (= Sammlung Varia) 353, 1355
- FlSlg 28 (= Flugblattsammlung)

Bundesarchiv (BARCH)
- FB 1524 A 25
- NS 22/430-431

- NS 44/55
- Reichskanzlei Bd. 4242
- Präsidialkanzlei Bd. 89/18 Bl. 194
- Präsidialkanzlei Bd. 89/23 Bl. 116
- RKK/Diehl, Guida: 29.07.1868 (ehemals BDC)
- OPG/Diehl, Guida: 29.07.1868 (ehemals BDC)
- PKC/Diehl, Guida: 29.07.1868 (ehemals BDC)
- »Research« Ordner 211 S. 209 (ehemals BDC)
- NSDAP-Parteiausweise von Neuland-Anhängerinnen (ehemals BDC)

Deutschen Waldenservereinigung (DWV)
- Sammlung Diehl, Guida; J 26

Evangelisches Zentralarvchiv in Berlin (EZA)
- 1/A2/176, 177
- 1/A4/58, 60
- 1/B3/362, 440, 441
- 1/C3/174, 183, 184, 185
- 7/4069, 4014
- 14/665

Geheimes Staatsarchiv Preussischer Kulturbesitz (GSTAPK)
- I. HA Rep 77 Ministerium des Inneren, Tit. 4043 Nr. 424 Bl 20 (M)

Helene-Lange-Archiv (HLA)
- Film Nr. 57 256, 1-3

Institut für Stadtgeschichte Frankfurt a. M. (IFST)
- Mag. Akten S 818/1
- Mag. Akten S 1231/2,3
- Mag. Akten T 139
- Konzessionsakten J 435
- STVV 780

Institut für Zeitgeschichte (IFZG)
- MA 739, 803

Landeskirchliches Archiv Kahrlsruhe (LKAK)
- GA Nr. 5569

Landeskirchenarchiv der Evangelisch-Lutherischen Kirche in Thüringen (LEKT)
- Angestellte/Lina Lejeune Bd. V. Nr. II 9 B 1
- Erwerb des Neulandhauses und des Neulandschlößchens F 143 c Bd. I

- Heimglückhaus A 732
- Mütterschule VD 309
- Neulandbewegung A 730
- Neulandbewegung V 25
- Neuland VD 35
- Neulandhaus F 143 c Bd. II-IV
- Nationalkirche 6. Jg., Nr. 1., 1.1.1937.
- Sammlung Institut [...] DC III 2a
- Sammlung Institut [...] DC III 2c
- Sammlung Institut [...] DC III 2f
- Zeitungsausschnitte zu VD 35

Stadtarchiv Eisenach (STAEI)
- Eisenacher Zeitung
- Eisenacher Tagespost

Thüringisches Hauptstaatsarchiv Weimar (THÜHSTA)
- Thüringer Innenministerium/E 244 bis E 247
- Thüringer Volksbildungsministerium/A 120, A 1514
- Politische Organisationen/Gauleitung Thüringen: 1-4
- Landesstelle für Bibliothekswesen: 331

MONOGRAPHIEN UND AUFSÄTZE VOR 1945

Algermissen, K. (1931): Deutschreligiöse Bewegung. In: Lexikon für Theologie und
   Kirche. 2. neu bearbeitete Aufl. 3. Bd. Freiburg i. Breisgau. Spalte 259-263.
Arbeitstagung der Reichsarbeitsgemeinschaft für Mütterschulung im Reichsmütter-
   dienst des Deutschen Frauenwerks (1935): In: Völkische Frauenzeitung vom
   4.2.1935.
Aufruf der Evangelischen Frauenhilfe zur Machtergreifung (1933): In: Frauenhilfe 33.
   S. 147-150.
Aus der Arbeit der Vereinigung evangelischer Frauenverbände Deutschlands (Februar
   1919) (1919): In: »mitteilungen« der Evangelischen Frauenarbeit in Deutschland
   E.V. 1993: Sondernummer 75 Jahre EFD. S. 13-15.
Aus unserer Jugendbewegung (1917): In: Beiblatt zum Neuland. November und
   Dezember 1917.
Bäumer, Gertrud (1933): Lage und Aufgabe der Frauen in der deutschen Umwälzung.
   In: Die Frau 40. S. 385-392.
Behm-Cierpka, Stefani (1925): Frauenbewegung und Jugendbewegung. In: Die Frau
   33. S. 144-148.
Bericht über die Arbeit der Ortsgruppen des Deutsch.-Evangel. Frauenbundes (1904):
   erstattet auf der 5. Generalversammlung des Bundes in Hameln a.W. am 15. Sep-
   tember 1904 durch Gräfin Selma v. d. Groeben. O.O.

Beyer, Hans (1932): Die Frau in der politischen Entscheidung. Soziologische Gegenwartsfragen 1.2.

Blüher, Hans (1918): Familie und Männerbund. Leipzig.

Bundesnachrichten (1933): In: Evangelische Frauenzeitung 34. S. 190-191.

Busse-Wilson (1920): Die Frau und die Jugendbewegung: Ein Beitrag zur weiblichen Charakterologie und zur Kritik des Antifeminismus. Hamburg.

Chamberlain, Housten Stewart (1899): Die Grundlagen des neunzehnten Jahrhunderts. 2 Bde. München.

Clauß, Ludwig Ferdinand (1923): Die nordische Seele. Halle.

Clauß, Ludwig Ferdinand (1926): Eine Einführung in die Gegenwart von Rasse und Seele. München.

Cordier, Leopold (Hg.) (1925): Evangelische Jugendkunde 1.Bd.: Quellenbuch zur Geschichte der Evangelischen Jugend. Schwerin.

Cordier, Leopold (Hg.) (1926): Evangelische Jugendkunde 2.Bd.: Die evangelische Jugend und ihre Bünde. Schwerin.

Dannenmann, Arnhold (1933): Die Geschichte der Glaubensbewegung »Deutsche Christen«. Dresden.

Das Frauenwerk (1933): In: Evangelische Frauenzeitung 35. S. 9-10.

Die Bevölkerung des Deutschen Reiches nach den Ergebnissen der Volkszählung 1933 (1936): 3.Bd.: Die Bevölkerung des Deutschen Reiches nach der Religionszugehörigkeit. Bearbeitet vom Statistischen Reichsamt. Berlin.

Diehl, Guida [1903]: Unsere Prinzipien in der Frauenfrage. Frankfurt a. M.

Diehl, Guida [1912]: Bericht über die zehnjährige Tätigkeit der Ortsgruppe Frankfurt a. M. des Deutsch-Evangelischen Frauenbundes 1902-1912. Frankfurt a. M.

Diehl, Guida [1915]: Unsere Aufgabe gegenüber der gebildeten weiblichen Jugend. Berlin.

Diehl, Guida (1916): Neue Anfänge. In: Vor uns der Tag: Eine Gabe deutscher Studentinnen in großer Zeit. Cassel. S. 145-150.

Diehl, Guida [1917]: Unser Neulandbund: Seine Entstehungsgeschichte in Aufsätzen aus den ersten 1 1/2 Jahren »Neuland«. Berlin u. a.

Diehl, Guida (1918a): Studienkreise und Neulandbewegung. Eisenach.

Diehl, Guida [1918b]: Was wir wollen. Frage und Antwort: über den Neulandbund. Eisenach.

Diehl, Guida [1919]: Was wir wollen. Frage und Antwort: über den Neulandbund. 2. umgearbeitete Aufl. Tambach.

Diehl, Guida (1920): Die Besonderheit und Berechtigung unserer Neulandgedanken. In: Festschrift zur Erinnerung an die Einweihung des Neulandhauses. Eisenach. S. 43-52.

Diehl, Guida [1922]: Was wir wollen. Frage und Antwort: über Neuland. 3. umgearbeitete Aufl. Eisenach.

Diehl, Guida (1923): Der Verband der Studien- und Neulandkreise. In: Herta Siemering (Hg.): Die Deutschen Jugendverbände: Ihre Ziele sowie ihrer Entwicklung und Tätigkeit seit 1917. Berlin. S. 34-36.

Diehl, Guida (1925): Singet fröhlich singet! Lieder zum Gebrauch in Neulandkreisen. 3. Aufl. Eisenach.

Diehl, Guida (1928a): Deutscher Frauenwille. Gotha.

Diehl, Guida (1928b): Heilige Flamme glüh! Mit einem zweiten Teil: Volk in Not: Geschichtlicher Rückblick über die letzten zwei Jahrzehnte von Max Gerlach. 3. Aufl. (1. Aufl. 1915, 2. Aufl. 1916) Eisenach.

Diehl, Guida [1931a]: Deutsche Weihnacht in Not und Kampf: Eine weihnachtliche Stärkung für alle, die um ihr Vaterland leiden und kämpfen. Eisenach.

Diehl, Guida (1931b): Erlösung vom Wirrwahn: Wider die von Dr. Mathilde Ludendorff beeinflußte »Deutschgläubigkeit«. 2. Aufl. Eisenach.

Diehl, Guida [1932a]: Die deutsche Frau und der Nationalsozialismus«. (2. bis 5. Aufl. [1933]) Eisenach.

Diehl, Guida u. a. (1932b): Lage und Zukunftsaufgaben der deutschen höheren Mädchenbildung. In: Deutsche Mädchenbildung 8. S. 241-253.

Diehl, Guida (1933a): Der Dienst der deutschen Frau am Christsein. In: Volk und Kirche: Die amtlichen Berichte der ersten Reichstagung 1933 der Glaubensbewegung »Deutschen Christen«. 2. Aufl. Berlin. S. 23-29.

Diehl, Guida (1933b): Der Ruf der Wende: Erneuertes Christsein. Eisenach.

Diehl, Guida (1933c): Erneuerung der Kirche. Eisenach.

Diehl, Guida (1934a): Siehe ich mache alles neu! Jahrweiser. Eisenach.

Diehl, Guida (1934b): Das Werden der deutschen weiblichen Jugend. In: Will Vesper (Hg.): Deutsche Jugend: 30 Jahre Geschichte einer Bewegung. Berlin. S. 376-383.

Diehl, Guida (1935): Was wir wollen! Frage und Antwort über Neuland. 4. umgearbeitete Aufl. Eisenach.

Diehl, Guida (1939): Christen erwacht! 2. Aufl. Eisenach.

Ehrenthal, Günther (1929): Die deutschen Jugendbünde: Ein Handbuch ihrer Organisationen und Bestrebungen. Berlin.

Fretzdorff, Ellinor (1925): Aus der Arbeit der Studien- und Neulandkreise. 2. vermehrte Aufl. Eisenach.

Frobenius, Else (1929): Mit uns zieht die neue Zeit – Eine Geschichte der deutschen Jugendbewegung. Berlin.

Fröhlich, Annerose (1933): Der Ruf an die evangelische Frau im nationalen Staat. In: Evangelische Frauenzeitung 34. S. 148-150.

Geiger, Theodor (1932): Die soziale Schichtung des deutschen Volkes. Soziologische Gegenwartsfragen 1.1.

Gröben, Selma von (1932): Zeitenwende und Frauenbewegung. In: Evangelische Frauenzeitung 33. S. 133-136.

Gschlössel, Ina u. Annemarie Rübens (1928): Offener Brief an Frau Guida Diehl, Führerin der Neulandbewegung Eisenach. In: Christliche Freiheit 44. Spalte 235-237.

Günther, Hans F. K. (1922): Rassenkunde des deutschen Volkes. München.

Günther, Hans F. K. (1929): Kleine Rassenkunde des deutschen Volkes. München.

Handbuch der Frauenbewegung (1901): Helene Lange u. Gertrud Bäumer (Hg.). Teil 1: Die Geschichte der Frauenbewegung in den Kulturländern. Berlin.

Hans Schemm spricht (1936): Seine Reden und Werke. Bayreuth.

Hartwich, Nora (Hg.) (1929): Handbuch für evangelische Frauen. Berlin.

Hauser, Otto (1930): Juden und Deutsche. Danzig u. a.

Himbergen, Lotte van (1930): Sonnenlandkreise der Neulandbewegung. In: Das Junge Deutschland 24. Sonderheft Kindergemeinschaften. S. 587-588.

Hitler, Adolf (1927/28): Mein Kampf. 2 Bde. München.

Hossenfelder, Martin (Hg.) (1932): Die Richtlinien der deutschen Christen. O.O.

Hossenfelder, Martin (1933): Unser Kampf. Berlin.

Hübscher, Lydia (1938): Der Deutsche Frauen-Kampfbund. In: Neulandbund (Hg.): Festschrift zum 70. Geburtstag der Neulandführerin Guida Diehl. O.O. S. 38-42.

Kirkpatrick, Clifford (1938): Nazi Germany: Its Women and Family Life. Indianapolis u. a.

Kleines Handbuch der Jugendverbände (1931): Deutsches Archiv für Jugendwohlfahrt (Hg.). Berlin.

Kossina, Gustav (1928): Ursprung und Verbreitung der Germanen in vor- und frühgeschichtlicher Zeit. Leipzig.

Kriegsjahrbuch des Deutsch-Evangelischen Frauenbundes (1919): Frauenkalender. Hannover.

Kühn, Alfred; Fritz Burgdörfer, Martin Staemmler (1934): Erbkunde – Rassenpflege – Bevölkerungspolitik – Schicksalsfragen des deutschen Volkes. Leipzig.

Lagarde, Paul de (1924): Schriften für das deutsche Volk. München.

Langbehn, Julius (1890): Rembrandt als Erzieher. Von einem Deutschen. 2. Aufl. Leipzig.

Lange, Helene (1928): Legendenbildung über die Geschichte der Frauenbewegung. In: Die Frau 36. S. 151-156.

Lejeune, Lina (1919): Berichte aus der Arbeit der Studien- und Neulandkreise. Tambach.

Lönnies, Klara (Hg.) [1933]: Mütter der Kirche sind Mütter des Staates. Unser Arbeitsauftrag für 1934 und späterhin. In: Jochen-Christoph Kaiser: Frauen in der Kirche: Evangelische Frauenverbände im Spannungsfeld von Kirche und Gesellschaft 1890-1945. Quellen und Materialien. Annette Kuhn (Hg.). Düsseldorf 1985. S. 198-206.

Ludendorff, Mathilde (1930): Deutscher Gottglaube. 2. Aufl. (1. Aufl. 1928). Leipzig.

Ludendorff, Mathilde (1931): Die Erlösung von Jesu Christo. München.

Lütkens, Charlotte (1925): Die deutsche Jugendbewegung. Frankfurt a. M.

Marcuse, Herbert (1934): Der Kampf gegen den Liberalismus in der totalitären Staatsauffassung. In: Zeitschrift für Sozialforschung 3. S. 161-195.

»mitteilungen« der Evangelischen Frauenarbeit in Deutschland E.V. (1993): Sondernummer 75 Jahre EFD.

Mueller, Paula (1910): 10 Jahre Deutsch-Evangelischer Frauenbund. Berlin.

Mueller-Otfried, Paula (Hg.) (1924): 25 Jahre Deutsch-Evangelischer Frauenbund. Selbstverlag des Deutsch-Evangelischen Frauenbundes. O.O.

Mueller-Otfried, Paula (1928): Kirchliche Frauenverbände in Deutschland. In: Religion in Geschichte und Gegenwart: Handwörterbuch für Theologie und Religionswissenschaft. Hermann Gunkel u. Leopold Zscharnack (Hg.). 2. Aufl. 2. Bd. Tübingen. Spalte 742-747.

Mueller-Otfried, Paula (1933): Nationale Erhebung. In: Evangelische Frauenzeitung 34. S. 97-98.

Mueller-Otfried, Paula (1934): Rückblick und Ausblick. In: Evangelische Frauenzeitung 35. S. 49-51.

Müller-Treskow, Marianne (1932): Die Stellung des Nationalsozialismus zur Frau. In: Evangelische Frauenzeitung. 33. S. 140-141.

Nachrichtenkorrespondenz der Evangelischen Frauenverbände Deutschlands (1920): 1.2/3.

Nationalsozialistische Monatshefte (1932) 3.22.

Neulandbund (Hg.) [1938]: Festschrift zum 70. Geburtstag der Neulandführerin Guida Diehl. O. O.

Paetel, Karl O. (1930): Das geistige Gesicht der nationalen Jugend: Handbuch der deutschen Jugendbewegung. Flarchheim.

Pfundtner, Hans (Hg.) (1937): Dr. Wilhelm Frick und sein Ministerium. München.

Poncins, Léon de (1929a): Hinter den Kulissen der Revolution Teil 1: Das Freimaurertum. Berlin.

Poncins, Léon de (1929b): Hinter den Kulissen der Revolution Teil 2: Judentum und Weltumsturz. Berlin.

Poncins, Léon de (1967): Judaism and the Vatican: an attempt of spiritual supervision. London.

Rednerinnen-Verzeichnis mit Ausweis der Gau-Propagandaabteilung: Kreisrednerinnen (1936): In: Arbeitsbriefe und Mitteilungsblätter der NS-Frauenschaft Sachsen 2. S. 372-375.

Reichenau, Irmgard (Hg.) (1933): Deutsche Frauen an Adolf Hitler. 3. Aufl. Leipzig.

Reichsausschuß der deutschen Jugendverbände (1928): Tätigkeitsbericht für die Geschäftsjahre 1926-1927. Berlin.

Reichsausschuß der deutschen Jugendverbände (1930): Tätigkeitsbericht für die Geschäftsjahre 1928-29. Teil II. Berlin.

Rosenberg, Alfred (1930): Der Mythus des 20. Jahrhunderts. München.

Rötger, A. (1932): Frau und Opfergedanke. In: Evangelische Frauenzeitung 33. S. 182-184.

Schmalenbach, Hermann (1922): Die soziologische Kategorie des Bundes. In: Dioskuren, Jahrbuch für Geisteswissenschaften. 1. Bd. S. 33-105.

Schneider, D.J. (1928): Die Konfessionsschichtung der Bevölkerung Deutschlands nach den Ergebnissen der Volkszählung vom 16. Juni 1925. Berlin.

Schubert, Hans v. (1925): Geschichte des deutschen Glaubens. Leipzig.

Schwarz, Martha (1931): Die evangelische Frauenbewegung in der Zeit. In: Evangelische Frauenzeitung 32. S. 89-93.

Schwarzhaupt, Elisabeth (1932): Die Stellung des Nationalsozialismus zur Frau. In: Evangelische Frauenzeitung 33. S. 122-123.

Siemering, Herta (Hg.) (1931): Die deutschen Jugendverbände: Ihre Ziele ihre Organisation sowie ihre neuere Entwicklung und Tätigkeit. Berlin.

Soeken, Gertrud (1934): Aufgaben der Erziehung und Sterilisationsgesetz. In: Aufgaben und Ziele 14. S. 137-141.

Sperlings (1915-39): Zeitschriften- und Zeitungsadreßbuch der deutschen Presse. Leipzig.

Staemmler, Martin (1933): Rassenpflege im völkischen Staat. (Orginal 1932). München u. a.

Stählin, Otto (1925): Religiöse Strömungen in der Jugendbewegung. In: Zeitwende 1. S. 127-142.

Stählin, Otto (1930): Die Deutsche Jugendbewegung: Ihre Geschichte ihr Wesen ihre Formen. Leipzig.

Stange, Erich (1929): Evangelische Jugendbünde. In: Religion in Geschichte und Gegenwart: Handwörterbuch für Theologie und Religionswissenschaft. 3. Bd. Hermann Gunkel u. Leopold Zscharnack (Hg.). 2. Aufl. Tübingen. Spalte 523-530.

Strasser, Gregor (1932): Kampf um Deutschland. München 1932.

Tagungen (1926): In: Aufgaben und Ziele 6. S. 116-117.

Teudt, Wilhelm (1929): Germanische Heiligtümer: Beiträge zur Aufdeckung der Vorgeschichte. Jena.

Thiele, Wilhelm (1918): 25 Jahre weibliche Jugendpflege: Der Evangelische Verband zur Pflege der weiblichen Jugend Deutschlands zur Gedenkfeier am 16.-18. Juni 1918. Berlin.

Thomas, William I. u. Florian Znaniecki (1918-1920): The Polish Peasant in Europe and America. New York.

Tiling, Magdalene von (1924): Leitsätze zur völkischen Frage. In: Nachrichtenblatt 4. S. 19-20.

Tiling, Magdalene von (1925a): Die neue Stellung der Frau in der Volksgemeinschaft. Leipzig.

Tiling, Magdalene von (1925b): Die völkische Idee als Forderung an uns. In: Nachrichtenblatt 4. S. 39-40.

Tiling, Magdalene von (1929): Was sollen wir tun? Christliche Antworten auf politische Fragen. Bethel bei Bielefeld.

Tiling, Magdalene von (1933a): Die Verantwortung der evangelischen Frauen gegenüber der nationalen Bewegung. In: Dora Hasselblatt (Hg.): Wir Frauen und die nationale Bewegung. Hamburg. S. 21-26.

Tiling, Magdalene von (1933b): Zeitenwende. In: Aufgaben und Ziele 12. S. 155-161.

Veidt, Karl (1926): Soziale Gesinnung, mutige Tat. In: Neuland-Verlag (Hg.): Gedenkschrift zur Erinnerung an den 10. Neulandtag. Eisenach. S. 47-57.

Velsen, Dorothee von (1929): Presseurteile über den internationalen Frauenkongreß. In: Die Frau 36. S. 645-648.

Verband der Studien- und Neulandkreise (1920): In: Nachrichtenkorrespondenz der Vereinigung Evangelischer Frauenbände Deutschlands 1.3. O.S.

Vesper, Will (Hg.) (1934): Deutsche Jugend: 30 Jahre Geschichte einer Bewegung. Berlin.

Werdermann, Pastor (1930): Jahresbericht. In: Frauenhilfe 30. 123-130.

Wieneke, Friedrich (1932): Die Glaubensbewegung »Deutsche Christen«. Soldin.

Wolf, Heinrich (1922): Angewandte Kirchengeschichte. Berlin u. a.

Wolf, Heinrich (1927): Angewandte Rassenkunde: Weltgeschichte auf biologischer Grundlage. Leipzig.

Zahn-Harnack, Agnes von (1928a): Die Frauenbewegung: Geschichte, Probleme, Ziele. Berlin.

Zahn-Harnack, Agnes von (1928b): »Frauen-Erneuerung«. In: Die Frau 36. S. 27-30.

Zahn-Harnack, Agnes von (1933): Schlußbericht über die Arbeit des Bundes Deutscher Frauenvereine. In: Die Frau 40. S. 551-555.

10 Jahre Deutsch-Evangelischer Frauenbund (1910): Festrede anläßlich der Feier des 10jährigen Bestehens des Deutsch-Evangelischen Frauenbundes auf der Ausschußsitzung in Hannover am 4. November 1909 gehalten von Paula Mueller. Berlin.

MONOGRAPHIEN UND AUFSÄTZE NACH 1945

Abendroth, Wolfgang (1967): Zur Geschichte des Roten Frontkämpfer-Bundes. In: Geschichte und Zukunft: Dem Verleger Anton Hain zum 75. Geburtstag am 4. Mai 1967. Meisenheim am Glan. S. 12-32.

Allen, Ann Taylor (1991): Feminismus und Eugenik im historischen Kontext. In: Feministische Studien 9.1. S. 46- 68.

Arendt, Hannah (1993a): Elemente und Ursprünge totaler Herrschaft. 3. Aufl. München.

Arendt, Hannah (1993b): Macht und Gewalt. 8. Aufl. München u. a.

Arendt, Hans-Jürgen (1979): Die »Gleichschaltung« der bürgerlichen Frauenorganisationen in Deutschland 1933/34. In: Zeitschrift für Geschichtswissenschaft 27. S. 615-627.

Arendt, Hans-Jürgen (1982): Die Frauenpolitik der NSDAP vor 1933. In: Mitteilungsblatt der Forschungsgemeinschaft »Geschichte des Kampfes der Arbeiterklasse um die Befreiung der Frau« 3. S. 59-81.

Arendt, Hans-Jürgen (1990): Frauenverbände gegen Frauenemanzipation: Rechtskonservative und faschistische Frauenorganisationen in der Weimarer Republik. In: Wissenschaftliche Zeitschrift der Pädagogischen Hochschule Leipzig 27.3. S. 86-102.

Baumann, Ursula (1992): Protestantismus und Frauenemanzipation in Deutschland 1850-1920. Frankfurt a.M u. a.

Beavan, Doris u. Brigitte Faber (1987): »Wir wollen unseren Teil fordern ...«: Interessenvertretung und Organisationsformen der bürgerlichen und proletarischen Frauenbewegung im deutschen Kaiserreich. Köln.

Beetz, Gerhard (1986): Evangelischer Bund. In: Evangelisches Kirchenlexikon: Internationale theologische Enzyklopädie. Ervin Fahlbusch u. a. (Hg.). 3. Aufl. 1. Bd. Göttingen. Spalte 1215-1216.

Benker, Gitta u. Senta Störmer (1991): Grenzüberschreitungen in der Weimarer Republik. Pfaffenweiler.

Berger, Peter L. (1993): Die Kirche in einer pluralistischen Gesellschaft. In: Der Tagesspiegel vom 14.11.1993.

Berghahn, Volker R. (1966): Der Stahlhelm Bund der Frontsoldaten 1918-1935. Düsseldorf.

Besier, Gerhard (1984): Die protestantischen Kirchen Europas im Ersten Weltkrieg. Ein Quellen- und Arbeitsbuch. Göttingen.

Besier, Gerhard (1986): Ansätze zum politischen Widerstand in der Bekennenden Kirche. In: Jürgen Schmädeke u. Peter Steinbach (Hg.): Der Widerstand gegen den Nationalsozialismus: Die deutsche Gesellschaft und der Widerstand gegen Hitler. 2. Aufl. München u. a. S. 265-280.

Bildungsbürgertum (1991): In: Soziologielexikon. Gerd Reinhold, Siegfried Lamnek, Helga Recker (Hg.). München u. a. S. 58.

Bock, Gisela (1986): Zwangssterilisation im Nationalsozialismus: Studien zur Rassenpolitik und Frauenpolitik. Opladen.

Bollenbeck, Georg (1994): Bildung und Kultur: Glanz und Elend eines deutschen Deutungsmusters. Frankfurt a. M. u. a.

Bollmus, Reinhard (1970): Das Amt Rosenberg und seine Gegner: Studien zum Machtkampf im nationalsozialistischen Herrschaftssystem. Stuttgart.

Bollmus, Reinhard (1989): Alfred Rosenberg – »Chefideologe« des Nationalsozialismus? In: Ronald Smelser u. Rainer Zitelmann (Hg.): Die braune Elite: 22 biographische Skizzen. Darmstadt. S. 223-235.

Bourdieu, Pierre (1991): Die Intellektuellen und die Macht. Hamburg.

Bracher, Karl Dietrich (1979): Die deutsche Diktatur: Entstehung, Struktur, Folgen des Nationalsozialismus. 6. erweiterte. Aufl. Frankfurt u. a.

Bradter, Hiltrud (1970): Reichsausschuß der deutschen Jugendverbände. In: Die Bürgerlichen Parteien in Deutschland: Handbuch der Geschichte der bürgerlichen Parteien und anderer bürgerlicher Interessenorganisationenn vom Vormärz bis zum Jahre 1945. Dieter Fricke u. a. (Hg.). 2. Bd. Leipzig. S. 481-492.

Brakelmann, Günter (1981): Hoffnungen und Illusionen evangelischer Prediger zu Beginn des »Dritten Reiches«: gottesdienstliche Feiern aus politischen Anlässen. In: Detlev Peukert u. Jürgen Reulecke (Hg.): Die Reihen fast geschlossen: Beiträge zur Geschichte des Nationalsozialismus. Unter Mitarbeit von Adelheit Gräfin zu Castell Rüdenhausen. Wuppertal. S. 129-148.

Brakelmann, Günter (1982): Adolf Stoecker und die Sozialdemokratie. In: Ders., Martin Greschat, Werner Jochmann: Protestantismus und Politik: Werk und Wirkung Adolf Stoeckers. Hamburg. S. 84-122.

Breuer, Stefan (1993): Die Anatomie der Konservativen Revolution. Darmstadt.

Brick, Barbara (1983): Die Mütter der Nation – zu Helene Langes Begründung einer »weiblichen Kultur«. In: llse Brehmer u. a. (Hg.): Frauen in der Geschichte. 4. Bd. Düsseldorf. S. 99-132.

Bridenthal, Renate (1984): »Professional« Housewives: Stepsisters of the Women's

Movement. In: Dies., Atina Grossmann, Marion Kaplan (Hg.): When Biology Became Destiny: Women in Weimar and Nazi Germany. New York. S. 153-173.

Bridenthal, Renate (1994): Die Rolle der organisierten Landfrauen bei der konservativen Mobilmachung in der Weimarer Republik. In: Feministische Studien 12.1. S. 110-121.

Bridenthal, Renate u. Claudia Koonz (1984): Beyond Kinder, Küche, Kirche: Weimar Women in Politics and Work. In: Dies., Atina Grossmann, Marion Kaplan (Hg.): When Biology Became Destiny: Women in Weimar and Nazi Germany. New York. S. 33-65.

Broszat, Martin (1987): Die Machtergreifung: Der Aufstieg der NSDAP und die Zerstörung der Weimarer Republik. 2. Aufl. München.

Bruns, Brigitte (1983): Nationalsozialismus. In: Frauenhandlexikon zur Selbstbestimmung. Johanna Beyer, Franziska Lamott, Birgit Meyer (Hg.). München. S. 203-208.

Bruns, Karin (1996): Völkische und deutschnationale Frauenvereine im ›zweiten Reich‹. In: Handbuch zur »Völkischen Bewegung« 1871-1918. Uwe Puschner, Walter Schmitz, Justus H. Ulbricht (Hg.). München u. a. S. 376-394.

Buchheim, Hans (1953): Glaubenskrise im Dritten Reich: Drei Kapitel nationalsozialistischer Religionspolitik. Stuttgart.

Burgardt, Christina (1978): Die deutsche Frau. Küchenmagd, Zuchtsau, Leibeigne im Dritten Reich. Geschichte oder Gegenwart? Münster.

Burleigh, Michael u. Wolfgang Wippermann (1992): Das Dritte Reich: Klassenherrschaft oder Rassenstaat? Rassenpolitik und Rassenmord. 1933-1940/41. In: Röhr, Werner (Hg.): Faschismus und Rassismus: Kontroversen um Ideologie und Opfer. Berlin. S. 127-147.

Bussemer, Herrad-Ulrike (1985): Frauenemanzipation und Bildungsbürgertum: Sozialgeschichte der Frauenbewegung in der Reichsgründungszeit. Weinheim u. a.

Bussemer, Herrad-Ulrike (1987): » ... ein einzig Volk von Schwestern«: Zur Geschichte des Bundes Deutscher Frauenvereine. Berlin.

Châtelier, Hildegard (1996): Friedrich Lienhard. In: Handbuch zur »Völkischen Bewegung«. Uwe Puschner, Walter Schmitz, Justus H. Ulbricht (Hg.). München u. a. S. 114-130.

Chickering, Roger (1988): »Casting Their Gaze More Broadly«: Women's Patriotic Activism in Imperial Germany. In: Past & Present 118. S. 156-185.

Conway, John. S. (1983): National Socialism and the Christian Churches. In: Peter D. Stachura (Hg.): The Nazi Machtergreifung. London u. a. S. 125-145.

Creutzburg, Reinhard (1989): »In der Kirche – Gegen die Kirche – Für die Kirche«: Die religiös-sozialistische Bewegung in Thüringen 1918 – 1926. Dissertation. Halle an der Saale.

Crips, Liliane (1990): »National-feministische« Utopien: Pia Sophie Rogge-Börner und »Die deutsche Kämpferin« 1933-1937. In: Feministische Studien 8.1. S. 128-137.

Dahm, Karl-Wilhelm (1965): Pfarrer und Politik: Soziale Position und politische Mentalität des deutschen evangelischen Pfarrstandes zwischen 1918 und 1933. Köln u. a.

Decken, Godele von der (1988): Emanzipation auf Abwegen: Frauenkultur und Frauenliteratur im Umkreis des Nationalsozialismus. Frankfurt a. M.

Denzler, Georg u. Volker Fabricius (1993): Christen und Nationalsozialismus: Darstellung und Dokumente. Überarbeitete und aktualisierte Neuausgabe. Frankfurt a. M.

Deutsche Geschichte (1993): Dokumente zur Innen-und Außenpolitik. Wolfgang Michalka (Hg.). Frankfurt a. M.

Diamant, Adolf (1970): Chronik der Juden in Chemnitz: Aufstieg und Untergang einer jüdischen Gemeinde in Sachsen. Frankfurt a. M.

Diehl, Guida [1959]: Christ sein heisst Kämpfer sein: Die Führung meines Lebens. Gießen.

Diehn, Otto (1958): Bibliographie zur Geschichte des Kirchenkampfes 1933-1945. Göttingen.

Dokumente des Verbrechens: Aus Akten des Dritten Reiches: 1933-1945 (1993): Helma Kaden u. Ludwig Nestler (Hg.). 1. Bd. Berlin.

Dupeux, Louis (1994): Der Kulturantisemitismus von Wilhelm Stapel. In: Kurt Nowak u. Gérard Raulet (Hg.): Protestantismus und Antisemitismus in der Weimarer Republik. Frankfurt u. a. S. 167-176.

Dürkop, Marlis (1984): Erscheinungsformen des Antisemitismus im *Bund Deutscher Frauenvereine*. In: Feministische Studien 3.1. S. 141-149.

Ebbinghaus, Angelika (Hg.) (1987): Opfer oder Täter: Frauenbiographien des Nationalsozialismus. Nördlingen.

Erdmann, Karl Dietrich (1959): Handbuch für deutsche Geschichte. 4. Bd. Stuttgart.

Ericksen, Robert P. (1986): Theologen unter Hitler: das Bündnis zwischen evangelischer Dogmatik und Nationalsozialismus. München u. a.

Evans, Richard (1976): The Feminist Movement in Germany 1894-1933. London u. a.

Fiedler, Gudrun (1989): Jugend im Krieg: bürgerliche Jugendbewegung, Erster Weltkrieg und sozialer Wandel 1914-1923. Köln.

Figge, Reinhard (1963): Die Opposition der NSDAP im Reichstag. Köln.

Finker, Kurt (1985): Jungdeutscher Orden (Jungdo). In: Lexikon der Parteiengeschichte: Die bürgerlichen und kleinbürgerlichen Parteien in Deutschland 1989-1945. Dieter Fricke u. a. (Hg.). 3. Bd. Köln. S. 138-148.

Fischer-Rosenthal, Wolfram (1991): William I. Thomas & Florian Znaniecki. In: Handbuch Qualitative Sozialforschung: Grundlagen, Konzepte, Methoden, Anwendungen. Uwe Flick u. a. (Hg.). München. S. 115-118.

Franz-Willig, Georg (1974): Ursprung der Hitler-Bewegung 1919-1922. 2. Aufl. Preußisch Oldendorf.

Frevert, Ute (1989): Frauen an der »Heimatfront«. In: Christoph Kleßmann (Hg.): Nicht nur Hitlers Krieg: Der Zweite Weltkrieg und die Deutschen. Düsseldorf. S. 51-69.

Frevert, Ute (1990): Kunstseidener Glanz: Weibliche Angestellte. In: Hart und Zart: Ein Frauenleben 1920 -1970. Berlin. S. 15-21.

Fricke, Dieter (1983): Deutschbund (Db) 1894 – etwa 1943. In: Lexikon der Parteiengeschichte: Die bürgerlichen und kleinbürgerlichen Parteien in Deutschland 1989-1945. Dieter Fricke u. a. (Hg.). 1. Bd. Köln. S. 517-525.

Fricke, Dieter (1986): Tannenberg-Bund. Arbeitsgemeinschaft völkischer Frontkrieger- und Jugendverbände (TB) In: Lexikon der Parteiengeschichte: Die bürgerlichen und kleinbürgerlichen Parteien in Deutschland 1989-1945. Dieter Fricke u. a. (Hg.). 4. Bd. Köln. S. 180-183.

Fuchs, Werner (1984): Biographische Forschung: Eine Einführung in Praxis und Methoden. Opladen.

Fuchs-Heinritz, Werner (Hg.) (1994): Soziale Anerkennung. In: Lexikon zur Soziologie. 3. völlig neu bearbeitete und erweiterte Aufl. Opladen. S. 39.

Gay, Peter (1987): Die Republik der Außenseiter: Geist und Kultur in der Weimarer Republik und im sogenannten Dritten Reich. Frankfurt u. a.

Geißler, G. (1960): Lehrerbildung. In: Religion in Geschichte und Gegenwart. Handwörterbuch für Theologie und Religionswissenschaft. Kurt Galling (Hg.). 3. Aufl. 4. Bd. Tübingen. Spalte 271-276.

Gerhard, Ute (1990): Unerhört: Die Geschichte der deutschen Frauenbewegung. Reinbek bei Hamburg.

Gersdorff, Ursula von (1969): Frauen im Kriegsdienst 1914 bis 1945. Stuttgart.

Gerstenberger, Heide (1972): Konservatismus in der Weimarer Republik. In: Gerd Klaus Kaltenbrunner (Hg.): Konservatismus in Europa. Freiburg. S. 331-349.

Geschichte Thüringens (1978): Hans Patze u. Walter Schlesinger (Hg.). Bd. 5,2: Politische Geschichte in der Neuzeit. Köln u. a.

Giersch, Reinhard (1985): Kampfbund für deutsche Kultur. In: Lexikon zur Parteiengeschichte: Die bürgerlichen und kleinbürgerlichen Parteien und Verbände in Deutschland (1789-1945). 3. Bd. Dieter Fricke u. a. (Hg.). Köln u. a. S. 169-171.

Giesecke, Hermann (1981): Vom Wandervogel zur Hitlerjugend: Jugendarbeit zwischen Politik und Pädagogik. München.

Glaser, B. u. A. Strauß (1964): The Discovery of Grounded Theory. Chicago

Goffmann, Ervin (1961): Asylums. New York.

Gottwald, Herbert (1984): Evangelischer Bund zur Wahrung der deutsch-protestantischen Interessen (EB) 1886-1945. In: Lexikon zur Parteiengeschichte: Die bürgerlichen und kleinbürgerlichen Parteien und Verbände in Deutschland (1789-1945). Dieter Fricke u. a. (Hg.). 2. Bd. Köln u. a. S. 580-587.

Götz von Olenhusen, Irmtraut (1987): Jugendreich, Gottesreich, Deutsches Reich: Junge Generation, Religion und Politik 1928-1933. Köln.

Graf, Friedrich Wilhelm (1984): Kulturprotestantismus: Zur Begriffsgeschichte einer theologiepolitischen Chiffre. In: Archiv für Begriffsgeschichte 18. Bd. Bonn. S. 214-268.

Gravenhorst, Lerke (1990): Nehmen wir Nationalsozialismus und Auschwitz ausreichend als unser negatives Erbe in Anspruch? In: Dies. u. Carmen Taschmurat (Hg.): TöchterFragen NS-Frauengeschichte. Freiburg. S. 17-37.

Grebing, Helga u. Christel Wickert (Hg.) (1994): Das »andere Deutschland« im Widerstand gegen den Nationalsozialismus: Beiträge zur politischen Überwindung der nationalsozialistischen Diktatur im Exil und im Dritten Reich. Essen.

Greiffenhagen, Martin (1971): Das Dilemma des Konservatismus in Deutschland. München.

Greschat, Martin (1982): Adolf Stoecker und der deutsche Protestantismus. In: Ders., Günter Brakelmann, Werner Jochmann: Protestantismus und Politik: Werk und Wirkung Adolf Stoeckers. Hamburg. S. 19-83.

Greschat, Martin (Hg.) (1985): Adolf Stoecker. In: Gestalten der Kirchengeschichte. Die neuste Zeit. 9. Bd. Stuttgart u. a. S. 261-277.

Greschat, Martin (1989): Protestantischer Antisemitismus in Wilhelminischer Zeit – Das Beispiel des Hofpredigers Adolf Stoecker. In: Günter Brakelmann u. Martin Rosowski (Hg.): Antisemitismus: Von religiöser Judenfeindschaft zur Rassenideologie. Göttingen. S. 27-51.

Greschat, Martin (1994): Protestanten in der Zeit: Kirche und Gesellschaft in Deutschland vom Kaiserreich bis zur Gegenwart. Stuttgart u. a.

Greven-Aschoff, Barbara (1981a): Die bürgerliche Frauenbewegung in Deutschland 1894-1933. Göttingen.

Greven-Aschoff, Barbara (1981b): Sozialer Wandel und Frauenbewegungen. In: Geschichte und Gesellschaft 7. S. 328-346.

Grossmann, Atina (1984): The 1931 Campaign Against Paragraph 218. In: Dies., Renate Bridenthal, Marion Kaplan (Hg.): When Biology Became Destiny: Women in Weimar and Nazi Germany. New York. S. 66-86.

Habermas, Jürgen (1994): Die Moderne – ein unvollendetes Projekt. 3. Aufl. Leipzig.

Hackett, Amy (1972): The German Women's Movement and Suffrage: A Study of National Feminism. In: Robert J. Bezucha (Hg.): Modern European Social History. S. 354-386.

Haffner, Sebastian (1978): Der letzte Friedensvertrag. In: Der Vertrag von Versaille. München. S. 416-427.

Hagemann-White, Carol (1993): Die Konstrukteure des Geschlechts auf frischer Tat ertappen? Methodische Konsequenzen einer theoretischen Einsicht. In: Feministische Studien 11.2. S. 68-78.

Hartung, Günter (1996): Völkische Ideologie. In: Handbuch zur »Völkischen Bewegung«. Uwe Puschner, Walter Schmitz, Justus H. Ulbricht (Hg.). München u. a. S. 22-41.

Haug, Frigga (1980): Opfer oder Täter? Über das Verhalten von Frauen. In: Das Argument 22. S. 643-649.

Haug, Wolfgang Fritz (1986): Die Faschisierung des bürgerlichen Subjekts: Die Ideologie der gesunden Normalität und Ausrottungspolitiken im deutschen Faschismus. Berlin.

Hausen, Karin u. Heide Wunder (Hg.) (1992): Frauengeschichte – Geschlechtergeschichte. Frankfurt a. M. u. a.

Herf, Jeffrey (1984): The Engineer as Ideologue: Reactionary Modernists in Weimar and Nazi Germany. In: Journal of Contemporary History 19. S. 613-648.

Hering, Sabine (1990): Die Kriegsgewinnlerinnen: Praxis und Ideologie der deutschen Frauenbewegung im Ersten Weltkrieg. Pfaffenweiler.

Herlitzius, Anette (1995): Frauenbefreiung und Rassenideologie: Rassenhygiene und Eugenik im politischen Programm der »Radikalen Frauenbewegung« (1900-1933). Wiesbaden.

Hermand, Jost (1984): All Power to the Women: Nazi Concepts of Matriarchy. In: Journal of Contemporary History 19. S. 649-667.

Hermand, Jost u. Frank Trommler (1978): Die Kultur der Weimarer Republik. München.

Herrmanns, Harry (1991): Narratives Interview. In: Handbuch Qualitative Sozialforschung: Grundlagen, Konzepte, Methoden, Anwendungen. Uwe Flick u. a. (Hg.). München. S. 182-185.

Heschel, Susanna (1994): Theologen für Hitler. In: Leonore Siegele-Wenschkewitz (Hg.): Christlicher Antijudaismus und Antisemitismus: Theologische und kirchliche Programme Deutscher Christen. Frankfurt a. M. S. 125-170.

Heuser, Birgit (1986): Kirchen, Freikirchen, Sekten in Thüringen. In: Hermann Heckmann (Hg.): Thüringen: Historische Landeskunde Mitteldeutschlands. Würzburg. S. 137-142.

Hey, Bernd (1974): Die Kirchenprovinz Westfalen 1933-1945: Beiträge zur westfälischen Kirchengeschichte. 2. Bd. Bielefeld.

Hildebrandt, Irma (1996): Verbandsgeschichte ist auch Frauengeschichte. In: Frau und Kultur 2. S. 6-11.

Hilpert-Fröhlich, Christiana (1996): »Vorwärts geht es, aber auf den Knien«: Die Geschichte der christlichen Studentinnen- und Akademikerinnenbewegung in Deutschland 1905-1938. Pfaffenweiler.

Hoffmann, Christhard (1994): Christlicher Antijudaismus und moderner Antisemitismus. In: Leonore Siegele-Wenschkewitz (Hg.): Christlicher Antijudaismus und Antisemitismus: Theologische und kirchliche Programme Deutscher Christen. Frankfurt a. M. S. 293-318.

Hohlwein, H. (1962): Völkische Bewegung. In: Religion in Geschichte und Gegenwart: Handwörterbuch für Theologie und Religionswissenschaft. Kurt Galling (Hg.). 3. Aufl. 6. Bd. Tübingen. Spalte 1424-1432.

Hopf, Christel (1991): Qualitative Interviews in der Sozialforschung. Ein Überblick. In: Handbuch Qualitative Sozialforschung: Grundlagen, Konzepte, Methoden, Anwendungen. Uwe Flick u. a. (Hg.). München. S. 177-182.

Horváth, Szilvia (1987): Reorganisation der Geschlechterverhältnisse: Familienpolitik im faschistischen Deutschland. In: Inszenierungen der Macht: Ästhetische Faszination im Faschismus. Berlin. S. 130-143.

Huber, Werner (1970): Gertrud Bäumer: Eine politische Biographie. Dissertation. München.

Huber, Wolfgang (1990): Der Protestantismus und die Ambivalenzen der Moderne. In: Jürgen Moltmann (Hg.): Religion der Freiheit: Protestantismus in der Moderne. München. S. 29-65.

Hübinger, Gangolf (1994): Kulturprotestantismus und Politik: Zum Verhältnis von Liberalismus und Protestantismus im Wilhelminischen Deutschland. Tübingen.

Huerkamp, Claudia (1996): Bildungsbürgerinnen: Frauen im Studium und in akademischen Berufen 1900-1945. Göttingen.

Jansen, Marlies (1964): Max Maurenbrecher: Der weltanschaulich-politische Weg eines deutschen Nationalisten 1900-1930. Dissertation. München.

Jantzen, Hinrich (1972): Namen und Werke. Biographien und Beiträge zur Geschichte der Jugendbewegung. 2. Bd. Frankfurt a. M.

Janz, Oliver (1994): Bürger besonderer Art: evangelische Pfarrer in Preußen 1850-1914. Berlin u. a.

Jarausch, Konrad (1989): Die Krise des deutschen Bildungsbürgertums im ersten Drittel des 20. Jahrhunderts. In: Jürgen Kocka (Hg.): Bildungsbürgertum im 19. Jahrhundert Teil 4. Politischer Einfluß und gesellschaftliche Formation. Stuttgart. S. 180-205.

Jaschke, Hans Gerd (1991): Soziale Basis und soziale Funktion des Nationalsozialismus – Alte Fragen neu aufgeworfen. In: Hans-Uwe Otto, Heinz Sünker (Hg.): Politische Formierung und soziale Erziehung im Nationalsozialimus. Frankfurt a. M. S. 18-49.

Jerke, Birgitt (1994): Wie wurde das neue Testament zu einem sogenannten Volkstestament »entjudet«? In: Leonore Siegele-Wenschkewitz (Hg.): Christlicher Antijudaismus und Antisemitismus: Theologische und kirchliche Programme Deutscher Christen. Frankfurt a. M. S. 201-234.

Jochmann, Werner (1982): Stoecker als nationalkonservativer Politiker und antisemitischer Agitator. In: Ders., Günter Brakelmann, Martin Greschat: Protestantismus und Politik: Werk und Wirken Adolf Stoeckers. S. 123-198.

Jovy, Michael (1984): Jugendbewegung und Nationalsozialismus. Münster.

Jürgensen, Johannes (1984): Die bittere Lektion: Evangelische Jugend 1933. Stuttgart.

Kaiser, Jochen-Christoph (1981): Kirchliche Frauenarbeit in Westfalen: Ein Beitrag zur Geschichte des Provinzialverbandes der Westfälischen Frauenhilfe 1906-1945. In: Jahrbuch für westfälische Kirchengeschichte 74. S. 159-190.

Kaiser, Jochen-Christoph (1982): Das Frauenwerk der Deutschen Evangelischen Kirche: Zum Problem des Verbandsprotestantismus im Dritten Reich. In: Heinz Dollinger, Horst Gründer, Alwin Hanschmidt (Hg.): Weltpolitik Europagedanke Regionalismus: Festschrift für Heinrich Gollwitzer. Münster S. 483-508.

Kaiser, Jochen-Christoph (1985): Frauen in der Kirche: Evangelische Frauenverbände im Spannungsfeld von Kirche und Gesellschaft 1890-1945. Quellen und Materialien. Annette Kuhn (Hg.). Düsseldorf.

Kaiser, Jochen-Christoph (1986): Innere Mission und Rassenhygiene: Zur Diskussion im Zentralausschuß für Innere Mission 1930-1938. Detmold.

Kaiser, Jochen-Christoph (1993): Zur Politisierung des Verbandsprotestantismus: Die Wirkung Adolf Stoeckers auf die Herausbildung einer evangelischen Frauenbewegung um die Jahrhundertwende. In: Wolfgang Schieder (Hg.): Religion und Gesellschaft im 19. Jahrhundert. Stuttgart. S. 254-271.

Kammer, Hilde u. Elisabet Bartsch (1992): Nationalsozialismus: Begriffe aus der Zeit der Gewaltherrschaft 1933-1945. Unter Mitarbeit von Manon Eppenstein-Baukhage. Hamburg.

Kantzenbach, Friedrich Wilhelm (1987): Politischer Protestantismus: Historische Profile und typische Konstellationen seit 1800. Bernd Lüken u. Manfred Machhold (Hg.). Saarbrücken.

Kaplan, Gisela T. u. Carol E. Adams (1990): Early Women Supporters of National Socialism. In: John Milfull (Hg.): The Attractions of Fashism: Social Psychology and the Aesthetics of the ›Triumpf of the Right‹. New York u. a. S. 186-203.

Kappeller, Gertrud (1974): Verantwortung. Antwort auf die Herausforderung der Zeit: 75 Jahre Deutsch-Evangelischer Frauenbund 1899-1974. Hannover.

Karakalos, Babis (1979): Das narrative Interview als Instrument der Konstitution sozialwissenschaftlicher Daten: Zur Problematik umgangssprachlich verfaßter Texte. In: Hans-Georg Soeffner (Hg.): Interpretative Verfahren der in den Sozial- und Textwissenschaften. Stuttgart 1979. S. 227-242.

Kater, Michael H. (1971): Die Artamanen – Völkische Jugend in der Weimarer Republik. In: Historische Zeitschrift 213. S. 577-638.

Kater, Michael H. (1977): Bürgerliche Jugendbewegung und Hitlerjugend in Deutschland von 1926 bis 1939. In: Archiv für Sozialgeschichte 27. S. 127-174.

Kater, Michael H. (1983): Frauen in der NS-Bewegung. In: Vierteljahreshefte für Zeitgeschichte 13. S. 202-241.

Kaufmann, Doris (1986a): Begründung und Politik einer evangelischen Frauenbewegung in der Weimarer Republik. In: Jutta Dalhof, Uschi Frey, Ingrid Schöll (Hg.): Frauenmacht in der Geschichte: Beiträge des Historikerinnentreffens 1985 zur Frauengeschichtsforschung. Düsseldorf. S. 380-389.

Kaufmann, Doris (1986b): Die Ehre des Vaterlandes und die Ehre der Frauen oder der Kampf an der äußeren und der inneren Front. In: Evangelische Theologie 46. S. 277-293.

Kaufmann, Doris (1988): Frauen zwischen Aufbruch und Reaktion: Protestantische Frauenbewegung in der ersten Hälfte des 20. Jahrhunderts. München u. a.

Kershaw, Ian (1983): Ideology, Propaganda, and the Rise of the Nazi Party. In: Peter D. Stachura (Hg.): The Nazi Machtergreifung. London u. a. S. 162-181.

Kindt, Werner (1974): Die deutsche Jugendbewegung 1920-1933: Die Bündische Zeit. Düsseldorf u. a.

Kissenkoetter, Udo (1989): Gregor Straßer: NS – Parteiorganisator oder Weimarer Politiker? In: Ronald Smelser u. Rainer Zitelmann (Hg.): Die braune Elite: 22 biographische Skizzen. Darmstadt. S. 273-285.

Klaus, Martin (1983): Mädchen im Dritten Reich: Der Bund Deutscher Mädel (BDM). Köln.

Klausmann, Christina (1997): Politik und Kultur der Frauenbewegung im Kaiserreich: Das Beispiel Frankfurt am Main. Frankfurt u. a.

Klee, Ernst (1989): »Die SA Jesu Christi«: Die Kirchen im Banne Hitlers. Frankfurt a. M.

Klemperer, Klemens von (1962): Konservative Bewegungen zwischen Kaiserreich und Nationalsozialismus. München u. a.

Klönne, Arno (1980): Jugendbewegung und Faschismus. In: Jahrbuch des Archivs der deutschen Jugendbewegung. 12. Bd. Burg Ludwigstein. S. 23-34.

Klönne, Arno (1985): Bündische Jugend, Nationalsozialismus und NS-Staat. In: Das Argument 27. S. 232-238.

Klönne, Arno (1995): Jugend im Dritten Reich: Die Hitler-Jugend und ihre Gegner. München u. a.

Klönne, Irmgard (1988): »Ich spring' in diesem Ringe«: Mädchen und Frauen in der deutschen Jugendbewegung. Pfaffenweiler.

Klügel, E. (1961): Deutsche Christen (DC). In: Evangelisches Kirchenlexikon. Hans Brunotte u. Otto Weber. 2. unveränderte Aufl. Göttingen. Spalte 868-871.

Kneip, Rudolf (1974): Jugend der Weimarer Zeit: Handbuch der Jugendverbände 1919-1938. Frankfurt a. M.

Kolb, Eberhard (1988): Die Weimarer Republik. 2. durchgesehene und ergänzte Aufl. München.

Koonz, Claudia (1984): The Competition for a Women's Lebensraum 1928-1934. In: Renate Bridenthal, Atina Grossmann, Marion Kaplan (Hg.): When Biology Became Destiny: Women in Weimar and Nazi Germany. New York. S. 199-236.

Koonz, Claudia (1986): Das ›zweite‹ Geschlecht im Dritten Reich. In: Feministische Studien 5.2. S. 14-33.

Koonz, Claudia (1988): Mothers in the Fatherland: Women, the Family and Nazi Politics. London.

Koonz, Claudia (1994): Mütter im Vaterland: Frauen im Dritten Reich. Hamburg.

Kreschnak, Werner (1988): Die Verfolgung der Juden in Chemnitz während der faschistischen Diktatur von 1933 bis 1945. Karl-Marx-Stadt.

Krumwiede, Hans-Walter (1990): Evangelische Kirche und Theologie in der Weimarer Republik. Neukirchen-Vluyn.

Kühl, Stefan (1997): Die Internationale der Rassisten: Aufstieg und Niedergang der Internationalen Bewegung für Eugenik und Rassenhygiene im 20. Jahrhundert. Frankfurt u. a.

Kuhn, Annette u. Valentine Rothe (1982): Frauen im deutschen Faschismus 1. Bd.: Frauenpolitik im NS-Staat. Düsseldorf.

Lächele, Rainer (1996): Protestantismus und völkische Religion im deutschen Kaiserreich. In: Handbuch zur »Völkischen Bewegung«. Uwe Puschner, Walter Schmitz, Justus H. Ulbricht (Hg.). München u. a. S. 149-163.

Lamnek, Siegfried (1991): Status. In: Soziologielexikon. Gerd Reinhold, Siegfried Lamnek, Helga Recker (Hg.). München u. a. S. 586-587.

Lange, Silvia (1994): »Der rechte Flügel«: Der Deutsch-Evangelische Frauenbund« zwischen bürgerlicher Frauenbewegung und Protestantismus. In: Ariadne 25. S. 23-28.

Langewiesche, Dieter (1989): Bildungsbürgertum und Liberalismus im 19. Jahrhundert. In: Jürgen Kocka (Hg.): Bildungsbürgertum im 19. Jahrhundert Teil 4: Politischer Einfluß und gesellschaftliche Formation. Stuttgart. S. 95-121.

Laqueur, Walter (1978): Die deutsche Jugendbewegung: Eine historische Studie. Köln.

Lautenschläger, Gabriele (1995): Der Kirchenkampf in Thüringen. In: Detlev Heiden u. Gunther Mai (Hg.): Nationalsozialismus in Thüringen. Weimar u. a. S. 463-486.

Lauterer, Heide-Marie (1994): Liebestätigkeit für die Volksgemeinschaft: Der Kaiserswerther Verband deutscher Diakonissenmutterhäuser in den ersten Jahren des NS-Regimes. Göttingen.

Lehker, Marianne (1984): Frauen im Nationalsozialismus: Wie aus Opfern Handlanger der Täter wurden – eine nötige Trauerarbeit. Frankfurt a. M.

Lenk, Kurt (1989): Deutscher Konservatismus. Frankfurt a. M. u. a.

Lexikon des Widerstands 1933-1945 (1994): Peter Steinbach u. Johannes Tuchel (Hg.). München.

Liesenberg, Carsten (1995): »Wir täuschen uns nicht über die Schwere der Zeit ...«: Die Verfolgung und Vernichtung der Juden. In: Detlev Heiden u. Gunther Mai (Hg.): Nationalsozialismus in Thüringen. Weimar u. a. S. 443-461.

Lilienthal, Georg (1985): Der »Lebensborn e.V.«: Ein Instrument nationalsozialistischer Rassenpolitik. Stuttgart u. a.

Lindt, Andreas (1981): Das Zeitalter des Totalitarismus: Politische Heilslehren und ökumenischer Aufbruch. Stuttgart u. a.

Linse, Ulrich (1976): Die Jugendkulturbewegung. In: Klaus Vondung (Hg.): Das wilhelminische Bildungsbürgertum: Zur Sozialgeschichte seiner Ideen. Göttingen. S. 119-137.

Linse, Ulrich (1983): Barfüßige Propheten: Erlöser der zwanziger Jahre. Berlin.

Lück, Margarete (1979): die frau im männerstaat: Die gesellschaftliche Stellung der Frau im Nationalsozialismus. Eine Analyse aus pädagogischer Sicht. Frankfurt a. M. u. a.

Mahlke, Bernd (1986): Stahlhelm-Bund der Frontsoldaten (Stahlhelm) 1918-1935. In: Lexikon zur Parteiengeschichte: Die bürgerlichen und kleinbürgerlichen Parteien und Verbände in Deutschland (1789-1945). Dieter Fricke u. a. (Hg.). 4. Bd. Köln u. a. S. 145-157.

Mannheim, Karl (1964): Wissenssoziologie: Auswahl aus dem Werk. Kurt H. Wolff (Hg.). Berlin u. a. S. 408-566.

Mason, Tim (1976): Die Lage der Frauen in Deutschland 1930-1940: Wohlfahrt, Arbeit und Familie. In: Gesellschaft: Beiträge zur Marxschen Theorie 6. Frankfurt a. M. S. 118-193.

Mayntz, Renate (1963): Soziologie der Organisation. Hamburg.

Mehrwald, Silke (1993): Paula Mueller – Notizen zu ihrem politischen Wirken. In: Ariadne 24. S. 33-36.

Meier, Kurt (1964): Die Deutschen Christen: Das Bild einer Bewegung im Kirchenkampf des Dritten Reiches. Göttingen.

Meier, Kurt (1976): Der Evangelische Kirchenkampf. 2. Bd. Göttingen.

Meier, Kurt (1996): Der »Bund für deutsche Kirche« und seine völkisch-antijudaistische Theologie. In: Kurt Nowak u. Gérard Raulet (Hg.): Protestantismus und Antisemitismus in der Weimarer Republik. Frankfurt u. a. S. 177-198.

Mende, Roswitha (1993): Arbeiterschaft und Arbeiterbewegung in Halle im Ersten Weltkrieg. In: Helga Grebing, Hans Mommsen, Karsten Rudolph (Hg.): Demokratie und Emanzipation zwischen Elbe und Saale: Beiträge zur Geschichte der sozialdemokratischen Arbeiterbewegung bis 1933. Essen. S. 170-180.

Merton, Robert King (1965): Die Eigendynamik gesellschaftlicher Voraussagen. In: Ernst Topisch (Hg.): Logik der Sozialwissenschaften. 2. Aufl. Köln u. a. S. 144-161.

Methfessel, Werner (1968): Christlich-Sozialer Volksdienst (CSVD) 1929-1933. In: Die Bürgerlichen Parteien in Deutschland: Handbuch der Geschichte der bürgerlichen Parteien und anderer bürgerlicher Interessenorganisationen vom Vormärz bis zum Jahr 1945. Dieter Fricke u. a. (Hg.). 1. Bd. Leipzig. S. 259-263.

Meyer-Renschhausen, Elisabeth (1984): Radikal, weil sie konservativ sind? Überlegungen zum »Konservatismus« und zur »Radikalität« der deutschen Frauenbewegung vor 1933 als Frage nach der Methode der Frauengeschichtsforschung. In: Die ungeschriebene Geschichte. Dokumentation des 5. Historikerinnentreffens. Wien. S. 20-36.

Mies, Maria (1982): Weibliche Lebensgeschichte und Zeitgeschichte. In: beiträge zur feministischen theorie und praxis 5.7. S. 54-60.

Miles, Robert (1991): Rassismus: Einführung in die Geschichte eines Begriffs. Hamburg.

Miller, Susanne u. Heinrich Potthoff (1988): Kleine Geschichte der SPD: Darstellung und Dokumentation 1948-1983. Bonn.

Mitscherlich, Margarete (1985): ›Antisemitismus – eine Männerkrankheit?‹ In: Die friedfertige Frau. Frankfurt a. M. S. 148-160.

Mogge, Winfried (1990): Vom Jugendreich zum Jungenstaat: Männerbündische Vorstellungen und Organisation in der bürgerlichen Jugendbewegung. In: Gisela Vögler u. Karin von Welck. (Hg.): Männerbande Männerbünde: Zur Rolle des Mannes im Kulturvergleich. 2. Bd. Köln. S. 103-110.

Mohler, Armin (1972): Die konservative Revolution in Deutschland 1918-1932: Ein Handbuch. 2. neubearbeitete und erweiterte Fassung. Darmstadt.

Moltmann, Jürgen (Hg.) (1990): Protestantismus als »Religion der Freiheit«. In: Religion der Freiheit: Protestantismus in der Moderne. München. S. 11-28.

Mommsen, Adelheid (1992): Mein Vater: Erinnerungen an Theodor Mommsen. München.

Mommsen, Wolfgang J. (1990): Der autoritäre Nationalstaat: Verfassung, Gesellschaft und Kultur im deutschen Kaiserreich. Frankfurt a. M.

Mosse, Georg Lachmann (1978): Der nationalsozialistische Alltag: So lebte man unter Hitler. Konigstein/Ts.

Mosse, Georg Lachmann (1991): Die völkische Revolution: Über die geistigen Wurzeln des Nationalsozialismus. Frankfurt a. M.

Mühlen, Patrick von zur (1977): Rassenideologien: Geschichte und Hintergründe. Berlin u. a.

Musial, Magdalena (1982): Jugendbewegung und Emanzipation der Frau: Ein Beitrag zur Rolle der weiblichen Jugend in der Jugendbewegung bis 1933. Dissertation. Essen.

Muthesius, Hans (Hg.) (1958): Alice Salomon: Die Begründerin des soziale Frauenberufs in Deutschland. Ihr Leben und Werk. Köln u. a.

Mybes, Fritz (1975a): Geschichte der Evangelischen Frauenhilfe in Quellen unter besonderer Berücksichtigung der Evangelischen Frauenhilfe im Rheinland. Gladbeck.

Mybes, Fritz (1975b): Geschichte der Evangelischen Frauenhilfe in Bildern unter besonderer Berücksichtigung der Evangelischen Frauenhilfe im Rheinland. Gladbeck

Mybes, Fritz (1979): Arbeitsgemeinschaft der missionarischen und diakonischen Werke und Verbände in der DEK. In: Ders u. Günther von Norden: Evangelische Frauen im Dritten Reich. Düsseldorf. S. 31-45.

Mybes, Fritz (1981): Agnes von Grone und das Frauenwerk. Düsseldorf.

Mybes, Fritz u. Günther von Norden (1979): Evangelische Frauen im Dritten Reich. Düsseldorf.

Neliba, Günter (1992): Wilhelm Frick: der Legalist im Unrechtstaat. Eine politische Biographie. Paderborn u. a.

Neliba, Günter (1995): Wilhelm Frick und Thüringen als Experimentierfeld für die nationalsozialistische Machtergreifung. In: Detlev Heiden u. Gunther Mai (Hg.): Nationalsozialismus in Thüringen. Weimar u. a. S. 75-96.

Neumann, Franz (1993): Behemoth: Struktur und Praxis des Nationalsozialismus. Gert Schäfer (Hg.). Frankfurt a. M. Amerikanische Originalausgabe 1942.

Nipperdey, Thomas (1988): Religion im Umbruch: Deutschland 1870-1918. München.

Nipperdey, Thomas u. Reinhard Rürup (1972): Antisemitismus. In: Geschichtliche Grundbegriffe. Historisches Lexikon zur politisch-sozialen Sprache. 1. Bd. Stuttgart. S. 129-153.

Norden, Günther von (1968): Die Stellung der evangelischen Kirche zum Nationalsozialismus 1932/1933. In: Gotthard Jasper (Hg.): Von Weimar zu Hitler 1930-1933. Köln u. a. S. 377-402.

Norden, Günther von (1979a): Der Deutsche Protestantismus im Jahr der nationalsozialistischen Machtergreifung. Gütersloh.

Norden, Günther von (1979b): Frauenbild und Widerstand: Zur Situation des evangelischen Frauenwerks im »Dritten Reich«: In: Ders. u. Fritz Mybes: Evangelische Frauen im Dritten Reich. Düsseldorf. S. 7-29.

Norden, Günther von (1986): Zwischen Kooperation und Teilwiderstand: Die Rolle der Kirchen und Konfessionen. In: Jürgen Schmädeke u. Peter Steinbach (Hg.): Der Widerstand gegen den Nationalsozialismus: Die deutsche Gesellschaft und der Widerstand gegen Hitler. 2. Aufl. München u. a. S. 227-239.

Norden, Günther von (1994): Die Barmer theologische Erklärung und ihr Ort in der Widerstandsgeschichte. In: Peter Steinbach u. Johannes Tuchel (Hg.): Widerstand gegen den Nationalsozialismus. Bonn. S. 170-181.

Nowak, Kurt (1986): Deutsche Christen. In: Evangelisches Kirchenlexikon. Internationale theologische Enzyklopädie. Erwin Fahlbusch u. a. (Hg.). 1. Bd. Göttingen. Spalte 825-827.

Nowak, Kurt u. Gérard Raulet (Hg.) (1994): Protestantismus und Antisemitismus in der Weimarer Republik. Frankfurt u. a.

Oevermann, Ulrich u. a. (1979): Die Methodologie einer »objektiven Hermeneutik« und ihre allgemeine forschungslogische Bedeutung in den Sozialwissenschaften. In: Hans Georg Soeffner (Hg.): Interpretative Verfahren in den Sozial- und Textwissenschaften. Stuttgart. S. 352-434.

Opitz, Günter (1969): Der Christlich-soziale Volksdienst: Versuch einer protestantischen Partei in der Weimarer Republik. Düsseldorf.

Pappritz, Anna (1954): In: Lexikon der Frau. 2. Bd. S. 843.

Paul-Horn, Ina (1993): Faszination Nationalsozialismus? Zur politischen Theorie des Geschlechterverhältnisses. Pfaffenweiler.

Petersen, Klaus (1988): Literatur und Justiz in der Weimarer Republik. Stuttgart u. a.

Peukert, Detlev u. Jürgen Reulecke (Hg.) (1981): Die Reihen fast geschlossen: Beiträge zur Geschichte des Nationalsozialismus. Unter Mitarbeit von Adelheit Gräfin zu Castell Rüdenhausen. Wuppertal.

Plessner, Helmut (1974): Die verspätete Nation: Über die politische Verführbarkeit bürgerlichen Geistes. Stuttgart u. a.

Politisierung (1986): In: Sachwörterbuch der Politik. Reinhard Beck (Hg.). 2. Aufl. Stuttgart. O.S.

Priepke, Manfred (1960): Die evangelische Jugend im Dritten Reich (1933-1936). Hannover u. a.

Prokop, Ulrike (1979): Die Sehnsucht nach der Volkseinheit: Zum Konservativismus in der bürgerlichen Frauenbewegung vor 1933. In: Gabriele Dietze (Hg.): Die Überwindung der Sprachlosigkeit. Neuwied. S. 176-202.

Pross, Harry (1964): Jugend Eros Politik: Die Geschichte der deutschen Jugendverbände. Bern u. a.

Raabe, Felix (1961): Die bündische Jugend: Ein Beitrag zur Geschichte der Weimarer Republik. Stuttgart.

Raepke, Frank (1990): Friedrich Lienhard. In: Literaturlexikon: Autoren und Werke deutscher Sprache. Walther Killy (Hg.). 7. Bd. München. S. 286-287.

Rammstedt, Otthein (1994a): Neuer Mittelstand. In: Lexikon zur Soziologie. Werner Fuchs-Heinritz u. a. (Hg.). 3. völlig neu bearbeite und erweiterte Aufl. Opladen. S. 443.

Rammstedt, Otthein (1994b): Alter Mittelstand. In: Lexikon der Soziologie. Werner Fuchs u. a. (Hg.). 3. völlig neu bearbeitete und erweiterte Aufl. Opladen. S. 442.

Ras, Marion E. P. de (1988): Körper, Eros und weibliche Kultur: Mädchen im Wandervogel und in der Bündischen Jugend 1900-1933. Pfaffenweiler.

Reese, Dagmar (1989): »Straff, aber nicht stramm – herb, aber nicht derb.« Zur Vergesellschaftung von Mädchen durch den Bund Deutscher Mädel im sozialkulturellen Vergleich zweier Milieus. Weinheim u. a.

Reese, Dagmar (1991): Emanzipation oder Vergesellschaftung: Mädchen im Bund Deutscher Mädel«. In: Hans-Uwe Otto und Heinz Sünker (Hg.): Politische Formierung und soziale Erziehung im Nationalsozialismus. Frankfurt a. M. S. 203-225.

Reese, Dagmar u. Carola Sachse (1990): Frauenforschung zum Nationalsozialismus: eine Bilanz. In: Lerke Gravenhorst, Carmen Taschmurat (Hg.). TöchterFragen NS-Frauengeschichte. Freiburg. S. 73-106.

Reese-Nübel, Dagmar (1989): Kontinuitäten und Brüche in den Weiblichkeitskonstruktionen im Übergang von der Weimarer Republik zum Nationalsozialismus. In:

Hans-Uwe Otto u. Heinz Sünker (Hg.): Soziale Arbeit und Faschismus. Frankfurt a. M. S. 109-129.

Rehmann, Jan (1986): Die Kirchen im NS-Staat: Untersuchung zur Interaktion ideologischer Mächte. Berlin.

Reimann, Bruno W. (1990): Zum politischen Bewußtsein von Hochschullehrern in der Weimarer Republik und 1933. In: Leonore Siegle-Wenschkewitz u. Gerda Stuchlik (Hg.): Hochschule und Nationalsozialismus: Wissenschaftsgeschichte und Wissenschaftsbetrieb als Thema der Zeitgeschichte. Frankfurt a. M. S. 22-48.

Riedel, Heinrich (1976): Kampf um die Jugend: Evangelische Jugendarbeit 1933-1945. München.

Ritter, Gerhard A. u. Jürgen Kocka (Hg.) (1974): Deutsche Sozialgeschichte: Dokumente und Skizzen 1870-1914. 2. Bd. München.

Röhr, Werner (Hg.) (1992): Faschismus und Rassismus: Zur Stellung des Rassenantisemitismus in der nationalsozialistischen Ideologie und Politik. In: Faschismus und Rassismus: Kontroversen um Ideologie und Opfer. Berlin. S. 23-65.

Rosenthal, Gabriele (1987): »Wenn alles in Scherben fällt ...«: Von Leben und Sinnwelt der Kriegsgeneration. Opladen.

Rosenthal, Gabriele (1990): »Als der Krieg kam, hatte ich mit Hitler nichts mehr zu tun«: Zur Gegenwärtigkeit des »Dritten Reiches« in Biographien. Opladen.

Rosenthal, Gabriele (1992): Kollektives Schweigen zu den Nazi-Verbrechen: Bedingungen der Institutionalisierung einer Abwehrhaltung. In: Psychosozial 15.3. S. 22-33.

Rosenthal, Gabriele (1995): Erlebte und erzählte Geschichte: Gestalt und Struktur biographischer Selbstbeschreibungen. Frankfurt a. M. u. a.

Roter Frontkämpferbund (RFB) (1971): In: Lexikon zur Geschichte und Politik im 20. Jahrhundert. Carola Stern u. a. (Hg.). Köln. S. 685.

Ruge, Wolfgang (1984): Die Deutschnationale Volkspartei (DNVP) 1918-1933. In: Lexikon der Parteiengeschichte: Die bürgerlichen und kleinbürgerlichen Parteien in Deutschland 1989-1945. Dieter Fricke u. a. (Hg.). 2. Bd. Köln. S. 477-528.

Rupp, Leila J. (1977): Mother of the *Volk*: The image of Women in Nazi Ideology. In: Signs 3. S. 362-379.

Sachße, Christoph (1986): Mütterlichkeit als Beruf: Sozialarbeit, Sozialreform und Frauenbewegung 1871-1919. Frankfurt a. M.

Schade, Rosemarie (1985): The Leading Edge: Women in the German Youth Movement 1905-1933. Dissertation an der University of York.

Schade, Rosemarie (1986a): Kinder des Mittelstandes: Zur sozialen Herkunft der weiblichen Jugendbewegung: Ergebnisse einer Umfrage. In: Jahrbuch des Archivs der deutschen Jugendbewegung 15/1984-85. Burg Ludwigstein. S. 37-74.

Schade, Rosemarie (1986b): Mädchengruppe und Führerschaft: Zur Dynamik einer weiblichen Jugendbewegung. Ergebnisse einer Umfrage. In: Jahrbuch des Archivs der deutschen Jugendbewegung. Bd.15/1984-85. Burg Ludwigstein. S. 123-136.

Schade, Rosemarie (1988): Female Anti-Feminism in the Weimar-Republic: The Case of Neuland. In: Resources of Feminist Research 17.2. S. 29-33.

Schade, Rosemarie (1990): »Christsein heißt Kämpfer sein«: Guida Diehl und ihr Verhältnis zu Frauenbewegung und Nationalsozialismus. In: Ariadne 18. S. 21-24.

Schade, Rosemarie (1996): Ein weibliches Utopia: Organisationen und Ideologien der Mädchen und Frauen in der bürgerlichen Jugendbewegung 1905-1933. Winfried Mogge (Hg.). Burg Ludwigstein.

Schäf-Koch, Gisela (1984): Frauen im Nationalsozialismus. Friedrich-Ebert-Stiftung (Hg.). Bonn.

Schaser, Angelika (1997): Gertrud Bäumer – »eine der wildesten Demokratinnen« oder verhinderte Nationalsozialistin? In: Kirsten Heinsohn, Barbara Vogel, Ulrike Weckel (Hg.): Zwischen Karriere und Verfolgung: Handlungsräume von Frauen im nationalsozialistischen Deutschland. Frankfurt u. a. S. 24-43.

Scheck, Raffael (1997): German Conservatism and Female Political Activism in the Early Weimar Republic. In: German History 15.1. S. 34-55.

Schieder, Wolfgang (1993): Die NSDAP vor 1933: Profil einer faschistischen Partei. In: Geschichte und Gesellschaft 19. S. 141-154.

Schlangen, Walter (Hg.) (1979): Die deutschen Parteien im Überblick: Von den Anfängen bis heute, Königstein i.Ts. u. a.

Schley, Cornelius (1980): Die jugendpolitischen Vorstellungen und Aktivitäten des »Reichsausschusses der Deutschen Jugendverbände« in den letzten Jahren der Weimarer Republik. Unveröffentlichte Diplomarbeit. (ADJB).

Schmidt, Christoph (1981): Zu den Motiven »alter Kämpfer« in der NSDAP. In: Detlev Peukert u. Jürgen Reulecke (Hg.): Die Reihen fast geschlossen: Beiträge zur Geschichte des Nationalsozialismus. Unter Mitarbeit von Adelheit Gräfin zu Castell Rüdenhausen. Wuppertal. S. 21-43.

Schmidt-Waldherr, Hiltraut (1984): Pervertierte Emanzipation und die Organisation von weiblicher Öffentlichkeit im Nationalsozialismus. In: Barbara Schaeffer-Hegel (Hg.): Frauen und Macht: Der alltägliche Beitrag der Frauen zur Politik des Patriarchats. Berlin. S. 10-35.

Schmidt-Waldherr, Hiltraut (1987): Emanzipation durch Professionalisierung: Politische Strategien und Konflikte innerhalb der bürgerlichen Frauenbewegung während der Weimarer Republik und die Reaktion des bürgerlichen Antifeminismus und des Nationalsozialismus. Frankfurt a. M.

Schnurbein, Stephanie (1996): Die Suche nach einer »arteigenen« Religion in ›germanisch-‹ und ›deutschgläubigen‹ Gruppen. In: Handbuch zur »Völkischen Bewegung«. Uwe Puschner, Walter Schmitz, Justus H. Ulbricht (Hg.). München u. a. S. 172-185.

Schoenbaum, David (1980): Die braune Revolution: Eine Sozialgeschichte des Dritten Reiches. München.

Scholder, Klaus (1986): Die Kirchen und das Dritte Reich 1. Bd.: Vorgeschichte und die Zeit der Illusionen. Frankfurt a. M. u. a.

Scholder, Klaus (1988a): Die Kirchen und das Dritte Reich 2. Bd.: Das Jahr der Ernüchterung 1934 Barmen und Rom. Frankfurt a. M.

Scholder, Klaus (1988b): Die Kirchen zwischen Republik und Gewaltherrschaft. Gesammelte Aufsätze. Karl Otmar von Arentin und Gerhard Besier (Hg.). Berlin. S. 131-170.

Scholle, Joseph (1952): Thüringer Kirchengeschichte. 2. erweiterte Aufl. Heiligenstadt.

Schreier, Beate (1985): Untersuchungen zur Kirchengeschichte Thüringens 1918 bis 1933. Dissertation. Halle.

Schüddekopf, Charles (1982): Der alltägliche Faschismus. Berlin u. a.

Schütze, Fritz (1976): Zur soziologischen und linguistischen Analyse von Erzählungen. In: Internationales Jahrbuch für Wissens- und Religionssoziologie. Bd.10. S. 7-41.

Schütze, Fritz (1983): Biographieforschung und narratives Interview. In: Neue Praxis 13. S. 283-293.

Schwartz, Michael (1995a): Konfessionelle Milieus und Weimarer Eugenik. In: Historische Zeitschrift 261. S. 403-448.

Schwartz, Michael (1995b): Sozialistische Eugenik: Eugenische Sozialtechnologien in Debatten und Politik der deutschen Sozialdemokratie 1890-1933. Bonn.

Schwartz, Michael u. Bernhard Bavink (1993): Völkische Weltanschauung – Rassenhygiene – ›Vernichtung lebensunwerten Lebens‹. Bielefeld.

Schwarz, Christina (1990): Die Landfrauenbewegung in Deutschland: Zur Geschichte einer Frauenorganisation unter besonderer Berücksichtigung der Jahre 1898 bis 1933. Mainz.

Sechzig Jahre Neulandblatt 1919-1976. (1976): Festausgabe. Verantwortlich Frieda Diehl. Frankfurt a. M.

See, Wolfgang (1984): Frauen im Kirchenkampf. Berlin.

Siegele-Wenschkewitz, Leonore (1994) (Hg.): Christlicher Antijudaismus und Antisemitismus: Theologische und kirchliche Programme Deutscher Christen. Frankfurt a. M.

Sontheimer, Kurt (1994): Antidemokratisches Denken in der Weimarer Republik: Die politischen Ideen des deutschen Nationalismus zwischen 1918-1933. 4. Aufl. München.

Stachura, Peter (1980): Deutsche Jugendbewegung und Nationalsozialismus. In: Jahrbuch des Archivs der deutschen Jugendbewegung. 12. Bd. Burg Ludwigstein. S. 35- 52.

Stachura, Peter (Hg.) (1983): German Youth Movement and National Socialism in the Weimar Republic. In: The Nazi Machtergreifung. London u. a. S. 69-84.

Stegmann, Erich (1984): Der Kirchenkampf in der Thüringer evangelischen Kirche 1933-1945. Berlin.

Stephenson, Jill (1981): The Nazi Organisation of Women. London.

Stephenson, Jill (1983): National Socialism an Women before 1933. In: Peter Stachura. (Hg.): The Nazi Machtergreifung. London u. a. S. 33-48.

Stern, Fritz (1963): Kulturpessimismus als politische Gefahr: Eine Analyse nationaler Ideologie in Deutschland. Bern u. a.

Stockhorst, Erich (1985): Fünftausend Köpfe: Wer war wer im Dritten Reich? Kiel.

Stoehr, Irene (1983): Machtergriffen: Deutsche Frauenbewegung 1933. In: Courage 8.2. S. 25-32.

Stoehr, Irene (1987): »Organisierte Mütterlichkeit«. Zur Politik der deutschen Frauenbewegung um 1900. In: Karin Hausen (Hg.): Frauen suchen ihre Geschichte. 2. durchgesehene Aufl. S. 225-253.

Stuchlik, Gerda (1990): Funktionäre, Mitläufer, Außenseiter und Ausgestoßene: Studentenschaft im Nationalsozialismus. Leonore Siegle-Wenschkewitz u. Gerda Stuchlik (Hg.): Hochschule und Nationalsozialismus: Wissenschaftsgeschichte und Wissenschaftsbetrieb als Thema der Zeitgeschichte. Frankfurt a. M. S. 49-89.

Szepanzky, Gerda (1986): »Blitzmädel« »Heldenmutter« »Kriegerwitwe«: Frauenleben im Zweiten Weltkrieg. Frankfurt a. M.

Tanner, Klaus (1994): Protestantische Demokratiekritik in der Weimarer Republik. In: Richard Ziegert (Hg.): Die Kirchen und die Weimarer Republik. Neuenkirchen-Vluyn. S. 23-36.

Thadden, Rudolf von (1989): Kulturkampf. In: Evangelisches Kirchenlexikon: Internationale theologische Enzyklopädie. Ervin Fahlbusch u. a. (Hg.). 3. Aufl. 1. Bd. Göttingen. Spalte 1520-1522.

Thalmann, Rita (1987): Frausein im Dritten Reich. Frankfurt a. M. u. a.

Thalmann, Rita (1994): Die Schwäche des Kulturprotestantismus bei der Bekämpfung des Antisemitismus. In: Kurt Nowak u. Gérard Raulet (Hg.): Protestantismus und Antisemitismus in der Weimarer Republik. Frankfurt u. a. S. 147-165.

Thiele, Barbara (Hg.) (1968): Jugendarbeit im Spiegel des Zeitgeschehens dargestellt am Beispiel der Arbeit des Burckhardthauses 1893-1968. Gelenhausen.

Thürmer-Rohr, Christina (1987): Vagabundinnen: Feministische Essays. Berlin.

Tidel, Georg (1984): Die Frau im Nationalsozialismus. Wien u. a.

Tilgner, Wolfgang (1966): Volksnomostheologie und Schöpfungsglaube: Ein Beitrag zur Geschichte des Kirchenkampfes. Göttingen.

Tilgner, Wolfgang (1970): Volk, Nation und Vaterland im protestantischen Denken zwischen Kaiserreich und Nationalsozialismus. In: Horst Zilleßen (Hg.): Volk – Nation – Vaterland: Der deutsche Protestantismus und der Nationalismus. 2. Aufl. Gütersloh. S. 135-171.

Toboll, Dieter Horst (1971): Evangelische Jugendbewegung 1919-1933: dargestellt an dem Bund Deutscher Jugendvereine und dem Christdeutschen Bund. Dissertation. Bonn

Toboll, Dieter Horst (1974): Die Christdeutsche Jugend (Christdeutscher Bund). In: Werner Kind (Hg.): Die deutsche Jugendbewegung 1920 bis 1933: Die bündische Zeit. Köln u. a. S. 574-575.

Treziak, Ulrike (1986): Die deutsche Jugendbewegung am Ende der Weimarer Republik: Zum Verhältnis von Bündischer Jugend und Nationalsozialismus. Frankfurt a. M.

Ulbricht, Justus H. (1988-1992): Bücher für die »Kinder der neuen Zeit« – Ansätze zu einer Verlagsgeschichte der deutschen Jugendbewegung. In: Jahrbuch des Archivs der deutschen Jugendbewegung. 17. Bd. Burg Ludwigstein. S. 77-140.

Ulbricht, Justus H. (1995): Kulturrevolution von rechts. Das völkische Netzwerk 1900-1930. In: Detlev Heiden u. Gunther Mai (Hg.): Nationalsozialismus in Thüringen. Weimar u. a. S. 29-48.

Ullrich, Robert (1968): Deutsche Vaterlandspartei. In: Die Bürgerlichen Parteien in Deutschland: Handbuch der Geschichte der bürgerlichen Parteien und anderer bürgerlicher Interessenorganisationenn vom Vormärz bis zum Jahre 1945. Dieter Fricke u. a. (Hg.). 1. Bd. Leipzig. S. 620-628.

Vondung, Klaus (Hg.) (1976a): Zur Lage der Gebildeten in der wilhelminischen Zeit. In: Das wilhelminische Bildungsbürgertum: Zur Sozialgeschichte seiner Ideen. Göttingen. S. 20-33.

Vondung, Klaus (Hg.) (1976b): Deutsche Apokalypse 1914. In: Das wilhelminische Bildungsbürgertum: Zur Sozialgeschichte seiner Ideen Göttingen. S. 153-171.

Vondung, Klaus (Hg.) (1980): Propaganda oder Sinndeutung? In: Kriegserlebnis: Der Erste Weltkrieg in der literarischen Gestaltung und symbolischen Deutung der Nationen. Göttingen. S. 11-37.

Wagner, Leonie (1996): Nationalsozialistische Frauenansichten: Vorstellungen von Weiblichkeit und Politik führender Frauen im Nationalsozialismus. Frankfurt a. M.

Walle, Marianne (1993): Die Heimatchronik Gertrud Bäumers als weibliches Nationalepos. In: Ariadne 24. S. 17-21.

Walzer, Anke (1991): Käthe Schirmacher. Eine deutsche Frauenrechtlerin auf dem Weg vom Liberalismus zum konservativen Nationalismus. Pfaffenweiler.

Ward, W. R. (1979): Theology, Sociology and Politics: The German Protestant Social Conscience 1890-1933. Bern u. a.

Weber, Max (1968): Die drei reinen Typen der legitimen Herrschaft. In: Johannes Winkelmann (Hg.): Gesammelte Ausätze zur Wissenschaftslehre. Tübingen. S. 475-488.

Weingart, Peter; Jürgen Kroll, Kurt Bayertz (1996): Rasse Blut und Gene: Geschichte der Eugenik und Rassenhygiene in Deutschland. 2. Aufl. Frankfurt a. M.

Weinreich, Max (1946): The Part of Scholarship in Germany's Crimes against the Jewish People. New York.

Weißbecker, Manfred (1983): Der Volksbund »Rettet die Ehre«. In: Lexikon der Parteiengeschichte: Die bürgerlichen und kleinbürgerlichen Parteien in Deutschland 1989-1945. Dieter Fricke u. a. (Hg.). 1. Bd. Köln. S. 420-422.

Weißbecker, Manfred (1984): Die deutsche Vaterlandspartei (DVLP) 1917-1918. In: Lexikon zur Parteiengeschichte: Die bürgerlichen und kleinbürgerlichen Parteien und Verbände in Deutschland (1789-1945). Dieter Fricke u. a. (Hg.). 2. Bd. Köln u. a. 1984. S. 391-403.

Wickert, Christel (1991): Helene Stöcker: 1869-1943 Frauenrechtlerin, Sexualreformerin und Pazifistin. Eine Biographie. Bonn.

Wiggershaus, Renate (1984): Frauen unterm Nationalsozialismus. Wuppertal.

Wind, Renate (1978): Die deutschen Mädchen-Bibel-Kreise: Konzeption und Funktion einer religiösen Jugendbewegung. Dissertation. Erlangen.

Winnecken, Andreas (1991): Ein Fall von Antisemitismus: Zur Geschichte und Phatogenese der deutschen Jugendbewegung vor dem Ersten Weltkrieg. Winfried Mogge (Hg.). Köln.

Wistrich, Robert (1983): Wer war wer im Dritten Reich: Anhänger, Mitläufer, Gegner aus Politik, Wirtschaft, Militär, Kunst und Wissenschaft. München.

Wittrock, Christine (1983): Weiblichkeitsmythen: Das Frauenbild im Faschismus und seine Vorläufer in der Frauenbewegung der 20er Jahre. Frankfurt a. M.

Wolf, Ernst (1963): Die evangelische Kirche und der Staat im Dritten Reich. In: Theologische Studien 74. Zürich.

Wolff, Kerstin (1995): Wir wollen die Anerkennung der Hausfrauentätigkeit als Beruf: Der Kasseler Hausfrauenverein 1915-1935. Kassel.

Wolkowicz, Max (1983): Arbeitsausschuß deutscher Verbände (AADV). In: Lexikon der Parteiengeschichte: Die bürgerlichen und kleinbürgerlichen Parteien in Deutschland 1989-1945. Dieter Fricke u. a. (Hg.). 1. Bd. Köln. S. 102-113.

Wollstein, Günter (1994): Evangelische Kirche und Weimarer Republik: Erschütterung – Besinnung – Deformation. In: Richard Ziegert (Hg.): Die Kirchen und die Weimarer Republik. Neuenkirchen-Vluyn. S. 7-22.

Wright, Jonathan R.C. (1977): »Über den Parteien«: die politische Haltung der evangelischen Kirchenführer 1918-1933. Göttingen.

Zeller, Susanne (1987): Volksmütter: Frauen im Wohlfahrtswesen der zwanziger Jahre. Düsseldorf.

Zentner, Christian u. Friedemann Bedürftig (Hg.) (1985): Das Grosse Lexikon des Dritten Reichs. München.

Zilleßen, Horst (Hg.) (1970): Volk – Nation – Vaterland. In: Volk – Nation – Vaterland: Der deutsche Protestantismus und der Nationalismus. 2. Aufl. Gütersloh. S. 13-47.

ZEITSCHRIFTEN DER NEULANDBEWEGUNG

Neuland: Ein Blatt für die gebildete weibliche Jugend.
  Anfang 1920 umbenannt in:
Neuland: Ein Blatt für die geistig höher strebende weibliche Jugend.
  Mitte 1921 umbenannt in:
Neuland: Ein Blatt für die geistig höher strebende Jugend.
  Mitte 1922 umbenannt in:
Neuland: Ein Blatt für die geistig höher strebende männliche und weibliche Jugend.
  Anfang 1923 umbenannt in:
Neuland: Ein Blatt für geistig höher strebende Deutsche, besonders deutsche Jugend.
  Anfang 1924 umbenannt in:
Neulandblatt für erneuertes Christsein für soziale Gesinnung für wahres
  Deutschtum für mutige Tat. 1. Jg. 1916 – 25. Jg. 1940.
Jungneuland: Ein Blatt für unsere Jugend unter 17 Jahren.
  1935 umbenannt in:
Wartburg-Ruf. Ein Blatt für deutsche Jugend. 1. Jg. 1924 – 12. Jg. 1935.
Unser Neulandbund (erstes Erscheinen 1921).
  1921 umbenannt in:
Mitteilungen für den Neulandbund.
  1922 umbenannt in:

Treufest: Sonderblatt der Neulandschar.

    1929 umbenannt in:

Treufest: Führerblatt der Neulandschar. 1921 – 1933.

Hand in Hand ... ins Sonnenland: Ein Kinderblatt. 1. Jg. 1930 – 5. Jg. 1935.

ANDERE ZEITSCHRIFTEN

Arbeitsbriefe und Mitteilungsblätter der NS-Frauenschaft Sachsen.

    1. Jg. 1935 – 3. Jg. 1937.

Evangelische Frauenzeitung: Zeitschrift für die evangelische Frauenwelt. Organ des
    Deutsch-Evangelischen Frauenbundes. 16. Jg. 1916 – 37. Jg. 1935.

Frauenhilfe: Blätter für Frauenarbeit in der evangelischen Gemeinde. Organ der Frau-
    enhülfe des Evangelisch-kirchlichen Hilfsvereins. 28. Jg. 1928 – 35. Jg. 1935.

Die Kommenden: Großdeutsche Wochenschrift aus dem Geiste volksbewußter Jugend.
    1. Jg.1926 – 3. Jg. 1928.

Nachrichtenkorrespondenz der Evangelischen Frauenverbände Deutschlands.

    1921 umbenannt in:

Nachrichtenblatt der Vereinigung evangelischer Frauenverbände Deutschlands.

    1926 umbenannt in:

Monatsblatt: Vereinigung evangelischer Frauenverbände Deutschlands.

    1930 umbenannt in:

Aufgaben und Ziele. Monatsblatt der Vereinigung evangelischer Frauenverbände
    Deutschlands. 1. Jg. 1920 – 15. Jg. 1935.

N.S.- Frauenwarte: Die einzige parteiamtliche Frauenzeitschrift. 1. Jg. 1932/33 – 4. Jg.
    1935/36.

Ratgeber für Jugendvereinigungen. Ausschuß deutscher Jugendverbände (Hg.)

    1925 umbenannt in:

Das junge Deutschland. Reichsausschuß der deutschen Jugendverbände (Hg.) 16. Jg.
    1922 – 27.Jg. 1933

Rundbriefe des Altwandervogel deutscher Mädchenbund e. V. 1927 – 1928.

ANHANG

1925 Beitritt zur *Arbeitsgemeinschaft für Volksgesundung*
1926 Gründung des *Deutschen Frauenkampfbundes gegen die Entartung im Volksleben*
zum Kampf gegen die sog. kulturelle Dekadenz der Weimarer Republik
1927 Eröffnung der Mütterschule
Aufruf an die »deutschen Männer« zur Bildung von »Neulandkameradschaften«
Eröffnung des Gemeindehelferinnenseminars
Beitritt zur *Evangelischen Hauptstelle gegen Schund und Schmutz*
1928 Guida Diehls Buch »Deutscher Frauenwille« erscheint
Auseinandersetzung mit der bürgerlichen und evangelischen Frauenbewegung
die Neulandschar beschließt, daß Schärlerinnen keinen Bubikopf tragen dürfen
Beitritt zum *Ausschuß für das Volksbegehren gegen den Young-Plan*
1929 Rezeption rassistischer und antisemitischer Vorstellungen auf dem Neulandtag
Annäherung an die völkische Bewegung
Einweihung des Jugendschlößchens als Jugendherberge
Probeausgabe der Kinderzeitschrift *Hand in Hand ... ins Sonnenland*

Endphase der Weimarer Republik und die ersten Jahre des »Dritten Reichs«

1930 Guida Diehl tritt Ende August der NSDAP bei, Mitgliedsnummer: 339.212
Abdruck von Passagen aus Hitlers »Mein Kampf« im *Neulandblatt*, Beginn der
Hinwendung zur NSDAP
erneuter Aufruf zur Gründung von »Neulandkameradschaften«
Verabschiedung der »Richtlinien für den deutschen Freiheitskampf« als pro-
grammatische Schrift
1931 Kooperation mit Wilhelm Frick im Kampf gegen den »Kulturbolschewismus«
Treffen Guida Diehls mit Adolf Hitler im »Braunen Haus«
Unterredung Diehls mit Gregor Strasser im April in Eisenach
die NLB bekennt sich offen zum NS
Guida Diehl wird im Oktober Kulturreferentin in der Reichsfrauenleitung der
NSDAP
Ausritt der NLB aus der VEFD
1932 Diehls Buch »Die deutsche Frau und der Nationalsozialismus« erscheint in er-
ster Auflage
Hans Schemm, Vorsitzender des *Nationalsozialistischen Lehrerbundes*, hält auf
dem Neulandtag einen Vortrag
Gründung des *Eisenacher Arbeitsrings* und Kooperation mit den Deutschen
Christen
1933 Guida Diehl gibt ihre Position als Kulturreferentin auf
Diehl wird Referentin für Frauenfragen bei der *Glaubensbewegung Deutsche
Christen*
Eröffnung einer Mütter-Oberschule am 1. Mai 1933 im Neulandhaus
Umbenennung des *Deutschen Frauenkampfbundes* in *Kampfbund für deutsche
Frauenkultur*

Reichsbischof Ludwig Müller besucht das Neulandhaus: Übergabe einer Denkschrift zur Umgestaltung der Jugendarbeit

1934 »Gleichschaltung« Jungneulands

Kauf eines dritten Hauses und Einrichtung als Jugendherberge

Auseinandersetzung mit der Reichsfrauenführerin Gertrud Scholtz-Klink, Schließung der Mütter-Oberschule

Beitritt zum *Evangelischen Frauenwerk*

Rückzug aus der Politik

1935 Verabschiedung einer neuen Verfassung, in der die NLB auf ihre politischen Ziele verzichtet

Eröffnung eines Neuland-Haushaltungsheims für die weibliche Jugend in »Haus Hoffnung«

1937 Gründung des *Laienbundes Evangelische Tatkraft*

Auseinandersetzung mit den Thüringer Deutschen Christen

Schließung des Gemeindehelferinnenseminars

1940 Verbot des *Neulandblatts* und von Neuland-Veranstaltungen infolge eines Artikels gegen Himmlers *Lebensborn*-Politik im *Neulandblatt*, Kontakte zum *Büro Grüber*

Fortsetzung der Aktivitäten auf informeller Ebene

Unterbringung von Zwangsevakuierten im Neulandschlößchen, später wird es von Soldaten, dann von Fremdarbeitern belegt

Nachkriegsgeschichte

1945 Diehl versucht nach Kriegsende, die NLB wieder aufzubauen

Wiederaufnahme der Neulandtreffen in der DDR und BRD

1948 Übereignung des Neulandhauses an die Evangelisch-Lutherische Kirche Thüringens

Neuauflage des Programms »Was wir wollen«

Auseinandersetzung mit dem Thüringer Landesbischof Moritz Mitzenheim um das Neulandhaus

1959 Übersiedlung Guida Diehls in den Westen mit Martin Niemöllers Unterstützung

1961 Tod Guida Diehls

NEULANDTAGE UND IHRE THEMEN: 1917-1940
(zusammengestellt nach den Ankündigungen im *Neulandblatt*)

1917 Reformationsjubiläumsfeier der gebildeten weiblichen Jugend
1918 Unser Mitkampf um Deutschlands innere Erneuerung
1919 Neuland und die deutsche Zukunft
1920 Neuland inmitten der Zeitaufgaben und Zeitströmungen
1921 Neulandarbeit
1922 Unser Kampf in deutscher Not
1923 Wir wollen sein ein einig Volk von Brüdern, in keiner Not uns trennen noch Gefahr
1924 Neuland als Arbeitsgemeinschaft: Unsere nächsten Pflichten gegenüber den Nöten der Gegenwart
1925 Neulands Aufgabe bei der beginnenden Wende der deutschen Volksseele
1926 Zehnter Neulandtag in Eisenach
Rückblick, Einblick, Ausblick
1927 Neuland und Kirche
1928 Frauen-Erneuerung
1929 Deutschsein und Christsein
1930 Gott – Freiheit – Vaterland
1931 Erneuertes Christsein im Geisteskampf der Gegenwart
1932 Erneuerung des Glaubens und Erneuerung der Kirche
1933 Gesamtthema I: »Die deutsche Wende und wir deutschen Frauen« (Tagung Neulands mit dem *Kampfbund für deutsche Frauenkultur*)
Gesamtthema II: »Die deutsche Wende und die innere Erneuerung des Volkes und der Kirche (Tagung Neulands mit dem *Eisenacher Arbeitsring*)
1934 Erneuerung der Kirche – Vollendung der Reformation
1935 Zeitgeschichte und Ewigkeit
1936 Unser Leben gehört dem Gottesruf der Zeitgeschichte: Siehe! Ich mache alles neu!
1937 Christus im deutschen Geistesleben in Vergangenheit und Gegenwart
1938 Jesus Christus lebt!
1939 Christen erwacht!
1940 Der Weckruf des Krieges: Was sind wir unserem Volk in Notzeit schuldig?

1. Aufruf! Deutsche Frauen! Deutsche Mädchen!
2. Wider die Unkultur im Tanz
3. Wider die falsche Scham!
4. Wider das undeutsche Festefeiern!
5. Wider die Wohltätigkeitsbälle
6. Wider die Abstumpfung des Schamgefühls
7. Wider die Geldmacherei mit Nacktbild-Zeitschriften
8. Wider die Mode der kurzen und kniefreien Kleidung!
9. Wider die Verunreinigung des Badelebens!
10. [unbekannt]
11. Wider die Urheber der Verschmutzung und Verschlammung des sittlichen Lebens
12. Wider die Angriffe auf § 218
13. Wider das Laufenlassen wie es läuft

Schriftenreihe des Eisenacher Arbeitsrings

1. Julius Kuptsch: Der lebendige Christus. Eisenach 1932. (Vortrag auf dem 16. Neulandtag im Mai 1932)
2. Wilhelm Meyer: Reformation der Kirche. Eisenach 1932.
3. Guida Diehl: Erneuerung der Kirche. Eisenach 1933.
4. Guida Diehl: Der Ruf der Wende: Erneuertes Christsein. Eisenach 1933.
5. Ernst Pauli: Die Kirche im Dritten Reich. Eisenach 1933.
6. Guida Diehl: Der Dienst der deutschen Frau am Christsein. Eisenach 1933. (Vortrag auf der ersten Reichstagung der *Glaubensbewegung Deutsche Christen* im April 1933)

Mitgliedschaften

Verband der Studien- und Neulandkreise
  – Arbeitsausschuß Deutscher Verbände
  – Arbeitsgemeinschaft für Volksgesundung
  – Ausschuß für das Volksbegehren gegen den Young-Plan
  – Volksbund »Rettet die Ehre«
  – Deutscher Frauenkampfbund gegen die Entartung im Volksleben
  – Eisenacher Arbeitsring
  – Evangelisches Frauenwerk der Deutschen Evangelischen Kirche
  – Kampfbund für deutsche Kultur
  – Vereinigte Vaterländische Verbände
  – Vereinigung Evangelischer Frauenverbände Deutschlands
  – Zentralausschuß für Innere Mission

Deutscher Frauenkampfbund
- Kampfbund für deutsche Kultur
- Vereinigte Vaterländische Verbände
- Führerrat der deutschen Kunst- und Kulturverbände
- Evangelische Hauptstelle gegen Schund und Schmutz

Jungneuland
- Reichsausschuß deutscher Jugendverbände (Ausschuß evangelischer Jugendverbände)
- Evangelische Jugendwerk der Deutschen Evangelischen Kirche

Neulandschlößchen
- Deutscher Jugendherbergsverband

Neulandhaus
- Verband christlicher Hospize
- Gaststätten-Verband

Der Neulandbewegung nahestehende Vereinigungen:
- Deutsch-Christliche Arbeitsgemeinschaft Großdeutschlands
- Deutsche Frauenkultur
- Deutschbund
- Glaubensbewegung Deutsche Christen
- Stahlhelm Bund der Frontsoldaten